QIANNENG FAZHAN XINLIXUE
JI QIANNENG JIAOYU

潜能发展心理学及潜能教育 上部

——理论思考及实验实践研究

程 跃◎著

北京师范大学出版集团
BEIJING NORMAL UNIVERSITY PUBLISHING GROUP
北京师范大学出版社

图书在版编目(CIP)数据

潜能发展心理学及潜能教育：理论思考及实验实践研究／程跃
著.—北京：北京师范大学出版社，2010.10（2019.4重印）
ISBN 978-7-303-11390-3

Ⅰ.①潜… Ⅱ.①程… Ⅲ.①发展心理学－研究②教育心理
学－研究 Ⅳ.① B844 ② G44

中国版本图书馆 CIP 数据核字（2010）第 155139 号

营 销 中 心 电 话　010-58805072 58807651
北师大出版社学术著作与大众读物分社　http://xueda.bnup.com

出版发行：北京师范大学出版社 www.bnup.com
　　　　　北京市海淀区新街口外大街 19 号
　　　　　邮政编码：100875
印　　刷：三河市兴达印务有限公司
经　　销：全国新华书店
开　　本：730mm×980mm　1/16
印　　张：44
字　　数：657 千字
版　　次：2010 年 10 月第 1 版
印　　次：2019 年 4 月第 5 次印刷
定　　价：96.00 元（上．下部）

策划编辑：张丽娟　　　　责任编辑：张丽娟
美术编辑：毛　佳　　　　装帧设计：李尘工作室
责任校对：李　菡　　　　责任印制：马　洁

序

程跃博士的这部《潜能发展心理学及潜能教育——理论思考及实验实践研究》，用了20余年的脑力与体力、心血与汗水，经历了成功与挫折的磨练，历经千辛万苦，凝练千言万语，他本人也经历从青春年华的消失到黑发加白发的知天命时期的到来，这是他多年辛勤劳动的结晶。

程跃博士的这部《潜能发展心理学及潜能教育——理论思考及实验实践研究》终结了天赋归因心理学的思想，建立了全新的科学心理学的体系，并在此基础上重塑了教育观、发展观、儿童(含青少年)观，在一定意义上说，他用他的实践和理论走出了教育的困境，建立了全新的潜能发展心理学的体系，这一部著作是对朱老与我提出的教育与发展观中的"潜能学说"的发展，是对维果斯基"最近发展区"实质的揭示，是对遗传决定论和环境决定论的挑战，是对塞西(Stephen J. Ceci)所提出的"智力是天生潜力、环境(背景)、内部动机相互作用的函数"的印证。

程跃博士的这部《潜能发展心理学及潜能教育——理论思考及实验实践研究》的上部的价值主要体现在四个方面：一是依据当今时代的呼唤以及作者自己多年的实验研究创造性地提出了潜能发展心理学的概念；二是创造性地提出了潜能发展心理学的基本模型，即三维理论模型、个体发展"动态分化"的理论模型和关于分化范围与时机的钟摆模型；三是创造性地提出了独生子横向比较的潜能发展心理学的研究方法，避免了同类纵向研究的缺陷；四是详细分析了当前各种归因的认知误区，并在此基础上创造性地揭示当代差异心理学天赋归因的错误本质。

程跃博士的这部《潜能发展心理学及潜能教育——理论思考及实验

实践研究》的下部的价值也主要体现在四个方面：一是从唯物辩证法的观点出发探讨了当前教育归因的误区，这主要表现在天赋差异论与当代教育理论上；探讨了教育的理想与理想的教育之间的辩证关系；探讨了变与不变的教育，在分析"因材施教"的内涵及当前误区的基础上提出了"因教育才"的观点；二是探讨了潜能教育和潜能开发的基本问题；三是体现了从实证研究到实践研究的转变，展示了程跃博士主持的六婴跟踪和百婴跟踪等系列指导活动的研究成果；四是研究方法具有新颖性，这集中体现在程跃所创立的"金色摇篮潜能开发婴幼园"今天的成就上。

　　程跃是朱老招收的博士研究生，也是我协助朱老指导的第二位博士研究生。1995 年作为北京师范大学副教授的程跃博士，由于对实践研究的兴趣，要离开北京师范大学到实践中创办幼儿园与学校，于是在他的成长道路上我们产生了分歧，我竟发了火。2000 年我被评为全国劳模，弟子们为我举办了"新世纪心理学高级人才培养论坛"，我的弟子董奇、程跃和张文新三位学者在大会上发了言，而我在最后讲话中却向程跃道歉，这是我一生中唯一的一次正式地向自己的学生道歉。因为在那个会上我表示，程跃的路是走对的。这本《潜能发展心理学及潜能教育——理论思考及实验实践研究》进一步体现了实践比书本更有价值。

　　程跃博士的这部《潜能发展心理学及潜能教育——理论思考及实验实践研究》提出了很多新观点、新思想和新问题，这不可避免地会激起社会上很多学者和同行们的关心和重视，同时也会引起必要的争议和讨论。这都是正常的现象，它体现出大家对心理学和教育学科学性的关注。我相信对这些问题感兴趣的学者和同行，包括身处教育第一线的教师将会和程跃博士一起来对这些问题进行深入探讨，最终也会对这些问题获得更深刻的认识。

　　是为序。

林崇德

2010 年春节于北京师范大学

前 言

　　我国著名心理学家潘菽在 1981 年给查普林 J P 和克拉威克 T S 的《心理学的体系和理论》译本前言中所写的一段话一直影响着我，以至于我写此书时第一个想到它，从一堆已经很老的书中将它找到，并抄录于此，作为写此书的理由：

　　"科学的发展，就科学本身说，是理论与实验的辩证运动，理论与实验缺一不可……"

　　"从心理学当前发展的趋势看，系统的理论研究已显得越来越重要了。如果说本世纪中期有强调理论研究的必要，今天，在心理学各个领域的实验研究不断取得新成果的基础上，系统的理论研究就更需要紧紧跟上才行。理论不仅有概括和阐释研究成果的作用，而且有超越已知事实的预见功能。理论上的突破可以引起研究工作的重大发展。这已经成为近代科学的一个显著特征。"

　　"理论研究的终极目的就在于在一特定领域内找出支配全局的统一规律……"①

　　也许出于对这段话的高度认同，也许出于对这段话的深刻理解而引发的共鸣，读过的许多书中的内容都已经忘却，唯独这段话在我提笔的第一时间里就想到了它，而且毫不费力地从众多的旧书中找到它，连我自己也感到意外和得意。

　　正是相信理论的价值，正是坚信理论对实践的巨大影响和指导作

---

　　① J. P. 查普林，T. S. 克拉威克：心理学的体系和理论，北京，商务印书馆，1983

用，二十多年来我一直不断求索。

记得在最初接触心理学时，我还是一个医学院的学生，心理学的基础理论就让我困惑不已，那就是遗传和环境或先天与后天到底是什么样的关系？

作为一个医学院的学生，我其实更加相信遗传的作用，并带着这样的观点走进了心理学的殿堂。

在那里，老师们、书本上告诉我：遗传决定论是错的、环境决定论是错的，相互作用论是我们要坚持的[①]。但关于遗传为什么错、环境又为什么错的解释或证明，却始终无法让我心悦诚服，总是感到说不通、说不透，存在着矛盾与冲突的地方，但又不知问题到底在哪里。

一句"相互作用论"，实际上将遗传与环境关系的深入讨论打入"冷宫"，放置在一边。进一步的研究和学科建设，都是绕过了这个没有根本解决的最基础的理论问题而展开。敢问问题的学生对结论不满，但苦于找不到理想的答案，或将困惑留在心中，或自圆其说地进行解释；还有更多的人则在学习进度促使下将此问题永远搁置下来，后来他们成了教授又开始用同样的方法去教他们的学生。这个方法就是仅在哲学的层面讨论遗传与环境关系的问题，然后绕过心理学的基础理论开始具体研究和教学。

1987年，在我的导师朱智贤教授和林崇德教授的支持下，我将困惑转变成为研究，刨根问底、追根求源，将博士论文的题目定为《智力表型等级表达及其环境条件》，展开了对千百年来人类的困惑和一百多年来心理学上争论不休、但总也没有根本突破的遗传和环境问题的研究，想以"基因型在环境中的表达"为方向来讨论心理发展中遗传和环境的关系。

在论文答辩前，我受命去请一位德高望众的心理学泰斗前来担任评委，他问道："你的论文是关于哪个方面的？"我答道："是遗传和环境关系对智力发展影响方面的。"他不屑一顾地说："遗传和环境的关系，人们研究了一百年也没有结果，就你？我不去！"接下来我的论文没有通过首次答辩，那时是1990年，直到工作半年后重新答辩过关。

---

① Sigelman C K, Rider E A，陈英和审译：生命全程发展心理学，95～103页，北京，北京师范大学出版社，2009

在博士论文中，我通过引进环境变量进行智力分布研究，获得了一条描述"群体智力的潜能曲线"，并由此提出了遗传、环境、智力三维基本模型—— 一种智力生物生态学的模型，对智力分布以及分布全距的含义做出了全新的解释。那时，我对自己的研究所揭示的现象兴奋不已，感觉看到了教育与智力发展的相互关系。但在一个仅崇尚西方理论的年代里，这样的研究几乎毫无价值，多次希望能够发表其中的一些内容，都因与专栏要求不符而被拒绝。

从那时起至今整整二十年，关于理论研究，我没有发表一个字，但也没有停止过对这一基本问题的思考与探索、研究与实践。

为了真正探索这一问题，1995 年我开始了婴儿跟踪研究与实践，主持并参加了 1995 年的北京六婴跟踪和 1996 年的广州百婴跟踪研究，1996 年开办了金色摇篮潜能开发婴幼园，并在 2000 年继续创办了金色摇篮全程实验小学。

十五年的实践过去了，如今的金色摇篮由于孩子综合发展水平高，受到了社会广泛的认同，目前全国近一百家婴幼园，同时在园的孩子超过万名。此时，我越来越感到有必要将研究与实践、思考与理解的结果与大家分享和讨论。

今天，我开始感谢这段经历，正是这样一段经历让我从当时的研究层面上又深入了一步。从最初仅仅关心正态分布的连续性变化的成因以及正态分布全距的意义，转向教育研究与教育实践。

当我游走在教育理想与教育实践之间时，很快意识到，教育的根本问题出在基础理论上，而教育理论的问题说到底是心理学的归因问题！因此，我又转向心理学本身的归因研究。

今天，我更加坚信，当代心理学，就其结构而言，是一种天赋归因的心理学，它就诞生在天赋归因的产床上，是一种狭义遗传决定论的心理学。

这种从诞生之日起就存在着巨大的先天不足和缺陷的心理学，根本性地影响到心理学和教育学的发展方向。事实上已经对教育实践和人才培养产生了深远而灾难性的影响。

可以说，今天我们认为最有道理并深入人心的那些教育原则与理论，骨子里就带有严重的天赋归因色彩和宿命论的基调，当它们从"阶段性"的指导教育实践转向"全程性"的指导教育发展时，这种天赋归因的色彩也同时伴随而来，并渲染了整个教育。

今天，关于"差异教育"和"成熟学习"的相关理论，都起源于这样一种存在着严重不足的天赋归因的心理学基础之上。

多年的理论研究和教育实践告诉我，今天教育改革中的一切难题与困惑，本质上都源于人们对心理问题、对发展问题的错误认识和归因。

要想使教育有脱胎换骨的改革，并对教育发展有根本性的推动，就必须追根求源，从教育学的依据径直追溯到心理学的基础理论上，通过对心理学理论的改革来改革教育理论。

我认为，教育需要一场彻底的革命，一场从观念开始的大变革，一场由"地心说"向"日心说"转变式的重大变革！这场变革的核心是终结天赋归因心理学的思维，建立起全新的科学心理学体系，并在此基础上重塑教育观、发展观、学习观、儿童观，只有这样才能最终走出教育的困境。

这个心理学体系，我称之为"潜能发展心理学"体系；而"因教育才"则是我想提出的教育口号，"尊重儿童全面发展权"是我想倡导的教育原则，"公平而灵活"的教育则是我认为的基础教育改革方向！

在基础教育尤其是早期教育实践中，只有依据"潜能发展心理学"的原理，尊重儿童全面发展的权利，强调"因教育才"，我们才能最终实现"面向全体、全面发展"的教育理想，并进而解决公平的教育与教育的公平之间的矛盾。

这就是我多年思考和实践的结论！

本书为此而写，献给一切真正热爱教育并在教育理论和实践战线脚踏实地不断求索的人们。希望开个头，抛砖引玉，让大家重视基础性的研究。不当之处请指正。

程　跃

2010 年 4 月 10 日于北京

目 录

上 部
潜能发展心理学
——理论思考及实验研究

上部

潜能发展心理学

——理论思考及实验研究

第一章　差异背后的潜能奥秘

今天，人类社会的发展早已离不开教育。终身教育、全程发展成为全世界的共识[1][2][3]。

教育不仅是提高民族素质、促进个体高质量全面发展的唯一途径，也是建设人力资源强国无法替代的根本手段。

然而，教育的发展并非令人满意。我们强调面向全体的公平教育，结果是两极分化严重、教育难以公平；我们希望每个个体都能全面高质量发展，结果却很难培养出综合素质高的全面发展的创新人才，个体发展结构失衡明显。

"教育公平""教育质量"成为整个社会关心的重大问题，成为当下《国家中长期教育改革和发展规划纲要》两大工作重点[4]。

政府、社会、民众看到了问题，但解决问题并非"问计于民"那么简单。事实上，这两大重点都与教育差异有关，反映出当前教育存在着严重的机会差异与质量差异的不公现象。

深入研究便会发现这不仅仅是一个教育问题，还是一个社会心理认知的问题，一个心理学的问题。

在整个社会心理的潜意识里，群体中的个体存在差异是不容争辩的客观事实。人和人之间理应存在着不同与差异，所有的不同和差异都是不以人的意志为转移的。

而差异心理学认为，对于差异，我们应当正视它，需要具有的良好心态是："承认"它的客观存在，学会"尊重"与"理解"它的现实性，懂得如何"利用"这种差异现象进行个性化的教育。

　　一句话，教育要根据个体的差异来实施，教育要满足不同个体的不同需要。只有"因材施教、扬长避短"，才能培养出个性化的人才，成为人人认可的教育真理。

　　为此，尽管人们对教育机会的不公和质量的不公表达出强烈的不满，然而，对于现实的差异现象，人们依然可以泰然处之、熟视无睹。

　　事实上，今天的教育一直在不断地提醒并告诉人们：教育的作用是有限的，要学会承认、理解和尊重各种客观差异，并将其视为一种"实事求是"的态度。

　　然而，"承认"差异的现实性，和向差异低头"认命"是两种截然不同的态度。前者是唯物主义的态度，后者是宿命论的态度。

　　面对差异，今天的教育是在充满无奈的"宿命"中展开的。然而，当教育认命于差异的现实时，还能在公平和质量的道路上走出多远？在这样一种心态下，任何一种积极的人类发展观都是有限度的、受约束的，无法从根本上摆脱其尴尬的境地。

　　促进"教育公平"和提高"教育质量"需要全新的积极发展观作为理论依据。

　　然而，把一门严谨、复杂、系统的教育科学当成社会常识交由社会大众来决策，只能让"教育无所适从"[5]。

　　动员全社会为教育献计献策，倾听来自四面八方的群众意见固然重要，但最终还是要回到其内在的规律研究上来。正如水稻的大面积增产不是由大众愿望决定的，而是科学研究和实验推动的。

　　美国著名心理学家罗伯特·V.卡尔指出："在儿童发展领域，一个理论是组织起来的一系列解释发展的观点。"[6]

　　今天，"发展科学"正在探索这条道路，希望把学术研究的财富与人类自身的发展势力相结合起来。研究者坚信，"没有什么比一个好理论更实用"，"一门科学对社会的最大贡献，莫过于将其学术致力于改进所有人的生活机遇"[7]。

　　我们认为，要想真正解决教育公平和教育质量问题，就必须彻底摆脱教育的宿命，让人类的积极发展观统帅发展、引领教育。

　　《国家中长期教育改革和发展规划纲要（2010—2020 年）》指出了教育改革和发展的方向，然而要想抓住当前教育问题的"牛鼻子"，啃下制约教育质量提高的"硬骨头"，还教育以公平，培养大量的创新人才，还需要从最基本的教育理论入手。如果没有可以实现公平而又高质量发展的教育理论，一切公平都不会最终实现[4]。

因此，寻找真正适合公平教育的全新理论，从教育理论和教育观念上首先做到"公平"二字，成为当务之急。

然而，"差异心理学"的理论，根本无法解决这一问题。当代教育要想真正突破问题的瓶颈，需要完全摆脱差异思维的约束，只有依据全新的潜能心理学理论，从差异转向潜能研究，才是寻找教育公平理论、提高全体学生发展质量的必由之路。

第一节　个体差异与人类潜能

一、"差异"与"潜能"不对等的较量

对"差异"现象的研究，从高尔顿（F. Galton）开始，一直以来都是心理学研究的重要内容[8]。

今天，随着研究的深入，人们对差异的认识正发生着重大的改变。

关于"差异性"和"多样性"的研究已经向人们揭示了"差异"现象背后更深层次的含义，人们意识到"可变异范围"和"可塑性"这两种品质是差异形成的重要基础[9]。

这意味着，一个潜藏在"差异现象"背后的话题正在凸显出来，那就是"人类潜能"！

其中，"可变异范围"暗含着潜能的大小问题；"可塑性"的特征则暗示着潜能实现的程度与影响因素的关系问题。

今天，甚至可以这样理解个体的"差异性"与"多样性"：

正是人类天生具有"多元潜能"，才使得群体中的个体最终在"变化多样的环境"中，呈现出千姿百态的"差异性"和丰富多彩的"多样性"来。

但是，这样一种可喜的改变并没有得到主流心理学的重视，在"差异"与"潜能"的关系中，仍然是一个强势、一个弱势。

今天，在心理学科、尤其是教育学科中，单纯的强调差异、尊重差异、利用差异仍然是压倒一切的主旋律。人们在差异话题上依旧是就事论事，就"差异"谈"差异"，很少有人能够透过"差异的表象"去触及"人类潜能"这样一个更深层面上的本质话题，或者仅仅是点到为止；更没

— 5 —

有人将变化多样的差异性与个体的多元潜能有机地联系在一起深入研究。

因此，当代心理学，始终无法彻底走出诞生初期关于差异理解的轨迹。

在讨论"潜能"这一话题时，有必要从"差异"和"潜能"的关系开始，并重新回顾差异认知的起源以及天赋差异归因的各种原因，以此帮助我们了解，在差异和潜能问题上，人们为什么总是如此不同。

(一)"差异"——一个强势的心理学话题

尽管，在研究人类群体时，人们总会将心理发展的阶段性作为"普遍性或共性品质"加以探讨[10]，如坐、爬、站、走的运动规律；理解、表达的言语发展的规律等。但最终人们还是要回到同一年龄阶段的不同个体的差异性问题上来，如学会坐、爬、站、走的时间人人不同，言语具体发展的时间人人有别等[11]。

尽管，人们对差异从最初的天赋归因到今天强调情境特征与时间顺序[9]，在认识上有了明显的改变，但是整个方向没有变，人们始终沿着探索差异的道路前行。

"差异"话题依然是当代心理学和教育学一个不可避免地强势话题。

人们对差异的认识有着自身的发展轨迹。远的不说，在心理学的发展史上，关于差异的认识不能不从高尔顿说起。

高尔顿是著名生物学家《进化论》的作者达尔文的表弟，英国人类学家、生物统计学家。从一开始就将目光聚焦在个体差异心理学的层面上。1869年，他出版了《遗传的天才》一书[8]，开启了智力心理学的大门，奠定了个体差异心理学的基础，拉开了天赋差异心理学讨论的大幕。这本书的出版比科学心理学的建立(1879)早10年，比儿童心理学的诞生(1882)早13年，比比纳(Afred Binet，1857~1911)编制出第一个智力测验的时间(1905)早36年。

1883年，高尔顿又出版了他的另一本著作《人类才能及其发展的研究》(*Inquires in human faculty and its development*)[12]。从书名上看，这本书原本应当是研究和探讨人类才能的共同规律的，但实际上他是从群体的层面上研究个体的差异，他是把差异作为群体的特征加以研究。

从此，人类特征的多样性与差异性的研究就成为心理学研究的主旋律，而差异的天赋归因则成为一个不言而喻的事实，这种差异观一直伴随着心理学的发展。今天，人们更是对差异的研究情有独钟，把差异视为心理研究的主要对象和重要特征。

回顾心理学的发展史，人们不难发现，高尔顿的《人类才能及其发展的研究》一书出版，自然而然地被视为科学的个体心理学及心理测验的肇始，高尔顿本人也就顺理成章地成为个体心理学的创始人。人们将他视为一个影响了心理学走向的人[13]。

这种看法并不过分，纵观心理学的发展史和心理学各学科建构的脉络，无不看到高尔顿影响的身影。透过今天的心理学教科书，可以清晰地看到这一点。

他关于智力差异的正态分布理论，不仅成就了当代的智力心理学，也渗透到了心理测量学、心理统计学、教育心理学、发展心理学等相关学科之中。

他的血亲相关研究方法的改良，成为最重要的心理学研究方法之一，为实验心理学增添了必不可少的研究手段[14]，也为遗传作用的证明奠定了基础[15]。

他对人的能力个别差异的认识，深刻影响了当代心理学的走向，成为当代差异心理学最为重要的一位功臣[12]。

尽管，在心理学的发展中，人们一直试图研究并回答人类心理规律性的共同特征。但在对人类行为和发展规律的探究过程中，总是会遇到难以解决的困难。如在实验研究中人们总会遇到实验的"误差"，如测量误差，取样误差等。

有人指责，为了研究共同的规律，心理学工作者总是将"误差"视为某种实验控制缺乏或测量不当的重要证据，随意地将这种因素排除在研究之外。事实上，这些所谓的"误差"不是研究的缺陷所致，而是真实的个体差异，反映了个体多样性的特征。将这些因素排除在研究之外，恰恰违背了心理学研究的目的。而心理学的研究正是要揭示这种个体的差异性[9]。

基于这样的认识，人们从企图探索"人类心理发展普遍性规律"再一次转向强调"个别化"和"差异化"，致力于揭示生命历程中所涉及的特异规律，以及可能是个别化的规律[16]。

心理学的这次转身无疑又一次回到了高尔顿最初预设的差异心理学的研究轨道之上。

不可否认,对心理差异的研究,极大地丰富了当代心理学学科内容,对于揭示人类心理的起源,探索个体智慧发展的奥秘、了解个性形成的规律,更深刻地认识人类个体,更全面地认识人类个体的多样性与差异性打下了坚实的基础,同时在服务于教育和社会的过程中起到了不可忽视的重大作用。

然而,在差异心理学研究不断向前发展时,也遇到了难以解决的问题。其中,如何解释差异的归因成为最棘手的事情。

从高尔顿的研究开始,心理学便存在着一种对"差异"进行理所当然的"天赋归因"的倾向和潜在意识。人们可以顺理成章地将个体的差异归因为遗传的差异、基因的不同,并理直气壮地利用个体的现实差异指导个体的发展与教育。

差异心理学的思维成就了当今最伟大的教育思想。环顾四周,凡是被人们广泛接受的最重要的教育原则,无一不与差异思想有关。最经典的要算"因材施教、扬长避短""尊重兴趣、尊重爱好、尊重特长""尊重天赋",最流行的要算"差异化教育""个性化教育"等。

然而,心理学走到今天,大多数心理学家们已经不再认同"差异的天赋归因",他们看到了现实差异形成的另外因素。他们或是强调环境的作用,或是强调个体和环境相互影响的力量;他们看到了"随时间或地点不同而表现出的多样性、或不同人之间的个别差异"[9]。

这就引出了一个棘手的问题:如果差异因时间和环境而不同,那么这个差异就不是特定的。个体的差异存在"可变性"和"可塑性"正反映了这一特质。

我们要问,个体的差异为什么可以改变?这种可变性的基础到底是什么?如果个体自身不存在一种可以变化的范围,个体又怎样改变?这种可以变化的范围与"潜能"有什么样的关系呢?

对于人类的潜能,持有积极发展观的人们一直保持着绝对的信心。

从维果茨基的"最近发展观"开始[17],人们似乎已经越来越走近了问题的答案。人们意识到,如果缺乏关于多样化群体中个体和群体的"变化范围"的认识,缺乏关于多样化情境资源的认识,发展科学也不再是一门完整的发展科学[9]。

人们还认识到,一个人一生的"可塑性"构成了每个人的某种基本发展势力。

我的导师著名发展心理学家林崇德教授在《我的心理学观》一书中指出[18]："如果维果茨基'文化历史发展'学派提出的'最近发展区'是阐述心理发展的潜力的话，那么朱老(朱智贤先生)的观点则指明了挖掘这种潜力的途径。"今天，不仅心理学家们谈及差异问题时，总是会提到"变化范围"与"可塑性"这两个词。遗传学家也对遗传特征提出了一个概念，叫做"反应范围"(The range of reaction)[19]。此概念于 1969 年由高特思曼引进心理学，用以表达个体智力的遗传潜能。人们发现在多基因遗传中，基因型与表现型并不一定对称，表现型存在着一个变化的范围，称为"反应范围"。

终于，有人意识到："遗传并不会规定一个儿童具体的 IQ 分数，它只是给出一个儿童最终可能达到的能力水平的范围，即遗传确定的是一个范围而不是一个精确的数字。"[20]

显然，这涉及一个对所有个体具有普遍意义的概念，即人类"潜能"及"潜能范围"。

事实上，从人类心理行为或发展的共性和普遍性规律的研究，转向个体的差异性或多样性的研究时，不是因为我们对共性和普遍性有了清晰明确的认识或结论，而是我们遇到了前所未有的困难，这困难使得研究不知如何继续下去。我们发现，无论怎样做，都无法回避差异性与多样性的问题。

因为，即使是一个群体，哪怕是"两个人，包括同卵双生子，具有完全相同的事件、经历和社会关系史——也就是某种'社会基因型'的概率，是如此微小，以至于等同于我们大多数人将其视为是不可能的。这种生物和情境随时间而出现的整合，意味着每个人均具有某种发展轨迹(一种动态变化的表现型)，这种轨迹至少在一定程度上是个人所特有的"[9]。

正是如此，心理学不得不再一次回到个体差异性的研究轨道上，所不同的是，这一次对"差异"的解释是将个体和情境在时间关系中整合了。

对差异的这种理解，显然超越了差异的天赋归因，更倾向将差异视为"个体和情境"在时间顺序上的一种相互作用和整合。也就是说，当情境和时间顺序不同时，个体表现出来的差异也就不同。

这种理解具有极大的进步意义。当人们开始强调差异的情境特点与时间顺序时，已经触及到了一个全新的概念，它就是人的"潜能"。

原本这种进步会帮助我们透过群体中个体差异的现象，看到人类潜能存在的本质，并将我们的注意力重新分配到普遍性或共性的研究轨道上来。

可惜的是，人们在这里却忽略了最本质性的东西，没有把注意力集中到由"变化范围"及"可塑性"暗含的潜能问题上，而是把注意力集中到了由"变化范围"或"可塑性"所带来的"差异性"和"多样性"变化上来。

人们死死盯住了差异性问题本身，再一次错过了另外一个研究天地，并在这样一个十字路口上重新回到了个体特殊性和差异性的研究上。

这就是差异的研究之路，一个沿着差异现象研究差异问题的老路。

（二）"潜能"——一个逐步清晰的心理学话题

如今，"人类发展科学"已经认识到，人类的行为和发展不仅存在着"个别化"的和"特异化"的规律，也同时存在"普遍性"规律[21]，每个人和每个人群均拥有其独特的和共同的特征[9]。

富有远见的心理学家开始意识到，应当"用发展的普遍性来预测在某个特定年龄上的学生可能或不可能做的事情，但也需预期到各个方面的多样性"[22]。

人们看到了多样性与普遍性的关系、个性与共性的关系。人们已经将"人类潜能"作为研究对象纳入了心理学研究的视野里。

从差异的"天赋归因"到差异的"多样性表达"，人们看到了个体可塑性与多样性的关系、变异范围与差异现象之间的关系。

心理学家明确指出：所谓个体的"变异范围"是描述"人类生命最优化之潜在特质"即"潜能"的基础[9]。

心理学家意识到：任何个体或群体均可能具有某种变化范围很大的潜在发展空间，这种潜在的发展空间和范围是人类发展的重要财富，于是"心理潜能"或"个体潜能"这样一个概念逐步地清晰起来，慢慢成为心理学的一个重要话题。

近年来一种积极的人类发展观开始受到关注。Baltes 等人的观点认为"发展科学的科学议程，不局限于描述和解释人的发展，还包括努力使发展最优化"[23]。

人们早就意识到了个体或群体的发展可以有不同的方向[24]，可能向更好的方向变化，也可能向更坏的方向变化。我国著名心理学家朱智贤、林崇德教授在发展心理学的理论中就指出，"不同的社会环境和教育条件，决定心理发展的方向、水平、速度、内容（或范围）等"[25]。

发展科学的作用在于，确认个体的发展势力（潜能）与各种环境中的情境资源之间的那些关系，并整合发展势力和资源以促进积极的人类发展[24]。

显然，心理学家们开始用"发展势力"来描述"变异范围"，并利用这种发展势力来促进个体最优化的发展，而这个"发展势力"就是心理潜能，"变异范围"就是"潜能范围"，促进群体中每一个个体最优化发展就是人类的潜能开发。

但是，时至今日，关于人类潜能范围的描述依然是抽象的，如"人类具有极大的潜能"或"人的潜能是无限的"，这些描述基本上是基于感性的判断，而非研究的结果。

当我们明确地使用"潜能范围"来描述群体中每个个体的变异范围时，开始注意到一个群体在成长的过程中不断两极分化最终形成的"分布"，具有"动态变化"的特征，也注意到群体差异分布所形成的"全距"存在着特殊的意义[26]。

那就是，群体"差异范围"即分布的全距范围与个体的潜能范围存在着某种相互呼应与吻合，群体分布的全距似乎暗示了个体的潜能范围！不仅如此，如果群体的差异是在分化的过程中形成的，那么这样的特征同样暗示了分化形成的分布具有动态的特征，并非总是正态的。

正是这种认识，终于将我们带入了潜能心理学的大门，极大地改变了我们对个体差异和多样性的看法。

个体之间之所以表现出无限的多样性和差异性的现实，均可能源于每个个体都存在着多方面的潜在变化范围，这些变化范围本质上就是潜能范围与潜能空间。

个体是多元的，即多维度、多方向、多层次的。多元的发展具有多元的变异范围，即多元的潜能范围。正是这种多元的潜能范围与变化多样的情境在某一时间点上互动，导致了群体中的个体多样性的发展和差异性的表现。

这种发现促使我们开始认真研究群体中个体的潜能范围，并尽可能地利用这种认识在教育中发挥作用，促进个体朝向最优化的方向发展。

在研究个体的潜能及潜能范围时，要回答问题是：什么是个体的潜能？个体的潜能与个体的差异有什么关系？个体潜能的范围到底有多大？个体与个体潜能范围之间的关系如何？在什么样的发展时机、创造什么样的情境可以更好地开发潜能？

今天，潜能心理学的研究已经成为时代发展的趋势和必然。但是，当我们真要将人类群体潜能作为一种心理特征加以研究或开发时，发现还有许多障碍横阻在面前。

在心理学开始使用"个体—情境"关系来描述差异的形成时，很多人还无法从中体会到，这是那些具有真知灼见的心理学家对差异的天赋归因或环境归因的彻底否认。可以说，心理学作为一门学科，本身还没有做好准备从差异的天赋归因认知中走出。

在当今心理学的学科结构中，到处还可以看到差异天赋归因的遗迹，这种遗迹保留在整个心理学科的基础框架之中，以一种沉默的方式影响着整个心理学的发展。以至于当我们认真地讨论心理学本身的归因时，会将当代的心理学归为天赋差异归因的心理学。同样沉积在教育领域中的心理学原则更是充斥着天赋差异归因的痕迹，并无时无刻不在影响着教育的改革（详见下部潜能教育）。

因此，要想回答个体潜能以及潜能范围的大小等问题，不仅要对差异有更进一步的讨论，也要彻底清除遗留在心理学结构深处的差异归因影响。

也许有人会说这是小题大做，心理学早已走出了天赋归因的时代，那些传统的观念早就随着时间的推移而消失得无影无踪了，没有必要老话重提，去翻旧账。

然而，事实并非如此简单。从今天心理学家对差异性和多样性如此执著的态度，和人们对于差异性看法的现实理解，以及在教育领域极力强调差异教育的事实中，仍然可以清楚地看到，天赋差异的归因像一个无形的影子，依然深刻地影响着我们思考的方式、处理事情的手段，最为突出的是影响着教育改革的方向。

事实上，当所有的研究和讨论集中于差异时，我们的视野会慢慢变成"管状视野"，不知不觉中离开多元潜能、离开环境的多样性和差异性、离开时间要素，仅仅集中在个体的差异性和多样性上，就事论事。

这种现象并不奇怪，对差异的认识伴随着整个人类的进化与发展，有了人类就有了差异观，这种认识在相当长的一段时间内是天赋归因的。这种归因意识早已积淀在人类群体的潜意识之中，消除它存在着相当的难度。

因此，在研究人类潜能或差异多样性这样的话题之前，有必要对已经进入潜意识层面上的差异观来一次彻底清理，将遗存在心理学学科体内的天赋差异归因的内容从学科内部清除出来，让人们看清它们的存在和影响，只有这样，才能真正放手去研究差异和潜能的辩证关系，才能真正去研究和建构潜能心理学。

二、差异与潜能——如影随形的伴侣

在过去的心理学研究中，差异与潜能几乎完全是两个互不相关的、完全独立的概念，很少有人将这两个概念或范畴放在一起，去研究它们之间的辩证关系和必然联系。

即使今天，人们已经看到了"可塑性"与"变异范围"这两个概念与差异的发生有关，却仍然没能透过个体差异现象，走向人类潜能的深入探讨和研究。

人们并没有完全意识到自己的讨论早已超越了传统差异心理学的研究，而从属于一个全新的范畴。人们只是为了更好地解释差异的多样性和变异性时，遇到的不可回避的新概念。

实际上，在人类的心理特征中，差异与潜能一直是一对如影随形的伴侣，它们从来就没有分开过，也无法分开，差异与潜能的关系是个性与共性的关系。

辩证唯物主义认为共性品质总是深藏于个性特征之中，即共性寓于个性之中。如果人们总是仅仅根据差异现象研究差异，则很难发现差异背后的本质特征。

我们需要摘掉差异现象的面纱，"透过现象看本质"。透过个体千变万化的差异表现，看到人类群体永远不变的共性。这个共性就是人类的潜能。

由于人们总是处于相同的群体内，并以个体的视觉审视其他个体，因此，往往会忽视人类共性品质的存在，更加无法将人类个体的差异放到人类群体相似性中去衡量和比较。原本"相似性"与"差异性"相比完全是"尺长寸短"，结果人们硬是选择"寸有所长"来放大差异，并置"尺长"

而不顾。

(一)"潜能"——差异现象中隐藏的秘密

事实上,自从心理学诞生起,研究者就一直通过差异研究在与"人类潜能"这一命题打着交道。在这一过程中,心理学研究者几乎早已完成了有关潜能问题的现象研究。

例如,关于狼孩(wolf child)的研究[27]、沙袋养育儿的研究[28]、Dennis 和 Najarian 对儿童福利院或 Spitz 在 1945 年战俘营中处境不利孩子的智力研究[29][30]、比纳、西蒙对普通环境中孩子的智力研究、Heber 和 Garber 于 1973 年对干预情况下孩子智力变化的研究[31]、关于超常教育导致超常儿童发展的研究,等等。

这些在今天看来最原始、最普通的特殊群体的智力发展研究中,不同的研究者在各自不同的领域里,对不同环境中的群体智力水平的研究,实事上早已像 CT 一样,将来自人类不同群体存在的差异进行了断层扫描般的"分断"分析。

可惜的是,人们仅仅是独立地看待并解释其中每一个层面的研究,从来没有人将这些断层扫描的结果,串联整合起来建立一个完整的立体模型,从全局的角度去看待它,并赋予它全新的含义。结果,人们揭示的仅仅是智力分布中的各个水平上的智力差异现象。

可悲的是,最终,独立的研究以独立的解释或结论终止,并逐步地被人们遗忘,慢慢地成为历史。致使我们多次与人类潜能研究擦肩而过,真可谓"三过其门而未入"。

可以毫不夸张地说,由于人们的忽略,我们与揭示人类潜能奥秘的机会多次失之交臂,使得人类对智力潜能发展的探索也无形中延迟了至少半个世纪。

事实上,恰恰是在这样一组最原始的研究的信息中,隐藏着一个关于人类潜能的天大秘密,一个人类共性的秘密:

将这些对不同群体的独立研究后获得的断层扫描的图像,按照环境影响的优劣排列,整合成一幅完整的画面,并重新建立起一个更大的群体时,可以轻而易举地发现:

这种不同群体不同研究结果的排列,所构成的一个更大群体反映出来的正是差异现象与潜能本质的相互关系!

下面,我们就利用心理学研究史上几类最典型的研究,将它们汇集在同一个智力分布中，看看这种规律性东西到底代表了什么，也许你也会做出自己的判断。

第一类典型的研究是关于狼孩的；

第二类典型的研究是关于沙袋养育儿的；

第三类典型研究是关于处境不利儿童的；

第四类典型研究是关于一般环境儿童的；

第五类典型研究是关于有利环境儿童的；

第六类典型研究是关于天才儿童的，他们所处的是优越教育环境，如卡尔威特的教育；

第七类典型的研究是关于变化环境中的孩子智力的变化。

我们将前六类典型的研究结果放在同一个分布中，可以看到这六种典型状态下孩子们的智商所形成的特殊排列顺序，如图 1-1 所示：它们是按环境的优劣排列着的。而第七种情况则说明了个体在不同环境中的智力变化。

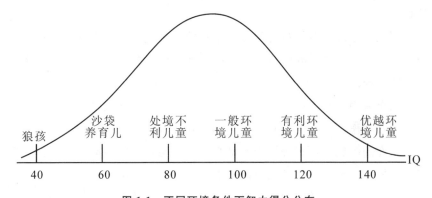

图 1-1　不同环境条件下智力得分分布

从图 1-1 中可以看到，将含有不同环境特征的群体放到一个更大的分布中时，智力水平的实际高低与个体所处的真实环境相关。环境越差、智力水平越低，环境越优、智力水平越高。

其中，狼孩智力低下达到 40 分点左右，是因为早期脱离人类社会，导致了最严重的社会文化环境剥夺；而沙袋养育儿智力轻度落后，智商在 60 分点左右的原因是因为早期失教；而对处境不利儿童（如孤儿院中的孩子、战俘营中的孩子、福利院中的孩子）的各种研究发现，他们的智商低于普通孩子的智商，往往在 80 分点左右；普通的孩子所处在一般的养育环境中，他们的智商为中等约在 100 左右；然而对处境中等家庭的孩子进行的早期干预研究发现，这类孩子智商可以提高 20 至 30 分点，在 120 分点左右；世界各地的早期教育培育的神童实践表明，通过父母早期科学的养育，他们的孩子智力往往会超过 140 分点达到超常水平，如两百年前就有的早教实践，卡尔威特的教育。

对不同研究结果的整合，反映出这样一个事实：不同环境条件下，儿童的智力会处在分布的不同位置上，不仅智力的高低与环境的优劣相呼应，而且智力的两极也与环境优劣的两极相对应。从狼孩的低常到卡尔威特的超常，不仅反映了环境的极大差异性，也反映了智力变化的范围。

这个范围几乎就是智力分布的全距范围！

(二)"差异全距"与"潜能范围"

上述的现象提示：尽管智力分布反映了一个群体现实的差异表现，但构成这个分布的"差异全距"却包含着每一个普通个体"潜能范围"的信息。

原先，心理学普遍接受的是高尔顿的分布理论，根据这个理论，智力的分布是由遗传差异的分布导致的，即个体的智力是按先天的优劣差异排队形成的。

如果智力水平是遗传决定的，那么在任何一种环境中，群体的智力都应当表现出固定性的分布特征，不会随环境变化而改变。

现在的问题是，每种智力水平为什么都与相应的环境有关呢？而环境差异导致的分布又为什么可以覆盖整个智力范围呢？

从不同环境群体智力差异的分布以及平均分数来看，一个群体确实存在着一种随环境质量变化而改变的智力状况。

我们要问："差异全距"与"潜能范围"为什么会是这种关系？

合理的解释、可能的答案只有一个，那就是，群体中的每个个体都存在着相近、相似的智力潜能范围，而这种潜能范围的大小正好与差异分布的全距相吻合！如果群体中的每个个体不存在一个相近、相似的潜能范围，那么一个普通的群体为什么会在不同的环境中有不同的智力表现？而这种表现为什么又会是全距性的？

只有当每一个普通人都存在着一个类似群体分布范围大小的潜能范围，才可能看到这样的规律：

当你被狼抚养后，如果幸运地活下来，你将成为一个狼孩；如果你被沙袋养育了，你将成为沙袋养育儿；如果你不幸在孤儿院或战俘营里长大，你将具有那种环境印迹的智力；相反，如果你生活在普通环境，你的智力可能也是普通的，而你受到了良好的早期教育，则你的智力会是超常的，如卡尔威特的孩子……

这种现象清楚表明，智力从低到高的变化另有解释，智力的差异分布并非遗传差异的自然分布所形成，而是由影响智力的环境差异所导致的。

这一发现揭示了人类潜能与智力差异的关系，甚至直截了当地告诉了我们智力分布的秘密，极大地鼓舞了人们。

需要强调的是，这一发现并没有否定遗传的作用。但是，遗传决定的不仅仅是智力的差异，更是智力的范围。这种认识上的转变非常重要，它是解释今天一切难题的关键。

可以说，遗传并没给每个人一个特定的智力标签，从你生下来起就将你确定为智力中等、智力低下、或智力超常的人，随着成长逐渐地表现出来，让你终身认命。

遗传实际上为每个人提供了一个巨大的智力表达的空间和范围。在这个范围内，存在着从智力低常到智力超常变化的多种表达的可能性。

你的智力最终可以是中等的，也可以是低常的，当然也可以是超常的。每个个体最终的智力水平或表达水平，是在遗传潜能的范围内取决于个体的成长环境与教育质量。

这就是人类的潜能——遗传的潜能，给差异提供表达空间和表达形式的潜能！它是个体差异性与多样性发展的真正基础，它是差异形成的真正内因。

对于这种解释，还可以从同一个体在不同环境中智商变化的研究结论中找到肯定的答案。人们发现，将早期处境不利的孩子转移至良好的环境后，他们的智力会明显提高；而情况相反时，结果也相反[32]。智力在不同环境中的变化，从另一个方面支持了个体存在智力潜能的看法。

强调遗传并非决定每个个体的智力等级差异，而是提供更广泛的表达空间。这不是说遗传不重要了，相反，它表明了遗传对所有人的重要价值和意义。

它为每个人的公平发展带来了机会，它除去了人们思想中的宿命论色彩，给人们的追求带来希望。它帮助我们从遗传差异决定论的陷阱中走了出来，上升到遗传范围表达论的高度看待遗传、看待天赋、看待命运。

在遗传提供的这个范围内，每个人的未来都是公平的、机会都是平等的。将病理儿童除外，人人都是遗传的天才。个体的最终差异跟个体在什么样的环境中生存有关，跟个体的努力有关。环境、教育以及学习影响着最后智力的水平和整个个体的发展状态。

我们的兴趣恰恰在于：不同环境类型中智力差异在智力分布全域中的分布排列特点，恰恰在于智商变化的方向、范围大小以及这种变化暗含的意义上。

我们已经看到，差异与潜能存在着某种奇特的关系。

差异不再是遗传决定的，而是在遗传潜能范围内形成的。也就是说，群体分布差异并非来源于差异，而是来源于个体的潜能范围。

如果结论确实如此，那么，心理学就必须重新面对下面的问题：

智力差异的分布到底还是不是遗传差异分布的外在表现？智力的正态分布理论到底还是不是一个公理？

第二节　智力正态分布的理论思考

在人们心中，群体的智力差异呈"正态分布"，这是一个最基本的常识[33][34]。

它在心理学中的角色如同数学中的几何定律、物理学中的万有引力定律，是心理学用以描述和解释群体差异分布规律的公理。

1905年智力测验诞生后[35]，人们通过大规模反复群体的测量，确定了群体差异分布的规律与特征，并借助智力"常模"固定下来，形成智力测量工具，用以对群体中的个体进行评价。

人们确信，通过平衡环境因素、消除了环境因素的影响，智力常模不可能是一个"自然常模"，而是一个纯粹的"标准常模"，反映了群体中个体的不同天赋状况。智力分布只与遗传差异分布有关，而与环境差异分布无关[36]。

而且，群体的智力总是呈"正态"的方式分布着。不管外部的环境因素发生什么样的变化，这种分布特征是固定的、不变的。其中，分布中间个体的比例最高，即智力中等的人最多；越向分布两端，个体的比例越低，即低常或超常的人生来就少，各自仅占分布比例的1％左右。

就智力分布的全距而言——从低常到超常的范围，是群体中个体按照天赋差异的大小排队形成的，与其他因素无关。

这些观点和认识的形成有着心理学研究的依据，它们来自以下方面：

1."标准常模"的获得，是通过严格平衡环境因素，消除环境影响而获得的，是一个纯粹的没有环境因素影响的智力常模；

2."正态分布"的结论，是通过大量反复的群体智力测验实测证明了的，群体智力分布是一种固定的正态分布[1]；

3."智力遗传的相关性"，是通过各种类型的血亲相关研究反复证明了的，"血亲越近、智力相关越高"成为心理学中的一个公理存在着。

对于心理学前辈们的研究和结论，今天的心理学工作者很少怀疑，并以此作为进一步建构心理学理论和指导心理学实践的重要依据。

然而，稍加深入研究，我们就会提出以下的疑问：

1. 智力常模到底是排除了环境影响的"标准常模"，还是包含着环境影响因素的"自然常模"？

2. 群体的智力分布到底是一种固定的"正态分布"还是一种可以变化的"动态分布"？

3. 个体在分布上显示的智力差异，是遗传差异决定的，还是另有原因？或"智力分布的全距"是智力天赋差异从小到大排列形成的，还是其他因素形成的？

提出这些问题并加以研究，就会很快发现，心理学涉智力分布的相关认识仍然处在极其原始的状态。这种原始的认识几乎无法和心理学的快速发展相呼应，同时自然影响了心理学的发展与走向，这个走向就是差异心理学方向。

潜能发展心理学只有面对智力的分布理论，重新解释智力的正态分布，才能获得自己的地位。

一、标准常模与自然常模

讨论智力正态分布的理论，探索差异的归因，不可避免地要涉及智力测验的"常模"。

　　传统心理学认为,智力常模是通过严格平衡环境因素,消除环境影响而获得的,是一个纯粹的没有环境因素影响的"标准常模",其所反映的是智力的天赋品质。

　　然而,分析智力分布与环境特点的关系发现,特定的智力水平与特定的环境特点相关(见图 1-1),说明智力常模是一个没有排除环境影响的"自然常模"。

　　对常模的不同认识反映了两种截然不同的差异观,一种是天赋归因的差异观;一种是环境归因的差异观。因此,智力常模到底是排除了环境影响的"标准常模",还是包含着环境影响因素的"自然常模"成为一个必须重新回答的问题。

(一)智力测验常模的性质

　　智力测验的常模工具,实际上就是指在科学心理学时代的早期,人们通过排除环境影响的智力测验,获得了关于群体智力天赋差异分布的一组"标准"数据,并据此建立起了智力测验的"标准常模"工具。

　　所谓"标准常模",它是测验分数的总体分布形态,它是对一个有代表性的标准化样组测验的结果,使用它能对个体的测验分数加以解释。具体而言,个体经过智力测验可以得到一个原始的分数,然后我们将这个原始分数与标准常模进行对照,便可以找到这个分数在那个常模分布中所处的位置[37]。

　　关于智力常模的本质,人们普遍认为,它是一个"标准常模",反映了智力的遗传特征。因为在制定标准常模时,研究者充分考虑了环境因素可能存在的影响,为了避免环境因素的影响,研究者选择了"同一社会文化背景"作为取样的范围和依据,利用国家常模、地区常模或分常模等方式,有效地平衡了环境的因素,将环境影响因素从测验工具中剔除出去。完全排除了不同文化、不同背景导致的环境差异(如城市常模与农村常模,美国常模与中国常模)的影响[37]。

　　因此,人们普遍相信"具有常模的测量工具在同一文化团体中是较公平的"[37],智力测验常模工具是一个消除了环境影响因素的测量工具,其本质是反映了同一社会文化环境背景下个体的天赋差异,是一个纯粹的智力天赋品质的测量工具,它所测得的智力分布只能是智力的遗传分布[38]。

直到今天，人们依然将智力看成一种先天的没有任何环境因素影响的个人品质。当谈到教育开发智力或干预提升智力时，人们常常会说，你通过训练提高的那个"智力"并不是我们所讲的那个"智力"（先天的），这是两回事。或者是，当你讲潜能开发时，人们表示出赞同；但当你说将普通儿童培养成超常儿童时，人们则表示反对，因为超常是天赋品质，只有极少数人才有。

然而，对于智力测验常模工具是一种"纯粹的智力天赋测量工具"的这种认识，并不能替代智力测验常模工具的实际本质。

从智力测量工具诞生直到今天，心理学研究者就从来也没有制定出"排除了环境影响因素"的纯粹的"智力测验常模工具"，而且也根本无法制定出这样一种工具来！

研究者关于"在同一区域、同一社会经济文化背景下形成的'智力测验常模'消除了环境影响因素"的结论，存在着多方面致命的问题。

事实上，心理学研究者关于"同一社会文化背景"下个体所处的"环境相同"的提法，只是一种推论和假设，人们并没有对智力测量工具"平衡并消除了环境影响因素"这一推论进行任何实证性研究。

在整个心理学史上，找不到任何证明智力测量工具排除了环境影响因素的实证研究，更看不到证明的结论。

研究者只是通过假设，直接将"同一社会、文化、习俗"背景下的常模制定，理解成消除了环境的差异影响因素的一个常模，将其作为"公理"使用着。

然而，通过"同一经济文化背景"将环境的影响从常模解释中消除掉，无疑存在着许多疑点。

1. 从环境类型的消除看常模性质

今天知道，影响儿童成长的环境因素是复杂的。在"同一社会文化背景"下的环境因素至少包括：家庭、学校和社会三大部分。

在这三大影响因素中，家庭是早期成长最重要、最直接的微环境，而学校教育是个体发展最重要的因素。

不同的家庭、不同的学校对个体有着完全不同的影响，哪怕这些个体存在于"同一种文化团体"之中，或存在于同一个区域之中，就连在同一个社区、同一座建筑中也存在着巨大的差异！

关于同一文化环境中的差异问题，事实上，维果茨基早已看到。美国著名心理学家罗伯特·V.卡尔在其所著的《儿童与儿童发展》一书中指出[39]，"维果茨基是最早的社会情境视角的推崇者，尤瑞·布朗芬布伦纳（Urie Bronfenbrenner）是当今最佳推崇者"。布朗芬布伦纳认为儿童处在一个异常复杂、并交互作用的环境系统之中。这个系统包括：微观系统、中观系统、外观系统、宏观系统。如图1-2所示：

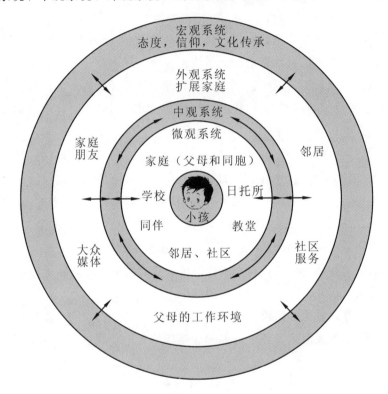

图1-2　儿童所处的环境系统示意图

今天我们还知道，在影响儿童发展的环境因素中，"同一社会文化背景"是一个相对平衡的大环境因素，生活在"同一社会文化背景"下的每个个体所受到的相关的社会影响差异不大，但真正产生巨大环境差异影响的并不是这种相同的社会文化环境，而是家庭微环境和学校教育环境。

对于儿童早期发展，家庭和学校的影响因素要远远大于社会的影响因素。这是一个不争的事实！正如Garbarino和Abramowitz指出的那样，"对大部分孩子来说，家庭是他们生活的中心。家庭基本上是儿童获得爱、指导、支持以及他们在需要解决生活中许多任务和挑战时获取资源的'大本营'"[40]。

仅仅通过"同一区域"来平衡社会文化层面上的影响，就认定智力测验常模已经平衡了所有的环境因素的影响，其做法完全无视家庭和学校教育可能存在的巨大差异，是不负责任的，也是不科学的。

更为可笑的是，这样一种关于环境的平衡与消除方法，对于研究者来说也并非一贯使用。在证明遗传因素作用的血亲相关研究中，可以看到另一种完全不同的关于环境差异的假设[36]。

为了证明遗传在血亲中的决定作用，研究者完全抛开同一社会文化背景下环境影响因素相同的假设。相反，他们认定来自不同家庭的个体环境是完全不同的，不具备任何共性的特征，并利用这样一个假设进行了"分养"研究[41]。

研究假设由于"分养环境"（不同家庭）完全不同，同卵双生子通过分养就可以完全排除环境的共性或相同性，并因此获得了遗传相关的结论。

有趣的是，在"分布研究"和"血亲研究"这两类研究中，遗传决定论者对环境进行了完全相反的假设，一个假设认定：不同家庭的环境差异可以忽略不计，得出了智力分布由遗传差异分布决定的结论；一个假设却说不同家庭的环境完全不同，得出了血亲相关越近，智力相关越高的结论。

对同样的环境条件进行完全相反的假设，获得完全相同的结论，这就是当代心理学中两大"公理"产生的背景！

关于环境的假设，我们不知道到底要相信哪一个，或者无法去相信其中任何一个假设，但至少能够看出两个假设不可能都是正确的。

实际上，不仅个体家庭环境完全不同的假设存在问题，通过平衡社会文化环境来消除环境差异影响也是根本做不到的。这不仅是因为影响儿童成长的环境分成不同的类型和层次，还因为影响不同儿童成长的环境是一个"全域性"的差异分布环境。

说到"环境全域"，再从智力测验常模的取样看看常模是否可以消除环境的影响因素。

2. 从全域样本的含义看常模性质

事实是，"同一社会文化"环境是一个"全域性"的大环境。在任何同一文化背景区域中，这一区域影响个体成长的环境都将自动构成这个

"环境的全域"，都存在一个相对于这个区域的"全域性环境分布"。

这个"全域性的环境"必然具有以下特点：即这个全域环境的质量不是相等的，存在着差异性，是一种差异环境。而且这种环境的差异是一种连续性的差异，根据经验统计学推断，它也呈"正态分布"特征。

如果不去区分影响儿童成长的各种不同环境要素时，"全域环境"的概念告诉我们：在这样一个全域环境分布中，既存在着环境差异的两极，如优与劣，也存在着中间质量环境。

它是从"不利环境"到"有利环境"的一个连续性的变化范围。在这个区域内，有生活在相对丰富刺激、教育条件优越环境中的个体，也有生活在相对刺激贫乏、教育条件落后状态中的个体，当然更多的可能是生活在中等环境和教育条件下的个体。

拿北京来说，作为同一城市、同一文化背景，在北京同一年龄的儿童成长环境却往往大不相同，存在着从不利环境到有利环境排列中的各种环境差异。无法想象，一个随父母拾破烂、或随父母整天在路边卖菜的孩子，和一个有足够资金选择最好的幼儿园和提供最好的营养保证及家庭教育的孩子之间，存在着环境以及教育条件上的相同性。事实上，分布在环境全域内的个体，他们之间的环境存在着巨大的差异！

在常模的制定和获得时，研究者为什么特别强调，要在整个人群的范围内分层取样的原则？原因只有一个，只有大样本分层取样才有可能获得一个相对满意的"正态分布"的常模数据，否则根本无法获得一个标准的常模分布。

先不去追问，为什么只有这种取样才能获得一个正态的分布模型？先来看看，在人群全域范围内分层取样到底意味着什么？

事实上，智力测验的常模来源于群体中的"全域样本"。研究者认为由于同一文化环境的影响是基本相同的，而"全域样本"来源于同一个文化背景，因此，也就消除了环境的差异性影响。如图 1-3 所示：

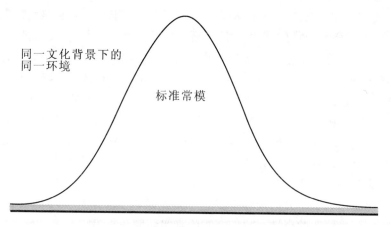

同一文化背景下的
同一环境

标准常模

图 1-3　同一文化背景下的智力常模

上图中，全域范围内的所有环境是相同的、没有差异存在的，是同一区域、同一经济文化背景的同一环境。

因此，人们根据全域分层取样而获得具有代表的统计学意义的数据做出的"标准常模"，就是一个不含环境影响因素的公平、公正的尺子。人们再用它来测量群体中的个体，所得到的智商分数，也就是一个没有环境影响因素的智力天赋品质。

但是，所有的问题都在于：同一文化背景下，处在全域环境不同位置的个体环境是否真的相同？

全域环境是一种连续的差异环境，是一个从不利环境到有利环境的范围。不仅存在着差异的两极，同时还存在着中间状态，有不利环境和有利环境、贫乏环境和丰富环境、不良环境和良好环境的区分。

我们说，越是考虑取样的公平而在全域范围内广泛取样，那么所制定的常模，就越是无法回避环境的全域，也就越是无法回避全域性的环境差异影响。

因为，人群全域范围本质上就是一个环境的全域范围。这时，所获得的常模恰恰不是一个排除了环境差异影响的"标准常模"，而是一个覆盖了整个环境差异分布的"自然常模"。

而这种全域样本常模表现出的正态分布特点，也可以获得另外的解释。我在《智力表型等级表达及其环境条件》的研究中[26]，发现智力的分布特征与环境的分布特征高度相关[42]。

根据差异统计学的规律，人类成长环境的差异也同样应当具备"正态分布"的特点。特别良好的成长环境是少数，特别不良的成长环境也是少数，大多数个体的成长环境是中等的。

这正是为什么研究者在人群全域范围内分层取样时，总是可以获得一个"正态分布"的智力常模的原因所在！

今天知道，在评价环境差异时，既不能忽视在同一文化背景下的不同家庭环境或不同学校环境的不同影响，也不能忽视环境全域存在的分布性差异，这种影响远远大于同一文化背景下的社会环境的影响。

研究者在平衡社会文化环境的影响时，并没有去考虑如何平衡或消除家庭或学校的环境影响尤其是教育影响，也没有去平衡全域环境差异分布的影响，就如此随意地认为平衡了"同一社会文化影响因素"，就可以消除环境的差异性影响因素，这是多么荒唐和不负责任的事！

然而，一个不容回避的事实是，抽样样本个个来源于不同的家庭，来源于环境分布的全域，他们之间的真实环境并非相同。

如果说，同一文化背景下不同个体的成长环境并不相同，而且抽样样本的环境全域差异也存在一个差异分布，这个分布的特征也呈正态。那么这时，所获得的"标准常模"事实上就是一个与环境差异分布相关的常模，一个所谓的环境差异全距分布中的"自然常模"。如图1-4所示：

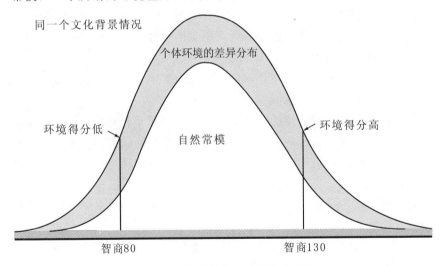

图1-4　环境差异分布中的智力常模

深灰色的区域代表同一文化背景的环境，外面大一些的正态分布代表不同个体环境的差异分布，里面的正态分布代表智力的"自然常模"。

通过上图可以看出，这时，智力常模中的每一个数值都与一种环境商数值相关，智商130的个体可能同时处在高"环境商数"的位置，而智商80的个体可能同时处在低"环境商数"的区域内。

今天没有人会反对，个体的成长环境存在差异的理解，这几乎是一

个铁一般的事实。贫乏环境和丰富环境的差异、刺激环境与剥夺环境的差异、良好环境和不良环境的差异……[43]

如果按照血亲相关研究的假设，"分养环境"即不同家庭的环境完全不同的说法，我们根本无法通过平衡社会文化背景来消除家庭环境的差异，因为它们完全不同。

总之，群体中的个体成长在不同的环境影响下，而且群体中个体的成长环境差异也是有特点的。这个特点不是别的，正好是特别优越的良好环境少、特别贫乏的不良环境也相对少，多数个体成长的环境为中等环境。

当研究者在环境的全域范围内取样时，本质上是在环境差异分布的整个范围内取样。这时，智力呈现出的正态分布特点，或者说所获得的标准常模不仅无法排除环境差异正态分布的影响，相反还与环境分布特点保有着极高的正相关。

在现实的研究中，对智力测验结果进行解释时，很难对智力分数进行纯粹的天赋归因。如，对狼孩进行智力测验获得了极低的智商，试图解释这种智力时，自然回到了社会环境剥夺这样一个实际的判断上，而没有将狼孩的低智商归结为遗传所致[44]。对沙袋养育儿的研究结论也是一样，研究者将他们的智力落后归结为"早期失教"[28]。

相反，在世界各地报道过的典型的超常儿童案例中，我们同样看到早期教育的重大影响因素的存在[45]。

总之，根本无法去否定这样一个事实，在同一文化背景下所获得的标准常模中，高智商的数据相对应的个体，可能来自更优越环境或教育良好的家庭；低智商的数据相对应的个体，可能来自更贫乏环境或教育不良的家庭；中等智商的数据相对应的个体，可能来自于中等质量环境和中等教育质量的家庭。

因此，研究者所制定的所谓排除了环境影响的"标准常模"，实际上是一个根本没有排除环境影响的"自然常模"，它受到整个环境差异分布的影响。

3. 从年龄常模特点看常模性质

标准常模是按年龄取样的，也就是说每一个年龄有一个常模。而不同的年龄常模分布的全距并不相同，表现出常模分布的离散度随着年龄增大而加大的特点。

以跳高能力的发展为例，我们对金色摇篮幼儿园与小学入园、入学的 1 岁半到 8 岁的近千名孩子进行了测量，结果如表 1-1 所示：

表 1-1　不同月龄幼儿跳高阶梯的差异范围表

项目名称	最早月龄	多数人学会月龄	迟缓月龄	月龄差
原地跳起	20	25	30	10
跳过障碍物 15cm	40	49	61	21
跳过障碍物 20cm	45	52	72	27
跳过障碍物 25cm	46	54	76	30
跳过障碍物 30cm	50	61	84	34
跳过障碍物 35cm	53	68	92	39
连续跳绳 100 个	50	72	98	48

　　结果显示，随着跳高能力的发展，在跳高的不同指标上个体的差异随着年龄增长而扩大。年龄越小差异越小，年龄越大差异越大。

　　尽管每项指标的分布都显示类正态分布的特征，但每项指标所代表的正态分布并不相同，分布的离散度随着年龄的增长而扩大。根据上表内容画图，则如图 1-5 所示：

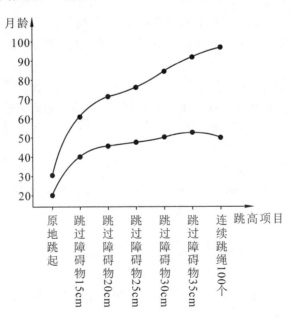

图 1-5　不同月龄幼儿跳高阶梯的差异分化图

4. 从分常模或区域常模看常模性质

还须意识到，人类环境全域的范围是一个极大的范围。环境不仅对于一个群体中的不同个体存在着差异性，而且一个群体和另一个群体所处的环境特色也并不相同，如不同的民族环境、城市环境与农村环境等，这时根据不同区域制定的常模工具所测得的正态分布之间也无法去画上等号。

研究者实际上看到了一种群体和另一个群体所处的环境特色并不相同，因此，提出"地方常模"或"分常模"的概念来消除这种差异，理由是"总常模"不易于区分被试的差别程度，原来很大的差别被平均后，有些小的差异就消失了。由于在一个极大的环境范围内，环境的差异也同样很大，这时只有一个总常模，可能对某些小群体很不利，这也是为什么要做地方常模的理由。

正是这样，又出现了一个新的问题。这样的概念提示，来自某一特定群体全域性的标准常模或分常模，其本身可能并不"标准"，或者说并不是全人类所有个体的成长全域环境，很可能仅仅是这个全域环境中的一段，如农村教育环境低下、而城市教育环境良好，这是农村和城市的差异所在。

那么教育环境差的"标准常模"和教育环境良好的"标准常模"，实际上分布在整个更大的全域环境背景中，两个常模之间存在着一定的差异，这种差异也是无法通过制定分常模的方式加以消除或平衡掉的。这时在一个常模上（如农村常模）处于某个位置的个体，在另一个常模上（如城市常模）会处于另一个位置。

举例而言，同一个个体在农村常模中获得了智商130分点，如果用城市量表来测量可能仅有110的智力商数，为什么会这样呢？

原因很简单，就是因为这两种常模是两把尺子，来源于两种不同环境背景。所谓智力测验常模分数是一组经转换而获得的关于群体内相对关系的量表分。说某人智力超常是相对这一群体其他个体比较而言的。在一个城市常模量表中得分不高的个体，在农村常模中却可能是处于一个环境质量相对较高的位置，如图1-6所示。

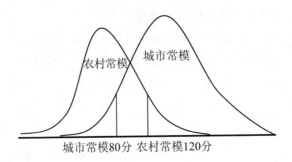

城市常模80分 农村常模120分

图 1-6 两类常模分布差异

这是因为，当用农村量表测量时，环境质量的标准降低了。所以，实际上，将城市和农村放在一个更广大的环境背景下，环境全域范围会进一步扩大，这时得到的常模的离散度也会增加。在农村常模中较高分值的个体在新的分布中得分可能会降低，而在城市常模中得分较低的个体在新的分布中得分可能会相对提高。如图 1-7 所示：

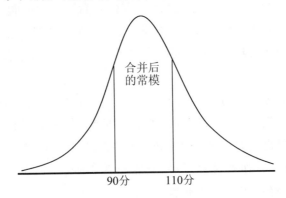

合并后的常模

90分   110分

图 1-7 总常模对区域常模分数的不同解释

这时，是更相信区域常模，还是总常模呢？如果说一个人的智力是遗传的、天生的、不可改变的，那么同一个人在不同常模中的不同分值，到底哪一个更能代表他的天赋呢？用城市常模可能对低智商的人不利，有降低他们分值的趋势，用农村常模又对中高智商的个体智力具有估值过高的可能。难道智商仅仅是一个一定区域内的概念，不能进行比较？

来自某一特定群体全域性的标准常模，其本身可能并不"标准"。很显然，在教育环境质量落后的群体中，用相对应的常模所测得的高智商，可能在教育环境质量良好的群体中，仅仅只是一个中等的智力水平。制定"农村常模"本质上是通过整体性的降低常模标准来让分布符合要求，这是典型的"矮子里面选将军"的做法。

再如，在早期养育的方式、早期教育的观念等方面，每个民族都有着自己的特色，或是这样的或是那样的，但归结起来可以说有的更科学，有的相对落后，有的是鼓励性的，有的是限制性的。

例如，有研究指出我国儿童在早期发展中与国外的孩子相比，前6个月内没有什么差异，但6个月后到2岁这个阶段开始产生较大的差异。我们认为其原因在于我国和国外发达国家在早期教育的观念、方法上的差异，我国3岁前的教育存在观念问题，基本上是以保育为特点，特色常常是限制。

在多年的上门跟踪及调研中，我们发现父母为了孩子的安全，常常使用一系列过度保护、过度限制、过度替代手段组成的行为，这些手段被父母有意无意地大量使用着。而这一切就自然而然地构成了这一群体的共性养育特点。

在这样一种共性的育儿特征的环境下，所谓"标准状态"实质上是一种"过度限制""过度保护"或"过度替代"状态。

在这样的状态下，所获得的常模就不能算是一种真正"标准"的常模，而就是一种在自然全域范围内的，某个区域性的常模，一种"限制性"的常模。它和鼓励性环境中培养起来的孩子智力分布并不相同。但不论是限制性的环境，还是鼓励性的环境，都是整个环境全域中的一个部分（如图 1-8 所示）。

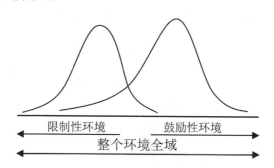

限制性环境　　　鼓励性环境
整个环境全域

图 1-8　整个环境全域中可能存在的不同区域性环境差异

如果根据这样一个在整个环境全域范围内某个区域的常模，来确定孩子每个阶段的发展水平是否正常，是对孩子发展能力和发展潜能的一种错误解读。

不仅如此，关于常模的性质，还可以从以下的分析中获得反驳依据。

5. 从常模的时代性看常模性质

有研究发现，从 S-B 量表 1972 年常模分数发现各年龄的平均智龄（MA）比同一测验在 1937 年取得的常模分数提高了半岁左右，从这个意义上说，不同时代的儿童智力水平是发生了变化的。因此常模不仅具有地区性，还具有时代性，往往一个有效的常模时间为十年左右[46]。超过十年的常模往往就需要进行修订，原因是随着时代的变化，成长的环境也发生了改变。

如在 20 世纪的智力常模中，涉及的职业辨别往往对今天的孩子来说是一种困难，因为有些内容已经不再常见，如果不修订量表，就会造成误差。

如果说智力测验常模工具是排除了环境影响因素的，那么时代的变化、环境的改变并不会影响所测得的智力。根据常模工具所测得的智力，只反映智力的天赋差异。我们大可不必十年修订一次智力量表以适应环境的变化。

因此，智力量表修订的唯一原因是时代变化导致了影响智力发展的环境因素的变化。

这一点也反映了常模无法消除环境影响因素的特征。

6. 从分布内部位置的变化看常模的性质

如果说标准常模真正消除了环境影响因素，它所测得的个体智力反映了个体的天赋。那么，这时这个天赋差异在分布中的位置一旦确定，应当是固定不变的。

在实际研究中，我们发现不同年龄阶段的智力分布在形态上不相同，即使分布的形态相同，离散度一致、集中度一致，但仍然不可避免地存在分布内部的个体位置发生变化的情况。

表 1-2 反映了一组 101 名 1 岁半至 2 岁的孩子，在金色摇篮教育情况下的智力分布变化情况。

表 1-2　金色摇篮部分在园孩子的智力跟踪研究情况分析表

姓名	初测 IQ	按高低排序	一年测评结果	排序名称变化	两年测评结果	排序名次变化
邵佳琪	133.3	1	133.6	31	141.9	29
李思颖	132.1	2	145.4	18	131.3	56
吕雯暄	129.4	3	164.2	2	155.6	5
杨越涵	127.7	4	130.5	41	130.1	57
苏桐	125.7	5	123.5	63	116.7	83
曾涛	123.2	6	157.6	3	156.4	4
邓辰然	121.8	7	148.6	14	151.7	10
王柯然	120.8	8	129.0	48	123.4	70
陈宣	118.9	9	131.9	37	146.7	25
卞楚然	118.7	10	150.3	10	145.8	27
岑信	117.6	11	111.5	84	128.3	61
贾依蒙	114.9	12	129.7	44	131.3	55
万朵	114.6	13	169.7	1	161.8	1
付雨欣	113.9	14	100.0	99	110.0	92
崔山	113.8	15	156.7	4	154.7	6
…	…	…	…	…	…	…
苏成创	75.7	101	144.0	20	146.4	26
智商平均分	98.1		127.8		131.8	

通过上面的数据，可以清楚地看到两方面的变化：

第一，在连续的园所教育下，群体的智力分布发生了偏移，但不同年龄同一群体的智商平均分有了明显的改变。入园初测平均分为 98.1，一年后为 127.8，两年后则成为 131.8，增幅达 33.7 个分点。

第二，群体中的个体在不同的时间段内，智商在分布中的位置有明显的变化。几乎看不到一人位置保持不变的情况。有的变动幅度巨大，如初测中第 5 名在两年后的排位下降至 83 名，而初测第 101 名，在两年后的排位则上升至 26 名。

这一结果与其他许多研究者的结论是相同的。

怎样解释这样两种变化，对遗传决定论者来说是一个问题。

遗传因素在精子和卵子结合成受精卵后，就已经固定下来，一经确定就不再变化。因此，就智力常模的分布特征而言，它也是不会改变的。各种智力水平的人在分布中的比例是固定的，如智商超过 130 分点的，仅占人群总数的 1％～3％。

然而，上述数据显示，1 岁半至 2 岁的孩子，经过金色摇篮两年的早期教育，群体的智商平均上升了 33.7 个分点，不仅说明了早期潜能开发的价值，更是改变了智商 130 以上人群的比例，使得这个群体中智商超过 130 分点的比例达到甚至超过 50％，这对强调常模比例不变的人来说是一个难题。

退一步来说，就算不去讨论智商分布平均分的变化，还可以清楚地看到所测群体内部个体的位置，无论是提高还是降低都意味发生了明显的变化。这种变化同样说明了常模数据不是固定不变的。

有理由相信，造成群体智力的平均分的不断提高的因素是，群体的教育环境的改变；而导致了个体在分布中的位置发生变化的原因，则是个体环境质量的相对变化。

当个体成长中的环境质量相对提高时，个体在分布中的位置向左移，得分增加；当个体成长中的环境质量相对下降时，个体在分布中的位置向右移，得分降低。在园所教育中，个体在分布中位置的变化，家庭环境的相对改变成为最重要的变量。

以上分析与研究都表明，研究者制定的智力测验常模工具，实际上根本不是一个消除了环境影响因素的"标准常模"工具，而是一个在环境全域中所获得的"自然常模"工具，它反映了环境全域差异的"自然特征"。

实际上，要想证明智力常模是一个排除了环境影响因素的标准常模，是无法做到的。

熟悉分布理论的人们都知道，"正态分布"在理论上是一种"一族分布"，它是一类特定分布类型的总称。它是指一个分布的平均数、中数、众数重叠在一条线上的"一族分布"[47]。

因此，要证明遗传和智力两个正态分布完全一致，一个分布是由另一个分布决定的。我们除了要证明这两个分布是正态的，更要证明这两个分布的具体数据相互吻合。不仅如此，还要证明，这种吻合不是由于其他因素的存在所导致。

这时，遇到的难题是难以克服的。因为，决定一个分布特征的宏观数据有标准差（离散度、集中度）和平均数等；决定一个分布的微观数据有分布中每个样本的差异排列顺序。

要想证明两个分布不仅是正态的，而且是相互吻合的，那么，两个分布的所有数据都应当是一致的。然而，从统计经验推论出的一个关于遗传差异的抽象正态分布特征，无法变成一个具体的分布。因此，无法想象将一个遗传的抽象的分布与一个智力的具体的分布之间直接画上等号！

然而，所有的事实和证据都显示，要证明智力常模是一个无法排除环境影响的"自然常模"却要容易得多。

尽管如此，很多研究者依然认为，智力的天赋是在成长中自然而然地表现出来的，这种表现需要时间。而且，基因的表达顺序与方式也不相同，有的表达的早，有的表达的晚。早期智力测验结果的不稳定性正是源于这样的原因，是个体没有完全成熟导致的。

因此，就算智力测验常模不是"标准常模"而是"自然常模"，也不能否定它是遗传天赋的自然表达。因为，这个常模是在自然人群体中随机取样产生的，没有强加任何限制性或干预性的条件。即没有对其中某些人进行限制，也没有对另一些人进行干预，对所有人都是公平的。

这种"自然常模"同样反映了天赋自然成长的特征，是天赋的自然表达。

今天，这种观点同样较顽固地影响着人们的思维。对此种观点，也有必要加以分析。以下我们从何为"自然"入手，分析自然的本质，认识发展的差异。

(二)从自然成长看自然状态

说到"自然成长"，人们总是使用笼统的概念，在抽象的水平上谈论它。有人认为，所谓自然成长，就是指整个成长过程是完全自然而然的，没有人为有目的的影响与干预。

正是由于自然成长没有人为因素的有意影响，那么成长的结果就一定是天赋的自然表达和外化反映。所表现出来的结果，自然就是遗传的天赋结果。

这种观点听起来仿佛很有道理，但同样经不起推敲。

1. 自然是一个全域性概念

"自然"不是一个抽象的、相同的概念，而是一个"全域性"的差异概念，即使是在同一文化背景下，个体和个体所处的自然环境，在全域范围内可能存在着极大的差异性。

所谓让孩子"顺其自然"地发展，并不是不受影响地发展，而是指孩子在"自身所处的家庭环境"中顺其自然地发展。

然而，每个特定的"家庭环境"，往往对每个具体的孩子而言是不同的、特定的或是存在差异的。"自然成长"正是在这样一种特定的差异性环境中完成的。

例如，某个个体可以是处在一个剥夺环境之中，另一个个体可能却处在一个丰富的环境之中；一个来自拥有良好教育的家庭，一个来自缺少教育的家庭。通俗点说一个"好的自然"与一个"差的自然"，两者具有完全不同的自然条件。

人们常常是把没有人为因素的"有意"影响理解为"自然状态"。然而，事实上，没有人为因素的有意影响，同样存在不同的影响，因为不同家庭环境之间的差异是客观存在的。

环境或教育的影响可能是有意的、建构性的，也可以是无意的或客观存在着的，环境对个体的潜在或隐性的影响往往非常大。

一个喜欢不停说话的母亲与另一个较为沉默的母亲，她们所形成的自然状态并不相同；一个喜欢将小婴儿不时高高举起并抛来抛去的父亲，与另一个总是担心孩子出现安全隐患而小心翼翼的父亲，他们对孩子所形成的自然影响也不相同。

我们曾就自然养育问题调查过许多家庭，一百个强调自然养育的家庭，实际上有一百种养育的方式。所有强调自然养育方式的家庭，都不可避免地存在着养育行为的差异。

因此，不可能因"没有人为的有意影响"，自然成长环境就是没有差异的存在，而将自然的差异给"平衡"掉！更不能说，因为研究者没有施加任何限制性或干预性的影响，研究的对象就是纯自然的。事实上，每个自然人都生活在不同的自然状态中。

正如，"靠天收"可谓一种典型的"顺其自然"。在科技水平不高的农业时代，农民种地往往只能顺其自然靠天收。这里靠天收是指靠气候情况来收获，不同的气候情况会有不同的收成。因此，这个"自然"不是指某个相同的气候，而是指可能出现的不同气候，"自然"与"自然"并非相等。

人们从中悟出了一个最简单的道理，靠天收也要看"运道"，老天爷也有好差之时，年头好风调雨顺，收成自然好，光景不好天灾人祸，收成自然差。

可见，"自然"也是一个全距性的概念，自然不是一个统一的标准，而是一个范围。

"风调雨顺"是自然，是一种良好的自然状态，"天灾人祸"也是自然，是一种不良的自然状态，而更多的则是介于两者之间的自然气候，一种不好不坏的自然状态。

这里的"自然"是一个涉及群体差异两极范围内一切差异的概念。可以是好，可以是坏，也可以不好也不坏，而且这个"自然"不是指庄稼自己的自然，而是环境的自然。

2. 自然是一个不同的概念

同样，强调成长是一个自然而然的过程，智力表现是成长过程中基因"顺其自然"表达的人们，仿佛认为"自然"是一种唯一的状态，或是一种平均的状态。

然而，自然既不是一种唯一的状态，也不是一种平均的状态。"此自然"非"彼自然"，你的自然并不等于他的自然。

在实际的家庭教育过程中，宣称自己是"顺其自然"、从不干预孩子的人们，实际用着不同的方式对待孩子，他们的言行举止并不相同。

我们曾就讲故事一事对父母们进行了调查，发现人们对顺其自然的理解各不相同：如有的父母认为，孩子到了听故事的年龄就主动给孩子讲故事，这是顺其自然；有的父母则要到孩子要求听故事时才给孩子讲故事，这是他们理解的自然；还有的父母当孩子要求他们讲故事时，他们却说："去去去，自己玩去，爸爸妈妈忙着呢！"他们认为这也是一种顺其自然。

可见，每个家庭的"自然"并不相同，不能够画上等号。你的"自然"不等于他的"自然"，从良好的自然到不良的自然，自然分布形成一个范围。

正所谓"靠天收"依靠的是自然，但这只能是一种宿命论，是在生产力极低的情况下，劳动人民对自然无法预测、无法把握、无法控制的情况下的一种听天由命心态的表达。

在人的成长中，绝不能引进这种心态，孩子成长任其自然，随他去，那也就等于是靠天收。这个"天"不是别的，就是父母、就是家庭环境这个小天地！在这个小天地里如果"风调雨顺"一切均好说，孩子会发展得较好，如果风不调来雨不顺，小天地撂荒，孩子这棵幼苗将收成无几。

况且，每个家庭中的自然各不相同，有任其自然的、有顺其自然的、有用其自然的，还有超其自然的。真正意义上的自然是完全符合成长规律的教育，顺应了人的发展的科学规律的才真正算得上自然。

今天知道，影响儿童成长的并不只是那些有意安排的环境与教育因素，同时包括那些每一天、每一刻围绕着儿童成长的所有环境因素，有物理的、文化的、教育的。可以说，无论是有意的环境，还是无意的环境，都会影响儿童的成长。所谓"自然成长"更多地是指成长受到那些无意环境差异因素的影响，这些因素构成了成长环境的差异，对成长产生不同的影响。

另外，也要看到，今天强调自然成长的人们同时也在强调另一方面，即"正常发展"。事实上，所谓"正常"其实是一种平均概念，因此，它所对应的自然也是一个平均概念[48]。

它实际上暗示人们，如果人们希望得到正常的发展，只需要有一个正常的环境就行了。然而，这个"正常的环境"仅仅代表了自然的"平均状态"，事实上，群体中的个体发展存在着各种形式，有低水平发展、有正常发展、有资优发展，还有超常发展。其中，人类的积极发展观所追求的发展并不是平均发展值或正常发展值，而是良好发展、资优发展、超常发展。

(三)常模性质的再分析

1. 自然常模——常模性质的真实含义

如上所说，所谓"标准常模"，根本无法消除其带有全域性的环境影响因素的特征。根据常模所测得的全域分布中的不同智力，并不能反映群体的天赋差异分布，其中每一个个体的智力都带有环境明显的烙印。

因此，这种常模与其称它为"标准常模"，不如称其为"自然常模"。

称其"自然常模"的理由是，人们所获得的智力测验的常模，是在"自然状态"下通过大面积分层取样获得的。即"智力测验常模"的制定是在"自然状态"下，在一个群体全域范围内进行取样，并通过统计所获得的关于一个样本群体的差异分布情况，它不仅反映了智力的差异分布情况，也同时反映了与群体智力分布有关的全域环境差异分布特征。

它对个体的测验分数的解释不再是排除了环境影响因素的智力天赋，而是智力基因型在不同环境中所显示出来的智力表现型。也就是说，个体经过测验得到一个原始的分数，将其与常模进行对照，可以找到这个分数在那个常模分布中所处的位置，即在智力分布中的位置。但对这个分数的解释不再是智力的天赋归因，而是一种智力的环境归因。

如通过智力测验，得到了两个孩子不同的智商结果，一个智商 130分点，一个 80 分点。我们不能说由于常模已经平衡并消除了环境因素的影响，因此，这个测出的智商只反映出这两个孩子的天赋差异的情况。实际上，这两个不同孩子的智商很可能来源于两个不同的教养环境。而这两个孩子成长环境之间存在着极大的差异，可能是他们俩智商差异的重要原因。这种环境差异是不可能通过平衡的方式消除掉的。

在标准常模中，根本无法排除每一个个体可能所处的不同环境因素，即根本无法排除群体中的不同个体处于全域中不同环境背景的差异性影响。这种环境的差异性影响和不同文化、区域或民族之间的差异一样应当受到极大的重视。

如果说，正是这种环境差异的影响导致了智商常模的分布特点，那么这种智商常模就不是一个平衡了环境的"标准常模"，而是一个带有环境差异分布特点的"自然常模"。其中每一个具有代表性的抽样样本，都同时代表了他所处在的环境特征。

因此，在自然状态下，全域范围内所获得的所谓"标准常模"仅仅是一个全域性的"自然常模"。在这个常模中，环境的差异显示出全域性的特征，它们无法从智力常模中分离出去，也无法被平衡掉、忽略掉，甚至消除掉。

2. 实际研究的证实

《智力表型等级表达及其环境条件》的研究，采用了独生子女横向研究法，同时对不同的个体进行了智力测量和环境评估。

结果发现，所测得的智力分布与所测得的环境质量商数的分布存在高度的相关。下面是一组以家庭教育投入与子女智商水平的关系的调查数据。

教育投入是指父母或养育者主动地向孩子生活的环境中移入各种信息的过程。一般可把投入分成两种：一种是与经济投入有关的教育投入，包括买玩具、买图书、外出游玩、创造专长学习机会等；另一种则是较少经济投入相关，更多地以精力投入为主的，如胎教、讲故事、做游戏、与孩子交谈、回答孩子的提问、过问孩子的事情等。这种分法属人为区分，两者实际上是相互联系的。

本研究针对早期家庭教育投入的特点，着重分析了十几个方面的问题，发现教育投入是环境诸多因素中和智商变异关系最大的因素，其中最具有对应关系的是讲故事、买图书、带孩子外出，这里就其中 12 项得分情况加以说明，如表 1-3、图 1-9 所示。

表 1-3　不同智商组各项教育投入平均得分比较

IQ 组	130≤	120～129	110～119	100～109	90～99	80～89	≤80
1. 孕期进行胎教	2.00	1.77	1.17	1.02	0.36	0.20	0.03
2. 买智力玩具玩	4.25	2.26	2.93	2.17	2.16	2.00	1.25
3. 买图书或读物	11.75	10	8.47	7.28	7.39	7.07	−0.667
4. 讲故事	15.45	14.52	9.65	7.60	6	5.80	1
5. 带孩子外出游玩	8.5	3.25	1.0	1.85	1.82	−10	−3.5
6. 创造学音乐或舞蹈机会	3.25	1.94	2.62	1.94	2.73	1.67	1.67
7. 创造学画机会	3.25	2.74	2.4	1.89	3.18	2	1.25
8. 创造运动机会	3.75	3.39	3.17	3.04	3.18	2.33	1.67
9. 经常跟孩子玩	3.85	3.10	2.67	2.26	2.91	3.33	1.17
10. 经常注意和孩子说话交谈	13.95	13.39	9.78	9.85	10.20	10.67	5.3
11. 总是注意倾听并回答孩子的提问	8	7.1	6.13	6.03	6.07	5.07	5.67
12. 不管工作是否紧张总是过问家事	2.4	0.64	−0.29	−6.23	−0.41	−5.6	−11.0
合计	80.4	64.1	47.09	38.66	45.59	25.54	3.84

根据这 12 项在不同智商组总平均分，作图可以获得一条明显随 IQ 下降而下降的曲线。

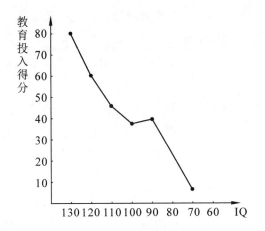

图 1-9　不同 IQ 组教育投入平均得分

上述结果表明：智力的分布与环境质量的分布是相关的，不可分开的。由于我们所获得的所谓"标准常模工具"，其测试对象来源于环境的全域范围，因此，它们无法去除环境的影响成分，正是这样，我们认为，这种常模工具是一种"自然常模"。

3. 自然常模的价值理解

必须指出的是，尽管所谓"标准常模"实际上是一个根本无法消除环境影响因素的"自然常模"。但对智力测验工具的出现和它存在的价值，我们无需否定。

正相反，真正弄清楚"自然常模"的含义，了解了"自然常模"是在环境的全域范围内建立的，带有环境差异尺度的这一特点后，再用这把尺子去衡量某个个体的智力时，就会清楚地知道，通过智力测验所获得的智力结果是一个受到特定环境影响所产生的智力。这一智力是个体在过去成长过程中，个体与环境相互作用结果的反映。

当正视环境作为个体成长不可消除的影响因素后，自然就会发现，我们不仅对智商的解释发生了改变，同时对智力差异的归因也发生了变化。

首先，群体中不同个体的智力确实存在差异，从低常到超常，每个人的智力水平并不相同；其次，这种智力的差异不是天赋的差异，而是环境的差异、教育的差异；再次，这种智力的测验结果不是一个定性的结果，不是一个宿命的结论，既然它是环境教育的产物，就同样可以在教育环境质量的改善下得到改善。

就整体智力而言，一个人实测的智力高低可能与他之前的成长环境有关，通过改变环境质量可以改变智力。就多元智力而言，每个维度的差异同样与他之前的成长环境有关，强项或弱项都可以是环境与教育强弱导致的。

尤其在早期测量中，当发现智商相对较低或存在结构差异的孩子（排除病理情况），要非常重视去研究他过去的成长环境，找出问题所在，并尽可能去改变他的环境商数或环境结构特点，促进他的智力提高或结构改善。

无论怎样，智力测量不可能来消除环境可能存在的差异影响，智力测验的结果也无法去证实差异的遗传归因。高尔顿的理论假设一再被证明的说法也没有依据，十分靠不住。

相反，存在另一种可能的解释。如果一定要说智力测验测出了智力所代表的含义的话，应当是"今天的智力测验分数反映了个体昨天的环境特点，而今天的环境特点可能将会反映出明天的智力状况"。

这也意味着，对智力差异的另一种完全不同的解释：排除病理情况，群体中个体智力的差异无论是质量差异还是结构差异都是由环境决定的。

二、自然常模与环境分布

通过对常模性质的分析，我们强调它是一个"自然常模"。强调这一点就是为了强调它与环境分布的关系。环境分布与遗传分布完全不同，它是不固定的、变化的，因此是动态的分布。

要研究潜能发展心理学，就必须面对环境分布的动态特征，了解环境的巨大潜能。

(一)环境要素的特殊性与潜能

谈到人类的潜能，除了要谈到人类"遗传的潜能""大脑的潜能"和"智力的潜能"以外，不可避免地涉及"环境的潜能"这一领域。

"遗传表达的潜能""大脑可塑的潜能"是心理发展潜能的内在和生物学的因素，它们和"环境建构性的潜能"这个外在的因素一起构成了整个潜能发展心理学的坚实基础。它们之间的相互作用，最终导致人类个体千变万化的特征。

人类的环境潜力不仅表现出"极在的相似性""丰富的多样性""复杂

的差异性"和"灵活的可塑性"特征，还表现出人类特有的不断"增长的变异性"特征和"自然—社会生态特征"。正是这些特点，使得人类环境差异的全距极大、要素繁多、结构复杂，进而导致了人类环境的变化性与可塑性超出了任何一种生命现象，构成了人类环境潜力的无限性。

1. 极大的相似性

从共性的角度看，影响群体中不同个体的环境因素存在着极大的相似性。正是这种相似性保证了人类作为同一种系发展的基础。

相似环境影响智力的发展，但却与个体之间的智力差异形成无关。在标准常模中被研究人员平衡掉的环境因素，正是这种相似因素。

不同个体环境中存在的这种相似环境称之为"平衡因素"。

"平衡因素"是指在每个个体的成长环境中那些相似、相近、相同的因素，如大的社会文化环境和其他一些共同环境。

它们之所以可以被平衡，就是因为它们之间相似、相近甚至相同。但是，由于它们相似、相近或相同，它们只影响智力发展的共性特征。因此，在研究智力的差异特征时，消除平衡因素，对智力差异或潜能差异的形成的解释没有直接的关系。

在制定智力测量常模时，只注意消除平衡因素，是无法真正排除环境因素影响的。

2. 丰富的多样性

事实上，影响个体成长的环境是丰富多样的。

"多样性"是描述影响人类个体发展的不同要素的，如视觉环境和听觉环境是两种不同的要素。对多样性的理解可以从不同的角度入手。通过不同的角度，可以看到不同的多样性。

这种多样性可以是家庭的、学校的、社会的、自然的，可以是视觉的、听觉的、味觉的、嗅觉的、触觉的、本体感觉的，可以是近体的或远体的，宏观的、中观的或微观的，也可以是被动的、主动的，还可以是自然的、生物的、社会的、文化的、生态的。

总之，人类环境具有极其丰富的多样性存在。正是这种极其丰富的多样性使得人类各种心理机能得以发展，并表现出多样性的心理特征。

环境丰富的多样性是人类多元心理结构的前提。无论是情感的、个性的还是智慧的，人类个体的心理特征都表现出丰富多彩的多样性特征。各种各样的环境组合影响着每一个现实的个体，因此，我们把环境理解为"多元环境"。

3. 复杂的差异性

差异性与多样性不同，"差异性"是描述同类环境要素的强弱大小、品质优劣以及结构顺序的，可以说差异性是多样性要素中任意要素的变异指标或质量指标。

例如，就听力环境而言，语言与音乐是听觉系统所接受的两种刺激（当然听力系统接受的刺激远不止这两种），它们的不同体现了听力环境的多样性，然而，听力环境的差异性则表现为语言和音乐刺激的多与少，强与弱，以及它们呈现的结构方式的不同等。

影响成长的任何要素对个体而言，都存在一个差异范围，这个范围是环境刺激的强弱、优劣构成的。如丰富环境、贫乏环境，刺激环境、剥夺环境，代表了环境刺激的强和弱；有利环境、不利环境则分别代表了环境刺激的优和劣。而不同环境要素在时间的顺序上可以以完全不同的方式进行组合，大大地增加了环境的变异性。由于环境要素的强弱或优劣等级变化范围极大，这使得影响人类的环境差异范围变得巨大无边。正是这一特征构成了环境要素的潜能空间或潜能范围。

据此，我们把环境理解为"潜能环境"。

环境的差异性是人类个体差异性的基础。影响个体的具体环境特征构成了环境的商数，左右着人类个体的心理商数如智商或情商。

4. 增长的变异性

"增长的变异性"是环境另一个重要特质。人类成长的环境与其他生命成长的环境不同，有着根本的区别：影响人类个体的环境要素，并不是一次性地全部呈现在个体的成长环境中，而是逐步出现的。

考察一般生命的环境，会发现，它们的成长环境从一开始就包含着成长所需要的几乎一切要素，在成长的过程中不需要增加另外一些要素。如在海洋中生活的一些生物，在海洋中生活上亿年还保持着原来的样子，是因为它们的生存环境没有大的变化。它们出生在大海里，生长在大海里，不需要因为成长而增添新的要素，它们只能去适应其生存的环境。鸟类生活在树林里，从出生到死亡，它们的生存环境也都是一样的。

人类的成长环境则不同，随着年龄的变化，环境特征也在发生着巨大的变化。环境要素逐渐增多，环境的差异分布逐渐增大，环境差异的全距伴随着年龄也一年一年扩大。

对于人类的个体而言，许多发展要素，它们并不存在于个体成长最初的生活环境之中。换言之，它们并不是生理性生存所需要的环境特征。随着成长和发展，新的环境因素不断出现、甚至不断被创造出来，以满足人的社会发展的需要，如教育要素。

因此，这种引入型的、建构型的环境之间的差异就与引入的量、建构的特征密切相关。这种差异远远大于其他生命个体环境之间的差异，成为人类环境的特点。正是这些特点，导致了人类智慧的特征是独一无二的。

人类文明进化经历了一个漫长的岁月，致使人类间接传递的文明存在着由简到繁、由易到难的巨大空间跨度，也就使得个体在继承文明中存在着巨大差异的可能性，空间越大、维度越多，个体之间拉开差异而发展的可能性也就越大。这也从另一个方面，说明了差异的后天性。

同时，还要指出的是，环境中新要素的不断出现，意味着环境差异性空间的不断增加，意味着个体在环境中选择不同要素、不同维度、不同高度去发展的空间变得更大、更灵活。

这种环境差异不断增加的特点与个体智力可塑性不断减小的特点成反比。年龄越小，大脑的可塑性越强，环境的差异性越小；年龄越大，大脑的可塑性越小，环境的差异性越大。

因此，怎样利用这样一种现象和规律来开发智慧，也就自然成为潜能发展心理学的研究内容。

5. 灵活的可塑性

环境要素不仅具有丰富、多样和差异性的特征，更为重要的是它具有非常灵活的"可塑性"。

"可塑性"是指所有可以通过人为意愿加以改变或影响的环境因素，如语言环境、视觉环境、听觉环境、行为环境等，几乎所有的环境因素都可以通过有意的干预或影响使之发生改变。

人们可以丰富环境的刺激，也可以限制甚至剥夺环境的刺激。这些都可以通过人为的干预增加或减少它们对个体影响。

可塑性环境，又可以理解为主动环境因素，它的改变与人们的主观性有关。

环境因素之所以可塑是由于环境的特点决定的。

　　首先，环境是一种"结构要素"。不同家庭各种环境因素的呈现顺序、排列方式、结构特点、要素比例、结构倾向、强度大小等，受到多种因素的影响和制约，因而存在着极大的组合性与变异性。即便不同家庭的环境因素相同，也无法保证它们的组合方式一定相同。

　　各种影响个体发展的环境要素，在时空中的无穷无尽、千变万化的组合所产生的变异性与多样性，是所有不同个体自然成长环境特征差异的根源。即使在非人为干预的自然情况下，不同家庭的环境结构也表现出巨大的差异性特征。

　　它是环境多样性与变异性的具体表现。它使得环境对不同个体的影响因人而异、千差万别。

　　人类环境的无穷无尽的组合潜力和环境的结构性差异构成了人类环境主导的特征。它让我们在强调影响群体发展环境存在巨大潜力的基础上，承认环境的差异性给人的发展与智力所带来的千差万别的影响。

　　其次，环境是一种"弹性要素"。人类环境并不是完全的自然生态环境，而是一种社会化的环境。人类自身的行为干预和社会的变化（如新工具、新方法的引进）可使得环境结构要素总量产生巨大的改变。

　　对环境可以施加"干预性"的影响从而导致环境刺激总量的改变，是人类区别其他生物最显著的特征。这种干预性的作用是通过环境的可塑性特征实现的，表现为利用干预可以促使影响个体的环境刺激总量发生改变，例如，通过教育干预增加环境刺激总量，或通过限制性的手段减少环境刺激的总量。这种特点最终表现为干预对环境的建构性作用。

　　由于人类环境存在着极大的可塑性特征，从而使人类环境具有与其他生命环境完全不同的表现。描述人类这种独有特征的概念称之为"环境潜力"。

　　其中，人为的干预是环境潜力中最独特、也是最大的变量，如教育干预。由于教育因素的存在，使得环境潜力有了新的表现，它就是"教育潜力"！

　　教育要素是最具增减的因素，在儿童早期发展阶段，引入系统的科学教育，会大大改变环境的质量。强调早期教育的巨大作用，就是要强调早期教育的巨大潜力。正是影响个体或群体的环境存在着巨大的潜力，为潜能发展心理学的建构提供了外因依据。

6. 自然—社会生态环境

人类的环境具有自然和社会双重特征，是一种"自然—社会生态"环境。在这个生态系统里存在着各种各样的环境因素，这些因素包括父母、家庭、邻里、托幼中心、学校、社区、父母工作场所、国家结构、文化环境、自然环境等。

其中，父母与家庭是最重要的影响环境，但同时也是影响儿童发展的一个很大的复杂环境背景中的一个部分[49]。布朗芬布伦纳认为：与儿童生活直接相关的系统被称为微系统，各种微系统组成相互关联的网络，称为"中央系统"；与儿童生活关系较远的系统被称为外系统或宏观系统[50]。

我们认为，微系统的显性影响、近期影响大，而外系统的隐性影响、远期影响大。可以说从宏观上看，任何一个人的行为都带有时代的印迹。无论是微系统还是外系统，它们都以错综复杂的方式对儿童的心理发展起到支持、限制和影响作用，最终产生差异。

自然—社会生态环境，不仅是一个动态的系统环境，还是一个具有双重属性的环境。人不仅具有社会属性，还同时具有生物属性。在早期发展中，由于父母的观念不同，会引导孩子趋向不同的环境系统。如自然的环境系统或社会的环境系统。

对金色摇篮十多年入园的近万名孩子行为的家庭调查显示，从3岁开始就具有多动倾向、坐不住、专注力差的孩子，95%以上从出生4个月到6个月以后每天户外活动的时间均超过3个小时，往往达到4个小时或更多，最终孩子养成无法在家庭里停留的特点。

这种养育方式持续几年后，结果常常使孩子表现出更加好动、专注力不够、坐不住等特点，而在幼儿园或小学阶段表现出不良的品质。之所以出现这样的情况，是个体自然化的结果。

必须指出，有些环境并不只出现在某个系统中，而是横跨几个系统，例如，社会文化风气会反映到学校和家庭中，将微系统和外系统连接在一起起作用。类似的环境还有经济环境、政治环境、道德环境等。本书重点不在讨论环境系统，而是重点研究人类潜能，因此不对环境问题展开讨论。

总之，所有的一切，构成了人类环境的巨大差异性范围，即潜力范围。因此，说人类潜能无限时，不仅是指智力发展潜能极大，更重要的是指影响智力的环境潜能具有无限的空间和无限的可能！研究环境潜能空间与环境差异性组合是潜能发展心理学的重要课题。

由于环境因素的复杂性，潜能发展心理学还将面对如何获得信度、效度极高的环境量表的巨大挑战，只有最终获得相对满意的环境量表，我们才能快速地评价环境，获得环境商数。

（二）环境差异的分布特征

环境差异的分布是动态的。其中环境的正态分布，是环境差异分布中的一种特殊形式，它往往出现在大样本的自然状态下，涉及分布的全域范围。

事实上，环境差异的分布可以是正态的或偏态的；也以可是不同正态或不同的偏态类型，表现为平均数或标准差的不同。

下面分析两种典型的状况：

1. 自然状态下的正态分布

在自然状态下，往往所测得的智力分布呈正态特征，那是因为在自然状态中大范围取样时，样本的环境差异往往呈现正态分布的特点。极其优越的环境以及非常恶劣的环境都比较少，多数个体生活的环境趋于中等质量。

这可以解释，为什么我们所测得的群体智力分布往往总接近正态分布。

说它接近，是因为，实际上，在实测中常常无法获得一个标准的正态分布，这并不是测量的误差，而是所测群体环境差异分布并非总是正态所致。

环境分布出现这样的情况也是正常的、自然的。

2. 干预状态下的动态分布

环境最大的特征是它的多样性、差异性与可调性。当影响群体中个体的成长环境受到干预时，环境的差异分布特征首先发生改变。

通过有意的教育影响，改善整个群体的环境质量，环境的差异分布特点也会随之改变。可以表现为平均分数的提高，可以表现为分布离散度的降低，可以表现为负偏态的特征等。

在研究状态下，通过环境影响因素的剥夺使得环境质量下降，那么环境的差异分布特点也会明显改变。对剥夺环境影响因素的对象研究，发现整个智力的分布会呈现出正偏态的特征，也可以表现为分布平均分数的降低等情况。

因此，在不同的干预情况下，环境差异的分布一定不是固定不变的，而是动态变化的。

正是环境分布的动态特点，导致了智力分布也呈现出动态变化的特征。

智力的动态分布特征对教育者的意义重大，它告诉我们，环境和教育可以改变人，人的智力并不存在上智下愚不移的真理，每一个人的智力都可以在特定的时间范围内因环境和教育的不同而不同，因环境和教育的改变而改变，上智下愚是可移的。教育的努力可以实现全体儿童高质量发展。

（三）环境质量与环境商数

1. 环境质量

过去，描述环境因素一直用抽象概念，如在血亲相关的各种研究中使用"相同环境"（合养环境）、"不同环境"（分养环境），来研究智力的差异特点。这种描述甚至连环境的质量都没有涉及，而即使涉及质量的环境概念也是抽象的，如丰富环境、贫乏环境，优越环境、恶劣环境，刺激环境、剥夺环境。不仅如此，在研究和讨论智力分布时，人们还总是将环境因素作为"相同社会文化环境"给予平衡或消除。

使用这样的态度对待影响智力发展的重大因素，是心理学的误区。

事实上，由于对智力分布顽固的天赋归因，人们一直无视对环境因素的真实评价。

然而，通过实际研究可以发现，环境质量确实存在着差异。这种质量差异是全域性的，从不利环境到有利环境。

因此，如何评价环境质量的高低，做出定量分析成为环境研究中的重要工作。

2. 环境商数

"环境商数"是指所测得的环境得分。如同用智商来表示所测得的智力，使用"环境商数"来评价环境质量。环境商数得分越高，表明环境的质量越好；环境商数的得分越低，表明环境的质量越差。

必须指出，今天的环境商数只能是一个关于个体生存环境整体质量大致估计值。尽管环境评估无法精准，但是还是可以获得一个大致的趋势性评价结果。

在《智力表型等级表达及其环境条件》的研究中，我们通过引进环境量表，评价环境质量，充分证明了"同一社会文化背景"下的群体环境，在没有受到外界有意影响的情况下也并不相同，表现为此"自然"非彼"自然"，"自然"之间无法存在等号。

不仅如此，影响心理发展的环境要素很多，它们对于个体的影响方式各不相同，出现时间不同、排列方式不同、强弱大小不同、结构倾向不同等，这些构成了影响个体心理发展的环境呈现出多元的结构特征，因此，环境商数是一个"多元环境商数"。

由于环境因素的复杂性，潜能发展心理学还将面对如何获得信度、效度极高的环境量表的巨大挑战，只有最终获得相对满意的环境量表，才能快速地评价环境，获得环境商数。

通过分析，必须看到，环境分布不是固定不变的，而是可变的，是动态分布的，可以是正态的，也可以是正偏态的或负偏态的。

正是这种可变的、动态的特征，使得智力分布也会表现出动态可变的特征。

根据科学的观念去调整养育环境，提供不断改善的教育，环境商数会不断提高，环境的分布也会发生变化，这种变化是负偏态的改变，正是这种变化是群体智力潜能得以提高的关键所在。相反，人为地进行群体所处的环境进行剥夺时，环境的差异分布便会朝着正偏态的方向变化，这正是不利环境对个体可以产生不良影响的问题所在。

因此，说人类潜能无限时，不仅是指智力发展潜能极大，更重要的是指发展智力的环境潜能具有无限的空间和无限的可能！研究环境潜能空间与环境差异性组合是潜能发展心理学的重要课题。

三、正态分布与动态分布

试图努力说明"智力的分布受环境差异分布影响"时，又一个新的问题出现在面前。

环境影响因素通常是一个变量，在自然的环境条件下，我们可以认为，环境的差异分布也呈现正态的特征，这可以很好地解释为什么大面积的智力测量总是获得正态的分布。

但是，通过教育等手段改变环境影响因素，使得群体环境发生改变，那么这时智力的分布还可能总是保持正态吗？

(一)正态分布的质疑

在传统心理学中，智力呈"正态分布"作为基本事实与公理有两层含义：

一层含义是，智力正态分布作为基本事实，即不管什么时候、不管怎样测量，一个群体的智力分布都是一样的，呈正态分布，这是铁一般的规律，永远如此。如果在研究中没有取得正态的样本那一定是抽样误差[47]！

第二层含义是，作为公理，群体智力永远呈正态分布是因为这个正态分布是由遗传差异分布所决定的。由于遗传差异呈正态分布，因此智力分布只能是正态的。分布中各种智力水平的人数是相对固定的，低常和超常的人数总是少数，仅各占分布的1%左右。

然而，大量的证据显示，每个个体的智力都有其环境的背景。

因此，对于智力差异呈"正态分布"这一基本公理，需要重新审视。

1. 正态分布证明的条件

任何一种分布，因条件不同可以有多种不同的形态，可以是正态的，也可以是偏态的，可以是连续的，也可以是不连续的。那么，为什么人的智力差异分布就一定永远是正态的呢？

按照传统理论的说法，智力差异分布只能是正态的或永远是正态的，是因为遗传差异的正态分布是固定的、不变的。由于智力分布仅仅是遗传差异分布的外在表现，当遗传分布特征确定后，智力分布也就确定了。这个分布自然就只能是正态的了。

然而，深入分析后发现，人们所测得的智力分布没有消除环境因素的影响，不可能反映遗传分布的特征，而反映的是环境差异的特点。

这时，决定智力呈正态分布的关键因素改变了，因此，智力分布是不是正态分布实际上要看环境的差异分布特征能不能改变。如果环境差异的分布是可以改变的，是动态的，那么，智力的分布也就可以不是正态的了。

下面，从正态分布的理论条件和研究实测分布所表现出的特征，来看智力呈"正态分布"这一心理学的公理。

(1)正态分布的理论条件

根据正态分布的特征描述，一个"标准的正态分布"它必须符合以下的规律，即它的平均数、中数、众数处在同一条直线上，三者重合，图形两边对称,"曲线两端向靠近基线处无限延伸,但终不能与基线相交"[47]。

根据这样一种描述,智力分布显然并不符合形成标准正态分布的基本条件。

首先,从智力变化范围的实际情况来看,智力分布不可能是两端无限延伸的。我们知道,智力分布存在着极端的情况,智力分数的一端是零,即智力存在着为零的情况,这时智力的一端与基线相交,不再具有无限延伸的可能。尽管这是一种极端的情况,只能出现在死人身上,但它阻止了智力向下的继续变化。而智力的另一端,却是一个开放的端口,可以无限延伸。

当一个分布一端有着固定的终点,并与基线相交,一端是无限延伸并开放的时,从理论上看这个分布就不可能是完全正态的,也不可能总是正态的。因为,只有当分布的平均值远离低分时,并且分布的下端没有与基线相交时,才有可能出现类似正态的分布。

其次,在现实环境中所测得的正态分布也基本上无法做到平均数、中数和众数处在同一条直线上,它们更多的是"类正态分布"。

既然智力分布在理论上不可能总是正态的,为什么智力测验总会得出正态分布的结论呢?

(2)智力正态分布实际取样的条件

在推论统计中,如果希望样本反映总体分布的特点,就必须要使样本的量达到一定标准。有了一定的样本量,就可以反映出总体的分布情况。

然而,要想获得一个群体差异的"正态分布"结果,需要满足三个条件:一是取样的样本足够大;二是取样必须在全域的环境范围内进行;三是取样包括了病理个体。

因此,心理学中"大量的、大规模的智力测验结果告诉我们,智力分布是呈正态的",这句话是指获得智力"正态分布"的特征需要以上三个条件才能成立,缺一不可。否则,就可能会得不到正态的分布结果。

第一个条件,"取样的样本足够大",这是正态分布取样的一个必要条件。只有达到一定的取样样本,才能达到推论统计的分布结果。

第二个条件,要在环境的全域中分层取样隐含了另外的目的。在研究遗传差异导致的智力差异分布时,如果测量工具有效地平衡了环境因素，那么并不需要重视个体来源于什么样的环境。因为智力的差异是先天的、遗传决定的，并不因环境不同而改变。只要达到一定的量，能够代表一个群体的特点就行。那么为什么还要死死地强调取样的这一个规则呢？即取样一定要在全域范围内进行，否则将会出现取样"误差"。

从这里可以看出，当强调取样一定要符合取样规则时，实际上在承认另一个基本事实：样本可能因环境的差异而表现出不同的特点。要想取到正态分布的样本，必须也只有在全域范围内取样才有可能。这时，实际在说，正态分布的样本反映出全域环境的差异特点，一旦取样不能反映全域环境的差异特点，样本就可能不再是正态分布的了。此时的结论是，由于环境特点的不同，得到的智力分布特点并不相同。

由于存在着这样的特殊性，存在着环境分布特点决定智力分布特征的情况，当环境质量分布特征发生变化，成为偏态分布时，我们的智力分布特征也就会同时发生变化，成为偏态分布。

此时，得出的结论或许是这样的：实际上的分布可以是不同的，或是负偏态，或是正偏态，或是类似正态的。分布的特点完全取决于环境分布的特点。可见当去除了第二个条件，无法得到一个关于智力的理想的正态分布结果。

对于第三个条件，实际上严格说来，今天即使在环境全域中分层取样，如果排除了病理个体，那么所获得的智力正态分布，只能是一个类似正态的分布。

原因是，一个能够在家庭环境中生活下来的孩子，其环境必须具备最起码的保证生存的条件。这种生活条件保证了智力发展的最低要求，使得个体的智力不至于降到狼孩的水平。我们看到环境最严重剥夺的情况来源于沙袋养育儿，他们的智商在 55 分点以上，属于轻度智力落后。当智商低于 60 分点时，绝大多数案例是病理情况，如 21 对染色体三联体、小头畸形、脑瘫、脑外伤、脑中毒等，狼孩是罕见的情况。

这些病理情况理应排除在正常智力差异的分布范围之外。在利用现有的常模进行取样，获得正态的分布结果中，往往混有病理的情况。将病理的差异变化混入正常群体中，并不合适。尽管它构成了群体分布继续性变化的一个微小部分，但它还是不应当属于一个正常的群体。将这个极小的部分去除后，就会发现，分布会有微小的改变，它的一端会终止在 55 分点左右，很难再向下变化。因此，整个分布朝着不对称的方向发展。

从理论上讲，个体的成长必须有最基本的生存与生活保障，基本的营养、基本的交往、基本的生活环境。这些基本的环境影响要素使得孩子偏离落后的智力范围有一个最基本的起点，使得严重环境剥夺的孩子（如狼孩）极为罕见，这时要想获得一个较为标准的正态的分布群体也是一件相当困难的事情。

可以说，智力分布呈正态分布的证明，仅仅是在确保取样在全域环境中，对正常和病理个体一起取样的时候才能成立。否则，智力分布将不一定是正态的。

（3）取得正态分布的环境原因

那么，为什么在环境的全域范围内，智力的差异分布就往往是正态的呢？那是因为，在影响智力表型差异的分布上，即基因型在环境中的表达上，始终存在着另一个真实的分布，这个分布不是别的正是环境差异分布。

由于在自然状态中，特别理想的个体成长环境很少，特别差的个体成长环境也很少，尤其到了狼孩那样的环境是极其罕见的。相当多的个体成长环境处在一般水平上，或稍好一点，或稍差一点。这就构成了环境差异的分布特征，这个特征正好是接近正态的。

正是这一原因，智力差异的分布也就显示出了正态的特点来。这说明，智力差异分布受环境差异分布所影响。

将一个群体的孩子的环境加以控制，使其更加理想或受到更多剥夺，就会发现，同一个群体的差异分布会完全不同。

在剥夺环境中的群体，其差异发生正偏态的变化，如孤儿院中的孩子们；而生活在更加理想的环境中的群体，其差异发生负偏态的改变。对一组金色摇篮入园一年以上的孩子进行智力测验，所得结果如图1-10所示，图中显示了这组孩子负偏态分布的明显特征。

分析了智力呈正态分布的条件后，再来看看实测分布的情况到底怎样。

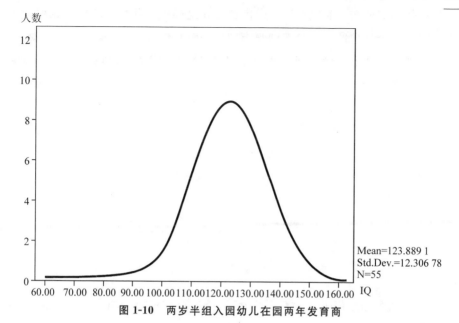

人数

Mean=123.889 1
Std.Dev.=12.306 78
N=55

图 1-10　两岁半组入园幼儿在园两年发育商

2. 实测正态分布的误差

事实上，在实际研究中，要想获得一个群体智力差异正态分布的数据，并非易事或者说几乎是不可能的。根据智力测验工具进行的实测常常发现智力分布存在着完全不同的情况。有类正态分布的，也有偏态分布的，但很少能获得一个满意的标准正态分布结果。出现这些情况的原因，绝不是样本总数不够代表群体，而是来源于取样的差异。

在具体研究中，即使严格按照要求取样，往往还是无法获得满意的正态分布数据。当这种情况出现时，常常被看成是"取样误差"，需要重新取样，最终获得正确的数据。

但是，往往重新取样还会出现同样的问题。于是少数研究者往往为了使分布好看合理，常常做出根据正态分布要求进行数据调整的行为，或是减少某个区域的数据，或是增加某个区域的数据，或是干脆修改所获得的一些数据。

在二十年前中国智商常模制定过程中，当时我还是一名学生，就经常听到参与常模取样工作的学生们说到数据改动和自行调整的事。当时我只是认为同学们对工作不负责任。今天知道，要想获得要求的那种标准正态分布是一件非常困难的事情。

由于每一个抽样个体都来源于一个特定的环境，这种环境有时在抽样群体中的分布并非完全正态，因此，在这样一种环境中取样，也就很难获得一个理想的智力分布的正态图形。

如我们在安徽淮南进行群体智力测量时，曾获得过两个不同的分布，如图 1-11 所示：

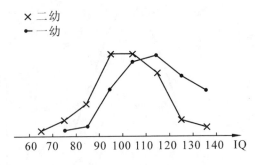

图 1-11　两个幼儿园 IQ 分布图的关系

这两个分布都不是标准正态分布，即使将两个分布中所有个体合在一起，也无法得到一个标准的正态分布。

人们从来没有问过，出现类似正态或偏态的含义到底是什么？只是将它归为取样误差。具有讽刺意味的是，如果认定智力差异的分布是由遗传决定的，那么如此在意取样来源或环境差异的分布对智力差异分布的影响意味着什么呢？

是否在说，智力差异的分布特征与环境差异的分布特点有着密切的关系，不仅要取到足够的样本，而且只有在环境差异的全域范围内取样才能获得智力分布的正态特征？如果没有在环境的全域内按比例取样，就得不到正态的分布特征？

要是这样，又无法证明智力分布特征与遗传差异的关系了。因为，如果智力差异的分布是由遗传差异决定着的，那么对遗传差异分布的推论，只要足够的样本就行，它与环境分布无关。这是一个极大的矛盾。矛盾的一方是智力分布由遗传差异分布决定的推论；另一方是实测智力分布的特点受环境分布的影响。事实上，正是后者使我们常常无法通过取样获得理想（正态分布）样本的关键！

3. 互不相同的正态分布

谈到智力正态分布时，往往让人产生以下的错误概念，即只要是正态，仿佛它们所代表的含义都一样，证明了正态就证明了一切，这种认识存在严重的误区。

按照正态分布的理论，如果两个正态分布没有一致性，或者说这个分布与那个分布根本不相同，那么强调正态分布就没有实际的意义。之所以对正态分布如此的强调，是因为心理学研究者认为，所有的正态分布是同质的，它们都反映了遗传差异的分布特点。

事实上，即使获得了正态分布的结果，也会因测试的群体不同，或同一群体测量的时间不同，使所获得的正态分布之间并没有实际的比较意义。因为，它们并不相同。同样可能存在以下几种情况：

一是它们可能处在同一坐标的不同位置上（如不同的群体平均分不同）；

二是它们的离散度和集中度不同（如不同的年龄标准差不同）；

三是在不同时间内所测量的同一群体，即使它们的离散度与集中度相同，从表面上看两个正态分布完全相同，也可能因为分布内部个体所处的位置变化而实际不同；

四是同一个常模量表，在不同年代对同一年龄群体的测量结果可能不同，平均分数可能会有所提高。

这样的事实告诉我们，即使所测得的智力差异分布成正态，也没有什么可比性。强调智力分布的正态性特点只是为了强调智力分布是由遗传差异分布决定的这样一个观点。

当智力的分布并不是由遗传差异决定的了，那么，强调智力的正态分布也就没有了意义。如果说它存在着某种意义，那么这个意义就是，它反映了全域环境的差异分布特点。当环境分布差异特点不同时，智力分布的特点也会不同，甚至不再是正态的。

(二)"动态分布"——智力分布的实际特征

对智力分布的"动态"揭示是建构潜能发展心理学最为关键的理论基础。智力的动态分布，包括两层含意：

其一，智力分布不是固定的正态分布，而是变化的多形态的分布。分布的特征受环境质量分布特征的影响，可以是正偏态，也可以是负偏态，智力的正态分布是智力动态分布中的特殊类型。

其二，智力的动态分布是通过动态分化逐步实现的，表现为随着年龄的增长分布的离散度不断扩大。

1. 正态——动态分布的特殊形式

依据上面的分析，得出两个结论：第一，正态分布不是由遗传差异决定的，影响它的是环境分布特点；第二，通过群体取样获得的智力分布不一定永远是正态的，也可能是偏态的。

这表明智力的分布是变化着的、不稳定的，也就是说智力分布是一种动态分布。

其中，智力正态分布是智力动态分布的一种特殊形式，是环境的差异分布呈正态时的特殊表现。要想获得智力的正态分布是有条件的，这个条件就是取样要在自然成长环境分布的全域内取样。一旦离开这样的条件，所获得的智力分布就可能出现偏态的结果。

而偏态分布并不是取样或测量误差所致，它只是反映了样本的真实特征。

到此，我们分析了智力的分布，指出智力差异分布呈"正态"的公理也不可靠。实际上，智力差异分布可以是任何一种形态，可以是正态的，也可以是偏态的。这一点，我们通过实验研究给予了证实[51]。

最后得出的结论应当是：智力的差异分布是"动态"的，即使是正态分布也是动态分布中的一种特殊形式。无论最终的分布情况怎样，它都是与群体抽样的环境分布有关，而与遗传差异分布无关。

2. 智力的"动态分布"特征

受环境分布特征的影响，智力分布呈现动态分布的特征。

在现实环境中，通过智力测验所获得的智力分布的可以有以下的特征：

不同的群体智力分布的形态可以不同，也可以相同；同一群体不同时间智力分布的形态可以不同，也可以相同。

随着年龄的增长，同一群体智力的分布表现出从"动态分化"逐步向相对"固定的分布"转化。这一特征，我们将在后一章节详述。

智力的"动态分化与分布"的特征给潜能发展心理学的建立提供了最直接的依据。研究智力的动态分化规律是潜能发展心理学的重要任务。

3. 智力分布的全距含义

以往传统心理学只说明智力分布中不同位置个体的智力差异，对智力分布连续性变化的原因进行了遗传归因。但就智力分布全距的真实含义问题，研究者认为，这个并不需要进行解释。

如果真要对全距含义进行解释，那么这个智力分布的全距就一定是具有不同天赋差异的个体，按智力高低排序形成的距离。

然而，当我们强调智力分布的动态特征时，发现使用遗传天赋差异排序来解释智力分布的全距根本行不通。相反，除了病理情况，它应当是环境质量差异排序形成的。

这一点对于潜能心理学到底意味着什么呢？我们将在下面的部分进行讨论。

4. 智力是复杂的多元结构

不仅环境和教育的质量存在着差异，而且环境与教育要素的组合方式也是千差万别的。各种环境要素千变万化的组合，使得环境不仅呈现出组合方式的结构差异，也使得环境表现出多元性的特点。这一切使得与之相关的智力特征也就存在着对应的结构特征，这种结构特征是多元的、复杂的、变化的。

由于环境和教育存在质量差异，使得智力也存在质量差异，但这不是唯一的差异，即使在宏观上个体处在相同质量的环境条件下，个体的环境仍然不会相同，不同个体环境之间同样会存在着结构性的差异，就算是同一家庭兄弟姐妹之间的环境影响组合方式也不会相同。

正是这种差异，使得每个个体的智力结构特征都具有独特性，这种独特性构成了智力复杂的多元特征。

可以说，我们无法用数字来准确判断人的多元智力到底有多少种，对于智力的结构而言，我的导师中国著名儿童心理学家林崇德教授的观点，无疑是更为科学的描述。林崇德教授曾在探讨多元智力时指出："智力是一个较难穷尽组合的多元结构。"[10]

正是环境复杂的多元性差异以及不同的结构性组合，导致了与之相关的智力表型结构多姿多彩、千差万别，形成丰富的多元结构特征。说它是多元结构，是因为智力特征受环境结构特征的影响可以有千变万化的不同组合表达方式。

参考文献：

[1] 保罗·朗格朗. 终身教育入门. 波多野完治译. 全日本社会教育联合会，1997

[2] 联合国教科文组织国际教育发展委员会. 学会生存——教育世界的今天和明天. 华东师范大学比较教育研究所译. 北京：教育科学出版社，1996

[3] 中华人民共和国教育法. 北京：法律出版社，1995

[4] 国家中长期教育改革和发展规划纲要（2010—2020 年）. 光明日报，2010－07－29

[5] 李斌. 教育无所适从，责任在谁？中国青年报，2009－11－18

[6] 卡尔. 儿童与儿童发展. 周少贤，窦东徽，郑正文译. 北京：教育科学出版社，2009

[7] Damon W，Lerner R M. 儿童心理学手册. 林崇德等译. 上海：华东师范大学出版社，2009. 17

[8] Galton F，Hereditary Genius. London：Friedmann，1978

[9] Damon W，Lerner R M. 儿童心理学手册. 林崇德等译. 上海：华东师范大学出版社，2009. 3～15

[10] 林崇德. 发展心理学. 北京：人民教育出版社，2009

[11] 皮连生. 教育心理学. 第三版. 上海：上海教育出版社，2004

[12] Galton F. Inquiries into Human Faculty and its Development. New York：AMS Press，1883

[13] Boring E G. 实验心理学史. 高觉敷译. 北京：商务印书馆，1981. 546～552

[14] 朱滢. 实验心理学. 北京：北京大学出版社，2009

[15] Jensen A R. How Much can We Boost IQ and Scholastic Achievement? Harvard Educational Review，1969(33)：1～123

[16] Jack B. Lives through Time，Description Berkeley. Bancroft Books，1971

[17] 余震球. 维果茨基教育论著选. 北京：人民教育出版社，2005

[18] 林崇德. 我的心理学观. 北京：商务印书馆，2008. 23

[19] Gottesman I I. Heritability of Personality：A Demonstration. Edited by Gregory A. Kimble，American Psychological Assouation，1963

[20] Weinberg R A. Intelligence and IQ：Landmark Issues and Great Debates. American Psychologist，1989(44)，98～104

[21] Lerner R M. Concepts and Theories of Human Development. Lawrence Erlbaum Associates，Inc. 2002

[22] (美)克德维特等. 儿童发展与教育(上下). 李琪等译. 北京：教育科学出版社，2007. 30

[23] Baltes P B. Longitudinal and Cross-sectional Sequences in the Study of Age and Generation Effects. Human Development，1968，11(3)

[24] Lerner R M. Liberty：Thriving and Civic Engagement among America's Youth. Newcastle：Sage Publication，2004

[25] 朱智贤. 儿童心理学. 北京：人民教育出版社，2003

[26] 程跃. 智力表型等级表达及其环境条件. 博士学位论文. 北京：北京师范大学，1990

[27] 时蓉华. 社会心理学. 中华书局香港分局. 1989. 199

[28] 吴凤岗. 中国民俗育儿研究. 北京：中国大百科全书出版社，1993

[29] Dennis, Wayne, Najarian, Pergrouhi. Infant development under environmental handicap. American Psychological Association，1957. 58~59

[30] Spitz R A. Hospitalism—An Inquiry Into the Genesis of Psychiatric Conditions in Early Childhood. Psychoanalytic Study of the Child, 1945. 53~74

[31] Heber R, Garber H. The Milwaukee Project：Early Intervention as a Technique to Prevent Mental Retardation. Washington DC：DHEW, 1973

[32] 白学军. 智力发展心理学. 合肥：安徽教育出版社，2004

[33] 赫葆源，张厚粲，陈舒永等. 实验心理学. 北京：北京大学出版社，1983

[34] 张厚粲，徐建平. 现代心理与教育统计学. 北京：北京师范大学出版社，2004. 162~163

[35] Binet A, Simon T, Nordon I, & Bobertag O. Binet-Simon-Norden-Bobertag intelligence test. 1905

[36] Jensen A R. Straight Talk about Mental Tests. New Yor：The Free Press，1981

[37] 郑日昌，蔡永红，周益群. 心理测量学. 北京：人民教育出版社，1999. 77

[38] 程跃. 智力表型等级表达及其环境条件. 博士学位论文. 北京：北京师范大学，1990. 27

[39] 卡尔. 儿童与儿童发展. 周少贤，窦东徽，郑正文译. 北京：教育科学出版社，2009

[40] Garbarino J. Children and Families in the Social Environment. 2nd ed. New York：Aldine De Gruyter. 1992

[41] Rice F P. 婴幼儿发展. 谢佳容等译. 台北：五南图书出版股份有限公司，2007. 94

[42] 程跃. 智力表型等级表达及其环境条件. 博士学位论文. 北京：北京师范大学，1990. 28~32

[43] 朱智贤，林崇德. 儿童心理学史. 北京：北京师范大学出版社，1988

[44] 朱智贤. 儿童心理学. 北京：人民教育出版社，1980. 66

[45] 王晓宁. 发展我国的超常儿童. 北京：群言出版社社，1989

[46] 申继亮等. 当代儿童青少年心理学的进展. 杭州：浙江教育出版社，1993. 86

[47] 张厚粲，徐建平. 现代心理与教育统计学. 北京：北京师范大学出版社，2004. 162

[48] Black J E, Greenough W T. Induction of Pattern in Neural Structure by Experience: Implications for Cognitive Development. In M. E. Lamb, A. L. Brown, & B. Rogott (Eds.). Advances in Developmental Psychology. Hillsdale, NJ: Erlbaum, 1986(4): 1~50

[49] (美)克德维特等. 儿童发展与教育(上下). 李琪等译. 北京: 教育科学出版社, 2007. 662

[50] 张明红. 学前儿童社会教育. 上海: 华东师范大学出版社, 2008

[51] 程跃. 智力表型等级表达及其环境条件. 博士学位论文. 北京: 北京师范大学, 1990. 116~119

第二章　时代呼唤潜能发展心理学

第一节　潜能发展心理学的现实需要

一、建立人力资源强国的需要

《国家中长期教育改革与发展规划纲要》指出，"中国未来发展、中华民族伟大复兴，关键靠人才，根本在教育。"

在知识经济、创新经济的今天，人才竞争日益激烈，如何开发人类潜能已成为各国人力资源培养竞相研究的重点。在这一过程中，人们对个体成长的认识发生了根本性的改变，越来越多的脑科学家、心理学家、生理学家、教育学家把目光投向人类个体发展的早期及个体发展的潜力，人们不仅发现新生儿及婴幼儿具有惊人的学习能力、早期的环境影响对个体一生发展具有深远而又重大的作用，而且揭示了脑的功能。大脑的可塑性、沉默的右脑、超级的记忆、高效的阅读、快速的计算、神奇的潜能、发展的关键年龄、无限的创造力、以及成功的非智力因素等[1][2][3][4]。只要时机选对、方法得当，人的潜力就会得到极大的开发。

这些新的发现，促使人们重新审视教育，从而获得了新的信念、新的观点，以人类潜能开发为核心，以重视脑功能、发展神经系统功能为主的教育变革，已成为今天世界教育改革的主要目标。

为了"在 21 世纪知识竞争中获得成功"，美国总统克林顿在 1997 年提出了"美国教育十点行动计划"，其中第四点特别提出"头脑启动计划"——从生命的第一天起就开始的婴儿教育计划，"保证每个公民拥有世界上最好的教育"！这是一场全球性的竞争，新一轮的竞争。

这是一场关于成长的革命、一场关于发展的革命、一场关于学习的革命、一场关于教育的革命！它是发端于脑科学最新研究成果的一场革命，是一场来自于心灵深处的理念与思想的脱胎换骨的革命，要想在这场革命中获得全胜，就必须超越传统教育观念的束缚，用全新的、科学的方式来实施我们的教育。

传统教育根本的问题，核心大多不在教育方法本身，而是教育战略性的错误，因此，教育革命首先应当是一场战略革命，而战略革命的前提是教育观念的革命！有人说：21 世纪是中国的世纪。不错，中华民族给了自己一次跨越世纪腾空而起的机会——经济改革！这一改革用三十年左右的时间根本性地改变了我们的处境，这一改革为中华民族的强盛打下了不可动摇的基础。

但是，应清醒地看到，国门打开，我们只能引进技术，人才的引进是有限的。

中国的未来是中国全民的素质！全民的素质只能培养、只能造就，不能引进！

今天人口数量控制在中国只应当是一个经济发展的战术问题，而人口质量的提高才应当是一项最基本的国策！

人类早已走过了人多力量大的时代，智慧的竞争，是未来强者的竞争，智力能源将是未来最无限的能源！

应当充分意识到，历史不仅给了我们一次经济腾飞的机会，也同时给了我们一次打造人力资源强国的机会。这是一次重塑未来的机会，把握这一机会才是真正地把握中华民族的未来，而把握这样的机会需要潜能发展心理学提供依据！

二、教育变革的需要

教育的变革是一项艰难而又痛苦的过程。人们希望通过教育的变革达到提高全民素质的目的，希望通过教育的变革培养大量的顶尖人才，希望通过教育变革实现强国之梦！然而，今天的教育往往无法胜任如此大任。

事实上，今天的教育，已经远远落后于科学技术发展的要求，落后于时代进步的脚步，它不仅反映在教育思想的保守、教育体制的落后、教育效益低下而导致的人才素质低下上，最重要地是反映在我们对待人的根本态度上！

面对人类发展问题，我们不得不回答人类有没有潜能、有多大潜能这样的问题。我们到底仅仅是一个具有差异的群体，还是一个具有极大潜能的群体？这是当今教育必须回答的问题。可以说，谁抓住了问题的关键，谁就能在这新一轮的竞争中脱颖而出。

我们已经清醒地意识到：未来教育的革命，仅靠差异心理学的理论已经远远不够用了，需要全新理论的推动，这个理论就是人类潜能的理论。只有建立起科学的潜能发展心理学理论，并将教育转轨到人类的潜能开发上来，才有可能在未来的教育竞争中脱颖而出。

三、落实积极发展观的需要

教育原本就是人类积极发展观推动下产生的系统。伴随着数千年的"天赋与教养"之争，今天的教育已经越来越普及、越来越系统、越来越强大，但可悲的是今天的教育，依然无法彻底摆脱天赋差异观束缚。

党的教育方针是"面向全体全面发展"的"两全"方针，实现这一方针唯有在积极的发展观和教育观引导下才有可能。

然而，在传统的差异理论约束下，我们对人的认识多少带有宿命的倾向，这种倾向严重地制约着"两全"方针的实现。于是出现了一种特殊的教育现象，一方面我们努力提倡教育、普及教育，希望通过教育提高全民的素质，并大面积地培养具有综合素质的有用之才；另一方面，我们对人类个体在教育过程中产生的差异却无动于衷。

我们心安理得地对待群体出现的两极分化，并理直气壮地利用这种差异毫不犹豫地进行着选拔式的淘汰教育；我们理所当然看待个体本身发展结构的失衡，不假思索地将它们的存在视为个性特征，并极力地强调要通过"个性化"的教育维护这种特征。

多元智能为了摆脱人们对个体进行"好和差"的评价，强调智力的多元结构，在这样的观点下，人们看到了没有好坏，只有不同的美好教育前景，然而，强调"人人成才，才才不同"[5]时，人们还是不能摆脱差异带来的宿命，依然在变相地谈论着差异。

出现这一切的根本原因就在于，人们对于现实的差异存在着一种深深的天赋认同感，或至少是将差异当作一种个体固有特征来对待，以至，将"差异化教育"导致的"教育差异"视为再正常不过的现象！

要想彻底改变这一局面所造成的窘境，唯有潜能发展心理学的理论指导的教育改革。

四、正确理解英才教育的需要

尽管今天"早期潜能开发"的概念早已不再陌生，心理学家、教育学家们多数赞同人有极大的潜能，并十分认同早期潜能开发（教育）的重要性[6][7][8][9]。但奇怪的是，真的将早期开发潜能与培养全面发展的个体、培养资优儿童和超常儿童联系起来时，人们又都无法接受并且理直气壮地反对[10]。

人们坚持认为人是有差异的，教育要满足不同个体不同的发展需要。人们强调指出资优儿童、超常儿童在人群中仅占极少数，想通过教育手段全面制造资优儿童或大批量制造超常儿童完全是违背心理学的理论，是伪科学。

一句话：人们承认人类所有个体都存在巨大的智慧潜能，也承认潜能开发的巨大作用，但却不愿承认通过潜能的开发可以极大地提高个体的智力，不愿承认超常可以通过潜能开发而获得，这是一种不可理解的悖论！

出现这样的矛盾是因为，尽管许多脑科学进展的事实摆在了人们的面前，让人们不得不承认大脑的潜力、人的潜力，然而，在他们的骨子里所谓正统的差异心理学理论依然没有改变，在他们的内心深处依然竖立着天赋决定论的堡垒，而正态分布理论就是这个堡垒外的一道防线，一旦人们触及它便会立刻受到攻击[11]。

因为，在这种理论中，超常只是少数人的天赋品质，绝大多数普通个体不可能具备这种天赋。以至我在实践中研究"群体普通儿童超常发展"这样一个命题时，为了不引起专家们的反感或来自权威们的指责，将研究的命题改成了"群体普通儿童理想发展"，换了一个不太刺激人们神经的一个提法，以避免理论的追杀。

即使这样，我们还是没有逃脱来自专家系统的无情指责，有人明确指出，我们倡导的所谓潜能开发完全是伪科学的；我们强调"超常是所有普通个体遗传潜能范围内的理想表达方式，每个孩子只要教育方法得当都可以超常发展"，是基于赢利目的所做的虚假广告；我们采取的教育方式完全是掠夺性的，是以剥夺孩子幸福童年为代价的。一句话，我们所做的一切是严重违背了儿童发展规律的。

显然，从差异转向潜能，是一场革命，一场关于发展、关于教育的理论和教育观念的革命！它透过心理学的革命直指教育，从教育理论一直延伸到教育实践，从大学的超常班一直延伸到早期普通儿童的潜能开发。

这种超越式的革命，我们称之为用全新的"潜能发展心理学"替代传统的"天赋差异心理学"的革命。今天，只能通过这样的革命，心理学才能走出重视差异轻视潜能的境地，教育学才能走出宿命论的束缚。

第二节　建立潜能发展心理学的学科依据

"潜能发展心理学"的建立，有着众多学科研究结论强有力的支持，依据充分，不容忽视！可以说，遗传的潜能、大脑的潜能、环境和教育的潜能，正是它们在各个层面上的融合与互动创造了人类发展的无限潜能。

一、当代遗传学的依据

当代遗传学告诉我们，多基因数量性状的遗传，具有以下特点[12]：

1.每一种数量性状都是由许多基因共同作用的结果。其中每一个基因的单独作用较小，在环境的影响下，许多基因性状一起使表型特征在群体中的分布呈连续性的变化。

2.由多基因决定的性状易受环境变化的影响。因此，"表型"和"基因型"的对应程度要看遗传与环境的相对作用而定。环境对性状的作用越大，表型分布和基因型分布的对应关系越不可靠。

今天知道，影响智力的是多基因数量遗传，而个体所处的环境变异极大，且环境变化的全距又很大，因此，智力变化受社会、教育、经济、文化、家庭等环境较大的影响。这时，智力表型差异分布与智力基因型分布并不相互对应。

3.当代遗传学还指出：在多基因数量遗传中，基因型存在着一个

"反应范围"，即表型表达的多种可能性。在这个反应范围内，基因型的表达状态，取决于环境特征。

简言之，基因型、表型、环境三者的关系是：表型（如智商）是智力基因型（遗传物质）在特定环境中的表达，而表达的程度（即智力水平），在智力基因型提供的"反应范围"内，取决于环境的条件，其中，环境影响是通过与基因型之间的相互作用实现的。

当代遗传学对遗传基因型和表现型的关系描述，以及对反应范围的揭示，给潜能发展心理学的建立提供了一个坚实的学科基础。

当高特思曼于 20 世纪 60 年代初将遗传学中"反应范围"理论引进心理学，用以表达个体智力的遗传潜能时，这一理论并没有受到足够的重视，更没有人在整个系统上研究它的含义[13]。

"反应范围"理论指出了个体智力潜力存在一个范围，但对于个体智力的反应范围到底有多大，上限在哪里，没有进一步的回答。

20 世纪 80 年代末、90 年代初，当我以《智力表型等级表达及其环境条件》为题，以遗传学"智力表现型是智力基因型在环境中的表达"为依据，来思考和研究人类潜能这个话题时，在西方，美国心理学家塞西[14]提出智力的生物生态理论，同样从遗传型和表现型的关系入手研究了智力，他的研究成为当今世界最新的智力理论之一。然而，仔细分析塞西的研究，发现他还是没有走出通过描述个体天赋高低的思路来解释智力的死胡同。

我的研究结论是智力遗传的反应范围或称潜能范围，正是智力差异分布的范围或智力分布的全距范围。这个范围是一个共性的范围，是每个普通儿童都具备的潜能范围。在此范围内，每个个体反应的水平依据环境变量的不同而不同，表现出最后的现实差异。

我们不去否定遗传的作用，但遗传不再起决定"差异"的作用，而是决定着变化的范围。因此，需要用"遗传范围决定论"来替代"遗传差异决定论"。

必须明确指出的是：当代遗传学揭示的表型与基因型的关系，决不是心理学中遗传决定论者所强调的"一一对应"关系，而是要看环境变异全域的大小以及控制性状的基因数量的多少而定。

"反应范围"是当代遗传学中用来描述同一种基因型在不同环境中表达的种种可能性范围。基因型为表现型提供了多种可能性，而现实的表现型则与影响遗传基因型的环境特征有关。今天我们所看到的智力或其他心理品质表现都是遗传的表现型。

近些年来，基因图谱的研究取得了长足的进展，人们发现人类基因存在着极大的相似性，不仅如此，人类和其他动物在基因图谱上也显示出许多共性的品质。就人类而言，"据人类基因组单体型图计划中国卷项目负责人之一——北京基因组研究所曾长青博士介绍，人类基因组拥有大约32亿对碱基。不同的人基因组中碱基对序列的99.9%都是一模一样的，只有不到1‰左右的序列有所不同。[15]"这不到千分之一的不同才是导致一个人是否存在不同的疾病或差异的根源。

这里，应对遗传的共性与个性的关系有所了解，强调遗传要从强调个体的差异性转向强调群体的共性，应当从个体的"天赋差异归因"转向群体的"天赋潜能归因"，从"遗传差异决定论"转向"遗传范围决定论"。

遗传学对反应范围的描述以及对基因型和表现型关系的揭示表明了一个重要的事实，遗传表达存在着巨大的潜能范围！这一发现，回答了遗传共性与遗传个性辩证关系、回答了基因型与表现型的辩证关系。因此，为"潜能发展心理学"体系的建立，提供了坚实的遗传学依据。

二、当代脑科学的依据

过去，人们一直误以为，神经系统及其感官的生理解剖特征是与生俱来的，它伴随着成熟过程而逐步到位，是先天的、不可改变的"遗传素质"[16]。脑的发育与成熟不受外界环境的制约，只要提供保证大脑生长发育的营养，大脑会按照遗传的指令自然而然地发展起来，并形成个体的特征和学习的能力，正所谓"树大自然直"。

人们更多的只是重视早期营养对脑发育的影响，而"成熟是学习的基础"则是不可动摇的儿童发展观。孩子之所以3岁后进入幼儿园接受启蒙教育，而不在乳婴阶段，是因为小婴儿连话都不会说，他能懂什么，他能学什么？而学前的"游戏为主导"[17]的提法，并不是针对学前儿童学习方法提出的要求，而是用以区别学龄儿童"学习为主导"[18]提法，强调的是相对于学龄儿童"学习为主导"而言，学前儿童则反对以"学习为主导"[19]。

然而，今天神经科学发现[20][21][22]，在个体发展的早期，人脑细胞具有异乎寻常的增生能力，遗传进程为个体感知、运动、思维发展提供充足的细胞，以保证个体适应不同环境的需要。如果，环境刺激贫乏、环境影响简单，脑的许多备用细胞就会发育停止，不再生长，最后，大脑将以一个低水平的网络化结构处理各种刺激；如果刺激丰富、环境影响复杂，大脑中的所有神经细胞就会得到充分利用，最后，大脑将形成一个强大的网络系统用以解决各种复杂的难题。

大脑实际上是一个动态的"创造物"，神经系统的发育材料可以说是各种营养素，但神经系统的建构方式及分化则需要一种完全不同的要素。这一要素正是儿童早期成长的环境刺激，那些来自视觉的、听觉的、触觉的、平衡的、运动的、言语的；来自形状的、颜色的、符号的、声音的等。

正是婴儿在成长过程中，利用自己的各种感觉运动器官，不断地在看、在听、在说，不断地在运动、在探索、在模仿，每时每刻接受着来自环境中的各种刺激，大脑皮层相应区域才得以分化和建立起来。这种分化带来的差异，不是天赋的差异，而是环境的差异。当环境对个体的影响不同时，个体的大脑就开始形成差异。

简言之，个体之所以形成不同的特长、不同的兴趣、不同的爱好，是家长或教师有意或无意提供的环境与教育的差异所导致的。个体智力上的差别，正反映了个体环境刺激丰富程度的差异以及环境刺激结构的差异。

可以说，影响个体的各种环境刺激像一只无形的手，环境的结构特征像一个潜在的设计师，塑造着大脑的微观结构，特别是树突分支和突触传导通路的建立。应当说，不是大脑的生长导致了个体对自己心理行为控制能力或智力能力的差异性得以显示，而是环境刺激以自己的结构方式刺激了个体大脑的建构与分化，最终表现出差异性。

儿童早期发展存在关键期的本质是，早期的大脑处在一个快速持续发展的可塑期里，脑的各个功能区正处在建构与不断分化各种信息处理系统的敏感时期，而脑的各种信息处理系统如视觉的、听觉的、言语的、运动的等，它们在功能上的复杂程度以及结构特征是与婴幼儿早期发展环境刺激的复杂性与结构性相关的。

人脑极其复杂的微观结构，不是生来就定型的，而是在早期接受各种刺激的过程中逐步形成的。大脑在成熟过程中不断建构与不断分化的真正要素就是丰富而又结构化的环境刺激。正是良好的环境与教育刺激,可以从根本上改变大脑的微观结构和整个大脑的性能。而人的智力差异,本质上是脑的差异,脑的差异本质上是环境与教育的差异!

因此,我以为所谓"先天"的东西往往就是早期的东西、就是关键期所获得的东西!

一个人的大脑,是一个极其复杂的神经网络,它的功能比全世界所有电脑全部网络化以后的功能还要大。只是我们没有意识到,没有利用它、没有开发它、没有重视它,数千亿脑细胞复杂的网络化过程,无论是区域化的,还是左右脑的,或是大小全脑的,是早期发展的根本。

原以为,人脑的网络是先天的,无法后天改变,今天知道,人脑的网络也是后天建立起来的。科学家们发现 10~12 周的胎儿大脑便开始了神经元之间有目的的接触。这种频繁而有目的的连接,使婴儿在出生前大脑就开始了工作,尽管此时的大脑结构还远未完善。

婴儿出生后不久,大脑神经元的连接可达 1 万亿多个。由于这些连接绝大部分很不稳定,在随后的发育中,那些很少或从不使用的连接便很快中断了。每个神经元都有很多用于连接的轴突和树突,轴突就像树枝一样,那些没有连接的轴突最终会被"修剪"。因此,在婴儿出世后的最初几年,大脑要经历一系列的变化,在 10 岁或 12 岁以前,形成自己特有的情绪和思维模式,不论这种模式是好是坏。

大脑接受外界的刺激才能正常发育。研究发现,那些不大被人哄逗,很少被触摸的婴儿,其神经元连接程度要比正常婴儿低 20%~30%。

婴儿出生后,数以十亿计的神经元每个都在与其他数以千计的神经元联系,从而导致神经元连接的数量激增。神经元上发出信号的是轴突,接收信号的是树突,形成的连接称为突触。连接时一个神经元的轴突向另一个神经元的树突发出信号,信号有回应后轴突便实施连接,直到与树突接触。轴突就像神经系统的重型电缆,可做远距离连接,而树突很少移动。

例如,大脑视觉的突触在出生时每个神经元大约有 2 500 个,但很快增加到 6 个月后的 18 000 个。其他皮层的情况也大致相同,只是时间快慢有些不同。这些神经元之间的微观连接可持续人的整个一生,但最活跃的时期是在出生后的最初几年,到两岁时达到突触最高平均密度每个神经元 15 000 个,这一水平一直保持到 10~11 岁。

促进神经元连接最有效的方法是让婴儿接受反复的体验和感受。当代脑科学证明，人脑的发育存在着时间表，基本的发育在 10 岁前完成。其中，神经元的网络化主要在 3 岁前建立；各种能力发展的关键期主要在 6 岁前；脑皮层的成熟主要在 7 岁前完成；个体的分化在 8 岁前完成80％；人格特征，精神风貌，自我评价系统多带有早期的烙印[23]。

最新的脑科学研究成果指出，人脑具有巨大的塑造潜力[1]。人脑在发育建构过程中遵循"窗口"理论：孩子越小打开的窗口就越多，随着年龄的增长一扇一扇的窗口随之关闭，智力提升的可能性越来越小。很多科学家相信，在孩子出生后的最初几年，有几个至关重要的"窗口"时期，在窗口开放时期，大脑对外界某种特定类型的信号接受特别敏感，错过这个时期接受效果则大大降低。例如，如果婴儿出生后带有先天性白内障而未能及时手术，就可能造成婴儿永久性失明。为什么？因为大脑要在特定时间段内进行知觉积累——在这种情况下就需要光对视觉神经的反复刺激——以巩固神经元之间的暂时性的连接。很多科学家经过长期对某些鸟类的实验和观察发现，如果孵出的小鸟在一个特定的时间段从未听过鸣叫，它可能永远也不会鸣叫。例如，斑马鸟学习鸣叫的窗口在孵化后的 25～30 天开启，大约 50 天后关闭[24]。他们认为，婴儿的情况与这些鸟类相似。

神经系统后天如此巨大的塑造潜能提示我们，神经网络丰富化的程度不是自然而然形成的，它并不遵循"树大自然直"的规律发展，并非是与生俱来的先天遗传品质的单纯外化过程。神经系统的强弱、好坏直接与后天的环境及教育相关。

这一发现让人们意识到，人脑的网络化潜能深不可测，人们可以在人脑网络化的历程中，通过环境这一设计师，使人脑的网络化进程变得更加完美。

这就是大脑的潜能！今天，正是这样的发现同样为"潜能发展心理学"的建立提供了科学的依据。

三、当代心理学研究的依据

对智力变化以及智力影响因素的研究，从心理学诞生起就一直没有中断过，其中最重要的包括早期经验的研究（比较心理学研究）和智力变化的研究。

(一)早期经验的研究

对影响智力发展的环境变量的研究的一个最重要方面是关键期研究，研究早期经验对智力发展的重要性。

1935 年，奥地利生物学家洛伦茨（Lorenz）发现，动物能力的获得有一个关键期，在这个时期，动物对某一特定刺激或对象形成一种永久性的铭记，如刚出壳的小鹅会把最先看到的活动对象当做母亲紧紧跟随。这种现象称为"印刻"，如果出生后的几小时内，没有见到活动的对象"印刻"则不能发生，人们把这个极短的时期称为关键期，从此开始了关键期的研究[24]。

事实上，早在洛伦茨之前，1932 年冯·塞恩登（Mvon Senden）在综述新生儿白内障时，发现患者如果未能及时进行晶体摘除术，则在成年后呈现严重的视知觉障碍[25]。患者具有分辨颜色的能力，但在学习区别物体的形状和图案等方面则困难很大，严重者无法辨认他们每天见到的人，冯·塞恩登认为这种现象是由于患者在早年因白内障而被剥夺了图像视觉的缘故。

为了研究早期经验的重要性，人们广泛地采用动物进行早期知觉剥夺研究，20 世纪 60 年代后，关键期内感觉和社会剥夺如何阻碍行为正常发育的研究，已成为活跃的领域。

莱伊森（Riesen）对新生黑猩猩进行光线剥夺，让其在黑暗环境里持续生活 4～7 个月，然后回到正常环境中来，在一段时间内动物很难学会分辨形状[26]。莱伊森进一步证明这种视知觉缺陷并不单纯是由于缺乏光刺激造成的，他用半透明的塑料罩遮盖住动物的头面，虽然光线可以透过，但对形状辨别受阻，结果黑猩猩同样有形状知觉障碍。这说明，生命早期视觉图像环境是影响视知觉发育的关键因素。

20 世纪 60 年代，哈洛（Harlow）等通过对猴子的早期剥夺进一步揭示了早期经验和关键期的重要性[26]。

他们把刚出生至 1 年的幼猴置于一个单独隔离的环境中饲养了 6 个月，则其日后总是蜷缩墙角，恐惧畏缩，没有性行为，表现为行为异常，但对成年猴的隔离则无此现象。

与此同时，休贝尔和威萨尔（Hubel and Wwiesel）进行了多年的研究，他们通过一系列感觉剥夺实验，令人信服地证明：来自知觉环境的刺激因子，导致了突触间正常的相互竞争，从而决定了脑细胞间相互联系的有效性，他们的工作获得 1981 年度诺贝尔医学和生理学奖[27]。

他们将猫在出生后睁眼前不久，就人为地除去单眼或双眼的视力，进行眼睑缝合。一段时间后去掉缝合线，结果发现：缝合眼由于图像剥夺，表现出不同程度的视觉缺陷，缺陷程度与剥夺时间及其长短有关。其不可逆损伤的关键期，约在 4～12 周，这段时间内剥夺越长，缺陷越重。如果从猫出生开始持续 4 个月剥夺，则眼永久失明，而 4 个月以后开始的剥夺，则不再引起永久性损伤。这些结果在狗、鼠、猴等动物身上，都得到了反复验证。

在此基础上休贝尔和威萨尔检查出了视觉通路各级水平的反应特性，结果发现：大脑皮层的初级视区大多数视细胞，失去了反应能力，而皮层下中继站外侧膝状体的细胞，虽有轻度的萎缩和丧失，但绝大多数仍然存活；再下一位的中脑瞳孔反射中枢仍然正常。这种结果似乎意味着，环境对中枢的影响程度，与中枢不同水平发生的早晚有关，或者说，在进化史上发生越晚的部位越容易受环境的影响。

利用实验性斜视的方法，同样得到了上述结果。

与剥夺研究相反，有些研究者进行着丰富刺激环境或条件对动物影响的研究[28]。

例如，将一部分大白鼠放在"丰富化"的环境中，在这种环境中放有不同的装置，玩具和活动迷宫等，而另一部分大白鼠则置于互相隔离且环境单调的情境中，结果丰富环境中的大白鼠脑重量增加，大脑半球纵向长度增加新皮层增厚，细胞增殖加强，脑组织中乙酰胆碱酯酶含量升高，肾上腺较重，皮质类酯醇诱发的肝酶酪氨酸氨基转移酶的活动较高，而且脑去甲肾上腺素较多。行为上，这些动物的探究性反射活动和学习的能力也更高。

总之，所有研究都表明，出生后个体经验获得可以促进大脑神经联系的结构与机能的发展和完善，环境的部分或完全剥夺会造成神经系统发育缺陷或障碍。

虽然，环境刺激为什么能造成这种影响，以及造成这种影响的具体机制还需要进一步揭示。但目前的结果，足以让人们对早期经验，早期环境给予充分重视。早期经验的研究，向人们揭示了影响发展的环境因素的复杂性和时间特性。

在人们对动物进行早期经验影响研究的同时，关键期的概念随之进入了发展心理学。概念也从关键期扩展到敏感期、可塑期等[29]。

而在各种关键期的研究，人们更是发现环境因素的重要价值。如剥夺研究和丰富环境的研究发现因环境的差异，个体的智力会发出改变，这种改变的方向、速度、水平与环境教育的质量均有关系。

可以说，大脑网络化的过程存在着一个时间限制因素。今天心理学家关于关键期的研究与脑科学研究揭示的大脑发展的可塑期相互呼应，使得人们对早期发展产生了浓厚的兴趣。

研究发现，不仅动物存在着许多关键期，人类个体早期也同样存在着各种各样的关键时期或称敏感时期，在这样的时期内，心理的发展极易受到环境的影响，个体处于最佳的准备和接受状态，有最低的刺激兴奋阈限，对刺激具有高度的易感性和同化作用。如果这时能够给以适当的刺激和帮助，某种能力就会迅速发展起来。

通过研究人们发现，不同的能力发展的关键期不同，如 2～3 岁是口头语言发展的关键期，4～5 岁是学习书面语言的关键期，5～6 岁是掌握词汇能力发展最快的时期。而数概念发展的最佳年龄是 5～5 岁半，出生到 4 岁是形成知觉能力发展的关键期。而斜视婴儿如果能在 3 岁半矫正斜视，则具有立体知觉，超过这一年龄就会成为永久立体盲；耳聋儿童如果在 1 岁前给予助听器，就能正常地学会语言发音，迟于这一时期则学习发音就十分困难。同样，音乐和运动才能的发展根据经验也显示具有关键期。

我在长期对新生儿的跟踪研究中发现，对于个体而言，在众多关键期中，在易感的可塑期内，最重要的关键期是大脑质量发展的关键期，最关键的可塑期是全脑结构的可塑期，最不可忽视的敏感期是各种心理品质形成的敏感期。

三大时期必须牢牢记住。

首先，早期是质量发展的关键期。早期是大脑各区域网络化的关键时期，网络化的丰富程度直接反映了大脑的发展质量，而神经网络复杂程度依赖环境刺激的丰富程度。贫乏的环境刺激使得神经网络复杂性降低，丰富的环境刺激使得神经网络复杂程度提高。这种神经网络复杂程度的差异，形成质量两极分化的大脑，导致智力的差异。

我把这个时期称为"高质量对低质量发展"的关键期，即两极分化的关键期。

大量的家庭跟踪表明，早期如果家长没有注意为孩子提供一个具有丰富刺激的环境，没能有效地促进大脑网络的复杂化，就会带来低水平发展；相反，我们进行的大量教育实践表明，孩子在早期如果接受了大量的环境刺激和教育影响，就一定会出现高水平的智力发展（参见下部第五章）。

对于个体而言，这时是决定高水平发展，还是低水平发展的关键期，是个体大脑质量发展的关键，也是潜力发展的关键期。

对于群体而言，这时是"两极分化"的关键期，也是一个形成什么样分布群体的关键期。正是由于这样的关键期存在，在自然环境条件下，常常形成正态分布的群体，在有意控制的高质量教育环境下则可以形成负偏态的群体分布。

由此可见，在大脑的可塑期里，质量发展意识是一个重要而不可忽视的意识。将环境影响控制在一个良好的质量水平上意义非凡，它是潜能开发的关键！

其次，早期是全面发展的可塑期。遗传为大脑"全面发展"提供了一次唯一的机会，这个机会不在大学、不在中小学、甚至不在幼儿园，而是在更早的时期，在婴儿期内。早期是大脑各区域结构全面塑造的一个最关键的时期，在这个时期内，既是形成全面均衡的全脑结构的可塑期，也是形成优势偏好结构脑的关键时期。

我把这个时期称为"均衡对偏好发展"的可塑期，即结构发展的关键期。

孩子出生时，大脑的各个区域都处在初始化的水平上，处在同一起跑线上。这时如果没有注意环境和教育对孩子大脑全面的影响，没能有效地促进全脑结构的全面发展，就会带来失衡性的发展结果。这种结果将进一步使得优势发展的脑区产生抑制周边其他脑区发展的影响，表现出偏好性发展或结构失衡性发展。

金色摇篮在十五年的全面发展的教育实践中体会到，给孩子全面的教育，会带来全面的发展。我们的教育得到了来自脑像测评结果的支持（参见下部第五章中的相关脑像测评数据）。

为了避免早期发展的失衡，确保孩子全脑发展，全面发展，应当抓住早期这个唯一的发展机会，进行全面提升。随着年龄的增加，全面发展的机会越来越小，优势发展的动力越来越大，不正当的大脑区域的竞争会加剧。如当双眼发展失衡，优势眼会保持优势，弱势眼会更加弱势。

因此，早期在大脑开始划分自己领地的时候，应当是全面发展的关键期，是全面提升各种能力的关键期。在大脑的可塑期里，当大脑受环境与教育的影响出现结构性偏好的时候，应当及时进行补短促长性的塑造，强调扬潜促显式的教育，随后当大脑结构基本定型的时候，才可进行扬长避短性的发展，准确地说应当是扬长补需式的教育。

最后，早期是心理品质形成的敏感期，早期不仅是大脑网络化水平的关键期、区域化发展的关键期，也是怎样网络化与区域化的关键期，即形成什么样心理品质的敏感期。这些品质包括个性、情感、习惯、态度等。

我们把这个时期称为"良好品质对不良品质"发展的关键期。

这时，环境影响的性质与大脑网络化的性质密切相关。环境不仅存在着影响要素之间的差异，还同时存在着优劣的差异。

同样是丰富环境，一个可能是优良的理想环境，另一个则可能是不良的劣等环境，这时，不良的环境影响如果过强也会促进大脑网络复杂化的过程，正是这种消极的影响使大脑趋于不良发展，最终形成许多顽固不化的不良行为和习惯。

如我们发现，早期过度替代的环境会造成孩子过度的依赖、缺乏主动性等特征；过度保护的环境会导致孩子胆小、怀疑、内向、社会化程度低等特征；而早期过度户外活动会导致专注力差、多动倾向明显等特征。

因此，应当尽可能地避免不良因素的大量刺激，给大脑创设一个丰富而又良好的发展环境，使大脑健康、和谐、高质量地发展。

关键期的研究为潜能发展心理学实现"面向全体全面发展"的教育理想提供了理论依据，也得到了来自神经科学发现的有力支持，于是，今天对于乳婴儿的成长就有了一些全新见解。

成熟不再是学习的条件，差异不再是全由天定，超常不再是极少数人的专利，智商不再是不可改变的品质——只要在神经系统的可塑期内，不失时机地进行早期教育，就能极大程度上开发儿童的潜能、培养出一批高素质人才。

(二)智力表型变化的研究

智商作为智力表型的指针，它的稳定性一直是个重要的研究课题。

最初的研究的推论，认为智商是相对稳定的，人们带着更多宿命论的色彩，将智力归因为"生来如此"。然而，越来越多的研究显示智商并非一成不变，其变化范围之大，导致了早期的智商分数与后期的智商分数之间没有明显的联系。

有关智商稳定性和变化的讨论来自以下研究。

1. 智力的发展与变化

为了研究智力发展的一般规律，许多心理学工作者，进行了长期的纵向追踪研究，并以智龄为纵轴，以实际年龄为横轴，画出智力生长的曲线图。

研究发现一般的智力生长曲线呈负加速度增长趋势。不同的研究结果尽管存在着一些差异，但仍然具有很大共性。在智力成熟之前，表现出三个发展阶段，智力从出生到12岁左右呈现快速发展期，12～20岁左右呈减速发展期，20～34岁左右达到高峰并转入高原期，总之，智力在成熟之前发展的这种规律性构成智商变化的稳定性依据之一。

心理学家布鲁姆通过长达20年的跟踪研究测定：假定一个17岁的人智商为100，如果从7岁时开发智力，只能开发20％，从4岁时开发就能达到50％，如果能提到3岁之前将能达到80％。

美国心理学家怀特(White)对早期发展模式进行了研究，他在《生命头三年》(The First Three Years of Life)一书里指出：儿童一般在1岁间开始表现出独立的发展模式，并在四个主要区域里表现出来，这就是：言语发展，社会性发展，好奇心和知识操作[30]。

早期发展的差异对大多数儿童来讲，从婴儿8个月开始，从此以后个体差异越来越明显，这些发展中的快慢差异，在以智商表示的智力相对水平方面，并不总是呈现绝对的成长，而是表现为智力发展的上下变化和波动。换言之，当用智商来衡量某个年龄不同发展速度的儿童时，快的相对一般的表现为升高，慢的相对一般的则表现为下降。对每一个个体而言，这种随年龄发展，智商的相对变化，完全因人而异，这点可理解为智商可变化的一种情况。

2. 智力的理论分布与实际分布

从高尔顿时代起，人们就建立起一种观念，即人的智力遗传因素是按常态分布的，即一般遗传素质的人很多，天赋极高或极低的人很少，因此，从理论上讲，人群中 IQ 的实际分布应对应于智力的遗传分布，亦显常态分布：两头小中间大。这一点在大量的测量中总是得到基本验证，从而进一步使人们对此深信不疑。

人群智力测量的实际分布总是趋向正态的结果，成为智商稳定性的一大依据。

3. 智商的预测性与年龄

智商测量从一开始就遇到以下问题：如果智商表现的是一个人遗传的天赋，那么它就应是稳定的，并且有预测性。然而，情况显然并不如此，各种研究结果揭示，智商的稳定性或预测性与年龄有关，2 岁以前，特别是 18 个月以前的早期测验几乎对后期测验没有肯定的预测意义，这一点被许多研究者如安德森（Anderson）、杭齐克（Honzik）、麦克法立（Macfarland）和艾伦（Allen）、贝利（Bayley）、马森（Mussen）所证实[31][32][33][34][35][36]。

4. 个体智力在智力分布中位置变化的研究

心理学工作者通过对群体的纵向研究发现，个体智力在群体智力分布中的位置随时间变化而呈现变化特征，群体中个体的位置可以表现出以下几种变化方式。

一为聚合式：即在分布中首次测量相离很远的两个个体，经过一段时间的发展，两个个体的智商会变得非常接近或一致。如两个同龄女孩早期 IQ 分数相差 30 分点，到成年期（40 岁）却会合在一起（IQ138、139）。

二为发散式：即在分布中首次测量相离很近的两个个体，经过一段时间的发展，两个个体的智商会变得差异很大。如两个同龄男孩在 21 个月时是同一起点（都略高于平均值），但经过 16 年的发展，两人 IQ 竟然相差 45 分点（一为 IQ138，一为 IQ93）。

三为波动式，即一个个体的智商在成长过程中经历上升及下降的反复。可以先从低分水平向上变化，然后在一定年龄后又从高分位向下变化；也可以先从高位向下变化，然后再由下向上提高。

从智商分数的绝对值变化来看，如 Honzik 的研究追踪了一批儿童 6～18 岁期间八次测验的变化情况，发现有 85% 的被试智商变化达 10 个分点以上，60% 的被试变动达 15 分点以上，说明在成长过程中变化是相当普遍的，而且变化的幅度也相当大[37]。10～15 分点的变动可以使一个人的智力评定上升或下降一个分类等级[38]。

个体智力在智力分布中位置的变化，提示我们这种变化的范围是巨大的，可以达到 40 分点以上，我们要问这样的变化范围意味着什么？

5. 智力在不同环境中的变化与提高 IQ 的研究

有关环境改变引起儿童 IQ 显著变化的研究结果，从 20 世纪 30 年代起就不断出现，尤其是在 20 世纪末的二三十年里，提高智商的实验研究和早期干预计划合二为一，进一步揭示了个体智商在环境变化的影响下可以改变的程度和范围。这些研究一致表明：

（1）早期剥夺或不利环境导致 IQ 普遍降低

斯皮茨对两种不同设施环境中的婴儿进行的纵向比较研究，获得了这样的结果。通过对孤儿院的婴儿和女保育室中由母亲喂养的婴儿进行的发育评价发现：孤儿院的婴儿的平均发展商数从 2～3 个月的 131 分点，到 10～12 个月跌落至 72 分点，平均下降 59 分点。而女保育室中的婴儿则基本保持着原有水平。斯皮茨同时对两类母亲进行了比较，指出孤儿院婴儿的母亲往往没有智力和社会适应问题，只是由于单纯的经济困难，而无力抚养孩子。相反，女保育室婴儿的母亲，常常是因为社会适应困难，智力落后，身体残疾，心理变态或刑事犯罪而越轨入狱的。因而，从遗传素质角度比较，孤儿院中的婴儿并不比保育室中的婴儿差。据此，斯皮茨认为，发育商数的下降是孤儿被剥夺了母亲的结果。

丹尼斯和纳亚连比较了黎巴嫩育婴堂抚养的儿童和黎巴嫩贝鲁特婴儿保健站的儿童智力发展商数，发现育婴堂里的婴儿不到 12 个月这段时间，平均发展商数只有 63 分，而婴儿保健站的儿童发展商数则为 101，其差为 38 分，这种差别是异常显著的[39]。丹尼斯和纳亚连认为："对测验项目和育婴堂里存在的条件这两者之间的联系进行分析，就可以看出心理落后可以用学习机会受限来说明。"

郑同晋、和建华在我国山东地区研究了一种"沙袋养育儿"。这些儿童出生不久就被放入一个盛有细沙土的布袋里喂养，以沙土代替尿布，一天换一次土。平时，孩子就仰卧在沙袋里，每天除去按时给他喂奶以外，既不抱他，也不管他，并尽量减少对他的任何刺激和感官训练，也不允许别人去"逗引"他，同他玩耍。这种养育方式使这些儿童成了"早期失教儿"。研究表明：由于一年以上的早期部分环境的剥夺，69名沙袋养育儿在7~16岁之间的平均智商明显低于平均IQ30分点，只有68.58，其中7名失教两年以上的儿童，平均智商只有52.43。

除了"沙袋养育"之外，吴凤岗等人还研究了其他民俗方法养育的儿童，如"婆筐、背巾育儿"和"船舱养育"他们在不同的智力量表中分别获得的智商为79.5和91.3，低于智商的平均分数。

(2)早期良好环境使智商普遍提高

1932年，依阿华州儿童福利研究站的威尔曼发表了他的一系列研究中的第一项结果，提出了由于环境的改变而引起儿童智商显著变化的报告[40]。根据这个报告结果，那些最初智商低于平均分数的儿童，智商增长量最大，他们在第五次测验时平均增加28分点，智商为中常的一组，从第一次到第七次测验智商增长22分；智商较高的一组儿童，在他们的第五次测验时，智商的平均增长为12分。

1937年，斯基尔斯和戴(Skeels and Dye)将13个孤儿从缺少刺激、缺少设备、缺少玩具的孤儿院中转移到新的环境中，使他们获得了丰富的刺激和良好的照料，而其他孤儿作为对照仍生活在孤儿院中[41]。结果实验组智商平均增加27.5分点，控制组平均降低26.2分点，并且实验组中每个儿童智商都呈上升态，控制组除一个例外，其他均呈下降态。值得注意的是，实验组中提高最大的个体，智商增加58分点，相反，控制组中5人降低35分点以上，10人降低18~35分点之间。更值得强调的是：假设控制组中的儿童也同样放到新环境中去，那么他们的智商也会同实验组一样，平均提高27.5分点左右。这意味着，一个个体在两种不同的环境中，实际的智商变化范围很大，以该研究为例约26.2(下降)与27.5(上升)之和，即为53.7分点左右。这样大的变化使一个人的IQ处于五个智力等级水平上波动！

关于早期干预成功地使被干预儿童平均智商大幅度提高的例子，常被列举的是Milwaukee的一项研究(Milwaukee Earlay Intervention Project)，这项研究，对母亲智商低于80的，有智商落后倾向的高危儿童进行了早期干预，从出生3个月到6个月，其间进行两次智商测定，与控制组比较，到6岁时，干预组智商平均提高了30分点，有人称此为"Milwaukee奇迹"[42]。

Cyaig Ramey，Dake Farran和Fnces Cambell通过另一项干预研究

指出：干预已经成功地提高了贫困家庭或黑人家庭孩子的智商分数[43]。这些干预使孩子们避免了处在家庭环境刺激缺乏下的境地，使他们的智商比比较组在 2～3 岁时，高出 10 到 15 分点，4～5 岁时高出 12 分点，其他许多研究同样获得了相近的结果[44]。

我们还可看到，在特殊的个案或状态下，个体 IQ 的变化范围更大。在"伊萨贝莉"个案中，由于早期环境剥夺和 6 岁后的干预，伊萨贝莉的 IQ 经历了由正常降到 25 分点再又回升到正常范围内的过程；狼孩则由于脱离人类社会，IQ 下降到极重度状态；而苯丙酮尿症的儿童在及时干预和不干预的情况下，智商变化范围在 20～80 分点之间。

20 世纪六七十年代，干预计划对低收入和母亲低 IQ 的"高危"儿童的某种成功，导致 80 年代美国中产阶级的父母们为了提高孩子的 IQ，也开始积极地改变或丰富子女环境，提供更为广泛地训练和形式多样的刺激。这种举动反映了一种发展趋势，即中等智力的儿童将成为人们努力开发智力的重要对象。英格列曼（S. Englemann）等人指出，早期教育可以提高智商 30 分之多，可使中等以上的儿童智商提高到"天才"水平，这正是 80 年代发展趋势的理论依据[45]。

(3)普通环境中成长的儿童的 IQ 变化范围

杭齐克、麦克法兰和艾伦，松塔格·贝克尔．内尔森，贝利在各自的纵向研究中，均获得一致的结果：即使个体不在典型的或优或劣的环境中成长，其智商也在很大范围变化着，几乎占 85％的被试者智商变化达到 10 分点或以上，60％的人智商变化在 15 分点或 15 分点以上，其中有许多个体经历了智商 30 分点或 30 分点以上的变化[46][47][48]。在 Berleley 成长研究中，有个女孩智商从 133 下降至 77，而一个男孩则从 90 升到 160，然后降到 135。

麦考尔、阿佩尔鲍姆以及霍格蒂的纵向研究发现斯坦福——比纳测分从 2 岁半到 17 岁平均变化为 28.5 分点，最高的变化达 40 分点，同时发现，社会经济地位等环境因素制约着变化的方向[49]。社会经济地位高的儿童往往获得较高的智商分数，社会经济地位较低的儿童则有失分的倾向，这一点与泰勒的研究结果相吻合[50]。泰勒发现：社会经济地位高的儿童和城市处境不利的儿童，4 岁时各自的平均智商分别是 110～115.95，到了成年社会经济地位高的儿童，仍然保持这一分数甚至稍有提高，而处境不利的儿童下降至 80～85 分点。

总之，关于智商可变性的研究，无法一一列举。但所有类似的工作，都获得了相近的结果，这就是：

1. 个体早期的智力发展是相对不稳定的、变化波动的。智商在个体既可以上升，又可以下降。

2. 智商变化的方向、范围、受环境教育因素变化的方向、范围所制约并与智商变化前的水平有关。

3. 巨大的环境变化会使个体的智商在三个以上的智力等级上变化。就单向升降的范围而言，一般可达 25～30 分点，而双向变化之和，一般可达 50～60 分点，在个案中还有更为突出的例子。

特别值得注意的是，在个体身上表现出来的这样大的差异变化到底说明了什么？深藏在这种表象背后的含义又是什么？

正如前面提到的那样（见图 1-1），已往的研究早已将一个群体存在的差异进行了分段分析，如同断层扫描一样。今天，将这些不同的独立研究结果，按照环境影响的优劣排列并串联在一起时，就会看到一种规律的存在，智力的高低随环境的质量优劣而变化。

智力存在变化的最大可能就是，智力不是一个固定的品质，智力存在着潜能空间！智力如果真是遗传决定的，不可改变的，那么环境的影响就无关紧要，也就不可能出现上面看到的情况。

我们关心的恰恰在于不同环境类型中智力差异在智力分布全域中的分布排列特点，恰恰在于智商变化的方向、范围大小以及这种变化暗含的意义上。它实际表明，人类存在着共同的潜能范围，群体中的个体因所处的环境不同而表现出不同的表达水平，每一个个体差异排队，最终形成了分布。

可见，心理学研究的内容也成为建立潜能心理学最重要的依据。

四、早期教育的实践成果

早期教育的实践可以追溯到遥远的中国古代，当时的人们就发现环境对儿童的重要影响，"昔孟母，择邻处"就是很好的写照。而孔子似乎早就看穿了人性的特点，指出"人之初，性本善，性相近，习相远"，看到了人的遗传本质很相同，而后天环境使得个体差异增加。

早在 17 世纪末，卡尔·威特就意识到"孩子的教育应该始于其智力发育之初"。自儿子小卡尔·威特出世，便倾心于对孩子的早期教育与智力开发。他的主张与当时人们所持的"孩子的教育自上学开始"的观念大相径庭。在老威特的悉心培养下,小卡尔9岁就能阅读荷马、普卢塔克、西塞罗等名家之作,并被莱比锡大学录取,14岁获哲学博士学位,16岁获法律硕士学位。他的"天才"奇迹受到了国王的赏识和其他心理专家的认可。

老卡尔将自己的培养过程记录下来,完成了一部长达1000多页的早期教育实录,取名《卡尔·威特的教育》成为早期天才培养记录最完整的内容。后来他的教育思想被许多人实践过,并取得了同样的结果。但非常遗憾的是,他所取得的成就并不被人们接受,人们更加相信,小卡尔的成功"是因为他生来就具有非凡的天资"。

两百多年过去了,人们的思想观念还停留在那个时代,这一点从1913年9月,H.阿丁顿·布鲁斯在《卡尔·威特的教育》的英文推荐序中就可以清楚地看到:"威特在教育孩子方面提出了许多新颖独到的见解,可这些见解并不符合那个年代的人们已经广为接受的教育原则[51]。""只有当孩子到了'学龄'之时才开始接受正规的教育,这是当时已经为人们普遍接受的教育观念。而威特倡导的'孩子的教育应该始于其智力发育之初'这一基本原则,显然与前面那条教育理念产生直接冲突。

当时社会上流行的教育理论认为,过早开始教育和训练孩子,不但会剥夺孩子们的儿童时代的快乐,而且由于过度开发孩子的大脑,'会给孩子的健康造成严重的、甚至是不可挽回的伤害'。在这种背景下,纵然威特在培养自己孩子的过程中进行的大胆尝试取得了巨大成功,他在倡导自己的教育方法方面所做的一番努力到头来也只是付之东流。在大多数教育权威人士看来,他的大胆尝试纵然取得了良好效果,但并不能证明那种教育方法就是明智的,只能表明接受这种尝试的那个孩子有超人的天赋"。

尽管老卡尔不停地争辩指出"实际情况并非如此",但直到今天,人们对天才儿童或超常儿童的发现依然观念如故。

在这之后,在全世界各地相信早教育英才的人们,培养了大批的英才,但教育专家们却百年不变地坚守着自己的信念,认定他们原本就是天赋更好的孩子。

1990年,当我通过实验研究得出"智力分布全距的范围实际上是每个个体智力的潜能范围"的结论后(见上部第五章),意识到这是一个重大的问题,要想引起人们的重视必须获得实践数据的支持,于是我开始了长达十几年的教育实践研究。无论是个案研究(1995～2009)、六婴跟踪研究(1996)、百婴跟踪(1996～1999)研究以及在金色摇篮潜能开发婴幼园(1996～2010)所进行的长达15年的"群体普通儿童理想发展"的教育实践研究中(见下部第五章)都反复得到了相同的结果。

实践证明经过早期科学教育,我们跟踪指导或教育的孩子平均智商可以提高30个分点,达到进入所谓心理学意义超常的范畴,一些孩子的智力变化则高达60个分点以上(见下部第五章 实践研究)。

但不幸的是,这样的实践研究照样被专家们视为哗众取宠,视为非科学的、非理性的,认为我们完全是为了挣钱而欺骗家长,对我们做出的结果也找到了适当的理由加以反驳。

理由之一是,我们进行的是掠夺性的智力开发,所提高的智力并不是他们所说的智商。

理由之二是,我们开办的婴幼园是一个高档私立婴幼园,能上得了金色摇篮的孩子,原本就出生在家庭条件优越的环境里,他(她)们的父母遗传里就存在着优异的基因。总之,无论做什么都不会得到认同。

实际上,狼孩卡玛拉的发现和研究也从另一个方面揭示了早期环境的重要性,由于早期环境的严重剥夺给狼孩带来了不可挽回的心智影响。

在这样的案例中都早已隐藏着一种规律性的东西,这种规律性的东西一再被人们使用并获得同样的结果,我们不能视而不见,它们为潜能发展心理学的建立提供了实践的证据。

第三节　揭示差异与潜能关系的实验实践努力

带着探索智力发展奥秘和科学解释差异现象的好奇,我于20世纪80年代在朱智贤和林崇德教授的指导下,开始了相关的理论研究和实验研究。1990年,以《智力等级表达及其环境条件》为题完成了博士论文,以"智力表现型是遗传基因型在环境中的表达"这样一个遗传学的概念,展开了对"智力等级与环境关系"的实验研究。

实验(见第五章)结果与前面的理论分析所形成的结论完全吻合。

在实验研究中，通过引进环境商数，第一次将遗传、环境与智力分布三者的关系统一在一起，建立了三维分布模型。这一模型，不仅很好地解释了遗传、环境与智力等级的关系，同时还获得了一条遗传共性潜能曲线，这条潜能曲线所显示出来的群体中每个个体的潜能范围，正好是智力分布的范围，即智商从 60 分点以下到 160 分点以上的范围。

在这项研究中，我们第一次看到了智力群体分布的动态特征，发现智力的分布是一种分化的过程，受到环境质量分布的影响，可以是类正态的，也可以是偏态的，或正偏态、或负偏态。正态分布是动态分布的一种特殊形态，一句话智力分布是一种动态分布。

研究首次揭示了"智力分布全距"概念的另一个重要含义。表面上看智力分布的全距是由个体的差异按照大小顺序排便形成，但本质上它反映了所有个体的变化范围，个体受环境差异的影响确定了在分布中的位置，这种变化范围正是每个人的潜能范围。

研究第一次同时使用了"遗传差异分布"与"遗传潜能曲线"的两个概念，从差异分布和潜能范围两个方面描述遗传。

不仅如此，根据这一研究结论，在这之后的 20 年里，我们一直在积极发展观的指导下，坚持实践，坚持理论联系实际，利用智力潜能的基本"三维模型"以及智力的"动态分化模型"指导教育，追求个体以及群体的最优化发展，取得了极大的成功。

大量的普通儿童经过早期潜能开发，智力水平得到极大地提高（见下部第五章）。我们体会到对于出生正常、没有遗传疾病的孩子，只要时机对头、环境教育条件恰当、方法科学，智商达到 130 分点，进入所谓的心理学定义的超常水平，平均智商提高 30 分点并不困难。甚至是任何一个相信早期教育认真负责的家长或幼儿教师都可以做得到。

研究结论和大量的教育案例表明，人类的确存在着巨大的潜能，它以变化多样的差异方式表达着它的存在。

每一个正常健康的人的智力基因型都有一个很大的表达范围，这种表达范围即潜能范围。它为智力表型的变化提供着多种多样的可能性。而在智力基因型的控制范围内，智力表型水平的高低和走向，受制于基因型的表达条件——个体成长的现实环境因素。

即在不同环境中，一个个体的智力可以在智商全域的范围内变化，可以是中常的、也可以是低常的或超常的，超常是个体在理想环境中的基因良好表达的结果。

这些就是我们为什么提出"潜能发展心理学"概念以及研究它的原因。

一、遗传、环境和智力三者分布模型的建立

潜能发展心理学的建立，仅仅有时代呼唤是远远不够，它不仅需要来自各学科支持它的研究或理论依据，更要有自己的实验研究和理论模型。

（一）三维模型建立的研究基础

"潜能曲线"的发现和对"潜能范围"的描述，无疑是建立潜能心理学最重要的因素。

《智力表型等级表达及其环境条件》的实验研究（见上部第五章），获得了一条回归曲线。这条曲线，我称之为"潜能曲线"——一条人类潜能的共性曲线。

依据高尔顿的理论假设，传统心理学仅仅关注智力的差异分布与遗传的差异分布两者之间的关系，强调智力表型分布是智力遗传差异分布的外在表现[52]。

在实验研究中，我们对此提出了疑义和修正。不仅对研究群体进行逐个智力测验，而且引进环境商数概念，通过环境教育量表，真实地评价环境，因此，获得个体发展的环境教育得分和整个群体发展的环境分布情况。

经过真实地分析环境教育质量分布与智力分布的关系，从而获得了一条最初的关于环境与智力两者关系的"回归曲线"（见图 2-1 所示）。

结果惊奇地发现，个体智力得分与环境教育得分之间存在极高度的正相关，呈现出一种相互对应的情况。

环境教育得分越低的组别，他们的智商分数也就越低；环境教育得分越高的组别，他们的智力得分就越高。这种变化呈现出一种规律。随环境教育得分的增加，个体的智商得分也就增加；环境教育得分的降低，个体的智商得分也就降低。

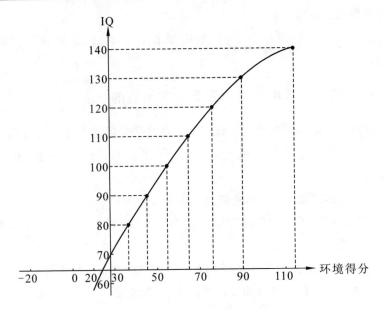

图 2-1　IQ 与环境的回归曲线

不仅如此，环境教育得分的分布也呈现出类正态的特点，中间的多，两边的少，两者高度相关（如图 2-2 所示）。

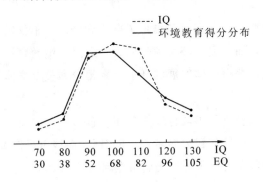

图 2-2　IQ 与环境得分分布图

根据这种变化，不仅可以在一个坐标系中明确地看到环境质量与智商水平两者的关系的交汇所形成的一条"回归曲线"，还同时获得了环境与智力的两个分布图（如图 2-3 所示）。

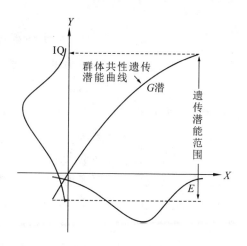

图 2-3　潜能范围、潜能曲线与智力分布的关系

在这个坐标上，可以显而易见地看出，由环境得分和智力得分交会所形成的这条曲线，其最大的特点是：它在 Y 轴上的投影恰好覆盖了整个智力分布的全距范围。

于是，我们要问：这条回归曲线在 Y 轴上的投影正好与整个群体智力分布的全距相吻合，所代表的真实含义到底什么呢？

显然，它所揭示的是，群体中每一个普通个体都存在一个相似的遗传潜能范围，在不同的环境影响下表达出不同的智力。当一个个体所处的环境和教育质量低下时，他的智力也就低下；当他所处的环境和教育质量正常时，他的智力也就表现的正常；而当他所处的环境与教育质量越高时，他的智力得分也就越高。

这意味着，它是一条描述人类遗传潜能范围的曲线！

这个结果让我兴奋不已，通过实验研究，不仅证实了前面关于差异与潜能关系的理论的分析，也证实了对智力常模的理论分析所得出的结论，即智力常模并不是一个排除了环境影响的纯粹反映天赋的产物，恰恰相反，智力常模反映了环境全域差异情况下的智力分布特点。

这条曲线的存在，在以下两个方面对智力分布有了全新的理解：其一，对智力的动态分布的解释有了实验的证据；其二，对智力分布全距有了全新的认识。

首先，理论分析表明智力的分布不可能是正态固定的，而是动态变化的。遗传潜能、环境分布与智力分布的关系又从实验上证实了这一点。

从图 2-3 上可以看出，改变环境分布时，智力的分布也会改变。而环境的分布并非是固定不变的，因此，智力的分布自然也就是动态的了。

其次，在理论研究中，我们指出：智力分布的全距并非个体按天赋差异排序形成的。实验研究证实了这一观点。

遗传潜能曲线表明，实际上智力分布的全距范围，不仅反映了群体中个体按智力高低排列的表面现象，同时还揭示了这个智力分布的全距是群体中所有个体智力可能变化的范围这一本质特征。这正是这条曲线所包含的真实意义。

可以说它是一条群体遗传共性的潜能曲线。它在 Y 轴上的投影恰好是智力分布的全距范围，这种吻合，有力地说明了群体中个体的智力差异是不同个体相近的遗传基因型多种表达的可能性与不同的环境教育质量相互作用而产生的不同结果。

遗传共性、环境和智力分布三者关系，超越了传统遗传分布与智力分布对应描述的关系，给潜能心理学的建立提供了强有力的依据，成为"潜能发展心理学"理论模型的基础。

(二)三维分布理论模型的建立

实验研究揭示了遗传的共性潜能与环境和智力的关系，但我们并不想离开个体遗传差异的讨论，更不希望强调了遗传的共性，就去否定遗传差异性的存在。

然而，当我们把研究的重点放在共性品质上时，倍感困难重重。可以说从强调差异转向重视潜能、强调个性转向强调共性，这是一个难度极大的转身。人们会反复追问你对差异的态度、个性的态度，你怎样去认识和理解差异现象及个性问题？

这既是一个有趣的话题，也是一个困难的话题。但在真正开始探讨人类潜能这样一个话题前，我们对差异还要说上两句。

1. 遗传差异与个体差异

事实上，研究差异的人可以不谈潜能，但研究人类潜能的人则永远不可能离开"差异"这样一个话题。他们不仅要研究差异现象，更要透过差异现象研究差异形成的本质。

在研究差异时，不仅需要承认个体表现出来的"现实差异"，也要承认个体遗传可能存在的"基因差异"。

然而，必须清楚地意识到，这两种差异并不相同。首先，人们应当意识到，今天的心理学家对差异的看法似乎进步了许多，但在真正回答是天赋的差异，还是教养的差异这样一个最基础的、最为棘手的问题上还是存在不足。

讨论差异时，一直存在着两种需要辨别的差异："遗传差异"与"个体差异"（现实差异）。个体的"遗传差异"和个体已经表现出来的"现实差异"并非指同样的对象，这两种差异是两个可以分开独立讨论的话题。

前者是对个体遗传是否存在"基因差异"进行的讨论，后者是对个体在成长过程中形成的"现实差异"进行的研究。以往天赋归因的问题是，人们总是容易将"现实的差异"与"遗传的差异"混淆在一起，一并当成天赋的差异进行描述。

今天，心理学家们看到了对个体差异进行完全的天赋归因的不合理之处，为了避免重回差异天赋归因的老路，极力地将自己与天赋差异划清界限，不断强调对差异的天赋归因认识已经成为历史，今天的差异观是个体与情境在时间机会中的多样性表达，强调差异的形成是个体与情境相互作用的结果。

然而，这并没有消除人们对天赋差异的认识，也并不能否定天赋差异的真实存在。

（1）遗传差异

事实上，个体遗传基因是一种物化了的生物结构，它以DNA双螺旋的方式将基因排列。人的基因排列存在着差异，这一点在遗传学还没有发展起来的高尔顿时代，就被他阐明了。高尔顿指出人的遗传存在差异，而这种差异呈现出正态分布的特点[52]。几乎没有人反对过高尔顿的这种提法，甚至这种提法与智力分布理论相结合影响了我们百年来对差异的认识。

今天的心理学家强调个体与情境相互作用的关系，只是针对已经表现出来的个体"现实差异"进行较为笼统或抽象的说明，对差异天赋归因的否定也只是停留在个体所表现出来的现实差异水平。

我们无法否定个体与个体之间存在的遗传差异，但又无法说明这种遗传的差异和那种现实的差异之间的关系，于是今天的心理学家们对天赋的差异采取了一个避而不谈的态度。

　　但是，想要回避遗传的差异性，又会遇到另一个大难题：具有遗传差异的个体在与相同环境（理论上）作用时表现出来的现实差异，是否具备天赋特征呢？

　　也许，换一个话题就容易理解这个问题。马和驴是因遗传不同而最终不同的呢？还是因为和不同情境相互作用而最终不同的呢？这似乎又一次回到了"一两遗传胜过一吨教育"的命题上。

　　不幸的是，对差异的全面科学认识，不是彻底否定差异天赋归因那么简单，更不是强调了所有差异均是个体与多元情境在不同时机的相互作用就可以完全解决了的。

　　遗传差异不可能回避。

　　因此，如何正确处理个体差异与遗传差异的关系问题，也就成为潜能心理学必须研究的内容。

　　(2)个体差异

　　个体差异是指个体表现出来的"现实差异"。今天人们都认同，个体身上表现出来的一切差异均离不开环境因素，是个体与情境在时间结构上的相互作用形成的。正所谓"任何行为是100％生物性的和100％文化性的[53]。"

　　然而，在现实的差异中，怎样才能有效地区别哪些是遗传潜能在差异环境中形成的品质，哪些是遗传性状在相同环境中的差异表现？这也许是一件非常困难的事情，心理学从它诞生那一天起就一直想分清它们的比例。

　　然而，它们却是不同层面上的问题。如果谈到变异范围与可塑性，实际上在谈人类的共同品质，谈共性特征。这时涉及的绝不是只有某个人具有的可塑性或变异范围，而是在谈所有人都具有可塑性和变异范围。而涉及遗传差异则是个性的品质，是在谈个性特征。

　　这里引申出一个话题，我们对差异的认识是在宏观层面上呢？还是在微观层面上？是群体的呢，还是个体的？

　　看起来，正确处理个性与共性的关系，特殊性与普遍性的关系是潜能心理学必须做到的。因此，只有认真地研究差异与潜能的辩证关系，不仅从遗传差异的角度研究差异，更要从遗传潜能的角度研究差异的形成。否则，我们还是无法走出先辈们给我们设下的怪圈。

　　认真分析和研究个体表现出来的差异，我们发现可以在"性状"和

"质量"两个维度上进行解释。

"性状差异"往往具有遗传的倾向，如头发是直还是弯；而"质量差异"往往有环境影响的痕迹，如肌肉是多还是少。

遗传学中单基因遗传往往遗传的是性状，而多基因遗传则具有反映范围。玫瑰就是玫瑰，性状几乎不改，但品质则因环境影响大不相同。对于人类的差异，无法将性状指标和质量指标加以区分时，常常会变得非常混淆。

不仅如此，通过研究发现，"现实的差异"受环境巨大差异的影响，因此，分布的全距也会很大，而"遗传的差异"不受环境差异的影响，又是同一群体内个体之间的种系内差异，因此分布的全距也会不大。

实际上，要了解对象的共性品质，或个性品质，所使用的评价工具的精度水平并不相同。

具体而言，使用精度不同的尺度来衡量对象时，可能会得到不同的结果或结论。

如果用细节区分度不高的尺子来评价不同人种的肤色时，会得黑色、棕色、黄色与白色的差异，这时对其中任何一种肤色而言，所涉及的是肤色的遗传共性。当把注意力集中到一种肤色的内部，开始研究个体之间的差异时，这时，在谈皮肤的个性特征。评价工具的区分度就需要大大提高，使用评价人种肤色差异的工具显然不行。

实际上，做到这点很难。今天，心理测量的工具依然停留在很粗略的水平上，几乎无法测到个体之间的精细差异。得到的测量数据往往反映较明显的肉眼可见的巨大差异，而这个巨大的差异很可能隐含着一些微小的与遗传潜能范围大小或遗传差异倾向性有关的信息。如果这时，测量工具忽略了那些极小的天赋差异，得出的结论就只与共性或普遍性有关。

要想获得个体遗传差异的测量指标，首先要了解个体那些特征是性状遗传特征，并针对这种特征，大大提高测量差异的工具分辨率，只有不断精确测量手段和工具，才能开始真正研究个体的差异，而这时得出的结论也许与个性或特殊性有关。

然而，今天不仅所用的测量人类行为或心理差异的工具远远达不到测量个体天赋差异的精确水平，而且，智力遗传是多基因数量遗传，个体并不表现出特定的差异性。

因此，所获得的一切都只具有普遍性的意义，揭示的是人类共性品质。而混在共性品质中的天赋差异并不影响我们作出一个宏观的判断。

由于遗传基因是一种可以标定的对象，超过 70 万亿个可能基因型之间存在着一定的差异，这是个体保持独特性的保证。也正是遗传具有的这一特征，使得人们很难走出差异天赋归因的陷阱。

潜能心理学正是要完善差异心理学的不足，不仅强调遗传的差异、还要强调遗传的潜能；不仅要强调遗传的个性，更要强调遗传的共性；不仅要强调环境的多样性，还要强调环境影响的可塑性。

潜能心理学不是要回避差异、否认差异，而是要正确面对差异、理解差异。对此，在差异心理学的框架下，很难实现。相反，只有潜能心理学可以做到这一点。

因此，我们要重新将差异现象、差异本质等有关差异的问题放进潜能心理学中加以描述，使我们对差异有一个更合理、更全面、更科学的解读。

2. 遗传潜能与遗传差异

为了更好地说明个体遗传差异和群体遗传共性的辩证关系，在强调群体遗传共性的基础上，承认个体之间可能存在着一定的遗传差异（排除病理情况后），而且这种差异的分布特点符合高尔顿所提出的正态分布理论假设[54]，即个体之间的差异分布也是正态的。唯一不同的是，过去对个体遗传差异的估计存在着放大的趋势，过分强调了"寸长尺短"，忽视了尺长于寸的绝对事实，忽视了遗传的共性品质。

因此，我们对个体遗传差异分布和遗传共性的关系进行了重新的解释，尤其是对个体天赋差异的分布进行了新的解释。并在此基础上作出了遗传（潜能与差异）、环境与智力三者的关系模型（如图 2-4 所示）。

尽管我们承认，个体的天赋差异存在着正态分布的特点，但它的分布特点与智力正态分布的特点并不相同。

群体智力的正态分布，表现为离散度大，集中度小的特点，个体之间存在着极大的差异性，表现非常明显；而群体遗传差异的正态分布则不同，表现为离散度小，集中度大的相反特征，个体的天赋差异远不如个体之间的天赋共性大。

下面的示意图（如图 2-5 所示）可以更好地解释这一点。

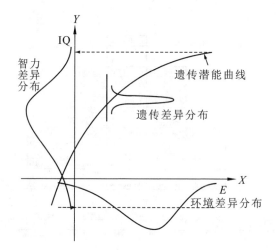

图 2-4　遗传分布、环境分布、遗传潜能与智力分布的关系

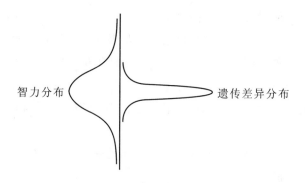

图 2-5　智力分布与遗传差异分布的可能性关系

　　我们不愿意、也不能够在肯定遗传共性时，将个体之间遗传差异存在的可能性和客观性彻底否定掉。辩证唯物主义认为，共性寓于个性之中。

　　尽管，遗传的个性差异的特征无法定量准确描述，但应当是可以"定性"描述的。虽然这种描述可能非常抽象，只是形态学上的，但应符合统计学规律的推断。

　　首先，对待个体的遗传差异，我们愿意接受高尔顿的理论假设，承认遗传差异呈正态分布。之所以如此，同样是根据差异现象统计规律进行推测的。

　　不仅如此，我们的依据还来自心理学家根据基因特点所作的最新假设（如图 2-6 所示）。

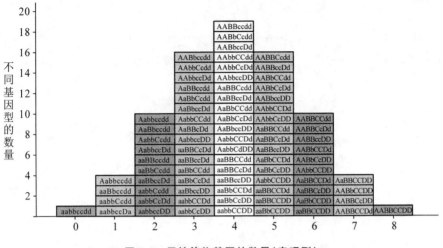

图 2-6　显性等位基因的数量（表现型）

　　研究人员假设有四对基因决定外倾性，而且外倾性的等位基因是显性的，并且所有的外倾性都是显性等位基因的简单加和。如果用大写字母代表显性等位基因，用小写字母代表隐性等位基因，好四个基因对就是 Aa，Bb，Cc，Dd。

　　这四对基因就可产生 81 种不典型的基因型和 9 种相互区别的表现型[55]。

　　从图上可以看到，它们所形成的差异是呈连续变化的分布，而且是对称的正态分布。

　　但所不同的是，我们在接受遗传差异呈正态分布的理论假设的同时，并不认可高尔顿关于智力差异分布是遗传差异分布决定的进一步推论。

　　也就是说，我们所接受的遗传正态分布与高尔顿所说的遗传正态分布并非相同。

　　众所周知，正态分布是一种一族分布，它是一个抽象的概念，同是正态分布实际的情况可能完全不同。

　　这里涉及一个描述正态分布的具体概念——标准差，它反应了分布的集中度与离散度的关系。两个相同的正态分布，不仅标准差是相同的，而且分布内部的个体关系也应当是对应的。

　　在传统心理学中，对于个体遗传差异分布的认识存在两个重点：第一是认为个体的遗传差异呈"正态分布"，第二是认为正是这个正态分布的特点决定了智力正态分布的特点，即智力正态分布与遗传正态分布相对应，呈因果关系。因此，两个分布标准差相同（如图 2-7 所示）。

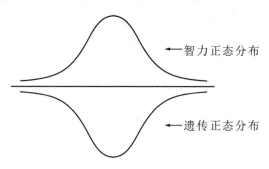

→智力正态分布

→遗传正态分布

图 2-7 传统心理学遗传与智力的二维相关模型

而事实上，看到智力高低随环境质量变化的关系，很难接受智力差异与遗传差异的因果结论。如果在强调群体遗传共性的潜能范围时，仍然可以接受"个体遗传差异呈正态分布"的假设的话，对这个分布的标准差的描述也会发生根本性的改变。

我们认为，如果接受遗传差异呈正态分布，这个分布的离散度一定很小，集中度一定很大。我们反对将智力差异分布与遗传差异分布进行对应的描述，反对用二维分布来解释遗传分布和智力分布的关系。这种关系在传统心理学中是一个潜在的公理。

根据多基因数量遗传理论以及反应范围理论所揭示的规律，个体的遗传差异的分布与智力的分布不一定是对应的关系，更不一定是因果关系。

下面以水杯为例来解释遗传共性和遗传个性的关系。

在自然界和人类社会中，很多种差异是同一群体内部的个体差异，即共性基础上的个体差异。如在同一流水线上生产的同一批次 15 厘米高的烧杯，从宏观上看它们是完全一样的，但从微观上看，这些烧杯之间可能存在着微小的差异，而这种差异的分布特点很可能是"正态分布"。

这时，研究烧杯的差异具有两个不同的层次：一个是宏观的层次，研究它们的共性；一个是微观的层次，研究它们的个性。

因此，具体研究这些烧杯的差异大小时，差异的真实大小取决于我们的精度要求。

用"厘米"测量时，同一批次的烧杯可能并不存在明显的差异，它们是相同的，存在着共同的品质。当提高了精度的要求，用"毫米"或"毫微米（纳米）"来测量时，就显示出了一定的差异，可以看到每个杯子都不同，这是个体之间的差异。我们说每个杯子之间不仅存在差异，而且差异呈正态分布。

但值得重点注意的是，个体差异形成的"分布全距"与群体共同的容量范围形成的"分布全距"根本不同。

对于 15 厘米高的杯子而言，其容量的最大差异全距范围可以是 0～15 厘米，然而对于这一组真实的杯子之间的个体差异而言，差异的全距范围仅在 0～10 毫米之间（假设误差超过一厘米为次品）。

虽然两个分布都可能是正态的，但是，它们分布的形态尺度应当是完全不同的。一个是用厘米计算的，一个是用毫米计算的。如果放在一个尺度上，结果如图 2-8 所示：

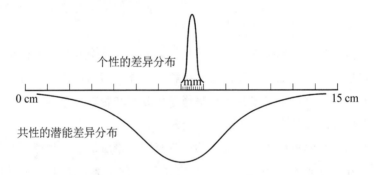

图 2-8　共性潜能范围与个性差异分布可能性关系

图中下面的大的分布，是杯子装水的潜能范围，它是从零高度一直到 15 厘米高度。这时不同的杯子装水量不同，分布就会不同。假设由于不同杯子装水量的差异，导致了整个杯子呈正态分布，那么我们就能得到一个全距为 15 厘米的分布图，这相当于智力分布中智商从 60 分点以下到智商 140 分点以上。

这些杯子之所以存在 15 厘米的全距空间，是因为这些杯子的高度或装水的"潜能"决定的，也就是杯子共性的潜能范围决定的。因为，在生产中对这些杯子的共同高度要求是 15 厘米，也就是说它们的共性要求是 15 厘米，不同的只是生产先后不同。

图中，中间的这条直线，代表了杯子的共同高度或潜能范围，从

0～15厘米。而上面的相对小很多的分布则是每个杯子个体之间根据毫米的精度要求所测出的个体差异分布。它们的分布全距小于1厘米（否则一定是报废品，如同病理的儿童）。

这时，可以看见，杯子装水的真实差异分布与杯子个体之间的差异分布，存在着不对称的关系。

如果这时使用同一种尺度单位来衡量这两种分布，就可以清楚地看到杯子装水的差异分布（潜能范围）其离散度要远远大于杯子本身差异分布（个体差异）之间的离散度。

如果利用上图来解释人类遗传的共性与个性，就会有如下的理解，中间的直线是共性遗传的潜能范围，下面大的差异分布就是智力表型分布或者就是智力差异分布范围，而上面小的分布则是遗传的个体差异分布。

我们认为，遗传共性的潜能范围与遗传个体之间存在的差异的关系可能正是这样。

只是作为人类的每个个体，在生存环境中更重要的任务是有效、准确地区别个体之间所存在的差异性，因此，人类共性的品质会成为一种观察的背景并不受到关心。人们总是站在群体之间看个性，仅仅关心个体的差异性和区分度。

在这样一种心理需求的驱动下，我们的感知发展出了针对同类不同个体异常敏感的差异辨别能力，从而使得个体的差异性被感知放大，以至成了人们视野中的全部。

关于共性和个性关系的问题，今天的统计学或测量学没有很好地解决。我们并不知道个体天赋差异到底在群体共性品质的水平上占据何种地位，从来没有一种统计学计算过两者的关系，并给出相应的结果，让人们判断现实的差异到底来源于个体之间的天赋差异，还是来源于共性潜能的表达范围。

因此，在一个群体中，一讲到差异的正态分布，仿佛就是指整个群体的差异特征。事实上，当我们盯着个体差异看时，可能忽略掉了每个差异个体身上所包含的巨大共性品质。

根据共性寓于个性的辩证唯物主义原理，当共性品质构成主要特点时，绝不能忽视它的存在。遗传图谱的研究揭示人类的遗传密码千分之九百九十九都是相同的，只有不到千分之一是存在差异的，而且这里看到的多数差异往往是病理的。

实验研究证明：遗传共性的潜能范围正是智力分布的大致范围。因此，可以说遗传潜能的全距约为智力分布的全距，即从智商 60 分点以下到智商 140 分点以上，而在排除病理个体的情况之下，个体的遗传差异范围不可能与潜能范围一样大。

如果当智力分布的全距完全是由个体遗传差异按大小顺序排队形成的时候，个体遗传就不可能存在潜能范围，遗传差异决定论就是成立的了，我们的研究也就是毫无意义了。

然而，实验研究证明存在着一条遗传共性潜能曲线，这条曲线在 Y 轴上的投影正好与智力分布的全距相吻合，这就意味着共性的遗传潜能范围如同杯子的高度空间，而智力的分布差异则如同不同杯子装水量的差异分布。这时，即使接受遗传存在个体的差异，那么，这种差异的离散度也就一定远远小于智力分布的离散度了。

根据这样的推论，如果承认个体之间的遗传差异存在的话，这种差异的分布特点也是完全不同的。应当是一个离散度极小的差异分布。在相同的环境因素影响下，它或许存在于相同智力等级平均数的左右。即在相同环境因素影响下，一组个体的智力平均水平在 120 分点，其中最低的为 112 分点，最高的为 126 分点，那么这样一个离差中，可能混有个体遗传的差异因素。

也就是说，在相同的环境影响下，个体的天赋差异不可能在智力分布的全距范围内展开。

根据辩证唯物主义对共性与个性相互关系的认识，以及生活常识，有理由相信，由于人类百万年的进化，人类有着共同的基因库，个体遗传基因之间存在着极大的相似性。

同时正态分布理论本身也给出了有关的依据。正态分布是一种"一族分布"，是标准差不同的系列分布。同为正态分布，因标准差不同，可以表现为离散度或集中度大小的不同。

综合上述理由，我们认为承认遗传差异呈正态分布并没有什么问题，但必须指出，遗传差异的分布与实测的智力差异分布并不相同。个体遗传差异的分布，因个体之间存在的差异小，而表现为分布的离散度也很小，相反它的集中度却很高。

我们甚至承认存在着极少数天赋异常的天才个体，但同时认为排除病理情况，人群中百分之九十九或千分之九百九十九的个体有着更加相近、相似的基因品质。他们之间即使存在天赋差异，这种差异也是极其微不足道的。

然而，人类群体智力之间的实际差异要远远大于遗传的差异分布，因此它们之间的关系很大可能是如图 2-8 所示的关系。

(三)三维理论模型的描述与价值

如前所述，我们通过实验研究(见第五章)，获得了一个有关环境分布、智力分布以及遗传潜能曲线的关系的图(图 2-4)。

然后，根据理论分析，对高尔顿的遗传差异分布进行修正，并将修正后的遗传差异分布增加进实验研究所获得关系图中，从而最终在同一个坐标系里，建立了一个描述遗传(潜能与差异)、环境与智力的潜能心理学三维基本理论模型(如图 2-9 所示)。

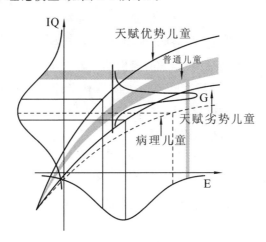

图 2-9　遗传差异与遗传潜能的关系示意图

上图是一个最基本的潜能心理学理论模型，其中对环境的差异分布和智力的差异分布的描述是以自然状态下可能的分布形态——正态分布的方式表达的。

在图 2-9 中，可以看到，智力差异分布与遗传差异分布均是正态分布，但两者并不相同。左边的智力差异分布离散度远远大于右边的遗传差异分布，而智力差异分布的集中度则远远小于右边的遗传差异分布的集中度。

这两个分布尽管从形态名称上都是正态分布，但它们呈现出的是两种完全不同的分布特征，具有质的区别。

在图 2-9 坐标中，我们即看到了传统分布的重新解释情况，如在 Y 轴两则的智力差异分布与遗传差异分布，也看到了在 X 轴上新引入的环境分布，更看到了在 XY 轴之间穿过的这条遗传潜能曲线。这个模型使得这三者的关系一目了然。

为了更好地说明群体中的个体差异，我们使用了四条潜能曲线来代表四种不同的状态。从上到下，第一条，天赋优越个体的潜能曲线，它代表了极少数可能具有特殊天赋的个体；第二条，普通个体的潜能曲线，它代表了绝大多数出生正常的普通人群；第三条，天赋劣势个体的潜能曲线，它代表了极少数可能具有不良天赋的个体；第四条，病理个体的潜能曲线，它代表了出生异常具有遗传疾病或因产前、产程、产后各种原因导致的智力问题个体。

在三维模型中，以上四条潜能曲线，能够解释所有现实中的情况。

我认为，这个模型便是潜能发展心理学最基本的模型，有了这样一个模型，就有了潜能发展心理学的建构基础。

不仅如此，这个最基本的模型可以具有多种变式，无论是个体发展，还是群体发展都可以得到充分的解释。

(四)三维理论模型的基本变式

三维基本理论模型解释了三个"正态分布"的相互关系。这些正态分布是基于在承认个体遗传差异呈正态分布的同时，假设所有的智力分布数据和环境商数是在"自然状态"下获得的，因此显示出了一种相对正态的情况。

然而，在许多情况下，测验并不能获得一个满意的环境正态分布结果，也无法获得一个标准的智力正态分布结果。常常出现的情况是"类正态"或典型的偏态分布；或者，就算同是正态分布，在不同时间里它们的具体分布形态也因标准差不同而不相同。可以说，群体智力分布是一种动态分布。

当群体环境差异分布出现不同情况时，三维基本模型也会发生改变。这种改变表现在环境分布和智力分布的关系上：当环境分布特征改变时，智力分布的形态也随之改变。

这种改变导致了三维基本模型的变式出现。

下面是几种可能会涉及的最常见的形态：

1．基本变式一：负偏态

根据基本模型，当我们对自然状态下的环境差异进行质量控制或干预时，如降低系统教育的重心，增加群体的教育投入，提高教育质量时，基本模型中的环境正态分布就会发生改变。群体环境的质量就会发生向右的偏移，表现为负偏态的形状。这时，群体的智力受到环境偏态的影响，在基因型的表达范围内（遗传潜能的范围内），也会发生表现型的偏态变化，更多的个体表现为智力提高，使得整个智力分布呈负偏态。

根据理论形成的三维负偏态图，如图 2-10 所示：

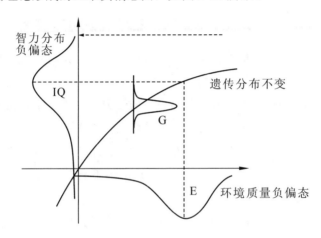

图 2-10　三维模型基本变式一：负偏态

金色摇篮多年以来一直以三维模型为孩子潜能开发的理论依据，现以一组数字加以说明（见表 1-2）。以孩子的发展为例，入园时初测他们的平均智商为 98.1，智力分布基本上呈类正态分布，经过两年的金色摇篮的教育和潜能开发，两年后的平均智商为 131.8，平均智商提高33.7 个分点。两者的智力分布如图 2-11 所示。

从图中可以看出，首次测评获得的智力分布，略呈正偏态或呈类正态，两年后的测评则呈负偏态分布，不仅如此，整个分布的平均分大大提高了 33.7 分，反映了教育影响的良好结果。

金色摇篮婴幼园 15 年的教育反复得出这样的结果。

这一变化的结果，意义重大，它可以解释为什么早期教育如此重要，为什么通过早期教育会取得巨大的教育成功，也可以有效地解释早期教育与资优儿童或超常儿童培养的关系，对重新认识早期教育，以及

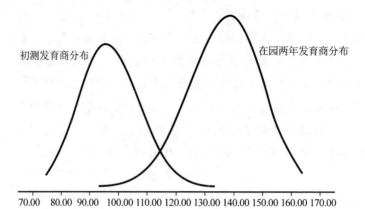

初测发育商分布

在园两年发育商分布

70.00   80.00 90.00   100.00 110.00 120.00 130.00 140.00 150.00 160.00 170.00

图 2-11   1.5～2 岁入园幼儿初测与在园两年发育商变化

超常儿童的培养有着重大作用。不仅如此，它使得我们对改变教育环境质量所能带来的变化信心大增。

强调智力分布呈正态时，分布中不同智力水平的个体的比例是一定的，这个比例关系是固定不变的，如超常儿童占 1％左右。

强调智力分布呈动态时，分布中不同智力水平的个体的比例则是变化着的，其中超常儿童也是如此，它的比例不再只是 1％，而可能是99％的普通儿童。

这是完全不同的概念和理解。在正态分布理论中，超常仅占一个非常小的比例，而在动态分布理论中，超常则是绝大多数个体的天赋潜能。

这时，超常发展是所有教育者或家长都可以追求的一种理想发展水平，而追求超常发展应当和追求健康以及长寿一样顺理成章、理所当然。

智力可以以负偏态分布给教育者带来了巨大的鼓舞，让人们看到了教育可能存在的巨大希望和潜力，给人类积极发展观带来了希望，只要努力提高环境教育质量就要以实现大面积的智力改变。

正是如此，它也让教育者感受前所未有的压力，我们再也没有借口去说，一个没有遗传缺陷或病理情况的正常孩子发展不好或某个方面不良是他自身的天赋问题，再也不能理所当然地认为，群体智力巨大的差异分布是自然的、不可改变的天性。

可以说，教育再也没有退路、没有托词，不按发展规律办就一定会失败，在潜能心理学的范围内，再也没有理论可以帮助你找到有力的借口，将教育的问题归为天赋。

一句话，在基础教育阶段，所有的人都可以全面的发展，打好各个方面的基础，我们培养的不是最终人才，而是为人才的培养打好基础，因此，我们不再用"人人成才，才才不同"来表达基础教育的希望，基础教育可以做到的是通过教育让所有的人"基础全面，人人达标"。

2. 基本变式二：正偏态

根据基本模型，我们还知道，智力动态分化不仅表现为向良好方向的变化，也会表现为向不良方向的改变。

当整个群体生活的环境质量低下或下降时，如战乱、饥荒，或剥夺环境下（如沙袋养育），这时由于环境的整体质量为不利环境或贫乏环境，因此环境差异分布会发生正偏态的变化。由此引起的相应群体的智力也会朝向正偏态的方向变化（如图 2-12 所示）。

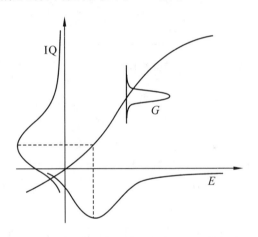

图 2-12　三维模型基本变式二：正偏态

这种变化也是一种现实的现象，它可以很好地解释保育院或收养所以及其他剥夺环境中孩子智力偏低的情况。

智力的正偏态分布，让我们意识到，如果不按发展规律及时提供有效丰富的环境教育，就会带来相反的结果，导致不良的发展情况。所有不良的发展都是家庭教育和园所教育的失败。

同样，对于孩子表现出的不良发展或弱势发展，再也无法推给天赋，更不能用天赋较弱来解释一切。我们要充分意识到，这些问题是环境和教育问题，因此，通过改善环境与教育可以得到改善。在这里尊重儿童全面的发展权变得尤为重要，我们不仅要尊重那些已经表达出来的天赋品质，更要关注那些因环境和教育不良被剥夺而导致的低水平发展领域。在大脑的可塑期内、在心理发展的敏感期内及时干预、及时补救，使得孩子走出低谷。

3. 基本变式三：标准差的变化

我们指出，即使智力呈正态分布，也可能出现标准差不同的情况，一个群体的分布更加趋于集中，另一个群体的分布更加趋于分化，这里实际上涉及两极分化的大小问题（如图 2-13 所示）。

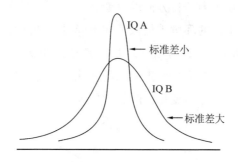

图 2-13　三维模型基本变式三：标准差的变化

分布离散度的大小，本质上就是两极分布的大小。而分布的离散度情况也可以用环境教育质量的差异大小来解释。当影响群体中不同个体的环境教育因素的差异加大时，群体中个体的智力差异也随即加大，当我们通过一定的办法有效地控制环境教育差异的增加，并提高环境教育的相似性时，个体的智力分化程度就会缩小，表现为离散度减小，集中度提高的趋势。

今天学校教育中出现的巨大的两极分化，说明了我们的教育在群体成长的过程中，存在着巨大的、不断增加的差异这一实际情况，而这一情况又被差异教育进一步放大，最终导致了无法改变的两极分化的现实。

改变这种现状的唯一办法，就是在尽早的时间内，增加教育的相似性，打破自然成长中不同模式引起的差异变化，防止进一步的差异教育导致的教育性差异的出现。它是帮助我们解决两极分化问题的理论依据。

4. 基本变式四：平均数变化

根据分布理论，我们知道，分布与分布之间可能存在的不同，还表现在平均数的变化上(如图 2-14 所示)。

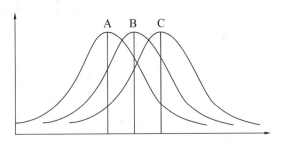

图 2-14 三维模型基本变式四：平均数的变化

在农村样本和城市样本，在黑人样本和白人样本中，我们总是能看到不同的常模分布情况，这本质上也是群体环境差异因素导致的。从分布特征来看，表现为平均数的差异，低平均分数和高平均分数，使得两个分布呈现双峰特征，并不完全重叠。

强调黑人天生比白人差，农村人天生比城市人差的观念，是一种种族歧视或地域歧视。尽管一些研究结论如此，但这些研究大多都忽视了早期(包括胎儿期)发展环境以及区域性社会文化环境的影响。

5. 基本变式五：个体位置的变化

在纵向的不同年龄阶段的同一群体智力测验中，常常可以获得群体智力的正态分布结果，但这些结果只能反映这个群体整体分布的大致情况，并不能说明两次测验获得的结果相同。即使是两次测验得到的群体分布平均数相同，标准差异相同，也无法说明真实的情况(如图 2-15 所示)。

就个体而言，智力发展的不稳定性或变化性，在早期一直存在，这种个体在整个分布中位置的改变，与其生活环境质量不断变化直接相关，如剥夺环境中的降低、教育环境中的提高。这时它们在整体智力分布中的位置在不同年龄的测验中并不相同，这一点利用个体的环境变化走势与遗传潜能曲线的关系可以清楚地加以说明，如一些早慧儿童后期发展不良的事实可以用此解释。典型的案例"仲永"的高台跳水现象就是如此，先行的高质量环境没有维持下去，到发展的后期环境质量下降，最终导致了悲剧的产生[56]。

因此，我们认为早期阶段性的环境质量固然重要，但更重要的是不间断地提供高质量环境与教育，这是确保形成稳定心理品质的关键。

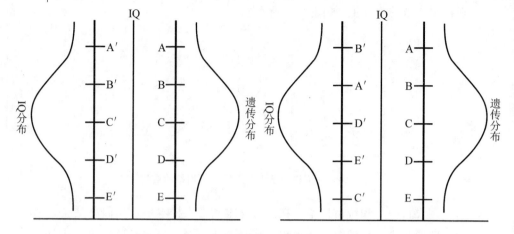

图 2-15　三维模型基本变式五：个体位置的变化

6. 分领域指标的分化并不同步

必须强调指出，三维基本模型不仅是一个描述总体智力发展的一个模型，也同样可以用于描述分领域的发展，即用于多元发展中的任何一个方面。不同领域的发展也遵循这样的规律。

应当注意到，在描述分领域的指标时，各项指标并不同步，也就是存在着加德纳所说的强弱现象。但是，这种强弱现象不是多元智力不同部分的天赋强弱不同，而是由于环境结构要素的强弱不同，才使得个体分领域发展的指标水平并不相同。

一个孩子在早期发展中，家庭非常重视语言及绘画能力的发展，提供的语言环境、绘画机会都要多一些、丰富一些，这些环境因素是一种强势因素，它们对语言智力、绘画智力产生了更强的影响；而家庭过度的安全意识，无形中形成了对孩子的过度保护、过度限制，从而剥夺了孩子的运动机会和运动量，使得孩子的运动能力发展受限，这时的运动环境成为弱势因素；不仅如此，由于家长对音乐艺术缺乏能力，无力在这方面积极有效地影响孩子，也使得孩子早期成长环境中的音乐因素成为弱势因素。结果随着孩子的成长，我们可以看到一个语言、绘画能力强，而运动、音乐能力弱的孩子（如图 2-16 所示）。

这时，我们如果将所看到的强弱归因为天赋，那么一方面我们会在差异教育的观念指导下，实施进一步的差异教育，认定这个孩子具有语言天赋和绘画天赋，而缺少运动天赋和音乐天赋。我们会理所当然地强

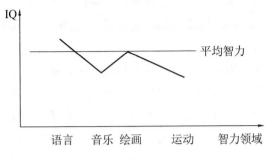

图 2-16　智力结构剖面图

调尊重个体的兴趣、爱好与特长，关注他的语言和绘画能力；我们会毫不迟疑地强调因材施教，在语言和绘画方面给这个孩子更多的机会。然而，不幸的是，这时，我们已经将发展失衡的问题推脱给了天赋结构，对由于过度安全保护而带来的运动能力低下，和教育能力不足导致的音乐水平不高无动于衷，理所当然地视为天赋的不足，从而与教育无关。

　　然而，根据三维基本模型，我们就会看到问题的根源。下面，我们就用三维基本模型对这个孩子的强语言智力和弱运动智力分别对它们进行描述（如图 2-17、图 2-18 所示）。

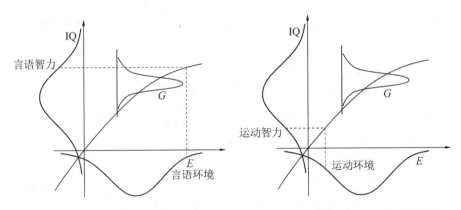

图 2-17　高言语环境商数所对应的言语智能在分布中的位置

图 2-18　低运动环境商数所对应的运动智力在分布中的位置

　　通过上图的描述，可以清楚地看到，言语能力强是因为该个体成长的过程中，言语环境的质量更好；运动能力低下，是因为该个体成长过程中的运动机会缺少。

　　事实上，这一特征说明了群体中的个体为什么总是千差万别，即使你追求全面高质量发展，也不可能导致一样的发展。环境潜能基础上的环境和行为要素组合的多样性和变异性是导致这一结果的最重要的原因。

在此，必须指出加德纳虽然让人们更加关注智力的多元结构，但他对多元智力的各个方面差异的解释，并没有什么根本的进步。他的观点的本质，个体的多元智力是人人不同的，而这种不同是相对固定的[57]。我们则认为，个体的多元智力确实人人不同，但这种不同不是相对固定的，而是变化着的。这里存在着"多元差异智力结构"和"多元潜能智力结构"的本质差异。

其中，多元差异智力结构强调智力结构的差异性是天生的，不可改变的；而多元潜能智力结构则认为智力结构的差异性是后天形成的，是可以改变的。

总之，三维理论模型的变式，除了能为我们解释智力分布的特点以及个体智力变化的现象以外，还能为我们解释一种共性的特征，这就是群体智力在成长中动态分化的过程与最后的结果。

二、智力动态分化模型的建构

通过理论研究，已经初步认识到，不仅群体智力的差异是呈"动态分布"的，而且这种分布的形成也是动态的，是一个分化的过程。

(一)智力动态分化模型的研究基础

随着成长环境的差异表现出不断增加的特点，从而导致了环境差异全距的变化。随着年龄的增加，环境的分布的全距也随之增加，这使得不同年龄段的成长环境其差异分布并不相同，年龄越小环境的差异越小，年龄越大，环境的差异越大。

实验研究证实了这一点：随着年龄的变化，群体智力分布的差异随之变化。以大运动和精细动作为例，根据我们对近千名婴幼儿的成长跟踪研究发现（如表 2-1、图 2-19，表 2-2、图 2-20 所示）：

表 2-1　各月龄阶段婴幼儿大运动 5％到 95％的通过月龄差对比

发展指标	同一指标前 5％的通过月龄	同一指标95％的通过月龄	同一指标的通过月差
伏卧抬头	0.5	0.9	0.4
独坐不扶 10 秒以上	4.5	7.8	3.3
主动爬行	6.6	11.3	4.7
独立行走	8.7	14.7	6.0
能自己转身向后走	11.8	21.5	9.7
立定跳远 6 寸	24.0	36.0	12.0
自己扶栏下梯一步一阶	25.2	44.0	18.8
跳过障碍物 25cm	44.0	76.0	32.0
连续跳绳 100 个	50.0	108.0	58.0

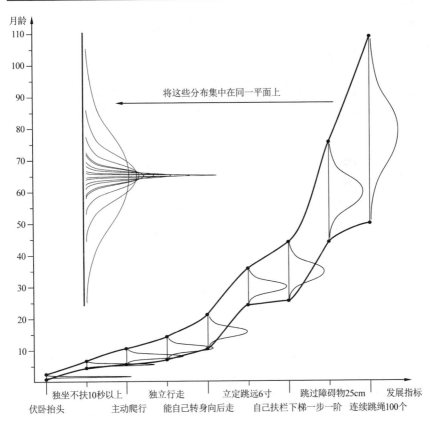

图 2-19　各月龄阶段婴幼儿大运动 5％到 95％的通过月龄差对比

表 2-2　各月龄阶段婴幼儿精细运动 5% 到 95% 的通过月龄差对比

发展指标	同一指标前 5% 的通过月龄	同一指标 95% 的通过月龄	同一指标的通过月差
伸手够物探索	2.9	5.0	2.1
方木从一手递交他手	4.3	7.5	3.2
手把方木敲击桌面	6.6	12.3	5.7
模仿乱画	11.2	23.7	12.5
绳穿珠子一分钟 10 个	22.0	36.0	14.0
用剪刀将纸剪开	30.0	48.0	18.0
快子夹花生米 10 粒放入瓶中(30 秒)	38.0	64.0	26.0
画人的 4～8 个部位	34.0	66.0	32.0
画人的 12～16 个部位	38.0	96.0	58.0

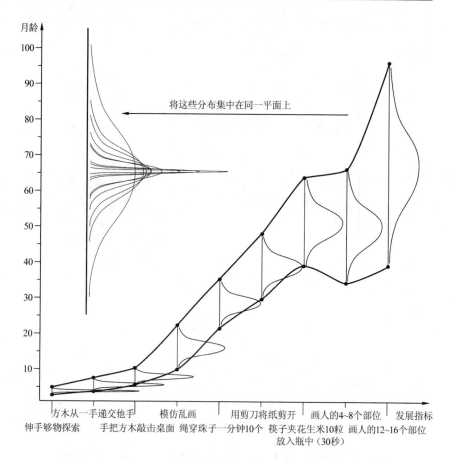

图 2-20　各月龄阶段婴幼儿精细运动 5%～95% 的通过月龄差对比

通过以上两组数据分布，可以清楚地看到，随着月龄的变化，同一群体通过相同指标时，个体之间的月差逐步增加，表明了同一指标差异分布全距的逐步扩大。如果将这些分布集中在同一个平面上，就可以清楚地看到它们之间的关系（见图中左上方所示）。

图中明显显示出了一种规律性的倾势，即随着月龄的增加，同一指标差异分布的离散度不断扩大，集中度逐步减小，我们将其称为"智力的动态分化"规律，即智力分布的分化与年龄成正比。年龄越大，智力分布的离散度越大。

可见，分布的形成是一个逐步的分化过程。在这个过程中，分布的离散度随年龄的增长而不断地扩大。我们将不同年龄阶段形成的离散度不同的多个分布的"叠加图"称之为智力发展的"动态分化"模型。

这个模型也适用于个体其他领域的发展，因此也称"个体发展的动态分化理论"。

我们同样可从身高或体重常模来看，如表 2-3 所示。

表 2-3　7 岁以下儿童体重和身高评价标准男童每年龄组别体重、身长(高)参考值

年龄		体重(公斤)				身长(厘米)			
岁	月	−2sd	中位数	＋2sd	正负两标准差间距离	−2sd	中位数	＋2sd	正负两标准差间距离
0	0	2.4	3.3	4.3	1.9	45.9	50.5	55.1	9.2
1	0	8.1	10.2	12.4	4.3	70.7	76.1	81.5	10.8
2	0	9.9	12.6	15.2	5.3	80.9	87.6	94.4	13.5
3	0	11.4	14.6	18.3	6.9	87.3	94.9	102.5	15.2
4	0	12.9	16.7	20.8	7.9	94.4	102.9	111.5	17.1
5	0	14.4	18.7	23.5	9.1	100.7	109.9	119.1	18.4
6	0	16.0	20.7	26.6	10.6	106.4	116.1	125.8	19.4
7	11	17.5	22.7	29.9	12.4	111.1	121.2	133.4	22.3

根据 WHO(World Health Organization)提供的 7 岁以下男童身高体重常模，计算出了不同年龄组别的正负两个标准差之间的距离。我们可以大致地将它视为不同年龄组身高体重差异分布的范围指标。

从表上可以看出，身高体重的常模指标同样具有随着年龄增长，分布全距范围增加即离散度增加的特征。不仅如此它们的平均数或中位数也不会在同一个位置上，而是伴随着年龄增长移动着的。

从新生命诞生开始，成长就是一个不间断的过程，像是在爬阶梯，总是往上走，但在前行的过程中，每个孩子在群体中的位置则在不断地发生着变化，直到慢慢地固定下来，形成一个结局。

如同千军万马一齐跑马拉松。最初，所有的人整个堆在起点上，随着一声令下，所有的人开始向前冲去，但在前行的每一步中，人们都在不断地形成距离，不断地排队。或是我超过了你，或是你超过了他，或是跑在后面的追上前面的人，或是跑在前面的人又被后面的人追了上去。人们的距离会不断的拉开，如同分布的离散扩大。

最初的人们之间的相对位置很难确定，但随着时间的推移，人们之间的相对位置开始相对固定下来，直到最后分出胜负。

这一刻原在同一个起跑线上的人们已经有了巨大的差距。跑在最前面的远远地将人们拉下，跑在最后面的可能无法完成比赛。如果将比赛分成阶段，如同成长，那么群体中个体的不断分化就是在每个年龄阶段上持续存在的一种客观现象。而分化的范围就如同马拉松要跑完的距离，是遗传的潜能范围。

(二)"动态分化"理论模型的建立

为了更好地描述群体环境差异分化与群体智力差异分化的关系，我们将三维分布坐标中的 Y 轴向右下方旋转，并与 X 轴重叠，那么，我们就获得了一个特殊的新模型。

这个模型中间的横线，可以理解为潜能曲线，它是被 Y 和 X 坐标重叠而挤压在这里。

下面两个分布，一个是原来的环境分布，一个是遗传差异分布，由 Y 轴旋转将它压了过来。这两个分布并不相同，一个环境差异分布离散度大，遗传差异分布离散度小。

而在横线上面的分布，是原来的智力分布。最简单的表现模式如图 2-21 所示。

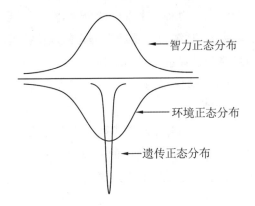

图 2-21　遗传、环境、智力分布二维平面示意图

但这不是真正的智力发展动态分化模型。真正的智力发展动态分化模型，应当是多个离散度不同的这样的模型按时间顺序不断累加重叠所形成的。之所以如此，是因为环境差异的离散度大小与个体的年龄关系很大，年龄越小，环境差异教育差异也越小。因此，自然使得由它影响而产生的智力分布现出了随年龄增长而变化的特点（具体如图 2-22 所示）。

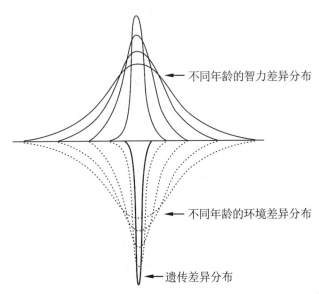

图 2-22　不同年龄群体智力差异分布在环境中的变化规律模型

这个模型可以揭示群体分化的共性规律和过程，也可以说明个体在群体中所处位置及其变化的原因。它既能用于解释群体智力的分化情况，也能用于解释多元智力每一个维度的分化情况。

下面，我们就来介绍"智力发展动态分化的理论模型"，并利用它对群体智力分化的规律和过程进行具体解释。

(三)动态分化理论模型的描述

1. 动态分化的规律

在一个群体中，个体随着年龄增长而发生着变化，在这个变化过程中，成长是单向的，是随时间而展开的一维变化；而发展则是双向的，可以高于实际年龄水平，也可以低于或等同于实际年龄水平。

这时，当同一年龄组的孩子生理年龄同步增长时，如都从 1 岁长到 3 岁，每个个体的实际年龄增长了 2 岁，但他们的各项发展指标却可能表现出一定的差异来。如智力发展，其中有的个体的智力发展水平会高于 3 岁组的生理年龄的平均值，而有些个体则会低于这个平均值，也有的个体会与这个平均值的水平相当。

可以说，发展不是单向的，也不是一维的，存在着不同方向和多个维度。对一个由不同个体构成的一个群体而言，在它们的成长过程中，智力发展的分布变化遵循着一种规律。

这个规律就是：群体智力分布的离散度大小与年龄大小成正比。

群体智力发展"动态分化的理论模型"对这种现象进行了直观的解释。即群体的差异分布表现为一个从小到大的不断分化的过程，这一过程存在着一种相对固定的变化趋势。这种趋势就是，年龄越小，智力实际分化的范围越小，分布的离散度越小；年龄越大，智力实际分化的范围越大，分布的离散度也就越大。

因此，智力发展动态分化的理论模型，可以揭示群体差异形成的过程和奥秘，也可以搞清楚个体不同成长时期在分布中为什么可能会处在不同的位置。它还能解释同一年龄不同群体分布的差异与环境差异分布的关系。

图 2-22，就是一个标准的智力发展动态分化的理论模型。其中，从离散度小的分化模式，到离散度大的分化模式，反映了不同年龄阶段的特征。年龄越小，集中度越高、离散度越小；伴随着年龄的增加，离散度越来越大、集中度越来越小，表现为两极分化的程度越来越高。

这一模型反映了一个群体在现实环境中分化的普遍性的规律，但必须指出：这仅仅是一个理论分化模型。在实际的分化中，一个群体不同年龄阶段上的分布不仅标准差不同，同时还会表现为分布平均分数的不同，同时分布的中数和众数也可能不同。也即不同年龄阶段的分布模型并不表现出上图般的对称，尤其，当我们在不同的年龄阶段进行环境和教育干预后，分布则更不可能表现为类正态的特征，而是可能表现出负偏态的特征。

在此，我们仅以理论分化模型为标准模型，对群体在常态下的分化进行必要的解释。

我们认为，出现这种规律性分化现象的根本原因在于，现实状态下，一个群体所处环境的差异分布表现为离散度随该群体年龄增长而逐步增大的特点。正是这一特点，使得受环境影响的群体智力的差异分布由集中逐步分化开来，表现为离散度的增加，这种变化是一个连续发生的过程，从胎儿期开始，经新生儿期，再到婴儿期、幼儿期，最后再到学龄期、成熟期。

进一步分析认为，这种变化与两类因素密切相关。

第一类因素：成长本身带来的环境差异。

随着成长，孩子的活动空间越来越大，探索的范围越来越广，从胎儿期的胎内环境，到婴儿期的家庭环境，幼儿期的园所环境，再到学龄期的学校环境，环境影响的范围（全距）不断加大，环境的差异也由此增加。

第二类因素：家长对待不同年龄儿童教育观的差异导致的教育差异。

新生期及婴儿期，家长更多关注保育，强调吃好、睡好、身体好、情绪好等，更多的工作围绕着保育展开，教育的影响因素较小；幼儿期最初的教育观形成，但强调自然学习过程，强调玩中学、做中学、游戏中学的自然教育，这时教育量增加，但不够系统、全面，相对后期而言总量也小；学龄期，家长认为到了系统学习的时候，开始强调系统教育。这时由于在差异教育观的影响下，开始了对孩子的双向标签，结果教育的差异全距也逐步增加。

上述两个方面的差异不断增加和相互影响，使得智力的分化逐步扩大，表现为上图看到的规律性变化。

2. 对群体分化过程的说明

前面，我们分析过群体遗传的差异特征，根据理论它是一个离散度小，集中度高的正态分布。在智力分布、环境分布和遗传分布这三个分布中，遗传分布不因群体的成长而改变，始终保持着离散度小的状态，而环境的分布却会随着群体的成长发生变化，表现为年龄越大，环境差异越大的正比关系。群体智力分布的离散度增加正是与环境的这种变化有关。

为了更好地说明群体智力的分化特点，下面着重就不同年龄群体生存环境的共性特征进行必要的分析，透过这种分析，可以清楚地看到，环境差异是怎样随着年龄增加而逐步增大的，又是怎样影响到智力分化的。

第一阶段：胎儿期的成长与最初的分化

环境特点：相对成长各阶段，不同个体胎儿期的环境差异最小，相似性最高。因此，环境差异对胎儿造成的不同影响也最小。但是，需要强调的是，在这个时期往往存在一些特殊的不良环境因素，如药物、中毒、放射等，对少数个体会产生较为极端的影响。

在最初的人生起点上，个体的遗传因素确定了，它们来自于人类经过数百万年的进化形成"共同的基因库"，这个"共同的基因库"公平地为每个孩子提供了一个相似、相近的遗传机会和空间。这种机会和空间构成了个体成长的人生舞台，不同的人在这个舞台上上演着不同的剧目，最终决定了差异的走向和群体的分布特征。

最初，在精子和卵子结合的瞬间里，一个新生命随即宣告诞生，每个新生命都带着一份天赋的厚礼向人世走来，他们快速地成长着，从胚期到胎期。然而，在这一刻，我们无法看到个体的现实的差异，由于生活在母亲的子宫里，他们受环境差异影响的程度也不大，因此，胎儿期的孩子们的差异是最小的。

具体来看，孕期胎儿生存的环境是极其相似的，为了确保胎儿顺利成长，胎内的环境要保持相对的稳定，在医学上称其为内环境的稳定。因此，胎儿生活的环境差异在整个个体成长的一生中是最小的。

就拿我们可以看到的现象来说。所有的胎儿都生活在一个封闭的子宫羊水的小小海洋世界里。由于子宫内的生活环境极其有限，对于所有的胎儿来说，他们生活的这个小世界是那样惊人的相似、相近——每个胎儿的空间是那样地有限，几乎只要扭动一下肢体就会碰到这个世界的边缘，没有一个胎儿可以任意远航，那里相对风平浪静，有着相似的声音——那是母亲的心跳、肠鸣，有着相近的触觉与温度——那是包裹胎儿的羊水温床，有着相对恒定的 pH 值及来自母体的营养素——那是维持胎儿发育成长的必备要素。

在没有人为干预的情况下，那里来自母体外的声、光、形等刺激的影响很小、很小，在孩子成长的一生之中，他们所遇到的差异最小的环境是胎内环境。胎内环境的相对一致和稳定是确保胎儿顺利成长的必要条件，因此，这意味着胎内环境对胎儿最初差异的分化影响也就相对最小。

在这样的环境中，胎儿与胎儿之间的受环境差异影响的智力分化自然并不十分明显。这时的环境差异表现为离散度小而集中度高的特点，这时相对应的群体智力分化所形成的分布差异也就很小。

当然，在孕期之中，极少数胎儿可能会经历极其不同的命运，他们可能会受到药物、中毒、放射、母亲恶劣情绪等不良因素的影响产生严重的后果，导致流产、致残、或大脑损伤。这些胎儿在出生后，成为病理性儿童，往往是第一批受到恶劣环境影响导致终身缺陷的孩子。

为了描述群体发展的共性，我们暂时将他们的存在排除在群体之外，这时，我们可以得到以下的结果（如图 2-23 所示）。

从上图可以看出，尽管遗传提供了巨大的变化空间，由于不同孕妇胎内环境差异很小，而且成长的时间相对较短，因此，不同胎儿的差异分化也很少，表现出集中度极高的情况。

但是，父母行为上的差异，还是构成胎儿潜在差异的重要原因。有些母亲更合理的饮食、更多的体位变化、更多的说话、更多的抚摸、更科学的作息、更好的心情等，有意无意地增加了外环境的差异，由此，拉开了环境造成胎儿差异和分化的序幕。

这个阶段里，绝大多数的孩子在智力上保持着高度地相似性，无法区别他们的差异，而极少量受到恶劣环境因素影响的孩子留下了严重的潜在问题。

第二阶段：产程中造成的差异与分化

环境特点：十月怀胎，一朝分娩。产程是一个短暂的转折，按理对成长不构成明显的影响，因而也不会构成差异的连续性的变化，但会因特殊情况的出现导致硬性的损伤，如难产、缺氧等。

快速成长的胎儿，经过十个月的成长，再也不满足蜷曲在宫内小世

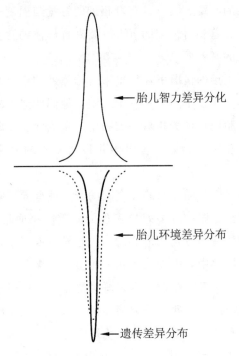

图 2-23　胎儿期群体智力的分化

界里的生活了，犹如生命的进化那样，他们要离开母体的海洋登上气象万千的陆地，对于一个胎儿这是一个短暂、艰难并且充满危险的旅程，这是一个时间隧道，穿越它才能进入一个快速发展的新纪元。

他可能遇到各种困难，或是产道太小、或是胎位不正、或是脐带绕颈、或是宫内缺氧……但大多数胎儿以其顽强的生命力，成功地登陆人世，少数胎儿则经历更多的伤害：早产、铲钳助产、胎头吸引、剖宫产、产后救护等。

在出生时由于产程的因素，环境因素造成了胎儿期之后最初的出生差异。它们通过皮肤颜色、呼吸、心跳、哭声、反射等，直接表现在 Apager 评分上，这些影响绝大多数是短暂的，但也有极少数是深远的，带来生物性伤害的。但出生时的非生物因素的各种差异，无论是外在的还是内在的脑的差异，都无法具备长久的惯性，维持久远。这是因为，大脑这时仍处在快速变化时期、具有极强的修复、再生能力，具有极大的可塑造性，胎内形成的东西可以退化，胎内没有形成的东西可以发展，产程损伤的部分可以修复到一定水平，只有极少数的孩子在这样的分娩过程中，留下终身的生理性的伤害，从群体的分布中拉下来，被边缘化到一旁，成为病理性的成员[58]。

对绝大多数孩子而言，这只是一个发展的起点，并不是一个决定胜负输赢的时候，成长的风帆由此正式升起，个体之间现实的差距将在以后的日子里逐步形成，这是一个需要历时多年的过程，这是一场旷日持久的比赛，这是一场马拉松式的竞争。对于每一个家庭来说，这是一场只有一个主角的话剧，剧场是家庭，配角是父母，上演的主题是：孩子个体的持续成长与在群体中的不断分化。

第三阶段：出生第一年孩子们的成长与分化

环境特点：与胎儿期相比，出生带来了巨大的环境变化。而环境的变化增加了不同个体的环境差异，正是这种不同个体家庭环境的差异的出现，开始潜移默化地影响到了个体的成长与发展，导致了最初的差异出现。

但将生命第一年的成长环境与以后的各个发展阶段相比，这时的环境差异仍然是最小的时候。

具体说明如下：

伴随一声啼哭，一个新生命终于诞生了！

这一刻，无论是春秋还是冬夏，是白天还是夜晚，对于一个家庭来说都是意味深长、充满希望、激动人心的时刻。这一刻，夫妻成为父母，老人有了孙辈，一个新生命以自己独特的方式，激活了一个家庭。从此，寄予孩子未来的希望成为压倒一切的梦想，这时，没有一个父母认为自己的孩子会比别人的孩子差，他们相信自己的孩子是最棒的。

为了让孩子健康成长并将孩子培养成有用之人，父母开始忙碌起来，老人们开始忙碌起来，家庭所有的成员开始忙碌起来。

从此，家里只有一个中心——宝贝心肝，家里只有一个话题——孩子，家里只有一项活动——育儿。也就是从此刻开始，孩子发展的命运也就牢牢地掌握在他周围这群人的手上了，他在父母的怀抱里开始了成长的里程。

孩子来到人世，进入了一个广阔而又富于变化、极具差异的大千世界。他们的第一站是从产房回到温馨的家庭。

刚刚出生的新生儿非常相似，以至人们难以区分他们之间的差异所在。在成长的第一年里，孩子更多地留在这样一个家庭中，这个世界比起胎内世界已经大了许多。这一年由于婴儿的特点，他们更多地表现为吃、喝、拉、撒、睡等快速变化的节奏，缺少主动活动、不能语言沟通，用最简单的方式与周围保持着关系。

针对这种特点，家长们把最主要的精力放在护理之上，这导致了不同家庭养育方式最大的相似性。似乎每一个家庭都有着共同的期望，让孩子吃好、睡好、照顾好。正是这种相似性，使得这一时期的婴儿成长环境与日后相比，要更加一致。

但仔细观察又都会发现，每一个家庭都有着不同的养育女子的"微环境"。可以说，从一开始父母们、老人们就带着不同的观点，使用不同的方式，提供着不同的养育条件，走上了差异养育之路。

从此，在成长的道路上，不同的家庭其环境和父母的行为有了独一无二的模式，家庭环境与父母行为无时无刻不在影响着孩子的成长，无论它是有意的还是无意，例如，家庭的空间大小、物品摆放、色彩呈现、父母言语、身体接触、交流方式、喂养模式、保育习惯、教育内容、活动机会、重视倾向等，一切一切的要素都成为环境的差异影响成分，于是个体与个体之间的分化也就一步步地开始了。

仅以家庭空间举例，我们可以发现，从一个相对一致的胎儿环境到出生后的家庭环境，不同个体的生活空间会有很大的区别。一个孩子可能进入一个只有一居室的家庭，而另一个则可能进入一个三居室或更大的家庭。这种分化造成的差异从生命的起跑线上展开并由新生儿期起步步拉大。然而，竞争的不是新生儿，而是养育、教育他们的家长们！

如果不去考虑胎教时形成的差异，自孩子出生起，父母们还基本上站在同一起跑线上，他们每个人都拥有同样的机会，这是父母们一生中最能控制又最易失控，最易把握又最难把握，最宝贵、最珍惜又最容易忽视、最不知道珍惜的时光。

因为，零岁教育对不同的父母来说意味着不同的信念！

有人坚信不疑，有人不屑一顾，由此他们的孩子们逐步地在成长的每一分每一秒中发生着看不见的分化、排队、定位，这是一种逐步地由量的积累转向质的变化的过程。

可以说，人类的婴儿是早产的，大脑的成熟需要借助外环境的刺激，正是这一特征使环境对脑的塑造成为可能、成为必然。

第一年由于孩子的发展特点，无形中决定了父母的养育模式，这就是：显性的生理需要与隐性的心理需要的反差，带来了直接指向生理发展的父母养育行为。

生命头一年是新生命快速发展和变化的一年，一切行为都表现为一个字——"快"。他很快就饿——不停地要吃；他很快就尿、很快就拉——不停地要换；他很快就要睡，但又很快就醒来——不停地要关照；他很快地发育、很快地成长、很快地变化，今天衣服小了，明天鞋不能再穿，后天会笑了，再后天认人了，接着开始叫人了。一切一切都表明着他在迅速地成长，一切一切都表明着他非常正常。

一方面，这些表现出来的生理需要，吸引了家长的全部注意力，他们喂他吃、帮他换、哄他睡、逗他笑，吃好、睡好、护理好，除此之外，再无他求。

然而，另一方面，孩子心理也处在同样快速的发展时期，他需要多听、多看、多抚摸、多运动、多应答、多交流，但由于心理的需要孩子无法表达出来，于是乎很容易被家长忽视，他们看到的是一维的生理需要，无法看到成长中不断加强的心理需要，大多数的父母们没有时间考虑其他，把所有的时间和精力放在婴儿成长的护理上。

这时，婴儿的成长环境远比胎儿期的环境差异要大，但在整个成长过程中养育的相似性，远比后期任何时期都要大，而相反，养育的差异性比后期任何一个时期都要小。因此这个时期的婴儿分化在胎儿期的基础上展开，但相对较小（如图2-24所示）。

但强调的是：正是此时此刻，新生儿的脑处在发展变化速度最惊人的时期，可以毫不夸张地说，此时的大脑其变化不是按年、不是按月，不是按天、也不是按小时，而是按分秒计算的，神经系统不断的网络化，为日后建立世界上最复杂的神经网络，为成为万物之灵作着充分的准备。这时的大脑对环境变化的影响最为敏感，受环境变化的影响最为深远。由于家长的养育倾向，使得多数孩子失去了最初的快速发展机会。

第四阶段：1～3岁的分化

环境特点：与出生第一年相比，不同个体成长环境的差异继续扩大。孩子由不会走到会走，双手可以协调，探索的空间也正在日益扩大，这又构成了新的环境差异。尽管这个时期的环境差异比新生儿期的环境差异要大，但与以后的发展阶段相比，环境的差异仍然是相对

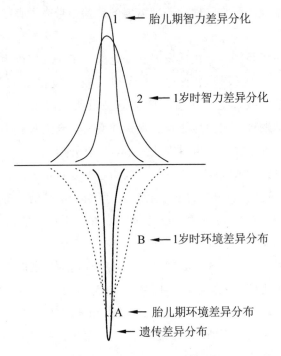

图 2-24　群体智力 1 岁时的分化

较小。

　　新生儿以日新月异的方式度过了生命的第一年，开始理解和使用简单的言语、学会行走，能够主动地探索。从此他的活动空间发生了巨大的改变[59]。

　　这时"鼓励型"的家庭和"保护型"的家庭提供了更加不同的环境探索机会。由于安全考虑，保护型的父母开始限制孩子的探索，而鼓励型的父母则开始尽可能地放手让孩子去探索。

　　不仅如此，家长因观念引起的行为差异也在增加。有的认为可以开始让孩子学习最简单的东西，有意无意地自然教育开始进入孩子的世界。他们更多地跟孩子说话，教他动作，让他听音乐、背儿歌等；有的认为孩子太小只要照顾好，吃好、睡好、身体好就行，学习还早得很。这时，不仅因环境的空间差异开始加大，观念引起的家长行为差异也开始增加。

　　这时整个环境的差异比 1 岁以内又进一步增加了，分布在这样一种环境差异中的孩子们受到不同环境影响的可能性也随之增大，这种增大再一次加大了群体智力的分化。这时，我们可以轻易地通过观察看出孩子们各个方面表现出来的差异，如语言能力、运动能力、艺术能力、交往能力，反应速度等方面都开始出现显著的不同。

但此时，环境的差异化并没有达到最大点，家长仍然更多地将时间分配在保育领域，相对 3 岁以后的幼儿教育阶段，这还仅仅是一个开始。因此，表现出如图 2-25 一样的分化过程，并在此基础上开始了进一步的分化。

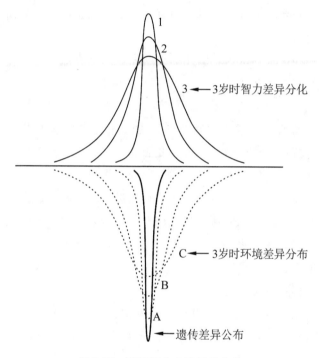

图 2-25　群体智力 3 岁时的分化

第五阶段：幼儿期的分化

环境特点：与出生前三年相比，环境差异仍在继续扩大，尤其是幼儿园教育因素的普遍出现，使得孩子开始离开家庭进入幼儿园，教育的因素开始成为一个重要的影响因素。正是这个因素的出现，由于家长对早期教育的理解不同，幼儿园的选择也开始出现明显的差异。但这个阶段仍然属于学前教育阶段，与小学开始的系统教育还不相同，因此，与小学阶段的环境和教育差异相比，幼儿阶段的环境和教育差异仍然没有达到最大限度。

　　具体而言，当孩子进入幼儿期，绝大多数家长们意识到孩子要上幼儿园了，这时环境的因素中除了家庭以外，开始增加了一个全新的要素，这就是幼儿园[60]。从此，孩子的活动半径再一次增加了，影响要素增多了。但由于不同的家长儿童观的差异，对园所的选择开始了差异。

　　有人认为要为孩子选一个顺其自然发展的环境，只要照顾好，并让孩子快乐地玩耍就好。因此，他们选择那些强调顺其自然，以玩为主的园所。在入园要求上也不严格，稍有点不是，就会让孩子留在家里，三天打鱼，两天晒网。

　　而另一些家长则认为，幼儿的早期发展到了应当学习的时刻，因此选择园所时，更多地考虑办园的宗旨，是否有特长学习，有办园特色，如艺术幼儿园、双语幼儿园等。再有的家长则非常看重早期教育，选择潜能开发的园所，有意开发幼儿的智力，非常重视基础发展和全面发展。他们坚持尽可能地送孩子去幼儿园。

　　对于这个时期的儿童，环境和教育的差异包括家庭和园所差异的总和。因此，儿童受到差异环境的影响自然进一步拉开。但由于对学前教育的理解，多数家庭和园所仍然强调游戏、玩耍，对科学系统的早期教育的理解仍然处在低水平，并没有真正重视，因此，这时环境的差异分化相对后期而言，也没有达到最大的水平（如图 2-26 所示）。

　　第六阶段：学龄期的分化

　　环境特点：这时较过去相比，环境差异和差异化教育开始全面叠加，并继续扩大，在个体的可塑期的最后阶段，进一步推动差异的分化，直到使个体的差异相对地固定下来。

　　到了 6 岁以后，家长们全都意识到是孩子真正开始系统学习的年龄了，因此开始学校的选择。但由于家庭和园所准备情况不同，学校也开始了最初的生源选择。加之差异教育原则的使用，使得孩子在学前形成的差异成为进一步差异教育的前提。

　　教育将这时看到的差异归结为天赋的差异，于是在因材施教、尊重天赋的口号下，标签教育开始了，从此，差异逐步达到最大化。

　　这时差异的形成包含了两大方面的原因，一方面是家庭早期环境和教育的差异导致的发展差异，一方面是学校差异教育导致的教育性差异，两者的互动使得个体在群体中的位置逐步固定下来，形成最终的分

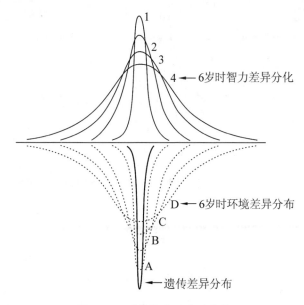

图 2-26　群体智力 6 岁时分化

布。这个相对固定的分布，要到 12 岁左右才能初步完成。

值得强调的是，分化的减弱以及群体智力分布的相对固定，一方面是因为对于一个群体而言，差异变化的规律开始固定，一方面，大脑的可塑性逐步降低。正是这两方面的原因使得分化慢慢定型，形成相对固定的分布特点。

其中，随着时间的推移，在群体分化不断进行的过程之中，脑的可塑性却在逐步降低，这是群体智力分化逐步固定下来的重要原因。因此，到了一定的年龄我们看到的不再是一个快速分化的过程，不再是一个智力不稳定的状态，而是一个相对固定的智力分布，在这个分布中，每个个体的智力水平相对地稳定，它导致了整个智力分布的相对固定。当个体的智力水平随着年龄越来越稳定时，智力的预测性也就越来越高。这一点可以解释，为什么早期智力测验的结果对后期的发展预测性差异，而年龄越大，则预测效果越好这一现象。

经过几年的发展，我们看到一个从胎儿期逐步开始的环境差异增加的过程，而伴随着这种环境教育的差异分化过程，则是孩子们的智力分化。这就是群体在早期发展中，成长与分化的实际过程（如图 2-27 所示）。

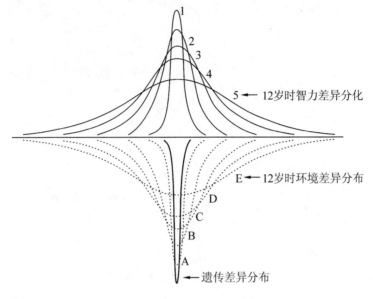

图 2-27　群体智力 12 岁时分化

通过以上的分析，可以看到两个方面的特点。一个是在常态下，为什么群体差异的两极分化会随年龄增长而增大；另一个是，为什么个体在智力分布的位置会随年龄增长而改变。我们还可以看到个体之间最根本的差异，是在成长过程中通过分化形成的。这种分化源于婴幼儿期神经系统受不同环境影响而建构起的差异，而分化的方向和环境及教育质量直接相关。不间断的分化是成长过程中一个最无情的事实，通过分化的过程我们可以体会到个体在整个分化过程中，受环境教育影响而所处的不同位置，也能更好的悟出智力发展的奥妙。揭示这个过程，能清晰地看到平庸的背景、落后的根源、超常的奥秘。

了解了整个群体从出生开始所经历的分化，也就基本上知道了整个群体中不同个体为什么会处在智力分布的不同位置上的原因了，知道排除病理状态后，一个群体中的不同个体为什么有人智力会是 60 分、有人会是 80 分、有人会是 100 分，而有人会是 120 分甚至 140 分或是更高。

揭开智力分化的这一奥秘，对重新审视早期教育关系重大。我们更加透彻理解了早期教育的意义，对智力开发更有信心。我们深知，在遗传和环境关系问题上，原来悲观、宿命，是因为我们无法改变遗传赋予的一切；今天自信、乐观，是因为我们知道遗传存在潜力空间，环境改变可以导致遗传不同的表达。学会如何调节环境，改变教育，我们能够对群体的智力发展有更好的控制。

揭开群体分化的奥秘，对基础教育改革意义重大。今天的基础教育中难以解决的问题是，面向全体两极分化严重，面向个体时全面发展难以实现。

如何克服这种严重的两极分化和人体发展结构的失衡，需要从整体的环境和教育入手。只有彻底避免基础教育中差异化教育导致的教育化差异的出现，才能减小群体的两极分化和个体的结构失衡。

就一个群体而言，等待成熟，自然成长，错过了早期分化的关键期，等来的就已经是在不同的自然环境中不断分化形成的一个群体的两极分化。而差异教育，正是在这样一种分化的背景下展开的，当差异教育将这种分化出来的差异当天赋差异归因时，标签教育就不可避免地产生了。

这时，教育将不可避免地导致更大的群体两极分化以及个体结构性失衡的情况。只有在分化的早期，引进优质的教育资源，并将环境差异减少，并将环境质量提高，并将群体的环境分布推向负偏态，并在基础教育阶段尽可能地避免使用差异化的教育策略，就可以有效地阻止两极分化的增加和扩大，避免个体结构性的失衡，使全面发展的孩子多起来。

在对群体智力分化的特点分析中，我们指出"群体智力分化的离散度大小与这个群体的年龄成正比"。也就是说，群体年龄越小分布的分化越小，年龄越大分布的分化也就越大。不过，这个模型仅仅是一个理论模型，在现实的环境和教育条件下，不同年龄阶段群体的分化特点并不完全如此，它们的分化实际上符合"动态分化"的原则，可以表现出分布的偏态、位移等情况。

不仅如此，对于个体潜能而言，分化还有以下几个特点。

1. 个体智力变化的范围与年龄成反比。个体年龄越小两极分化的可能性范围越大，年龄越大两极分化的可能性范围越小。

2. 在两极分化中，当个体的智力越远离平均水平、越接近两极状态时，进一步向同一方向的分化越难，而只要在一定的时间内向相反方向变化则相对容易。

3. 连续稳定几年的高智商，在因环境问题而下降后，可以因环境恢复而恢复。连续稳定几年的低智商，则很难因环境质量提高而提高。

在讨论个体分化的第一个特点时，涉及了潜能心理学第三个基本模型：这个模型是关于分化范围和分化时机的，我们称之为钟摆模型。下面，将问题转向于此。

三、关于分化范围与时机的钟摆模型

在上一节中，我们指出个体智力变化还存在一个与年龄成反比的规律。即"个体智力变化的范围与年龄成反比"，我们使用了"钟摆模型"加以描述。

这个模型不仅可以描述个体智力变化范围的大小与时间的关系，也同样可以描述个体心理的方方面面变化范围的大小与时间的关系。

下面，还是以智力为例来说明。

(一)钟摆模型的建立

智力的发展不是匀速的，而是变速的。越是发展的早期，发展的速度越快；越是发展的后期，发展的速度越慢。有人把它称为智力发展递减规律[61]。发展越快的时期，可塑性越大，可通过环境影响导致的变化也就越大。

通过研究可以看到这种趋势：分析金色摇篮1岁组和3岁组入园经过一年的教育干预后的数据来看，1岁组的智力提高要较3岁组大的多（见表2-4）。

表 2-4　金色摇篮 1 岁组和 3 岁组入园后一年智力最大变化比较

年龄分组	人数	首次平均值	首次测评最小值	首次测评最大值	教育一年后测评最大值	实测全距（第二次最大值与第一次最小差）	理论全距（第二次最大值与设定70分点的差）
1 岁组	77	98.1	76.8	132.8	166.5	89.7	96.5
3 岁组	141	101.3	79.4	139.9	146.6	67.2	76.6

注：由于 4 岁以上量表不统一，所以数据未采用。

我们还可以通过一组婴幼儿在金色摇篮婴幼园中，智力发展变化的平均数的变化看到这一点（如图 2-28 所示）。

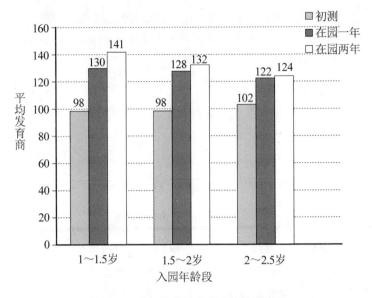

图 2-28　各年龄段平均发育商综合对比

　　图中，1～1.5 岁组，两年的智力变化是 43 个分点；1.5～2 岁组，两年的智力变化是 34 个分点；2～2.5 岁组，两年的智力变化是 22 个分点。

　　从中可以看到随着年龄的增长，智力变化的幅度在逐步减小。反映出年龄越大智力变化范围越小的特点钟摆模型的建立正是根据这一点。

　　它也是三维分布模型的一个特殊的变式。同时将三维基本理论模型与动态分化理论模型整合并简化后，就可以获得反映个体智力变化与年龄关系的钟摆模型。

　　首先，将三维基本理论模型变形，让纵坐标旋转与横坐标合并，使潜能曲线与两个坐标轴一起构成一条描述遗传潜能的直线，它的长度代表潜能范围的全距。

　　其次，将三维基本理论模型中单一的智力和环境分布，使用动态分化模型中多组分布来替代，经过简化，就可以获得一个钟摆模型了（如图 2-29 所示）。

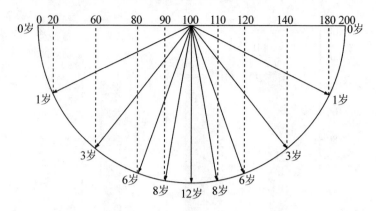

图 2-29　智力分化的钟摆理论

按理，个体的可塑性应当在这根横线的范围内变化。但事实上，个体的可塑性有着时间的限制，并随时间的推移而减小，如同一个摆一样当我们从最大的水平角度将它放下后，它将根据惯性摆动，并且摆幅越来越小。

具体说，它是由动态分化理论模型简化变式而来。只不过动态分化理论模型强调分化的过程是随着年龄越来越大的，而个体分化的范围却与年龄成反比。

(二)对钟摆理论模型的描述

个体分化存在着一定的规律，它的基本的趋势是：个体智力可变化的范围与年龄成反比。个体年龄越小两极分化的可能性范围越大，年龄越大两极分化的可能性范围越小。

依据三维基本理论模型，从理论上看，个体的天赋潜能范围正是智力分布的全距范围。这个范围非常大，从 60 分点以下，到 140 分点以上。从理论上讲，假如分布是对称的话，以智商 100 为平均分，这个范围则向下趋向零，向上趋向 200。

然而，由于大脑的发育是有时间表的，大脑的可塑性表现出逐步递减的规律与特征。因此，随着孩子年龄的增长，个体的天赋潜能范围也随之变小。这种改变的特征就是年龄越小，个体智力向两极分化的可能性范围就越大；年龄越大，个体智力向两极分化的可能性范围就越小。这就是个体智力分化的一大特征。

利用个体智力可塑时机与范围的钟摆理论，我们能够很好地解释个体的差异是怎样形成的，尤其是天才儿童、超常儿童、资优儿童是在什么时候产生的。我们可以看到超常儿童的培养离不开早期，这时个体存在最大的可塑造范围。

结合群体智力动态分化模型，能更容易地理解，为什么天才或超常儿童非常少，仅占人口总数的1%左右。那是因为，根据钟摆理论，尽管早期的分化范围最大，人们有机会在尽可能大的范围内分化；但根据动态分化理论模型，由于群体早期的环境差异很小，整个群体分化的离散度也就最小。

正是这样，新的理论模型带来了希望。只要在早期可塑性范围最大的时期，改变整个早期的成长环境和条件，使得早期环境远远超越自然喂养环境，这样一来超常并非一件可望而不可即的事情。

因此，我们提出可塑性时机的钟摆模型来解释不同年龄的分化范围即可能开发的潜能范围。然而，必须特别强调的是：从实际情况看，不同年龄的"理论分化"范围与"实际分化"范围并不相同。

"实际分化"的结果总是小于"理论分化"的可能性范围，因此，有必要分别描述一下"理论分化"与"实际分化"。

(三)理论分化假设

根据脑科学相关的研究[62]，我们将0～12岁看成大脑从极其易塑造到相对固定的一个时间段，大脑的可塑性从高到低，塑造的可能性会从大到小。我们将这段时间大致分成五个阶段，不同年龄阶段的个体潜能范围不同。根据前人的研究和我们对个案跟踪研究的结果，在理论上将它大致分为如下几个阶段，并同时提出这些阶段理论上可以分化的范围：

1. 胎儿～1岁——分布全距性分化——正负200分点左右；

2. 1～3岁——3/4距分化——正负在150分点左右；

3. 3～6岁——1/2距分化——正负在100分点左右；

4. 6～8岁——1/4距分化——正负在50分点左右；

5. 8～12岁 ——1/8距分化——正负在25分点左右。

也就是说，从理论上讲，胎儿至1岁之内，个体的天赋潜能范围是完整的。这时，遗传提供的潜能变化范围为全距性的，从理论最小值到理论最大值。

即一个个体经历不同环境和教育的影响，其智力所处的位置可以在天赋潜能范围内的任何一处。这可以解释为什么早期既可以出现狼孩，也可以出现天才儿童。

这时，根据钟摆模型，大脑的可塑性最大，智力变化的弹性空间也最大；相反，根据动态分化模型，群体分布的环境差异却最小，整个群体的实际离散度不大。因此，只要利用这样的机会，努力为整个群体提供最佳的环境和教育，那么整个群体的智力分布会发生极大的偏移，平均分数会大大提高，实现群体潜能开发的目的。

如果把高智商分成三个级别，超常水平、神童水平、天才水平。

那么，在1岁以内，智力可以在全距范围内变化，这时只要能使群体中的某个个体的环境质量极大地提高，远远偏离自然状态中的群体，就有可能使个体达到天才级的智力水平。

到了1岁以后，天赋的潜能空间开始减少，只剩下整个天赋潜能空间的3/4左右。如果这时抓住早期教育的机会，进行科学的育儿，会使个体的智力达到神童级的水平。

到了3岁以后，这种可塑范围进一步减少，只存在一半的潜能空间。如果前面的教育没有带来极大的问题，孩子处于自然发展状况的话，这时进行科学育儿照样可以使个体在智力上达到理论上的超常水平。

这种趋势是递减性的，到了6岁以后，可塑的范围已经只剩下四分之一的潜能空间，这时是资优智力培养最后的机会。

到了8岁以后，大脑的可塑性已经明显降低，可以调整的空间所剩无几，但对智力发展而言，仍然存在最后的努力空间。

教育不同年龄分化范围的大致解释可以根据钟摆模型来确定。

必须指出，不同年龄理论的潜能范围是一种理想的状态，也是一种理论状态。然而，现实生活中人们很少能提供这样一种理论环境条件。因为，最理想的科学环境及教育条件难以达到，严重剥夺的不良环境条件以难以存在。因此，群体中的个体向两个极端分化的难度极大，可能性极低。现实中的实际分化范围因受到现实环境分化特点的影响往往要小的多。因此，真正的分化取决于现实环境的差异大小。

(四)实际分化范围

理论分化范围是一种理想的模型，在实际环境中无法看到这样的情况。实际分化范围受实际的环境分化水平影响，无法达到理论上的标准。

但是，对实际分化范围的确定，我们只能借助一些研究结果，而这些数据是可以获得的。

首先，通过总结全世界范围内针对智力水平实际研究获得的大量发展数据或群体智力测验结果，从实测智力分布的两端各以分布总量的1％左右的个体的智力作为估计值，可以初步估计出智力分化两端的估计值来，从而确定常态分布下的智力全距。

就低端的估计值看，在实测智力分布中，排除病理后的轻度智力落后约占群体总数的1％左右，实测智商应当在60分点左右，如沙袋养育儿。尽管，我们有狼孩的数据，但太不常见。

就高端的估计值看，在实测智力分布中，也占群体总数的1％左右，实测分数应当在140分点左右，是心理学定义的超常水平。尽管，我们同样可以看到智商超过180分点的报道，但也太不常见。

根据两端的估计值，现实生活中（排除病理儿童），群体中95％以上的个体，实际分化的智力范围大约在60分点到140分点之间，两极分化的全距应当在80分点左右。

如果继续引进发生在分布两个极端上的典型案例，如狼孩到天才儿童（超常中的最高级）。就会发现，在现有社会生存环境中，最极端的两极分化范围大约在40分点到180分点之间。因此，这时最大的两极分化的全距在140个分点。

其次，估计分布的特征。在现实环境中，这个两极范围并不对称，向下的分化空间要小些，向上的分化空间要大些。这是因为，在实际生活中，个体遇到狼孩的情境的机会少到几乎不可能，而为了保证个体的最低生存需要，会使得个体的智力，自然而然地超过40分点；另一方面，通过教育达到更佳环境条件的情况却有可能出现。

如果以这个范围作为整个智力分化的全距范围，根据理论上的阶段划分，可以大致得到以下数据：

1. 胎儿~1岁——分布全距性分化——正负约140分点左右；

2.1~3岁——3/4距分化——正负约在105分点左右；

3.3~6岁——1/2距分化——正负约在70分点左右；

4.6~8岁——1/4距分化——正负约在35分点左右；

5.8~12岁——1/8距分化——正负约在17.5分点左右。

必须强调指出这种描述是一种示意，并非公式或真理，只是方便我们的理解，但不能机械地理解。

还要说明的是，正负方向的分化，是以群体智力的平均水平为标准计算的。一个正负 140 分点左右的全距性的分化，是指以 100 分为平均水平，个体可以向正反方向各变化 70 分点左右。即向上可以达到 170 分点，向下可以达到 30 分点，去接近两极。

当一个孩子 6 岁智商为 120 分点时，6～8 岁的 1/4 距性分化，便是以此为中间点展开的。当环境质量下降时，个体的智力会下降，最低达到 100 分点左右；当环境质量继续提高时，个体的智力水平会提高，最高可以达到 140 分点左右。

个体实际的变化范围与个体的实际环境改变有关，下面是金色摇篮几个入园时智商在 80 分以下的孩子两年内的智力变化情况表（见表 2-5）。

表 2-5　金色摇篮部分入园智商在 80 分占两年后测评变化

姓名	初测 IQ	两年后测评	智力变化范围
张丁睿	80.7	105.8	25
丛恺天	80.4	149.7	69.3
孙茂宸	80.3	133.3	53
于嘉轩	80.2	120.8	40.6
索昀煊	78.1	137.1	59
赵诗凡	77.8	110.8	33
苏成创	75.7	146.4	70.7

表中可以看到两个特点：第一点，所有个体发生了变化，最小的变化在 25 分点，最大的变化范围达到 70.7 分点；第二点，所有的变化都是智力水平的提高。因为，我们进行的是教育干预。

在本书下部第五章的个案分析中，我们还列举了一个叫妮妮的孩子，从 7 个月开始进行潜能开发，两年内，妮妮的智力水平从初测 90 分点上升到 180 分点。升幅达 90 分点之多（见下部第五章）。

无论是理论假设数据，还是真实环境中的实际数据，都给我们正反两方面的极大的启示。

(五)钟摆理论的启示

第一，一方面，个体的潜能范围越早越大，开发潜能的机会越早越多。另一方面，早期群体环境差异分布的特点正好相反，年龄越小，环境差异离散度越小。

这样的现象告诉我们，尽管年龄越小潜能范围越大，但同时年龄越小实际的环境差异也越小。由于受到这种环境特点的限制，越是早期，孩子越小，智力向两极实际分化的差距越小。

这种分化范围越大，实际分化距离越小的现实，一方面反映了实际的情况；另一方面也提醒我们，这个时期正是潜能开发的无限机会。

这就是为什么，在自然成长环境中，孩子越小智力差异越不大，分布的离散度最小的原因。正是由于个体智力受到早期自然环境差异分化小的限制，导致了今天绝大多数儿童在早期最大的潜能范围内、最理想的可塑期范围内，没有得到早期潜能开发的机会，而使得潜能范围随年龄增长趋于减小直至失去的原因。

第二，从这样一种反比关系中，还可以得到另一种积极的启示。由于环境是可调的、可塑的，可以改变、可以建构，是具有极大潜能的，因此，及早地引进教育因素，开发环境潜能、大幅度地改善小婴儿的成长环境质量，是有可能的。

环境差异分化小和环境潜能空间大的关系，是快速改变环境质量的重要条件。通过引入教育可以快速地拉升该个体与整个群体智力的相对距离，使其在群体智力的分布范围内排在群体分布的前面，一跃成为一个资优儿童、超常儿童或者天才儿童。

在智力潜能与年龄成反比，环境自然分化与年龄成正比的关系中，我们看到了早期教育的重大意义。甚至可以下这样的结论，谁忽视早期教育，就是忽视整个教育；谁放弃早期教育，就意味着放弃整个教育。

谈到这里，早期儿童科学教育的意义更加明确了，所谓早期儿童的科学教育，就是不失时机地开发潜能的教育，而这种开发潜能的教育就是针对所有普通儿童进行的超常教育。

说它是超常教育，是因为这种教育超越常规。因为，在早期所有的孩子存在着巨大的发展潜力和发展机会，他们可以说都是学习的天才、发展的天才。就这一点而言，他们是最神奇的儿童，足以称为"神童"。因此，对他们的教育就是对超常儿童的教育、天才儿童的教育、神童的教育。

也要强调，当绝大多数个体在早期发展中获得了"超常"的发展，这才是个体真正理想的发展，是回归了正常的理想发展。再也找不到另一种什么类型的教育，可以更加适合于处于早期发展阶段的儿童了。

通过以上分析，我们认为，超常教育不是超常儿童的教育，不是以发现超常儿童在先，实施超常教育在后的教育；而是所有正常儿童早期科学的教育，是先有超常教育，才有超常儿童。

根据这样一个模型，我们可以清楚地看到不同智力水平儿童系统教育进入的时间表。如果把超常、神童、天才分成三个不同的等级，那么培养天才要从胎教开始，培养神童要早于 1 岁，培养超常儿童要早于 3 岁，培养资优儿童要早于 6 岁。这是遗传给出的天才之谜的谜底，揭开这个谜一样的答案，会使更多的人走向更理想的发展。

可见，所有的潜能开发的教育机会都在 6 岁前，在学龄前。这就是为什么当代教育整体质量低下、两极分化过大，个体结构失衡的关键所在，因为当代教育将这个最宝贵的阶段放弃了。即使是今天，终身学习、全程教育的观念的形成，也没有真正影响到正规教育系统，人们依然在两千多年前就感性划定的教育范围内进行教育改革，有意无意地区别学龄前和学龄教育，结果一事无成、事倍功半。

潜能发展心理学告诉我们，学前成为一个"休耕"期的状态再也不能继续下去了，对早期教育的重视，不能仅仅停留在口头上，要真正落实到行动上，要彻底改变人们对早期教育，尤其是婴儿教育的认识。

个体的分化除了以上的特点以外，还存在着另外的特点，后面也分别加以解释。

(六)个体分化的其他特点

个体分化还存在着另外的特点，其中之一是：在两极分化中，当个体的智力越远离平均水平，越接近两极状态时，进一步向同一方面的分化越难，而向相反方向变化则相对容易。

这是因为，在早期发展过程中，当一种环境达到较为极端的状态，如过度的剥夺或及时的干预教育后，个体的智力会因环境特点而分化到相应的两极去。这时，进一步同方向的变化会越来越困难。向下的空间因为自然生存条件的基本满足而无法进一步恶化(排除人为恶意的彻底环境剥夺)，而向上的空间因为教育方法以及手段的科学性提高困难重重；再加上年龄不断地增长，潜能范围不断地减小，因此大幅度提高的难度也随之增加。

相反，对于前者，最初的环境剥夺如果及时得到改善，个体智力提高的空间将远远大于下降的空间。对于后者，最初的良好教育环境如果失去，环境质量开始恶化，个体智力下降的空间将远远大于该个体继续提高的空间。

举例说明：一个智商首次测评分数在 80 分点的孩子和一个智商分数在 140 分点的孩子，在同一年龄向上提升的理论范围一样，但实际难度不同。140 分点向上提升 40 分点，达到 180 分点的难度可比 80 分点向上提升 40 分点达到 120 分点的难度大的多。

这在金色摇篮的案例中非常明显，入园高智商组的孩子与入园低智商组的孩子相比，实际上升的空间并不相同，高智商组远远低于低智商组（如表 2-6 所示）。

表 2-6　金色摇篮入园初评前后五名两年智商变化分析表

姓名	初测 IQ	两年测评结果	智力变化幅度
邵佳琪	133.3	141.9	8.6
李思颖	132.1	131.3	−0.8
吕雯暄	129.4	155.6	26.2
杨越涵	127.7	130.1	2.4
苏桐	125.7	116.7	−9.0
高智商组前五名智力变化幅度平均数			5.0
...	...	...	...
孙茂宸	80.3	133.3	53
于嘉轩	80.2	120.8	40.6
索昀煊	78.1	137.1	59
赵诗凡	77.8	110.8	33
苏成创	75.7	146.4	70.7
低智商组后五名智力变化幅度平均数			51.26

通过上表，可以清楚地看到，高智商组的五个孩子平均智商提高仅有 5 个分点，最大提高幅度 26.2 个分点，其中还有两人表现为智商的下降；但低智商组的五个孩子平均智商提高了 51.26 个分点，远远超过高智商组，其中最大的幅度达 70.7 分点。

相反，80 分点的孩子向下下降 40 分点达到 40 分点，要比一个 140 分点的孩子向下下降 40 分点达到 100 分点要难得的多。对此，我们无法通过人为的剥夺研究来获得相关数据。

个体分化的再一个特点是：连续稳定几年的高智商，在因环境问题而下降后，可以因环境恢复而恢复。连续稳定几年的低智商，则很难因环境质量提高而提高。

这个特点说明，环境的质量波动会带来相同的智力水平波动。但这种波动是有条件的，当个体最先落入一个较为持久的恶劣环境中，脑的损害将较为明显，恢复起来也很困难。

狼孩的发展结果说明了这一点。如果，个体最先进入一个较为持久的良好环境中，中间发展阶段环境变劣，然后再恢复的可能性很大。日本有个人曾经在森林中生活了多年变成野人，但由于他是长大后因战争逃进了森林，后被发现回到人类社会，很快恢复人性和智力。这个故事说明了这一个规律。

总之，在这一章，我们涉及了智力变化的三个基本模型，它们是三维分布模型、智力动态分化模型以及钟摆模型。这三个模型仅仅是一种示意模型，现实中它们的表达方式会有所不同。它们是建立潜能发展心理学的理论依据和实践模型，对潜能教育的实践具有指导意义！我们在金色摇篮中一直根据这样的原则进行教育，取得了显著的成绩，具体内容见下部潜能教育。

参考文献：

[1]王亚鹏，董奇．脑的可塑性研究：现状与进展．北京：北京师范大学学报（社会科学版），2007(3)

[2] Shaffer D R. 发展心理学——儿童与青少年．第六版．邹泓等译．北京：中国轻工业出版社，2004．59

[3]胡志海，梁宁建．大学生元认知特点与非智力因素关系的研究．心理科学，2002(4)

[4]徐英．论非智力因素及其在教育中的作用．心理科学，2000，23(3)

[5]加德纳．多元智能．沈致隆译．北京：新华出版社，1999

[6]王金钰．早期潜能开发干预训练促进高危儿童智能发育．中国优生与遗传杂志，2006，14(12)

[7]林碧英．幼儿的智力潜能开发——蒙台梭利儿童观的启示．江西教育研究，2005(3)

[8]鲍秀兰．早期教育和脑潜能开发．中国教育学刊，2002(5)

[9]王惠萍，鲍雪梅，陈美. 社区早期干预对婴儿潜能开发的效果评价. 齐齐哈尔医学院学报，2004，25(11)

[10]黎明，车映雪. 中国超常教育的发展历程及启示—未来呼唤"双超常教育". 中国特殊教育，2009(1)

[11]张厚粲. 现代心理与教育统计学. 北京：北京师范大学出版社，2003.178

[12]刘祖洞，江绍慧. 遗传学. 北京：高等教育出版社，1987

[13] Shaffer D R. 发展心理学——儿童与青少年. 第六版. 邹泓等译. 北京：中国轻工业出版社，2004. 100

[14] Ceci S J. On Intelligence-more or less：A Bio-ecological Treatise on Intellectual Development. Englewood Cliffs，NJ：Prentice-Hall Century Psychology Series，1990

[15]施剑松. 首张人类变异基因图谱帮助寻找坏基因. 新浪网. 2005-10-28

[16]邓森. 婴幼儿1～2岁智商潜能激发. 北京：北京体育大学出版社，2007

[17]林崇德. 发展心理学. 北京：人民教育出版社，1995.196

[18]林崇德. 发展心理学. 北京：人民教育出版社，1995.270

[19]朱智贤. 儿童心理学. 第二版. 北京：人民教育出版社，1981.155，223

[20]蔡丹，李其维. 简评认知神经科学取向的智力观. 心理学探新，2009，29(6)

[21]李亚玲. 认知神经科学的研究成果对婴幼儿脑潜力开发的启示. 科技信息，2009

[22]林崇德，罗良. 认知神经科学关于智力研究的新进展. 北京师范大学学报（社会科学版），2008(1)

[23]唐孝威. 脑与心智. 杭州：浙江大学出版社，2008

[24] Lorenz K. Der kumpan in der umwelt des vogels. Journal of Ornithology，1935，85：2～3

[25] Senden M. Raum-und Gestaltauffassung bei operierten Blindgeborenen vor und nach der Operation. J. A. Barth，Leipzig，1932

[26] Riesen A H. Plasticity of behavior：psychological aspects. in Biological and Biochemical Bases of Behavior，edited by Harlow H F，Woolsey C N，Madison W I. University of Wisconsin Press，1958. 425～450

[27] Harlow H F，Clara Mears. The Human Model：Primate Perspectives. Washington DC：V. H. Winston and Sons，1979

[28]皮连生. 教育心理学. 第三版. 上海：上海教育出版社，2009. 22

[29]申继亮. 关于儿童发展中敏感性的问题. 北京师范大学学报（社会科学版），1992(1)

[30] White B L. The First Three Years of Life. Englewood Cliffs，N J ：Prentice-

Hall，1975. 203～204

[31] Anderson L F. Psychology and The Cosmic Order. New York：The Society for the Elucidation of Religious Principles，1939

[32] MacFarlane J W，Allen L，Honzik M P. A Developmental Study of the Behavior Problems of Normal Children Between Twenty-one Months and Fourteen years. Berkeley；Los Angeles：University of California Press，1954

[33] McFarlane J W，Allen L，Honzik M P. A Developmental Study of the Behavior Problems of Normal Children Between Twenty-one Months and Fourteen Years. Berkeley，Calif.：University Press. 1954

[34] Allen L. Edwards. On Guttman's Scale Analysis. Educational and Psychological Measurement，1948，8：313～318

[35] Bayley. Correlations Between Standardized Score Averaged over Available Tests at the Three Ages in Months. 1949：181

[36] Mussen P H，John Janeway Conger，Jerome Kagan. Basic and Contemporary Issues in Developmental Psychology. New York：Harper & Row，1975

[37]刘金花. 儿童发展心理学. 上海：华东师范大学出版社，2006. 240

[38]全国高校儿童心理学教学研究会编. 当前儿童心理学的进展. 北京：北京师范大学出版社，1984. 85～86

[39] Dennis，Wayne，& Najarian，Pergrouhi. Infant Development Under Environmental Handicap. American Psychological Association，1957：58～59

[40] Wellman B L. The Effect of Pre-school Attendance upon the IQ. The Journal of Experimental Educational，1932，1(2)

[41] Skeels H M，Dye H B. A Study of the Effects of Different Stimulation on Mentally Retarded Children. Proceedings and Addresses of the American Association on Mental Deficiency，1939(44)：114～136

[42] Heber R，Garber H. The Milwaukee Project：Early Intervention as a Technique to Prevent Mental Retardation. 1973

[43] Ramey C T，Dale C Farran & Frances A. Campbell：Predicting IQ from Mother-Infant Interactions. Society for Research in Child Development，1979

[44] Ramey C T，Haskins R. The Causes and Treatment of School Failure：Insights from the Carolina Abecedarian Project. In M Begab H C Haywood，and H Garber (eds.)，Psychosocial Influences and Retarded Performance：Strategies for improving competence，Vol. 2，Baltimore：University Park Press，1981

[45] Engelmann S，Osborn J，Lundeen B. Learning Language：Part-whole Relationship. Learning Language Vol 1，University of Illinois at Urbana-Cham-

paign. Institute for Research on Exceptional Children. University of Illinois Press，1968

[46] Ausubel D P. Educational Psychology：A Cognitive View. Holt，Rinehart and Winston，1968：238

[47] Liebert R M，Rita Wicks-Nelson，Developmental Psychology. Prentice-Hall，1981：281

[48] Belley B A. A Follow-up Study of Forty-four Juveniles Released from Maple Glen，District of Columbia Children's Center，Laurel，Maryland，during the period December 1965—October 1966，Part Ⅴ：the Outsiders and the loners. Catholic University of America，1967

[49] MeCall R B，Mark I Appelbaum and Pamela S. Hogarty. Developmental Changes in Mental Performance. Society for Research in Child Development，1973

[50] Tyler L E. The Psychology of Human Differences. New York：Appleton-Century-Crofts，1965

[51]卡尔·威特. 卡尔·威特的教育. 张丽雪，元静译. 北京：群言出版社，2006.2

[52]白学军. 智力发展心理学. 合肥：安徽教育出版社，2004.44～46

[53] Damon W，Lerner R M. 儿童心理学手册. 林崇德等译. 上海：华东师范大学出版社，2009

[54]耿修林. 统计学发展过程中四次重要的争论及其影响. 江苏大学学报，2003，5(2)

[55]卡尔. 儿童与儿童发展. 周少贤，窦东徽，郑正文译. 北京：教育科学出版社，2009.49

[56]郑裕秋. 我的孩子是天才吗？饮食科学，2003(8)

[57]张玲. 加德纳多元智能理论对教育的意义到底何在？华东师范大学学报，2003(1)

[58] Shaffer D R. 发展心理学——儿童与青少年. 第六版. 邹泓等译. 北京：中国轻工业出版社，2004.109～128

[59]魏佳琦，刘冬梅，白静波. 浅谈早期教育对0～3岁婴幼儿智能发育的影响. 中国实用医药，2010(7)

[60]王彦. 论幼儿创造力的培养. 考试周刊，2010(9)

[61]木村久一. 儿童的心理与教育. 徐世京译. 上海：上海教育出版社，1980

[62]王亚鹏，董奇，脑的可塑性研究：现状与进展. 北京师范大学学报，2007(3)

第三章　潜能心理学基本命题 及相关问题

关于潜能发展心理学的基本问题，在建设性地给出了三个关于分布的动态基本模型的基础上，对潜能的理解也提出一些自己的看法。

第一节　潜能发展心理学的基本命题

潜能发展心理学的一个最基本观点是，每一个儿童都是发展的天才，存在着巨大的发展潜能与空间，这种潜能是人类每个出生正常个体所具备的。

对个体潜能的理解应当与这些命题相关。

一、发展潜力论

"发展潜力论"包括三个基本论点：全程发展观；全域发展观和全面发展观。

(一)全程发展观

全程发展观认为：潜能发展心理学是研究人类个体终身潜能的心理学，而不仅是早期发展潜能的心理学。在人的整个一生都存在着发展机会和发展可能，也就存在着潜能开发的可能。今天人们对大脑认识的不断加深，已经非常明确地意识到神经系统的可塑性终身都有[1]。只是早期更加敏感、更为可塑[2]。

因此，不能因为强调早期潜能开发，而忽视成熟期或终身的人类潜能开发。我们不能神化早期教育，必须意识到，持续稳定高质量的环境与教育质量才是智力高水平稳定发展的关键！

我们之所以强调早期潜能开发，是因为这种潜能与后期人的潜能性质并不相同。

根据大脑不同时期可塑性和使用性的特点，可以把潜能开发分成两个阶段。

早期潜能开发就应当是一种所谓"结构性的潜能开发"。它适用于大脑的可塑期内，这时心理的发展处在关键期或敏感期。因此，潜能开发的目标将是通过环境和教育的影响，直接导致大脑的结构性变化为主，从根本上提高大脑的能力。

后期的潜能开发应当是一种所谓的"功能性潜能开发"。它适用于大脑基本完成可塑性变化以后的整个使用期间，这时的潜能开发的目标是提升大脑的使用潜力。如通过改变自信心，提高动机来使得个体发挥最大的价值和作用。

需要强调的是：两种目标的潜能开发所使用的教育原则是不相同的，前者是强调大脑的塑造，后者强调大脑的利用。

当然，也不能将这两种目的的潜能开发截然分开，今天的研究发现，在整个人的一生，大脑都存在着可塑性，只是时期不同，可塑性的高低水平不同。因此，结构性的潜能开发重点在早期，但并非到成年期就完全无效。相反，功能性的潜能开发，并非一定要等到结构成熟才开始，早期的、成长期的功能性潜能开发也同样有效。但这时，对个体影响最大的可能仍然是结构性的潜能开发。

需要强调的是，本书讨论的范围主要是早期的结构性潜能开发。功能性的潜能开发同样重要，但不是本书重点讨论的对象，社会上许多成功学的书都涉及了功能性的潜能开发。

(二)全域发展观

全域发展观是一种潜能发展观。全域是指个体心理发展水平高低的整个范围，就智力而言则是个体智力水平高低的整个范围。

全域发展观认为：每个个体存在着发展的个性，但更重要的是他们同时也存在着发展的共性。而人类经过千百万年的进化，其遗传的共性——能使人成为万物之灵的潜能，对大多数人来说，是差不多的。

可以说，在早期发展中，遗传赐予了每一个个体一次在心理发展水平(包括智力)全距范围内变化的可能性。

这是一次个体心理质量发展的重大机会，它主要存在于发展的早期。

这时，分布的连续性变化不仅反映着群体差异的现实状态，分布的全距范围也同时表示着每一个个体实际存在的可表达范围，即个体的潜能范围。

就智力而言，个体智力的实际发展水平(排除病理情况)，主要依早期环境及教育质量而定[3][4]，可以是中等，可以是落后，也可以是超常，其中"超常"是早期良好教育的结果，是个体智力变化范围内的一种理想表现形式。相反，儿童早期失去教育的机会或被剥夺了学习的机会，智力就会出现不良表达，即使有着优越天赋，也无法获得良好的发展。

全域发展观不仅适合解释智力的整体发展情况，也同样适合解释多元智力中任何一个维度的发展情况。

全域发展观认为，发展的潜能不仅是在智慧上，也表现在其他具体发展领域中。

(1)知识发展潜力论

在知识学习上，个体天生具有学习自己先辈创造的基础文明的能力，个体在发展中所要掌握的知识的难度，并没有超出人类自身认识世界的限度。在这样一个范围内，每一个孩子都能接近并达到人类知识的边界，甚至在此基础上超越这个范围创造新的知识、发现新的知识。从一无所知到完全掌握人类知识的这样一个范围，就是个体知识发展的潜能范围。

当一个出生正常的孩子无法掌握他所要学的人类基础知识的时候，问题一定不在孩子，而是在教育方法上。可以说，知识发展的潜力范围，正是人类已建立的知识范围。

当然随着人类知识的迅速增加，知识早已分门别类，各不相同，而且总量巨大无法完全掌握。个体除了需要掌握必备的基础知识以外，并不需要掌握所有的知识，只需要在某个或几个领域里掌握所需的知识，就可以达到出色的要求。而在某个或几个领域里达到人类知识的边界，是完全可能的事情。

（2）技能发展潜力论

在特长或技能发展领域中，人们也许不能掌握所有的特长或技能，但对其中一两种特长或技能的掌握则是容易的。特长发展的潜力范围是指一种技能从完全不会最后到达这种技能的高级水平平均值的距离。这个距离也称为最近发展区，是每一个孩子通过练习和成长都能接近或达到的[5]。

也就是说，普通人到专业人员平均技能水平的范围应当是普通儿童达到专业特长发展的潜力范围。无论在绘画、音乐、运动以及其他各方面都是如此。如 100 米赛跑中，顶级专业人员的平均速度约为 10 秒，而普通人的速度则平均在 18 秒，那么，所谓的 100 米潜能范围就是从 10 秒到 18 秒中的 8 秒钟的距离。如果所有普通人通过像专业人员一样的训练，那么他们都能有效地缩小两者间的距离，从 18 秒减少到 12 秒甚至是更少，接近 10 秒这样一个时限。

（3）智力发展潜力论

在智力发展上，排除病理性的智力因素，从低常到中常再到超常这样一个全距的范围，是绝大多数普通儿童早期智力的变化范围。每一个孩子都可以是低常的，也可以是中常的，同样可以是超常的。每个孩子在智力分布中所处的位置，与他所处的环境或教育质量密切相关。换言之，环境及教育的质量是决定个体在智力分布中所处位置的最重要的影响因素。

智力发展潜力论，不仅从宏观上谈个体智力的潜力，同时强调多元智力的方方面面都存在着潜力。不同方面的潜力表达程度不同，就构成了智力的结构差异。

（4）非智力因素发展范围论

对于所有的非智力的因素而言，无论是态度、责任、价值、情感还是个性、习惯等品质，都存在着一个发展和变化的范围，这个变化范围就是非智力因素的全域范围。如从不良的态度体系到积极的态度体系，内向到外向的范围等。

如果要通俗一点表达这层含义，我们可以这样说：在一个群体中，前 5％的人能够达到的平均水平就应当是后 90％以上的人可以达到的目标水平，这个距离就是普通人的潜能！

(三)全面发展观

全面发展观认为:不仅智力是多元的,心理结构更是多元的。有智力的、情感的、个性的,从宏观到中宏观,再到微观都存在着完整的结构体系。如就运动能力而言,不仅存在基本的运动能力,也存在基本的运动技能;运动品质不是一种,而是多种。像平衡、灵活、协调、柔韧、速度、力量等。重视全面发展就要在心理的各个层面上都重视结构的完整与和谐。

就智力而言,将其作为整体理解时可以就其平均分数进行全域发展的描述,在理解具体个体时,要清楚地了解到智力存在着不同的结构倾向性和特点,存在着多元发展的特征。

每个个体在每一个不同的发展维度上都存在着相近似的发展潜能空间,这个潜能空间也是全距性的,我们称之为"多元潜能范围"。多元智力也是如此,智力之所以被认为是多元的,首先是因为它的遗传潜能是多元的。可以说,遗传给了每一个人一次全面发展或多元发展的机会,这个机会在发展的早期。对多元潜能的理解,可以运用到不同的人对心理结构或智力结构的不同分类中。

如以加德纳的多元智力观来看[6],全面发展观涉及发展的九大方面,如果承认这九种智力,那么我们认为这九种智力,并不存在先天的巨大差异或天赋的明显强弱之分,而是多元智力的每一个方面都存在巨大的潜能空间。个体多元智力不同方面所表现出的"现实强弱"差异并不是先天确定的,而是后天环境结构强弱导致的,即在有些方面环境质量强一些,而另一些方面环境质量弱一些。受这样的环境特征影响,使得多元智力表现出强弱不同的结构特征。如果能更有效地分配时间和资源,平衡环境教育质量,将环境中弱的部分强化或提升,使环境的方方面面达到良好状态,就有可能培养全面发展的多元智能,也可以培养全面发展的人来。

二、发展机会论(生物钟摆论)

首先,发展是全过程的。但发展有着自己的轨迹,早期的发展对后期的发展产生着巨大的影响。其次,发展是有时间因素的。换言之,个体在全距范围内或在整个潜能范围的变化不是什么时候都可以的,是有自己时间限制的。

一句话，大脑的发育及建构、潜能的开发，有自己的时间表，存在着关键的时期[7]。随着大脑不断地成熟，神经系统的可塑性也随之降低。发展和变化的可能范围随时间推移而减小，人脑的生物钟规定着大脑发育的时间表，年龄越小大脑可塑性越大，发展、变化的机会越大。

根据发展的时机论，我们强调潜能开发者应当首先做一个机会主义者，紧紧抓住生命最初的时机，争分夺秒地进行潜能开发[8]。因为，今天知道，从胎儿到出生后的一段时间内，个体可以在全域的范围内变化，这个时期的科学、有效开发可以培养出天才儿童来。

随着大脑不断地成熟，神经系统的可塑性也随之降低，个体可以变化的范围也同时缩小。如两岁时的变化范围要比一岁时的小，但这时仍然有机会培养超常儿童。6 岁时的要比两岁时的小，这时的努力可能只有培养出资优儿童。直到一定的年龄，大约在 12 岁左右，大脑的可塑性在正常的环境影响下小到可以不再重要。这时，个体的智力也就基本不再容易改变。它的变化就如同一个钟摆一样从最大的摆动到静止下来，它遵循着成熟递减的规律。

因此，塑造大脑的活动越早越好，理想发展的机会是伴随着时间推移而逐步减少的，无论是教师还是家长都要有时间紧迫感，无论是家庭还是婴幼园都要尽早地进行低重心的早期教育教学活动，儿童成长不容等待。

同时，也要意识到，塑造大脑的活动越持续越好[9]。有了早期的潜能开发是远远不够的，长久地保持被开发出来的高质量品质还需要持之以恒。

三、发展环境论（多元环境商数论）

每一个个体都生活在特定的组合性环境构成中，并受到不同组合的环境质量影响，这种特定的成长环境塑造着个体的发展特征，并决定着个体发展的质量。每个个体的成长环境的差异性，构成了环境的结构特点和分布特征，最终影响到个体的发展特征和结构特征。

可以说，智力的多元性反映出环境的多元性特征，而多元智力上的巨大差异性则反映了多元环境潜能的巨大差异性。环境因素变化无穷的组合，可以导致个体与个体智力之间变化无穷的差异。

在影响人的智力发展的两大因素——遗传和环境中[10]，遗传因素在卵子受精的瞬间就决定了，是不可调节的因素，唯一可以调节控制的是环境因素，尤其是早期教育环境。

我们强调，生活或成长环境并不是为大脑理想发展而专门设计的，而是为生活需要安排的。显然，这种生活环境并非最理想的大脑开发环境。因此，利用增加教育因素改变这种生活环境的结构特征和质量特征，就可以有效地改变个体发展的心理结构与质量水平。当我们人为地对某些人的早期生活环境进行有效地教育干预并尽量提高环境质量后，这些个体的发展质量也会相应提高[11]。

在自然生活环境中，只有少数人的生活成长环境质量会因为父母特殊因素而远远高于其他的个体生存环境，这正是少数个体在自然发展中处在高水平的原因。但绝大多数个体生活环境并不能达到这一水平。因此，这一点为我们提供了改变环境质量巨大的空间和机会。利用这样的空间和机会，可以及时地增加教育因素改变环境质量，最终实现智力的提高。

"环境商数"就是用于描述环境质量差异的，环境商数高说明环境的质量好，环境商数低说明环境的质量差。通过提高环境商数就可以改变群体的智慧商数，使面向全体的全面发展得以实现。具体的做法有两种：

(一)要素建构论

对心理或智力发展的影响存在着很多要素。但必须意识到，在环境的各种影响要素中，不是所有的影响要素对孩子产生的影响都是相同的。其中，有些要素对发展的影响显然要大一些，有些因素则对发展的影响要小一些。因此，准确地把握住孩子成长的关键要素，并有力度地实施必要的影响，是每一位教师时刻要记挂在心的。

关键要素，是指那些对儿童产生重要而又关键影响的要素，是对儿童发展未来产生深远而又可持续性影响的要素，如同土壤中的氮、磷、钾及水分等，这些要素缺一不可，一旦缺少就会导致儿童发展的结构性缺陷，或降低发展的速度，包括态度、价值、情感、言语、认知、操作、运动、社会等。

在本书中，我们提出了"特征智慧理论"（见本章第二节），强调智慧发展的符号要素、操作要素和运动要素作为自己的见解。一旦对儿童成长要素有了足够的理解，就能通过增加权重的方式通过教材、课程、活动等引入儿童成长的环境，以促进儿童的健康成长。

金色摇篮在早期发展中提出的"全要素植入法"（见下部第四章）就是全面考虑要素影响而提出的教育方法。如视觉的全要素是指形态、颜色、空间、方位、运动等视觉发展的必备品质。而其中任何一项都有自己的范围，如颜色，还分红、黄、蓝、绿、白等。在早期的成长环境中，全面地提供这些方面的要素对于建构全面发展的视觉脑会起到积极的作用。而全方位地提供不同的要素对于个体的全面发展或多元发展将起到积极的作用。

(二)智力社会化理论(内化)

作为人类的个体，一直存在着两种属性，一种是生物属性；一种是社会属性。在人的生物属性和社会属性之间，智慧的可持续发展属于人的社会属性，也是孩子社会化过程的一个重要部分。因此，智力的发展不是也不可能独立于社会化进程之外可以完成的。

智力发展的过程就是一个社会化的过程。因此，我们强调生活学习、交往学习、探索学习、实践学习，影响儿童智力发展的因素很多，其中家庭教育是很重要的因素之一[12]。因此我们也强调家长的指导和孩子的模仿，更加强调系统学习。无论是生活自理、社会交往、参观、外出，都是必要的学习过程。但我们还认为，顺其自然的发展与系统学习促发展之间存在着本质的差异，后者是高度社会化的产物。

因此，要分清"玩中学"与"学中玩"、"做中学"与"学中做"的差别。系统学习强调"学中玩"和"学中做"，而自然成长则强调"玩中学"和"玩中做"，这两者是根本不同的[13]。

我们主张的特征智慧论就是这样的观点。在社会化过程中，人类文明的主导特征对智力影响的强度最大，越是文化积淀高的，越是物化程度高的，越是与个体的智力有高度的相关。教育要重视那些与人类特征智慧相关的品质的发展，这些品质往往都是通过间接方式才能够掌握的。因此，掌握和使用符号，以及掌握和使用工具，是个体智力发展权重中最主要的内容。

四、成长分化论

潜能发展心理学认为个体之间最根本的差异，是在成长过程中通过分化逐步形成并固定下来的。这种分化源于婴幼儿期神经系统易受不同环境的不同影响最终形成差异。而分化的方向、分化的速度、分化的水平和环境及教育质量的影响方式直接相关。

个体受环境影响不间断的分化是早期成长过程中一个最基本也是最无情的事实，是差异形成的根本原因。说它是受环境影响的不断分化，而不是基因表达的不断外化，这就是我们对差异形成的认识。

潜能发展心理学希望站在群体分布之中描述个体之间的关系，希望通过揭示群体分布形成的奥妙，来揭示落后的根源、平庸的背景、超常的奥秘。

潜能发展心理学与天赋归因心理学的最根本差异在于，天赋差异心理学强调差异的天赋归因，强调遗传差异的决定性作用；而潜能发展心理学则强调天赋潜能论，强调遗传共性的表达范围对发展的影响，强调差异是在天赋潜能的范围内由后天的环境教育影响形成的。天赋差异归因强调差异是一种遗传特性，是天赋品质自然而然外化形成的；潜能发展心理学强调差异是通过分化形成的，是个体在不同的后天环境中逐步形成的。

分化是一个双向或多向发展的过程，是一个两极或多极分化的过程。发展中的分化方向，依环境质量而定。尽管成长是个体发展必然的趋势，但同时，分化也是群体发展必然的特征。孩子每天都在成长，但同时相对群体而言又每天都在变化，在群体中排在不同的位置，并与其他的个体共同构成一个分布。

分化的本质就是神经系统发育过程中受刺激不同而表现出来的脑差异。丰富刺激环境有利脑神经系统的增殖、分裂、细胞数量增加，神经联系广泛而又密切，稳定而又准确，通畅而又快速。贫乏环境阻碍神经系统的发展，致使神经细胞的大量退化、死亡，神经联系的减弱，信息处理能力的降低，最终表现为智力落后。

我们的保教不仅要提高全体婴幼儿的发展水平，还要减小他们在分化过程中的差异，使群体呈现正向分化，使分布成为负偏态分布。

五、超常回归论

对于每一个人来说，智力的高水平表达不是可望而不可即的事。可以说它是人类天赋的共同品质，今天我们追求的所谓"超常发展"才是人类智慧基因在良好环境下的正常表达。因此，追求超常是为了真正意义上的回归正常，就如同我们追求健康与长寿一样，是一种再正常不过的事了。

超常教育是一个相对的概念，对于今天的普通教育而言，它是超常的、不同的，但对于明天的教育而言，它可能就是普通的、大众的。如技术一般，昨天的尖端技术到了今天可能成了最普通、最普及的大众技术。所以我们强调超常回归论，强调要把今天的超常教育概念、方法、技术、手段当成一个普及的东西加以对待，当成一种科学的方法广泛推广，而不是将它视为一种为少数人服务的神秘而不可触摸的东西。

教育的对象是排除了病理情况下的99％的大众群体，而不是1％少数所谓的天赋超常儿童。是发现、选择1％的极少数的超常儿童进行超常教育，还是选择99％的绝大多数普通儿童进行超常培养，这是潜能发展心理学必须回答的问题。

显然答案是不言而喻的，潜能发展心理学是一个面向绝大多数普通儿童潜能开发的心理学。为此，超常回归论认为，明天的教育是超常教育普及化、普及教育超常化的教育，是普及教育向高质量教育融合的教育，是超常教育回归正常的教育。

第二节　特征智慧理论

为了更好地阐明潜能发展心理学对智慧的看法，我们提出了"特征智慧论"的智慧理论。

希望从更实际的角度对智力本质进行解释，强调"特征智慧"与因素智力论、结构智力论、多元智力论等不同。它更多地从人们操作的层面入手，指出智慧的关键要素，并在群体和个体的两个层面上解释智慧。

潜能发展心理学认为，研究智力首先要研究人类共同的特征，再研究个体的智力。以往的研究多以个体智力结构为研究对象，把重点放在智力结构上。而我们则想从另一个视角理解智力，因此提出特征智慧理论。

"特征智慧论"认为所谓人类"智慧"，就是人类与其他生命相区别的最典型的、最独有的特征，这些特征就是人类智慧特征。而这些特征在个体身上不同的反映就是个体的智慧。

以往的研究都没有将智慧放到整个生命现象中去研究，而是就人类研究人类，而无法显示人类在整个生命现象中智力所独有的地位，失去了将人类做为万物之灵，其智慧在整个生命现象中拥有的独一无二的特征性和差异性的准确把握。

这样一来，当我们谈论加德纳的多元智能时[14]，实际上无法判断，这种智能是动物的多元智力还是人类的多元智力。因为，动物和人类同样可以用多元智慧来描述。

如运动智慧可以用来描述人类的运动智慧，也可以用来讲动物的运动智慧；而空间智慧同样可以用来描述人类的空间智慧或动物的空间智慧。这时，看不到人类智慧与其他动物智慧之间的差异性，看不到人类智慧的特征性。

当谈论斯腾伯格的三元智力（the triarchic theory）时[15]，我们实际上也同样无法判断智力的情境、经验与成分是人类的特征，还是高等动物共同具有的特征。同样其他的智力理论也存在类似的问题。

事实上，当代心理学中的各种智力理论都从不同的侧面反映了智力的特征。无论是斯皮尔曼的 G 因素理论[16]、卡特尔的流体智力与晶体智力[17]、还是 Perkins 的分布式智力[18]，以及上面提到的多元智力和三元智力，都从各自的角度和层面研究和探讨了智力的现象和结构。

"特征智慧论"对智慧的描述是一种"比较描述"。因此，特征智慧是一种"比较智慧"。特征智慧是将人类智慧与其他生命现象的智慧相比较，进而提取出人类智慧的独特成分和主要要素。

"特征智慧"是一种以运动能力为基本能力，符号特征和操作特征为核心能力组成的智慧三角。这个三角共同形成创新品质。

"特征智慧"强调创新品质是人类追求智慧终极的目标，但也同时强调真正实现这个目标需要努力提高个体的基本能力，强化核心能力。

我们还强调教育和社会化过程在特征智慧形成中的不可替代的作用。强调早期发展的基础性，重视全面发展机会的把握，使全面发展超越特长发展，基础发展超越特色发展。强调习惯优先、兴趣优先、工具优先、技能优先原则，尽早进行目标管理、时间管理、环境资源与质量管理、教育过程管理等手段，坚定信心，持之以恒。

我们认为：对早期教育要像计划免疫一样需要强制执行。

为了搞清特征智慧的含义，下面，我们就来简单地介绍一下。

一、人类特征智慧

人类之所以称之为"万物之灵"，是基于千万生物的比较结果。因此，研究智力离不开比较心理学的思维。

"人类特征智慧"是人类在与其他生命相比较的过程中突显出来的自身的特征性品质。为了确定人类特征智慧最核心的品质，必须通过对比把人类最典型、最本质的特征抽取出来。

"特征智慧论"通过分析比较认为，人类的智慧最独特、最典型的特征如果用一句话来表达，应当是"继承和创造文明"。

这种品质是任何动物或其他生命现象中不存在的，其中分为两个关键的部分，一个是文明；一个是继承与创造。

(一)关于文明

人类的文明到底指的是什么？对"文明"的分析，可以提取出两个最主要的部分，一是"精神文明"；二是"物质文明"。

正是"精神"和"物质"文明的发展构成了人类的特征智慧的"核心"，称之为"核心智慧"。可以说，这是在比较动物学水平上看到的最典型的人类智慧特征，它只适合用于人类智慧的描述，不适合用于描述任何一种其他的动物。下面，我们简单地描述一下这两种文明：

1. 精神文明

对"精神文明"的进一步分析，可以得出以下结论：

在"精神文明"方面，人类的特征智慧是通过"符号系统"的创造和使用表现出来的。人类创造和使用符号系统是其他任何生命现象都没有的特征品质。

过去认为，人类最大的特点是言语，人类会说话，然而，今天的生物学家指出，所有的动物都存在自己的沟通系统，存在着自己的语言方式，如蜜蜂的舞蹈、蚂蚁的动作、鲸鱼的声呐等。

但值得强调的是，所有的动物都没有发展出能够脱离自身的符号系统。因此，符号系统是人类特有的专利，是人类精神文明和智慧的高度结晶。

而对"符号系统"进一步的分析后，认为人类的符号可以大致分成五大类，其中包括文字符号、音乐符号、绘画符号、科学符号、社会符号。

从人类的进化角度看，绘画符号和音乐符号要早于文字符号，文字符号又要早于科学符号和社会符号。这一点对早期潜能开发尤其重要。今天，在早期潜能开发中，可以看到绘画开发智力、音乐开发智力是最常用的手段。

其中，"文字符号"包括了各种语言的文字，无论是汉文符号，还是英文符号，还有其他各种语言符号；"音乐符号"包括了简谱以及五线谱；"绘画符号"包括以颜色和形状构成的一切结构；"科学符号"包括了数学、物理、化学、生物、天文、地理等各个学科的独特系统；"社会符号"则更是通用在整个人类范围内，如交通符号、禁烟符号等。正是这些符号的发明和产生，才使得人类超越了动物，成为万物之灵。

因此，发展人类智慧需要培养人们继承和使用符号的能力。

2. 物质文明

对"物质文明"的进一步分析，我们得出了以下结论：

在"物质文明"方面，人类的特征智慧是通过"物化系统"的创造和使用表现出来的。人类创造和使用复杂工具的能力是任何生命现象都没有的特征品质。

人类和其他动物不同，我们不仅延伸了我们的手，发明和创造了许多工具，可以事半功倍的工作；还有效地延伸了我们的感官，如我们的眼，使肉眼看不到的地方有了人类的观察，无论是更小的，还是更远的。今天，我们已经可以在微观世界和宏观世界里自由驰骋，把视线从原子核扩展到外太空，正是借助这样的力量；我们还延伸了我们的耳朵，如我们可以使用声呐来了解耳朵听不到的声音。

因此，发展人类智慧需要培养人们掌握和使用工具的能力。

以上两种特征构成了人类智慧的核心成分。而"继承与创造"文明则成为智慧传递和发展另一大要素。

(二)继承与创造

如果说，精神文明与物质文明是人类的典型特征，那么"继承与创造"则是这种典型特征中的核心成分。其中，继承是一种学习能力，创造是一种改变能力。

有了符号和工具系统，人类仅仅依靠直接经验来获得它们已经是不可能的了，于是人类产生了通过教育的间接方式进行学习的能力。

人类不仅具备通过间接的方式进行学习的能力，这种能力保证了文明的继承，更重要的是，人类还具有不断地创造文明的能力。这是一种创新能力，这种能力推动着人类文明的不断向前发展。这些正是人类智慧的特征，也是智慧的核心与实质。

如果说，精神文明与物质文明构成了人类的核心智慧，那么这是将人类放在与动物比较的层面上形成的特征智慧品质。

人类具有社会和生物双重属性。当我们把人类作为一种高等动物时，又可以将人类放在动物范围内与植物相比，把人类看成是动物的一员。

在动物与植物的比较层面上，我们发现，动物的最典型、最独特的特征是"主动运动"。这是人类和动物共有的典型特征。将这一典型特征抽取出来作为人类的"基础智慧"。

人类的运动特征与其他动物相比也具有鲜明的独特性。直立行走、双手解放带来了不同的运动方式，最重要的是人类的运动超越了觅食和逃避的功能，进入了新的境界。人类的运动具有娱乐与竞技的特征，可以说，只有人类的运动会有运动的器械，需要特殊的场所，如打球需要球、下棋需要棋等。因此，人类的特征运动品质成为人类的基础智慧品质。

根据两个层次的比较，获得了人类的特征智慧，包括"核心智慧"与"基础智慧"，它们共同构成人类智慧的金三角，而在这个金三角的中心就是继承与创造。如图 3-1 所示：

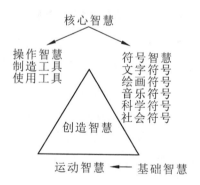

图 3-1 人类特征智慧结构图

上图简述了人类智慧的特征构成，这是一个有关人类特征智慧的理论模型。当人类特征智慧在向个体的传递时，这一理论模型会出现不同的组合，形成"个体特征智慧"。下面就来回答什么是个体的特征智慧。

二、个体特征智慧

对于个体而言，人类特征智慧向个体的传承构成个体智慧特征。

从人类特征智慧到个体特征智慧需要传承，而这种传承必须具备两大特征条件：

第一是社会化；第二是教育。

与特征智慧相同的是，这两大特征也是人类独有的典型特征，它是人类智慧传承区别与其他动物智慧传承的差异性特征。人类的社会属性的发展不仅需要社会化的过程来完成，更需要教育的介入。它们两者之间有效地结合一起促进个体特征智慧的极大发展，这种结合是"社会的教育化"和"教育的社会化"（如图 3-2 所示）。

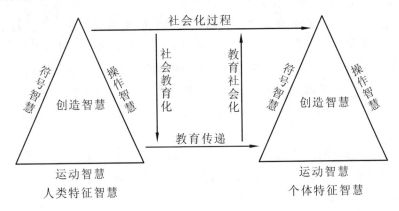

图 3-2　人类特征智慧与个体特征智慧的传递关系

社会化与教育是个体发展的两条腿，缺一不可。个体一出生就生活在社会的群体中，他必须按照群体的规则行事，受到群体行为的影响。在这一过程中，个体可以通过自然获得传承许多人类智慧经验，包括基础的行为、习惯、态度、规则的建立，完成基础性的发展。这是一个自我学习和自我发展的过程，发展的结果与个体所处的真实生态环境密切相关。但仅仅依靠这一过程，还是无法高效地发展，更高一层的发展需要系统的教育。

在个体的社会化成长中，可以通过自然习得学会说话，听懂语言，但绝对无法学会阅读和写作；可以通过自然习得学会简单劳动，但绝对无法无师自通成为技艺大师，学会复杂的人类操作行为，如弹钢琴等。这些都需要借助教育。因此，教育的本质是传递间接经验。

无论是符号系统还是工具系统，都是人类文明的积累，是群体创造的产物。不可能通过某个人的直接传递，即这些内容不可能通过自然的方式加以习得，需要依靠间接传递。

对教育进行这样的定义，有其现实的意义。人类的进化经历了长达千万年之久，在人类进化的漫长岁月里，人类依靠言传身教传承知识与经验，始终处在自然发展状态，直到教育出现以后，人类才真正走上了快速发展的轨道，出现了教育发展的局面。

然而，今天在教育界，尤其在早期教育领域，人们似乎仍然无法区分自然成长与教育发展的关系，常常把教育与自然发展混为一谈，如在早期教育中总是强调"玩中学"和"做中学"，而这两种方式显然是自然发展中的最常用的方式。

早在系统教育出现之前，人类就开始了这样的学习。不仅如此，今天动物的学习也是这种方法。因此，要搞清教育真正的本质，才能提对口号。

根据教育的本质，在早期发展中既要提倡"玩中学""做中学"的社会化过程，更要针对早期教育指出相反的口号，即"学中玩""学中做"。在早期教育中改变提法的意义是重大的，是将自然成长与教育发展加以区别的有效办法。

有了教育，人类特征智慧就可以传承到个体身上，形成个体的特征智慧。

然而，"人类的特征智慧"三角是一个相对抽象的描述，当它反映到个体身上的时候就会变成一种具体的特征智慧。

也就是说，每个人的特征智慧三角结构会因传承重点不同、环境教育影响不同而不同，这种不同构成了个体之间千差万别的色彩。有偏运动的，有偏音乐的，有偏言语的，有偏绘画的，有偏操作的，有综合发展的。但无论如何，好的特征智慧，一定不仅表现在传承上，更表现在创新上。

在这里社会化的方式不同、教育的质量和指向不同，会产生不同的结果（如图 3-3 所示）。

人类的特征智慧符合智慧的潜力理论，任何一种特征智慧都具有极大的潜能空间，潜能范围为人类个体在这一领域的差异空间。

多元智慧存在潜能空间，使得每个个体的智慧结构不尽相同。在不同环境和教育的影响下，表现出不同的特征来。可以是偏音乐型的、可以是偏言语型的、也可以是偏运动型的或是综合型的。图 3-4、图 3-5、图 3-6 就反映了这种偏好。

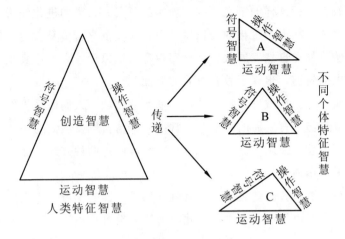

图 3-3　人类特征智慧传递形成的个体特征差异

我们强调特征智慧，同时也就强调了智慧结构的权重意义。影响智力发展的因素很多，有些因素对智力发展的贡献要比另一些因素大得多。

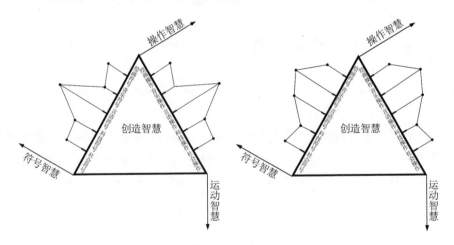

图 3-4　个体言语偏好型特征智慧　　**图 3-5　个体音乐偏好型特征智慧**

从特征智慧的角度看，影响特征智慧的因素并非所有的智力影响因素。我们不能认同，多元智力中每种智力都是相对独立而又平等的看法。

如果多元智慧中的每一种因素都是独立的而又平等的，那样，我们无法在人和动物之间进行比较，只能抽象地谈论人或动物的多元智力。因为，如果人有运动智慧，动物也有；人类存在空间智慧，动物也具备这样的智慧。这时，人类所具有的多元智能和动物所具有的多元智能几

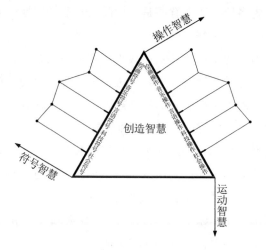

图 3-6　个体综合型特征智慧

乎看不到差异。

　　然而，实际上，狗的嗅觉强、鹰的视觉强，但人类没有必要去发展我们的嗅觉，使其比狗的嗅觉更强；也没有必要去学习鹰发展我们比鹰更强的视觉，我们要发展的是人类的特征智慧。

　　人类社会的发展方向选择了智慧发展的方向和共性品质，多元发展提供了多种发展的不同机会。正是这样，社会基础的发展和主流的发展是有方向的。今天在学校教育中存在主科与副科的现象，真实反映了社会的需求特点，这种划分并没有本质上的错误。

　　今天人们对素质教育的理解存在误区，仿佛强调素质教育就是要让教育变得花样繁多、热热闹闹。影响智力发展的环境因素千差万别，但我们不能一视同仁地选择所有的环境影响因素，一定要结合人类发展的特征与本质进行选择，这一选择必须符合社会发展的需要。如同我们不能因为音乐或运动天赋人人都有，所以在学校教育中将培养音乐人才和体育人才与培养其他人才的比例同等分配，因为社会对这种特殊人才的需要数量有限。

　　加德纳批评传统教育只重视语言能力和数理逻辑能力的发展，将人们的注意力转向一些原本我们认为的特殊能力方面，这是一种转移法。他把面对大众的基础教育方向，转移到了原本面对少数人的特长教育领域，只能是一种误导。

　　特征智慧理论认为，在人类的品质中有些是共性品质、特征性的品质，需要教育更多地关注，有些是个性品质，非特征性的品质，并不需要同等重视。

对于一个国家的基础教育发展战略而言，在教育过程中紧紧抓住特征智慧的各个方面进行智力开发，促进个体综合能力的发展，培养全面发展的人才，是国家基础教育的战略，就可以达到最佳的效果。

当然，对于一个家庭、一个个体而言，可以使用不同的发展战略，达到差异化的发展目标，如选择某一种特征智慧大力开发，使该个体的特征足以与群体的特征相区别，以实现个体特征智慧的特殊化。如台球天才丁俊晖和钢琴大师郎朗的发展都是这样。但，还是要强调在进行这样的个体发展战略的选择时，家长一定要有基础发展和全面发展的考虑，否则，将很难培养出特殊的顶尖人才。

第三节　潜能发展心理学的研究方法

科学的方法论是心理学工作者用以正确地提出问题，借此达到研究目标的重要手段或桥梁。

在实验研究中，我们对研究智力发展影响因素诸多方法的分析后（见第五章），认为要想回答个体遗传潜力大小的范围，要想了解我们究竟能在多大程度上提高智商或影响智商，就必须在方法上有所突破。

"独生子横向比较研究"，就是我用以回答这些问题的一种尝试，一次探索，使用后显示出了它的一些特点。

一、独生子横向比较研究及其优越性

独生子横向比较研究，就是选择独生子作为自然研究类型，在一定的时间内，定量评估环境与个体智商（或其他心理指标）的前提下，通过分析智商分布（或其他指标分布）全域范围内的不同个体智商（或其他心理指标）等级变化与环境变量的相互关系，来探索遗传与环境对儿童智力（心理）发展的作用。与以往各类方法相比，它有如下特点。

（一）在指导思想上

1. 以体现辩证唯物主义基本原理的"相互作用论"为研究的基本理论前提，避免从一开始就企图将遗传与环境对智力或个体的影响视为相互独立的因素，强调环境影响通过遗传而起作用，强调遗传和智力或个体的关系是基因型与表型的关系，并不存在另一种独立、抽象的智力或个体表型；

2. 以相对论的观点与方法为指导，引入"环境教育变量"作为一个相对的参照系，从而避免了一味地将智商进行遗传归因的形而上学的观点的影响；

3. 以共性与个性的辩证关系原理为方法论的依据，在遗传问题上强调人类千百万年进化而来的共性特征与个体遗传差异的辩证关系，认识到个体的差异性之间包含着人类的遗传共性品质，即潜能特征，避免仅强调遗传差异而忽视种群共性的片面观点。在环境问题上，强调不同家庭之间的共性与个性的辩证关系，避免了以往研究或是强调共性否定差异（如合养环境），或是强调个性否定共性（如分养环境），把共性与个性割裂开来、对立起来的机械主义倾向，进而有可能揭示不同家庭中的共性特点和差异性特点。

(二)在类型选择上

首先，选择非血亲独生子作为自然研究类型，其最大的优点就是在最大限度上排除了各类无关变量对研究对象的干扰作用，主要表现为：

1. 独生子研究类型有效地避免了以往血亲相关研究中各类研究类型分养、合养之前环境因素的存在，即排除了两类双生子诸如胎内环境相似、分养前早期发展环境相似的影响成分，排除了非血亲关系子女合养前胎内及早期环境差异性影响的存在。独生子类型没有环境的转移问题。利用纯粹的自然条件，因而对以往人们针对血亲相关研究提出的合养、分养研究前的环境影响变量的控制到了理想的平衡。

2. 独生子研究类型有效地避免了以往各类研究中，家庭内子女之间以及子女与父母之间的相互影响。排除了不同儿童之间的相互作用关系的存在，排除了出生顺序的影响，排除了包括两类双生子在内的角色作用的影响，排除了不同子女在同一环境中对不同情况不同反应的因素，同时还排除了合养中因疾病、事故等个人不同经历因素的影响，排除了由父母可能对不同子女采取的不同方法的不同影响。和其他类型相比，独生子女没有兄弟姐妹，因而仅和父母构成最简单的相互作用关系，最大限度地减少了各种变量间的相互影响。

3. 独生子类型仍然是一种自然类型，而不是为克服以往各种自然类型无法克服的缺陷进行的人为实验控制，并为研究服务的实验类型。

但它满足于人工实验控制的条件，同时由于它的自然属性，又避免了人工控制条件可能造成的结果失真。

其次，独生子作为血亲相关的一种新类型，在我国有着得天独厚的条件，这就是人口众多的独生子女保证了取样的全域性、随机性和代表性。避免了两类双生子研究被试来源有限、选择困难、鉴别复杂、代表性小、结论推广必须谨慎等一系列问题，避免了两类双生子研究中无法根据研究目的安排分养环境的缺陷。

因此，可以认为独生子研究类型是智力相关研究的最佳自然研究类型之一，它是对以往各类研究类型缺陷的补偿与创新。

(三)在设计思想上

独生子研究一方面避免了血亲相关研究仅注意对内那些微小差异，而忽视对间的极大差异的片面性，着重研究不同等级智商之间差异形成的原因。另一方面，避免过去的研究习惯从两极入手获得结论的做法，或从超常和弱智儿童两种极端情形中研究智力的影响因素，或在抽象的"丰富"和"贫乏"这两种极端的环境条件下研究智力的发展，而是把整个智商分布全域范围内的所有个体作为研究对象，把整个环境因素全距变量考虑在内，研究整个智商分布形成的条件和原因。正是这样，才提供了真正揭示遗传、环境、智力发展三者关系的新的可能性。

(四)在环境的评价上

由于引进环境商数，对环境教育因素进行了全面定量评价，避免了用"合养""分养"等概念对环境进行含糊、笼统、不确切的描述，在最大限度上消除了环境中不确定因素混入的可能，克服了以往血亲相关研究的这一缺陷。同时也避免了以往血亲相关研究只注意环境相同相异，不考虑环境质量优劣好坏的极大局限性，并在最大限度上研究各种具体的环境因素与智力发展的关系，从而使研究有可能揭示环境因素，环境的质量在智力发展中的真实作用。

(五)与纵向研究比较

独生子横向比较研究，大大缩短了研究周期，节省了人力物力，更加简捷，能够同时进行大量被试研究，并且容易进行重复验证。避免了以往对智商变化范围研究采用纵向追踪方式，耗资多、规模大、周期长、无法对大量被试同时进行研究，或被试在研究中易丢失，无法快速得到有效信息，结果重复验证困难等缺点。

综上所述，并结合本次研究结果，我认为独生子横向比较研究遗传与环境的关系，有其他方法无法取代的优越性。它为人们进一步认识遗传潜力、遗传差异、共同基因、特殊基因、共同环境、特殊环境、智力发展与遗传和环境的关系、环境因素的作用等方面，提供了一条可以选择的途径，对人们了解智力基因型在不同的环境条件下的表达机制提供了实验依据。

当然，这种方法也是有缺点的。它的缺点一是横向研究自身的缺点，即无法把握每个个体发展变化的过程，用独生子纵向研究可消除这一点；二是发展完善中的缺点，独生子横向研究，因首次使用还有大量问题需要研究探索，尤其是如何反映环境因素，如何确定环境因素的评估量表仍将是一项大的工程，本研究仅仅是一种尝试性的工作，目的在于提出问题，离确切地评价环境还相距甚远。

二、研究智力影响因素的新途径

科学成果的真正价值可能并不仅仅存在于它所获得的结果中，在更大的程度上是存在于由它而逐步发展起来的一系列新的研究方法，将要向人们展示的研究前景之中，这也是本研究刻意追求的。

以上，我们大致讨论了独生子横向比较研究的方法学问题，我们已经谈到由于首次提出和使用，它还非常粗糙，极不成熟，有待进一步改进和不断完善。但是我们也应看到，它已经向人们展示了一个新的视野，使人们有机会通过另一条途径来认识遗传和环境的作用，并给予人们以极大的启示。

具体地说，通过彻底改变指导思想和研究思路，并对智商全域中不同个体智力表型表达等级及其环境条件的研究，除了可直接揭示整个智商分布中个体表型差异形成的主要原因，揭示智力表型等级变化的一般规律和变化范围，揭示环境质量的差异与智力发展的相互关系，揭示各种环境因素对智力发展影响的差异以外，还有利于我们从以下三个方面进一步认识智力遗传因素的作用。

(一)认识群体智力遗传因素的共性

研究遗传因素的共性，一直未受到心理学界的足够重视。研究遗传作用的人们在其最深层的意识里，赋予遗传作用的位置并不公正。他们带着只有证明出遗传差异在表型中明显存在，才能证明遗传作用的最根本的动机，竭力寻找遗传差异的证据，而对存在于不同个体之中，并在更大的程度上、更高的层次上起作用的遗传之间的共性视而不见。

实际上，我们不需要通过证明遗传差异在表型上的明显存在，才能说明遗传作用的存在。遗传的作用应当是不证自明的，即使找不到表型差异明显归因于基因型差异的证据，仍然不能否认遗传作用的存在。恰恰相反，利用智力表型与智力基因型的相互关系，可以推测不同样本遗传上的共性。

智力表型是智力基因型在特定环境中的某种表达态，因而智力基因型在环境变化全域中的各种表型状态，本质上就构成了智力基因型的平均反应范围。这种平均反应范围就是不同个体身上体现出的遗传共性特点，或智力发展的平均潜力范围，也就是遗传可能性。因此，揭示了环境变化全域中表型变化的平均范围，就意味着揭示了提供给表型变化范围可能性的遗传反应范围。

(二)认识不同群体智力遗传因素的差异性

对于不同群体、不同文化区域、不同民族、不同种族之间智商分布上的差异形成的原因，一直是人们兴趣的中心和争论的焦点。如黑人与白人智商平均差异问题。跨文化研究与亚文化研究的兴起目的之一就是为了探讨这一问题，但苦于方法学上的限制，这一问题的回答仍无法令人满意。

本文中的实验研究通过对两个平均差异10.06智商分布的群体，其智商差异的原因的尝试性回答，为进一步探索跨文化研究或亚文化研究不同群体智商差异的原因，提供了一条可以参考、可供选择的分析方法，即在对不同群体环境因素与智商分布的回归分析基础上，进行回归线的数学分析(范数分析)，用回归线之间的距离大小来描述遗传差异的大小，从而了解两个或两个以上在智商平均数上存在差异的群体，是否在遗传上来自同一个群体。这也是一种统计学上的创新。

(三)认识不同个体之间遗传差异性

本研究获得的另一个启示是，直接通过智力测量来研究不同个体智力的遗传差异是不科学的。我们常常遇到这样的困难，当人们谈论某个儿童经教育而获得高智商时，我们几乎无法否认那也许该归因于优于其他个体的遗传天赋。相反，当测得某个体智商低下时，那又意味着什么？我们能在不去考察环境和教育因素(排除病理性原因)的情况下，进行天赋差的归因吗？

因此，要想对个体遗传差异有进一步认识，在进行智商实测的同时，必须对影响智力的环境进行评估，在进一步深入地了解各种环境因素与智力表达的关系基础上，发展环境教育评估量表，建立环境测量常模，获取回归预测方程，并进而根据回归方程用环境教育得分预测智商，利用预测智商与实测智商的关系，对个体遗传素质进行评估。

当预测智商明显高于实测智商时，可以推论该个体天赋较差（或有潜在的病理因素）；当预测智商明显低于实测智商时，则认为该个体有较高的遗传天赋；当预测智商与实测智商基本吻合时，可视该个体天赋趋中。同时，还可根据环境得分的高低判断被测儿童智力表达的智力程度以及教育具有的潜力。结合年龄特征，可做出智商进一步发展变化范围的大致预测，这样将有利于研究、有利于咨询、有利于儿童发展。

总之，对遗传和环境作用的认识不应只停留在泛泛的"相互作用"论的层次上，也不能陷入不可知论的唯心主义泥坑，只要我们真正用辩证唯物主义做指导，不懈地努力，多学科地合作，我们最终会接近对问题的科学回答。

展望未来，可以毫不犹豫地预言，如果说现在人们是通过智力测量来说明智力高低水平的，将来人们则将更多地通过环境测量和评价来解释智力水平，促进智力水平发展，否则智力测量将在更广阔的应用领域失去它的光彩。

最后强调，本次研究所使用的方法，并不能取代或排除其他各种已有的方法，同时希望在研究智力发展影响因素这一复杂问题上，能有更多的途径、更多的方法，这对于最终解决遗传和环境作用问题无疑是有好处的。

第四节　差异分布模型在潜能心理学中的意义与价值

一、三维模型对遗传环境关系的解释

潜能发展心理学理论模型的建立，使我们能够更科学、更辩证地阐明遗传和环境的关系问题。

　　以往关于遗传和环境的说法，存在种种问题，对遗传和环境各自的角色、作用、意义，以及遗传环境之间的相互关系缺乏科学的说明，从而根本性地影响了心理学基础理论的研究和运用，最终阻碍了心理学的快速发展和教育改革的进行。

　　实在关系理论否定了遗传和环境的两分法，是一种历史的进步。但这种理论并没有对遗传潜能与遗传差异的关系给予必要的描述，也没有最终将遗传的差异独立出来描述。仔细想想仍然存在一些难以回答的问题。

　　事实上，在影响智力的两大因素中，遗传因素是内在因素，环境因素是外在因素。外因通过内因而起作用，两者缺一不可。

　　笼统地说，遗传提供智力发展的种种可能性，环境教育则决定智力发展的某种现实性。遗传通过基因型的反应范围，也即潜能范围来规定智力可以表达的全距范围。个体与个体的遗传范围或潜能范围之间可能存在着小的差异，而这些差异就是遗传的个性或差异性。

　　但无论如何，在个体智力表达的全距范围内，不同的环境条件与遗传提供的种种可能性相互作用，从而形成最初的个体之间现实的智力差异，也形成了最初的个体特征。在这个个体特征中又包含了新的发展的现实的可能性，当具有新的发展的现实可能性的个体与情境再一次进一步作用后，便产生了新的发展结果。

　　准确说来，遗传的可能性并不等于现实的可能性。

　　简言之，遗传与环境对智力发展的相互作用可以理解为发展的可能性与发展的现实性之间的辩证关系。个体的生物遗传因素规定了发展的一个范围，在这个范围内存在着发展的种种潜在的可能性，这个范围是一个抽象的遗传范围，而种种潜能的可能性只有在特定的环境中可以表达其一，个体的环境教育条件则确定了个体在此可能范围的某种可能性的现实水平。

　　这种现实水平将逐步改变最初的遗传可能性，同时产生出新"现实性"的发展的可能性。这种发展的现实可能性可以理解为最近发展区。即随着年龄的增大，现实的发展水平将在遗传提供的抽象可能性范围内，以最近发展区的方式提供种种新的现实的可能性范围。遗传的可能性并不等于现实的可能性，现实的可能性也不等于现实性。但现实性在遗传提供的可能性范围内不可能超出现实可能性的制约。

发展最初的种种可能性是遗传提供的，这些可能性是潜在的可能性，遗传为这些潜在的可能性提供了实现的范围。

发展的现实性是环境决定的，并反过来成为新的发展的现实可能性。即智力表型的实现，需要环境作为充分必要条件，而个体智力表型的阶段性表达，即智力发展的阶段性水平又成为个体与环境相互作用的条件，而最终表达程度，在智力基因型所提供的可能范围内，取决于环境的条件。而这种条件的作用，是在遗传与环境之间惊人的多样性的相互作用中实现的。

遗传和环境的相互作用，使得遗传的可能性变成发展的实现可能性，进而转变成现实性。不同的环境在遗传提供的可能性范围内与不同的现实的可能性的相互作用，表现出不同的智力发展的实现性。

在遗传和环境相互作用的这种关系中，我们不仅强调了遗传的可能性，更加重视现实的可能性，不仅强调发展的现实性，更强调由发展的现实性所提供的最近发展区。不仅出现了遗传"反应范围"或"遗传潜能范围"这样的概念，还提出了"环境商数"及"环境差异分布"的概念，以及"智力动态分布"和"智力分布全距"的概念。这些概念与传统观念提法不同。它们的提出为更好地研究潜能心理学提供了基础。

值得一提的是，并不能因为我们说遗传的差异分布实际上与智力的差异分布无法对应，就否定掉遗传的作用。相反，我们认为，智力表型的一切表达都与遗传潜能范围有关。这种关系不仅肯定遗传的共性，也承认遗传的差异性。

当有条件控制环境影响因素时，在同等环境教育质量条件下，智力显示出的差异，就是个体的遗传差异。当然这仅仅是一种理论上的推论。由于环境因素的错综复杂，完全平衡环境影响因素几乎是不可能的。

但在天赋差异极大的个体身上还是可以反映出来，如先天基因缺陷导致的智力落后，和极其少有的天赋超常的个体。同样的环境与教育影响会有明显不同的结果。一个是远远低于相应环境质量预期的智力；一个是远远高于相应环境教育质量预期的智力。

二、三维模型在潜能心理学中的理论及实践意义

(一)理论意义

第一，三维模型从潜能遗传与遗传差异的关系入手，强调"遗传潜

能范围论"，反对"遗传差异决定论"，因此，既从根本上否定了现实差异的天赋归因的倾向，但又在更广义地范畴内承认了遗传的作用。

在这样一个基础上，再一次谈论教育和环境的意义，可以避免环境决定论和教育万能论的指责，使得教育及环境的意义和作用第一次真正凸显出来。三维模型正视环境的作用，强调在研究智力时，不能抽象地解释或定义环境，而要具体地、真实地进行环境质量评价，并引进环境商数概念，对评价结果进行描述。

提出环境潜力论和可调性或可控性的环境分布理论，不仅使人们看到了群体中个体环境存在着差异，更重要的是强调了这种差异分布不是固定不变的、正态的，而是可变的、动态的。

这样一来，使人们看到了教育的重要性，强调了人为改变环境的可能性以及系统教育干预，在人的社会化发展、智力开发、个性培养等身心全面、和谐、高质量、可持续发展等方面的重大作用。它对"自然环境"的差异性或全域性描述，指出没有相同的自然，只有不同的自然，使得人们对顺其自然的环境价值有了进一步的认识，将会改变人们对自然成长的观念与态度，更加重视教育因素的介入。

第二，三维模型的引入，改变了人们对遗传分布与智力分布因果关系的归因，在承认个体遗传差异性的基础上，强调遗传的共性，并将这种共性品质看成群体共性的遗传潜能范围。因而从狭义的遗传差异决定论层面，上升到广义的遗传潜能范围的表达论层面，为正确处理遗传、环境与智力的关系打下了基础。

遗传潜能范围和环境差异分布的描述，为我们打开了一扇解释多种心理现象和智力发展现象的窗户。而遗传潜能范围与可调性环境分布理论又为理解超常教育的本质以及早期教育的重大意义与发展方向打下了理论基础。

第三，三维模型的引入，改变了人们对智力差异归因的认识，揭示了智力分布全距的含义，说明了智力分布全距与遗传潜能曲线的相互关系。与可调性环境分布理论相互呼应，并从环境潜力论和遗传潜力范围理论中找到了智力潜力空间的依据，否定了群体智力总是正态分布的公理，提出了群体的智力呈动态分化的理论。指出任何一个出生正常的儿童，他的智力可以是低常，可以是中常，也可以是超常；任何一个群体智力可以是正态的，也可以是偏态的，或是正态偏或是负偏态。这些动态的变化是基于遗传潜力的范围和可调环境的现状。任何一种智力水平或状态都是遗传基因型在特定环境中形成的，"超常"作为一种智力表型，只不过是个体在良好环境和教育的影响下，遗传基因型的一种正常表达结果。三维模型的描述第一次让人们看到了普通教育和超常教育的关系，素质教育与早期教育的关系，早期教育与全程发展的关系。实质上，它们并非不同类型的教育，而是不同质量的教育。高质量的早期教育就是超常教育，而所谓的素质教育也应当就是高质量的教育。

第四，三维模型的引入，对早期智力分化进行了最形象地描述，指出群体差异的形成是一个群体在环境中不断分化的结果。强调了早期智力受环境结构和环境质量的影响，而导致了极大的结构性差异和质量性差异，揭示了差异形成的真实原因。这对重新认识差异教育的本质，防止教育化的差异奠定了理论和实践的基础，又为面向全体的全面发展的教育理想与追求找到了理论基础和实践依据，根本性地结束了长期以来教育理想和追求没有理论支持，无法真正走进教育实践层面的窘境。由于找到了与教育理想与追求一致的教育理论体系，使得教育理想与教育实践不再脱离。

（二）实践意义

第一，三维模型揭示了个体潜能范围与年龄成反比的规律，指出了不仅环境潜能是巨大的，环境影响因素是可塑的，同时还强调了"时机"在个体发展中的重要作用。因此，教育要从小引入，越早越好。对于智力潜能的描述使得人们对进行早期教育、开发智力和其他心理品质的培养有了依据和目标。把信天命的宿命论远远抛在一边，第一次把命运之神牢牢地掌握在自己手里，掌握在教育的手里。强调起步于生命开端的良好教育，是让教育自身走出困境的起点、关键点。

第二，重视面向全体的早期教育，会使所有个体获得全面高质量发展的良好开端，这一开端使得教育机会的公平与教育质量的公平得以同步、协调发展。相反强调早期自然发展，其结果是不一样的，自然使得最早的教育机会失衡，导致个体发展质量的差异，进而使得追求教育质量的公平成为空话，而为了满足不同个体的不同发展需要，差异化的教育成为主导。于是，在自然发展以后才开始追求教育机会的公平，自然就再也无法实现教育质量的公平。

第三，强调早期教育去实现最初的机会公平与质量公平，是确保今后教育机会公平与质量公平协调同步的关键。我们不能在等待成熟并顺其自然地发展了个体质量巨大的差异后，才开始强调既要追求机会的公平，又要实现质量的公平这样两种公平的协调。这时我们只能做到机会的公平，但永远错过的是质量公平发展的关键期。

第四，有了更多个体早期的良好开端，使得学校间竞争优质生源的大战可以相对终止。在平均高质量层面上，差异缩小的群体会使更多学校获得教育的活力，因为人们都知道资优生源是保证学校教育质量的最基本条件。只有这个条件成熟时，才能取消重点非重点的划分。现实的情况是，重点学校一旦失去淘汰式的选择学生的权利，教育的平均质量将立刻下降，而社区普通的学校一旦获得大量高质量的生源，教育教学质量也会大有起色。当大量优质生源可以提供时，既能保证重点学校不失去活力，也会带动普通学校质量升级。然而，今天为了确保公平的教育，在学前自然分化形成最初差异的情况下，再经历小学六年的差异教育分化，一个巨大的差异群体呈现在我们的面前。这时一刀切的生源分配原则，不仅不能满足现实的差异培养需要，而且使得重点学校从此失去活力，使得原本可有效利用的少量优质生源失去选择适合自己教育需要的机会。这样的结果是把对公平教育的追求变相为平均主义的教育。有了更多个体的良好开始，教育就可以更加有效地防止群体两极分化和个体结构失衡性发展的情况发生。同时还能更容易地解决学习负担与质量追求的矛盾，从而实现素质教育目标，解决综合素质人才培养难的问题。

第五，从早期开始的教育，使得普通教育和超常教育融合为理想教育成为可能，进而实现教育的理想。它使得超常教育越来越脱离大众教育的趋势得到改善，使得人们第一次对超常教育有了全新的理解。所谓超常教育，就是更科学地、超越当下常规的早期教育，它是人类积极发展观的教育基础，它是面对绝大多数普通人的早期科学教育。它是全程教育的起点，也是连接家庭、社会的纽带与桥梁，是实现教育社会化和社会教育化的重要途径。它在解决教育可持续性发展问题中承担着基础性的重任。它是多、快、好、省地人才培养的唯一途径。

可以说，三维模型的提出是建立潜能发展心理学体系最重要的依据，是我们解决心理学和教育学众多问题的根本出路。

以上，我们分析了差异与潜能的辩证关系，提出了潜能发展心理学的三大理论模型和一些基本命题。然而，建立潜能发展心理学，并非易事。

下面，以当前教育领域最流行的心理学理论，多元智力理论为例，分析它所存在的差异归因问题。

第五节　用潜能发展理论看多元智能理论

当今，多元智能理论风行全球，成为教育界的救命理论，首先是因为差异教育理论遇到了前所未有的危机。但用潜能发展观看多元智能，我们认为它同样无法最终解决当今教育的困境，同时多元智能理论自身也存在着许多重大的缺陷。

一、多元智能简介

多元智力理论由美国心理学霍华德·加德纳（Howard Gardner）教授于 1983 年首次提出，在众多的智力理论中脱颖而出，成为教育界最热捧的"圣经"，也成为当今中国教育改革最基础的理论依据，很多学校教育改革使用它[19]。

加德纳研究生活中不同类型的人认为：人的智力特点是不同的，不同领域的人智力无法比较，智力呈现多元的特征。例如，有些人擅长演奏动人心弦的乐曲，表现出音乐才能；有些人热心数学逻辑；有些人对自然界具有独特的感悟；有些人热衷于写作，表现出语言天赋；有些人具有领导才能；有些人在追求重要的人生目标中，对于自我的特长和自己的追求具有深刻的领悟。他们之间的智力各不相同，没法比较，没有好坏之分，非要通过传统智力测量评出高低好坏并不可取。以往的智力只是重视智力的少数维度，只分高低好坏评价智力是不正确的。

他通过研究脑损伤后病人的表现，认定每种智能具有相对"独立"的品质。例如，大脑皮层左前叶的布罗卡区受到伤害，个体就会发生语言智力方面的障碍，但个体的数理能力和运动能力等仍会有正常的表现。右脑颞叶特定区域受到伤害，个体就会发生音乐－节奏智力方面的障碍，唱歌、跳舞等能力就会缺乏或消失，而其他能力仍然正常。大脑额叶的特定区域受到伤害，个体就会发生自知－自省智力和交往－交流智力方面的障碍，自我反省能力和人际交往能力就会缺乏或消失，而其他能力仍不受影响。

加德纳通过研究得出的最主要结论是，①智力是多元的，每个人都有多种智力；②每种智力是相对独立的，互不影响；③各种智力的强弱不同，与个体的天赋有关。据此，每个人之间不存在智力的好坏之分，只存在不同与差别。

二、多元智能分析

我们说多元智能并不是一种全新的理论，只是一种新的改组，是将整体拆成部分。

(一)从智力测验看

1. 在传统的智力测量中，智商是对智力整体得分的描述，但智力测验的项目却从来不是单一指向的。如在婴幼儿的智力测验中至少涉及五大领域，大运动、言语、认识(包括常识)、操作、社会；而常用的韦氏量表，也包括常识、言语、数概念、视觉图形、操作、理解等。

2. 在大年龄组的测量中，人们确实将运动、音乐、绘画等能力的测量放在了特殊能力测验之中，如运动员选拔、艺术类人才选拔等，对于智力维度只是说法上的差异，实际上没有人否认它们的存在。

(二)从智力理论来看

就智力理论而言：从中国古代的六艺到今天的全面发展，从西方颅相分区的划分到心理学最早的斯皮尔曼的两因素论、再到卡特尔的三层智力理论、瑟斯顿的群因素论、吉尔福特的三维结构的多因素理论、斯腾伯格的三元理论、卡罗尔的认知层级模型、格尔曼情绪智力理论、戴斯的 PASS 模型、塞西的智力生物生态模型等都强调了智力的不同要素与维度，只是强调的内容存在一定的差异。

(三)从学校教育来看

学校教育向来不是单元的，虽然有主科与副科区别，但课程涵盖了语言智力、数理逻辑智力、运动智能、艺术智能、自然智力、社会智力、交往智力等。

仔细分析加德纳的多元理论，我们认为加德纳伟大之处在于当今人们在各个领域越来越强调"多元"概念，如多元文化、多元价值的时候，他在智力理论中明确地运用了"多元"二字，将原本人们对智力的整体描述拆了开来，分别进行单项描述，成功地将人们对质量好坏的重视，转向对结构倾向不同的关注。

形象地说，加德纳的理论是将传统的"智慧树"理论（一种智力的整体理论）上的每一个分支，看成互不相关的独立智能的存在，将一棵智慧树拆开，加上自己的理解，改变成了由数字（目前是九棵树）组成的"智慧小树林"！如图 3-7 所示：

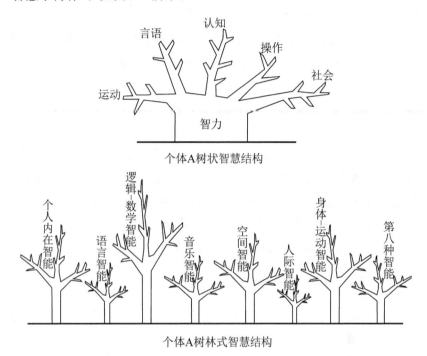

个体A树状智慧结构

个体A树林式智慧结构

图 3-7　智慧树与智慧林理论比较图

我们要问，这到底是一种进步还是一种退步？

从现象看，今天在心理学众多的智力理论中，加德纳的多元智能理论，引起了教育界广泛的关注，仿佛使找不到改革方向的人们看到了希望。

人们普遍认为，"多元智能理论"有效支撑着"促进每位学生的发展"的发展行动。多元智能理论，超越了传统智能的界限，拓宽了人们对智能的认识，对学生全面和谐发展、自主发展、个性发展的实现提供了理论支撑，成为我国基础教育课程改革的支撑性理论。

在教育上，多元智力理论具有以下几个方面明显的特征：

1. 重树乐观的学生观。加德纳在理论上有效地改变了人们传统对待差生的态度，使得差生教育有了希望，有了机会。这种机会在于个体之间"没有好坏，只有不同"[20]，教育可以使"人人成才"，只是"才才不同"而已。

2. 因材施教的教学观。每个人都存在着自己的强项，因此各有千秋，各有所长。他的理论与我国的差异教育思想完全吻合，成了因材而教，尊重个性与差异，差异化教育的最好注解。

3. 多元的教育评价观，由于每个人的智力是多元的，所以不要只关心某一个方面的评价，要对个体进行多方面的评价，只有这样才能发现个体的强项。对于个体而言，也能起到自我激励作用，尤其是在语数学科上落后的孩子，通过改变自我评价，增强信心，重新认识自己，天生我材必有用。

在教育史上从来就没有一种心理学理论受到如此青睐、如此重视。今天加德纳的理论已成为教育界的圣经、法宝和理论武器，成为教育改革的必然选择。然而，我们想知道，为什么加德纳的理论如此风行？我们要问，多元智能理论真的能如此有效地解决教育所面临的众多难题吗？我们先从加德纳建构多元智力的主要依据说起。

三、多元智力主要理论依据分析

1. 加德纳关于多元智能概念的提出，首先是来自现实的观察。他认为，人们可以在不同方面获得成功，不单单是语数方面，这显然是正确的。俗话说"三百六十行，行行出状元"就是这个意思。但我们认为，加德纳将原来人们对智力的纵向比较变成了横向比较，改变了比较的维度，在这个横向比较的维度上，人们确实没有可比性，但我们不能只将每一行中的状元相互横向比较，来证明智力只存在不同，不存在好坏。

事实上，同一行业中，还存在另一种比较，纵向比较。如果承认存在状元，也就意味着承认还有不是状元的人存在。状元只是一个行业中最棒的人，大量的人在他之下。这种差距不可否认是同行业或学科中的质量差异。在现实生活中，在不去讨论差异归因时，我们可以看到有些人是什么也不行，什么也不会的。学文不能文，学理不能理，学艺术走不到头，学体育没成绩，现实中存在智力的质量差异，这是不容否定的。今天学校的课程体系是多元的，很多学生在所有领域里表现不佳，而另一些学生则在所有课程中表现良好，这似乎是更为普遍的现象。

　　还有一个需要强调的事实是，加德纳通过强调各行"状元"的差异，去佐证个体多元智力的强项与弱项。这种对差异结果的研究，并进行天赋强弱判断的做法是一种典型的遗传归因。他所列举的差异现象，都不是在成长的初期可以看见的，而是成熟以后，是一种成长的结果。我们无法判断他所指的差异是后天教育的差异、环境影响的差异，还是天赋的固定差异。

　　2. 加德纳关于多元智力之间相互独立的观点，来源于脑损伤的研究。然而，脑损伤到底给了我们什么启示？当我们看到一个区域损伤后，其他区域的大脑照样工作，就能确认这个区域与其他的区域无关吗？就能断定智力不再是一个整体结构，而是完全相互独立的部分了吗？事实上这样的看法是机械主义的，我们不能因为从一棵树上剪掉一个枝条，树仍然活着而证明这个枝条可以独立存在。只有把智慧树上的每一个枝条都假想成一棵独立的树才会得出这样的结论。然而，大脑是一个整体从来不可分割！我们能否反过来说，当大脑绝大部分全部切除后，一个独立的言语系统可以照常工作，我们知道言语系统损伤并不影响其他系统工作，但我们无法反证，言语系统不受其他系统的影响而独立发展。就如同，我们断了一只手可以生活一样，我们说手是相对独立的，但不等于这只手可以离开人体而单独存在。

　　再有，先天耳聋的人不会说话，但这时大脑可能没有损伤，区域是完好的，大脑会将这区域转向其他功能，个体表现出其他的敏感性来，如对表情、动作等更为敏感。先天失明的个体，大脑也没有损伤，相关区域也会发生变化，对触觉、运动、甚至听力等更为敏感。有研究发现，限制一个手指运动，脑区将不再存在这个手指的控制区，这些说明脑区是根据需要组合形成的。

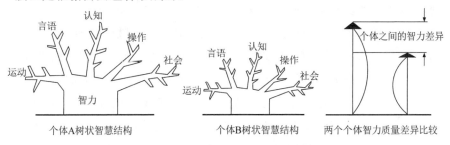

图 3-8　智慧树理论中个体的整体比较

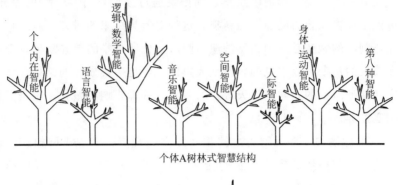

个体A树林式智慧结构

个体B树林式智慧结构

图 3-9 智慧林理论中个体结构倾向比较

海德堡马克斯－普朗克学会医学研究所所长贝尔特·扎克曼教授宣布说，人类大脑皮层中的分工很细，包括主管视觉、听觉、味觉和嗅觉等诸多区域。一旦某个区域受到损害，人们的各种感觉就要受影响。但研究发现，人类大脑具有神奇般的能力，它能够将一个区域的感觉能力转移到大脑皮层的另一区域以弥补损失。扎克曼教授最新的研究成果证明，只要通过反复练习与使用，新的区域能够胜任原来区域的职能。事实上，这一点从很多残疾人的发展中可以清楚地看到，当双手失去后，通过长期训练的人可以使用脚替代手的功能，甚至去写字。

加德纳将整体智力分拆开来，用智慧林来替代智慧树，转移了人们对个体平均智力(整体智力)的注意，而更加关注多元智力之间的不同。从个体之间的纵向比较转向了个体之间的横向比较。原本横向比较或多元比较可以提醒人们关注智力的结构，是某种意义上的进步，但由此否定个体和个体之间可能存在的质量差异，否定智力的纵向比较，这不能不说是一种严重的倒退(如图 3-8、图 3-9 所示)。这种倒退，使得教育工作者更加容易推卸自身的责任，将学生某个方面的缺失或薄弱归为天赋。

四、对多元智力本质的分析

我们知道，在学校教育中，尽管课程是多元的，但同时也是相互独立的。每一门课都存在质量评价，语言智能不强，就是语言能力不强；数理智能不强，就是数理能力不强；运动智能弱就是运动智力弱，这是不可改变的事实。原本是一个教育质量问题，现在变成了一个多元智力的强弱特点问题，结果到底会怎样呢？教师可以将发生在自己领域的个体问题推的一干二净，强调这是学生的智力结构问题，他的强项智力不在我的课堂上。

加德纳用"不同"代替"好坏"，用"结构的倾向性"差异代替"整体质量"的差异，是一种典型的误导。将人们对智力整体质量的重视，转化为对各个智力部分的重视，转移了人们的注意力，将原来的纵向比较，转变为横向比较，淡化了教育质量标准，强化了教育差异性结果，为教育失误找到了借口。

这也许才是多元智力为什么如此流行的最真实的内在原因！因为它是差异教育的一根救命稻草。在教育改革找不到出路和方向时，是多元智能理论帮助人们找到了出路和方向，满足了人们对差异化教育追求的需要；满足了人们可以依据理论对我们在语言能力和逻辑数理能力教育导致的两极化分进行合理解释的需要，把教育问题推到了学生的智力结构差异上。具体而言：

1. 多元智力认为：在教育中两极分化和个体结构失衡解决不了，原因不在教育，实际上那是个体的智力结构特征决定着的，我们不能将这种现象视为结构问题，而仅仅是结构不同而已。

2. 全面发展难以实现有了心理学的依据，人存在着强弱领域，个体向不同方向发展，是多元智能结构所决定的。

3. 多元智力使"因材施教""尊重差异""追求个性发展"成为更加坚定的教育信仰。

当我们将群体两极分化理解为缺少评价维度时，当我们将个体结构失衡理解为个体多元智能有强有弱时，我们从骨子里会形成新的宿命论，会因放弃弱项而问心无愧。这种结果将分散人们对智能质量的关注，推卸了人们对教育质量追求和全面发展追求的责任，强化了人们对差异教育、所谓个性化发展的追求，导致多极标签，和个体结构失衡可能性增加，使全面发展更加成为空话；使差异教育更加盛行，为教育失误找到更佳借口；使得个体多极分化趋势更加严重，使得个体结构失衡更有理由。

这真的是我们所要的教育吗？当一个学生数学不好时，当一个学生言语不好时，当一个学生社会能力不强，我们到底怎样归因？是将这些当成他的弱势项目，仍然乐观地说，他还有体育好吗？这是典型的自欺欺人！事实上无论是在哪个领域的发展上，还是整个领域的发展上都存在着质量差异，我们不能说语数能力差，不算差，因为他们体育强，这没有可比性。

在教育界，有着约定俗成的教育权重分配，这种对于不同领域的权重分配，与社会的各种需求相关。尽管社会的分工千差万别，但社会化所需要的基本能力是相同的，尽管社会存在不同领域或职业，但他们的社会比例是不同的，搞艺术和体育的总是占少数，而需要语言智能的却是百分之百。面对多元智力，我们想问，教育到底要不要权重，要不要引领发展的"领长枝"？构成人类创造型智慧的核心到底是什么？到底是教育的选择决定人的发展方向，还是人的发展方向制约着教育的选择？

对多元智力的认识：

1. 多元不是一个新概念；

2. 强势与弱势智力的概念仍然是天赋观的继续；

3. 相互独立的描述，是对整体与部分的割裂；

4. 只有不同没有好坏的评价是对教育现实的一种混淆，为教师找到了借口；

5. 是差异教育"因材施教"的现代版，一样会存在教育标签，而且是多极标签，将必然带来多极分化和个体结构失衡发展；

6. 与全面发展的教育理想无法吻合；

7. 用数字来表示智力结构要素或维度，是一种机械主义倾向，当它进一步向前发展时一定会遇到困难；

8. 仍然只是研究了个体的智力结构，没有处理群体与个体的关系，个性与共性的关系。

可以说，多元智能强调智力结构的不同特征，是一种进步。但将这些结构拆分开来，与整体脱离是一种更为严重的倒退；多元智力强调人人成才是一种进步，但才才不同的表述在基础教育中将引起新的混乱，我们面对的对象不是立刻就要进入社会选择职业的大学生，而是基础教育中的学生，这样的理解可能会使个体全面发展更加困难。多元智力看到个体之间的各种差异是一种进步，但使用"不同"来替代智力质量差异是一种倒退。仿佛强调只有差别不同，没有好坏，教育就真的没有了差异和好坏了，但事实上，无论哪一个智力结构的发展都存在好与坏，强与弱。不仅如此，多元智力将个体之间的多元结构差异看成一种固定的差异与传统的智力观没有两样，我们认为多元结构不是多元不变结构，而是多元可变结构，不仅个体之间存在结构差异，每个人的结构特点也是后天塑造的，因此是可以改变的。多元可变智力不仅存在结构的差异，也同样存在质量的差异，结构倾向性的差别无法掩盖结构的质量差异（如图 3-10 所示）。

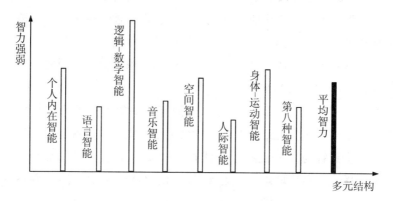

图 3-10　加德纳的多元智慧结构模型

图中我们对多元智力的平均描述就是一种整体描述。传统智力从群体角度对智力的整体进行描述，在人和人之间进行比较。但这种比较可以是一个整体的比较，也可以是一个维度的比较。多元智力从个体的角度对智力的维度进行描述，只在维度和维度之间进行比较（如图 3-11 所示）。

图中，左边是传统智力差异的描述，是对群体智力分布中每个个体的平均智力进行比较，也可以是对群体智力某一个维度每个个体的平均差异进行比较，最终比较的差异形成分布。如智商差异的分布，或语言能力差异的分布等。

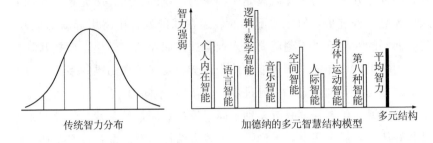

图 3-11　传统智力整体描述与多元智力个体维度描述

右边是多元智力描述，由于每个个体的多元智力不同，因此无法比较。可比较的部分只能是每个维度强弱的比较。我们认为，加德纳成功地将个体的平均智力分解开来，一方面让人更加注意到智力的结构特征；但另一方面告诉人们，由于个体的多元结构是不同的，因此人们之间的多元智力无法比较，潜台词无非在说，个体的多元智力是一个固定的模式，强弱关系是不变的，是先天的。这样一种描述再一次将遗传决定论推到了前台，仿佛要人们相信个体的结构特征是不变的。但我们认为不仅个体平均智力依然存在，而且个体的结构智力在不同的环境中可能并不相同（如图 3-12 所示）。

图 3-12 中，显示了同一个体在不同环境中的不同智力结构特征和平均智力水平。从智力结构上看三种状况是不同的。也就是说，加德纳所看到的多元智力结构是某个个体在某种环境中形成的现实的结构特征，将这样一种在环境影响下表现出来的现实结构特征看成一种不变的特征，是天赋决定论最典型的做法。从图 3-12 可以看出，这里反映出了另一种情况，个体的多元智力并不是强弱结构不变的，而是因环境而变化着。

个体总体智力水平也是存在着的，存在着好坏区别。当我们将同一个体在不同环境中可能出现的平均质量差异表示出来后，就可以得到下面的图 3-13。

我们认为，多元智力理论在理论依据、实践等各方面都存在着难以克服的缺陷，不值得人们如此追捧。

智力存在着结构这是不容否认的事实。但结构的特征却因环境和教育的不同而不同。

用潜能心理学的基本模型解释智慧树，我们认为，智慧树的表述更

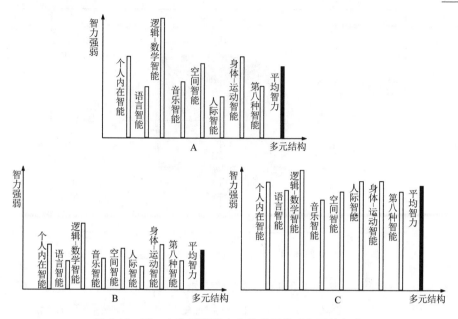

图 3-12　同一个体不同状态中的发展模式与平均智力

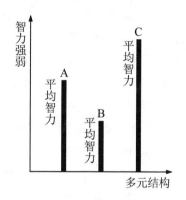

图 3-13　同一个体不同质量平均差异图

能反映部分与整体的关系，既要强调整体，也要重视部分。既要看到不同的智力结构，也要重视"领长枝"智慧。潜能发展心理学强调智力的潜能是多元的，因此应当称之为多元潜能（如图 3-14 所示）。

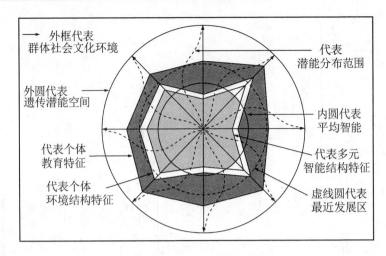

图 3-14　特征智慧的多元结构模型

图 3-14 中，最外面的长方形框代表群体所处的社会文化环境，它是相对一致的，群体中的每个个体都生活在其中。外圆所划定的范围代表一个个体的遗传潜能空间，这个潜能空间不是一维的，而是多元的，因此是多元遗传潜能空间。从圆点到外圈的距离就是个体的多元遗传潜能范围。因此，从圆点到外圈可以有多条放射性的直线，每一条直线都代表多元智力的一个维度。在每一个维度上，都有一条虚线画成的正态分布图，那是代表自然状况下这一维度的智力按分布特点进行的分布，个体的实际智力可以在其中任何一个地方，具体的位置取决于环境教育的质量。而且，每个维度的潜能范围都是这个维度个体差异的全域范围。最内的灰白色空间，是个体在不同维度上所获得具体智力的多元结构图，而最里面的圆形则反映了某个个体多元智力结构的平均智力。中间的空白结构代表了个体的实际环境结构特征，它与实际的多元智力结构相似，呈正相关。而虚线圆则代表了最近的平均发展区。通过教育以结构的方式走在发展的前面，最终导致结构的调整与变化，以及平均智力的提高。外面深色的结构，是我们根据多元智力结构特征提供的教育结构。它的特点并不是完全与里面的多元智力结构相互呼应的，根据教育要以完整结构的方式走在发展的前面的原则，越是某一维度个体智力在分布中落后，教育维度上则越是要加强。

潜能发展心理学认为，个体的智慧树每个枝干都存在着发展的遗传潜能空间，这些潜能空间对一般正常个体而言，是巨大的。我们要重视全面发展的方方面面，给发展的各领域以成长机会。因此，这时教育要以完整的结构方式走在发展的前面，引领发展。

这种引领不是顺应原有发展结构特点的引领，而是调节性的引领，是以发展结构中相对弱项为重点的引领，对原有智力结构强弱的理解不是天赋归因，而是遗传潜能范围内的环境教育归因。目标是调整智力结构已有的强弱，促进智力发展的整个结构更加均衡。

这种引领不是等兴趣、爱好、特长已经表现出来后的引领，而是走在兴趣、爱好、特长的前面，在它们出现之前，以灵活的方面促进个体形成广泛的兴趣、多种的爱好、全面的高质量发展。

因此，多元智能观点与多元潜能观不同。多元智能认为，不同智力所表现出来的强弱是个体的天赋差异，教育要尊重这种天赋强弱，顺应这种强弱，以原有发展结构的强弱特点为依据，提供与发展结构相应的教育。这时的教育要促进已经形成的个体智力差异性特点更加个性化地发展，目标是扬长避短。

潜能发展心理学对特征智慧多元结构的解释不仅是结构性的，也可以是整体性的。不仅解释个体结构的不同，也要解释个体质量的差异。这种解释是通过个体多元智力的平均数来进行的（如图 3-15 所示）。

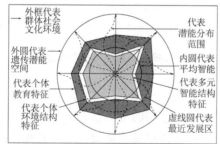

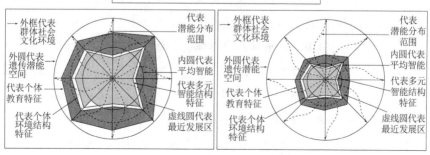

图 3-15　同一个体不同状态中特征智慧的多元结构比较

上面三幅图反映了同一个个体在不同环境结构和质量条件下的结构变化，同样也可以反映不同个体的不同情况。不仅如此，上面每幅图的内圆大小的不同，同时也反映了同一个个体在不同环境教育条件下不同的多元平均智能情况，这种情况如果是反映在不同的个体身上，那么图中的内圆就代表了不同个体的多元平均智能的发展水平。

这时，我们如果将每个个体内圆所代表的多元平均智能单独抽取出来，放在同一个坐标系中，就会形成一个多元平均智力的正态分布图。画出的结果如图 3-16 所示。

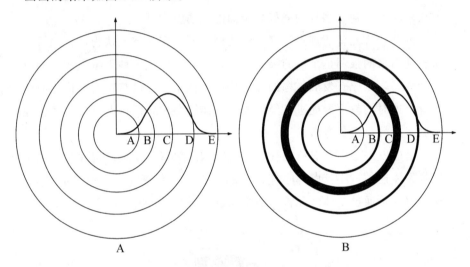

图 3-16 特征智慧多元结构平均质量差异示意图

图中，A、B、C、D、E 分别代表一个不同的个体，即每个圆代表一种不同个体的多元智力结构的平均智力水平，即一个个体的多元平均智力。将它们放在同一坐标里就会构成许多同心圆，而从圆点到最外面的圆之间的距离就是群体共性的遗传潜能范围。

在这样一个范围内，群体在自然情况下就会形成一个所谓的正态分布。表现出中间的个体多于两边的个体。这时，我们可以将 C 个体看成是一个智力中等的群体，他们占整个群体近 50% 的总量；将 B、D 个体看成是中等偏下及中等偏上的智力群体，他们各占整个群体的 17% 左右；将 A、E 个体看成是两极的极少数群体，他们各占群体的 2%。

但是，当影响发展的整个环境教育条件变化时，这个平均分布也会发生改变。当环境教育条件呈现出负偏态的特点时，个体的多元平均智力也会呈现出负偏态的特点；当环境教育条件呈现正偏态时，个体的多元平均智力也会呈现出正偏态的图形特点。下图是当群体发展的环境教育条件整体水平变好时的一个示意图，表现为所有的圆向外圆靠近，形成负偏态分布（如图 3-17 所示）。

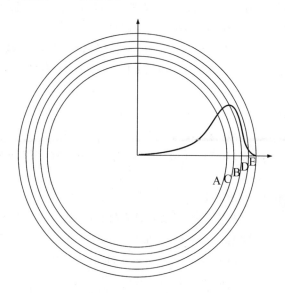

图 3-17　特征智慧多元结构群体负偏态分布图

这就是教育所要追求的面向全体的全面的潜能开发，也即金色摇篮提倡的群体普通儿童理想发展。这个理想发展是符合我国的教育方针的，符合人类对教育理想追求的。是全面和谐发展、是高质量发展、是可持续发展。

我们清楚地意识到，在差异与潜能关系问题上，在天赋与教养关系问题上，并不是提出一种新理论就能够前行的。遗留在心理学中关于天赋归因的很多研究结论或公理，依然没有突破，我们无法绕道而行。

我们必须面对面前所有的问题，一个个深入探讨它们，直到发现其中的原因，并给出正确的答案为止。否则，潜能心理学理论的提出，也是毫无作用的，它根本无法动摇差异心理学深入人心的根基。

参考文献

[1] 吴毅，刘罡. 神经系统可塑性的理论研究与实践. 中华物理医学与康复杂志，2007(4)

［2］李萍. 早期教育对婴幼儿智能发育效果评价. 现代预防医学，2008(22)

［3］潘玲琳，喻忠. 婴儿气质、家庭环境与智力发展的相关性研究. 中国妇幼健康研究，2006(4)

［4］陈淑新. 婴幼儿早期教育效果分析. 中国妇幼健康研究，2008(5)

［5］翟小娜，王鹏，刘雨. 维果茨基与最近发展区理论. 中国电力教育，2007(2)

［6］中学生物学. Middle School Biology，2008(2)

［7］孙秀伟，翁强. 大脑的重要问题——关键期与可塑性. 医疗保健器具，2007(9)

［8］刘明，邓赐平. 毕生发展观与早期儿童教育. 幼儿教育(教育科学版)，2006(11)

［9］杨宁. 再论进化、发展和儿童早期教育. 学前教育研究，2010(1)

［10］黄红. 影响儿童智力发展的因素. 江西教育，2007(2)

［11］闫桂芳，李长卿，张彩霞. 早期教育和干预对婴儿智能影响的效果研究. 中国妇幼保健，2008(3)

［12］林崇德. 发展心理学. 北京：人民教育出版社，1995

［13］程跃. 多元学习　梯度发展. 北京：北京师范大学出版社，2009. 70～71

［14］Gardner H. 多元智能. 沈致隆译. 北京：新华出版社，1999. 261

［15］Sternberg R J. Beyond IQ：A Triarchic Theory of Human Intelligence. New York：Cambridge University Press，1984

［16］Spearman C. General Intelligence, Objectively Determined and Measured. American Journal of Psychology，1904(15)：201～293

［17］Cattell R B. Theory of Fluid and Crystallized Intelligence：A Critical Experiment. Journal of Educational Psychology，1963

［18］Perkins D. Outsmarting IQ：The Emerging Science of Learnable Intelligence. The Free Press/Division of Simon and Schuster，1995

［19］白学军. 智力发展心理学. 合肥：安徽教育出版社，2004. 130～134

［20］(美)克德维特等. 儿童发展与教育(上下). 李琪等译. 北京：教育科学出版社，2007. 239～240

第四章 天赋归因的认知误区

纵观人类的思想史，我们发现天赋与教养之争持续长达几千年之久，从来都没有停止过。然而人们还是神不知鬼不觉地陷入了天赋归因的陷阱，长期无法走出，这中间到底是什么在起作用？

我们想知道为什么会有这么多的争论，也想知道人们到底在争论些什么？

本章从差异认知的起源开始，不仅围绕遗传与环境之争中存在的问题，如潜在的参照系、错位的层次、两条并行讨论的线路等展开讨论；同时再一次直面高尔顿的理论假设与血亲相关研究的结论，为人们认清以往争论以及研究的本质提供了线索。

通过对各种心理现象的分析，以及对各种研究结果、现象、事实、案例的思辨研究，可以发现一些特殊的理由和许许多多的破绽与矛盾，一个个地分析这些现象、破绽和矛盾，我们眼前会慢慢地明亮起来，思路也会慢慢地清晰起来。

只有深入人们思考的领地，才能发现纠缠我们千年不放的到底是什么！

第一节　心理学天赋归因倾向

一、必须正视的现象

在心理学中，人们对不同观点，不同学派是后天还是先天的归因问题非常敏感，将其区分为遗传决定论或环境决定论，并使用相互作用论的观点加以评价，以期避开错误的倾向。但另一方面，人们对整个心理学体系是否存在归因现象并不注意。人们相信，作为融合了所有学派而形成的当代心理学，已经站到了更高的位置上，超脱了对心理发展先天或后天归因的倾向，可以不偏不倚地讨论和解释心理发展的问题。

　　然而，通过分析，我们会发现，无论从对差异认知的角度，还是心理学结构的层面，当代心理学体系都具有归因倾向，而且这种归因是天赋遗传归因。揭示这种归因倾向对于心理学的进一步发展具有积极的作用。

　　在我们看来，今天的差异观，不仅从延续数千年的朴素的人性差异观（心理观）中获得了依据，也从自己建构起的当代心理学中找到了证明。最重要的是，它与我们本身不断发展起来的差异识别能力相呼应，与我们大脑中不断强大起来的差异放大器相连，这一切构成人们内心深处根深蒂固并坚信不疑的差异思想的基础，在广泛的社会认同心理的环境中深深扎根。

　　时至今日，当代心理学家们在建构个体和环境相互作用的心理学时，忘记了自己所使用的天赋差异归因的基础与平台，以为打着批判遗传决定论和环境决定论的大旗，远离两分法的讨论，心理学就会成为一种科学的体系，忘记了那些融入我们内心深处的差异归因认知，早已融化到心理学的血液之中，差异天赋归因的思想在我们潜意识的最深处筑起了牢不可破的基础。

　　表面上，心理学通过"相互作用论"的描述，无论是遗传和环境的，还是个体与环境的，已经完成了对遗传与环境关系争论的盖棺定论。

　　从古至今，人们一直在就"天赋还是教养""遗传还是环境""先天还是后天"展开激烈的争论，而在心理学的发展中，争论的结果非常明确，尽管许多问题难以圆满回答，但今天绝大多数心理学家们都异口同声地支持相互作用论的观点。但事实上，整个心理学已不知不觉地建构在了天赋遗传决定论的基石之上。

　　有学者清楚地看到了这一点，指出：今天遗传还原论的例子仍可见于行为遗传学、社会生物学，以及至少是某些形式的进化心理学当中。这些理论，构成了过去的那些诸如优生学和人种卫生学等泛生物化误差的当代版本[1]。

尽管人们意识到遗传决定论的作用依旧如此之大，清楚地看到"它们对科学和公共政策的影响力依然存在"。但人们还是乐观地认为"这些观点已经不再是科学理论最前沿的构成部分"[1]。然而，在当下中国的教育领域，伴随着各种教育问题的出现，遗传归因的实际影响甚至比改革开放三十年的任何一个时期都强。

如为了解决教育面临的难题，今天中国很多地方政府和教育行政部门，将还孩子快乐童年作为理由，将自然发展观强加到所有的幼儿园中，有些地方甚至提出幼儿教育不能有课程、不能有学习，只能玩游戏，骨子里强调成熟的力量、等待成长的力量仍然构成当代早期教育的主旋律，使得幼儿教育界各种教育的变革统统被否定掉，这难道不是一件可怕的事情？

因此，我们有理由重新回到最基础的理论层面上来，首先解决过去遗留下来的问题，抛掉所有的包袱，然后再轻装上阵。

直到 20 世纪末，在当代心理学的基本理论层面上，遗传与环境相互作用的理论，作为一种关于解释遗传与环境关系的基本理论，还是被大多数心理学家公认为是最符合唯物辩证法的科学理论，也是反对遗传决定论和环境决定论的重要思想武器。今天，这种现象正在发生快速的改变，一种新的关系实在论（relationism）用"个体与情境"的关系描述发展[2]，正在取代遗传环境相互作用论。

不论怎样，从科学心理学诞生之日起，心理学家们就接过了祖先有关"天赋与教养""先天与后天""先验与经验"关系的哲学命题，并对它们的关系展开了心理学层面上的讨论。人们看到了单纯地强调遗传或环境的局限性，希望找到一种科学的解释，这个解释就是相互作用论，无论是"遗传和环境"的，还是"个体与情境"的。

原本这是一次超越哲学的心理学解释，但由于无法正面直接回答心理学中大量出现的有利于遗传归因的研究结论，心理学家们绕过了必须正视的问题，又回到了哲学的层面，将"相互作用论"这样一个哲学命题当做一件外衣穿在了当代心理学的身上。

这些心理学家们，首先对遗传和环境各自的作用给予了充分的肯定，然后在肯定的基础上，又对遗传和环境的作用各打二十大板。

他们强调指出：遗传是重要的但不是决定性的，任何强调遗传决定论的都是错误的；环境也是重要的、必不可少的，但环境的作用也没有想象的那么大，任何强调环境决定论的看法也都是错误的。实际上遗传和环境是相互作用的，只有这种解释才符合辩证唯物主义，才是合情合理的解释，这种解释出现在几乎所有的发展理论书籍或教科书籍中。

近十年的进步在于人们开始在多层次水平上来探讨相互作用，认为人和情境的相互作用是在遗传水平、细胞水平、组织水平、系统水平等多个层次上展开的，远远不单纯地是遗传和环境的作用[3]。

然而，不幸的是，就连心理学的专家学者们都非常清楚地意识到，这种对先天和后天关系的解释并不圆满，至少人们至今还无法取得一致的认识，在很多方面人们仍然各说各话，许多问题仍然难以自圆其说，有些问题无法深究，有些研究结论无法推翻，有些研究出现完全相反的结果无法说明。

我们无法忘记哲学史上哲学大师们极端对立而又不可调和的观点，也无法回避心理学史上那些著名的但完全相反的研究结论，至今相互作用论者仍然拿不出足够而有力的证据，去推翻那些足以证明遗传决定论的心理学研究结论，无论是高尔顿的"遗传呈正态分布并决定着智力的正态分布"的假设[4]，还是智力正态分布的事实公理，或是"血亲越近、智力相关越高"的血亲相关研究结论，更不用说进化心理学中提到的结论[5]，它们在心理学中的地位从来没有被动摇过。

在整个心理学大厦建构过程中，这些研究的结论作为公理浇铸到大厦的基础结构之中，起着奠基的作用。

尽管后来的心理学家们在"遗传环境相互作用论"的观点基础之上，开始转向接受个体←→情境关系，他们看到了两分法中存在的潜在问题：指出"在现今的两分法形式中，没有谁会真正声称物质、身体、大脑、基因或社会、文化和环境导致了行为或发展的产生：但认为这个或那个才是优先起决定作用的背景观念却是无声的潜台词，它仍然继续塑造着论述的方向。最常听到的主张是行为和发展是天然和教养交互作用的产物。但交互作用自身通常被概念化为两个分离的单纯实体，两个实体以合作和/或竞争的方式独立起作用。结果，这种争议完全为另一个水平上的论述所替代。在这个新的水平上，争论者双方同意行为和发展是由天然和教养两者共同决定的，但是他们仍然为每个实体实质贡献的相对大小争论不休"[6]。

从上面的论述中，可以看到当代的发展心理学正试图远离遗传与环境关系的讨论，并在新的层次上研究和讨论个体发展的问题，这是一种可喜的进步，但人们并没有意识到自己似乎永远无法摆脱自身所处的位置，就如同人们无法拽着自己的头发上天一样。

事实上，遗传还是环境的抉择不仅在人们的潜意识中顽固存在着，而且从来就没有真正离开过心理学本身。可以说，在人们的观念深处、在心理学大厦的框架结构中、在教育理论以及具体的教育实践中，始终存在着遗传和环境的两分法，即使是在 21 世纪的发展心理学著作中，人们依然难以彻底摆脱这种情形。

这种情况说明，心理学本身也存在着归因现象，而且，这种归因最深层的倾向是天赋差异归因，它的存在有着坚实的心理基础和研究结论。人们实际上坚信人的差异是天赋形成的，尽管今天的人们更多地使用"多样性"这一概念来替代"差异"的描述，人们集体存在着的天赋归因潜意识始终没有改变，而且自始至终伴随着心理学和教育学的发展。这一点从教育界广泛使用的教育原则的依据性就可以看到（见本书下章，潜能教育学）。

一句话，当代心理学在学科上也存在着归因，而且这种归因实质上是天赋差异归因，它的潜台词依然是遗传决定论。

二、不可绕过的结论

以上，我们初步分析和阐述了当代心理学是天赋差异归因心理学的理由，要强调的是，得出这样的结论是从普遍意义上看而非学派角度的判断；是从心理学众多分支学科的理论基础看（如测理心理学、统计心理学、教育心理学等），而不是从基础心理学的理论角度看；是从心理学作为一个学科教给学生们的内容角度看，而非个人研究层面的理解；是从教育目前普遍所遵循的原则角度判断，而非个别学校的改革角度。

严格来说，即使我们能够做出当代心理学是"天赋差异归因"的判断，却仍然不能确定这种归因是对与错。我们需要回答正反不同的两个问题：

第一个问题是，如果当代心理学差异的"天赋归因"没有错，是对的。即现实的差异确实源于天赋，那么无论是从普遍意义上、学科结构上、教育原则上主流的方向都是正确的。我们应当坚持这一方向。

第二个问题是，如果当代心理学对差异的遗传归因存在问题，是错误的。即个体"现实中"存在的差异并非完全是遗传的差异。换句话说，绝大多数差异来源于另外的因素，如环境和教育。那么，我们应当重新思考所有与天赋归因有关的问题，并找到全新的解决之道。

因此，在确定了当代心理学的性质后，主要的工作就是要进一步探讨这样的天赋归因，作为心理学的基础是否正确。

必须指出：直到今天所有的研究，都没有触及来自遗传和环境各自不同研究的结果与结论，丝毫没有去涉及有关遗传和环境问题争论的本质，同时绕过了心理学中关于遗传决定论的一些最基本的研究结论。在心理学中，对于智慧的成长与发展问题，如遗传和环境是怎样相互作用的、它们各自在智力发展中的角色与地位各是什么、智慧的本质是什么等相关问题的研究都还是停留在最初的研究结论上。

其中，前面提到的一个经验型的假设、两个被"证明了"的公理、三类"充满说服力"的佐证，成为当今天赋差异心理学大厦坚固而不可动摇的基石，成为一种根基性的结构，它作为一种不容辩解的结论牢不可破。而所有高举"遗传与环境"或"人和情境""相互作用论"大旗的心理学家们，没有一个人能够在真正否定以上带有明显遗传倾向的假设、证据和结论的基础之上，讨论遗传和环境、人和情境的相互关系。因此，一切"相互作用论"的说法，都只不过是一种回避问题实质的哲学层面上的冷处理！

要想真正解决遗传和环境在智力发展上的作用和地位问题，真正树立起相互作用论的理论地位，首先必须面对在心理学中作为公理和相关证据而存在的内容，从中找到问题的本质。

这是一项极其乏味而又无比枯燥的工作，不仅指对研究者而言，同时对阅读者也是如此，但问题的研究和分析还必须进行下去，只有这样才能彻底消除隐藏在当代心理学中不当的观念，为潜能发展心理学的研究打下良好的基础。

我们坚信，科学的发展，往往只有当认知超越了感性的层面，理性与感性开始分道扬镳时，才可能产生飞跃。

第二节　差异认识与差异的天赋归因

可以说，并不是心理学研究中具有的新进展阻碍了我们的反思与探索，而是那些存在于心理学结构中的最基本、最基础的心理学常识或研究结论阻碍了我们的前进。

因此，在真正建构潜能发展心理学体系之时，必须同时去从事一项对于多数人而言，不愿意去做的艰苦的劳动——清理潜能心理学研究不可回避的，遗存在心理学中不被人重视，但又起决定性作用的错误观念和认知。

这是一项乏味、枯燥的工作，但它是所有反对遗传或环境决定论的研究者都应去做的事，不幸的是，所有的人都绕了过去，这使得他们不可能成为真正的问题解决者，也不可能成为真正的潜能心理学研究者。

心理学要从差异研究走入潜能研究，必须要正视这些问题，并直面走过。

一、差异天赋归因的历史起源

"天赋与教养"争论中表现出来的形形色色问题，本质上都涉及显性的差异问题和隐性的潜能问题。而我们说，当代心理学本身结构上是具有"天赋差异"倾向的。得出这样的结论，首先需要追溯传统心理学天赋归因的历史起源。

(一)起源于差异观的心理学

自 1879 年科学心理学诞生以来，经过一百多年的发展，当代心理学已经建立起自己的帝国，学科全面、分支众多、内容丰富，整个心理学大厦已经有了自己完整的理论结构和逻辑外衣。

它以批判遗传决定论和环境决定论为基础，并在学科水平上强调相互作用论，这种特征成为这个学科发展最重要的标志。

人们不停地在这个大厦内添砖加瓦，不停地向前走去，如今，人们对差异的理解已经发生了完全的改变，但人们从来没有停下脚步来问一问，要不要利用这种改变重建心理学的结构，以消除过去遗留下来的不足之处？

人们不停地前行，却无法将过去一笔勾销。让人不安的是，我们一直站在过去建构的心理学大厦之上，没有人关心当代心理学大厦之下有着什么样的基础！

然而，当代心理学大厦之下，奠基着天赋差异归因的巨大条石，研究者一直站在这样一个归因心理学的平台上讨论差异的归因、差异的起源，只有当我们的双脚悬空时，我们的判断才是正确的，而每当我们的双脚落在地上时，我们的判断就会出错。

因此，回到基础，了解心理学的起源关系重大。

为了方便说明问题，我绘制了一张示意图，希望能勾勒出差异观演变的一个大致的轮廓（如图 4-1 所示）。

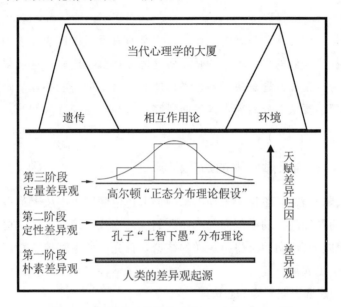

图 4-1　当代心理学的本质是"天赋差异心理学"

我们将天赋差异心理学的起源大致分为三大阶段或三个层次，这三个阶段是：朴素差异观阶段、定性差异观阶段、定量差异观阶段。

在科学心理学诞生之前，关于差异心理现象的思考和研究早已开始，这种思考源远流长，有了人类就有了对差异现象的最朴素的认识。

我们认为当代心理学是一种具有天赋差异归因倾向的心理学，正是由于它起源于人们对于差异最朴素的认识基础之上。

1. 朴素的差异人性观阶段

朴素的差异人性观阶段，在上面的示意图的最下面，是人类差异观起源的第一阶段。

可以说，天赋差异观的起源远比科学心理学和当代教育学要早，甚至要比孔孟之道还要早的多。它是最早形成的、最朴素、最直观、最根深蒂固的人性观之一。今天的天赋差异心理学正是生根于这样一种远古人们朴素的差异心理观。

自从有了人类，有了人类的思维，就有了天赋差异观。人们从日常的观察和生活接触中，一方面深刻地感受到人和动物之间存在着巨大的先天本质性差异，完全是生来如此，而不是别的。另一方面，也无法避免地感受到人和人个体之间存在着这样和那样的差异。动物之间巨大的差异来源于天赋这不用多说；就人类个体之间的这些差异，人们也同样认为是实实在在的天赋不同。

人们从一出生就存在着不同，这种不同是天生的，并随着成长而越加明显。无论是身高上的、还是长相上的，无论是运动上的、还是智力上的，无论是情感上的，还是个性上的。这样的认识成为人类的一种自然的推论，无人辩驳。

因为，这样的一种朴素的人性差异观，是一种最直观的印象，伴随着一代又一代人"亲眼所见"的观察、"亲身体验"的感受，自然而然地形成，经过一代又一代的体验和总结而越加清晰。因此，最终成为一种不可更改的人类"集体共识"深驻人心，根深蒂固地积淀于世代人群体的潜意识之中。

在这一过程中，差异的"天赋归因"思想，不仅实实在在积累着、凝固着、沉淀着，并在最广泛的社会群体心理层面上形成最为坚硬、最为牢不可破的基础。不仅仅是哲学家们、教育家们，每一个生活着的人，都不会怀疑自己的眼睛。人们以"眼见为实"来看待现实差异，并将它归因为天赋、接受这种源于先天的"东西"。人们坚信自己的感知，人们集体的共识是：人的现实差异是实实在在的，是先天不同的、是遗传获得的。不仅是"龙生龙、凤生凤"，而且是"一母生九子，九子各不同"。每个人都是独特而又不同的。人们之间的长相不同、身高不同、肤色不同、声音不同、兴趣不同、喜好不同、特长不同、智慧不同。归根到底天赋不同、遗传不同。

因此，"人生来就是有差异的""差异是天生的"，这样一个直观而又朴素的人性观，成为一种必然的结论，自然而然地植根于人类观念的深处，构成一种集体性的、顽固的、潜意识积淀，不可动摇。

可以说，这是差异观形成的第一大阶段或第一个层次。它作为一种社会心理的根基，以其最厚重的方式，深深地隐埋在当代心理学大厦基础的最下层，为当代心理学理论的发展打下了最初的、也是最无形的根基。

2. 定性的差异教育观阶段

图 4-1 上的第二个阶段。当人们的内心深处存在着这样一种明确而固定的差异观后，它自然而然地反映到最早的教育活动中去。古代的先哲和教育家把尊重这种差异视为教育的前提。而这种朴素的天赋差异观反映到教育上，就形成了最早的"差异教育观"。实际上差异教育观要比当代心理学的起源还要早，而且，这种差异教育观一直影响至今。

对今天的教育影响最深刻的应属孔子的差异教育思想。早在两千五百多年前，孔子就对这种人们普遍认识到的差异进行了定性描述。孔子对人类的智慧差异进行了总结，把人类智慧分成等级，指出人类的个体智慧之间存在着"上智下愚"的现象，弟子三千可教者不多。而且明确指出，这种"上智下愚"以及"中庸"是"不移"的，是不可改变的！而孔子的"上智下愚"用今天的话来说，就是从"智力超常"到"智力落后"的整个范围。

孔子提出的"上智下愚"不仅对智力差异的范围进行了上智下愚的两极性的定义，而且明确指出了人的智慧的两极差异，是不可改变的这样一种事实与规律。以至作为他的后人，我们直到今天还能熟记这样的名言"上智下愚不移"，并坚定不移地将它归为天赋的品质！

不仅如此，孔子由此将差异教育的观念升华到极致，从此"因材施教""有教无类"的差异教育观，以其绝对的真理、绝对的正确性，伴随着我们教育观的穿越长达两千五百多年的时空，以至当今天教育从阶段性教育向全程教育、终身教育延伸的时候，这一理论依然从头到脚贯穿其中，自始至终伴随着教育的进化！

孔子的教育思想涉及很多方面，如循循善诱、循序渐进，学思并重，知行统一，不愤不启，不悱不发，温故知新、举一反三，多闻阙疑、多见阙殆，叩其两端、学而知之，启发诱导，博约结合，学以致用等行之有效的方法千古流传，至今仍在各级各类学校的教学中发挥作用。

尤其是"因材施教"的教育观，是人类差异教育思想的代表和总结。它对人类的教育实践的影响是深远而无法估量的。今天，无论是教育家、教育工作者、还是一个普通的老百姓一出口就会引出这样的教育原则——因"材"施教、扬长避短！如果一个教育工作者连这一点也不懂的话，那他将一定不是一个合格的教育工作者。

两千五百多年过去了，即使在今天的全程教育的理论体系中，甚至也找不到一个人对这一观念提出异议。今天的教育工作者依然都是这一思想坚定不移的追随者，无论是在哪一个教育阶段（包括早期教育阶段）都是如此。

他们坚信这是唯一放之四海而皆准的真理！当今天教育出现众多问题时，人们往往想到的是，我们一定是背离了差异教育的思想，我们违背了"因材施教"的教育原则！

可以说，在这个阶段人类个体的差异有了两极的划分。这应当是差异观形成的第二个阶段，它叠加在第一个阶段形成的朴素差异观之上，同样构筑在当代心理学基础之下，成为一块关键的基石。

3. 定量的差异观阶段

如果说孔子对人类的智慧差异进行了两极性的定性分析，并提出了光芒四射的差异教育思想，那么到了科学心理学诞生前夕，1869 年，美国优生学创始人高尔顿就对人的差异、孔子所描述的"上智下愚中庸"现象进行了定量描述，并用正态分布曲线进行了解释（如图 4-2 所示）。

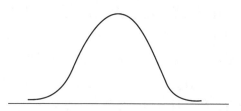

图 4-2　高尔顿的智力遗传正态分布假设

高尔顿认为在理论上，人类存在着遗传差异，这种差异以正态分布的方式表现出来，即超常（上智）的人是少数、低常（下愚）的人也是少数，正常（中庸）的人是多数，并提出了"遗传差异正态分布"理论假设和超常是遗传的等重要思想[7]。

科学心理学一诞生，高尔顿的思想和理论假设很快就成为心理学家们研究的对象。于是，最早的心理学家通过智力测量工具对高尔顿的"遗传差异正态分布"理论假设进行了大量、反复的求证，而且所有研究的结论无一不得到相同的结果——智力差异呈正态分布，证明了高尔顿理论假设的正确。与此同时，人们改良高尔顿的血亲相关研究方法，进行了大量的血亲相关研究，其结果同样证明遗传在差异中的重要作用。人们得出的结论是"血亲越近，智力相关越高"[8]。这也成了一个公理性的结论，在心理学的基本理论中存在着。

由此，高尔顿的发现被誉为 19 世纪科学史上最伟大的发现之一。从那以后，天赋差异的理论假设，智力的正态分布以及血亲越近，智力相关的研究结论，在得到一种广泛的社会心理的认同的基础上，自然而然地变成一种公理，毫无疑义地成了当代科学心理学最有分量的基石，奠基在当代心理学大厦之下，托起了心理学各学科的架构。

值得强调的是，之所以说当代的心理学本质上是天赋差异归因的心理学，是因为，在高尔顿提出差异的天赋归因理论假设以后，科学心理学诞生了，而从此，心理学体系的发展从来没有脱离过这样一种天赋归因，这样一种认知。

（二）与差异归因有关的心理学学科建设

高尔顿的发现不仅仅是一种认识更新，它事实上成就了最初心理学理论的建构。这种天赋差异观念不仅构成了当代心理学的基本骨骼框架，而且扩展到发展心理学、心理测量学、心理统计学、实验心理学、教育心理学等诸多心理学领域。

时至今天，心理学几乎摆脱不了它的阴影。没有它的支撑当代心理学大厦几乎无法竖立。

心理测量学运用它，制定智力常模，测评个体智力、给出天赋高低的判断，并明确无误地告诉人们，智力也好、能力也罢，都是存在差异的，高智商的只有少数、低智商的也只有少数，大多数是中等的。智力的高与低是天赋决定的，我们应当尊重这种测评的事实。不仅今天的特殊教育使用它、今天的资优教育也使用它。尽管今天人们反对对智力进行质量的对比，更多地关注智力的结构差异，但不同的智力同样存在着强弱的差异，区别多元智力的强弱必然避免不了使用测量工具。

心理统计学运用它，判断研究取样的科学性。今天在心理学研究中，一个不是正态分布的样本，将被视为取样问题，需要重新取样。它似乎在说，如果取样不是一个正态的差异分布，这个取样就是不真实的。可见它所依据的自然是差异正态分布理论。

实验心理学运用它，所有血亲类型的研究都是在探究遗传的贡献率大小的。无论是同卵双生子研究、异卵双生子研究、寄养研究、分养研究等从方法上都与天赋归因的证明有关。

发展心理学运用它，构成自己发展的骨架，差异性成为最本质、最核心的研究内容。不同的人有不同的特点、不同的偏好、不同的智力水平、不同的气质、不同的个性、不同的发展速度和发展方向，它们在发展过程中表现出来，真实反映了人的差异性，研究个体的天赋差异成为发展心理学重要的内容。

教育心理学运用它，把差异教育视为教育的灵魂，尊重差异、发现差异、因材施教、扬长避短，进行差异教育，成为衡量教育是否科学的最重要的标准。

超常教育运用它，为满足特殊儿童的发展需要，提供特殊的教育形式，如超常教育，将选择出来的优秀儿童放进一个特殊的教育系统，进行特殊教育。

各种教育实践中运用它，无论是选拔也好淘汰也罢，无论是给学生能力或成绩排队，还是按兴趣、爱好、特长分类，我们的依据都是它。

可以说，今天几乎看不到心理学的哪个领域没有天赋差异归因的影响。这些影响都早已转化成了公理、原则、方法、手段渗透到了心理学的血液里、骨髓里、灵魂中。而当代心理学的大厦也正是在这样一个天赋差异归因的理论平台之上逐步建构起来的。我们不能无视它的作用，也不能不承认它的存在。

这之后的一百多年里，人们不断地丰富着心理学的大厦，遗传决定论也好，环境决定论也罢，都在这样一个过程中逐步被相互作用论各个时期的理论所取代，直至今天的"个体—情境"的关系实在论。

可悲的是，当整个心理学大厦建立起来后，人们几乎忘记了那个深埋于心理学大厦基础之下并支撑整个大厦的奠基石——高尔顿遗传差异的"正态分布"理论和"血亲越近，智力相关越高"的公理，忘记了那些积淀于社会大众内心深处的天赋差异观。

人们早已忘记，今天心理学关于遗传与环境、先天与后天关系的所有讨论，实际上都是站在已经确立好了的"遗传差异正态分布理论"假设的逻辑归因上展开来的。其中两个被一再证明了的公理——"智力正态分布并由遗传正态分布所决定"和"血亲越近，智力相关越高"犹如"如来之手"掌控着一切，三类理由充分的佐证——比较心理学佐证、病理心理学佐证、发展心理学佐证守护左右。

当代心理学的大厦正是在这样一个基础上不断建立起来的。今天的遗传环境"相互作用论"也好，个体情境"关系实在论"也罢，都是在这样一个心理学的框架中展开的。谁也没有去追根求源问一问自己站在什么位置上讨论问题。

这就是当代差异心理学的起源！

二、差异认识的现实起源

事实上，人类差异观的形成还有另外一些常常被人忽视，但又不能被忽视的深层次心理原因。这些因素的参与也使得差异问题变得更为复杂。

每一个人都是不同的。今天，无论是用多样性来表达，还是用多元结构来描述，谁也不能否认差异现象的存在，这几乎是差异思想、差异理论最有力的依据。

今天的人们早已意识到，人的千变万化的多样性差异不可能通过人为的方式加以消除。无论你如何提高环境和教育的一致性，也无法做到这一点。

不可避免的差异性，几乎就是一种超出意志的客观存在。这原本确实是一种不用争辩的事实。

不幸的是，在对这一事实或现象的解释中，人们常常犯下归因的错误。人们根据这一事实对人类个体的多样性或差异性进行归因时，则很容易将差异所表现出来的这种"超出人们意志的客观存在"理解为天赋差异的存在。

人们看到了这种差异的多样性存在超出了人们的意志，于是就将它们归因于天赋。人们甚至没有意识到，超出人们意志存在的不仅仅是天赋的遗传，实际上环境的差异和教育无可避免地产生的差异影响也是超出人们意志控制范围的。

人们站在自己所处的环境视角看待这种不以人的意志为转移的多样性的存在，将环境可能的多样性影响等同于人的意志而忽视掉了。

事实上，个体超越人的意志而客观存在着的多样性或差异性，并不只是遗传的差异性或多样性的外在表现，它们还可能是因环境多样性或差异性的影响而产生。

我们承认人的多样性和差异性的客观存在，但不认同它们是人类心理现象的全部或唯一的重点。人类个体除了存在不同以外，还存在着共性；除了存在差异以外，还存在着潜能。

我们要问，心理学家们为什么如此重视和强调差异，世人为什么对差异如此的敏感呢？

回答这一问题，应当先将可能存在着的天赋的遗传差异暂且放在一边，换另一个的视角，看一看差异认识形成以及差异体验存在的其他原因。

不难发现，让人们对差异如此敏感还存在着其他因素。正是它们的存在，左右着人们对差异的认识和理解。因此，了解它们是正确认识自己所必需的。

那就是，人类个体在群体里成长的过程中，为了更好地适应环境、有效地区别群体中每一个个体时，具备了一种不断放大的差异分辨能力，这种能力使原本较小的、不起眼的差异变得明显起来，并成为一种巨大的差异。

人类群体中的个体为了有效区别不同的对象而不断发展起来的差异识别能力，使得人类对于自身差异判别的敏感性不断提高，致使原本很小的人类个体的差异，被放大到明显的水平。

这样一种心理特点，导致了人类个体对差异敏感度的大大提高，并转化成一种现实的、不可动摇的结论。然而，实际上，人类个体自身的差异和人类的共性品质相比，远远不如看到的那样巨大。

下面，我们将涉及人类差异认识的现实起源：

(一)个体辨别能力的发展对差异的放大

对于个体差异的认识，人们一直认为那完全是基于对客观对象"实事求是"的反映。但事实上，关于差异不仅存在着"眼见为实"的"事实依据"，还存在一个更深层次的心理学问题。它涉及差异感受的心理起源，这一点从来都被人们所忽视。

事实上，人们对于差异现象大小、强弱的判断是可以通过自身差异识别能力的不断发展来提高、来改变的。个体在成长过程中，可以轻而易举地将原本较为微小的差异感受成较明显的差异，这样一种能力，改变着人们对差异的认识。

对差异的识别能力与个体的差异敏感性有关，当个体差异识别的敏感性提高时，对差异的辨别力也会同时提高，进而表现为差异感受更加明显。而群体中的个体，从出生到长大，其发展中的一个最主要任务就是要不断提高差异辨别能力，从而有效而快速地识别个体和个体的不同，以便更好地适应环境。

可以说，差异辨别力，是个体的一种特殊能力，是个体适应环境必须具备的一种基本能力。个体自出生以后，最大的需要之一就是有效地区分环境、精准地区分不同的个体，以便做出快速、有效的正确判断。于是，差异辨别力就成为一种需要不断发展起来的特殊能力，这是大脑一种特异性的分辨能力。

它的发展是要解决对经常接触到的相似、相近的对象进行高效地辨别，形成最敏感的识别模式，以便从这些相似、相近的对象中有效、容易、快速地区别出对象的不同，找到自己要找的对象。

实际上，这种能力在专门的领域中还可以专门培养，最典型的如我们的香料调配大师、品酒师、调色师等，他们在自己的领域中轻而易举地分辨相似、相近对象的微小差异，将它们放大到明显水平，形成一种独特的识别能力，达到一种常人无法达到的境界。

一个让普通人看来不可思议的事情，对经过专门训练的人而言则很容易。其原因就在于，他们发展了一种高度敏感的分辨能力，使用对普通人而言难以分辨的差异，对他们来说变得非常明显、非常容易。

事实上，在分辨经常接触到的人物和事物时，所有的人都存在着这样神奇的能力。如对人类不同个体微小差异的分辨力是每个人从一出生就开始发展的一种能力。从个体层面上看，人类存在着个体的先天差异，这一点不容否认，但相对人类的共性而言，这些差异并不算大。尤其对于刚出生的孩子而言，在她们的眼里周围的一切似乎都很相似。为了更好地在人类群体内部进行有效的区分，人们必须发展出一套敏感的差异分辨能力，这种分辨能力必须具有放大功能，使得个体在一个群体中进行差异分辨时变得更加容易。

具体而言，由于人类本身的相近、相似，新生儿一出生就必须快速地发展出一套识别亲人和陌生人的能力来，这是安全生存的需要。

孩子刚出生，差异的辨别力很差，无法清晰地区分周围的事物，这时，差异辨别力就成为一个重要的发展内容。伴随着成长，逐步形成了辨别父母与陌生人的能力，这在出生后的 8 个月左右，到了 1 岁左右孩子可以轻而易举地分辨出上百种对象来。这之后，随着他接触的人物、事物越来越多，对不同人物和事物的辨识需求也就越来越大，辨别力也就发展的越来越强，最终到能够轻松地分辨出他见过的所有人和所有的事。

需要强调的是，在个体的成长过程中，个体不需要对群体中不同个体的共性品质进行辨别，唯一的需要是区分出不同和差异来。于是群体的共性退到了背景之中，个体的差异性走到了前台，并被不断增加的差异辨别敏感性而放大，使得人们能够很容易地找出个体之间的差异来，这对个体在群体中有效地生存非常必要。

但必须指出，这种差异的放大是有选择性的，是与个体成长所处的环境相关的。在亚洲长大的孩子，对分辨亚洲人种的差异具有更强的能力，欧洲长大的孩子对分辨欧洲人种的差异具有更强的能力。相反亚洲人或欧洲人，没有在成长期中大量接触不同区域的人种而表现出较低的差异识别能力。如没有接触过亚洲人的欧洲人，第一次见到亚洲人，会感觉到亚洲男人或女人都一样，相反，亚洲人会觉得很难区分欧洲人。

这种现象存在于各个方面。例如，早期接触不同的文字符号，形成的分辨力就会不同，小时看中国字的，长大后就不觉得方块字很难辨认，但对其他文字的分辨力就不高，分辨难度就很大，表现为学习困难；相反，小时候接触英文的，对英文的分辨就没有障碍，而对其他文字如中文字的识别就会存在极大的困难。这时，我们眼前往往是一团相似的符号，怎么也无法快速地区别它们之间的差异，事实上这时我们看到的更多的是这种符号的共性特点。如我们和动物接触的量远远小于和人接触的量，我们也不存在一种任务要明确地区分它们中的每一个个体，当我们看到一群羊或一群牛时，并不会立刻辨别它们之间的差异，反倒会认为它们是"一群羊""一群牛"，它们很相像。这时，羊或牛的共性品质走到了前台，差异性则退到了幕后。正像一个从不喝酒或抽烟的人，让他喝酒或抽烟，所有的品牌对他而言好像一个味。这个味是一种共性的品质，而经常喝酒或抽烟的人就会发展出一套识别能力来。这种共性与个体的转换，反映着差异识别能力的不同。

人类为了有效区别不同的个体，不知不觉地在接触不同人物时，发展出了一套识别不同个体差异的特异能力，这种特殊的能力像是一个电子放大镜植根于每个人的大脑，构成我们视觉的一个部分，随着个体的成长，越来越敏感，越来越强大。当人类完全将差异作为识别的对象，把对象的共性品质忽略不计时，自己并不会认为是这种强大的识别能力具有放大对象差异本领，我们是戴着一副高倍数放大镜在观察我们的对象这样一个事实。

所有人都会理所当然地认为，自己所看到的差异是对象的真实差异。正所谓"眼见为实"，人们相信自己亲眼所见。

正因为如此，我们坚信差异是个体最明显的特征，存在于个体身上，这时对象的共性品质几乎完全退到了背景之中，被人们忽略不计了。

正是这样一种差异心理识别能力的高度发展，进一步强化了人们的差异观。它的形成原本是群体中的不同个体因为需要有效地相互区别，从而在感知上淡化了群体的共性品质，单一而有针对性地发展了精细差异辨别能力，以至于在同一个群体中，个体辨别差异的能力被推向了极致的水平。这种被放大了的个体差异连同个体在社会化过程中逐步形成的现实差异混合在一起对人类的认识产生了强烈的影响，被人们毫不犹豫地归因为天赋品质。

(二)个体感受器的适应——人们忽视共性的原因

对于差异如此的重视，不仅仅存在以上的原因，还有一种人类的品质需要讨论。人类作为生物群体中的一员，同时存在一种生物属性，即感受器的适应性。

感受器的适应是动物界包括人类在内的生物一种普遍生理现象[9]，是指当同一种刺激长期存在时，个体会逐步降低对这一事物的敏感性，最终不再感受到它的存在。如久闻其香不知香，久听同一种声音，慢慢不会感到它的存在。而这一特征恰恰使得人们对人类的共性品质产生了视而不见的效果。天天看到的人，其共性的特征不再被识别，如人们不会强调你有眼睛、鼻子、嘴巴、耳朵等相同的东西，只会去关心不同之处。正所谓"不识庐山真面目，只缘身在此山中"。

在人们共同生活的过程中，感受器的适应使得人类的共性品质逐步地退到了背景之中，消失在人们的视野里，从而反衬出更加明显的差异性来。这种特性，使得人们有可能更好地进行差异识别，从而对于周围的人或事处于敏感的状态。

无论是人们不断发展的差异识别能力，还是个体感受器的适应性，两者从不同方向都起到相同的作用。即一方面降低相同性的感受性；另一方面提高差异性的感受性。这就是我们的感官。

正是我们的感官以特殊的方式，帮助着我们确定了对差异的特殊关注。而这种关注，又以一种特殊的方式影响着我们人类对自身差异的判断。

(三)个体的自我差异化过程——行为作用

人们在成长过程中，不仅通过差异识别系统的放大提高差异辨别的敏感性，每个个体还具有人为地自我放大个体差异的特征与行为。

为了追求个性的不同，呈现出自己独一无二的品质，人们往往通过不同的方式来实现差异化。

差异化的服装，人们从头到脚进行差异化的追求，不同的鞋帽、不同的服装，从颜色到款式都希望达到最大的区别性，这使个体之间的差异化更加明显了。

差异化的装扮，人们理不同的发型、留不同的胡子、化不同的妆、用不同的香水，目标也是为了更好的突出自己，使自己与众不同。

差异化的饰物，人们戴不同的手表、不同的首饰、不同的项链、耳环，甚至不同的眼镜希望使自己更加出众，进一步加大个体的差异化特征。

这一切都使得原本经历心理成长而形成的有效差异辨别力，更加容易辨别出差异来。

而整个社会都在为这种差异化进行着各自的工作，提供着各种类型的服务。今天我们能看到的服装市场、鞋帽市场、美容市场、装饰市场、几乎一切与人类生活有关的领域都在提供着人类个体差异化的服务工作。

(四)对差异现象直接比较形成反差——心理作用

对差异的天赋认可，还源于人们往往就差异现象或差异结果进行直接比较而形成巨大的反差所致。

在现实生活中，在各行各业中，都存在着极少数极为出类拔萃的精英，他们具有常人不具备的超乎寻常的特殊能力。普通人和他们之间的差距实在是太大了，通常，普通人通过比较，会普遍认为那些精英所达到的境界自己根本无法达到，不是常人所为，因而往往会站在自己的视角，自然而然地会推测那些精英们一定是禀赋异常的天生之才。

然而，这种在结果之间的比较，往往会忽视一个最为重要的事实，那就是过程比较。人们往往忽视了那些精英们在成长为精英的过程中，他们所付出的劳动、血汗，这些付出的代价几乎不被人们提起。

实际上，普通人和精英们的最大区别在于朝向目标所付出的代价和努力的差异。如果任何一个普通人能够像他们看到的精英一样，有着早期同样的经历、获得同样的机会，从一定的年龄开始接受训练，并付出同样的代价，一定也会达到常人意想不到的水平。

高尔夫世界名将老虎伍兹曾说过，如果其他人能和我一样每天挥杆六千次，他也能成为高手。同样，我们和台球神童丁俊辉相比，如果你可以每天坚持训练八小时，你一定不再会像常人一样看他；如果你能像郎朗一样从小开始，每天坚持八小时的钢琴练习，你也会走到精英的行列。也许你们之间还有差异，还存在距离，那一定是一个竞争的距离，一个可以进行比较的差异。

我们常常在比较中，忘记了别人的汗水和劳动，忘记了别人的挫折与艰辛，常常梦想自己一夜成名，但又觉得并不现实，只好将自己视为凡人，将成功的人视为天才。给自己找一个台阶，一个理由。

三、个体在差异环境中的分化

当然，以上谈到的种种关于差异的心理起源，都不能完全解释个体真正存在着的实现差异。不管我们的感受器将差异放大了多少倍，但现实的差异仍然不可避免。而导致现实差异产生的最主要原因仍然是个体成长早期的环境因素。

在个体的发展早期，环境对个体极易产生影响，不同的环境和教育自然带来不同的影响，导致不同的变化。环境和教育不仅影响到身体的差异，如身体强壮与身体虚弱、胖瘦差异、身高差异、饮食习惯的差异，更影响到行为和心理的差异，如形体语言、表情差异，兴趣的差异、爱好的不同、知识结构的差异、发音的差异等。这些差异随着成长逐步成为一种不可忽视的客观存在，强化了人们的差异意识。慢慢地人们忘记了差异形成的原因，将看到的这种差异归因于天赋的差异。

在差异环境中职业的差异化影响作用也非常之大，为了满足不同职业的需求，人们会朝向不同的方向，选择不同的职业，相反，不同的职业又以它独特的方式影响着人的差异化。军人会形成军人独特的风格、医生会形成医生的独特风格、教师会形成教师独特的风格。总之，由于行业或职业的差异，会影响到一个人的不同发展。

以上种种，都是天赋差异观的另类心理原因。这些因素一起构成了作为学科的心理学的归因倾向。在这样的一种心理认知基础上，人们展开了长期的天赋与教养之争、先验与经验之争。然而，这种争论从一开始就是各说各话，并非针对同一个命题。

下面，我们将进一步地讨论这些问题。

第三节　遗传和环境之争——"两因素影响论"

每个时代的心理学家，都受到所处时代哲学思潮的强烈影响。这种影响不仅体现在研究的指导思想上，也体现在具体的研究形式上。

在"科学心理学"诞生之后，心理学研究者从先哲们的手中接过"天性与教养""先验与经验""先天与后天""遗传与环境"在人类发展中的作用这一千古命题时，机械唯物主义的哲学观就深刻地影响了心理学家对这一问题的思考和回答。这种影响以极大的惯性一直持续至今，并以一种非常独特的模式固定下来。

回顾历史，能够清楚地看到，在整个心理学形成和发展过程中，最基础、最核心、最内在、最本质的争论，源于有关人的心理或智力起源的"两因素影响论"的逻辑命题。

这一命题，使得人们必须对是"天赋"还是"教养"、是"先天"还是"后天"、是"遗传"还是"环境"这两种因素进行轻重权衡，是非判断，取舍选择。在这一前提下，这两大因素如何影响心理或智力发展的问题，如同一个魔咒，世世代代地左右着人们对它的回答方式。于是乎"孰是孰非""孰大孰小""孰轻孰重""孰有孰无"的争论，就一直似幽灵般如影随形、片刻不离地缠绕着我们，并导致一种特定的思维模式，以至于人们将这一问题归结为发展心理学中最根本性的基础理论，并得到了广泛的认同。

这种特定的思维模式的本质，就是把遗传和环境看成两个独立影响智力或心理发展的要素。认为智力或心理发展，可以分成遗传影响部分和环境影响部分，两个部分独立地影响着智力的发展，有着不同的贡献。而它们影响之和就构成整个智力结果。

用公式表达就是：智力发展＝遗传＋环境。如图 4-3 所示。

在两个因素的"加法原则"的前提下，自然而然产生了一种公式化回答问题的方式。

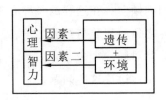

图 4-3 遗传、环境作为两种独立的影响因素

1. 研究动机上，总想证明遗传或环境对智力发展各自独立作用的相对比例或决定性。

2. 研究方法上，或采用"非此即彼"的排除法，用肯定一方的作用来否定另一方的作用，如"如果是遗传则非环境"；或采用证明"此大则彼小"的比重法，对遗传和环境进行遗传作用大则环境作用小，环境作用大则遗传作用小的推论。

其中，对于心理或智力的影响，由于遗传和环境之和为 100%。因此，余下的问题就是，到底遗传占百分之多少，环境又占百分之多少？如图 4-4 所示：

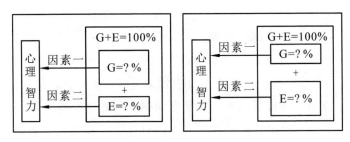

图 4-4 遗传、环境此大彼小关系图

或者是，到底是遗传在起作用，还是环境在起作用？如图 4-5 所示：

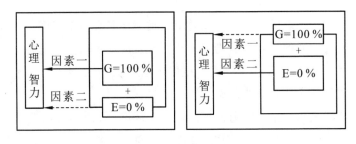

图 4-5 遗传、环境孰是孰非关系图

但是，无论上述何种模式，可以说，由于缺乏辩证唯物主义和历史唯物主义的思想指导，这类研究，从它诞生之日起就极大程度地限制了人们对心理或智力发展问题进行多样性回答的可能性。

事实上，随着时代的发展和研究的深入，人们越来越清楚地意识到了这一点。我们无法从现实的心理发展水平中，区分出遗传和环境"孰大孰小""孰是孰非"这两个影响因素来。对心理或智力的起源与发展水平，用遗传和环境两种影响因素来分析，从命题的提出开始就存在着极大的问题，而且这种区分在研究上根本无法进行。

今天，这种希望从智力或心理发展的表型中，区分出遗传和环境各自独立影响的部分的研究方式，受到了极大的怀疑和指责，人们首先用"遗传和环境究竟如何相互作用"的问题取代了传统的问题。

人们将"两种独立影响的因素"改变成"两种相互作用的因素"，来分析并理解心理或智力的起源与发展，在思路上有了极大的突破，受到人们极大的肯定。

可以说，在当代心理学的基本理论层面上，遗传与环境"相互作用"的理论，作为一种关于解释遗传与环境关系的基本理论，已经被大多数心理学家公认为是最符合唯物辩证法的科学理论，也是反对遗传决定论和环境决定论的重要思想武器，我国心理学家普遍接受并坚持这样的观点[10]。

但非常遗憾的是，人们在思想上的认识并没有真正带到心理学的实践研究中去，它仅仅停留在基本理论的层面上。实验研究中"两因素影响论"的影响仍然异常顽固，人们仍然就"孰是孰非""孰大孰小"问题相持不下。无论是测量研究、血亲相关研究、成熟研究，还是环境剥夺影响研究等，都在各说各理。

仔细深究就会发现，更大的问题在于"相互作用论"的思维模式并没有沿着正确的道路前行。人们虽然提出了遗传与环境相互作用论的观点，但在具体研究上，心理学研究者并没能摆脱"两因素影响论"的逻辑框架，没有脱离"两因素影响论"的陷阱，而是鬼使神差般地驶回了古老的思维轨道，继续在"两因素影响论"这一古老命题的基础上，展开"相互作用论"的讨论。就如同在遗传差异天赋归因的基础之上，建立当代心理学的大厦一样，只是把讨论从"两种相加因素"变成为"两种影响因素"（如图 4-6 所示）。

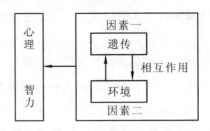

图 4-6　遗传、环境作为两种影响因素的相互作用

"两种影响因素"的相互作用和"两种因素"的相互作用，说法上的片句之差，其含意就根本不再相同了。而重点就在"影响"两字上。

前者"两种影响因素"意指在心理发展之外存在着两种而不是一种"影响"因素，它们的相互作用导致了第三者的发展——心理发展。换言之，就是说遗传和环境这两种影响因素都是独立于心理发展之外的因素。

后者"两种因素"则指心理发展是两种因素相互作用，如内因和外因的相互作用，其中一种因素是内在因素（如图 4-7 所示）。

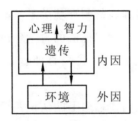

图 4-7　遗传、环境作为内外因的相互作用

事实上，在心理或智力发展问题上，把遗传和环境这两个性质不同、来源不同、角色不同、作用机制不同的因素，看成两个可以相互比较的独立影响因素，置于同一个比较系统中，企图用同一尺度去衡量它们作用大小的做法，从研究上就根本行不通。

这种将遗传因素从生命现象自身剥离出来，并把其视为一个像环境那样可以完全独立于生命以外的"影响因素"来看待，并与环境因素放在同一个坐标系统里，与环境影响因素进行比较与对决，使研究一开始就不再可能。

不可思议的是：一种从一开始就无法进行的研究，千百年来人们又是怎样神奇般地一直争论着、研究着？而且在心理学中有着大量的研究结果与结论。我们的兴趣在于这种明明"不可为而又为之"的研究到底做了什么？

要想真正搞清这一问题，正本清源，必须超越许许多多新老理论与学说的障碍，不管今天的心理学走了多远，也不管这个问题有多原始、多么的老掉牙。我们都需要再重新来过，追根求源、回到起点，回到那个早已远离人们视野，不再争论，不再关心，但又没有最终结果的这个最基本问题上来。把"两因素影响论"作为研究的基础，作为起点。

遗传和环境的关系，可以说是科学心理学大厦最最基础的问题。对这一问题重新认识，并沿着这一基本问题前行，是寻找解决心理学所有遗留问题的关键。

当我们试图进一步确切地了解，人们在对是"遗传"还是"环境"这两个影响因素问题的回答上，到底在回答什么，又到底是怎样回答的，便能发现许多更加有趣的现象。

细致深入研究发现：在所有有关遗传和环境关系争论的回答和答案中，事实上根本找不到与问题提出真正相符的回答。所有的回答要不就"所答非所问"，要不就是"偷换概念"错误的推理，要不就是明知研究结果存在疑点，还是直接接受假设获得结论，采取"知错犯错"的做法。

人们真正回答的并不是遗传和环境"孰是孰非""孰大孰小"的问题，更没涉及两种因素如何相互作用的研究，而是经过了转化，将其改变成了另外两类问题。

这两类问题是：这种遗传和另一种遗传哪个重要？或这种环境和另一种环境哪个重要？

分析总结各种言论、观点和研究，我们可以将决定论者的研究和回答，归结为四个层面上问题的交叉、混淆、错位与转换，这些关系的错综交织，使得原本就存在困惑的问题更加复杂，让研究者剪不断、理还乱。而这四个层面是：

——种系与个体关系的层面（包括群体与个体、共性与个性）；

——历史与现实关系的层面（包括进化与个体发展、原因与结果）；

——比较心理学的层面（包括动物比较心理学、病理比较心理学）；

——哲学与心理学层面。

下面，就从这几个方面来揭示遗传或环境决定论者是如何回答这一问题的。

一、答非所问——决定论的戏法

千百年来人们关于遗传和环境之间的争论，从来就没有真正地交锋！人们所研究的都仅仅是一个单独的因素，或是遗传，或是环境。而且是各说各的理，公说公有理，婆说婆有理，本质特点是答非所问。

可以说，没有一个结论是在遗传和环境这两个因素真正的相互比较中，确立起自己的决定性地位的。没有一次争论是在遗传和环境关系之间展开的。每一次的争论都存在着自己的潜在争论对象，即遗传和遗传争，环境和环境比。

(一)潜在的参照系

我们要问：决定论者们到底做了什么使得这场争论维持了数千年之久？一句话，无论是遗传决定论者，还是环境决定论者都是利用潜在的比较系统，转换比较内容、偷换比较概念。这是决定论者最常用的手法。

1. 遗传决定论——利用潜在的遗传差异对象作为比较系统

事实上，强调遗传作用的人，往往是在对不同遗传素质差异进行比较后，获得遗传重要性结论的。他们的争论中并没有真正涉及与环境因素的对比。

那么这种比较又比的是什么呢？可以说，这种比较是遗传与遗传的比较，它出现在不同物种之间遗传因素的比较，也出现在不同个体之间的遗传因素的比较。下面将做进一步说明。

例如，遗传决定论的代表人物之一霍尔有一句名言"一两遗传胜过一吨教育"[11]，被人们普遍视为极端的"遗传决定论"的观点而加以批判。但霍尔此话的意思到底何在？根据又从何而来？通过分析，我们认为霍尔至少在以下层次上表达了自己的意思，于情于理，是可以让人接受的。

第一，在物种之间，就人与动物相比而言，并以人的发展标准为衡量标准，那么再聪明的动物，也不可能因受到人的教育而达到人的状态。这种情况下遗传的作用是不用争论的——人的遗传胜过动物的遗传，表现为"一两遗传胜过一吨教育"！

第二，在人的个体之间，准确地说是在正常与异常之间，一个先天愚型的儿童，通过教育上再大的努力也塑造不成天才。这种情况下，遗传的作用也是不用争论的。

以上两点是当相互作用论者希望描述遗传的作用时，常常会列举的例子。

第三，从文学比喻的角度看，"一两遗传胜过一吨教育"这句话，突出强调了遗传基因的重要性。别看小小的"一两"遗传，它却是千万年来人类世世代代和环境相互作用的产物，它浓缩着人类进化所有的信息，是生命运动长期历史发展的产物与结晶。霍尔把千万年人类和环境的关系用"一两遗传"来比喻，把一代人的环境影响用"一吨教育"来比喻，两者相比，结果不证自明，当然是世世代代的环境影响导致的结果——遗传大于一代人的教育结果。霍尔通过这种比喻强调了进化的重要、人类发展史的重要。

事实上，今天我们知道，遗传基因存在于细胞核中，主要成分是叫脱氧核糖核酸(DNA)的化学物质。它以碱基配对的方式储存着大量的遗传密码。它实际的分量远远小于"一两"，以至于它的存在都无法用肉眼看到，但它却在生命现象中发挥着神奇而又强大的作用。

从这三层意思上，我们看不出遗传决定论者的极端，反而会认为其强调了遗传作为心理发展的生物前提的重要性，言之有据，言之有理。

如果仅仅到此，我们似乎可以接受遗传归因论的结论。但是，做出遗传的作用比环境的作用大或遗传是决定性的因素这样的结论为时过早。这中间存在着明显的问题，那么，它的错到底在哪呢？

我们认为，它的错误在于遗传决定论者用于举例相互比较的对象都不是环境，并不是在讨论遗传和环境哪一个因素更重要或起决定作用的问题，而是在讨论这种遗传和那种遗传哪一个更重要的问题，是这种遗传因素和那种遗传因素之间的比较。

比较的结果是在某种品质上，如智力品质，这种遗传因素比那种遗传因素重要，但根本不能推出遗传比环境重要的结论。对霍尔的这句话可分两个层次进行分析。

一是在动物比较心理学水平上展开的遗传性比较。

在人与动物相比较的基础上，霍尔的话其真实意思的解读应当是："人和动物相比，人的'一两遗传'比动物的'一两遗传'有着更大的先天优势(这里存在着一个潜在的比较对象：动物的'一两遗传')。给动物一吨教育，也无法达到人类的智力。"

这里"一两遗传"指的不是单一的人类遗传，而是一个比较意义上的遗传，即动物和人类的遗传相比，由于人类的进化，导致了比动物更强的遗传，给动物一吨的教育，也达不到人类的一两遗传在自然发展中所起到的作用。反过来说：人和动物相比，以人的发展作为比较标准，那么，人类的"一两遗传"导致的发展，要胜过给动物一吨教育引起的变化。

二是在正常个体与病理个体之间展开的遗传性比较。

例如，"一个先天耳朵失聪的孩子再怎样教育也不可能成为一个歌唱家"。遗传决定论者是希望强调和环境相比，遗传的作用更大。但实际上，他们比较的对象并不是环境，而是另一个潜在的遗传个体，即有遗传缺陷的孩子与着正常遗传基因的孩子相比。结果是先天有遗传缺陷的孩子，不如先天遗传因素正常的孩子。这里所比较的是"先天遗传缺陷"与"先天遗传正常"两大因素，并没有直接与环境相比的过程。这种相互比较的过程可以通过简图加以表达，如图4-8所示：

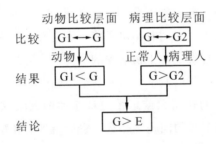

图4-8　遗传和遗传比较，遗传比环境重要

图中，G是人的正常遗传，G1是动物的遗传，G2是人的病理性遗传，E是环境。

整个比较过程是，人的遗传与动物的遗传或人的正常遗传与病理性遗传相比，正常人的遗传作用优于动物的遗传或人的病理性遗传。

这种比较结论无可置疑，反映了遗传的差异和不同。但不可思议的是，人们却据此得出了人的遗传作用大于环境的作用的结论。之所以出现这种情况，是由于人们从遗传和环境谁更重要的问题出发，通过不同遗传质量的比较，经过概念转换，得出遗传比环境重要的结果，进而得出遗传决定论的结论。这是过程利用了其他遗传品质作为比较系统，偷换了概念，显然是错误的。其比较过程并没有错，错在由比较结果到结论的推论中。

环境决定论也是如此。

2. 环境决定论——利用潜在的环境差异作为比较系统

强调环境作用的人也是一样，往往是在对不同环境的差异进行比较后，获得环境重要性结论的。他们站在个体发展的层次上，比较不同的环境条件下个体发展的情况。强调的是环境质量的差异。例如，良好的教育远远胜过不教育或差教育；在剥夺环境中的孩子智力低下，而在丰富环境中发展起来的孩子智力要高得多。

他们具体比较的是①丰富环境与贫乏环境；②自然环境与教育环境；③刺激环境与剥夺环境下个体发展的差异。

相互比较的过程也可用图 4-9 示意如下：

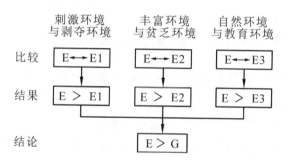

图 4-9　环境和环境比较，环境比遗传重要

图中，E 代表刺激环境、丰富环境或教育环境，E1 代表剥夺环境，E2 代表贫乏环境，E3 代表自然环境，G 代表遗传。

他们从天赋还是教养问题出发，通过不同环境质量的比较，如刺激环境与剥夺环境相比，丰富环境与贫乏环境相比，自然环境与教育环境相比，却得出环境比遗传更重要的结果，从而导出"环境决定论"的结论。很明显，这是典型地利用了其他环境质量差异作为比较系统而导致的错误结论。

通过以上两个案例，可以看出，所有证明了遗传作用的研究，都不是在与环境作用的比较中获得的；而所有证明了环境作用的研究，也都不是在与遗传作用的比较中获得的。两者都借助了另外一个可供比较的、与自己同类的潜在的参照系统来讨论问题，并把由对同类可比问题的比较结果，偷梁换柱般地转换并归因为遗传和环境的比较，从而获得各自的研究结论。

实际的研究过程如果再概括一下，可由简图说明，如图 4-10 所示：

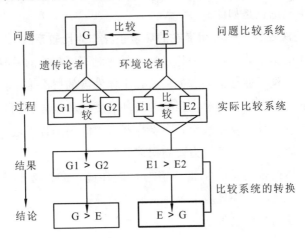

注：其中 G 为遗传，E 为环境

图 4-10　遗传与环境关系实际研究过程示意图

通过简图，可以清楚地看到，在讨论遗传和环境"孰是孰非"时，实际上人们在独立地讨论着两个不相同的问题。

人们从是遗传还是环境作用大的论题开始，转而进入这种遗传和那种遗传的比较，这种环境和那种环境的比较，最后又将各自的比较结果再一次转化成遗传和环境关系的比较结论，经历了一次偷换概念的过程。

人们并不是在争论是"种子"（遗传）重要，还是阳光、雨露、土壤（环境教育）重要，这样本身就非常荒唐的问题。人们实际在回答这样两个问题：

一是对于某种环境而言，哪一种种子（遗传）更适合或更好？

二是对某一品种而言，哪一种环境更好？（是"靠天收"好？还是科学种田的好）

而对这两个问题的回答，人们各有各的理，出现两种完全相反的决定论就不难理解了。

对"潜在比较系统"的揭示有助于我们更清楚地找到遗传和环境问题之争的错误根源。

但是，还应当清醒地看到：遗传和环境问题所引起的困惑，不仅仅是方法学上使用错误的比较系统而获得结论。导致不同学派之间激烈论战的另一重要原因，是人们认识上的偏差引申出的错误推理。

（二）研究层次的错位

在遗传和环境的争论中，人们除了使用潜在的参照系以外，再一个突出的特点就是：两个层次上的错位。这两个层次一个是种系层次；一个是个体层次。

其错误特点是，人们往往站在种系的层次上说个体层次上的问题。反过来又站在个体层次上指责种系层次上的看法。

人们在这两个层次上的讨论，在某些点上的交叉、混合，导致了今天心理学基础理论的起源与发展的困惑。如图 4-11 所示：

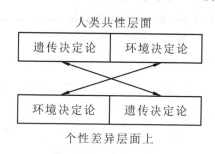

图 4-11　两个层次上的概念转换

从图 4-11 中可以看出，种系和个体两个层次上的概念互换，是遗传论者强调遗传作用的重要手段。

例如，人们常常借助的民间广为流传的俗语"龙生龙，凤生凤，老鼠生儿会打洞"来比喻个体的差异，这其中就产生了层次上的错位。

民间的这句话，常常是用来形容不同家庭的孩子之间的差异，并强调这种差异如同龙、凤、鼠之差一样是命中注定的，不可改变的。仅从表面上看，这个比喻非常生动，很容易给人以言之有理、难以辩驳的感觉。

当个体与个体存在较大差异时，人们常常会引此话来证明，差异的先天性，不可改变性。龙生的就是龙，凤生的就是凤，这就是人的差异，人的命！人们习惯于将人的智力差异看成遗传赋予的、命中注定的。"龙种"生"人龙"，"凤种"生"人凤"，"鼠种"生"人鼠"！

我们先不去讨论这句话广泛流传的社会心理集体潜意识的基础，仅从这句话的逻辑结构去分析就可以看出问题。

只要仔细地想一想，就会发现在这句话的比较系统中，同样偷换了概念，把两个不同层次上的概念混在了一起。即把对种系之间的本质差异理解，转换到了种群内部的非本质差异的理解。

这就是利用物种层次上，不同种系因进化而导致的巨大而又明显的遗传本质差异，作为遗传决定论的逻辑前提，来进行同一种系内的不同个体差异的推论，进而得出种系内部个体之间的遗传差异如同物种之间的遗传差异一样明显的结论。

这种推论，将人类个体之间的非本质差异比作物种之间巨大的遗传本质差异，明显改变了种系内部个体差异的性质，否定同一物种的共性，犯了严重的逻辑错误。这里不仅用了潜在的比较系统，更特殊的是用物种之间的比较结果推论一个种系内部的现象，造成了物种群体内部个体差异的巨大放大和扭曲效应。

事实上，"龙生龙，凤生凤，老鼠生儿会打洞"这句话，是一个"比较生物学"上的结论，比较对象是"这种动物"与"那种动物"。

这句话原本没有任何问题，它本身就是一个完整的逻辑推理，前半句"龙生龙，凤生凤"是前提，后半句"老鼠生儿会打洞"是逻辑结果。由龙生龙，凤生凤推论出不同的物种的差异性是不可改变的，如老鼠生的儿子，永远不会变成龙或凤，只能是只会打洞的老鼠。

进一步分析民间的这句话有两层意思：

第一层含意，不同物种之间存在着明显的遗传本质差异。龙生的是龙，不可能生凤；凤生的是凤，不能可生龙。龙、凤、鼠的差异是在进化过程中形成的先天的差异，是遗传的差异，是与生俱来的差异，环境不可能改变。

第二层含意，同一物种之间存在着明显的遗传共性。龙生的都是龙，龙和龙是一样的；凤生的都是凤，凤和凤是一样的；老鼠生的儿都一定会打洞，因为它们都是老鼠的后代，都有一样的能力特征。每一物种的共性特征是不可改变的。

于情于理，从这句话的本意来看也是可以接受的。如果将整个句子稍作改变，将人作为推理的对象来替换掉老鼠，那么合理的逻辑推理应当是："龙生龙，凤生凤，人类的孩子会创新。"一句话，推出的应当是人类的共同品质，是共性特征才对。无论是推出人类的孩子"有智慧"，还是"会说话""会学习""会创新"，都应当是人类的共同特征，根本无法推出人类个体之间的差异如同龙凤之差来。

　　人们很少重视对第二层意思的解读，但这层意思极为重要。我们不能拿"龙、凤"的本质差异，来描述人类个体与个体之间的差异，更不能将不同物种各自的共性品质，随意转换改成人类个体之间的个性品质。也就是说我们不能因为"龙生龙，凤生凤，老鼠生儿会打洞"，而推出人类的后代个体之间的差异如同龙、凤、老鼠一般，这种由物种层面上共性的比较一下推理到种群内部的个体差异，是一个跨层次的概念转换，是把个体之间的非本质差异上升到了不同物种之间的本质差异，这种层次上的跨越在逻辑上是一个严重的错误。

　　再进一步，人们之所以用此来形容人类个体之间的差异，并且这样容易受到人们的认同，主要源于人们内心深处的潜在的差异的天赋归因意识，正是这种潜伏于人们内心深处的天赋差异归因意识，早已将说者与听者的认识统一起来，才让人们不知不觉、理所当然地利用并接受用物种的差异来形象地说明人类个体之间的差异。因为，在人们的内心深处，人们的差异观念是完全相通的。

　　例如，人们常用"天下没有两片一样的树叶"来强调差异的客观性，提醒人们在教育中重视差异的存在。

　　对于此话，人们普遍的潜在解读是具有遗传决定论的倾向的。但是，这句话实际上涵盖了物种之间的遗传本质差异与物种内部的个体非本质差异。因为，不仅天底下不同的树种的树叶并不相同，而且同物种不同树木之间的叶子也不相同，更重要的是同一棵树上的叶子也不相同。

　　如果说，不同树种之间叶子的差异是遗传决定的，那么，同一棵树上的树叶的差异则无法通过遗传差异加以解释。

　　这样一种现象原本不会成为遗传决定论者的武器，但在教育界这句话却常常是我们听到的不可辩驳的一句话。这再一次说明，在人们的内心深处存在着一种潜在的遗传归因倾向。

　　那么，这种潜在倾向性的归因意识又从哪里来的？除了在上一章谈到的差异心理学的起源中可以获得部分答案，还将从下面的进一步分析中看到更多的问题。

二、双向归因——决定论的选择

　　为了深入剖析人类在"天赋与教育"问题上的潜在意识倾向，必须再从另一个视角来看"是遗传还是环境"的争论。

实际上，从古至今，对于"遗传与环境""先验与经验"的争论，并不是在一个坐标系里进行着的，一直还存在着两条并行的讨论路线。揭示这一点，对认清今天我们在心理学和教育学的研究与实践中，遇到的一切难题都会有所帮助。

这两条并行的路线是：

一条是围绕着"人类知识"的来源是"先天"还是"后天"的理解与争论；

一条则是关于"人类差异"（包括人类与动物相比和人类个体之间相比）来源于"先天"还是"后天"的推测与判断。

这两条线索在人们的内心深处一直是拧在一起的一股绳，从来没有拆开过。但可笑的是，它的末端却是两个不同的问题。

一个是人类知识或经验的起源；一个是差异的起源。正是这样两个问题的交织，常常是遗传与环境问题、天赋与教养问题剪不断、理还乱的重要根源。因此，我们必须将它们拆开，区别对待。如图 4-12 所示：

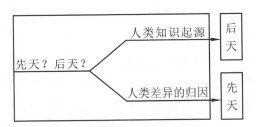

图 4-12　人类知识与差异起源的双向归因

(一)关于人类个体知识或经验起源的争论

在心理学中，关于人类个体知识起源的争论一天也没有停止过。先天遗传与后天习得，是天赋还是教养？是先验还是经验？在历史的不同时期一直是哲学家、思想家和心理学家争论的内容。有人主张经验先天存在，有人强调经验后天获得，众说纷纭，各执一端。

从古希腊哲学家德谟克利特的原子论到亚里士多德的经验主义，主张人的本性是可以改变的，教育可创造第二个性，而能力是由练习得来的。他们的思想被霍布斯、培根、洛克、伏尔泰、霍尔巴特等后人继承并发扬，其中，经验主义代表人物洛克在其所著的《人类理解论》中开篇就将观念是与生俱来还是后天习得的问题视为一个本质问题，他著名的

"白板论"实际上强调的是人的心灵中不可能有什么天赋的东西，知识不是先天就有的，人的心理生下时好比一块白板，上面没有任何记号，只是由于后天的经验，才在这白板上留下了痕迹[12]。洛克的思想被后人贝克莱、休谟、哈特莱、布朗等人继承和发扬，并被联结主义的桑代克及行为主义的华生、斯金纳发展到极致。华生的著名言论一直是心理学的著作中可以找到的内容："给我一打健康的孩子，我可以用特殊的方法任意地加以改变，或者使他们成为医生、律师……或者使他们成为乞丐、小偷……[13]"

与此相反，古希腊另一个大哲学家柏拉图则持完全相反的观点，认为精神是自足的，他认定灵魂在人出生之前就存在了，所谓学习，是把生而具有的理念从灵魂深处挖掘出来或回忆出来的一个过程。知识是与生俱来的。柏拉图的观点被后人笛卡儿、斯宾诺莎、莱布尼茨等传承和发展，他们的天赋观主张天赋理性能力远比感觉见闻重要得多，知识属于与生俱来的本性之观念[14]。最后高尔顿、霍尔、彪勒、詹森等人将天赋观推到了顶峰，詹森在其所著的《智力纵横谈》中宣称希望环境能改变智力的努力就像 16 世纪江湖术士们希望点石成金一样，不可能实现[15]。

但遗传和环境、天赋和教养在心理学发展史上正式的交锋是在以高尔顿、霍尔、彪勒等为代表的遗传决定论和以华生、斯金纳等为代表的环境决定论之间展开的。

今天人们用相互作用论的观点来平灭这场战争，就像用湿的煤来封住炉火一样，并没有熄灭它，只是使这一争论处在一个冷处理的封存状态。但在实际上，在人类知识和经验的起源问题上，存在着两个层次，一个是作为人类的知识起源；一个是作为人类个体的知识起源。对于人们个体的知识起源，人们更偏向人类知识后天的起源，更强调教育的重大作用。

有研究者指出，宏观上，教育决定论实质上赢得了这场战争。人们普遍认为：行为主义无论受到什么样的批判，还是占上风。"实在说来，一般人都比较倾向于接受华生的观点，我们乐于信奉'天才出于勤奋''勤能补拙''环境造就人''天才是百分之一的灵感加百分之九十九的汗水'等格言便是明证[16]。"更重要的证据就是全世界对教育的高度重视，使得教育已经建立起系统的终身体系。人们坚信，人的一生都要接受教育，否则将无法适应快速变化的环境。

可以说在这条线路上，关于是先天还是后天的讨论，是将知识或经验作为对象讨论的。

我认为，在这条线上，表面看后天教育赢得了这场战争，但实际上在教育系统内一直是宿命论的天下，人们不断强调教育要尊重差异、利用差异，强调差异教育就是最好的例证。

然而，事实上这不是唯一的线路，还存在着另外一条发展线路。

（二）人类个体差异形成的归因争论

关于人类个体差异形成的归因争论，是在比较人类与动物或人类个体之间差异中展开的。这条发展线上的认识或观点，多多少少没有像在人类知识起源问题的讨论那样存在严重的冲突和对立。相反，在人们的心灵深处"与生俱来"的天赋差异认识根深蒂固。

由于差异无处不在，无处不被人们感知，才有了民间"龙生龙，凤生凤，老鼠生儿会打洞"关于物种差异的天生归因的比喻，才有了高尔顿遗传差异的正态分布理论假设。因此，在人类个体差异归因的问题上，人们更加偏向遗传决定论，并通过心理测量的正态分布研究和血亲相关研究，将这一结论写进了当代心理学，构成当代心理学最基础的成分。

可以看出，在知识起源和差异起源上，人们存在着"双向归因"的趋势。正是这种双向归因，使得遗传和环境问题的争论一直没有停止过。强调环境重要的人实际在谈人类个体知识与经验、环境的关系，强调遗传的人实际上在谈人类个体的差异与遗传的关系。

但必须重点指出的是，跟踪并研究心理学的发展史，可以这样认为，遗传决定论对人类个体差异的认识，以公理的方式建构起了当代心理学；而知识的后天获得，则成为心理学中的可多可少的内容事实。其结果是"差异的天赋归因"成为当代心理学的本质，即更明确地说，当代的心理学是在天赋归因基础上形成的"天赋差异心理学"。

前面已经提到，当代心理学是起源于人们关于差异的认识，并将这种认识转换成了一种学科要素建立起了当代的心理学。

正是这样，心理学近百年的发展史，在很大程度上是人类天赋差异观的继续，是人类从直接感知中获得的经验的继续。

今天，人类朴素的差异观和科学的差异观始终未能有效分离开来。

遗憾的是，当代科学心理学走完了一百多年的发展史，但并没有完成从"感知层面"向"理性层面"的飞跃。而心理学的发展史，说到底是天赋差异心理学的发展史，而整个教育发展史则是差异教育发展史！

通过以上的分析，我们看到了遗传和环境"孰是孰非"争论的另一个值得深思的怪象。说它怪象是因为，从外表上看，人们好像仅仅是在争论"遗传环境""孰是孰非"这样一个问题，而对这一问题的回答有两种结论。有倾向环境决定论的，有倾向遗传决定论的。这两者之间不可调和，倾向环境决定论的就是反对遗传决定论的。反过来，倾向遗传决定论的，就是反对环境决定论的。

但实际上，倾向环境决定论的和倾向遗传决定论的人们争论的并非同一个问题。前者是在回答人类个体知识或经验起源的问题，人们在这一问题上反对先天决定论；后者是在回答人类个体之间差异的起源问题，人们在这一问题上反对后天决定论。可见，无论是环境决定论，还是遗传决定论，都没有以否定对方为前提来确定自己的决定性位置。人们似乎在两个不同的范畴中讨论是"遗传"还是"环境"的问题，并有了不同的归因。

正因为它们存在于两个不同的范畴中，因而遗传决定论和环境决定论得以"井水不犯河水"。而正是这两个"井水不犯河水"的不同归因，在不去追究对什么样问题进行归因的时候，在脱离了两个具体范畴的讨论的时候，自身神不知鬼不觉地又构成了一对矛盾争论的双方。两个范畴中的决定论以"双向归因"的方式左右着人们在不同范畴使用不同的归因。如图 4-13 所示：

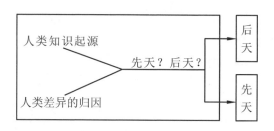

图 4-13　人类知识与差异起源的不同归因

一方面，在人类个体认知层面上教养归因明显占着上风，在今天的人类社会发展中，教育起着决定的作用，教育起着把不同的人引向不同的社会分工（如律师、医生、教师、哲学家、科学家等）的绝对的作用。

人们坚信教育的绝对作用，不可设想今天的社会可以离开教育而发展。

另一方面，在个体差异化发展的层面上显然是天赋归因占上风，人们强调人和人之间存在着与生俱来的天赋差异。人的天赋不同、特长不同、兴趣不同、能力不同、智慧不同，可以说是"上智下愚"不移。所有的教育原则都遵循或依据这一基本理论而产生，如尊重式教育、发现式教育。教育要尊重孩子的自然，尊重孩子的天赋，尊重孩子的兴趣、爱好、特长，教育要开始于发现孩子的这些品质，发现孩子的不同需要，并给予不同的教育。

今天，盛行在各地的多元智能理论，可以说是天赋归因理论的最新版本。智能有多种要素，有的具备先天的优势，有着强势的发展可能，有的只有一般或较弱的先天特征，不具备强势发展的能力。因此，教育要尊重这种规律，发现每个人的强势特征，促进强势能力的发展。

如此"双向归因"，在教育的宏观和微观、抽象和具体的领域中扮演着不同的角色。从宏观上看，教育的作用不容忽视，教育对人的发展是决定性的。但从微观上看教育要尊重人的差异特性。因此，说与做、言与行成了名副其实的两张皮。但其中起决定作用的则是做与行，结果导致教育的理想与教育的实践彻底分离，最终出现了今天教育上无法摆脱的困境（见下部潜能教育）。

因此，影响心理学和教育学发展的最深层的实质是天赋差异归因。可以看出，在这种双向归因中，人们将教育决定论从前门接了进来，又从后门赶了出去。反过来却将天赋决定论从前门赶了出去，又偷偷地从后门迎了回来。

其结果是，当家做主的依旧是天赋决定论！因为它在实际的教育层面上影响着教育的原则、教育的观念、教育的行为，从而影响着教育的结果、教育的未来！如图4-14所示。

通过对心理学本质的深入分析和对差异教育的原理的认真解剖，能够清楚地看到，人们在个体差异起源这条认知线路上，对待差异的归因有着更加趋同、更加一致的认知和判断。

尽管这种判断首先源于人们感性的经验，但在遗传决定论者那里还是得到了强有力的证明：智力差异按遗传的差异方式分布着，"血亲越近智力相关越高"作为心理学公理和常识的两大研究，对个体差异的先天起源给出了肯定性的答案，并成为强有力的证据。因此，要想有所突

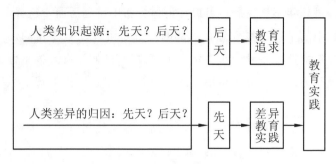

图 4-14　天赋归因决定教育实践

破，必须直面遗传决定论的两大公理（见下一节）。

三、知错犯错——决定论的手段

除此之外，我们还发现，由于在人们内心深处存在着极其强大的潜在的遗传归因的认识倾向，因此在许多实证研究中，明明研究结果出现与假设不相符合的证据，但研究者总以"影响不大"而忽视它们的存在，而不去追根求源，找寻真相。这样的现象正无形地左右并影响着研究的方向和对研究结果的解释。这一点从以下几方面可以看出：

1. 尽管人们普遍承认血亲相关研究结果中，混有某些不确定的环境因素，但仍然理所当然地认为这不足以动摇"遗传关系越近（个体水平上），智商相关越高"的结论。而这种不确定的环境因素在没有被进一步的查清之前就给忽视掉了。

事实上，我们并不知道，到底在血亲研究中混入了多少不确定的环境变量，我们也不知道，这种混入的环境变量是否大到可以改变研究结果的地步？但我们还是将它忽略掉了。这种做法在极为严肃的科学研究面前是一种极大的不负责任，甚至是一种犯罪！

2. 尽管在智力发展的纵向研究中，研究早已揭示了智商在早期环境中的极大可变性。早期智商对未来的预测性不大，但人们还是接受智商相对稳定性的观点，并对智力测验的分数普遍进行与天赋挂钩的定性式解释。

3. 尽管人们发现，同一个群体中不同个体在不同的环境影响下，其智商在群体分布中的位置随着年龄的变化是可以上下变化的。在群体中分布中，早期智商落后的孩子，经过几年的干预或训练后，可以在群体分布中排在分布的前面。相反，在群体分布中，早期智商排在前面的孩子，经过几年不良发展后可以在群体分布中排到后面。这样的结果意味着群体中的个体在整个分布内部的位置是可以发生变化的。这与"智力差异分布由遗传差异分布决定，不可改变"的假设有着根本性的出入，根据假设智力的分布应当是稳定的，换句话说应当是"上智下愚"不移的才对。

人们对智商实际分布的理解，从高尔顿年代起就一直未变，而环境差异是否影响群体智商分布的问题一直未受到重视。人们以追求实测群体智商分布趋向正态、符合智力的理论分布为标准，如果一个研究取样没有获得正态的样本，则被视为取样误差。

4. 尽管人们强调"相互作用"论，但人们普遍把智商解释为天赋的产物，使智力测量带有明显的遗传归因倾向。这种倾向直接影响到实验研究本身及其结果的解释。如在研究中解决智力高低现象时，常常会出现这样的解释："低（或高）智商父母的子女往往有低（或高）的智力遗传天赋"等。在研究家庭环境变量对智力的影响时，这一看法增加了结果解释的难度。当低智商父母的子女出现低智商时，人们倾向于对此进行父母遗传天赋的归因，而忽视可能低智商的父母提供的教育环境质量也同时不良的可能性。

5. 尽管智商测量的公平性问题在不同文化、区域、民族之间受到广泛重视，人们制定不同的常模来衡量不同区域或不同文化人们的智商，（如美国常模、中国常模；如城市常模、农村常模等），但人们普遍认为，具有常模的测量工具在同一文化团体中是较公平的。在研究个体发展时，人们能够明显意识到个体之间存在着巨大的环境差异，个体之间的环境差异因同一文化、同一区域而趋于平衡的事实并不真实，研究者不去深入地研究这种差异的原因，只是在宏观层面上进行这样一番笼统的描述，大有回避事实的意图。

四、互为前提——决定论的悖论

无论是遗传论者还是环境论者，都面临着同样的难题，即在具体研究中无法完全排除对方因素的存在，独立地研究问题，并解释结果。他们往往要依靠承认对方的"绝对影响"作为前提条件才能开始研究，这不能说不是一个极大的悖论和悲哀。

(一)遗传效应研究的悖论

在血亲相关研究中，研究的基本出发点是想通过研究不同血亲类型之间智商的相关程度来揭示遗传效应的大小。因此，排除环境的作用便一直是血亲相关研究的努力方向。

然而，困难的是，家族不仅在遗传上有联系，而且相当长时期是共处于相同的环境。最早的谱系研究由于无法区分遗传与环境的影响而逐步被改造，但改造后的血亲相关研究仍不可避免受到同样的指责。

在两类双生子比较研究中，有人指出，两类双生子"合养"比较研究其假设并不可靠，在合养环境中，同卵双生子可能比异卵双生子有更多相似、相同的经历，获得更高的 IQ 相关。因此，用合养比较两类双生子所获得的遗传作用的估计值，往往有偏高的趋势。

为了克服这一缺陷，研究者采用了分养同卵双生子与合养异卵双生子比较研究[17]。但人们还是指出，分养双生子的环境，并不像一般群体中完全随机抽取的人的环境那样完全不同。实际情形是，由于分离前的共同环境影响，"选择性安置"或亲戚抚养，加上共同基因自身对环境的选择作用，使遗传相关的估计值混入不确切的变量。因此，"同卵双生子被分开抚养的事实，并不像人们想象的那样能对纯粹的遗传影响提供真正好的试金石"。同样，人们也指出，用收寄养方式研究非血亲关系子女的智商相关，其环境之间的差异，还是无法减小到像合养双生子那样。

总之，血亲相关研究面临的最大困难是不可能通过人为的环境变量控制，如人为增加双生子分养环境差异，对其中一个进行社会文化的全面剥夺，而另一个则放进条件优厚的家庭中抚养，来取代利用"理想"自然类型的调查分析方法。然而，完全依靠目前所选择的自然研究类型来消除或平衡环境因素是极为困难的，更何况，这种研究完全是建立在遗传和环境是相互独立的影响要素这样一个带有机械唯物主义色彩的理论前提之上的。

事实上，通过进一步深入的研究，我们将发现无论采取什么样的方式，如使合养环境的相似性增加或分养环境的差异性增加，最多也只能是起到平衡环境影响因素的作用。但平衡并不意味着消除，所以平衡并不能使环境影响消失，只能使两个被研究的个体的环境影响在理论上一样。

然而有趣的是，遗传论者在研究遗传效应时，选择合养环境（共同环境）和分养环境（差异环境）来平衡和比较环境可能起到的作用。恰恰是这样一种看似合情合理的研究，又在不知不觉中引进了一个自己最不愿意承认的假设作为研究推论的前提与公理，这个假设就是环境的绝对作用，结果导致了研究的前提与研究的结论之间的悖论。

具体而言，遗传论者在研究遗传效应时，首先以强调"环境对智力有绝对性的影响"为前提条件，然后才有可能去研究遗传的绝对影响，去获得遗传效应的决定性结论。这不能不说是一种极大的矛盾。如为了消除或平衡环境因素的影响，研究者采取了合养或分养的研究方式。而合养环境概念的假设前提是：在合养环境中，不同个体无论血亲关系怎样，所受环境影响完全一致；而分养环境概念的假设前提则是：在分养环境中，相同遗传基因型的个体所受环境影响完全不同。在这里，研究者似乎首先承认了环境的绝对影响力，这与他们研究的本意大相径庭。

同时，我们还能得出这样的结论，当研究者得到所谓的遗传效应值时，这个值应当是无法消除环境绝对影响的一个值！

(二)环境效应研究的悖论

对环境变量进行研究存在着同样的困难，即在解释环境影响时，无法排除遗传效应的存在。

一般认为，当子女由亲生父母养育时，实际上受到遗传与环境的双重作用。因为所有父母传递给他们下一代的，不仅有他们提供给子女们的文化环境，而且有他们的智力遗传天赋。

例如，在对父母社会经济地位、文化程度与子女智商高相关的研究结果进行解释时，就存在遗传作用无法排除的难题。一般认为，父母之所以在社会经济地位、文化程度之间有差别，往往是因为他们的智商有差别。社会经济地位高的父母往往有较高的智商，而较高的智商往往有较高的智力遗传天赋，这种较高的智力遗传天赋必然要遗传给子女。因此，与子女智商相关的除父母的社会经济地位、文化程度这些环境变量以外，同时还有父母遗传天赋上的相关。

同样，在研究父母的教养行为时，人们揭示出：父母教养行为的差异可能是父母本身遗传差异的外在表现，也可能是由于父母对子女遗传差异导致的行为差异，采取了不同反应的结果，如父母对子女的教育投入低，可能是因为子女遗传天赋差，而毫无学习兴趣的结果。在解释家庭规模引起的子女智商下降原因时，也遇到同样的问题。

总之，在解释环境因素的影响时，无法排除遗传因素的作用。

为了排除遗传因素的影响，环境论者在研究环境效应时，恰恰同样是以强调智力天赋好坏是遗传决定的为前提，去获得环境影响决定作用的有效结论，即假设低 IQ 父母的子女具有较低的智力遗传天赋，这样，把天赋较差的子女放进条件较优越的收养环境，其智商的提高，理论上就不再是遗传的作用，而是环境影响的结果。

显而易见，遗传或环境论者在力图消除对方的影响时，却又不自觉地各自以承认对方对智力发展的决定性影响为潜在条件，这种互为前提的假设，导致前提与结论的自相矛盾，陷进了一个逻辑怪圈。

综上所述，在对智力发展影响因素研究的历史进程中，由于对遗传与环境的关系缺乏辩证唯物主义的解释，在具体研究中以区分遗传与环境对智力发展各自独立的作用为研究目标，以排除对方因素的影响为前提，在陷入困境时，又不自觉地以并不真实的假设进行推论，使前提与结果的解释陷入一种悖论。除此，学派之间争论的角度、看问题的层次、比较的方法各异都影响了人们的判断。

同时，还要指出，在激烈的论战中，还存在着一种极其顽固的、潜在的智商遗传归因的认识倾向。所有这些要素构成了智力发展影响因素研究的难点与误区，这可能是这一领域的研究近百年来总的来说进展不大的部分原因。

五、寸长尺短——决定论的哲学

(一)对遗传只作个性的解释，不作共性的解释

尽管遗传作为人类进化的产物和进一步发展的阶梯，它所蕴藏着的人类共性的特征信息是不可忽视的，人类之所以称其为人类，就是人类在遗传上有着本质的一致性、本质的相同性，这是人类有别于其他动物的关键所在。我们研究心理现象的规律，就是研究这种共同存在着的共性特征。

但强调遗传的人们恰恰忽视了这一点，他们不在种系的层次上，不在宏观的层面上认识遗传的作用，紧紧盯着遗传的个体非本质差异进行研究，仅在个体发展的层次上，强调遗传的作用，结果忽视了个体之间可能因漫长的历史发展而产生极大的遗传相似性，这种相似性是个体之

间的共同特征，是人类个体之间的共性。

在证明遗传的作用时，仿佛不在个体之间找到遗传差异的证据，就无法证明遗传作用的存在，这是一种极端错误的逻辑。如假设非血亲之间不存在共同基因，只有特殊基因就是很好的例子。

研究者的潜台词仿佛在说，要想证明遗传的作用就一定要证明个体之间的遗传差异的不同作用，如果证明不了个体之间遗传差异的存在，就不能有效地证明遗传的决定作用。所有的研究都在希望找到个体间遗传的差异，用来证明遗传的作用，这种研究思路，把遗传不证自明的价值全都否定了。

实际上证明遗传的共性存在也同样能证明遗传的作用，正如"龙只生龙，凤只生凤"就是遗传的共性作用，仔细分析各种遗传研究的目的，就能发现这一点。

这种研究倾向，使得研究者容易将个体差异放大成为种系差异，从而错误地解释个体差异形成的归因。

(二)对遗传只作现实的解释，不作历史的解释

事实上，基因是一种非常特殊的生命现象，它并没有单独地存在于生命之外，而是生命的一个部分，它是进化和繁衍的纽带，在进化史上它是一个受环境影响而表现出的获得性的结果，在繁衍中它是一个新生命成长的内在条件，一个原因。

遗传既是原因又是结果的关系反映在不同的坐标里，遗传决定论者只强调作为原因的遗传的先天性，不去管作为结果的遗传的获得性。从进化的角度看，个体遗传差异所具有的先天性，也正是遗传物质在进化中受不同环境影响而产生的分化。可以说："先天来自后天，后天决定先天。"[11]

通过方方面面的分析与剖析，我们认为决定论的形成源于几大类做法：

第一类　答非所问；

第二类　使用错误的逻辑、偷换概念；

第三类　肯定对方的绝对作用，然后，再强调自己的决定影响；

第四类　明知有错，照样接受假设。

最内在、最核心的问题，当属潜在的认识倾向。遗传和环境问题的复杂性是由于它不仅是一个现实问题，还是一个历史问题；不仅是一个

个体问题，还是一个种系问题；不仅是一个发展心理学问题，还是一个比较心理学问题；不仅是一个心理学问题，还是一个哲学问题；不仅是一个思辨的理论问题，还是一个研究的方法问题。

那么，当代心理学中的相互作用理论，真的能解决这些问题吗？

六、相互作用论的尴尬

当代心理学家们为了坚持鲜明的辩证唯物主义立场——相互作用论，既要对遗传和环境各自的作用给予了充分的肯定，又要对遗传和环境的作用各打二十大板，一分为二地看待问题。相互作用论强调：遗传是重要的，但不是决定性的，任何强调遗传决定论的都是错误的；环境也是重要的，必不可少的，但环境的作用也没有想象那么大，不是万能的，并不能机械地决定儿童心理的发展，任何强调环境决定论的也都是错误的。实际上遗传环境是相互作用的，只有这种解释才符合辩证唯物主义，才是合情合理的解释。

然而，不幸的是，就连心理学的专家学者们都非常清楚地意识到，这种对遗传和环境关系的解释并不圆满，许多问题仍然难以自圆其说，有些问题无法深究，有些研究结论无法推翻，有些研究出现完全相反的结果无法说明。

我们无法忘记哲学史上哲学大师们极端对立而又不可调和的观点，也无法回避心理学史上那些著名的但完全相反的研究结论。至今相互作用论者仍然拿不出足够而有力的证据，去推翻以高尔顿、霍尔、彪勒等为代表的遗传决定论，和以华生、斯金纳等为代表的环境决定论各自的研究结果与结论，更无法将在人类认知层面上和个体发展层面上相左的观点归因统一起来，这就是今天相互作用论的困境！

因此，今天的相互作用论被更多的人在心理上视为一种调和论、折中论，一件理论外衣，一种哲学上的说辞。它的最大的作用就是在人们没有真正找到答案之前，将难以解决的问题进行冷处理或束之高阁，这样，研究者就可以绕过这些最基本的难题和障碍，继续前行！

但是，遗传决定论的问题到底在哪？环境决定论的问题又到底在哪？遗传和环境究竟是怎样相互作用的？相互作用论并没有真正给予圆满的回答。

很显然，稍加深究就会发现，这些问题不仅没有得到阐明和最终的解释，而且，由于相互作用论自身没有摆脱两因素影响论的束缚，它对遗传或环境决定论的批判和相互关系的解释，使人们对这一问题的认识更加混乱了。

也许，人们还记忆犹新，仅在百年心理学的历史上，就有过两次大的遗传环境关系的世界大战，但所有的争论都无法取得一致的意见，而相互作用论则像一个蹩脚的裁判，被人们推介出来充当着调和双方冲突和矛盾的重要角色，结果是，想打张三的板子要不打在张三的影子上，要不就打在李四身上；而要打李四的板子同样打在了李四的影子上或错误地打在张三身上。有时更是要倒洗澡水却将澡盆里的婴儿一起倒了出去。以至有人说，心理学中最害人的理论就是相互作用论。这就是相互作用论的尴尬。

相互作用论的这种尴尬，也许连它自己都不清楚原因到底何在！

用今天遗传学的话来讲，基因型的表达只存在着一个影响因素，那就是环境[7]。而环境和遗传的相互关系，是遗传在不同环境的影响下如何表达的关系。智力基因型在不同环境中的不同表达就是智力表现型，这是一个内因和外因的关系问题，而不是同时影响智力的两个外在因素。把智力基因型和环境因素一起看成两个同等的独立于智力以外并影响智力表现型的要素，是一个命题性的错误。

原本，相互作用论沿着遗传基因在环境中的表达来研究智力或心理的表现型，来研究遗传和环境之间的相互作用，来研究内因和外因的相互作用，我们也许能更好地接近答案。

但可悲的是，相互作用论在其批判遗传和环境决定论时，并没有跳出原有基本假设的魔咒，仍然将遗传和环境看成两个独立于心理或智力发展以外的影响因素来加以批判并在此基础上解释相互作用的关系。这种相互作用论，在保留了"两因素影响论"的逻辑前提基础之上展开，结果是所有努力，都没有命中要害，如同用自己的矛来对付自己的盾，使这一问题的解决处在更加矛盾状态。

为了深入研究这一问题，有必要对来自心理学史上的各种观点以及实证研究的各种结果与结论，进行更深入的剖析。并通过它们去了解那些冲突的核心、关键到底是什么，问题到底在哪里？

相互作用论批的到底是什么？

可以说，相互作用论为了保持自己在哲学上辩证唯物主义的坚定立场，既要批判遗传决定论，又要批判环境决定论。

但由于没有走出两因素影响论的怪圈，结果是"所批非所指"，没有真正指出问题的关键，相互作用论者的手法常常是：

手段之一是：不问对错，对"所答非所问"的内容进行全面的否定。我们业已指出决定论者在回答遗传重要还是环境重要时，往往是各说各话，并没有比较两类因素。

应当承认，决定论者在回答"这种遗传重要还是那种遗传重要"，或"这种环境有利于发展还是那种环境有利于发展"等问题时，他们的答案并没有什么不对，问题的根本在于决定论者回答跑题，没有真正回答遗传环境"孰是孰非"的问题，而是偷换了概念。

相互作用论者没有指出这样的问题，而是沿着决定论的思路，就内容批判内容。这样一来，对这些具体言论或观点的批判，不仅没能使得相互作用论获得成功，反倒使自己处于一个非常不利的状态。

手段之二是：站在遗传决定论的立场上批判环境决定论，又转过身来站在环境决定论的立场上批判遗传决定论。

在对遗传决定论进行批判时，相互作用论者常引用类似的现象或事例：例如，"狼孩"生来具有健全的言语器官，没有遗传问题，但出生后不与人类社会接触，被狼所养，就没有学会说话，甚至不可能形成人的心理，说明教育和环境的重要。再如，生来视觉器官健全，但没有受绘画的影响就不可能成为画家；生来听觉器官健全的，如果没有适当的音乐环境或音乐教育，就不可能成为音乐家等。一句话，都是在强调环境和教育的绝对作用的前提下批判遗传的。

但反过来，当相互作用论者批判环境或教育决定论时，又掉过头来反话正说，认为环境或教育决定论片面夸大了环境和教育在儿童心理发展上的作用，事实上"外因是通过内因而起作用的"，环境和教育在儿童发展中仅仅是一个外因，我们不能认为环境和教育可以机械地决定儿童的发展，而否认遗传的作用。并反过来举例说：一个生来就是全色盲的孩子，就无法辨别颜色，即使接受绘画训练，也无法成为画家；一个生来就失聪的孩子，无法听到声音刺激，更无法成为一个音乐家。

可以看出，相互作用论者在批判遗传或环境决定论时，总是一句话两边说。批判环境决定论时，指出没有健全的视觉器官，再怎样学也无法成为一个画家；反过来批判遗传决定论时，又说，生来视觉器官健全，但没有受绘画的影响也不可能成为画家。

正如前面曾经的分析，这里相互作用论是通过掩盖了另外一个潜在的比较系统，来否定对方的决定作用的。如批判环境决定论所列举的例子——一个视觉器官有先天缺陷的人，再怎样教育也无法成为一个画家，但真正的潜在比较对象是"先天视觉器官正常的人"通过教育会怎样？原本病理性遗传和正常遗传的比较，证明的只能是遗传只有在没有病理改变的情况下才能正常表达，并不能以此来批判环境的作用。相反，批判遗传决定论时，人们又指出：一个视觉器官健全的人不接受绘画教育无法成为画家，这里被掩盖的潜在的比较系统是"接受教育"。事实上"不接受教育"和"接受教育"的比较，只能证明"教育"成长和"自然"成长的差别，但不能用于批判遗传的作用。

可见相互作用论在批判两个决定论时，都只引用了对自己有利的一半的证据，而将另一半掩盖起来。事实上，探讨遗传和环境的关系，应当是有所指的，即非病理性的遗传和环境的关系。

首先，遗传物质是生命的一个部分，遗传基因的病理性改变，往往已经是环境中的不良因素所致。如中毒、病毒感染、放射影响等。因此，把病理性改变的遗传作为一个独立要素加以讨论，存在着一定的问题。

其次，具有病理性改变的遗传个体，相对遗传物质正常的个体而言，是一个病理性的极小群体，应当放在疾病研究的范畴，而不应当放在正常发展的研究领域。正如同我们不能把研究正常人的"健康与营养"的命题变成"糖尿病人与营养"的命题。我们实际关心的是 98% 以上基因正常的个体在环境中的表现。我们原本的问题是"教育对出生正常（基因正常）的孩子，是不是起着决定的作用"？而鬼使神差地被带到了另一个病理性坐标中去，问题和结论都改变了："教育对出生不正常有着重大基因缺陷的孩子不起决定作用！"

手段之三是：层面转换。相互作用论者为了批判环境决定论，将人类个体的知识起源于后天经验与教育这一问题转到人的差异形成系统中来，把对这一问题的批判转变到人类个体差异的形成中，强调环境或教育不是"万能"的。反过来在批判遗传决定论时，相互作用论将人类个体的差异天赋归因转换到人类个体知识形成过程中，强调遗传不能单方面决定个体的知识经验，结果实际是批判了人类知识层面上的遗传决定论和个体差异层面上的环境决定论。

这种对遗传和环境决定论的批判，并没有本质性地触及原本人们在两个层次上形成的不同观念，反倒是使原有的问题被另一对问题所"冒名顶替"，其结果是所答非所问，根本没有触及人们在不同层次上所有的倾向性观点。致使相互决定论者成功地绕过了本应面对的问题和挑战，即人类知识起源层面上的环境决定论的对与错，以及个体差异起源层面上的天赋归因论的对与错。

"两因素影响论"的魔咒，已经使得遗传和环境这一对问题，从一开始就不可能在同一层面上展开讨论。原本应当争论的人类知识起源的先天性与后天性问题，以及个体差异来源的遗传性和教育性问题，变成了人类知识的先天性起源与个体差异的后天性观点的争论，早已是张冠李戴了，人们真正探究并归因的是人类知识层面上的经验论与个体差异层面上的先验论。

相互作用论原本应当批判的是，这样一对不知不觉之中构成的可笑又实际存在着的问题，但相互作用论实际上批判了人类知识起源上的先天决定论或遗传决定，又批判了个体差异层次上的环境决定论或教育万能论。事实上相互作用论者用相反的方式，成功地认同了人们在不同层面上已经形成的共性观点，即在人类知识起源层面上，强调环境的重要性，强调知识的经验性的观点，在个体差异起源层面上强调先天性或遗传决定性的观点。其结果是对人类知识起源上的经验论没有反对，在个体差异层面上却通过批判环境决定论来强调了差异的先天性。

结果人类知识起源层次上的环境决定论和个体差异起源层次上的遗传决定论，还是各自坚守着自己的岗位，稳如泰山。

进一步分析会发现，心理学的发展和研究，并没有找到真正的答案，相互作用论对遗传决定论和环境决定论的批判本身也是概念混淆的。

1. 对遗传决定论的批判

其一，在批判遗传决定论时，相互作用论将比较心理学层面上的主流观点作为靶子，但并没有命中要害。

最典型的算是对霍顿的"一两遗传胜过一吨教育"观点的批判。可以说，霍顿是在比较心理学的层面上，在人与动物相比较的基础上，提出的"一两遗传胜过一吨教育"的观点。他的真实的意思是："人和动物相比，人的'一两遗传'比动物的'一两遗传'有着更大的先天优势，给动物一吨教育，也无法达到人类的智力"。这里"一两遗传"指的不是单一的人类遗传，而是一个比较意义上的遗传，即动物和人类相比，给动物一吨的教育，也达不到人类的一两遗传在环境中所起到的作用；反过来说：人和动物相比，人类的一两遗传要胜过动物的一两遗传。

这话本身没有问题，人类是万物之灵，人类在进化史上形成的遗传特点优越于其他动物，这是不争的事实。在这个层面上，研究遗传的作用，是在讨论由于进化，人类和环境相互作用而导致的基因特点优胜于其他动物在环境中的进化。

但相互作用论没有站在种系发展的高度，没有站在比较心理学的角度，而是简单利用这一说法，以偷换概念的方式，将人与动物之比，变成了另一个问题。

他们所批判的是由此推论出的"人的一两遗传胜过对人的一吨教育"的这样一个不同的命题。这种把对象意思都改变掉了的批判，不仅没击中要害，而且本身就大错特错了。因此，仅从这一点看相互作用论对遗传决定论的否定，就无法站得住脚，更无法服众。

其二，相互作用论在批判遗传决定论时，常常互用着哲学和心理学两个领域中内涵不同的"先天"或"先验论"的概念。

在心理学中，"先天因素"是特指种系发展某个特定阶段上，具体个体的遗传基因或遗传信息，它是一种生命物质的存在[18]，和哲学中用以描述整个人类总体知识来源的"先天"概念——上帝的意志，神的创造物[19]等有本质不同。

但在相互作用论那里，对遗传决定论的批判，常常与哲学上对"先天"或"先验论"的批判混为一谈。从而，当人们一谈及遗传的决定作用，就是强调"先天"的作用，一讲到先天，就转到上帝那里，因而自然而然就是唯心主义，结果造成完全没有必要的争论。

实际上，站在历史的角度和站在现实的角度看待遗传，人们得出的结论并不相同。

从进化论的创始人拉马克开始，就在种系进化与发展的水平上，从历史的角度讨论遗传物质的作用，强调遗传的获得性机制，把遗传视为种系发展的产物与结晶，是进化的结果[20]。但在实际研究个体心理发展时，人们更多的只是站在个体发展的水平上，从现实的角度讨论遗传物质的作用，强调遗传是个体先天性产物，把遗传视为个体发展的原因。

可以说，站在不同的角度，人们会有不同的看法。

站在历史的角度、种系进化的角度看，遗传物质是一种进化的产物，是人类与环境相互作用而不断改变着的基因性状，是人类进化的一个结果，是一个发展的"果"。

站在现实的角度、个体发展的角度看，遗传物质是个体发展的前提与条件，是一种发展的"因"。

必须指出，对遗传同时进行"前因""后果"两方面的理解，借助历史唯物主义和辩证唯物主义的眼光，历史地、辩证地看待遗传，将其视为生命不断进化和延续的一个部分，看清它无法独立于生命而单独成为一个影响要素的本质，才有可能正确而又客观地评价遗传。

必须强调的是，由于遗传并不像环境那样，是一种可以从生命现象本身独立出来，作为一个生命现象以外的成分加以解释的要素，它本身不仅是生命延续的一个不可分割的环节，还是生命存在的一个核心要素，存在于生命单位的每一个细胞之中，根本无法从生命现象本身独立出来。一句话，它是生命的一个部分，是内在的因素。同时，一个新生命一旦诞生，其中的遗传因素是不可改变的，而相反，环境因素是唯一可以调整和变化的。

从进化角度看，遗传是种系发展中和环境相互作用，经过进化机制，不断获得和发展起来的一种生命形式。它不是一种抽象的先天概念，而是具体的遗传物质，在这种遗传物质之中包含着人类进化发展中与环境相互作用的大量信息与密码，带有环境影响的极其深刻的烙印。

它不仅仅是作为人类延续的一种生命密码，对于新生命的诞生与成长，具有"先天性""先验性""预设发展可能性"的特点，对人类进一步发展而言，它还是作为获得的、变化的、带有环境烙印的一种结果、一种实现性而存在着的。这种通过人类进化而获得的基因密码，是人类和环境长期相互作用的结果，是一种以遗传基因方式存储的人类"经验"，这种"经验"对于后代而言，则是一种"先验"。在人类进化层面上和个体发展层面上，经验和先验是同一问题的两个方面，是对立统一的关系。站在不同的坐标系里看待遗传，就会有不同的理解，站在人类进化的角度看，遗传信息是人类通过和环境相互作用所获得的经验，站在个体发展的角度看，遗传信息是个体发展的先验成分。

遗传物质的这种因果的辩证关系，并没有被研究个体发展的研究者们重视。他们将遗传的先天与哲学的先天混为一谈，批判遗传决定论的一个重要论点就是认为，强调先天的作用是先验论。

用历史的眼光看待，遗传结果是和历史环境相互作用的产物，研究个体发展的人们往往片面地看待遗传，仅仅把它看成一种先天的条件和环境共同构成了两个相互独立的部分，它们之间的关系被视为在个体发展过程中建立起来的。

2. 对环境决定论的批判

在批判环境决定论或教育万能论时，相互作用论采取了相同的做法。

最典型的例子要算是对华生教育决定论言论的批判。众所周知，华生有一段名言："给我一打健康的孩子，我可以用特殊的方法任意地加以改变，或者使他们成为医生、律师……或者使他们成为乞丐、小偷……"这句话被心理学中相互作用论观点的人，视为一种极端的"教育万能论"的代表加以批判。

但是，原本人类的教育就起着能力培养、职业定向的作用，可以说没有系统的教育，没有人能承担今天社会分工带来的专业性极强的职业性工作。这一点不需要讨论，今天无论是医生还是律师都需要专业的、系统的、对口的教育，人类社会的发展正是这样做的。尤其是到了知识经济时代，学习型社会成为社会发展的特征，终身教育体系成为整个社会必须建构的教育体系。教育对人的影响与作用早已取得了共识，没有人会说教育无用。

这是在人类层面上宏观看待的问题，但相互作用论者将这一问题也转化成了另一个层面上的问题，即个体差异层面上的问题。理由是由于个体存在着差异，没有人能将不同的人培养成为具有完全相同能力、没有半点个性差异的医生、律师……因此，教育并不能起决定性的作用。

在这里，一个在说给我一打孩子我可以将他们培养成医生或其他，说的是教育的共性品质；一个在说你不可能将一打孩子培养成一模一样的医生或其他，说的是教育的差异性品质，这完全是两个不同的问题！

这种将个体之间存在差异的事实，理解为教育不起决定作用的观点，还遇到另两个问题的挑战。

第一个问题是，这种观点还存在一个潜台词，那就是教育对人所起的作用是一样的，教育本身是没有差异的，只有这时，差异才可能来源于天生、来源于遗传。但事实上，教育及其环境存在着巨大的差异性，人的差异可能正是环境和教育的差异所致。如果是这样，我们不能因为教育导致差异，来否定教育的重大影响。相反个体身上表现出来的那些差异，很可能恰恰是教育差异影响的结果，这时，教育的决定作用并不能否定。这一点，在教育教学实践中非常明确，人们选择好的学校、好的班级、好的教师，其原因就是因为教育本身存在着差异，而这种差异直接影响到孩子的发展，是个体与个体之间差异形成的关键。

实际上，对教育万能论的讨论，从一开始就存在着概念上的混乱。

这里要区分两个概念：一个是教育理想或追求是不是都能实现；另一个是无法实现的部分是不是与环境和教育的作用无关？

在第一个概念中，教育不是万能的。因为，教育的实际结果与教育理想追求之间总是存在着差距。但这决不等于要否定环境和教育对人的决定性影响，而是说教育理想不可能完全实现。由于教育存在着差异，因此教育的结果不可能是完全一样的，所以说教育不是万能的。

教育是一把双刃剑，教育可以起育人的作用，这要符合科学的规律。教育也可以起负面作用，如果你违反科学的规则。

如果教育没有达到目的，就认为教育不起作用，这种观点是存在问题的。应当看到，教育没有达到目的，不代表教育没起作用，只是起了另外一种与教育追求不同的作用，不能因此否定教育在人的发展中所起的决定作用。

教育不是万能的，还意味着，有目的对个体施加的影响，仅仅是环境对个体影响的一个部分。隐性的环境影响，不为意识控制的环境影响，同样无时无刻不在对个体的成长与发展起着影响作用。因此，我们要把强调环境教育决定作用与强调教育意识万能加以区别，不能因为强调环境教育的决定作用而扣以"教育万能论"的帽子，而与意识万能相提并论。

今天对个体发展的理解还处在非常低级的水平，心理学工作者最重要的任务是揭示那些影响个体发展的潜在要素，并把它们转化成显性的影响因素，提供给教育工作者，使人们对个体的培养更加有的放矢。

不能因教育无法起到令人满意的理想、预期效果而否定教育影响的存在。不当的教育、负面的教育、表面合理而本质违反心理发展内在规律的教育，隐性的教育影响等，都可能使个体朝向与追求不相一致的方向发展。因此，我们要把教育塑造人的意志与教育对人决定性的影响加以区别，如果今天我们依然不能在理论上有所突破，那么教育还会原地踏步许多年。

最可悲的是，强调教育的人往往不会被强调遗传的人击败，而是被否定遗传决定论的人打倒，被相互作用论者打倒。他们是那些不能进一步深入揭示遗传环境关系，又不愿意偏向任何一方的人，他们手里拿着两根铁棒，一根标有"遗传决定论"，一根标有"教育万能论"，左右挥舞，但他们的血管里流的却是遗传决定论的血，骨子里、灵魂里支撑着的却是遗传基因。在相互作用论的外衣下，强调成熟的力量，强调对差异的重视，强调分布的客观，这是相互作用论的基础。从这里引申出的教育要因人而异之说，说到底是依遗传而定。

第二个问题是，这种观点还存在另一个潜台词，教育之所以无法消除差异，因为差异是遗传导致的，结果又从批判环境教育决定论的一边，滑向了遗传决定论的另一边。更加无法自圆其说。

相互作用论者，从与动物比较层面上的问题，转到人类层面上回答，又将人类层面上的问题，转到个体差异层面上回答，使原本在不同层面上趋于合理的讨论，在相互作用论的层次转换中，反而全部被否定了。

不管理论研究在不同的层面上怎样展开，又有怎样不同的归因，事实的结果是：这种研究导致了天赋与教养，各自在不同的层次上找到了自己的位置。如在人类知识来源的层面上更加相信经验性的起源，在个体差异层面上更加相信天赋归因。

但必须提醒人们注意的是，从心理学向教育学层面转化的时候，或在具体的教育实践中，人们不可能使用两种完全对立、完全相反的理论来同时指导教育实践、制定教育原则。人们在教育实践活动中必须做出选择，而且已经做出了选择，那就是在宏观上强调教育的作用，在微观上强调天赋决定论，这些构成了当代教育的矛盾。

结果是，由于教育活动宏观上指向人类群体，尽管人们接受知识源于后天、源于经验、源于学习的环境与教育决定论，但是在具体教育过程中教学活动却直指每一个个体，因此，在个体层面上，差异教育左右着实际的教育实践，而天赋差异观或天赋差异归因又左右着差异教育。

这一事实导致了今天的天赋与教养的怪圈，宏观上，教育决定论实质上赢得了这场战争，而在微观上，在具体的教学层面上，天赋决定论却稳如泰山般地牢牢地占领着教育的前沿阵地，致使今天的教育实质上成为"教育主张"与"教学理论"两张皮。

在宏观层面上，教育主张"面向全体的全面发展""促进所有学生的全面、和谐、高质量发展"；而在教学理论上，人们认定人和人之间是存在着明显差异的，不仅存在着天赋质量差异，而且存在着显著的能力结构差异。人的发展会有好有差，每个人的智能结构是不同的，每个人的特长、爱好、兴趣是不同的[21]。言外之意有两层：一是，不是所有的人都能高质量发展的，高质量发展的人只能是少数(选拔超常儿童就是最典型的例证)；二是，不是每个人都能全面发展的，人们都有自己发展的特点(进行特长教育就是最典型的例证)。总之，教育既不能使每一个人全面发展，也不能使整个群体高质量发展！面向全体的全面发展只能是、也仅仅是一种教育口号！

可见，相互作用论明显是一个摆设，在那里做做样子，当人们需要时，用它来缓解天赋与教养不可调和的冲突，不需要时则将它弃之一边，我行我素，依理向前。

七、运用辩证唯物主义和历史唯物主义看待遗传和环境

要想对遗传和环境问题有一个相对圆满的认识，需要运用辩证唯物主义和历史唯物主义的观点，从历史与现实的辩证关系去研究先验与经验，从种系与个体的辩证关系去研究先天与后天，从动物与人类的辩证关系去研究遗传与环境，从哲学与心理学的角度去研究天性与获得性。

在遗传决定论与环境决定论这两大学派之间的论战僵持不下时，有人指出："用定性的术语对遗传与环境(先天与后天)问题的老式提法是一种错误的两分法，它只是导致了无益的争论。"而这种争论"是毫无科学价值的"，"尝试回答遗传与环境究竟如何(how)相互作用，才是一条行之有效的途径"[22]。

但遗憾的是，当人们尝试回答遗传与环境究竟是如何相互作用时，相互作用论者的努力并没有成效，应当说是彻底失败了。由于他们没能摆脱两因素影响论的阴影，在两因素影响论的诱导下，把遗传和环境相

互作用(内因和外因的相互作用)理解成两种影响因素的相互作用(两个外部因素的相互作用),又使问题回到了老路上。不仅如此,由于相互作用论者对遗传决定论和环境决定论的批判没有抓住问题的本质,不仅没有击中要害,还将遗传决定论和环境决定论中那些合理的内核当成批判的目标,混淆了人们的是非,进一步搞乱了研究。

那么遗传和环境关系问题到底要怎样才能理想解决呢?

我们认为解决这一问题,首先要彻底揭示对两因素影响的研究是死路一条,有说服力地证明原有的研究结论都是错误的,无论是遗传决定论的研究,还是环境决定论的研究,或者是相互作用论的批判,都没有真正对准两因素影响的问题,它们用答非所问的方式、偷换概念的方式、固执己见的方式,各说各理,难以得到正果。

要知道,遗传作为一种生命物质,在生命的发展过程中,一分钟也没有离开过生命本身,它无法跑到生命之外,成为一个独立的影响生命发展的外部因素,它是生命内部的内因,一个从来无法独立于生命而存在的内在因素。环境与生命的相互作用中,遗传发挥着内因的重大作用。

要想否定两因素影响论,需要利用进化心理学的或遗传学的知识,重新看待遗传和环境在心理或智力发展上的作用,重新对遗传和环境进行问题设定,改变问题方式,如"遗传基因型是如何在环境中表达成遗传表现型的"? 站在历史的高度,从进化的角度解释相互作用论,坚持有理有据地指出遗传决定论的错误所在,尤其是血亲相关研究的问题和智力正态分布的遗传归因问题的错误所在。这些我们已经在上一章较充分地给予了回答。

事实上,今天要想回答这一问题的努力,使我们往往左右为难,上下难取,我们长时间在原地或是停留或是打旋,毫无进展。左边是"先验论"的铜墙,右边是"经验论"的铁壁,头顶是"上帝意识"的绞刑架,脚下是"教育万能论"的陷阱,四面楚歌,路在何方?

当我们希望给出一个合理而有说服力的解释时,我们发现,经验论和先验论像一对孪生的姐妹,像同一问题的两个不同的方面,要想冲出重围,几乎不可能立刻去否定什么,更不能站在一方否定另一方的存在,而是要去找寻遗传决定论或环境决定论那些最经典的论述中合理的内核,去肯定它们、接受它们。站在不同的角度看同一个问题,我们会得出先验论或经验论不同的结论。

先验与经验的辩证关系，也许是我们解决问题的关键。我们意识到，也许经验论者只有救出了先验论才有自己的活路，反过来，先验论者也只有救出了经验论者才能找到自己的空间。于是我们需要撞开了先验论的铜墙，把它从上帝的绞架上解救下来，再冲破经验论的铁壁，把它从环境教育万能论的泥潭中打捞上来。

当你真的换一种思路前行时，就会突然发现，铜墙铁壁不见了，我们的双脚踏上了坚实的土地，眼前有一片光明的天空，前面只是一扇虚掩的门，只要你走近再走近，就能走出两因素影响论的怪圈和迷宫。

当我们站在现实之中，用历史的眼光沿着进化的道路了解个体的心理发展时，我们发现先验与经验是一个事物的两个方面，是对立统一的。对个体发展的后天而言，遗传传递的是先验的东西，是作为发展的原因或内因而存在着的，但祖先的遗传品质又是祖先祖祖辈辈与环境相互作用而形成的品质，是人类进化过程中获得的"经验"，这种经验以遗传密码的方式记录在遗传基因中，是一种物质的存在，是一种结构性的内容，在传递给后人的时候就成为一种先验的东西。

事实上当人们将遗传和环境作为两个影响因素提出时，就有了极其明显的归因倾向，遗传因素如果是一个影响因素，那它自然是先天的；相反环境因素如果是一个影响因素，那它自然就是后天的。

可以说，遗传环境并非心理发展中两个外在的影响因素，而是心理发展中的内因与外因。对于内因和外因的相互作用进行科学的描述，可以借用遗传学中的说法：智力表型是智力遗传型在环境中的表达，而不同的智力表型是智力遗传型在不同环境中的不同表达结果[23]。

先验论与经验论之争也许是解决问题的一个焦点，两者都是针对人的认识而言的，我们认为先验论与经验论之争，是对先验论的认识不足引起的。

个体到底有没有先验的东西，不在于我们用了先验这个不好听的名字，而在于先验到底指的是什么。哲学上的"先验"让人想到上帝的意志、老天安排，是一种唯心主义；心理学上的"先验"并不能同日而语，更不能因强调遗传就一路推论下去——由强调遗传就是强调先天，强调先天就是强调天生，强调天生就是唯心主义。

我们希望把先验论表达清楚，鉴别一下两种含义上的先验论。一种是与种系经验相对的先验论；一种是与个体经验相对的先验论。前者可以说成哲学先验论，谈天生性、谈上帝的意志；后者是生物学，心理学的先验论，谈获得性、谈物质性。

先验论往往指一种形式上的存在，经验论则指一种内容上的存在，先验论与经验论两种品质，实际上是内容与形式、现实与历史的统一关系。

对于种系而言并无先验的存在，对个体而言先验的存在有其种系的背景。就种系发展而言是从内容到形式的过渡，就个体的发生发展而言，则遵循一条相反的道路，由形式向内容的过渡，并由于内容的变化引起形式的变化，而回到种系的发展上去，这种双向过程反映出经验与先验的辩证关系。先验论是一种经验论，是一种抽象形式的经验论，它是经验的一种反映形式，又成为经验的一种反映结构。离开了经验论的先验论是不存在的，即离开了种系的经验的个体先验形式是不存在的。先验论是相对个体经验的先验论，是以个体存在作为指标加以描述的现象。当我们把个体的先验的东西归回到种系上去时，它又变成了种系的经验体系。也就是说，种系的经验体系相对于个体而言，我们给它一个名称——"先验体系"，以区别于个体发展的经验体系。

格式塔的"成就问题"、皮亚杰的"图式"问题，反射学派的非条件反射问题都存在一个形式结构上的基本问题。人作为一种存在，不仅其意识是客观的反映，更深层次上意识的"物质基础"也是客观的反映。如果说意识是经验的，则脑的宏观结构是先验的，即种系的经验体系，它以形式的特性制约着内容的丰富程度、特点等。

对于个体来讲，除了遗传的先验体系，还有社会传递的先验体系。种系在进化过程中一方面内化了自己的经验体系，将其转变为以基因为符号的先验体系；一方面外化了自己的经验体系，将其转变为以工具及符号为特征的物化体系。一切在个体存在之前就有的人类知识物质财富，对于个体来讲是事先存在的、是先验的。皮亚杰认为物体本身不包含有知识的结构，如果运用在种系发生上有着道理，但要用在个体发生上却不能令人信服。人类之所以发展出了独特的教育体系，就是因为存在着需要传递的社会先验体系。

"先验论"如果指人类总体知识获得而言，是必须否定的，这是一种哲学上的先验论，是上帝的意志，如果指个体而言是值得重新思考的。

把对人的先天特性——遗传特性的肯定，批判成哲学上的先验是有偷换概念性质的，具有种系经验的个体先验性与上帝的意志创造了人类是本质不同的。那种人类的产生是由上帝的意志、由天生下来的先验论和那种人类产生的经验构成个体发展基础的先验论是有区别的。

要搞清先验论的问题，首先要搞清人们在什么样的前提或背景上谈论先验、理解先验。这要做具体分析，对个体发生讲先验和经验是存在的，对种系发生讲先验则是不存在的。认为种系的发生与发展具有先天的准则，无疑要使生命的发展、智慧的发展归为上帝的意志与安排。认为个体的发生与发展是有先天的准则，我们则要在种系的高度上认识先天的意义，如果认为先验的东西是经验的产物，则这种先验是具体的，正像先天性条件反射一样应当给予接受。

先验论的问题和经验论的问题是同命相连的双胞胎。我们在谈先验论与经验论的辩证统一时，试图解决哲学史、心理学史上有关先天和后天的无休止的争论。当人们在系统的子系统范围内争论这个问题时，旷日持久的争论还会持续。实际上，如果我们认识到强调先验论本质上是在强调种系的经验体系，这和强调个体经验体系并无本质冲突，仅在层次上不同时，我们对问题的看法又会前进一步。

目前人们往往以个体为讨论问题的背景，把知识视为经验的或先验的，实际上我们有必要把问题放在更广大的种系发展背景上来考查。

先验论的错误在于强调个体的先天性成分而又不去从本质上揭示这种成分的实质性，没有把个体先天性与种系后天性联系起来找到他们的关系。

经验论的错误在于只注意先天性字面上的含义，不去研究先天性的本质含义（具体含义），对种系的发展进行了否定，对社会的发展也作了否定。

再者，个体的经验是后天获得的，获得的经验又是先于个体而存在的。这种先于个体而存在的经验系统，是个体经验获得的来源，没有这种先验的存在，后天获得性经验也就是空话。皮亚杰认为物体本身并不包含知识结构，实际上指的是知识内容。皮亚杰认为，如果一个杯子不掉到地上破裂，我们就无法从杯子中获得破裂的知识[24]。这一点没有错，但必须指出的是，杯子是人类文明的产物，其本身就是一种已经存在的物化了的社会知识财富。换言之，没有杯子，就更加无法获得杯子破裂的知识。这时的杯子是作为人类文明物化的产物，事先存在着的，它相对杯子破裂，相对杯子破裂导致的经验，是一种先验。

先验与经验的因果关系是辩证的、相对的。肯定了经验的获得性与后天性，我们也就应当肯定先验的先存性、前时性。

反映以反映物的存在为前提，经验以经验物的存在为前提。

笛卡儿的固有观念，使人想到先验的东西是一种内容，从而让人摇头。物化知识与经验的存在，是人类文明或种系经验的外化表达；而种系在延续中的进化，是种系经验的内化贮藏，个体发展是种系的"外化"经验与种系的内化经验的统一。种系的外化经验在个体身上的反映，表现为后天的经验源泉；种系的内化经验的传递，在个体上的反映以遗传密码的方式存在，表现为先天的经验形式。

历史的人类经验，一方面外化为外在的物质客体世界；另一方面内化为内在的主体形式结构。在个体的发生、发展中表现出再次融合的过程，主体的形式结构再次把客体的物化知识转化为经验体系，从客体中分离出来，使形式和内容重新统一起来。

总之对个体而言的经验性产物有赖于先验的种系经验的存在，先验的种系经验是外化的物质形式和内化的遗传形态。

人类经验是历史与现实、形式与内容、外化的与内化的辩证统一。

总之，要从哲学上把先验与经验的关系搞清楚，在心理学上把遗传和后天搞清楚，在生物学上把种系和个体的关系搞清楚，我们才能解释各种学派理论观点上的争论。

在个体研究中，有必要将唯心主义和先验论加以区别。一般人们喜欢将唯心主义和先验论放在一起谈论，所谓"唯心主义先验论"，在他们看来先验论就是经验内容的先天性特征，这是唯心主义的先验论观点。历史唯物主义的先验论则认为，先验不是先天的经验内容的后天表现，而是与先天经验内容有关的经验形式的后天表现。

当我们把先验理解为种系在发展中获得经验，以其抽象的形式传递给个体，这样一种种系经验形式体系，它不是具体的经验内容，而是与内容相关的经验的形式。这种经验形式以功能结构的姿态出现，对外在的客体内容，进行经验式的同化，而产生经验的内容。

可以说，内容和形式在个体的发展中达到统一。

个体的发展表现为内容和形式的不断统一，其中形式是较固定的、保守的一面，内容是变化、活跃的一面。当内容的变化超出了形式的范围，就带来形式的改变，因此心理过程是动力性的。

形式稳固的发展必须要有内容的纳入，否则形式将以脱离内容而失去存在的意义。封闭状态下（无内容）组织趋于退化，是热力学的事实，也是生物学退化现象的事实，早期视觉剥夺引起的效应大约如此。

对个体发生的分析，我们还可以看到形式先于内容产生的情况，当我们承认，对于生命来讲确实存在着某种先验的东西时，我们对形式先于内容的存在就不会感到不可理解。

承认先验的关键在于，搞清先验到底是什么，这时仅在个体发展的范围内的讨论已无济于事。我们有必要把自己的讨论推向更广阔的背景下——种系的范围里进行，当我们回答了个体先验的东西，指的是种系经验的内容的一种形态上的体现，我们就为先验找到了自己的归宿。我们会发现，当我们把种系发展的经验形式放在个体的范围内讨论时，它就成了先验的东西，个体的经验与先验的统一，仍是现实与历史的统一。历史的存在是不容否定的，先验也是不容否定的，经验与先验的转化反映了个体的发展、种系的进化。

我们要用历史辩证唯物主义的观点，来研究先验论，研究本体，任何否认的方法都是错误的。

正由于形式和内容关系的存在，复演现象也就存在。正由于复演的存在，儿童发展就存在一个共同的规律，一个不能跳跃，不能颠倒，不能创新的顺序性，这种顺序性已被皮亚杰分段地描述过，具体的细节还有待于描述。

皮亚杰最伟大之处在于他在哲学和心理学之间建立起了一座桥梁，把哲学的抽象上升到心理学中的具体。

但可悲的是，皮亚杰像所有先人一样，从经验论的一端出发，带着寻根的追求走到先验论的大地上，却骤然止步，于是一座经验论的大厦拔地而起。

他给自己留下了同样的悲剧，不管他多么希望摆脱先天因素的困扰，但后人仍在说他本质上是先验论者。因为他留下了"图式"，并以个体为坐标系把它放在坐标的原点上，实际上在这个坐标系里人们无法讨论"图式"，我们需要重建坐标给图式以合理的位置。

可以说，先验论的悲剧在于：它的讨论选错了坐标系，它的真实含义在哲学史上被神学的外衣缚住，内容与形式的混乱，所指责的和被指责的不一致。

我们认为，经验论为自己留下了很多难题，它只能挽救出先验论的性命，自己才能安然无恙。总有一天先验论和经验论之间将重新掀起一场论战，它们各自将从两败俱伤中获得新生。

到此，我们第一次较全面地讨论了与差异心理学形成有关的认知问题，但我深知这样的工作远远不够，我们要解释的不仅仅是认知上的问题，更重要的是要直面过去的种种研究结论，如高尔顿的假说、正态分布的公理、血亲相关研究的结论等，并连同深埋于整个社会大众内心深处的顽固不化的潜意识一起从根上除去。

第四节　高尔顿理论假设求证

在分析差异观的起源时，我们谈到，奠基在心理学大厦基础之下的基础理论是高尔顿的"遗传差异正态分布"理论。

在科学心理学诞生之初的实证研究中，高尔顿的"遗传差异正态分布"理论假设被"一再证明"，成为不容置疑的心理学"公理"。但稍加分析，我们就会发现，这是一个值得高度怀疑的"公理"。

前面，我们已经对遗传分布和智力分布分别进行了大量的分析，指出了问题所在，下面再从高尔顿理论假设的证明角度看一看，心理学研究者到底做了什么。

一、从高尔顿理论假设的起源看

高尔顿理论假设的核心内容是"智力遗传差异呈正态分布并决定着智力的分布"。1869 年高尔顿提出这一理论假设时，离科学心理学的诞生还有十年，那时还没有可供研究智力差异大小的智力测验的常模工具[25]。他根据生理现象的研究与观察的经验，做出了一个有关生理差异归因的推论，那就是人的生理现象如身高差异的正态分布特征是由遗传决定的[26]。可以说这是高尔顿关于遗传差异的第一个推论，即一个关于生理差异的遗传归因推论。

原本这一推论仅仅是一个假设，是一个需要进行假设检验的对象。在统计学中，假设检验是推论统计中最重要的内容，它的基本任务就是事先对总体参数或总体分布形态做出一个假设，然后利用样本信息来判断原假设是否合理，从而决定是否接受原假设[27]。

高尔顿研究了身高差异的统计数据，并推论出身高差异呈正态分布。然而高尔顿并没有进一步证明"身高差异与遗传差异的关系"，直接迈过了这一步，将"遗传差异分布决定身高差异分布"作为一个公理和前提使用到智力的遗传差异推论中来了。

这个推论就是高尔顿著名的"智力的遗传差异呈正态分布"的理论假设。

必须指出，在高尔顿时代，人们对生理差异如身高差异的天赋归因，仅仅是一种直觉判断，一种未经证明的推论。直到今天，人们也无法证明，身高的差异特征与其他因素无关，完全是由遗传决定的。相反，越来越多的证据显示，身高受到环境因素的影响，尤其是营养因素的影响。日本人战后个体身高的变化和我国 20 世纪 60 年代以后，尤其是 70 年代以后，儿童青少年身高逐步的提高都反映了这一点[28]。

也许是由于这一推论与当时整个大众的感性心理归因一致，因此，高尔顿根据直觉将未经证实的推论自然而然地转变成为一种公理加以使用，认定生理差异的正态分布是由遗传决定的，并在此"前提"下进一步推出"人的智力分布也应当与生理特征一样呈正态分布，而这种分布特征是由遗传分布特征决定的"，即"智力的遗传差异呈正态分布"[29]。

分析高尔顿理论假设产生的过程，可以知道，这个"理论假设"本身存在着无法克服的逻辑缺陷。

高尔顿利用一个"直觉推测"形成的一个所谓"公理"，来推论智力表型（人的智力分布也应当与生理特征一样呈正态分布）、遗传型差异分布特点及其相互关系（这种分布特征是由遗传分布特征决定的，即"智力的遗传差异呈正态分布"），使他的推论从一开始就没有可靠的依据。

按常理，如果"身高或生理的正态分布差异完全是由遗传决定的"是一个已经被完全证实的公理，那么，由此推出心理的差异也可能是遗传决定的假设才合情合理。

但在高尔顿时代，遗传差异分布决定身高差异分布并非是一个被证明了的事实。当一个推论的前提都没有得到充分的证实时，根据这一前提再做的进一步推论自然无法可靠。

可见，如果仅从高尔顿理论假设起源的逻辑出发，我们无法从生理分布的特点及其与遗传关系的推论中直接推出智力差异的特点及其与遗传的关系来。

但是，如果不去关心高尔顿推出心理差异假设的前提和背景，不去论证生理差异与遗传差异的关系，仅仅将他提出的"智力遗传差异正态分布"理论当成一个独立的假设，那么，这个理论假设还是成立的。但它应当不是一个结论，而是需要通过各种研究加以证明的对象。

证明的内容就应当是高尔顿整个理论假设的内容：

其一，"人的智力分布也应当与生理特征一样呈正态分布"，即智力分布呈正态分布。

其二，"这种分布特征是由遗传分布特征决定的，即'智力的遗传差异呈正态分布'"。

于是我们要回答以下两大问题：

1. 智力差异是不是呈正态分布？

2. 遗传差异是否是正态分布并决定着智力差异的正态分布？

在研究中，如果证明了智力差异分布呈正态，并且排除了所有环境因素对这一分布的影响，证明智力分布就是、也只能是遗传分布的外在表现，我们将接受高尔顿关于"智力遗传差异正态分布"的理论假设。如果不是，则应拒绝这个假设。

稍加研究就会发现，对以上问题的证明并非易事。

对第一个问题"智力差异是不是呈正态分布"的证明相对容易，可以通过智力测验获得智力差异的分布结果来解决。

但是，对第二个问题——"遗传差异呈正态分布，并决定着智力分布的特点"的证明则不那么简单，它实际上至少是三个问题的证明：形态证明、相关性证明、因果关系证明。具体而言：

第一，群体遗传差异总体分布形态的证明（正态分布的证明）。

这是一个前提，我们要首先证明遗传差异的分布呈正态。如果证明了遗传差异分布为正态，那么接下来还要分别证明。

第二，遗传差异"正态分布"和智力差异"正态分布"两个具体分布在特征上的一致性（相关性）的证明。

即要证明，遗传分布和智力分布这两个分布中的每个个体在各自的分布中处在一一对应的位置上。因为只证明遗传和智力分布都是正态分布，并不能说明任何问题，两个正态分布可能只是总体形态同质，但根本无关。

第三，最后是遗传差异分布特点决定智力差异分布特点（因果关系）的证明。

两个正态分布相关性证明也还不够，最后要进行因果关系的证明，只有这样才能让人们确信，遗传正态分布决定智力正态分布的结论。

下面，看看这些问题研究者是如何证明的。

二、对群体遗传差异总体分布特点的证明

首先，来看心理学对遗传差异总体分布特征，即遗传差异"正态分布"特点的证明。

对遗传差异而言，关于其分布特点的证明，根据现有的研究能力和技术，几乎是不可能的。

研究者无法通过不同个体遗传基因的差异性研究获得一组具体的分布的数据，来说明遗传差异的总体分布形态呈"正态"的假设是否真实合理。

唯一可以做的是利用有关差异的统计学的经验，对遗传差异的总体分布进行一个假设性的推论，并由此得出一个"抽象"的正态分布假设。

通过分析发现，关于遗传差异总体分布特点呈正态的证明过程，实际上正是这样，是一个经验的推论过程，它是根据统计学的经验获得的。

无数的统计学的经验告诉我们，在自然界、人类社会、生产加工、心理与教育领域中存在着大量差异现象。这种差异现象存在着一种普遍的分布规律，即在一个差异分布范围内，两端最大的或最小的差异对象要少、中间的对象要多，呈现出按"钟形"方式分布的特征，即表现为正态分布。在人类社会，例如能力的高低、学生成绩的好坏、人们的社会态度、行为表现以及身高、体重等身体状态都属于正态分布[30]。

正是根据这一特点，人们推论人的天赋遗传差异理应符合这一规律，表现为正态分布的特点。

从理论上看，这种根据普遍规律进行的推论是合情合理的。研究者正是接受了这个具有普遍意义的推论，并在此基础上承认遗传差异呈"正态分布"的特征。

我们认为，研究者关于遗传差异正态分布的理论假设符合逻辑，没

有本质上的问题。假如我们也接受这样一个推论，认定智力的遗传差异呈正态分布，那么，最关键的问题是，此时这个"正态分布"的含义到底是什么？

我们说，这个"正态分布"的推论包含着两个方面的含义：

首先，这仅仅是研究者根据统计学经验对遗传差异的总体分布特征进行的一个推论，是一个假设。作为一个假设它仍然是一个需要证明的对象。

其次，这个"正态分布"的推论也仅仅是研究者关于遗传差异总体分布特点的一个"抽象"描述，是一种形态上的大致说明。

我们不可能获得关于这个"正态分布"的具体数据，无法描述它的具体特征。我们无法获得有关遗传正态分布的各种指标，既不能描述它的标准差，也无法描述它的平均数，更不能描述每个个体之间的差异排列及差异关系。

然而，要想证明一个分布与另一个分布的关系，无论是相关关系，还是因果关系，仅仅知道这个"推论分布"的"抽象特征"是远远不够的。就算我们毫不怀疑并且完全接受根据差异统计学经验得出的推论，承认遗传差异也和许多自然界的差异现象一样，表现出正态分布的特点。

这也只是研究工作的一个开头，研究者还必须搞清遗传正态分布的具体特征以及与智力分布的关系，否则将无法做出最后的结论。

三、对智力及遗传分布相互关系的证明

对上面提到的后两个问题的研究，从一开始就遇到了无法克服的困难。研究者根本无法通过对一个由普遍规律推测出的抽象的遗传差异分布特点，进行数据化的研究。因此，即使获得了同一群体智力表型分布的数据——智商分布情况，研究者也无法对遗传分布及智力分布两者进行相关研究或因果关系的研究。

事实也是如此，研究者并没有进行任何有关遗传分布具体特征的研究和证明，也没有进行任何智力分布特征与遗传分布特征的相关研究。可以说，对"遗传差异分布特点决定着智力差异的分布特点"的因果关系求证，是通过"反向证明"来实现的。即利用智力测验所获得的智力差异分布特点，来反证遗传差异的分布特点。

具体的做法是通过证明"具有常模性质的智力测验工具'消除了环境

因素的影响',所测出的智力分布本身不存在环境的影响成分,其本质上就是智力的遗传分布"[31]这样一个推理逻辑来实现的。

这种证明不是一个由因到果的证明,而是一个由果到因的反向证明。研究者没有去直接证明遗传差异分布特征如何决定智力差异分布的特征,而是证明智力分布是一个没有环境影响的分布,它形成的唯一原因是受遗传差异的分布左右,从而通过智力分布的特征反证了遗传分布的特征。

不得不承认,这种研究思路非常巧妙,合情合理,合乎逻辑,从理论上看似乎是可行的。但此时,要获得遗传分布决定智力分布的结论,一切问题的焦点都集中在,智力测验的常模是否真的"排除了环境影响因素"这一问题上。如果能证明智力测验常模真的排除了环境的影响因素,那么研究的结论将是可靠的,如果不能证明这一点,则研究的结论将非常危险、甚至是完全错误的。

这原本是一个最本质的问题,它涉及研究结论是否正确。然而对此,研究者并没有认真证明过,也许是条件有限,也许是心有定论,研究者只是根据假设认定在"相同的文化环境背景下"的智力常模平衡了环境因素,因此排除了环境的影响,所以智力分布自然是一个没有环境影响的分布,唯一影响它的是遗传差异分布。

关于这一点,直到今天人们还是没有清醒的认识。尽管研究提示了当个体处于两极条件(环境特别优越或特别恶劣)而不是中等条件时,环境可能会产生更大的影响。研究者还是强调"如果儿童的文化环境相同,且属于同一年龄群体,那么他们在生理和心理特征方面的差异常可认为是遗传作用的结果"[32]。

我们认为这样的推论在学科研究中极不严肃。要想获得准确的答案,就必须从智力测验的常模是否真正消除了环境的影响因素开始,从智力要素是不是一个不受环境影响的要素开始。而上面的章节中,我们深入分析了标准常模的性质,指出那不可能是一个消除了环境影响因素的常模,而是一个受到环境分布影响的自然常模。

第五节　血亲研究——不真实的结论

高尔顿以后，人们进行了广泛地血亲相关研究。20 世纪 60 年代末，美国当代著名心理学家詹森（Jenaon A R）通过总结四大洲八个国家一百多个不同的遗传相关研究结果，得出了"血亲越近，智力相关越高"的结论，并以题为《我们究竟能在多大程度上提高智商和学业成就》一文在《哈佛教育评论》上指出：智力变异的环境影响远远小于遗传影响，智力在出生时就定型了，教育上再大的努力也无济于事[33]。

这一观点和结论，在 20 世纪 60 年代末、70 年代初引起了激烈的争论，尽管大多数心理学家并未全盘接受詹森的这一观点，甚至反对这一过激的说法，但可悲的是，没有人能在如此大量的研究事实面前有理有据地与詹森争论，因此，"掌握着大量研究结果"的詹森等人在很大程度上赢得了这场论战。他的智力发展观被誉为"詹森主义"，他的研究结果被四处引用。

当时，各种血亲类型的智力相关研究成为研究遗传和环境问题这一领域的热门，人们普遍接受"血亲越近，智商相关越高"的结论，以至于这一结论至今还是学习心理学的每一个人必须知道和掌握的基本常识，犹如学习物理学的人应当知道牛顿定律一样。詹森本人也因此被视为 20 世纪最有影响的心理学家之一。

在他之后，使用双生子来探讨遗传影响力的研究仍然到处存在。其中，Nichols（1978）总结了 211 项关于同卵双生子和异卵双生子智力和能力发展的相关差异，最后认定 IQ 变异的 0.6～0.7 是基因差异造成的。Plomint 和 DeFries（1980）总结了大量的双生子和其家庭成员间的 IQ 相关值研究成果，指出通过分析发现，遗传相同的个体的相关明显比遗传相关的要高，而遗传相关的个体要比遗传无关的要高。Bouchard（1981）也总结了 111 个关于双生子的研究，结果同样如此[17]。

到了 20 世纪 80 年代初，詹森又在《智力测量纵谈》一书上再次强调：根据"血亲关系越近，智商相关越高"的研究结果可以断言，那些期望通过环境影响来改善、提高智商的努力，就像"化学史上的炼金时代"炼金士们梦想点石成金的徒劳努力，并预言这将是历史的结论[15]。

今天，心理学这座经历了一百多年风雨建立起来的大厦，作为公理性的基石还是这两个基础性的命题，一个是人的遗传差异呈正态分布并决定着智力差异的表现，这种差异呈"正态分布"。这一理论渗透到了心理学的方方面面，尤其在心理测量、心理统计、心理评价、教育心理学方面，更是这些学科建立的理论基础和原则；而血亲相关研究的结论，也成为心理学的基本公理，影响着遗传环境问题的研究，成为心理学工作者最基本的常识。可见，有关智力发展问题的争论远远没有结束。

要想真正揭示智力的遗传与环境关系问题，不论你愿意不愿意，最终必然都要有足够的勇气面对遗传论者的理论基石——血亲相关研究及其结论。

下面，我们就对血亲相关研究进行更深入的分析。我们认为血亲相关研究是一个无法绕过的核心障碍，谁躲过它，谁就不可能有最终的突破。它有大量的研究事实、研究数据、研究结论作支持。因此，对它的研究不像那些思辨的对象容易分析，需要更长的篇幅来展开。

一、智力血亲相关研究简介

为了研究血亲相关研究结果的可靠性，我曾在 20 世纪 80 年代末认真地研究了詹森的著作与詹森所做的分析。正是通过研究他的著作，让我找到了问题的根源，并因此变得异常兴奋。

为了更好地认识血亲相关研究，首先有必要介绍一下血亲相关研究的研究方法和研究思路。

在研究人的智力遗传效应上，目前世界公认并普遍采用的方法是遗传相关研究。它是指通过人们之间血缘的亲疏关系来分析某种特征发生的频率或一致性程度，进而探讨遗传因子和环境对此特征所产生的作用大小。它包括：谱系研究、两类双生子合养研究、两类双生子分养研究和非血缘子女寄养或收养研究等。

在这一类型的研究中，研究者们为了使研究得以顺利进行，首先对不同血亲之间的遗传相关进行了理论假设，提出一系列可以比较的假设数值，用于在研究中与实测的智力相关进行比较。

看上去，这些假设并非毫无道理，研究者依据同卵双生子遗传相关为 1.00 的基本事实，对其他血亲关系进行了推论性的假设。

首先，研究者根据同卵双生子遗传基因完全相关，相关系数为 1.00，作为一个参照值，由此来推断和设定其他血亲关系的遗传相关系数。

具体做法是：

根据同卵双生子相关为 1.00 的事实，假设：

1. 异卵双生子、亲兄弟姐妹、父母—子女之间的遗传相关为 0.50；

2. 祖—孙之间、同父（母）异母（父）兄弟姐妹、叔（姨）—甥（侄女）之间的遗传相关为 0.25；

3. 堂（表）兄弟姐妹之间的遗传相关为 0.125；

4. 堂（表）兄弟姐妹的子女之间遗传相关为 0.0625；

5. 没有血缘关系的非血亲之间的遗传相关为 0.00；

这样，研究者就获得了一个从同卵双生子到非血亲子女遗传相关的各种相关系数：

　　1.00——0.50——0.25——0.125——0.0625——0.00

同卵双生　异卵双生　祖—孙子　堂表兄弟　堂表兄子女　非血亲

如表 4-1 所示：

表 4-1　假设情况下各种亲缘遗传相关最简单的遗传模式

亲缘关系	遗传关系
纯合子双生子	1.00
杂合子双生子	0.50
亲兄弟姐妹	0.50
父母—子女	0.50
祖—孙	0.25
同父（母）异母（父）兄弟姐妹	0.25
叔（姨）—甥（侄女）	0.25
堂（表）兄弟姐妹	0.125
堂（表）兄弟姐妹的子女	0.0625
非亲缘关系的人	0.00

血亲相关研究的具体方法就是：用假设的遗传相关数据作为参照系与实测智力相关进行比较，如果实际测得的智力相关和理论假设下的遗传相关高度一致，那么，就判定遗传因素是智力在特征上变异的主要原

因——因为，亲缘智力相关的模式与亲缘假设的遗传相关接近平行。

在这样的研究前提下，世界各地的心理学家，通过不同类型的亲缘之间血亲相关的独立研究，都一致获得了"血亲越近，智商相关越高"的结果。根据这样一个结果，人们推论出：智力主要是遗传的，与环境变化无明显关系的结论。

血亲相关研究作为一种方法，存在着"问题和局限性"是血亲相关的研究者们非常清楚的。如研究者认为，最早的谱系研究最大的问题是，无法区分遗传与环境的影响。因为，家族不仅在遗传上有联系，而且相当长时期共处于相同的环境中。因此，无法排除环境的影响因素。为了解决这一问题，研究者们广泛选择不同血亲类型，并采取不同的研究策略，希望尽可能地消除环境影响因素。为了消除环境的影响因素，他们使用了以下的改良方法：

——两类双生子"合养"比较研究；

——"分养"同卵双生子与"合养"异卵双生子比较研究；

——"收养、寄养"非血亲关系子女智商的相关研究。

但改良后的血亲相关研究，仍未能彻底解决环境因素存在这一棘手问题。研究者们意识到：

(1)在两类双生子"合养"比较研究中，同卵双生子（monozygotic，MZ）因完全相同的遗传基因，对自身环境的选择存在着更加相同的倾向，即同卵双生子更有可能因对相同环境的选择多于异卵双生子（dizygotic，DZ），因此相比异卵双生子会有更多相似相同的经历，从而在智商上获得更高的相关。因此，"合养"比较两类双生子所获得的遗传作用的估计值，往往有偏高的趋势。

(2)"分养"同卵双生子与"合养"异卵双生子比较研究，是为了克服上述缺陷而采用的。但仍然存在类似问题，即：分养同卵双生子的环境，并不像一般群体中完全随机抽取的人的环境那样完全不同。实际情形是，由于①分离前的共同环境影响；②"选择安置"或亲戚抚养，使得分养后的环境改变受到限制，分养不可能是在全域的范围内实现；加上③共同基因自身对环境的选择这三种作用，使遗传相关的估计值混入不确切的环境变量。

这意味着，分养的双生子不可能被恰好分养在环境全域的两极上。那么"分养环境完全不同"的假设中就含有水分。由于分养环境不可能由研究者进行非人道的人为指定，研究被试只能来源于生活实际的分养案例。当父母将同卵双生子中的一个或两个交由别人抚养时，往往不是随随便便安排的。出于亲情原因，他们会为孩子选择"好人家"或有条件的亲戚家，这就增加了分养环境的相似性、降低了分养环境的差异性。再由于同卵双生子在分养前，从孕期到分养前期也许经历了半年、一年、两年甚至多年的合养生活，这种成长早期的共同环境，最容易对双生子造成相近的影响。这些都使得研究所获得的遗传相关的估计值中混入了不确切的环境变量。

(3)同样，研究收养、寄养情况下非血亲关系子女的智商相关，由于①收养前的环境差异和②收养时间，以及③年龄差异的关系，收寄养方式下非血亲子女环境之间的差异还是无法减小到像合养双生子那样。

这意味着收养的环境无法像假设的"共同环境"那样"对不同个体有着完全相同的影响"。对于因收养而在一起的两个非血亲关系的子女，我们不能不去考虑他们收养前的环境差异，即所谓的"分养环境"，也不能不去考虑收养时的年龄大小，以及两个非血亲子女之间的年龄差异，而这一点也是双生子所没有的特征。

值得强调的是，尽管研究者意识到血亲相关研究存在这些问题和局限性，但还是普遍认为，不论这些问题的大小，都不足以改变智商血亲相关的结论和其方法的科学性。

因此，至今，血亲相关的研究方法仍然是心理学研究遗传效应的主要方法，而血亲相关研究的结果与结论仍然是最重要的遗传因素决定论依据。研究者们似乎根本没有考虑到，研究的假设是否存在致命的问题，或研究中已经存在着的"问题和局限性"是否已经大到足以动摇结论的地步。

事实上，研究的逻辑起点一旦出现错误或被忽视掉的问题足够大，那么研究结果就会差之千里。情况到底怎样？以下，我们就来对血亲相关研究做一个深入的分析。

二、智力血亲相关研究的分析

关于智力血亲相关研究在全世界的范围内都有着同样的结果。一般认为血亲相关研究尽管存在一些问题和局限性，但它的局限性并不足以改变"亲缘越近，智力相关越高"的结论。因此，不能否认血亲相关方法研究智力影响因素的科学价值。

但是美国心理学家麦卡尔的一项追踪研究结论迫使我们思考这样的问题：血亲相关研究的局限性到底有多大？是否大到得了错误的结论？用血亲相关研究来揭示遗传与环境对智力发展影响程度的方法到底能否行得通？

先来介绍一下麦卡尔的研究。麦卡尔曾对 270 名 3～12 岁的儿童进行了纵向的智力跟踪研究，对象是有血缘关系的亲子以及兄弟姐妹和无血缘关系的被试。研究的问题是：如果遗传在造成智商的发展趋势上确实起着作用，那么两个个体之间的亲属关系越近，他们的发展模式也会越相似。但有趣的是，研究结果表明，"有亲缘关系的被试之间的发展模式的相似程度，并未超过无亲缘关系的被试之间的相似程度"[34]。

通过对智力血亲相关研究方法和过程的细致和深入分析，我们越来越清晰地认识到，血亲相关研究的方法，远不仅仅只是局限于研究者们意识到并指出来的上述问题上，它还存在着足以动摇和否定其结论的一系列重大的涉及原则的根本性问题。通过分析，我们将能够强烈地意识到，血亲相关研究其方法存在严重的问题，其结论更加靠不住，完全是在一种强烈的遗传决定论倾向性意识的指引下，无视事实真相，希望自圆其说的结果。

下面仅从血亲相关研究的指导思想、理论假设、逻辑推论、研究思路四个方面加以扼要讨论。

(一)指导思想

自高尔顿谱系调查开始，智力血亲相关研究的目的就非常明确，它就是要证明遗传对智力发展具有决定性的作用。这种指导思想的倾向尤其明显。然而，研究者知道，要想证明遗传作用最困难的问题就是如何排除环境因素的影响。为此，研究者假设遗传和环境对智力发展的影响是相互独立的，它们各自对智商变异的影响之和构成总智商变异，即"智力发展＝遗传＋环境"。

这里研究者使用的是"两因素影响"论，作为理论基础。所谓"两因素影响论"认为，影响智力发展或智商的因素有两大类，一类是遗传因素；一类是环境因素，而这两类因素是相互独立地影响智力水平的。

研究者们认为，这是研究遗传因素的基础。有了这样一种理解和表达，就能使用公式顺利地从智力总变异中除去环境影响部分，进而获得遗传作用的部分。这个公式即："智力水平＝遗传因素＋环境因素"。这时，只要我们将智力总变异中的环境影响部分去除，自然就获得了遗传作用的部分。即"遗传＝智力水平－环境"。

这一假设为消除环境因素的影响以证明遗传作用，进行了最重要也是最关键的铺垫，也正是这一铺垫，把整个研究彻底引进了误区。

它完全忽视了人们实际上根本不可能利用加减方法，从个体已形成的智力品质中确切地区分出某一部分，把它完全归因于单独的环境影响加以消除这一事实。这在理论上也背离了遗传、环境相互作用的辩证发展观。这一错误的指导思想最终成为一系列研究过程中所有问题产生的最初根源。

(二)理论假设

可以说，血亲相关研究是建立在一系列纯理论假设基础之上的。这些假设不仅反映了研究者的潜在的意识倾向，它们的可靠性也成为研究结论可靠性的基础。所以，我们首先来分析血亲相关研究的各种假设，从中了解这些假设的可靠性程度，以此来了解血亲相关研究的本质。

除了上述已经提及的两个假设，一个是不同血缘遗传相关的系数假设，一个是"智力发展＝遗传＋环境"的假设以外，血亲相关研究者为了获得遗传和环境相对关系的估计值的公式，又借助假设给出了四个具有特定含义的关于遗传和环境的基本概念，它们是：A. 共同环境(CE)，B. 特殊环境(SE)，C. 共同基因(CG)，D. 特殊基因(SG)。

可以说，这些概念原本是一些非常好的概念，充分考虑到了环境和遗传的共性与个性的关系。但研究者对于这些概念的机械理解和错误假设，使得血亲研究最终走向了歧途。下面，我们来逐一分析这些假设：

1. 关于环境假设

关于环境，研究者假设出两种完全不同的环境模式："共同环境"和"特殊环境"。这些假设在指导思想上是以如何才能完全消除环境因素为目标的。其中：

(1)共同环境(CE)即指"合养环境"(如同一个家庭)。研究者假设："合养环境"即同一个家庭，其环境对不同个体的"差异"影响为零，或者说对不同个体产生完全相同的影响；

(2)特殊环境(SE)即指"分养环境"(如不同的家庭)。研究者假设："分养环境"即不同家庭，其环境对不同个体的"相似"影响为零。或者说对不同个体产生完全不同的影响。

必须首先指出的是，在这样两个大的假设的背景下，意味着研究者还做了如下一系列的潜在假设：

在合养环境（同一个家庭）中：

A．每个个体不同的经历趋于零；

B．每个个体积极主动地探索有别于另一个体的具体环境因素的可能倾向为零；

C．每个个体对环境中独特部分进行反应的可能倾向为零；

D．父母（养父母）采取不同态度、方法对待子女（养子女）的可能倾向为零；

E．子女相互之间作用的影响趋于一致，并等同于两类双生子；

F．寄养中非血亲子女因年龄差异而导致的影响趋于零；

G．寄养前非血亲子女环境影响可以忽略不计等。

在分养环境（不同家庭）中：

A．不同个体所受环境影响是独特的、截然不同的，即环境中的共同影响因素倾向为零，它们处在环境差异分布的两极上；

B．个体对不同家庭中的可能相同的因素反应的倾向为零；

C．双生子按基因型特点选择相似环境因素的倾向为零；

D．两类双生子或亲兄弟姐妹分离抚养前，在相同环境中所受到的影响倾向为零等。

总之，在血亲相关研究中，研究者们关于环境的假设告诉我们以下事实：

首先，环境对个体的相同影响是全或无的。要么共同（合养）环境，对不同个体具有完全相同的影响；要么特殊（分养）环境，对不同个体具有完全不同的影响。这里假设个体与环境的关系是被动反应的关系，即个体是环境影响的被动承受者，环境对个体的影响是绝对的、无选择的。请注意研究者在研究之前首先强调并承认环境的影响是绝对的。然后，进一步假设"合养"环境为"共同"环境，"分养"环境为"特殊"环境。

其次，在强调环境对智力绝对性的影响前提条件下研究遗传的决定作用，即在假设中强调环境对个体存在着绝对的影响（如合养环境中完全相同的影响，分养环境中完全不同的影响），而在研究中利用这一假设去否定环境因素对智力发展的作用，去强调遗传的绝对作用，这显然是一个非常有趣的逻辑怪圈！

2. 关于遗传假设

关于遗传，研究者建立了两个带有特定含义的概念"共同基因（CG）"与"特殊基因（SG）"。其中，"共同基因"是指两个人完全一样的基因部分；"特殊基因"是指两个人完全不同的基因部分。例如同卵双生子。他们的基因完全相同，因此只有共同基因，没有特殊基因。这一特征被研究者作为标准，来推测或假设其他血亲关系子女的基因特点。

而推测不同血亲关系的个体之间的共同基因或特殊基因的假设是：因为同卵双生子具有100％的共同基因，没有特殊基因，那么，根据血亲的远近应当得出以下假设：

A. 非血亲关系的人们由于他们没有血亲关系，因此不存在共同基因，这时他们之间只存在着百分之百的特殊基因，因此，它们的共同基因为"0"，则遗传相关为0.00。

B. 以此类推，异卵双生子、亲兄弟姐妹、父母—子女之间，来自同一父母，共同基因与特殊基因"应当"各占一半，即各占50％；它们的遗传相关为0.50。

C. 祖—孙之间、叔—甥之间的共同基因为25％，特殊基因为75％，遗传相关则为0.25。

D. 堂表兄弟姐妹之间的共同基因更少，只有12.5％，特殊基因占到87.5％，遗传相关则为0.125。

E. 堂表兄弟姐妹的子女之间的共同基因更少，只有6.25％，特殊基因占到93.75％，遗传相关为0.0625。这些假设，我们在一开始就涉及了。

这里更值得注意的是那些隐含的假设，即研究假设认为，同属人类的不同个体的智力基因型之间没有相似性或共同性，即相似性或共同性特征为零。可见，这种假设是以否定人类长期进化中所形成的共性品质的存在为前提和特征的，也与当代的遗传学研究结论相违背。今天的遗传学揭示，人类的遗传成分99％以上都是相同的，只有不到1％的差异存在。

研究者正是在建立了以上各种违背唯物主义辩证法思想的假设前提下，开始了之后的研究。

到此，我们就已经能够感受到可能出现的问题。但在心理学研究中，假设归假设，当研究结果与假设相反时，人们可以不接受假设而获得结论。因此，研究到此还不能进行最后的判断。

有了这些假设，研究者推出了一系列的操作公式，以帮助研究遗传效应。

3. 关于研究公式

根据以上的假设，研究者通过一步步推导，最终获得了研究遗传效应的操作性公式。以下是推导过程：

(1)合养情况下，由于两类双生子具有 100% 的共同环境。因此，两类双生子智力表型上由环境因素引起的对内差异在理论上相等，可以相互抵消，即两个同卵双生子在合养环境中的所受影响是一致的，两个异卵双生子在合养环境中所受的影响也是一致的。同卵和异卵在合养环境中的对内差异是相等的，由此，得到公式(1)，即：

$$^VDZ^环 = ^VMZ^环 \qquad\qquad (1)$$

其中 ^VDZ 代表异卵双生子的对内差异，

^VMZ 代表同卵双生子的对内差异，

$^VDZ^环$ 或 $^VMZ^环$ 右上角的"环"代表合养环境，

即 $^VDZ^环$ 或 $^VMZ^环$ 为双生子合养环境下的对内差异。这个公式的意思是：在合养环境中，两类双生子对内的差异相等。

(2)因为同卵双生子共同基因 100%，如果他们之间出现表型差异，只能归因于环境的作用。由此，得到公式(2)，即：

$$^VMZ = ^VMZ^环 \qquad\qquad (2)$$

这个公式的意思是：同卵双生子的对内差异等于"合养环境"中的同卵双生子的对内差异。

又由于异卵双生子共同基因、特殊基因各占 1/2，因此，他们之间智力表型出现的差异要归因于环境和遗传因素之和，即异卵双生子智力的对内差异，等于异卵双生子的遗传差异加上异卵双生子的环境差异。由此，得到公式(3)，即：

$$^VDZ = ^VDZ^遗 + ^VDZ^环 \qquad\qquad (3)$$

为了简化公式，通过推导，

由公式(3)-公式(2)得：

$$^VDZ - ^VMZ - ^VDZ^遗 + ^VDZ^环 - ^VMZ^环 = ^VDZ^遗 \qquad\qquad (4)$$

简化后得 $\qquad\qquad ^VDZ^遗 = ^VDZ - ^VMZ$

即，异卵双生子的遗传差异等于异卵双生子的对内差异减去同卵双生子的对内差异。

到此，研究推出遗传效应的操作公式。可见整个推导过程，首先是在种种未被检验的假设基础上进行的。而所有的理论假设都是为了消除环境因素或区别出环境与遗传各自影响因素而铺垫的。但遗憾的是，除同卵双生子基因型完全相同以外，所有假设都忽视了最重要的问题，就是假设的真实性、可接受性问题。无论是根据经验事实还是研究结论，人们都无法接受上述假设。相反，从相互作用论的角度看，如果不同的个体（包括 DZ 双生子）在相同环境中，按自己基因型特点选择相似环境因素的话，那么，各自智力上所表现出来的差异就不能说是遗传独立引起的了，而且在解释合养异卵双生子对内差异大于分养同卵双生子对内差异时，就不再会单纯归因于遗传。实际上不存在离开环境条件的遗传效应。

在合养情况下，如果两类双生子是采取不同方式与环境发生联系的，理论上，两类双生子由环境引起的 IQ 对内差异就不再相等。研究一旦不能通过合养条件平衡环境因素，那么，利用血亲相关研究分析遗传与环境作用谁大谁小的做法就难以行通。因为，这样再也推不出实验研究的遗传效应的操作性公式了。

不仅如此，当两类双生子合养比较时，研究者仅仅考虑了两类双生子对内差异的平衡是远远不够的。我们说尽管两类双生子都处于合养状态中，但两个合养家庭并非相等，一对双生子可能处在良好的合养环境中，另一对双生子可能处于不良的合养环境中，这样一种环境差异似乎无法通过公式加以平衡，而且两对双生子所形成的对间差异可能远远大于双生子对内差异。

通过以上的分析，可以看到，整个关于遗传因素的证明与研究都是以各种值得高度怀疑的假设开始的，无论是"智力发展＝遗传＋环境"的假设，还是合养环境完全相同、分养环境完全不同的假设，无论是异卵双生子只有一半的共同基因的假设，还是非血亲个体之间不存在任何相同基因的假设，以及各种公式的推导都是值得高度质疑的。

当然，退一步说，我们认为，假设只是假设，在各类研究中，研究者可以大胆使用假设进行研究。事实上，研究过程很大程度上就是假设检验的过程。如果假设与研究结果一致，人们可以根据研究结果接受假设得出结论。如果假设与研究结果不一致，人们还可以根据研究结果拒绝假设得出另外的结论。

因此，尽管我们看到了许多值得高度质疑的假设，但在有关遗传效应的研究中，更关键的问题还不在假设，而在于对假设的检验，即根据研究结果来确定是否接受假设。

可悲的是，在血亲相关的整个研究中，人们明明获得了与假设不相同的结果，本应理当拒绝假设而获得另外完全相反的结论。原本，当研究结果与假设有悖时，研究者可以得出的结论是，合养环境并不像假设的那样完全一致，分养环境也不像假设的那样完全不同。不同血亲之间关于共同基因的假设和特殊基因的假设也存在问题，非血亲之间不存在共同基因的假设不能接受等。但实际上，研究者不仅没有这样做，反而采取了继续接受在研究中已经被证明与结果明显有悖的假设，并继续利用假设进行进一步研究与推理。正是这样，使得原本简单的研究，走上了复杂而又使人困惑的道路。

(三)错误的逻辑推论

归纳起来，智力遗传相关研究最致命的问题集中反映在以下几个方面。

1. 继续使用与实测结果明显冲突的假设

智力血亲相关研究的第一个重大错误是：继续使用与实测结果明显冲突的假设进行进一步的研究。

(1)关于"合养环境完全相同"的理论假设与实测结果冲突

按研究者的理论假设，首先，"合养环境"清除了"特殊环境"因素对个体的影响，因而合养环境对不同个体有着完全相同的环境影响；其次，同卵双生子又先天具有完全一致的"共同基因"。因此，从理论假设上看，同卵双生子在"合养环境"中，100％的"共同基因"与100％的"共同环境"，应当带来与理论相关1.00完全一致的实际相关。但实测的结果是合养同卵双生子智力相关只有0.88，比理论值低0.12。

这一实测结果告诉人们，同卵双生子由于基因完全相同，在合养环境中获得0.88的相关说明："合养环境"完全相同的理论假设存在错误。实测智力相关比理论值下降12％意味着"合养环境"对同卵双生子中的不同个体存在着不同的影响。这种差异性的影响只能有一个来源，这个来源就是环境！因为，同卵双生子因基因差异主动选择不同环境的可能性等于零。

因此，通过研究结果可以得出以下结论，"合养环境"对同卵双生子不同个体的影响并不完全相同，是存在着差异的。正是这种"合养环境"中的差异影响，使得原本应当完全相关的同卵双生子（智力基因完全相同）的智力有了12％差异。

可以认为，到此为止，智力血亲相关研究中关于"合养环境对不同个体的影响完全相同"的假设是不可靠的或不能成立的。如果考虑到不同血亲类型，可能还会因不同基因特点对环境进行不同的选择，而造成更大的环境差异的可能性的存在。我们认为很难继续接受"合养环境对不同个体影响完全相同"的假设。按理，研究者应当拒绝假设，停止研究或得出另外的结论。

但遗憾的是，研究者们没有拒绝假设，而是无视这一由实测引起的事实，继续沿用原有假设，并且将其中部分变异归结为测量误差，使合养环境中的差异进一步减少，并继续依据这一假设"合养环境对不同个体的影响相同"而导出一个研究中将要使用的操作性公式。按理论假设，合养环境清除了特殊环境因素对个体的影响，无论是同卵双生子，还是异卵双生子（或非血亲子女），在合养环境中都百分之百地受共同环境因素的影响，因此，其对内差异是相等的，即：

合养同卵双生子的环境＝合养异卵双生子的环境。

转换成公式即：

$$^{V}DZ^{环} = {}^{V}MZ^{环}。$$

这是一个眼睁睁可以看清的荒唐推理。当合养同卵双生子对内智力出现12％的差异时，合养环境完全相同的等号无法去画，就是智力出现1％的差异，也无法去画等号。一百就是一百，九十九就是九十九。九十九不等于一百。这是一个最简单、最基本的数学常识。也许是人们认为心理学并不像物理、化学那样精确，数字上的模糊是一个正常的现象，因此12％的差异可以省略不计？

况且，退一步说，两个合养家庭的环境，就算各自对处于其中的双生子的影响是相同的，也不能确定这两个不同的合养家庭的环境影响是完全相同的。我们无法从"对内环境"相同推测出"对间环境"也相同的结论来。如一对双生子可能处于一个处境不利的家庭中，而另一对双生子则可能处于一个处境良好的家庭之中，两者之间无法画上等号。

(2)关于"分养环境完全不同"的理论假设与实测结果冲突
如图 4-15 所示[35]：

亲缘关系

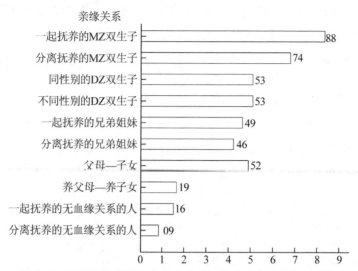

图 4-15　不同血亲类型在合养与分养环境中所获得的相关数据

在相关研究中，按照理论假设，"分养环境"清除了"共同环境"因素
对个体的相同影响，因此，分养对不同个体有着完全不同的环境影响。

其中，非血亲关系的人由于不存在共同基因，因此在分离抚养时，
由于环境完全不同智力相关应当为零。但研究的实测结果为 9％，即非
血缘子女智力相关比假设上升了 9％。这种上升显然不是环境的差异性
导致的，而是环境的共性导致的。

根据假设推理，对非血缘关系的人的这一实测结果告诉人们，"分
养环境完全不同"的理论假设存在错误。通过非血缘关系分离抚养的实
测智力相关比理论值上升了 9％，说明"分养环境"对非血缘的不同个体
存在着一定的相同的影响。这种相同的影响只能有一个来源，这个来源
就是环境！也就是说"分养环境"对非血缘不同个体的影响并不完全不
同，是存在着相同性的。正是这种分养环境中的相同影响，使得原本从
理论假设上看应当完全不同的非血缘个体的智力有了相似性。

不仅如此，这里同时还暗示了另一种可能性，即非血缘个体之间并
非像假设那样基因特征完全不同，而是存在着一定共同的基因特征。正
是由于存在着某种共同的基因和相同的环境，才会表现出一定的智力相
关性来。因为，不同的基因不可能在同一环境里产生相同的反应，只有

相同的基因才会在相同的环境中产生相同的反应。

到此可以认为，智力血亲相关研究中关于分养环境对不同个体的影响完全不同的假设也是不可靠的或不能成立的。如果考虑到非血亲类型可能还会因不同基因对微环境进行不同的选择而增加了差异，导致智力相似性的进一步下降的可能性存在。那么，我们认为很难继续接受"分养环境对不同个体影响完全不同"的假设。但事实上，研究者们同样无视这一由实测引起的问题，继续沿用原有假设。

（3）关于遗传相关的理论假设与实测结果冲突

有关遗传相关的理论假设与实测结果的冲突，通过比较遗传理论相关值与合养环境中实测智商相关值可以清楚看到，如表 4-2 所示：

表 4-2　遗传理论相关与实测智商相关比较

类型	遗传理论相关	合养 IQ 相关	相互关系
同卵双生子	1.00	0.88	↓
异卵双生子	0.50	0.53(0.63)*	↑
亲兄弟姐妹	0.50	0.55	↑
父母——子女	0.50	0.50	——
祖——孙	0.25	0.27	↑
叔——甥	0.25	0.26	↑
非血亲子女	0.00	0.20	↑

＊詹森指出"最近的研究表明：异卵双生子的相关系数大约提高了 0.1"[36]。

如前所述：智力血亲相关研究，首先是对不同血亲之间的遗传相关进行理论上的假设，再用假设的遗传相关值作参照与实测智力相关比较。

血亲相关研究者们认为，要证明遗传因素是智力在特征上变异的主要原因，只要在平衡了环境因素的条件下，证明实测智力相关与智力遗传的理论假设相关高度一致就行。

这里暂不去考虑环境因素是否能有效地清除。我们认为，要想保证结论的有效性，一个很重要的前提就是：研究中使用的关于智力遗传相关的"假设值"必须可靠。如果在研究过程中发现实测血亲智力相关值高于智力遗传相关假设值，即与遗传相关假设值相比，实测智力相关值出现大于理论值的不可能情况，这时只能认为有关智力遗传相关值的假设是错误的、不可使用的。实测智商相关的结果恰恰如此。从表中可以看出：

①同卵双生子百分百的相同基因，在相同环境下的智力相关 0.88。

②其他类型（除父母—子女实测 IQ 相关与假设吻合以外）均高于理论假设相关。

例如，理论假设异卵双生子"共同基因"为 50%，因此，按照同卵双生子在合养情况下智力相关 0.88 进行推测，合养下的异卵双生子智力相关应当为 1/2 同卵双生子的合养相关，即为 0.44，在理论上不应当高于 0.50。但实测结果为 0.53—0.63。实测结果超过了 0.5，达到了 0.53 以上。由于异卵双生子"共同基因"只有 50%，因此，将 0.53 乘以 2 得到的数字已经大于 1.00。而亲兄弟姐妹的"共同基因"的理论假设也为 0.50，因此，合养下的智力相关在理论上也不应当高于 0.50，但实测智力相关为 0.55。非血缘子女"共同基因"的理论假设为零，合养下的智力相关也应当为零，但实测的智力相关为 0.20。另外，从图表中还可以清楚地看出，其他几个亲缘类型都高出理论假设的基因相关。这说明，关于不同亲缘的基因相关理论假设存在极大的问题。

从表 4-3 中能直观地看到这一点：如果我们根据同卵双生子遗传相关为 1.00 而其实测智力相关则为 0.88 的事实，推测其他血亲智力相关（见表 4-3），可发现除同卵双生子外，所有实测智商相关也均高于遗传理论智力相关值，出现了相关大于 1 的不可能情况。这提示除同卵双生子遗传相关为 1.00 以外的所有类型的血亲遗传相关假设都存在错误估计的倾向。

表 4-3　根据同卵双生子实测智商相关推测其他血亲智力相关

类型	遗传理论相关	合养推测 IQ 相关	实测 IQ 相关	相互关系
同卵双生子	1.00	1.00	0.88	↓0.12
异卵双生子	0.50	0.44(1/2 0.88)	0.53	↑0.09
亲兄弟姐妹	0.50	0.44	0.55	↑0.11
父母——子女	0.50	0.44	0.50	↑0.06
祖——孙	0.25	0.22(1/4 0.88)	0.27	↑0.05
叔——甥	0.25	0.22	0.26	↑0.04
非血亲子女	0.00	0.00	0.20	↑0.20

为什么会出现这样的情况？事实上这一点很容易解释，人类在本质上是同一个群体，他们的智力基因库中存在大量极其相似的基因。异卵双生子(包括亲兄弟姐妹等其他类型)之间的共同基因就不一定是同卵双生子的一半，因而也无法作为同卵双生子遗传相关 1/2 的估计值加以使用。而非血缘子女之间的共同基因也不可能是零。由于人类的共性相同，非血缘个体之间的基因应当存在着极大的相似性。同时，就合养环境而言，如果两类双生子或其他血缘子女是采取不同方式与环境发生联系的，那么，他们之间由环境引起的 IQ 对内差异就不再相等，合养状态就无法有效地平衡环境因素，这时，血亲相关研究也就难以行通。

总之，理论和实测结果都提醒我们，继续接受并使用理论假设是危险的。无论是关于环境的假设，还是关于基因的假设，都存在重大的问题。但是，有关的研究者不仅不考虑理论上存有与其假设相反的可能性，甚至对能够否定其假设的实测结果也视而不见，仍通过合养两类双生子有 100％ 的共同环境($^VDZ^{环}=^VMZ^{环}$)，以及异卵双生子共同基因、特殊基因各占 1/2 的假设，推出研究遗传效应的操作性公式，异卵双生子的遗传差异等于异卵双生子的对内差异减去同卵双生子的对内差异：

$$^VDZ^{遗}=^VDZ-^VMZ。$$

不言而喻，在这样一个错误百出的基础上所进行的研究能否获得正确的答案是值得高度怀疑的。错误的公式必然导致错误的结果。

2. 把分养造成的环境差异增加理解为环境共性的彻底消除

(1)同卵双生子合养与分养比较研究

同卵双生子合养与分养比较研究的致命问题是：把分养造成的环境差异增加理解为环境共性的彻底消除。

同卵双生子是研究者找到的最为理想的研究类型。因为 MZ 双生子具有完全相同的遗传基因，所以他们的遗传相关必然相同，即相关为 1.00。而且，按假设两者合养时环境也相同，这时，如果实际测得的表型相关与遗传相关完全一致(排除了测量误差)，则可认为"遗传基因对智商的影响起百分之百的效应"，而环境可视为完全相等而相互抵消了(实际上这种通过平衡环境因素就认为消除了环境影响的假设本身就是掩耳盗铃，自欺欺人)。

如前所述，实际研究发现合养 MZ 双生子的真实相关并非为 1.00，而是 0.88。这意味着存在某些非遗传因素，使他们智商的完全相似性降低了。遗传决定论者没有把注意力放在相关一致性降低所表达的意义上，这一含义已经明示，合养环境对同卵双生子的影响并不完全相同，存在着差异性的影响。

遗传决定论者继续把注意力放在仍然具有的 0.88 的相似性上。认为 0.88 的相关说明排除了合养环境中由环境差异导致的 12％智商变异后，剩下的 88％就应当是由遗传和环境变异"相加"共同造成的智商总变异。而他们接下来的任务是利用某种途径，区别这 88％的智商变异中遗传部分和环境部分各自影响的百分比。（注：在遗传相关研究中为使问题更直观，研究者常把相关系数转化为百分数加以讨论。）

这时研究者犯下了一个致命的错误，他们把由共同基因和共同环境造成的智商总相关 88％，当成遗传和环境变异两者相加导致的总变异加以对待。研究者认为，根据分养不同家庭中影响 IQ 变异的共同环境因素为零的假设，把 MZ 双生子分开抚养就势必消除了环境中的共同因素。再根据"智力发展＝遗传＋环境"的公式的计算，剩下的 IQ 变异部分被认为就应当归因于共同基因的单独作用了。

通过分养研究发现，分养同卵双生子智力相关表现出比合养时下降的特征，从合养 0.88 下降到 0.74 的平均相关。研究者认为：这就是通过分养消除了环境中共同因素后，所获得的双生子"共同基因"单独引起的 IQ 变异部分。研究者还认为智商的相似性由 0.88 降到 0.74 说明了共同环境的影响只占总变异部分的 14％，即 0.88－0.74。

我们认为，这种推理和解释是极其荒唐和错误的。事实上，MZ 双生子从合养 0.88 的相关降到分养 0.74 的相关中间显示出的 14％ 的实际差异，以及同卵双生子分养 0.74 与同卵双生子合养的理论假设为 1.00 之间 26％（1.00－0.74）的差异，在分离抚育中的意义恰恰和研究者理解相反。它实际上表明，在合养环境中智力相关由 1.00 的假设降到 0.88 所显示出的 12％差异是由环境的差异影响所致的。而剩下来的 0.88 的智力相关是由共同基因和共同环境引起的。这时由于同卵双生子分养进一步增加了环境的差异，使智力相关降低到 0.74，即在原有 0.88 的基础降低 14％。这只能说明在分养环境中由 88％降低到 74％中的 14％的变异是由分养环境变异引起的，而不是共同环境引起的。用合养 88％的变异减去 14％所获得的 74％相关值，仅仅是一个进一步消除了由分养造成的特殊环境影响后的部分——这个部分在分养情况下是共同基因和共同环境共同引起的，绝不是消除了共同环境变异后的共同基因变异部分。

合养与分养研究结果实际暗示：合养特殊环境为零的假设与分养共同环境为零的假设都与实际不符。合养无法使环境对 MZ 双生子的影响达到理论上 100% 的一致，而分养只能相对地增加环境的差异或特殊性，但不能消除环境的共性。

研究者在推论过程中一个影响结论性质的极大错误是：把由环境变异引起的智商相关降低的部分看成整个共同环境造成的变异部分。该问题是整个血亲相关研究过程中由推理错误而引起结论错误的关键一环。

（2）同卵双生子与异卵双生子比较研究

同卵双生子与异卵双生子比较研究的根本错误是：把合养由共同环境和共同基因引起的相关，完全作为共同基因相关加以解释和使用。

选择这一研究类型是因为有研究者指出：由于分养造成的环境差异可能小于随机抽取不同血亲个体的环境差异，因而在同卵双生子分养 74% 的遗传部分的智商变异中，还可能混有一些环境因素（这一批评意见是在承认上述推论过程的前提下提出的）。

研究者认为，通过比较同卵与异卵双生子由共同基因和共同环境引起的 IQ 变异部分，并进行适当的处理，就能消除混在同卵双生子遗传部分 IQ 变异（74%）中的不确实的环境因素[6]。然而问题也就随即出现，请看以下的推理过程：

研究者认为，只有共同基因才有可能引起 IQ 上的相互关系。在他们的假设理论中，异卵双生子仅有 1/2 的共同基因。因此，实测获得的异卵双生子 IQ 相关（0.53）仅仅是 1/2 共同基因相关的数。所以，用同卵合养共同基因相关 0.88 减去异卵合养共同基因相关 0.53，就可获得合养同卵双生子 1/2 共同基因导致的智力变异部分。如果把这个值再乘以 2 扩大一倍，就必然是消除了合养环境因素的整个遗传部分。通过计算研究者得到了 0.7 的相关值。

这时，再用同卵双生子分养时所获得的，有可能混入一些环境因素的 74% 的遗传部分的智商变异值，减去以上我们所获得的 70% 的值，这样就可以把所有的环境因素引起的智力相关部分彻底消除了。根据这一解释，研究者进行了如下推导并获得合养同卵双生子 0.7 的相关：

合养 MZ 遗传变异＝（同卵共同基因相关－异卵共同基因相关）×2

$$=(0.88-0.53)\times2=0.7$$

接着指出 74% 的智力遗传变异中仅混有 4% 的 (74%-70%) 环境因素。很明显：该推导把两类双生子合养由共同基因和共同环境（按他们自己的说法）引起的 0.88 及 0.53 的相关，完全当做共同基因相关加以解释和使用了。其中，同卵共同基因相关不等于 0.88，异卵共同基因也不等于 0.53。这两个值都是在合养情况下获得的，是由共同基因和共同环境一起导致的。显然，用这两个数进行推理偷换了概念。实际上这两个数相减获得的 0.7 的相关值其真实含义如下：

$$0.7=(0.88-0.53)\times2=(合养\ MZ\ 相关-合养\ DZ\ 相关)\times2$$
$$=[(CG+CE)-1/2(CG+CE)]\times2$$
$$=[1/2CG+1/2CE]\times2=CG+CE$$

即 0.7 的相关是一个由共同基因和共同环境相互作用的相关。

结论应是：詹森等研究者认为的 70% 的智力遗传相关部分，仍然是由共同基因（CG）和共同环境（CE）导致的，并非同卵双生子单独的遗传变异部分导致的智力相关。

3. 双生子与非血亲子女比较

双生子与非血亲子女比较研究中，研究者同样很难获得 IQ 与遗传相关的结论。

众所周知，合养 MZ 双生子 0.88 的 IQ 相关和分养非血缘 0.09 的 IQ 相关之间，有明显的差异。但同卵双生子之间的高相关和非血亲子女之间低相关的比较并没有什么实际意义。

很明显，获得两组相关的环境条件并不相等，两者无法比较。很可能由于环境的相似性提高了同卵双生子 IQ 的相关性，而由于环境的差异性降低了非血亲子女 IQ 的相关性。这一点在通过分析已有的研究结果可明显看到：随着同卵双生子环境的相似性降低和非血亲子女环境的相似性增加，两者相关的差异趋于减小。结果从下表中可以明显看出：

理论假设智力相关如下：

合养 MZ 双生子　　分养非血亲子女　　相关差异

相关 r　　　1.00　　　—　　0.00　　＝　　1.00

实测的智力相关如下：

0.88　　　—　　0.09　　＝　　0.79

分养 MZ 双生子　　合养非血亲子女　　相关差异

相关 r   0.74   —   0.20   =   0.54

可见，随着双生子环境差异增加，非血亲子女环境差异减小，两者相关之间的差异就由 0.79(0.88～0.09)降到 0.54(0.74～0.20)，降低了 0.25(0.79～0.54)。

我们可以用图 4-16 看清这一变化：

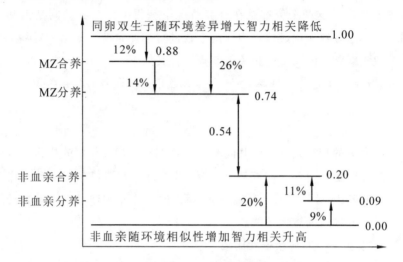

图 4-16   MZ 与非血亲子女智力相关之差

通过图解，我们可以很清楚地看到当同卵双生子的环境差异增加，而非血亲子女的环境差异降低时，两者智力相关随即变得更加接近。

而且，我们知道，分养 MZ 双生子对内的环境差异仍然小于完全随机选择家庭提供的环境差异。它不能代表实际环境全域差异的特征。随着环境差异增加，如对其中一个进行社会文化的全面剥夺，而将另一个放进条件优厚的家庭中去，分养 0.74 的相关还会进一步降低。

假设降低部分为 X，则得分养同卵双生子由共同基因和共同环境引起的智商总相关为：

$$r=0.74-X。$$

同时我们还知道，尽管采取了寄养方式，非血缘关系子女之间的差异还是无法减小到像合养双生子那样。换言之，0.20 的相关随着环境差异不断减小，还会有所升高。

假设升高部分为 y，则得合养非血亲子女由共同基因和共同环境引起的 IQ 总相关为：

$$r=0.20+y.$$

当我们进一步考虑到了分养同卵双生子智商相关中可能混入的环境相似性，以及合养非血亲子女智商相关中可能混入的环境差异性。那么同卵双生子智商相关与非血亲孩子的智商相关的差异则会更小，结果如下：

分养 MZ 双生子　　　　合养非血亲子女

相关 r　　　　0.74－X　　　　　　0.20＋Y

相关差异＝〔(0.74－X)－(0.20＋Y)〕＝0.54－(X＋Y)

如图 4-17 所示：

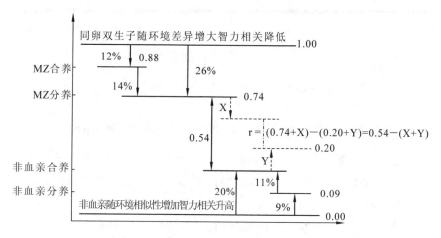

图 4-17　考虑可能混入不确定因素时 MZ 与非血亲子女智力相关之差

这一点在异卵双生子与非血亲孩子相关比较时更为明显：

合养异卵双生子　　　合养非血亲子女

相关 r　　　0.53－X　　　　　0.20＋Y

相关差异＝0.33－(X＋Y)

这里必须说明的是，因 0.53 仅为异卵双生子合养相关，我们百思不得其解的是，为什么研究者不对异卵双生子进行分养研究，而是通过同卵双生子由合养到分养的相关变化值 0.14（即 0.88－0.74）来估计异卵双生子分养的智力相关值？这时分养情况下异卵双生子相关的估计值约为：0.53－(0.14÷2)＝0.46。

则实际上分养异卵双生子与合养非血亲子女相关的差异仅为：

分养异卵双生子　　　合养非血亲子女

相关 r　（0.53—0.07）—X　　　0.20＋Y

0.46—X　　　　　　0.20＋Y

相关差异＝（0.46—X）—（0.20＋Y）＝0.24—（X＋Y）

如图 4-18 所示：

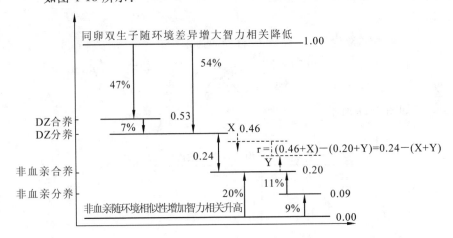

图 4-18　考虑可能混入不确定因素时 DZ 与非血亲子女智力相关之差

总之，当我们不断改变环境差异时，不同亲缘与非血缘子女之间 IQ 相关的差异逐步减小，这意味着即使不出现上面的推理错误，智商遗传相关的结论仍很可能有误。

更重要的是，根据以上的遗传相关的数据分析，我们可以看到，研究的最后结论，不排除智商环境相关的可能性。这就是当双生子的分养环境中混入的环境相似值"X"仍然很大，而非血亲子女合养环境中混入的环境差异值"Y"也非常大时，很可能会出现以下两种情况：

（1）双生子分养的智力相关与非血亲子女合养的智力相关一致；

（2）双生子分养的智力相关低于非血亲子女合养的智力相关。

如果我们能够真正地、有效地控制双生子分养在环境的全域范围内，一个在极差的环境中，一个在优越的环境中，而排除"选择性安置"或亲缘抚养，或因环境差异分布正态性特点导致的分养"回归现象"，那么双生子的智力相关一定还会有很大程度的下降。

同样，如果我们能够真正地、有效地控制非血亲子女合养在非常一致的环境条件下，避免两者的差异，如对合养前的环境差异进行评价、对合养子女的年龄进行平衡、确保合养后养育目标的一致性等，那么非血亲子女的智力相关也一定还会有很大程度的提高。如图 4-19 所示。

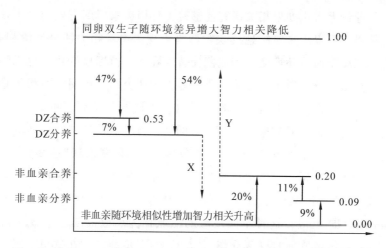

图 4-19　双生子与非血亲子女在相关环境中智力相关趋于一致

　　实际上，从当今早期儿童发展研究的进展来看，越是早期环境，对个体的影响越大。早期是大脑快速发育的时期，不仅是大脑发育的可塑期，也是心理发展的关键期。尤其是前三年的影响，超过以后许多年。而在前三年中，第一年的影响比第二年大，第二年的影响比第三年大[37]。根据这样的观点和研究结果，我们对这种通过调查而非实验型的合养与分养研究所得出的相关，就更加有理由怀疑它的可靠性了。因为我们不知道血亲子女分养前是多大，也不知道非血亲子女合养前是多大。如果调查的对象合养或分养前都经历了 2～3 年的成长，那么这种环境的影响已经无法排除在外。而这 2～3 年的成长经历对研究结果已经造成极大的影响。除非，我们有意识地进行实验性的研究，在双生子一出生就将其彻底分开，或选择同时出生的非血亲子女，并在出生后立刻以寄养的方式合养。那么，或许我们能得到更加准确的结果。

　　美国心理学家 Willis 在第六版《儿童心理手册》第二章中指出："回到先天—教养问题上，当明确地认识到，任何行为是 100％生物性的和 100％文化性的"[1]。我们上述的分析仿佛说明了这一点。遗传和环境对人的影响是分不开的。

4. 超出相关研究的作用对相关研究结果进行解释

　　血亲相关研究最后一个严重的推理错误，是发生在由结果推导结论的过程中。遗传论者根据 IQ 遗传相关结果企图回答环境变异究竟能多大程度地改变个体智商，这超出了血亲相关研究力所能及的回答范围。

从理论上讲，如果相关研究能够确保环境因素得到有效的平衡，其研究结果是可以用来笼统地反映智商是表现为血亲相关还是环境相关，但它不能用于回答环境变异到底能使智商在多大范围里变化，也无法回答智商高低与环境质量的关系，更不能因为研究结果证明智力相关是环境相关，就否定遗传对智力的作用。这一点既与相关研究的性质有关，又与人们对遗传差异和遗传潜力关系的认识有关。前者将在后面的研究思路中涉及，这里着重从"基因反应范围"理论角度谈谈"遗传差异"与"遗传潜力"的区别。我们可以将它们的关系理解为个性与共性的关系。

反应范围是一个遗传学上的概念，是指个体以基因为基础，对不同环境产生不同反应，这种不同反应的区域称为反应范围。1963 年，Irving Gottesman 在心理学界介绍了"反应范围"的概念。在这里基因型提供了一个可能的表型范围。在这个可能的表型范围里，个体特征可有不同的表现。遗传学的研究指出：表型和基因型之间不一定存在对应关系。简言之，"反应范围"是指某种基因型在不同环境中表达的种种可能性范围。

用图 4-20 表达如下：

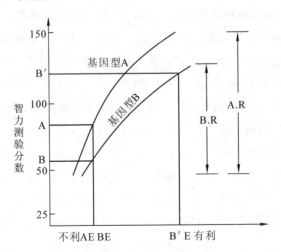

图 4-20　两种基因型在有利性不同的环境作用下的智力反映范围

A、B、C 三条曲线分别代表三种不同潜力的智力基因型。这三种基因型在不同的环境特点中有不同的表现形式。

从理论上讲，

(1)在相同环境中，基因型 A 的天赋最高，高于 B 和 C，这时智力表型的表达水平应当最高。

(2)但在不同环境中，情况并非总是如此，如果 B 的环境质量明显优于 A，则 B 的表型表达水平可能高于 A。如图 4-20 中 BE 即 B 的环境质量优于 AE，结果是 B 的智力水平高于 A。

(3)对不同基因型同样的环境变异引起的表型变化范围不同，基因型潜力越大，表型变化的范围越大，潜力越小，表型变化的范围越小。

反应范围的理论相对于决定论理论，向前迈出了飞跃的一大步。它使人们对遗传差异和遗传潜能的关系、环境和遗传关系的理解更符合辩证唯物主义的观点。但它的不足是，反应范围理论引进心理学后，仅仅停留在理论上，对个体反应范围到底多大，个体反应范围之间的差异到底有多大，对什么样的环境能在遗传反应范围内引起什么样的反应或表现，未能给予进一步的研究和说明。以至自 Gottesman 之后，这方面的研究仍处在问题提出的最初阶段。

我认为，导致这一点的原因主要来自研究方法上的困难。无论是家谱研究、两类双生子分养、合养研究，非血亲子女收养对比研究，其本质都是在讨论特定环境下，遗传对智力发展的制约作用。而制约作用大小并不说明遗传潜力的大小。只说明相同、相似遗传基因型比相差、相异的基因型在相同、相似的环境中有更为一致的表达。

用反应范围的简示图可以说明这一点。如图 4-21 所示：

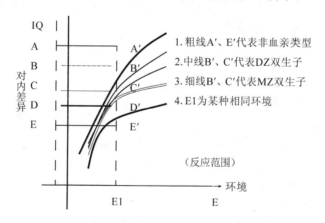

图 4-21　不同血亲在相同环境下表型对内差异示意图

由图 4-21 可见，在相同的环境 E1 条件下，同卵双生子的表型对内差异最小，异卵双生子的对内差异(B′、C′)次之，非血亲之间的差异最大。但这些与个体的遗传潜力，即在不同环境中的反应范围大小毫无关系。

尽管用分养、合养来考查两类双生子对内差异从理论上讲，因考虑了环境差异，应能反映遗传潜力的特性。但如果环境的变异不具有全域性，或对变异大小的把握不是通过具体的测定，仅仅凭直觉而定，也同样达不到预期的目的。如图 4-22 所示：

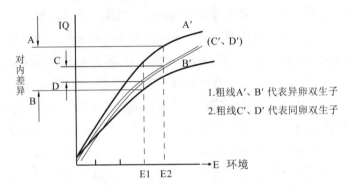

图 4-22　相同环境下两类双生子对内差异比较示意图

从图 4-22 中可以看出，当分养环境变异不太大时，分养 MZ 双生子的对内差异 C、D 仍然小于合养 DZ 双生子的对内差异 A、B。

只有当同卵双生子分养环境的差异足够大时，我们才能看到同卵双生子对内差异较大的变化。这种变化可以超过分养环境差异较小的异卵双生子。如图 4-23 所示：

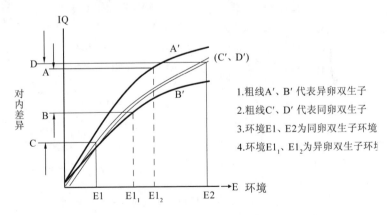

图 4-23　不同环境下两类双生子对内差异比较示意图

图 4-23 中，E1$_1$、E1$_2$ 为异卵双生子的分养环境差异，E1、E2 为同卵双生子的分养环境差异。这时，我们可以看到同卵双生子 C、D 之间的对内差异，大于异卵双生子 A、B 之间的对内差异。

可见，相关研究尽管在某种程度上能揭示遗传对智力的制约作用，但离回答环境对智力发展的影响还差之千里。实际上不能因为揭示了遗传的制约作用就必须否认环境在具体发展中的决定作用，不能说因为发展受遗传制约，所以发展不受环境的影响。除非在一个特定的前提下，相关研究才能在回答了遗传对智力的制约作用的同时，也回答了环境对智力发展的影响，这个特定条件就是，个体一经出生智力表型的相对稳定性终身不变。只有个体智力表型是固定不变的，在 Λ、B 环境中获得的差异，就相同或相似于在 A、C 环境中获得的差异。血亲研究由 MZ 双生子分养 IQ 差异小于合养 DZ 双生子 IQ 差异推出遗传决定论的结论，就是依据这一逻辑前提，其中，由于"分养"概念的抽象含糊，因而像 A、B 环境或 A、C 环境之间的差异从一开始就被抹杀了。

实际上，我们几乎无法有意去使分养环境的差异达到最大，也无法使合养环境差异达到最小，这在非实验的自然类型中非常困难。而从各种相关研究所获得的数据看：血亲相关研究中通过假设建立的概念都无法成立，应该获得的结论是合养环境对儿童的影响并不像假设那样完全一致，分养环境对儿童的影响也不像假设那样完全不同。除同卵双生子外，不同血亲共同基因量的理论假设都有偏低的倾向，共同环境影响不可能通过某种手段真实地从个体的智力影响因素中消除，血亲相关研究不能排除环境影响的可能性。

(四)研究思路

1. 从相关研究的目的上看，研究者无法通过智力相关高低来说明环境对智商变化的影响到底有多大。因为，从相关数据的解释看，相关高低只能说明各组数据对内差异的一致性大小，无法揭示各组数据对内或对间差异的实际大小。对此，我们举两个例子加以说明。

例(1)有三对同卵双生子 IQ 对内差异各为 4 分，而他们的对间的 IQ 平均差异则如表 4-4 所示：

表 4-4　同卵双生子对内差异及对内平均 IQ

	MZ 双生子	对内差异	对内平均 IQ
A	75—79	4	77
B	115—119	4	117
C	135—139	4	137

从表 4-4 中可以看出，他们三者之间的对内差异相等，相关极高，但他们之间的对间平均差异则分别为：

A 组与 B 组的对间差异为：117－77＝40。

B 组与 C 组的对间差异为：137－117＝20。

A 组与 C 组的对间差异为：137－77＝60。

通过分析，我们可以看到，这三对同卵双生子的智力相关高度一致，但值得注意的是，他们的智力水平完全不同。一对双生子的平均智力为 77 分点，另一对双生子的平均智力则为 117 分点，还有一对双生子平均智力则为 137 分点。他们之间的对间差异最小的是 20 分点，最大的是 60 分点，平均也达到 40 个分点。这里，这三对双生子都生活在合养环境中，通过测评与计算，得出了他们之间对内差异相关极高的结论。但是，这三组双生子，又都生活在各自的合养环境中，从表面上看都是合养环境，但重要的是"A 合养环境"并不等于"B 合养环境"，也不等于"C 合养环境"。在不同的合养环境中，他们显示出完全不同的智力水平。因此，他们的对间差异极大。

通过以上举例，我们可以看出，事实上，合养环境根本无法平衡环境的差异性。合养环境可以发生在环境差异分布全域上的不同位置。可以是在丰富环境或刺激环境中合养，也可以是在剥夺环境或贫乏环境中合养。

从实用的角度来看，我们更关心 A 组双生子与 B 组双生子对间 40 个分点的差异或 A 组与 C 组 60 分点的差异原因究竟是什么？而各自对内 4 个分点的差异并非最重要。如果我们无法回答三组双生子对间巨大差异产生的原因，我们就没有真正回答是"遗传还是环境"这样一个问题。而通过分析我们可能看到，相关研究恰恰不可能回答这样一个重要的问题！

如表 4-5 所示：

表 4-5　两组双生子对内、对间差异比较

IQ₁	第一组对内差异	IQ₂	第二组对内差异
83－82	1	81－85	4
96－94	2	92－100	8
109－106	3	103－115	12
112－108	4	114－120	16
125－120	5	125－145	20
相　关	r＝0.998		r＝0.983
对内平均差异	3	10	
对内最小差异	1	4	
对内最大差异	5	20	
对间平均差异	10	10	
对间最大差异	40	52	

　　由表 4-5 可见，就相关而言，两组数据都获得了极高的相关，均接近 1.00。但从具体的数据分析来看，这两组孩子的差异是极大的。

　　从对内平均差异看：第一组对内平均差异为 3，而第二组为 10，两组对内平均差异为 7。通过这些可以看出，尽管环境对两组孩子的对内差异产生了不同的影响，但相关上却无法反映出来。更无法回答对内最小的差异 1 和最大的差异 20 所产生的原因。

　　从对间最大差异看：两组数据中对间的最大差异都非常大，第一组对间最大差异为 40 分点，第二组为 52 分点，几乎跨越几个质量级别。

　　很显然，在研究遗传和环境作用时，如果我们不能回答像例（1）中同卵双生子对间这种十倍于对内差异是由遗传还是环境导致的，不能揭示像例（2）中两组相关接近，对内差异实际上的不同，不能回答最大差值为 20 分点的对内差异和对间 40 及 52 分点的最大差异是由遗传还是环境导致的，就不能算是全面研究了遗传与环境对智力的影响作用。

　　从研究角度看，相关方法研究不同类型血亲对内差异的一致性，而无法反映对内差异的大小，更不考虑对间的差异。众所周知，一般个体智商之间的差异呈正态分布，如果仅以正负两个标准差计算（IQ70 到 130），就可能远比血亲对内差异大得多。一句话，如果我们不研究以上

两种情况下哪些更大的差异与遗传和环境的关系，不研究差异具体的大小，我们的结论就靠不住。

美国心理学家利伯特提出了相关研究智力变化的另一种缺陷，即如果每对双生子中的一方接受训练提高 20 分点，未受训练一方智商不变，这时相关考查环境的干预作用大小是毫无意义的。因为这时的相关程度并未改变多少，而差异表现在两组智商平均分数的变化上。举例如下：

表 4-6 有一组智商相关为 0.998 双生子，对每一对双生子中的一个进行训练，而使它们的智力平均提高了 20 分点，另一半的个体不变，其中各种差异如表 4-6 所示：

表 4-6　一组双生子训练前后对内差异比较

IQ_1	第一组对内差异 训练前	IQ_2	第二组对内差异 训练后
83－82	1	83－102	19
96－94	2	96－114	18
109－106	3	109－126	17
112－108	4	112－128	16
125－120	5	125－140	15
相　关	r＝0.998		r＝0.983

通过相关分析，我们看不出训练带来什么样的效果，利伯特的结论是："如果要探究环境的干预是否发生作用的问题，我们必须考查平均数而不是相关量数。要确定智商分数提高的可能性，应采取实验研究而不是相关研究。"

总之，相关研究不能回答环境对智商分数变化的确切影响。

2. 相关研究的思路中还存在一个重大缺陷，即对环境进行笼统、含糊、抽象的分类。只进行"同"与"不同"的假设性区分，不去实测评价环境，不考虑环境的优劣好坏，尤其是不去考虑不同家庭教育上的差异，不去考虑整个环境变异全域的情况。因而根本无法真正揭示环境，特别是教育对智力发展的影响。

上面，我们已经指出，"合养环境"是一个极其抽象的概念，"合养环境 A"并不能等于"合养环境 B"，不能因对内环境相似就能确保对间的环境也是相似或相同的。

"分养环境"也是一样，不能因对内环境进行了分离，对间的环境也同样能得到有效的分离。

在实际考查不同家庭的环境因素时，我们很快发现不同的家庭的环境因素中相同的成分实在太多。相同文化、风俗，相同的气候、地理，相同的大众媒介、电视图书，相同的社会要求，相同的起居饮食习惯，相同的语言表达及理解，相同的物理生活空间等等，这一切构成了共同的环境影响，即环境的共性。它存在于每一个不同的家庭之中。我们还发现，不同的家庭确实存在极大的差异，特别是在教育态度、教育方式和投入量上，这一切构成了差异环境影响，即环境的个性。

以上我们从四大方面对智力血亲相关研究进行了简要地分析，分析提示我们：目前的血亲相关法在研究智力的遗传和环境关系上，确实存在着严重的问题，这一问题足以动摇血亲相关研究的结果与结论。我们认为，血亲相关研究只能在确实、有效地平衡了环境条件下，回答相同、相近的个体基因型在相同、相近的环境中其表现型是否具有更高的相关。血亲相关研究除了在平衡环境的方法上存有致命的问题以外，更主要的问题是用相关研究不可能达到他们想要达到的研究目的。

进一步说，智力血亲相关研究本质上只能平衡环境，不能消除环境，即使平衡了环境，相关数值也仍然是一个遗传和环境相互作用的产物，是共同基因和共同环境一起导致的。它不能用以回答"我们究竟能在多大程度上提高智商"这一问题，不能回答环境变异全域所致的智商差异到底有多大，也无法回答智商高低优劣与环境质量好坏优劣的具体关系。用相关研究即使有效地平衡了每对个体之间的环境因素，并在两组个体之间获得高度相关数据，我们还是无法得知两组个体对内智商差异量的真实大小，也无法判断两组个体智商对间差异的大小是否与环境差异有关，我们无法估计，在环境差异分布的全距内，环境的最大变化（即在环境因素的分布的全距内，从分布的这一头到分布的另一头）对个体智力带来的影响到底有多大。因此，我们无法通过血亲相关研究真正地考察遗传和环境对智商变异的影响，更不可能由此而获得遗传决定论这一结论性的结果。

通过分析血亲相关研究整个的思路、假设、过程，我们可以看到处处都存在着致命的错误。当血亲相关研究结果被证明是有问题的时候，当这样一个研究结果所奠定的公理被推翻的时候，当智力正态分布与遗传差异分布的关系不再确定是相关的时候，当代心理学的大厦就面临全面的塌陷。这时，以当代心理学理论为依据支撑起的当代差异教育学就面临全面的危机。至此，我们至少可以肯定地说，天赋差异归因并没有从研究中得到科学的证明，一切证明结果都存在着重大的问题。

要想真正搞清遗传和环境在人类智力发展上的各自的作用和地位，就要搞清智商分布全域和环境因素全距之间的关系，并力求定质定量地反映它们。为此需要突破原有的研究思路，重新对智力的遗传和环境因素进行深入的研究，我们坚信，只要人们不懈地努力，多方面地探索，我们将最终接近对问题的科学回答。

第六节　三类佐证问题何在

分析完了一个假设和两大公理的问题以后，我们再来看看三类佐证的问题。为了证明遗传的决定作用，心理学家们还找到了许多方面的佐证，这些佐证以其不容置疑的说服力，巩固了遗传决定论的地位。

一、比较心理学的佐证

动物与动物之间从出生起就存在着明显的本质差异，对这一现象的认识通过世代积累，早已成为人们内心深处最根深蒂固的集体认知模式。中国民间一直有一句俗语，那就是"龙生龙，凤生凤，老鼠生儿会打洞"。在心理学中这是一种比较心理学的方法，物种之间不证自明的显著差异，明明白白地告诉我们由于遗传的不同，不同物种之间存在着明显的本质差异，这种差异显然是遗传导致的、是天赋差异。所有的心理学家在这一点上的认识都是一致的，不仅如此，世界上没有人会对此产生怀疑。人们将这样不可辩解的事实作为一种有力的证明，坚信不疑地从种系差异的层面上推演到了种群内部，成为一种有力的证据。

二、病理心理学的佐证

在实际生活中，总是存在着一类病理儿童，他们因遗传或生物学的问题而有别于普通的儿童，人们怎么努力也不可能使他们达到正常人的水平。这种情况为心理学家或公众解释遗传的重要作用，提供了另一个有力的证据。很多心理学家喜欢借用病理情况进行比较，如一个天生聋儿，无法与一个生来双耳健全的孩子相比，一个天生双目失明的孩子也无法与双目健全的孩子相比。这就是天生的差异、这就是遗传的力量。

三、发展心理学的佐证

为了证明遗传的作用，科学家还通过研究成熟现象来获得证据，对此，心理学家进行了不同的研究。对教育界影响最大、最深远、最著名的研究要属"双生子爬梯研究"。一对双生子，在发展的某个阶段，心理学家让其中一个先学习爬梯，而另一个则等待一段成熟时间，再学习爬梯，研究发现，先学的并没什么优势，后学的很快与先学的在爬梯能力上保持了一致。这说明成熟的力量大于教育的力量，而成熟是依据遗传的时间表进行的，因此，在发展过程中遗传是最重要的。

以上佐证常常在生活中和教育界产生巨大的影响力。因此，对它们进行必要的分析，有助于我们认清问题的本质。

(一)比较心理学与病理心理学的佐证

在心理学中，不仅存在着公理性的结论，人们往往还利用比较心理学的手段来证明人的差异是先天存在的。常常比较的对象有两类，一类是动物，使用比较心理学的手段，利用不同动物之间遗传上存在的本质差异，来推论人类个体之间的差异的遗传性或天赋性。一类人群中的病理个体与正常人进行比较，来推论正常人群个体之间差异的天赋性。两种类型的比较结论都是，人类个体之间的差异是天赋遗传差异。

当人们强调遗传重要性的时候，总会举出这两方面的例子。在比较动物学方面常常拿动物与人比较。如，给猴子再多的教育，也无法达到人的水平，说明了遗传的决定作用。最典型的要算"一两遗传胜过一吨教育"。在比较病理学方面常常拿正常个体与病理个体比较。如，一个先天耳聋的孩子再怎样培养也不可能成为歌唱家。面对这两种比较，人们会理所当然地接受遗传决定论的观点。

那么遗传决定论到底错在哪里呢？

我们认为这两类比较的错误在于：在判断遗传和环境"孰是孰非""孰大孰小"的关系问题上，无论是前者"人和动物相比"，还是后者"正常与异常相比"，遗传决定论者用于举例相互比较的对象都不是环境，而是这种遗传因素和那种遗传因素之间的比较。例如，动物遗传与人的遗传之间的比较，正常人的遗传与病理遗传的比较。比较的结果应当是在某种品质上，这种遗传因素比那种遗传因素重要，但根本不能推出遗传比环境重要的结论。因为，环境并不是比较的对象，而是一个外在条件，相互比较的是遗传差异本身。

关于这类说法存在一个潜在的比较系统的问题，我们已经在上面的章节中加以论述，在此不再多说。

(二)发展心理学的佐证

在发展心理学中，研究者为了证明遗传的作用是决定性的，选择了双生子进行了著名的"双生子爬梯试验"。研究显示，两个双生子，一个提前给予爬梯的学习机会，一个不给，等一段时间后，再让第二个爬，发现第一个爬梯的双生子用了较长的时间学会爬梯，而第二个后学的则很快学会爬梯，两者爬梯的能力没有什么区别，成熟是重要的因素。

这一研究结果告诉人们，不要以为更早的学习可以促进发展或改变什么，在发展中成熟才是最重要的力量。它说明系统学习对于个体并不带来什么更大的改变，基因逐步的表达才是关键。今天双生子爬梯试验的研究结论，是人们在教育实践中最常引用的实例，用此来告诫那些希望通过早期教育促进个体良好发展的人们，任何超越遗传表达时间表和成熟进程的教育努力都是白费力的。

在人们看来这是一个非常有说服力的研究，几乎没有人对这个研究存在任何疑问。然而，当我们推翻了所有关于正态分布的理论、血亲相关的研究结论后，我们同样要面对这样一个研究结论。我们要问：这个研究真的能得出这样的结论吗？

我们知道，研究的结果往往与研究的设计或思路有关。双生子爬梯研究是一个比较研究。它假设先给予一个孩子爬梯机会，而限制另一个孩子的爬梯机会，让其中一个孩子先学会爬梯，然后等到一定的成熟度后，再让另一个孩子学习爬梯，看看先后学习的双生子有没有差别。如果有，证明学习可以促进发展，如果没有，则证明成熟是发展的关键。

研究设计考虑到了遗传因素的平衡问题，选择了同卵双生子作为被试，这一点应当是正确的考虑。但必须指出研究的结果可能和很多因素有关。例如，①选择的运动类型；②对照组的运动限制情况；③对结果跟踪的时间长短等都会对研究结果产生不同的影响。

那么再来看爬梯研究在这些方面的问题。

　　我认为，双生子爬梯研究它的设计本身是存在着很多缺陷的。

　　第一是实验所选择的项目问题。该实验选择的是一个大运动项目——"爬梯"，这是一个在早期发展中就可以自然获得的基本运动能力，也是一个可以在极短的时间内就获得的基本能力。它的学习方式不仅是运动练习，也包括视觉模仿。该实验没有选择需要通过系统学习，并且需要一定时间量才可以获得人类的复杂技能，如弹钢琴、画画等，多多少少使实验的结果失去了说服力。

　　我们说，在早期发展中，大运动在大脑中是最早建立反射模式的。有很多运动模式甚至存在着先天的反射，"爬行反射"就是其中之一。真正的爬行出现在婴儿6个月以后，是出现较早的大运动，比行走还要早。实验者选择这样一个项目进行研究，不能真实地反映系统学习和自然获得可能产生的明显差异区别。因为，爬行原本就是一个具有先天反射的原始动作，很容易在自然学习中通过直接经验而获得，如模仿学习和尝试而获得。因此用于解释后天更为复杂的人类动作的获得与发展，不仅不准确，还可能会影响研究结果。要想获得更有说服力的结果，应当选择必须系统学习并通过间接经验才能掌握的技能项目作为研究的内容。如果实验的项目是双生子弹钢琴，一个从3岁开始学起，一个到13岁开始，结果仍然如此，那么这个研究结论的可靠性是会让人信服的。但稍有常识的人们都会知道，如果这样做结果会大不一样。这是第一点。

　　第二点，研究状态的控制情况。我们说一个研究结果，要想真实地反映出事实的真相，就一定要对研究状态进行必要的控制。由于爬梯行为是大运动发展中的一个环节，这时，爬行与行走甚至包括视觉学习（如模仿）对爬梯能力的发展都存在着积极的正迁移作用。

　　在双生子比较研究中，对照组的状态控制就非常重要。我们都知道，双生子爬梯研究的实验设计，仅仅是让其中一个双生子更早地进行爬梯训练，而对对照组的双生子，除了不让爬梯以外并没有其他相应的限制要求。这时，我们不能排除当研究者给双生子之一进行爬梯训练时，另一个双生子也在进行其他的运动游戏的可能，如爬行、行走等。我们也不能排除他可能会产生的模仿学习，而这些运动能力的发展都有助于爬梯技能的快速获得。如果当我们对其中一个进行爬梯训练时，对另一个同时进行全面的运动限制，那么结果又会怎样呢？

在我国对沙袋养育儿童和非沙袋养育儿童兄弟姐妹的比较研究发现，沙袋养育的儿童后期各方面的发展都要落后于非沙袋养育的兄弟姐妹。如果对双生子的研究是这样：双生子出生以后，对其中一个双生子做全面运动限制，如将其一直包在褪褓中，限制其各方面的运动，另外一个从抬头挺胸开始就进行干预训练，连续两年后，可能结果会完全两样。我们会更清楚地看到运动剥夺或限制对个体产生什么样的结果，运动提供或训练对个体产生什么样的结果。如果这时，仍然表明成熟是最重要的因素，那么我们接受爬梯研究的结论。

第三，研究的周期长短。由于爬梯是一个可以快速获得的带有先天运动反射基础的简单大运动能力，它本质上仅仅是爬行的一种变式，可以轻松地通过正迁移及模仿学习的方式自然获得。如果真要研究爬梯能力与训练是否有关，就应当从更小开始，从爬行前开始，并将整个研究的时间延长到爬梯后期，来了解由爬梯带来的各种迁移能力情况的变化。再来看看结果如何。

第四，对结果解释的问题，对于早期发展的结果我们不能仅仅看某一个时间点上的结果，更重要的是要看后期的变化与早期的关系。今天我们业已知道，早期影响主要是对脑的建构的影响，先学与后学者可能在某一个时期在技能表现上达到一致或同步。但在同种技能进一步发展中，两者的变化速度可能并不相同，而这种不同是与早期是否得到更多的机会有密切的关系的。研究者只对双生子达到同步或交叉点的结果来推结论，没有进一步进行后续研究，对高原期后面的变化无法预测。

根据以上四方面的分析，结合现实生活中大量鲜活的案例，我们认为双生子爬梯研究本身并不符合研究的目的和要求，所获得的结果与结论存在着重大的缺陷。民间关于早期学习流传着一个普遍的观点，一个在某方面成功的人，往往具有这方面的幼功基础，俗称童子功。今天我们在各行各业看到的成功人士，绝大多数有早期学习的经验，无论是运动员还是武术家。因此有了民间的说法"台上一分钟，台下十年功"。我们说，早期教育最重要的影响是对后期发展的可持续性作用。用双生子爬梯研究结果来证明成熟的力量表面上看有理有据，但实际上将人引进了歧途。

以上我们通过对当代心理学中一个假设、两大公理、三类佐证进行了一个初步的分析，可以看出，植根于当代心理学根基之上的这些公理与结论都存在着这样或那样的问题，原本不该成为公理或结论而存在。

当揭示了所有的问题以后，我们意识到仅有理论研究是远远不够的，要想建立起潜能发展心理学，还要有自己的实验及实践研究。下面，转向实验研究，而实践研究的话题和结论，将在下部《潜能教育——理论思考与实践》中阐明。

参考文献

[1]Damon W，Lerner R M．儿童心理学手册．第六版．林崇德等译．上海：华东师范大学出版社，2009.8

[2] Hill D J. The Elements of Psychology：A Text-Book. John Wiley & Sons, Inc，2006.142

[3] Damon W，Lerner R M．儿童心理学手册．第六版．林崇德等译．上海：华东师范大学出版社，2009.7

[4] Galton F. Hereditary genius：An inquiry into its laws and consequences. London：MacMillan，1869

[5]（美）巴斯．进化心理学．熊哲宏译．上海：华东师范大学出版社，2007. 4

[6] Lerner R M.，Damo W. Handbook of Child Psychology. Tth edition Vol. 1. Theoretical Models of Human Development. John Wiley & Son, 1998.33

[7]林崇德，罗良．认知神经科学关于智力研究的新进展．北京师范大学学报（社会科学版），2008(1)

[8]朱智贤，林崇德．实验心理学．北京：北京师范大学出版社，1982.545

[9]叶亦乾，何存道，梁宁建主编．普通心理学．上海：华东师范大学出版社，2000.145

[10]McGuel M. The End of Behavioral Genetics? Acta Psychological Sinica，2008，40(10)：1073～1087

[11]朱智贤．儿童心理学．北京：人民教育出版社，1980.71

[12]邹化政．人类理解论研究．北京：人民出版社，1987.60

[13]张厚粲．心理学．北京：中央广播电视大学出版社，1986

[14]莱布尼兹．人类理智新论．见：《十六—十八世纪西欧各国哲学》，北京：商务印书馆，1975，503

[15]Jensen A J. Straight Talk about Mental Tests. The Free Press，1981

[16]车文博主编，高峰强，秦金亮著．行为奥秘透视．武汉：湖北教育出版社，2000.170

[17]白学军．智力发展心理学．合肥：安徽教育出版社，2004.219～229

[18]刘向哲，郭蕾，王新志，王永炎．论禀赋的先天实质和后天表现．北京：中医药大学学报，2007，30(9)

[19]张任之．观念的关系，或先天的形式——论胡塞尔对休谟与康德"先天"概念的反省．现代哲学，2007(6)

[20] 布林尼．进化论．李阳译．北京：生活·读书·新知三联书店，2003

[21]皮连生主编．教育心理学．上海：上海教育出版社，2004.315～325

[22]林崇德．发展心理学．北京：人民教育出版社，2009.50～63

[23] Idaghdour Y，Czika W，Shianna K V，Lee S H，Visscher P M，et al. Geographical Genomics of Human Leukocyte Gene Expression Variation in Southern Morocco. Nature Genetics，2009(42)：62～67

[24]皮亚杰．发生认识论原理．王宪钿译．北京：商务印书馆，1981.21

[25]叶亦乾，何存道，梁宁建主编．普通心理学．上海：华东师范大学出版社，2000.23

[26]赵钟鸣，沈建华，胡梅影，刘锦槐．双生子的身高等形态指标的遗传度及身高的影响因素和预测的分析．中国优生与遗传杂志，2007，15(11)

[27]张厚粲，徐建平．现代心理与教育统计学．北京：北京师范大学出版社，2009.224

[28]王本茂．今日营养与健康．北京：金盾出版社，1984.6

[29] Galton F. Inquiries into Human Faculty and its Development. Macmillan，1883

[30] 顾明远总主编．中国教育大系．武汉：湖北教育出版社，1994.882

[31]郑日昌，蔡永红，周益群．心理测量学．北京：人民教育出版社，1999.77

[32](美)克德维特等．儿童发展与教育(上下)．李琪等译．北京：教育科学出版社，2007

[33]Jensen A R. How Much can We Boost IQ and Scholastic Achievement？．Harvard Educational Review，1969(33)：1～123

[34]利伯特．发展心理学．刘范译．北京：人民教育出版社，1983.103～104

[35]Sigelman C K，Rider E A. 生命全程发展心理学．陈英和审译．北京：北京师范大学出版社，2009. 90

[36]Jensen A R. The IQ Controversy：A Reply to Layzer. Cognition. 1972，1(4)：427～452

[37]缪小春．儿童早期经验在心理发展中的作用．心理科学，2001(24)

[38]林崇德．发展心理学．北京：人民教育出版社，2009

第五章 潜能心理学的实验研究

本章内容摘自我 1990 年的博士论文《智力表型等级表达及其环境条件》。本研究是在我的导师朱智贤教授与林崇德教授指导下完成的。目的是想从基因型的环境表达来研究智力的表现型，并从中找到解决问题的答案。为引用于此，对部分相关文献做了更新和修订。

一、指导思想

1. 以辩证唯物主义为指导，科学地理解遗传与环境的相互关系

有人认为："要确切有据地估价环境和遗传各自对智力的作用，简直是不可能的。"也有研究者指出："用定性的术语对遗传与环境（先天与后天）问题的老式提法是一种错误的两分法，它只是导致了无益的争论"，而这种争论"是毫无科学价值的"，"尝试回答遗传与环境究竟如何（how）相互作用，才是一条行之有效的途径"[1]。

由此而来的相互作用论[2]，是当前比较流行的并得到普遍承认的思想。它的基本内容是：①注意到两种因素的相互依存关系，即任何一种因素作用的性质与范围都依赖于另一种因素，它们之间不是简单的相加或会合；②注意到两个因素间的相互转化和渗透的关系，即当前对环境刺激做出某种行为反应的有机体是它的基因和过去环境相互作用的产物。对遗传与环境相互作用关系的这一说明，体现了辩证唯物主义的哲学思想。

但我们也应看到，当前各项研究还远离这样一种期望，相互作用论本身也穿着新鞋走了老路。用辩证唯物主义为指导，而展开的全新的研

究还很欠缺。

为了进一步探讨遗传与环境的相互作用关系，有必要对智力表达的遗传学机制给予简单的说明。

如前所述，在当代遗传学中，基因型与表现型是分别用以描述遗传物质和个体性状的两个最基本、最重要的概念。

基因型、表型、环境三者的关系是：表型（如智商）是智力基因型（遗传物质）在特定环境中的表达。而表达的程度（即智力水平），在智力基因型提供的"反应范围"[2]内，取决于环境的条件。而环境条件的应用，是通过环境与基因型之间的相互作用实现的。

遗传学发现，基因型的反应范围的大小，与基因型的性状有关。

遗传性状的分布有连续的和不连续的[3]。表现不连续分布的性状称为质量性状（Qualitative character）。这类性状界线清楚，易于分类，如头发的曲与直、花色的红与白。另一种性状，其变异分布呈连续性，界线不清，不易分类。这类性状称数量性状（Qualitative character）。如人类的身高、体重等。

数量性状的遗传，具有多基因遗传的特点：（1）每一种数量性状都是由许多基因共同作用的结果。其中每一个基因的单独作用较小，在环境的影响下，使表型特征在群体中的分布呈连续性的变化。（2）由多基因决定的性状易受环境变化的影响。因此，表型和基因的对应程度要看遗传与环境的相对作用而定。环境对性状的作用越大，表型分布和基因型分布的对应关系越不可靠，像智力变化受社会、教育、经济、文化、家庭等环境较大的影响，而且环境变化的全距又很大。这时，一个低表型智力就不一定是由差智力基因型导致的，而一个相对高的智力表型也就不一定非是由优智力基因型导致的。

数量性状与质量性状的关系是一种对立统一的辩证关系，就一些性状而言，既显示出数量性状又显示出质量性状的特点。这些性状的区分取决于区分性状的方法。例如，把智力表型分为正常智力与智力落后两种，是按质量性状进行定性分类的，在智力正常和落后之间除了有质的差别还有量的连续，用定量方法就会反映出数量性状的特点来。

受多基因控制的性状，具有质和量的差异，可作量变和质变的辩证理解。当控制特定性状的基因型中基因成分变异很小时，构成一种量变的过程；当基因型中的基因变异量逐渐增大并超过一定限度时，就表现出一种质变的过程，产生出表型性状的明显差异。这种质的差异在各种环境中都能明显地表达出来，最典型的是先天愚型。

需要明确指出的是：当代遗传学揭示的表型与基因的关系，绝不是心理学中遗传决定者所强调的"一一对应"关系，而是要看环境变异全域的大小以及控制性状的基因数量的多少而定。因为群体中表型的分布并不总是反映内在基因型分布的特点。

遗传决定观点的本质是：智力表型（如智商）的分布，服从于一个内在的基因型分布规律。智商的分布是对基因型分布的直截了当的反映，是基因型分布的外在表现形式，两者之间存在着一一对应的关系。

显然，这是一种错误的观点，也与遗传学揭示的事实不相吻合。

总的来说，遗传与环境对智力发展的相互作用可以理解为发展的可能性与发展的现实性之间的辩证关系。个体的生物遗传因素规定了发展的潜在的种种可能性范围，而个体的环境教育条件则确定个体在此可能范围的现实水平。可能性并不等于现实性，但现实性也不可能超出可能性的制约。发展的种种可能性是遗传提供的，即遗传提供了发展的潜力范围。发展的实现性是环境决定的，即智力表型的实现，需要环境作为充分必要条件，而个体智力表型的最终表达程度，在智力基因型所提供的可能范围内，取决于环境的条件。而这种条件的作用，是在遗传与环境之间惊人的多样性的相互作用中实现的。

以上是我们对影响人类智力发展的遗传与环境因素相互作用关系的辩证唯物主义的理解，我们认为这种理解不能离开当代科学的发展所提供的各种事实。

诚然，当心理学家在连什么是智力这一基本问题上还众说纷纭的时候，当心理测量专家只能用较粗糙的智力测量分数（IQ）去衡量人类智力表型的时候，当行为遗传学家尚未揭示控制智力基因的全部遗传密码，尚未在分子水平上对遗传与环境相互作用的机制取得真正突破的时候，在现代科学还没能在微观与宏观的更高层次上进行新的综合的时候，想要阐明遗传与环境相互作用的关系，显然只能是一种积极的尝试。

目前对相互作用论的表述，还只是停留在充满哲学色彩的描述阶段，而且，在某种意义上或许是对偏激的遗传决定论或环境决定论的一种新的调和。因为一种不偏不倚的理论容易被大多数人所接受并起到一种缓冲作用。但它很可能被束之高阁，挂在口头上。事实上，如前所述许多心理学工作者尽管在理论上倾向于相互作用论，但在具体研究中，仍然留有讨论"孰是孰非""孰大孰小"的印记。这种现象并不奇怪，它恰恰反映了心理学研究中理论研究与实验研究发展的不平衡，而理论与实验发展不平衡所导致的矛盾运动，正是推动一门学科发展的基本动力。

因此，我们认为，要重视理论的作用，要重视辩证唯物主义哲学对研究指导的作用。

2. 改变思路、探索方法

心理学是随着人们对心理现象的哲学思考和方法的不断进步而发展的。正确地提出问题、分析问题仅仅是研究的良好开端，而突破旧有方法的局限，才能使我们真正接近问题的答案。

(1)改变研究思路

如前所述，智力测量研究假设消除了环境因素的影响，因而无法回答环境全域对不同个体的不同影响，而血亲相关研究思路则仅研究了不同血亲类型的对内差异，而未研究对间的差异，因而也无法回答对与对之间的更大差异究竟与什么有关。

对环境变量的研究思路同样存在着缺陷，即往往从两极出发，研究环境对智商变化的影响，丰富环境与剥夺环境、有利环境与不利环境、社会经济地位高与社会经济地位低下等等[4][5][6][7][8]。同时，在选择被试时常常通过低常与超常两极儿童研究智力的影响因素[9]。这些类型的研究不能回答 IQ 全程变化的原因，结论有极大的局限性。

总之，以往研究的共同缺陷在于未把整个智商分布范围内的所有个体作为研究对象，未把智商分布全域变化的原因作为研究目标，未对智商的全域分布与遗传差异的全域分布两者的关系进行整体的宏观研究，这就难免存在局限性与偏差。

因此，要全面探讨遗传与环境对智力发展的相互作用，就必须将智商分布全域范围内的所有个体作为研究对象，并按智商等级分组，研究不同智商等级水平之间差异形成的原因。为此，我们除了要研究"相同环境"下，不同个体之间智商的相关，还要研究"不同环境"下智商等级的变化与其环境条件的关系，研究平均智商具有明显差异的若干群体分布差异的原因、研究智商分布、遗传分布以及环境变量分布的关系。而所有这些，都需要具体而恰当的评价环境。

（2）定量评价环境

以往无论是遗传效应研究，还是环境变量研究，都只考虑环境相同、相异，有利、不利，或只作抽象的环境优劣考虑。两者都不重视环境的定量分析，在确定环境相似、相异，或优或劣时，不进行具体评估，仅作笼统的假设。一方面导致使用未经证实的或已被证明有问题的假设进行推论，另一方面造成环境的笼统、抽象性，必然使结果的真实性、具体性受到影响。

针对这些缺陷，我们设想引进环境商数，对人们在以往研究中已确定的各种影响智力发展的环境因素进行某种定量分析，从而避免使用合养"共同环境"、分养"特殊环境"、丰富刺激环境、剥夺环境等概念[10]。对影响智力发展的各种环境特别是教育因素，进行具体质量分析，不仅用测量来评估环境的相同、相似，而且对环境进行质量优劣好坏的评估。这样有益于确切地反映智商等级变化与环境教育质量变化之间的关系。

（3）创新研究方法

要克服血亲相关研究方法的局限性，必须寻找新方法。要排除两类双生子、兄弟姐妹，以及非血亲子女分养、合养中各种不平衡的因素，使无关变量对研究对象的干扰减少到最低限度，或者说要"纯化"，那么，我们认为最理想的自然研究类型，并不是以往选定的所有类型，而独生子类型是一个较理想的类型[11]。独生子类型分布在全域范围内，在最大程度上消除了不同血亲比较中的不平衡因素，他们在自己环境中形成的智商不受其他因素的影响，如出生顺序、合养前不同环境、各种血亲关系假设中的"共同基因"等。

根据共性与个性关系的辩证唯物主义的基本原理。我们的研究假设和传统血亲研究的假设正好相反。我们假设：

①"在不同的家庭中存在着一些共同的环境因素"；

②"同一群体中的非亲缘的个体之间存在着智力基因型上的物种共性"。

在这一前提下，如果我们在定量地评估环境条件后，对分布在智商全域范围内的独生子女进行横向比较研究，从而回答独生子在相同环境中的智商相关大小，并与以往抽象评估环境下的非血亲相关比较，回答整个智商分布是否随环境变化而变化，智商的不同等级是否与环境差异有关,具有平均智商明显差异的群体在遗传上有无明显差异等等问题。

　　总之,我们还需要通过具体的研究来揭示遗传和环境的关系,根据以上设计研究思路,我们将转向调查结果的分析与讨论。

二、总研究目的

　　我们业已从理论角度分析了各种有关智力发展影响因素研究存在的主要问题和难点,并特别就智力测量及血亲相关研究的问题提出了看法。本研究希望针对这些问题,对环境进行定量定性分析来分别研究以下问题:

　　1.相同环境下非血亲独生子女智商相关。

　　2.不同环境下个体智商可能变化的范围。

　　3.不同群体智商平均差异的归因等。

三、实验方法

(一)被试

　　安徽省淮南市两个幼儿园[市直幼儿园(以下简称一幼),化工部第三建筑公司职工幼儿园(以下简称二幼)]3岁10个月至6岁全部独生子女共309名。年龄、性别分布如下表5-1所示:

表 5-1　实测儿童年龄、性别分布人数及百分比

年龄组	男		女		总	
	N	%	N	%	N	%
4 岁组	47	0.152	44	0.142	91	0.291
4 岁半组	43	0.139	29	0.094	72	0.233
5 岁组	51	0.165	35	0.113	86	0.278
5 岁半组	24	0.078	13	0.042	37	0.120
6 岁组	14	0.045	9	0.029	23	0.074
总计	179	0.579	130	0.421	309	1.00

(二)材料

　　1.中国韦氏幼儿智力量表[12];

　　2.自编儿童发展背景问卷一份,简称母亲教育态度问卷一式两份,

咨询问卷(行为问题问卷)、教师问卷各一份。

(三)时间、程序及原则

1. 测试时间：1989年9月至1990年4月底。

2. 程序：

(1)1989年9月，问卷设计，实地调查，选择具有样本代表性的实验点，问卷初稿先征求老师、家长意见。

(2)1989年10月上旬，召集两个幼儿园全体老师会议，发出致家长一封信，以家长学校形式，讲解测量意义、问卷填写方法。

(3)1989年10月中旬至1990年2月进行韦氏个别测量，教师、家长问卷填写，家长、教师临床谈话。

(4)1990年3月至4月问题数据计算机处理，进行部分结果分析。

3. 原则：

(1)为保证韦氏测量准确，专门请安徽省、淮南市中国心理学会、心理测量与咨询专业委员会测量专业人员参加韦氏个别测量。

(2)为了控制环境影响因素，在两个幼儿园特设专门测量室。

(3)为了保证儿童在身心正常状态下测量，每天上、下午测量，保证儿童午休。

(4)为了减少儿童心理上的紧张，测量人员先入班级和儿童熟悉，并在测量室内设有一定玩具，供儿童在测量前几分钟玩弄。

(5)为保证问卷能较准确反映家长态度，在两个幼儿园举办了几期育儿知识讲座的基础上，以根据测量结果加问卷内容对家长进行个别咨询做宣传，吸引家长认真配合，并专设联络员处理问卷中的问题。到规定时间不交者，再次进行宣传；依然不交者，查明原因并按态度因素处理。但儿童测量、教师问卷照旧进行。

(6)为减少因问卷设计不足造成有效信息缺失加用家长临床谈话，一方面回答家长提问，一方面就以下问题设问：

①对早期教育的看法；

②实施早期教育的起始年龄及一贯性；

③投入的时间和精力；

④使用的方法及教育的内容；

⑤对智商高低好坏的归因；

⑥使用家长谈话简评表对谈话的状态进行简评。

（7）为保证计算机输入无误，对输入后的原始数据逐个进行人工核对，对计算结果以智商组为单位进行抽查和人工计算器计算，核对抽查面达 50% 左右。

4. 309 名儿童实测智商结果及分布情况（见表 5-2 所示）。

表 5-2　309 名儿童实测 IQ 分布情况

IQ 分组	一幼		二幼		总	
	N	%	N	%	N	%
IQ_1 >130	20	13.2	4	2.5	24	7.8
IQ_2 120—129	27	17.9	9	5.7	36	11.7
IQ_3 110—119	41	27.2	32	20.3	73	23.6
IQ_4 100—109	38	25.2	43	27.2	81	26.2
IQ_5 90—99	21	13.9	43	27.2	64	20.7
IQ_6 80—89	3	2.0	17	10.8	20	6.5
IQ_7 70—79	1	0.7	7	4.4	8	2.6
IQ_8 <70	0	0.0	3	1.9	3	1.0
总人数	151	100.0	158	100.00	309	100.0
平均 IQ	113.55		103.49		108.406	

（四）分组方法（详见具体研究）

1. 按环境得分接近配对智商；
2. 按智商水平或等级分组；
3. 按幼儿园分成两大组。

四、问题讨论

（一）相似环境中非血亲独生子女智商相关

1. 问题提出

血亲相关研究是心理学用以了解遗传和环境关系的最主要的途径之一。它的研究结果正确与否，直接影响着人们对遗传和环境关系的基本认识和态度。目前人们普遍接受"血亲越近，智商相关越高"的结论，而对血亲研究的局限性仅仅停留在方法学的指责上，来自实验的论证是个空白。本研究部分希望在克服血亲相关研究方法学上存在的一些局限性的基础上，重新就非血亲遗传相关问题进行研究和以往结果进行比较。

2. 设计思想

我们已经谈到，血亲相关研究的问题之一是用"合养"相同、"分养"相异来确定环境特点，过分机械、笼统。它既不符合对环境特点共性与个性关系的辩证说明，也与研究中已显示的事实相反。合养、分养同卵双生子的智商相关变化，实际上既说明了合养环境其差异不为零，也说明了分养环境其共性也不等于零。同时研究还指出，同种环境（如合养）中不同类型的子女所受环境影响也不相等。其中由假设本身问题引起的误差在非血亲子女的智商相关中最大。原因是非血亲子女"合养"避免不了：(1)合养前的差异（孕期差异，早期差异）；(2)合养中的差异（年龄差异，角色差异）。因此，合养非血亲智商相关的估计值有偏低估计环境影响的可能。

根据这些事实，按照辩证唯物主义共性与个性关系的原理，我们认为通过具体实测不同个体的环境，可以减少由假设合养相同、分养相异造成的不确切性，并把通过测量接近的环境中生活的个体两两配对，从而进一步考查非血亲独生子的智商相关，并与原有两类双生子智商相关进行比较。

3. 方法

(1)在所调查的儿童中按环境教育得分一致或接近的原则，配对儿童的实测智商，在4岁及5岁组各随机抽取25对，计算对内相关，获得表5-3。

(2)把环境教育得分分成等级，在每个等级内按得分一致或接近的原则，配对儿童的实测智商，考查不同得分水平里非血亲独生子女对内相关，获得表5-4。

表 5-3 相同得分环境下非血亲独生子智商相关

年龄组	X	&.X(标准差)	Y	&.X(标准差)	$\sum XY$	N(对)	r
4 岁	115.96	12.944	111.56	12.387	325780	25	0.5910
5 岁	110.16	10.255	111.36	15.226	309512	25	

* 六岁组因无法抽出 25 对有效问卷，而未计算

表 5-4 不同环境得分水平内相似条件下非血亲独生子智商相关

不同环境 得分水平	X	δX(标准差)	Y	δX(标准差)	ΣXY	N(对)	r
＞110	122.7	12.025	118.9	14.152	146977	10	0.639
90～100	116.6	11.940	111.5	15.940	131096	10	0.57
80～90	110	13.319	108.1	11.929	119940	10	0.648
60～70	113.8	6.177	108.7	8.626	124181	10	0.902
40～50	111	6.197	105	11.18	117045	10	0.714

4. 结果分析

根据实测环境教育条件得分作为配对依据，所获得不同年龄，不同环境条件水平下各种相关值有以下特点。

(1)通过实测环境获得的相似环境中非血亲子女智商之间呈高度相关，这种相关并不低于传统血亲相关研究中两类双生子的分养相关(传统研究中两类双生子的分养相关：同卵 0.74，异卵 0.54)。

(2)尽管不同组别所获相关有较大的差异，从 0.57 到 0.902，但是它们都明显高于在假设合养相同环境中的非亲缘相关(r=0.20 左右)。

(3)在不同环境得分水平内平均智商有随环境得分下降逐步下降的趋势。

这些特点提示我们：

①原本"血亲越近，智商相关越高"的结果中确定混有不平衡的环境因素的倾向存在。

②通过实测定量分析来平衡环境条件进而重新考查不同血亲智商的相关大有必要。

③就本研究的初步结果看，用目前智力量表测出的智商相关，通过实测方式平衡环境影响的情况下，智商相关显示出的不是血亲遗传相关，而是环境相关。

④在不同环境条件下，智商平均分不同说明环境通过质量的优劣影响实际智商的高低，但更确切的关系需要进一步分析。

(二)智力表型表达等级及其环境条件

1. 问题提出

以上，我们通过实测平衡非血亲独生子环境，获得了智商与环境高度相关的结论。然而血亲相关研究并不能回答环境变异全域所致的智商变异到底有多大，也无法确切回答智商高低与环境质量的关系。要回答这些问题，就必须研究环境因素的变化与智商变化的关系。

2. 设计思想

从当代遗传学角度来看，所谓个体智力发展就是个体智力基因型在特定环境条件下的表达过程。个体的智力基因型特性是与生俱来的、不变的，在其亲代配子受精时就决定了的。在智力基因型的反应范围内，唯一影响其表达程度的因素是它所处的环境。因此，要回答环境对智力基因型表达程度的影响大小，就要研究个体智力基因型在不同环境条件下是否表达不同。而研究智力表型表达等级（IQ 等级）与环境质量的关系，就能不仅在理论上而且在实际上回答这一问题。如果个体的智力基因型在不同环境条件下显示的表型基本相同，则环境条件只能视为一种表达的场所，并不决定表达的差异程度；如果个体智力基因型在不同的环境条件下显示的表型差异明显，则环境不仅是智力基因型的表达场所，而且影响表达的水平，是智商变异的主要原因。

3. 方法

为了达到上述研究目的，必须采取不同等级的智商组间设计，具体分析不同组间的环境质量差异。为了了解构成环境全域差异的主要变异因素及次要变异因素，也应对多种多样环境因素进行大致的分类。

智商分组方法：

按 IQ 水平或等级分组，分为七组或四组：

七组分法：	四组分法：
$IQ_1 > 130$（24 人）	$IQ_1 > 130$
$IQ_2 120 \sim 129$（26 人）	$IQ_2 110 \sim 129$
$IQ_3 110 \sim 119$（73 人）	$IQ_3 90 \sim 109$
$IQ_4 100 \sim 109$（81 人）	$IQ_4 < 90$
$IQ_5 90 \sim 99$（69 人）	
$IQ_6 80 \sim 89$（20 人）	
$IQ_7 \leqslant 79$（11 人）	

在具体项目分析中，每组人数受问卷项目填写情况限制，均有减少或不同。

环境因素分类：

——产前、产程因素；

——家庭社会经济地位；

——家庭早期教育因素。

4. 结果分析

(1)产前、产程因素与子女智商水平

我们的问题是：就本研究组而言，不同智商组的产前、产程因素之间是否具有明显差异；如果有，这种差异是否与不同样本智商水平的等级密切相关。

对产前、产程因素，我们主要调查了家族情况、本次生育前异常生育情况、母亲孕期情况、子女胎儿期生长情况、分娩方式、子女出生异常情况、子女新生儿期异常情况、胎教情况等。结果如下：

①家族史与子女智力水平

家族史研究是优生学的重要内容，许多智力落后有直接的家族遗传根源。

表 5-5　不同 IQ 组各种家族情况出现人数

IQ 组	实际人数	近亲联姻史	畸形史	遗传历史	智力低下史	口吃	明显性格怪异	癫痫	精神病	总计	百分比
IQ_1	22	0	0	0	0	0	0	0	1	1	4.5
IQ_2	32	1	0	0	1	0	0	0	1	3	9.4
IQ_3	63	1	1	0	1	0	0	1	1	5	7.9
IQ_4	64	1	0	0	2	1	1	0	0	5	7.8
IQ_5	47	1	1	0	2	0	2	0	1	7	14.9
IQ_6	15	2	0	0	0	0	0	0	0	2	13.3
IQ_7	9	1	0	0	1	0	0	0	0	2	22.2
合计	252	7	2	0	7	3	1	2	3	25	
百分比	100	2.8	0.8	0	2.8	1.2	0.4	0.8	1.2	9.9	

我们的问题是在整个 IQ 全域范围内，智力水平的变化与家族情况之间有无明显的规律存在？本研究的结果显示如表 5-5 所示：家族史可能构成微小的群体智力变异根源，但整个智力全域的连续性变化与这些影响关系不大。

就调查中对智力可能影响最大的两项指标（近亲联姻史、智力低下史）来看，在不同智商组中都有发生。这说明，尽管家族情况在智力落后孩子中有更高的比例，但并不能获得有家族情况孩子就一定有智力问题的推论。同时，本研究显示的资料说明：

优生仍然是一个重要的课题，值得加倍关注。因为：

A. 不同智力组中均存在有家族不良倾向因素的家庭，所有不良倾向因素的总和为总家庭人数的 9.9%。其中，可以完全避免的近亲联姻占 2.8%。

B. 当智商在 100 以下时，有不良家族因素的占智商 100 以下总人数的 15.49%，智商在 100 个分点以上时，有不良家族因素的占智商 100 以上总人数的 7.73%，前者几乎是后者的一倍。

C. 在最高智商组中（IQ 在 130 以上），除一人家族中有精神病史外，无其他家族不良情况，而且各类研究均未发现智力落后与精神病高度相关。这里，优生或许可以看成获得超常的重要前提，也是避免智力欠佳或智力落后的重要保证。

②智力水平与母亲异常生育史

进一步分析不同智商组中母亲本次妊娠前异常生育史（如表 5-6），可以获得类似结论。

表 5-6　不同 IQ 组中母亲本次妊娠前生育异常的类型及人数

IQ组	实际人数	自然流产	人工流产	葡萄胎块	异位妊娠	死胎	死产	新生儿死亡	畸形儿	低能儿	合计 N	合计 %
IQ$_1$	22	2	2	0	0	0	1	1	0	0	6	27.2
IQ$_2$	32	2	5	0	0	0	1	1	1	1	11	34.4
IQ$_3$	63	3	9	0	1	0	3	1	0	0	17	27.0
IQ$_4$	64	7	5	1	0	0	1	2	0	0	16	25.0
IQ$_5$	47	5	7	0	0	0	0	1	0	0	13	27.7
IQ$_6$	15	0	4	0	0	0	0	0	1	0	5	33.3
IQ$_7$	9	0	0	0	1	0	1	1	0	0	3	33.3
合计	252	19	32	1	2	0	7	7	2	1	71	28.2
百分比	100	7.5	12.7	0.4	0.8	0.0	2.8	2.8	0.8	0.4		

从表中可以看出，智商全域的变异与母亲以往生育异常史无关。但从显示的数据来看，防止自然流产、死产、新生儿死亡是优生及围产期保健的三项重要任务。

③智商水平与母亲孕期异常情况研究

表5-7中数据同样显示，孕期各类问题在不同智商组中均存在，亦不成为智商全域性变异的主要根源。但有计划受孕、预防感冒、防止有害物质（包括X线）的接触并在良好身体条件下受孕，是需要进一步让未来的家长重视的问题。因为，本次研究发现，无备受孕占11.3%，早期感冒占18.3%、有害物接触占20.2%。

④不同智商组子女胎儿期生长情况

胎儿期的正常生长，是儿童日后生长发育的重要前提。胎儿生长迟滞是由于各种病理或不利因素导致的胎儿生长速度缓慢，达不到正常的发展水平。胎位异常则是指胎儿在子宫中处于非正常位置，并将进一步影响分娩过程的顺利进行。

本次调查中，胎儿期经历过生长迟滞的儿童有2人，出现在100～109的智商组中（见表5-8），与本次所测智商全域变异无关。这一点还可从另一项指标——出生低体重儿（见表5-10）人数获得佐证。本调查中未发现低体重儿，而胎位异常较为普遍，涉及各个智商组，并与智商变化无明显相关。因此，这两项指标在研究中均不构成影响智商变异的主要原因。

⑤不同智商组母亲分娩方式研究

分娩方式不同，对个体影响不同，特别是当产程造成新生儿颅脑损伤时，对个体智力的影响最大。本文就药物催产、滞产、手术产（包括剖宫产、胎头吸引、产钳助产、牵引）与智力水平关系比较显示，这些因素在本课题中，也基本属于平衡因素，不是所测孩子的智商变异的主要原因，如表5-9所示。对产伤、产后感染、出血、呼吸困难几项指标的调查也基本反映了这一点，如表5-10、5-11所示。

表 5-7 不同智商组孕期情况比较表

IQ组	实际人数	无备受孕		孕期重度水肿		X线接触史		有害物质接触史		孕期中毒史		孕期使用保孕药		孕早期病毒感染史		孕期长期服用镇静药		孕期合并内科疾病		因患病胎住院史		十项问题平均得分
		N	%	N	%	N	%	N	%	N	%	N	%	N	%	N	%	N	%	N	%	
IQ_1	23	1	4.3	0	0.0	3	13.0	1	4.3	0	0.0	2	8.7	3	13.0	0	0.0	4	17.4	0	0.0	2.26
IQ_2	31	6	19.4	0	0.0	2	6.5	4	12.9	0	0.0	5	16.1	8	25.8	0	0.0	2	6.5	5	16.1	2.53
IQ_3	64	10	15.6	2	3.1	5	7.8	9	14.1	0	0.0	4	6.3	10	15.6	0	0.0	4	6.3	6	9.4	3.41
IQ_4	66	11	16.7	1	1.5	5	7.6	9	13.6	0	0.0	6	9.1	16	24.2	0	0.0	8	12.1	5	7.6	3.44
IQ_5	49	7	14.3	2	4.1	2	4.1	8	16.3	0	0.0	3	6.1	10	20.4	1	2.0	2	4.1	3	6.1	3.23
IQ_6	15	3	20.0	0	0.0	0	0.0	2	13.3	0	0.0	0	0.0	0	0.0	0	0.0	3	20.0	0	0.0	2.57
IQ_7	9	1	11.1	0	0.0	0	0.0	2	22.2	0	0.0	0	0.0	0	0.0	0	0.0	1	11.1	0	0.0	2.89
N	257	29		5		17		35		0		20		47		1		24		19		
%	100	11.3		1.9		6.6		13.6		0.0		7.8		18.3		0.4		9.3		7.4		

表 5-8　不同智商组子女胎儿期生长情况比较

IQ组	实际人数	胎儿生长迟滞		胎 位 异 常	
		N	%	N	%
IQ_1	23	0	0.00	4	17.39
IQ_2	31	0	0.00	1	3.22
IQ_3	64	0	0.00	1	4.67
IQ_4	66	2	3.00	1	10.60
IQ_5	49	0	0.00	5	10.20
IQ_6	15	0	0.00	0	0.00
IQ_7	9	0	0.00	2	22.20

表 5-9　不同 IQ 组母亲分娩方式情况比较

IQ组	实际人数	分 娩 方 式					
		药物催产	滞产	剖宫产	胎头吸引	产钳助产	臂牵引
IQ_1	22	5	4	6	2	1	0
		22.7	18.2	27.3	9.1	4.5	0.0
IQ_2	32	11	3	7	1	2	1
		34.4	9.4	21.9	3.1	6.2	3.1
IQ_3	64	17	3	10	5	3	0
		26.6	4.7	15.6	7.8	4.7	0.0
IQ_4	61	11	6	8	5	2	2
		18.0	9.8	13.1	8.2	3.3	3.3
IQ_5	48	8	1	4	2	1	2
		16.7	2.1	8.3	4.2	2.1	4.2
IQ_6	15	2	0	2	0	1	0
		13.3	0.0	13.3	0.0	6.7	0.0
IQ_7	9	0	1	2	1	0	1
		0.0	11.1	22.2	11.1	0.0	11.1
合计	251	54	18	39	10	10	4
百分比	100	21.5	7.2	15.5	6.4	4.0	1.6

⑥不同智商组孩子出生及新生儿期异常情况研究

孕产期限的许多问题，最直接的指标是孩子出生时及出生后一段时间里的状况。以下两表反映了本次调查中孩子的情况。

表 5-10　不同智商组儿童出生异常情况人数百分比比较表

IQ 组	实际人数	早产		过期产		出生低体重		脐绕颈		缺氧窒息		出生畸形		产伤感染		出生不哭	
		N	%	N	%	N	%	N	%	N	%	N	%	N	%	N	%
IQ$_1$	23	3	13.0	1	4.3	0	0.0	1	4.3	1	4.3	0	0.0	0	0.0	2	8.7
IQ$_2$	31	2	6.5	2	6.5	0	0.0	0	0.0	1	3.2	0	0.0	0	0.0	2	6.5
IQ$_3$	64	3	4.7	3	4.7	0	0.0	1	1.6	3	4.7	0	0.0	0	0.0	3	4.7
IQ$_4$	66	4	6.1	6	9.1	0	0.0	8	12.1	5	7.6	0	0.0	3	4.5	7	10.6
IQ$_5$	49	3	6.1	2	4.1	0	0.0	1	2.0	1	2.0	0	0.0	1	2.0	5	10.2
IQ$_6$	15	2	13.3	2	13.3	0	0.0	1	6.7	1	6.7	0	0.0	0	0.0	1	6.7
IQ$_7$	9	1	11.1	1	11.1	0	0.0	1	11.1	1	11.1	0	0.0	0	0.0	0	0.0
合计	257	18		17		0		13		13		0		4		20	
百分比	100	7.00		6.61		0.00		5.05		5.05		0.00		1.56		7.78	

表 5-11　不同 IQ 组儿童新生儿期异常情况人数及百分比

IQ 组	实际人数	新生儿期异常							
		严重黄疸		惊抽风		出血		呼吸困难	
		人数	%	人数	%	人数	%	人数	%
IQ$_1$	23	1	4.3	0	0.0	0	0.0	0	0.0
IQ$_2$	31	3	9.7	1	3.2	0	0.0	0	0.0
IQ$_3$	64	5	7.8	2	3.1	1	1.6	3	4.7
IQ$_4$	66	4	6.1	0	0.0	1	1.5	2	3.0
IQ$_5$	49	5	10.2	0	0.0	1	2.0	1	2.0
IQ$_6$	15	0	0.0	1	6.7	1	6.7	0	0.0
IQ$_7$	9	0	0.0	0	0.0	0	0.0	1	11.1
合计	257	18	7.0	4	1.6	4	1.6	7	2.7

从孩子出生异常情况比较表中，未显示与智商全域变异有关的因素存在。从新生儿期严重黄疸、惊厥、抽风、出血及呼吸困难四项指标来看，仅能获得的推论是：高智商是以避免了各种不利或有害因素为前提的，但避免了各种不利或有害因素，并顺利出生的孩子，日后并不一定导致高智商。他们的智商仍然可以在智商分布的全域范围内分布。

小结：各项调查数据直接显示，产前、产程的各种因素构成微小的环境变异根源，存在于不同智商组之间。但整个智商分布全域性的连续性变化与这些因素的关系并不明显，这一点与国外的一些研究结果相一致[13]。这就是说：去掉那些有明显可能影响个体智力发展的不良产前、产程因素的个体，整个智商分布的连续性特征不会明显改变。换言之，在完全排除产前、产程因素不良影响的群体中，智商分布仍趋向正态。这意味着智商分布全域的连续性变化特点，主要不能归因于产前、产程因素所致。

应当指出的是，一方面，尽管产前、产程因素对总体智商连续性分布的影响不显著，但另一方面，本组数据（见表5-5～表5-11）和已往对儿童智力落后原因的许多调查都证实：产前、产程因素是导致智力落后儿童——智商分布全域的一端（约占智力分布的1％左右）的主要原因之一。因此，从总体上看，优生依然是一个重要的课题，尤其是在人口众多的中国。根据本组数据显示，有些因素值得加倍关注。其中，避免近亲联姻（见表5-5），有计划受孕、预防感冒、防止有害物质（包括X线）接触（见表5-7），防止自然流产、死亡、新生儿死亡（见表5-6）是优生及围产期保健的重要任务。

（2）家庭社会经济地位与子女智商水平

以上对不同智商组产前、产程因素的差异分析初步表明，产前、产程因素仅仅构成微小的环境变异源，影响智商分布全域中的一小部分，而整个智商分布全域的连续性变化特点不能归因于此。我们认为，如果进一步对所有环境因素的分析都显示以上特点，则我们有把握认为，智商分布全域的连续性特点（或造成智商分布的原因）应理解为不同个体智力基因型的差异引起的，即不同个体基因型分布特点决定表型分布特点。那么，不同智商组的家庭社会经济地位是否存在明显的差异，并与智商等级构成相关呢？

已有的研究表明，父母的文化程度、职业、经济状况、住房条件等与子女智力发展明显有关[14][15][16]。这一点在本研究中得到了证实。同时发现，就不同 IQ 组的个体而言，家庭社会经济地位及父母文化程度的差异是显著的。

①父母文化程度与子女 IQ 水平

本研究通过不同 IQ 组父母文化程度比较(见表 5-12)，发现：

表 5-12　不同 IQ 组父母亲文化程度人数百分比

IQ组	实际总人数父/母	父亲%						母亲%					
		研究生	本科	高中	初中	小学	文盲	研究生	本科	高中	初中	小学	文盲
IQ$_1$	23/22	0	83	13	0	4	0	0	54.5	32	9	4.5	0
IQ$_2$	31/32	0	68	29	0	3	0	0	28	63	6	3	0
IQ$_3$	53/55	7	30	53	7.5	7.5	0	0	13	73	7	7	0
IQ$_4$	60/63	2	27	57	7	13	0	0	14	65	6	11	3
IQ$_5$	49/53	0	18	57	4	20	0	0	6	68	5	21	0
IQ$_6$	11/16	0	9	91	0	0	0	0	0	69	6	25	0
IQ$_7$	9/9	0	0	56	0	33	11	0	0	67	0	11	22

A. 随 IQ 水平下降，受本科教育的父母人数明显减少，受小学教育的人数明显升高。

B. 初、高中文化水平的父母在 IQ130 以上的组中较少，在 IQ120 组中增多，在 IQ120 以下各组中明显增多并趋于平衡。

C. IQ 在 80 分点以下时，受本科教育的父母消失，文盲开始占一定比例。小学文化程度加文盲在父亲占 44%，母亲占 33%。

上述数字说明 IQ 等级的变化与父母文化程度密切相关。但父母文化程度差异又是怎样引起子女 IQ 差异的呢？

一般认为，父母文化程度的差异不仅可以直接或间接地影响子女早期受教育程度的差异，而且，父母文化程度的高低也反映了父母 IQ 的高低，而 IQ 的高低是父母智力遗传天赋上的差异所致。因此，不能排除子女在受教育前就存在的通过遗传而导致的天赋上的差异。这一点，使人们对环境影响的评价变得困难起来。

如果说父母文化程度高低是父母智力遗传天赋高低的反映，并且父母遗传素质好坏必然导致子女遗传天赋高低，这一点是父母文化程度和子女 IQ 相关的内在根本原因的话，那么，一般而言，高文化程度父母必然有高 IQ 的子女，低文化程度的父母必然有低 IQ 的子女，这种关系可用下面简图 5-1 说明：

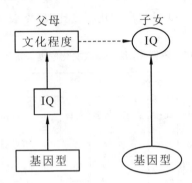

图 5-1　父母文化程度与子女 IQ 关系示意图

其中，长方形代表父母，椭圆形代表子女，虚线代表表面相关，实线代表因果关系。

如果子女 IQ 高低的原因确实如此，那么父母文化程度高的子女 IQ 必然高，因其天赋好，父母文化程度低的子女 IQ 必然低，因其天赋差。但通过分析高、低文化程度的父母在不同智商中的人数，并没有显示出完全支持这一假设的结果，如表 5-12、表 5-13、表 5-14 所示。

表 5-13　不同智商组父母本科人数分布比较(父＋母)

IQ 组	人数	构成比	累计人数	累计百分比
IQ_1	31	25.4	122	100
IQ_2	30	24.6	91	74.6
IQ_3	23	18.9	61	50.6
IQ_4	25	20.5	38	31.1
IQ_5	12	9.8	13	10.7
IQ_6	1	0.8	1	0.8
IQ_7	0	0.0	0	0.0

表 5-14　不同 IQ 组父母初小以下学历人数分布比较(父＋母)

IQ组	人数	构成比	累计人数	累计百分比
IQ_1	4	4.9	4	4.9
IQ_2	4	4.9	8	9.8
IQ_3	16	19.7	24	29.6
IQ_4	20	24.7	44	54.3
IQ_5	26	32.1	70	86.4
IQ_6	5	6.2	75	92.6
IQ_7	6	7.4	81	100

在表 5-12、表 5-13 中我们发现，在 IQ130 以上的组中，高文化程度父母的相对百分比是：父 83％(19 人)母 54.95％(12 人)，两者共占该组的百分比是 68.9％，这说明高 IQ 子女往往趋向出现在高文化程度父母的家庭中。我们认为，在讨论子女 IQ 与父母文化程度相关时，这一现象是说明问题的。但这并不足以证明高文化程度的父母必定通过天赋优越导致子女 IQ 优良。只有证明了大多数高文化程度的父母其子女都具有高 IQ，而不仅仅是高 IQ 的子女其父母往往文化程度高，才可能证明这一点。

本研究显示，在高 IQ 组中，这些高文化程度的父母在本次调查中仅占整个高文化父母的 25.4％，即 1/4。而 IQ110 以下高文化父母的比例(31.1％)接近 1/3，至少在 110IQ 以上各组中高文化父母的分布基本相近，这种高文化程度父母的子女之间的 IQ 在几个等级上的不同表达说明：高 IQ 组子女的父母趋向高文化程度这一结论不能反推，既不能说高文化程度的父母必然会有高 IQ 的子女。

同样，通过比较不同 IQ 组中父母低文化程度人数百分比，也没有发现支持低文化程度的父母是通过较差的遗传天赋导致子女低 IQ 的。在上组数据中 IQ110 以下的高文化程度的父母的比例为 31.1％，在这组数据中 IQ110 以上的低文化程度的父母占 29.6％，即父母文化程度低的子女有超过 1/4 的人 IQ 超过 100，有趣的是在 IQ 低于 90 时，父母文化程度低的人数百分比并不高，仅占 13.6％，不到 1/7。多数父母的文化程度趋中，为高中专水平。

这些数字提示我们，"父母实际上是通过智力遗传的明显差异来决定子女 IQ 差异"的说法是值得进一步研究的。事实上，要是这一点已经定论，我们就不需要再争论子女智力发展的影响因素了。很简单，即IQ 是父母遗传天赋的产物，那么子女 IQ 就是子女遗传天赋的产物。

关于这一点在后面还要进一步用实验数据加以说明。

②父母职业与子女 IQ 水平

对不同 IQ 父母职业情况的比较，也可以看到父母职业与子女 IQ 水平的相关。

总的来看，随 IQ 水平下降，教师、医生、技术人员、干部的比例明显下降，而工人、军警、职员、个体户或无业主的比例在上升，当IQ 到了 80 分以下，前几项的比例为零，后几项为 100%。整个变化情况如表 5-15、5-16 所示。

表 5-15 不同 IQ 组中父亲职业情况比较

IQ组	实际人数	教师、医生		技术人员		干部		工人、军警		职员		个体、无业	
		N	%	N	%	N	%	N	%	N	%	N	%
IQ₁	23	6	26.0	5	21.7	8	34.8	4	17.4	0	0.0	0	0.0
IQ₂	32	8	25.0	5	15.6	11	34.4	6	18.8	2	6.3	0	0.0
IQ₃	52	6	11.5	1	1.9	13	25.0	26	50.0	5	9.6	1	1.9
IQ₄	57	1	1.8	15	26.3	9	15.8	30	52.6	2	3.5	0	0.0
IQ₅	48	3	6.3	4	8.3	7	14.6	30	62.5	4	8.3	0	0.0
IQ₆	11	0	0.0	1	9.1	3	27.3	4	36.6	3	27.3	0	0.0
IQ₇	9	0	0.0	0	0.0	0	0.0	8	89.0	0	0.0	1	11.0

表 5-16 不同 IQ 组中母亲职业情况比较

IQ组	实际人数	教师、医生		技术人员		干部		工人、军警		职员		个体、无业	
		N	%	N	%	N	%	N	%	N	%	N	%
IQ₁	22	9	40.9	3	13.6	4	18.2	2	9.1	4	18.2	0	0.0
IQ₂	33	6	18.2	9	27.3	6	18.2	10	30.3	3	9.1	0	0.0
IQ₃	58	11	19.0	10	17.2	4	6.9	31	53.4	2	3.4	0	0.0
IQ₄	60	5	8.3	10	16.7	2	3.3	40	66.7	2	3.3	1	1.7
IQ₅	50	4	8.0	4	8.0	2	4.0	36	72.0	4	8.0	0	0.0
IQ₆	16	1	6.3	2	12.5	0	0.0	8	50.0	3	18.8	2	12.5
IQ₇	9	0	0.0	0	0.0	0	0.0	5	55.6	1	11.1	3	33.3

职业除了与父母的文化程度、专业方向以及智商高低有关并以此影响子女以外，还通过以下两个方面影响子女的智商。

A. 职业构成环境。从事不同职业的父母，具有不同的工作环境，形成不同的职业特点，这些又影响到居住区域、家庭环境特点、职业行为习惯等方面，这一切都构成孩子生长的环境。

B. 职业构成能力。不同职业父母，由于从事的工作不同，对儿童早期教育的能力上显出差异，教师职业可能更具备早期教育子女的能力，而一般干部则要差得多。

进一步的研究说明了这一点。

③生活环境与子女 IQ 水平

本次研究对家庭居住区域、住房类别、住房面积等因素进行了调查，发现居住条件与父母职业、文化程度明显关联，如表 5-17 至表 5-19所示。

表 5-17　不同 IQ 组住房类别比较

IQ组	实际人数	平房		小院		通道楼		单元楼		其他	
		N	%	N	%	N	%	N	%	N	%
IQ$_1$	24	2	8.33	2	8.33	3	12.50	17	70.83	0	0.00
IQ$_2$	33	5	15.15	2	6.06	2	6.06	23	69.70	1	3.03
IQ$_3$	63	12	19.05	2	3.17	8	12.70	39	61.90	2	3.17
IQ$_4$	63	10	15.87	1	1.59	9	14.29	43	68.25	0	0.00
IQ$_5$	53	7	13.21	5	9.43	9	16.98	32	60.38	0	0.00
IQ$_6$	17	1	5.90	0	0.00	2	11.76	14	82.35	0	0.00
IQ$_7$	10	7	70.00	0	0.00	0	0.00	3	30.00	0	0.00
合计	263	44		12		33		171		3	
百分比	100	16.73		4.56		12.55		65.02		1.14	

表 5-18　不同智商组居住区域比较

IQ组	实际人数	街道		工矿		机关		学校		其他	
		N	%	N	%	N	%	N	%	N	%
IQ$_1$	24	4	16.7	3	12.5	11	45.8	4	16.7	2	8.3
IQ$_2$	32	4	12.5	6	18.8	12	35.5	6	18.8	4	12.5

IQ组	实际人数	街道		工矿		机关		学校		其他	
		N	%	N	%	N	%	N	%	N	%
IQ_3	63	13	20.6	14	22.2	25	39.7	7	11.1	4	6.3
IQ_4	61	14	23.0	23	38.0	14	23.0	3	4.9	7	11.5
IQ_5	52	13	25.0	17	32.7	12	23.0	2	3.8	8	15.4
IQ_6	16	7	43.8	5	31.3	4	25.0	0	0.0	0	0.0
IQ_7	10	3	30.0	5	50.0	2	20.0	0	0.0	0	0.0
合计	258	58		73		80		22		25	
百分比		22.5		28.3		31		8.5		9.7	

表 5-19　不同智商组平均住房面积比较

IQ组	IQ_1	IQ_2	IQ_3	IQ_4	IQ_5	IQ_6	IQ_7
实际人数	23	31	60	57	48	14	10
住房平均面积	10.52	11.31	10.15	10.17	11.22	10.53	7.85

A. 高 IQ 组中，居住区为机关、学校的居多，随 IQ 档次下降倾向以工矿、街道居多。

B. 将居住区域与住房类型进行对照发现：IQ 在 80 以下的不仅表现为 80% 的家庭居住工矿、街道，而且有 70% 居住平房。条件简陋，而且平均住房面积明显低于其他组。

C. 从住房面积和住房类型来看，除 IQ 低于 80 分的档次明显较差以外，IQ80 以上各组均无明显差异，有时反而低智商组在这两项的条件上优于高智商组。

根据这一点，我们说住房条件与文化程度及职业的关联主要表现在两方面：

一方面是居住区，即居住的文化环境上；另一方面是只有当化程度极差时才表现在居住的物理环境上，如住房类型与面积。

但值得指出的是并没有任何证据表明平房与 IQ 低下有关，但处于文化生活水平较低的工矿、街道是否构成影响 IQ 的因素的问题，有待进一步研究。

④家庭经济收入和投入与子女 IQ 水平

对不同 IQ 组父母经济收入与在子女身上的投入调查发现（见表 5-20）：

A. 除 IQ 在 80 以下组外，各智商组家庭人均收入基本差别不大，并与智商变化无关，在智商低于 80 的家庭中有平均经济水平明显下降的趋势。

B. 更值得注意的是，不同 IQ 组中的差别表现在投入和收入的比值上。从 IQ100 向下（IQ_4）出现投入和收入比值明显下降的趋势，即：实际在孩子身上的经济投入明显下降，月平均下降为 10 元，最低 IQ 组虽然不表现为比值下降，但由于实际收入月平均低于 10 元左右，因此，实际投入还是下降很多，这一点从每月在孩子身上费用平均数的变化上，反映最直接，最高 IQ 组与最低 IQ 组在孩子身上的月平均投入差是：$76.52-58.50=18.02$（元），平均下降 24%。

现在的问题是到底哪些方向上的投入造成了这种差异？通过教育投入调查，我们能找到大部分的答案。这里教育投入看成是精力、物力和时间投入的总和，而在购买图书、玩具、外出、专家培养等方面存在明显差异，这些差异反映在经济上，就是经济投入的差异，以购买智力玩具、图书、外出三项为例（见表 5-21）可以明显看出这一点。

表 5-20　不同 IQ 组家庭人均收入与对子女的经济投入比较

单位：元

IQ 组	人均收入		每月儿童费用		儿童费用/平均收投入	
	平均数	标准差	平均数	标准差	平均数	标准差
IQ_1	99.36	36.343	76.52	23.522	82.90	29.964
IQ_2	98.59	30.333	69.22	20.285	81.20	23.315
IQ_3	100.22	37.368	72.66	20.836	79.83	28.709
IQ_4	90.74	32.735	71.15	31.173	80.13	27.928
IQ_5	91.49	39.352	61.70	25.366	69.73	25.422
IQ_6	92.14	49.703	59.62	19.839	70.30	26.669
IQ_7	79.30	36.624	58.50	23.576	84.29	38.747

表 5-21　不同智商组经济型教育投入平均得分比较

IQ 组	买图书读物	买智力玩具	带子女外出	合计
IQ_1	11.75	4.25	8.5	24.5
IQ_2	10.00	2.26	3.25	15.51
IQ_3	8.47	2.93	1.0	12.4
IQ_4	7.28	2.17	1.85	11.3
IQ_5	7.39	2.16	1.82	11.37
IQ_6	7.67	2.00	−10.0	−0.33
IQ_7	−0.667	1.25	−3.5	−2.97

我们将经济投入得分情况转化成图形，则获得图 5-2：

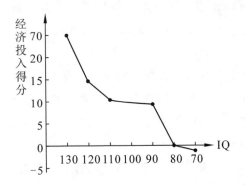

图 5-2　经济型教育投入平均得分与 IQ 变化

对孩子的经济投入上，除了教育方面的要求，再就是孩子营养方面的要求。

在所测孩子中，通过调查，没有发现因营养导致的明显生长发育迟滞或营养不良问题，家庭提供的饮食条件是足够的。这一点通过两方面的数据可以说明。

A. 不同 IQ 组父母均认为营养保证是他们最有把握的事情之一（见表 5-22）。

B. 父母担心的不是没钱养活或养好孩子，而是怎样才能让孩子多吃、吃好。这一点明显反映在咨询过程中，也反映在咨询问卷中。在咨询问卷中，饮食问题是父母提出的首要问题。IQ 在 110 以上的家庭提出此项问题的占 64.6%，IQ 在 110 以下的占 54.6%。

表 5-22　不同智商组父母最有把握的能力自评

IQ 组	营养保证	卫生保证	休息保证	安全保证	教育保证	个性培养保证	智力开发保证
IQ_1	74	83	48	22	61	13	61
IQ_2	62	82	62	38	47	9	35
IQ_3	68	63	51	46	49	3	20
IQ_4	69	61	56	41	36	5	19
IQ_5	78	69	63	33	41	12	31
IQ_6	64	71	43	43	36	7	7
IQ_7	75	63	75	75	25	13	8

从各种饮食问题的发生来看(见表 5-23)，如果确实存在营养问题，经济原因并不是主要原因，而是喂养方式不当造成的。其中零食一项更能反映营养上的经济投入情况。

表 5-23　不同 IQ 组饮食问题出现率

IQ 组	>130	110～129	90～109	<90
食欲不佳	45.5	54.3	56.6	58.0
偏　食	27.3	35.5	46.8	34.3
不好好进食	86.4	75.2	74.7	77.9
零　食	59.1	60.4	73.1	72.7
挑　食	36.4	37.8	42.5	48.8

小结：对父母文化程度、职业、居住环境、经济收入方面的调查发现，父母社会经济地位与文化程度是构成子女 IQ 等级差异的一类重要因素。这类因素对子女 IQ 的影响是复杂的，有直接影响也有间接影响。其中文化程度是通过教育态度、方式、技能等起作用的，职业又通过职业习惯、特长及生活环境影响儿童；居住条件通过居住的文化环境及物理环境起作用；而经济的影响是通过营养投入和教育投入实现的。研究发现，文化程度与职业直接与间接的影响在不同 IQ 组间都存在，居住条件及经济收入的差异在 IQ80 分点以上并不显著，与经济相关的营养投入可以粗略地看成平衡因素，而与经济相关的教育方面的投入在 IQ100 上下有差异。但是，很显然，100 上下各组 IQ 差异的存在，除了与文化程度、职业、居住环境的直接影响有关，更主要的是与教育因素有关。

（3）家庭教育因素与子女 IQ 水平

以上对不同 IQ 组父母社会经济地位及文化程度差异分析初步揭示，不同 IQ 组父母社会经济地位及文化程度的差异是明显存在的，但这种差异除了直接影响子女 IQ 等级变化外，更大的影响可能是通过间接因素实现的，这一因素就是教育因素。

对教育因素的初步调查发现，父母的教育能力、态度、认识、教育一致性，教育投入量等的差异与所测得 IQ 分布全域中 IQ 等级的差异密切相关。

①父母教育能力与子女 IQ 水平

父母在教育方法和教育技巧上反映出的能力为教育能力，通过父母对子女教育是否充满信心的调查，可以了解这些。

本研究通过咨询问卷调查了父母在保证子女营养、卫生、休息、安全、教育、个性、智力七个方面的能力自评，并要求父母按自己处理这七个方面能力的大小排序，结果发现，不同 IQ 组父母对待子女能力方面有明显差异（见表 5-24）。如果把百分比大于 60 定为最有把握，百分比在 35～60 之间定为较有把握，15～34 之间定为较无把握，小于 15 定为毫无把握，则：

A. 所有 IQ 组都对营养、卫生保证信心最大，而对个性培养毫无把握。

B. IQ130 组同时表现出对教育和智力开发的把握最大，而对休息保证把握次之，对安全把握较无信心。

C. IQ120 组对休息保证的信心同于营养、卫生保证，而教育和智力开发的信心从最大降到较大，而且智力开发的把握在安全保证之后。

D. IQ90～110 组教育信心不变，但智力开发信心再次降低，成为较无把握之例。

E. IQ80 组教育信心落后于安全把握，并对智力开发信心全无，由 IQ80 以上组的大于个性培养降至两者相同。

F. IQ80 组以下，教育把握不仅排后于安全，而且降至较无把握，这组对智力开发不仅毫无把握，而且信心比对个性培养还要低，排在最后。

· 通过调查这七项最无把握的自评，获得了同样的结果（见表 5-24）。

表 5-24　不同 IQ 组父母最无把握能力自评

IQ 组	营养保证	卫生保证	休息保证	安全保证	教育保证	个性培养保证	智力开发保证
IQ_1	4	0	13	30	13	48	30
IQ_2	3	3	15	27	12	47	32
IQ_3	14	9	12	17	22	55	44
IQ_4	8	9	3	14	28	50	36
IQ_5	6	6	8	22	20	41	41
IQ_6	0	0	0	0	14	29	43
IQ_7	13	0	0	13	63	38	13

这种在教育能力上的差异提示，父母对孩子的教养能力水平，直接制约着儿童智力发展的水平或等级。

下面的问题是教育能力上的差异到底是怎样起作用的呢？

研究发现教育能力是通过教育的具体方法和技巧而起作用的。

②父母教育方法与子女 IQ 水平

在问卷中，让父母对以下七种教育方法进行自选（多选）：放任的；过度保护或过度替代的；专制的或虐待的；溺爱的；过分期待；迁就的；民主的。（结果如表 5-25、表 5-26）。

表 5-25　不同智商组父母教育方法类型自评比较

IQ 组	放任的	过度保护过度替代	专制的虐待的	溺爱的	过分期待的	迁就的	民主的
IQ_1	19.7	22.4	7.5	24.9	24.9	34.8	79.6
IQ_2	17.64	25.1	9.6	23.2	38.2	26.45	58.8
IQ_3	32.2	28.3	6.4	22.7	25.3	31.1	59.7
IQ_4	40.7	28.8	7.8	20.4	20.4	46.28	40.7
IQ_5	32.4	28.3	8.1	14.9	22.4	34.9	62.4
IQ_6	21.4	28.3	8.6	19.1	28.6	42.8	56.58
IQ_7	31.7	63.4	44.9	31.7	22.4	31.7	11.1

从表中可见，随 IQ 变化最大的三种类型：过度保护或过度替代的；专制的或虐待的；民主的。前两者随 IQ 降低而升高，后者随 IQ 降低而降低（见图 5-3、图 5-4），其他几种因素在最小范围内无规律波动可视为平衡因素。

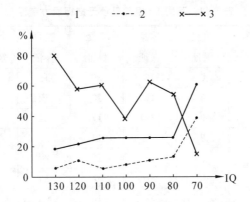

图 5-3　父亲三种教育方法在不同 IQ 组的百分比

表 5-26　不同智商组母亲教育方法类型自评比较

IQ 组 母	放任的	过度保护 过渡替代	专制的 虐待的	溺爱的	过分 期待的	迁就的	民主的
IQ_1	20.1	23.9	4.1	24.1	24.1	36.8	69.5
IQ_2	31.7	26.5	5.1	31.7	24.1	22.4	62.4
IQ_3	34.9	28.3	4.6	22.4	31.7	31.7	51.2
IQ_4	34.9	32.7	6.1	28.3	26.5	28.3	43.6
IQ_5	28.3	37.4	10.0	12.1	33.8	34.9	43.6
IQ_6	31.1	44.4	9.0	15.2	30.4	30.4	30.4
IQ_7	37.4	86.7	79.6	2.3	2.3	37.4	18.9

　　从图中可以明显看出替代和虐待是造成 IQ 变化，特别是造成边缘性或社会文化性弱智的重要变量。

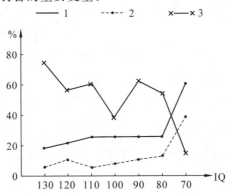

图 5-4　母亲三种教育方法在不同 IQ 组的百分比

第一，从本研究揭示的结果看，替代引起的 IQ 降低，直接与替代造成的机会剥夺有关，过度替代的孩子表现为过分依赖(见表 5-27)。

表 5-27　不同 IQ 组孩子过分依赖百分比

IQ 组	>130	110~129	90~109	<90(90~60)
过分依赖	0.24	0.47	0.65	0.76

过分保护与替代一方面造成孩子的过分依赖，另一方面限制了孩子动手、动脑的机会。

有关替代与限制的问题，从下面几个方面的数据可以明显看出(见表 5-28)。

表 5-28　不同 IQ 组父母处理具体问题时的替代与限制方法平均得分

IQ 组	>130	110~129	90~109	<90
1. 当孩子做属于自己事时动手帮助	-1.85	-1.69	-1.58	-3.52
2. 怕孩子危险用恐吓方法限制孩子	2.25	0.365	1.2	-1.52
3. 常打断孩子活动	4	2.34	3.10	2.74
4. 总是不提供机会让孩子尽早学会生活自理能力	5.1	5.06	5.15	4.95
5. 不重视孩子有自己时间进行所爱好活动	6.95	5.77	5.20	4.95
6. 对放手让孩子做事不放心	0.5	-1.23	-1.20	-2.67
7. 总认为孩子小这不让做那不让做	1.25	0.41	0.84	-0.28
总　分	18.2	11.03	11.95	4.64

第二，本研究发现虐待与专制则通过造成不良非智力因素，进而影响智力水平的发展。

通过平时惩罚孩子的方法，在不同 IQ 组中的得分可见，低 IQ 组父母对待孩子更多地采取粗暴、伤害性做法(见表 5-29、图 5-5)，与此对应，孩子表现出更多的不良非智力因素，包括退缩、自卑、胆怯、不诚实、焦虑、吞吞吐吐、逃避等(见表 5-30)。

表 5-29 不同 IQ 组惩罚孩子平均得分

IQ 组	130>	110～129	90～109	<90
打孩子	−4.10	−3.38	−2.56	−5.33
惩罚	−8.2	−11.516	−12.14	−11.33
总分	−12.3	−14.896	−14.70	−16.66

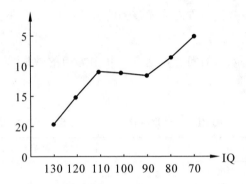

图 5-5 父母替代与限制在不同 IQ 组的得分

表 5-30 不同 IQ 组非智力品质特点对比表

IQ 组	>130	110～129	90～109	<90
退缩的	0.227	0.243	0.465	0.547
逃避的	0.182	0.182	0.43	0.548
自卑的	0.045	0.225	0.213	0.238
吞吞吐吐	0.091	0.28	0.406	0.731
焦虑的	0.04	0.03	0.13	0.12
消极的	0.0	0.188	0.217	0.240
说谎的	0.045	0.079	0.154	0.357
总分	0.63	1.227	1.867	2.781

　　不同 IQ 组父母教育能力上的差别，通过分析另外 11 项具体情况下的教育方法和技巧，同样明显可见（见表 5-31）。

表 5-31　不同 IQ 组父母具体情况下教育方法平均得分

IQ 组	>130	110～129	90～109	<90
1. 损坏东西时的处理方法	6.6	5.428	5.213	3
2. 不听话时的处理方法	4.5	5.12	4.95	3.76
3. 提问的处理方法	3.53	3.06	2.938	2.928
4. 任何情况下都能耐心说明	3.8	3.89	3.91	3.57
5. 孩子做事未达到期望的处理	10.8	10.162	9.704	6.714
6. 注意鼓励孩子交往	4.75	4.56	4.285	4.077
7. 注意及时表扬鼓励孩子	6.9	5.603	5.166	4.808
8. 关心孩子的要求	5.05	4.10	2.867	1.857
9. 满足孩子许诺	1.10	0.36	−0.296	−0.957
10. 在孩子面前态度口径一致	5.8	5.46	4.674	4.523
11. 同孩子商量孩子的事	−1	−1.879	−1.12	−2.095
合　计	51.83	45.869	42.65	32.159

从以上分析中可以发现，随 IQ 下降，教育方法趋向越来越不合理、越来越不正确。显然我们没有证据认为孩子 IQ 低是父母采取不正确教育方法的原因。但是，我们从对父母教养能力的分析中，可以获得这样的结论：父母采取不正确的教育方法可能是孩子 IQ 下降的原因。

研究揭示，教育方法直接影响智力与非智力因素，良好的教育方法，不仅使孩子表现出高智商特点，也表现出不良的非智力因素更少些，有人认为由于强调早期教育忽视了非智力因素的培养，使很多孩子智力超常，个性怪异，然而，实际上，一种科学的教育方法势必同时影响智力与非智力两个方面，高 IQ 的获得必然伴有以良好的非智力因素做基础。

当然，研究中还发现很多个性、情绪、行为问题，在不同智商组都有较高的出现率，这只能说明有些教育方法的不当，不仅表现在低 IQ 组，也表现在高 IQ 组。例如，在前面不同 IQ 组父母教育分法类型自评比较表中发现，除过度替代、虐待及民主类型与 IQ 变化有关，而放任、溺爱、迁就等特性，各 IQ 组均差异不大，这一点可以说明为什么有些个性、行为问题，在不同 IQ 组无明显差异。

③家庭教育态度，家庭关系与子女 IQ 水平

关于家庭教育态度一致性与儿童 IQ 问题，对家庭教育态度一致性程度的调查发现（见图 5-6、表 5-32）：

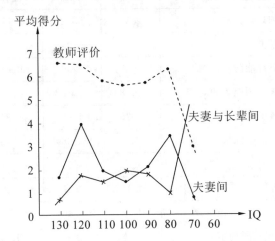

图 5-6　不同 IQ 组家庭教育态度一致性平均得分

表 5-32　不同 IQ 组家庭成员教育态度一致性平均得分

IQ 组	夫妻间	夫妻与长辈间	教师评价家庭间
IQ_1	1.90	0.70	6.75
IQ_2	4.39	1.81	6.61
IQ_3	2.00	1.57	6.08
IQ_4	1.741	1.96	5.74
IQ_5	2.23	1.96	5.91
IQ_6	3.60	1.2	6.67
IQ_7	0.667	5.0	3.33

A. 在中常或高 IQ 组中，夫妻间的一致性高并高于和长辈间的一致性。

B. 在低 IQ 组中夫妻间的一致性明显降低，并低于夫妻与长辈间的一致性。

通过咨询谈话发现，夫妻与长辈间的一致性在低 IQ 组升高，是父母推脱教育责任，放任或让步引起的反映。

C. 通过教师评价夫妻教育一致性，发现教师对 80 以下 IQ 组家庭

的评价明显低下，和教师交谈发现，这时家庭间的不一致性的明朗化，公开化已远远超过了一般教育一致性的范围，而表现在家庭关系的紧张方面（见表5-33、图5-7）。家庭关系好坏，直接影响父母对待孩子教育的一致性、精力和情绪，也影响到孩子心理卫生各个方面，融洽的家庭关系更能使父母做出共同的努力、相互的协调，更容易形成以孩子教育为中心的家庭生活气氛，孩子则能在更为轻松、愉快的环境中成长。

表 5-33　不同 IQ 组家庭关系平均得分

IQ 组	130≥	110～129	90～109	＜90
1. 家庭评家庭关系	9.5	8.98	8.15	7.04
2. 夫妻间争吵情况	0.6	0.576	0.66	0.52
3. 争吵后恢复情况	−0.55	−0.64	−0.66	−1.0
4. 自评家庭关系	6.4	6.58	7.17	5.86
5. 孕期家庭关系	6.9	7.52	6.49	5.38
6. 家里有事商量解决	7.3	6.69	6.72	6.43
合　计	30.15	29.7	28.52	24.22

④家庭的教育投入与子女 IQ 水平

教育投入是指父母或养育者主动地向孩子生活的环境中移入各种信息的过程。一般可把投入分成两种：一种是与经济投入有关的教育投入，包括买玩具、买图书、外出游玩、创造专长学习机会等；另一种则是较少经济投入相关，更多地以精力投入为主的，如胎教、讲故事、做游戏、与孩子交谈、回答孩子的提问、过问孩子的事情等。这种分法属人为区分，两者实际上是相互联系的。

本研究针对早期家庭教育投入的特点，着重分析了十几个方面的问题，发现教育投入是环境诸多因素中和智商变异关系最大的因素，其中最具有对应关系的是讲故事、买图书、带孩子外出，这里就其中 12 项得分情况加以说明（见表5-34、图5-8）。

根据这 12 项在不同智商组总平均分，作图可以获得一条明显随 IQ 下降而下降的曲线。

表 5-34　不同智商组各项教育投入平均得分比较

IQ 组	130≥	120～129	110～119	100～109	90～99	80～89	＜80
1、孕期进行胎教	2.00	1.77	1.17	1.02	0.36	0.20	0.03
2. 买智力玩具玩	4.25	2.26	2.93	2.17	2.16	2.00	1.25
3. 买图书或读物	11.75	10	8.47	7.28	7.39	7.07	−0.667
4. 讲故事	15.45	14.52	9.65	7.60	6	5.80	1
5. 带孩子外出游玩	8.5	3.25	1.0	1.85	1.82	−10	−3.5
6. 创造学音乐或舞蹈机会	3.25	1.94	2.62	1.94	2.73	1.67	1.67
7. 创造学画机会	3.25	2.74	2.4	1.89	3.18	2	1.25
8. 创造运动机会	3.75	3.39	3.17	3.04	3.18	2.33	1.67
9. 经常跟孩子玩	3.85	3.10	2.67	2.26	2.91	3.33	1.17
10. 经常注意和孩子说话交谈	13.95	13.39	9.78	9.85	10.20	10.67	5.3
11. 总是注意倾听并回答孩子的提问	8	7.1	6.13	6.03	6.07	5.07	5.67
12. 不管工作是否紧张总是过问家事	2.4	0.64	−2.9	−6.33	−0.41	−5.6	−11.0
合　计	80.4	64.1	47.09	38.66	45.59	25.54	3.84

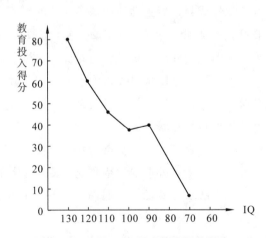

图 5-7　不同 IQ 组教育投入平均得分

　　上述结果表明：当家庭提高或降低教育投入量，儿童所处的 IQ 等级就有相应的提高或降低，这意味着环境特别是教育在智力发展上的重大作用。对一个儿童来说，即使他出生在社会经济地位良好、父母文化程度高的家庭，只要出现教育上的剥夺，他的智力发展就会受阻。这进一步说明，智商的分布，并不是由智力基因型的个体差异的正态分布决定的。如果说智商分布趋于正态的特点，反映的是智力遗传因素的内在规律性，那么，环境的变化将不影响这一分布的形成及变化。即，在任何环境下，所测智商都应与智商理论分布——正态分布相吻合。但是，根据本组数据，我们可以清楚地看到，假设我们任意从环境变量的全域中间，抽掉一个区间相同的环境教育得分的个体，IQ 的等级就会缺失。

有人会问如果不是遗传的正态分布导致 IQ 的正态分布，那么 IQ 的分布趋向正态又作何解释呢？当然，我们并不急于否定 IQ 的正态分布与遗传有关，但我们在实验中也发现 IQ 正态分布与环境变量分布是一致的。

(4)IQ 分布的特点与环境变量的分布

在进一步分析 IQ 分布的特点与环境变量分布特点的关系时，有两个事实必须首先提出：①在本研究中，我们已获得 IQ 得分与环境得分相关很高的结果，这意味着 IQ 分布在很大程度上与环境变量的分布有关；②众所周知，智商的实测分布并不总是正态的，它与所测群体所处的环境有关，如本次调查中市直幼儿园(以下简称一幼)的 IQ 分布就很突出(见表 5-35)。

表 5-35　一幼儿童 IQ 不同等级的百分比

IQ_1	IQ_2	IQ_3	IQ_4	IQ_5	IQ_6	IQ_7	IQ_8
13.2	17.9	27.2	25.2	13.9	2.0	0.7	0.0

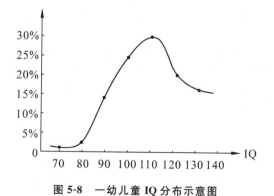

图 5-8　一幼儿童 IQ 分布示意图

在本次调查中一幼为市直幼儿园，儿童来自社会经济地位优越、父母文化程度高的家庭，相对于这样一种环境 IQ 的分布出现了明显的偏态，这种偏态无法用遗传上的"正态"来解释，可接受的解释是用环境分布特点进行的说明。

实际上，智力测验不是在平衡的环境条件下进行的，而是在"自然条件"下实测的，它假设同一群体中人们之间的环境条件是相等的，但这种自然状态本身并不一致，人们在文化、职业、经济、住房条件、孕产期条件、教育态度、方法、技能、教育一致性、家庭关系、教育投入的量、投入的时间等因素上存在着大小不等的差异，这种差异构成了环境变量的一种分布，这种分布往往呈两头小中间大，趋向正态。中等社会经济地位、文化水平的家庭属大部分，而有极高社会文化经济地位和极高教育认识，科学的育儿方法和及时、大量的教育投入的家庭，以及那些社会文化经济地位极低，对教育无丝毫正确认识，又极端忽视甚至剥夺子女教育机会和环境的家庭属极少数。

为进一步证实这一点，现将本次填卷中教育投入项目填写无缺的家庭总平均分数分档（见表 5-36），按百分比作分布图，并与所测 IQ 分布比较（表 5-37）结果如下：

表 5-36　不同环境教育总平均分人数百分比

环境教育得分	>105	91～105	76～90	61～75	46～60	31～45	<30
实际人数 N＝213	21	30	36	49	47	19	11
%	9.9	14.1	16.9	23.0	22.1	8.9	5.2

表 5-37　不同智商组人数及百分比

IQ 组	130>	120～129	110～119	100～109	90～99	80～90	<80
人数＝307	24	34	73	81	64	20	11
%	7.8	11.1	23.8	26.4	20.8	6.5	3.6

本次研究实测 IQ 分布情况如图 5-9 所示：

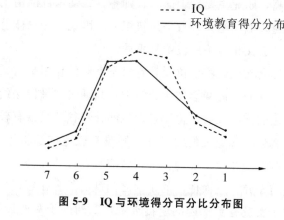

图 5-9 **IQ 与环境得分百分比分布图**

由此可见，两个分布之间确实存在某种相似性，至少可以获得这样的结论：

①影响智力发展的因素除假设遗传差异呈正态分布以外，人们生活的实际环境教育条件是趋向正态分布的。

②这种环境条件的分布特点与智商的分布特点极为相似，智商分布偏离正态，可能是环境分布偏态造成的。

总之，以往在讨论智商分布原因时，仅仅考虑遗传分布，这在理论上是不足的，它实际导致了智商分布遗传归因的倾向，也导致了对实测个体智商的遗传归因的做法。对环境条件分布特点的认识，要求我们同时注意到两种因素存在的可能，并进一步去研究它们的关系。

（5）智力基因型的反应范围及不同环境条件下的表型等级

在分析社会经济地位、父母文化程度与子女 IQ 关系时，我们已就遗传和环境关系作了初步分析。我们承认父母社会经济地位及文化程度不同受父母智商的影响，高智商父母偏向获得更高的社会经济地位及文化程度，低智商的父母倾向较低的社会经济地位与文化程度。但我们认为没有证据证明父母的高智商就必定是天赋优越，低智商就必定是天赋低。智商与天赋的关系正是我们力图回答的问题，在讨论中作为"公理"出现缺乏科学性，但作为研究中的检验假设而存在有利于进一步的研究。

本研究取样时注意选择了两个具有代表意义的实验点。一个是市委直属幼儿园（以下简称一幼）；一个是化工部第三建筑公司职工幼儿园

（以下简称二幼）。一幼绝大多数幼儿来自淮南市文化中心区域，父母文化程度普遍很高，职业主要是干部、教师等；二幼来自淮南工矿区，父母文化程度普遍较低，绝大多数是建筑工人。因此，在总体上两个幼儿园子女的父母社会文化经济地位明显不同。

如果说，社会文化经济地位及教育对子女起的作用是与父母智力基因型的遗传分不开的，即社会文化经济地位是通过父母传递给子女的智力基因型起作用的。高社会文化经济地位的父母往往是具有较高的遗传天赋，低社会文化经济地位的父母往往则具有较差的遗传天赋。那么，根据这种假设两个幼儿园子女的父母，就应存在伴随社会文化经济地位差异的遗传素质差异，进而他们的子女之间就必然存在着遗传差异，并表现为一幼的子女应有更优越的遗传天赋，二幼的子女遗传素质较差，并由此导致两个幼儿园儿童智商平均数上的差异，优良遗传天赋的孩子应获得更高的智商，天赋较差的孩子获得较低的智商。

通过两个幼儿园 IQ 的测定，确实获得了平均 IQ 差为 10.06 分点的两个分布（见图 5-10）。

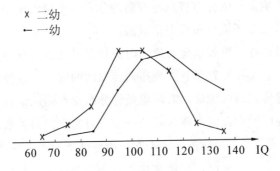

图 5-10　两个幼儿园 IQ 分布图的关系

理论上，如果上述前提假设是成立的，那么，这种智商分布上的差异就应归因遗传。

剩下的关键问题是：两个幼儿园 IQ 上的这种差异到底是天赋差异，还是环境之间的差异造成的？

如果说天赋差异是本质差异或决定性的差异，环境差异只是一种现象差异，并不起决定作用，那么相同的环境教育条件下，两个幼儿园的 IQ 差异仍然存在。假如情况相反，一旦两个幼儿园儿童的环境教育条件一致。智商差异就消失，则可认为在同一区域不同社会经济地位父母并不是通过天赋差异致使子女在不同的天赋上表现出的智商差异，相反可以认为就总体而言，不同社会经济地位父母，传递给子女的天赋差异并不明显，或并不足以构成智商差异的主要根源，子女智商差异主要是由子女所处的环境差异导致的，其中环境是通过子女的智力基因型起作用的。

①智商变化与环境变量的总体分析

如前所述，智商变化与环境特别是教育的高度相关，这已初步揭示了智商差异形成的规律，表明了环境，特别是教育对智力水平的影响。

为了更有力地说明这一点，并保证从一开始就有正确的前提，在进一步地分析资料之前首先假设：

A. 教育和环境是在遗传提供可能性范围内并通过遗传起作用的。

B. 承认个体遗传基因型之间存在着差异，并假设这种差异呈正态分布，即中间大两头小。但它和智商实际分布的离散度大小不同。遗传差异的分布离散度小而集中度大，实际智商的分布离散度大而集中度小。

在这样的前提下，再对不同智商组每个个体以教育投入为主的更多项目的总得分进行分析，即：在进一步求出每个智商组中环境教育总平均得分后，按遗传差异呈正态分布的假设，分别消除每个智商组中（IQ80 以下由于人少合为一组）环境教育总得分处在两极上的 15％左右的个体，其目的是为了最大限度地估计个体之间天赋上可能存在的显著差异，进而对分布上处于中间的大部分个体遗传差异的大小及基因型的平均反应范围进行估计，并把某一智商组中，环境教育得分处于明显低分极端的视为天赋较差或由于评估过宽误差造成的，把得分趋于一致的视为天赋趋中的。

这样获得了以 70％以上的处于每组分布中间的人为标准的每档智商组的教育环境总平均得分和标准差（见表 5-38），求得智商组与平均环境教育得分之间的相关值为 r＝0.97。

表 5-38　不同 IQ 组环境教育项目总平均分与标准差

IQ组	N	X̄	标准差
≥125	22	102	14.124
110～124	50	83.75	15.71
100～109	34	66.235	17.129
90～99	30	65.165	17.283
80～89	11	45.272	10.11
≤79	7	28.762	18.58
相关			0.97
分析项目填写无缺家庭			213
去除两极后家庭			154
占百分数			72.3

　　对不同 IQ 组环境教育总平均得分的显著性差异检验，获得除100～109 组和 IQ90～99 组之间不具有显著性，其他各组之间均在 0.01 水平上具有显著差异。检验结果的矩阵表达如下：

$$A_{0.01}=\begin{cases}IQ_1 & IQ_2 & IQ_3 & IQ_4 & IQ_5 & IQ_6 \\ \neq & 0 & 0 & 0 & 0 & 0 \\ & \neq & 0 & 0 & 0 & 0 \\ & & \neq & 0 & 0 & 0 \\ & & & \neq & 0 & 0 \\ & & & & \neq & 0 \\ & & & & & \neq\end{cases}$$

　　通过对 70％左右遗传天赋趋中者智商平均差异的分析，几乎可以作出智力基因型表达出的表型差异是受环境，特别是教育条件差异所致，同时，还可得出大部分天赋趋中的个体，其智力的潜力很大，存在着不同水平或等级表型程度，这些个体在社会环境变异的全域里，随环境教育条件的改变而表达出不同的表型水平，其表达范围可以从 IQ60 左右至 IQ140 左右，由此造成大部分个体智力表型上的差异。

　　这一点，通过对智商和环境两个变量进行回归分析变得更为清晰。

　　资料显示在 130～140IQ 组中，IQ 不再随环境教育投入增加而明显改变，IQ 和环境教育的关系呈指数变化关系，根据计算，获得的指数回归方程式如下：

$$Y_{总}=70+L_n\frac{X-2}{30.57}/0.021 \tag{1}$$

其中，Y 是 IQ，X 是环境教育得分。

同时根据 IQ 组和环境教育得分可以获得以下指数相关曲线（见图 5-11）：

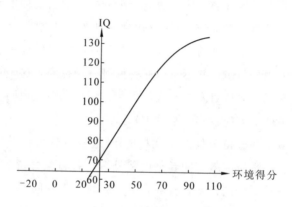

图 5-11　IQ 与环境的回归曲线

如果说这条曲线可以用于估计一般天赋的绝大多数个体，随环境教育条件变化的智力表型——智商时，那么这条指数曲线的真实含意应当怎样理解呢？

令人满意的理解应是，这条曲线反应了绝大多数天赋一般人智力基因型的遗传潜力，确切地说，它在 Y 轴（IQ 轴）上的投影范围代表了绝大多数普通人遗传所提供的可能性表达范围，而在这个范围内智力的具体表达水平或等级随环境教育的条件而定，如图 5-12 所示：

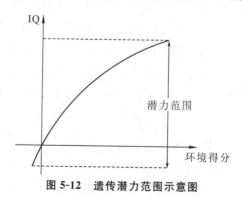

图 5-12　遗传潜力范围示意图

在研究中，对这30％左右个体的排除是为了强调并突出个体之间可能存在的遗传差异，是一种假设情况，由于对差异进行了最大限度的估计，保证了我们研究的对象代表了大部分普通个体的共性特点。

现在的问题是被排除在外的28％的样本是否真的都是具有明显遗传差异的个体？经过分析发现这28％的个体并不都是具有遗传差异的个体。

对IQ130以上组的分析发现4例明显超过平均环境教育得分的个体和一例明显低于平均分的个体。而进一步分析说明它们都不属于明显遗传差异之例。对前4者而言，IQ已达到了智力基因型反应范围上限最难表达区，回归曲线已开始趋向水平走向，这时环境的进一步变化或环境得分高于平均分很多，并不再引起智商进一步提高，这一点是可以理解的。它正好说明遗传对发展范围的限制作用，同时也说明普通天赋的个体在已知条件下可能达到的平均IQ水平。

对唯一一个环境得分低的个案（46分）进一步分析也没有获得遗传天赋高的结论，本研究教育问卷是由父母填写各自教育情况，在IQ130以上组中唯一得低分的孩子，实际在2岁到近5岁期间并不是由父母带大的，问卷有关项目显示该孩子是跟外祖母生长，而外祖母是地方师范的退休教师，擅长幼儿教育，可见是评估误差造成的。在最低IQ组，我们去除了一个教育得分为－2分的个体，他的IQ低于70分，为轻度智力落后，显然，这也不能直接将他归为天赋不高的个体。最大的可能性是因为教育投入过低造成的低智商表现。

另外，在不同智商组的环境教育得分的两极个体中，明显存在着两种误差，过严误差、过宽误差。由于这两种误差造成的个体也一并归在了具有明显天赋差异个体一边，如果排除以上两类情况，那么实际具有明显遗传变异部分的个体，远远要小于用30％作为假设的估计值，至少，我们可以说有80％以上的个体在智力遗传潜力方面的差异并不大。

到此，尽管通过两个幼儿园儿童智商与环境的总体分析，揭示了群体的遗传潜力范围。但是，总体分析遇到的问题是，这条指数回归曲线是由整个数据获得。因此，它在极大的可能上是来自两个幼儿园不同天赋条件下的儿童所获得的一个平均曲线，它既不代表一幼的情况，也不反映二幼的水平（见图5-13）。换言之，它无法回答两个幼儿园孩子除了遗传潜力外，是否仍然存在着明显的天赋差异。

②不同社会经济地位条件下遗传差异的进一步分析

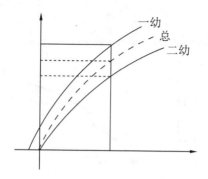

图 5-13 一幼与二幼回归曲线示意图

要说明这一问题，需要进行两个幼儿园的比较分析。

从理论上看，如果两个幼儿园 IQ 平均 10.06 分之差是遗传天赋之差造成的，那么通过总体获得的指数回归曲线就应是两个幼儿园的平均曲线。两个幼儿园各自的指数回归曲线则应分别位于平均指数回归曲线的上下，互不重叠，如上图所示。如果根据研究两个幼儿园的数据分别获得两个指数回归方程，其回归曲线基本相互吻合，则说明总的指数回归曲线不是两者的平均曲线，而是两者的共同曲线。这意味着，两个幼儿园的儿童在智力的遗传天赋方面，来自同一个群体，即他们的遗传天赋，与父母表型特征或者说社会文化经济地位之间的差异无关，是基本相同的。

对参与构成两个幼儿园总体得分的所有个体进行区分，分别获得了两个幼儿园各自不同 IQ 档的教育环境总平均得分和标准差，如表 5-39、图 5-14 所示。

表 5-39　一幼、二幼不同 IQ 组环境教育项目总平均分与标准差

IQ组	一幼			二幼		
	N	$\bar{X}$	标准差	N	$\bar{X}$	标准差
125~140	14	94.57	12.75	8	105.5	14.182
110~124	37	83.242	16.291	13	85.692	14.71
100~109	18	67.389	16.161	16	65.25	12.793
90~99	12	69.33	20.455	18	62.33	14.895
80~89	3	50.667	11.85	8	43.25	9.422
≤79	4	29.167	17.953	3	28.0	23.06
相关	$R_1=0.94$			$R_2=0.975$		

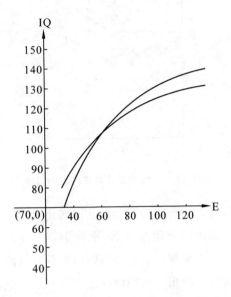

图 5-14　计算机绘图机作出的两个幼儿园的曲线图

数学描述方法

对实直线区间 $(0，a)$ 上两点 X_1，X_2 距离差 $d(X_1，X_2)$ 的描述一般为 $|X_1 - X_2|$

对函数空间 $C(0，a)$ 上两上函数 f_1，f_2 差异程度的描述 $d(f_1，f_2)$，一般有两种：

据此，又可获得以下两个指数回归方程式

$$Y 一幼 = 70 + L_n \frac{X-2}{33.32} / 0.019 \tag{2}$$

$$Y 二幼 = 70 + L_n \frac{X-3}{23.32} / 0.026 \tag{3}$$

要想确定两个幼儿园孩子之间没有明显遗传差异存在，就必须证明这两个回归方程所做出的曲线基本吻合。如果两条曲线差距很大，并能构成超过智力测量误差（平均 5 分）的范围，则可认为两个幼儿园的孩子之间，确实存在与社会文化经济条件相吻合的遗传天赋的差异，即可获得如下结论：遗传天赋的差异与社会文化经济条件同步，并且是决定智力水平的内在本质因素，而社会文化经济条件则是表面的、外在的、非决定性的因素。

　　根据各 IQ 组实测的平均分数，通过计算机绘图，得到以下两条曲线。几乎可以直观看出两条曲线基本是吻合的。那么，两条曲线之间的差距到底是多大呢？这就需要借助数学方法加以描述。

　　A. 最大值距离（又叫极大值范数）

　　用公式表示为：

$$d_1(f_1, f_2) = \max | f_1(t) - f_2(t) |$$
$$0 \leqslant t \leqslant a$$

　　它是用两个函数每点差值中最大的　个差异值来描述两个函数差异程度的数学分析方法。

　　现用简图加以说明：

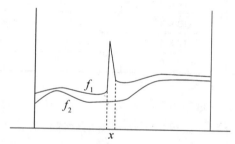

　　现在函数曲线 f_1，f_2。两条曲线除一处明显差异以外，其他处差异很小，最大值距离在描述这两条曲线的差异上，突出最明显的差异处。但是，也许这一差异在整个区间内占的范围很小很小。如图所示，这时最大值差异就会明显离开两条曲线的平均差异程度，而对描述两条曲线的全貌关系不利。

　　B. L_1 范围（L_1 距离）

　　L_1 范围是另一种描述两条曲线之间差异程度的数学分析方法。它是通过两条曲线下面面积差异大小的绝对值的平均来描述的。

　　公式表达为：

$$d(f_1, f_2) = \frac{1}{\text{区间长度}} \text{两函数差的绝对值在} (0, a) \text{上的积分值} =$$
$$\frac{1}{(a-0)} \{ | f_1(t) - f_2(t) | dt$$

　　L_1 范数的大小，反映了两条曲线平均差异程度的大小。

表 5-40 分别利用这两种方法对两条曲线之间的差异程度进行计算

X 教育得分	f_1	f_2	$|f_1-f_2|$
40	76.9	82.3	5.4
45	83.4	87.9	4.5
50	89.2	92.8	3.6
55	94.4	97.1	2.7
60	99.2	101.0	1.8
65	103.5	104.5	1.0
70	107.5	107.8	0.3
75	110.8	110.8	0.2
80	114.7	113.5	1.2
85	118.0	116.1	1.9
90	121.1	118.5	2.6
95	124.0	120.8	3.2
100	126.8	122.9	3.1
105	129.4	124.9	4.1
110	131.0	126.9	5

　　据两个幼儿园各自的指数回归方程，利用环境教育投入得分 40 到 110 之间的一组分数，获得两个幼儿园儿童各自的预测 IQ 分数，并设一幼为 f_1，二幼为 f_2，用 $|f_1-f_2|$ 得到对应于各教育得分的两个幼儿园儿童的 IQ 差异绝对值，如下：

　　根据最大值距离算得：

$$\max = |f_1(t)-f_2(t)| = |76.9-82.3| = 5.4$$
$$40 \leqslant t \leqslant 110$$

　　可见，在选用两条曲线距离的最大差异值来描述两条曲线的差异时，只获得了 5.4 的差异。尽管是最大值距离，但还是离测得两个幼儿园实际 IQ10.06 的差异差距很大，而 IQ 的 10.06 的差异是两个幼儿园 IQ 的平均差异。因此，需要进一步了解两个幼儿园曲线之间的平均差异。

　　为此，首先设智力测验误差为 5 分。如果两条曲线的平均差异程度大于测量误差，则推翻两个幼儿园儿童在群体上没有遗传天赋差异的假设，接受原有观点，承认①父母社会文化经济上的差异主要由智力基因型差异所致。②社会文化经济地位高的父母的孩子往往具有更优越的遗传天赋，反之亦反。

根据 L_1 范数

$$L_1 = \frac{1}{(a-0)} \left\{ \mid f_1(t) - f_2(t) \mid dt = \frac{1}{112.5 - 37.5} \left\{ \begin{array}{l} 112.5 \\ 37.5 \end{array} \right. \right.$$

$$\mid f_1(t) - f_2(t) \mid dt$$

$$\approx \frac{1}{16 \times 5} \sum_{k=0}^{15} 5 \times \mid f_1(35 + 5k) - f_2(35 + 5k) \mid \approx 2.93 < 5$$

算得两个幼儿园儿童智商之间的遗传差异明显少于智商之间的实际差异，只在智商测量的误差范围内，这使我们趋向接受理论假设：两个幼儿园的孩子并不具有伴随父母社会文化经济地位差异而存在的遗传天赋上的明显差异。

结论：绝大多数个体在智力遗传上并没有太大的差异，并且遗传所提供给表型表达的范围很大，基本上与群体 IQ 分布的范围相吻合。上限在 130 或更高，下限在 70 或更低。而在这个范围内具体决定智力表型水平的是环境条件、特别是早期家庭教育条件。

五、结果讨论

（一）对智商的重新认识

1. 智商的遗传相关与智商的环境相关

通过对非血亲独生子环境尤其是教育因素进行定量评估后，我们获得了在相似、相近环境条件下非血亲独生子之间智商相关并不明显低于有血亲关系个体之间的智商相关的结果，这与麦卡尔通过纵向研究获得的结果一致。这一结果意味着，在实测平衡环境条件下智商的相关没有明显地反映出血亲相关的特点，而是一种智商的环境相关。

智商的环境相关并不否定遗传作用的重要意义，而恰恰在于暗示不同血亲智力遗传型之间可能存在着普遍的共性。我们必须明确一点，环境的影响是通过与基因型的相互作用实现的。基因型的作用并不非要通过它们显示出的差异加以证明，智商环境相关反映了同一种群内不同类型血亲之间智力遗传上的高度相关性，至少可以认为在目前智商测量工具的精确度水平上是这样。

这里必须明确一点，智商的环境相关高，也不能否定"血亲越近，智商相关越高"这一在理论上符合逻辑的问题，它可能涉及研究问题的具体层次，这一点后面将进一步讨论。

可以认为智商的环境相关系统地反映了环境对智商变化影响的重要性，否定了遗传决定论者根据血亲越近 IQ 相关越高，而得出的环境影响微不足道的结论。但它对环境变化到底能引起个体智商多大程度的变化，即智商变化的范围，无能为力，对环境的质量与智商变化的具体关系的回答无能为力。

2. 个体智商表达的范围与群体智商分布

本课题进一步的研究结果的突出意义在于描述了大多数普通个体智商变化的范围与群体智商分布的辩证关系，这种关系就是群体智商分布的范围(病性除外)恰恰是群体中大部分个体智商可以变动的范围，实测智商的差异是环境差异的产物。根据智力表型(IQ)是智力基因型在特定环境下的表现这一描述表型、基因型、环境三者关系的遗传理论，我们从表型变化和环境变化的关系中，能够进一步描述的应该是和表型相关的基因型特征。因此在所测环境变化全域中智力表型——IQ 变动的全域，应理解为大多数趋中天赋个体智力基因型的反应范围或遗传潜力。在本研究中特指指数曲线在智力轴(Y 轴)上的投影范围。可见，这个范围不是别的，正是人们所获得的群体智商分布的大致范围。这种大多数非病理性正常儿童智力基因型广阔的表达范围和群体智商分布惊人的吻合，反过来对说明智商为什么可能与环境相关，而不是与血亲相关找到了充分的理由，即：由于大多数个体智力基因型都具有极其广阔的反应范围，并在不同的环境条件下，存在不同程度的表达等级或水平。因此，在相同的环境条件下，不同个体的基因型趋向于同种水平或等级的智商表达，这种与环境相关的智商表达的不同程度构成了智商的群体分布，而不是血亲之间的差异构成了智商的群体分布。

3. 个体智商的不同等级与环境质量差异

本研究不仅勾画出了个体基因型反应范围的大致轮廓，而且初步揭示了个体智商的不同表现水平与环境，特别是教育质量的关系。仅就教育因素而言，对一个群体中不同个体的智商变化来说，随着家庭教育认识越不清楚、越不正确，随着家庭教育态度越不一致，家庭教育方法越差，家庭教育投入越少、越不恒定，家庭教育的责任感越淡薄，则个体的智商就越低。几乎每一智商等级都反映出环境一种质的差异。

智商变化与环境质量的关系，促使我们进一步理解"遗传提供发展可能性"这话的深刻含义，可以认为遗传提供的发展可能性，对每个个体而言，不是一种，而是多种，不是一个水平，而是多个水平，即遗传提供给个体种种发展的可能性。一个正常儿童，如果智力遗传天赋获得理想表达，可以达到高智力表型等级水平，如果智力遗传天赋表达的机会早期受到剥夺阻碍，则会降低到边缘或智力落后水平。

就本次调查而言，产前、产程因素及营养条件这些影响智力发展的因素是一些基本上平衡因素，它们在各组之间的差异不大，并与智商分布的连续性变化无明显一致性关系；父母文化程度及社会经济地位等是重要的影响因素，但进一步调查发现，它们主要是通过教育而起作用的。其中，教育方法，教育投入量等是影响智商变化的关键因素。具体而言：放任、忽视、替代、限制或虐待是障碍儿童早期智力发展的主要不利因素；与子女交谈、玩耍、讲故事、买图书玩具、带子女接触大自然，特长学习等是促进儿童智力发展的主要因素。优生优育是创造进一步有利发展的起点。

了解这些除了对理论研究意义重大，也有助于对家长的咨询与父母的实践。

4. 智商的测量及其解释

智力测量是本世纪重大发明之一，它通过对人智力的测量，给出定量指标，使人们对智力有了更多的认识。

但在智力测量工具的使用和解释过程中，不可避免地存在着许多这样或那样不足之处。除了一次测试结果带有偶然性、片面性以外，它的定量结果直接把人们引向对儿童进行好坏标签的轨道，使人们的注意力集中在测量的结果上，而忽视引起某种结果的原因和条件，在无形之中，促使人们形成通过测量智力来评价遗传优劣的倾向。这种倾向在研究中存在，在社会、学校、医院、家庭中更为盛行，它既不是个别性的，也不是区域生的，而是全球性的。

这种倾向严重地阻碍了测量工具的正确使用和对测量结果的正确认识，严重地阻碍了通过智力评价来进行及时有效的干预计划的实施。智力测量成为终身定性的"法庭"，特别是对那些智力水平偏低或 IQ 低下的儿童，测量的直接后果往往是不良的。

正常儿童智商的环境相关特别是教育相关，提示我们注意到对智商进行遗传优劣归因的不合理性。人们实际获得的智商的条件并不相同，因此仅就智商高低进行直接归因并不公平。但需要着重强调的是，这种不公平不是由测量本身造成的，测量的最大目的可以理解为对不同个体的智力进行定量，而不是进行归因。智力测量的不公平是对所测智商进行超过智商含义的解释而造成的。有人把智力测量结果解释的不公平性归因于智力测量本身，这也是不合理的。

事实上，在实际生活中，我们不可能要求通过智力测量去平衡所有个体环境因素之间的差异，也不可能要求被测个体在测量前都达到同等的训练或学习机会，更不能因此而取消测量工具。对智商高低实际含义的解释和对智商高低原因的解释是两回事，智力测量只解决定量问题，以及不同智商之间的相对关系，然而对智商的原因解释，仅仅依靠智力测量解决不了，还需要进一步分析环境教育的质和量。

了解了这一点，再回头看以往研究的一些前提问题，就会很清楚错误的根源。

我们已经谈到对父母智商进行遗传归因，由此再来研究子女智力发展是以往研究的一个特点，如：认为社会经济地位低下的父母往往由低智商引起，而低智商是父母天赋不良的表现。因此，这种父母所生的子女必然也是天赋较差。

这种推理的错误在于把目前正待研究并迫切想要揭示的问题作为一个已有明确答案的问题，在研究中当成"公理"使用。对父母低智商进行遗传归因，实际上毫无依据，父母低智商完全可能由于父母早期生长环境低劣所造成，而他们的天赋素质并不比一般人差多少。

必须指出，由于这一认识上的问题，使很多研究已揭示的有价值的信息被长期忽视了。如前所述，泰勒及麦卡尔等人曾分别发现：社会经济地位差异导致的子女智商差异，不是从一开始就明显存在着的，而是随儿童的成长不断分化出来的，即家庭社会经济地位高的儿童往往趋向保持或获得更高的分数，家庭社会经济地位低的儿童则普遍趋向不断地失分。

如果我们确信处在不同社会经济地位家庭中的子女，本身存在着由遗传而来的天赋差异，那么问题在于，为什么天赋差异明显的儿童不表现为一开始就具有他自身特点的那种智商，而是在成熟的过程中才逐步升到或降到他自身状态的那种智商呢？显然，个体逐步升到或降到的那种智商，不应理解为遗传所决定的，一经出生就基本定型的那种智商。

出生顺序及家庭规模的研究结果也具有同样的暗示意义。同一个家庭，一样父母，遗传素质不变，随着子女的增多，子女的智商不断下降，这显然也不能归因于遗传素质的变化。

5. 智商分布形成的原因及其解释

自高尔顿起智商分布的原因，一直被理解为遗传差异的正态分布造成的。智商的理论分布就是以假设个体遗传差异是正态为前提的。在实测群体智商中，人们常以测得智商分布基本正态为理想状态，把出现偏态理解为取样问题。

我们在研究中看到，除了遗传差异的分布外智力发展还受环境差异分布的影响，并且环境差异的影响是主要的影响因素。这一点与我们在前面对智力测量所获得的正态分布特点分析相吻合。我们说，实测智商分布的特点，无论是趋向正态，还是偏态都是可能出现的。通过对分布特点的考查，我们可以从客观上了解这一群体的环境教育条件属于哪一类，是趋中，还是偏优或偏劣。这对评价一个群体的环境教育条件，或比较几个群体的环境教育条件之间的差别，是有益的。

(二)正确理解共性与个性的关系

1. 智商环境相关的理论分析

我们认为从理论上讲，在遗传上接近的个体，表型上也应当接近，这是毫无疑问的。但是问题在于：表型之间的实际差异与测量出的表型差异并不总是一回事。

当测量表型差异的工具精度不够时，表型的实际差异如果很小，则我们无法通过测量反映出来，结果表现为不同个体无论血源亲疏具有一致性的相关。以肤色为例，从理论上讲，不同血亲由于肤色基因型差异大小不同，应表现出血亲越近，肤色相关越高的特点，但当我们用衡量人类不同种族肤色的标准——黄、白、黑、棕色中的一种来衡量同一种族内不同血亲时，如用黄色来衡量黄种人，事实上我们这时无法区别出不同血亲之间的明显差异来，所获得的结论是非血亲肤色相关并不低于血亲相关。但这说明了什么呢？能以此否定不同血亲之间可能存在的差异吗？能以此否定遗传在肤色上的作用吗？显然都不能。问题在于如果我们不用单一的黄色而使用辨别力更高的工具对黄色进行分层次的区分，也许就会显示出血亲之间的差异。

这个例子想要说明的是：两种肤色相关并不矛盾，它们是两个层次的结论。第一种不同血亲个体之间有共同的相关，实际上是肤色的种族相关，反映了种族肤色基因型的共性特点。第二种不同血亲个体之间有不同的相关，实际上是种族内血亲的相关，反映了同一种族内不同血亲的个性特点。当我们使用测量表型的工具精度不同时，我们实际上在不同的层次上研究问题。当测量工具精度不高时，我们实际上是在种系或群体的层次上回答同一种系或群体内不同个体之间的共同性；当测量的工具精度很高时，我们实际上在回答同一种系或群体内不同个体之间差异性的大小。

我们想在哪个层次上研究问题，受到我们使用的工具本身精度的限制。智力测量工具可以说是一种粗糙的工具，因此在回答人类不同血亲智商相关问题上自然会受到限制。实际出现智商的环境相关正说明了这一点。由此可见，智商的环境相关并不奇怪，由于这种共性的存在，以至当我们使用现今的智力测量工具为标准来了解同一种群内不同血亲之间的表型差异时，我们发现不了太大的差异。

2. 合养环境与分养环境的辩证关系

通过实际测量不同家庭环境条件，我们发现很多家庭之间存在着非常相似的条件，这进一步证明了用抽象的"合养""分养"概念是不恰当的。

我们认为用合养环境和分养环境来假设共同环境和特点环境，在指导思想上是违反共性与个性辩证关系的。

它一方面否认不同个体在同一环境中可能存在的个体反应差异性；另一方面抹杀了不同家庭之间对智力发展可能存在的一致性影响部分。

正是基于这一错误，血亲相关研究中才会出现明显的逻辑推理问题，把由分养造成的环境差异的增加，理解成由于分养使共同环境因素消失，进而得出同卵双生子通过分养便消除了共同环境因素的结论，把实际上由共同环境与共同基因相互作用引起的智商相关归为纯的遗传相关。

实际上，分养只能减少环境的共性，增加环境的特殊性，但不能消除环境的共性。不同家庭之间虽然存在着差异，但把这些差异绝对化，不论是在理论上还是在研究上，都是不妥的。

3. 共同基因与特殊基因的辩证关系

通过对智力表型水平与环境关系的研究，我们获得了大多数非血亲子女智力基因型之间有极大的共性，这进一步证明了用抽象的、完全对立的共同基因和特殊基因来区分不同血亲的智力遗传素质也是不妥当的。在指导思想上同样是违反共性与个性辩证关系的。

非血亲子女没有共同基因，只有特殊基因的假设，忽视了个体与个体之间的联系，忽视了同一种系内不同个体基因型之间可能存在的共性。正是如此，研究者在实际研究中获得了表型相关竟然大于假设的遗传相关的问题。

辩证唯物主义认为，人类作为一个群体，必然存在着共同的特点（人类无生殖上的隔离就是最好的证据）在智力上也是一样。这些共性特点，不仅仅反映在两类双生子或其他近亲中，而且反映在同一群体所有不同的个体身上。共性寓于个性之中。根据遗传学机制，这种共性可理解为由质量性状控制的有别于其他物种的智力基因型特点，个性或特殊性可理解为由多基因数量性状的差异决定的，存在于同一种群内不同个体身上的智力基因型特点。只有正确地理解了这一点，我们才会对非血亲个体之间出现高度的智商相关，有进一步的认识。

4. 遗传差异与遗传潜能的辩证关系

绝对的智力遗传差异存在于除同卵双生子以外的所有个体之间。同时，智力遗传提供的潜能亦存在于每个人身上。

遗传决定论者对差异和潜能两者关系的理解是，差异是绝对的、决定性的，差异是潜力的绝对表现，差异之间的相互关系直接构成潜力的大小，并无误地通过智力表型表现出来，即：遗传差异不存在一个表达程度的问题，只存在有没有，有多大的问题。

用直观简图来表示就是图 5-15：

其中 A、B、C、D 代表四个具有遗传差异的个体，它们各自所处的位置直接说明它们天赋潜力的大小，潜力的表达无程度之差异，是遗传差异的直接体现，即随着心理的发展和成熟，智力表型必然达到智力遗传预先决定的水平，表现出对应的关系。在图上则为 A′、B′、C′、D′。具有 C 位置的个体的智力表型不会出现在 A′、B′ 或 C′ 的位置上。A 个体的智力表型也不会出现在别的位置上。这种机械决定论观点，由于对环境条件的忽视而受到了"反应范围"理论的挑战。

反应范围是指个体以基因变异为基础，对不同环境有不同反应，这种不同反应的区域称为反应范围。在这里基因型提供了一个可能的表型

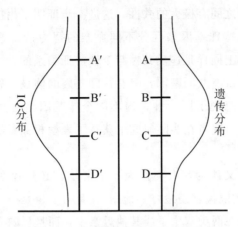

图 5-15　遗传分布与智商分布的关系

范围，在这个可能的表型范围里，个体特征可有不同的表现。简言之，"反应范围"是指某种基因型在不同环境中表达的种种可能性范围。

见图 5-16：A、B、C 三条曲线代表三种不同潜力的智力基因型。这三种基因型因环境特点而有不同的表达。

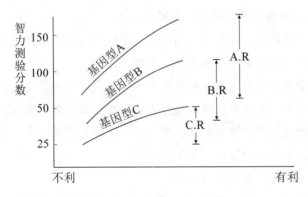

图 5-16　三种基因型在有利性不同的环境作用下的智力反应范围

三种基因型在有利性不同的环境作用下的智力反应范围，从理论上讲：

(1)在相同环境中，基因型 A 天赋高于 B 和 C，则智力表型——IQ 总是最高。

(2)在不相同环境中，如果 B 的环境明显优于 A，则 B 的表型特征有可能优于 A。

(3)对不同基因型同样的环境变异引起的表型变化范围不同，基因型潜力越大，表型变化范围越大；潜力越小，表型变化范围越小。

反应范围的理论相对于决定论理论，向前迈出了飞跃的一步。它使人们对遗传差异和遗传潜能关系、环境和遗传关系的理解更符合辩证唯物主义的观点。但它的不足是，仅仅停留在理论范围内，对个体反应范围到底有多大，个体反应范围之间的差异到底有多大，对什么样的环境能在遗传反应范围内引起什么样的反应或表达，未能给予进一步的说明和实验证明，以至自高特思曼之后，这方面的研究仍处在问题提出的最初阶段。

我认为导致这一点的原因，主要来自研究方法上的困难。无论是家谱研究，两类双生子分养，合养研究，非亲缘子女收养对比研究，其本质都是在讨论特定环境下，遗传对智力发展的制约作用，而制约作用大小并不说明遗传潜力的大小，只说明相同相似遗传基因型比相差、相异的基因型在相同相似环境中有更为一致的表达。

用反应范围的简图 5-17 可以说明这一点。

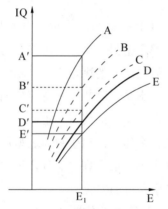

图 5-17　不同血亲在相同环境下表型对内差异示意图

由图可见，在环境 E_1 条件下：

MZ 双生子的表型对内差异最小。

MD 双生子的对内差异（B'、C'）次之。

非血亲之间的差异最大。

但这些与个体的遗传潜力，即在不同环境中的反应范围大小毫无关系。

尽管用分养、合养来考查两类双生子对内差异从理论上讲，因考虑了环境差异，应能反应遗传潜力的特性。但如果环境的变异不具有全域性，或对变异大小的把握不是通过具体的测定，仅仅凭直觉而定，也同样达不到预期的目的，如图 5-18：

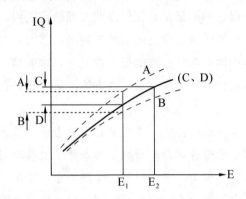

图 5-18　不同环境下两类双生子对内差异比较示意图

　　从图中可以看出，当分养环境变异不太大时，分养 MZ 双生子的对内差异仍然小于合养 DZ 双生子。

　　可见，相关研究显然在某种程度上揭示了遗传对智力的制约作用，但离回答环境对智力发展的影响还差之千里，实际上不能因为揭示了遗传的制约作用就必须否认环境在具体发展中的决定作用，不能说因为发展受遗传制约，所以发展不受环境的影响。除非一个特定的前提下，相关研究才能在回答了遗传对智力的制约作用的同时，也回答了环境对智力发展的影响，这个特定条件就是：个体一经出生智力表型的相对稳定终身不变。只有个体智力表型是固定不变的。在 A、B 环境中获得的差异，就相同或相似于在 A、C 环境中获得的差异。

　　血亲研究由 MZ 双生子分养 IQ 差异小于合养 DZ 双生子 IQ 差异推出遗传决定的结论，就是依据这一逻辑前提，其中，由于"分养"概念的抽象含糊，因而像 A、B 环境或 A、C 环境之间的差异从一开始就被抹杀了。

　　关于智力发展是受遗传制约这一点，几乎不应再是心理学理论或实验上争论的课题。这应该是一个公理，一种由事实决定的、经验证明的客观存在。任何企图通过证明遗传对发展的制约作用，推出环境在发展中不起决定作用的结论都是错误的，不符合逻辑的。

　　通过回归分析，我们获得了更直观的个体反应范围的曲线，根据这条曲线，怎样来表现遗传差异与遗传潜力的关系呢？又怎样表现遗传表型与两者的关系，以及环境的作用呢？

首先，承认遗传差异的存在并呈正态分布，同时还可实测获得一个智力表型分布，假设也趋向正态，这样，就能获得以下的简图 5-19。

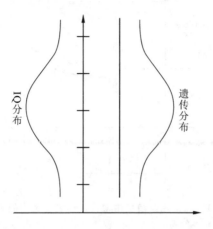

图 5-19　遗传分布与智商分布示意图

如果说 IQ 分布直接符合基因差异的理论分布，就是说两者存在着对应关系，也就是承认遗传差异是表型差异的决定因素。

但多基因数量遗传学的理论，及本次研究的结果告诉我们，当个体环境之间存在明显差异时，个体表型与个体遗传差异并不对应。

遗传差异的分布具有更小的离散度和更大的集中度。它的分布特点如图 5-20 所示：

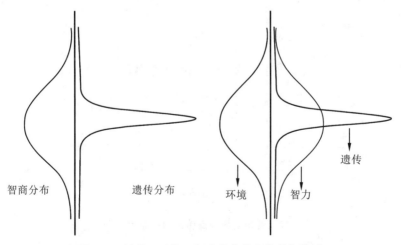

图 5-20　遗传、环境、智力分布的离散特征描述

研究发现，智力表型的水平受环境因素的影响。而我们已经证实环境的变异特点亦趋向正态分布，这样我们就获得了三个相互关联的分布，如图 5-21 所示。

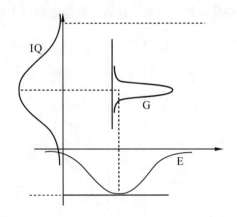

图 5-21 三维相关模型中遗传、环境、智力的关系图

通过环境和表型表达等级的回归分析，我们还获得了一条代表近 80％人的回归曲线，它在 Y 轴（IQ 轴）上的投影可视为天赋一般个体遗传基因型的反应范围或潜力范围，由于这条曲线是代表绝大部分个体的，则这条曲线穿过遗传差异正态分布的中间，另两条约占 20％人的回归线是代表两极小部分个体的，因而从个体遗传差异分布图的两端穿过，现在，就获得了一个包括遗传差异、遗传潜力、智力表型、环境条件的一个简明关系，如图 5-22 所示。

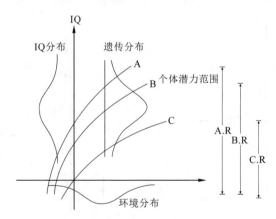

图 5-22 遗传差异与遗传潜力关系示意图(1)

　　根据个体遗传差异的常态关系，我们进一步认为80%左右一般潜力的人的回归曲线逐步离开这条平均回归曲线，即逐步地显示出个体之间的差异来，那么代表80%人左右的曲线就成为一条宽带状。如图5-23所示：

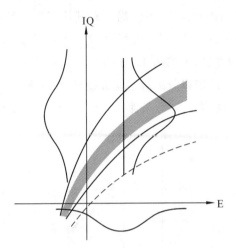

图 5-23　遗传差异与遗传潜力关系示意图(2)

　　另外，如果同时考虑到由遗传或孕产期，产后病理因素引起的特殊情况，还可以增加一条曲线，用虚线表示。

　　这样便能清楚地理解几者之间的关系了。

　　这个图说明：

　　①个体遗传因素之间存在着差异，差异的大小呈正态分布。

　　②尽管个体之间存在着差异，但同时每个个体都具有相当广阔的潜力范围，甚至在病理情况下也如此。

　　③随着环境和教育的变化，所有正常个体的智力表型都可以在几个水平或等级上变化。一般遗传潜力的人，可在IQ70（或更低）到IQ130（或更高）之间的范围中变化。优良天赋的人，理论上当环境条件最优时，IQ将超过一般潜力的上限，但环境不良时，同样会落在不良表达等级上，低天赋的人最理想的表达区将低于130，病理者则更低。

　　④个体表型差异和遗传差异只有在环境条件完全一致时才相互对应。但由于实际环境之间的差异存在，智力表型和遗传型的对应关系并不明显，而是与环境变异的分布趋于一致。

　　⑤就群体而言，当环境条件不是正态时，群体的表型分布也将不再

是正态(这一点从一幼表型分布特点和环境分布特点的比较中可以清楚看出),当环境条件仍呈正态但趋向有利或不利方面移动时,群体智力表型的分布也会上下移位。用这一点解释城乡、地区、白人黑人之间的差异可能更为合理。美国明尼苏达大学心理学教授欧文·戈茨曼(I Gottesman)就曾明确指出:"美洲黑人和其他美国人的平均智商之间的差异,几乎完全可以用从胎儿起直至整个一生的处境不利来说明。"本研究中,一幼和二幼之间平均为 10 分的差异,正是环境差异的反映。通过计算一幼和二幼环境得分的总平均分差异是 14.85 分,几乎正是提高 10 分点 IQ 所需要的最低环境条件。如图 5-24、图 5-25 所示。

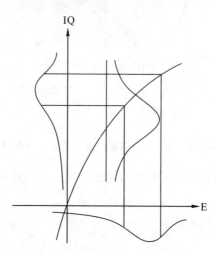

图 5-24　环境因素的分布与智商分布关系示意图(1)

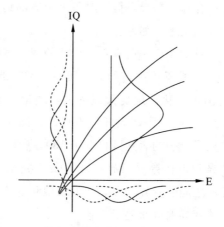

图 5-25　环境因素的分布与智商分布关系示意图(2)

⑥就个体而言，在不同时期环境条件的改变是导致个体不同时期IQ变化的重要因素。由此推测，走向平庸是早期高质量环境转向后期低质量环境或教育忽视的结果。相反，早期某种程度上的忽视，如果能及时地补救仍可使IQ升高。

这一特点告诫人们不要认为早期教育可以取代日后的教育，早期教育和终身教育不可偏废，只有这样才能培养出真正的人才，而不是像仲永那样少时神童大时庸。如图5-26所示。

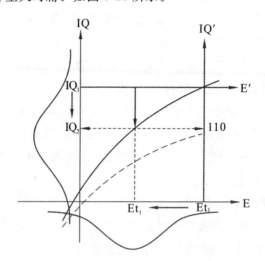

图 5-26　环境因素的分布与智商分布关系示意图(3)

最后必须强调指出，研究个体的遗传差异特点，主要是反映遗传的个性；研究个性的遗传潜力更多的是反映遗传的共性。

遗传差异的正态分布是一种理论假设分布，即使存在也是一个抽象的分布，我们说80%的人有基本相同的反应范围，意味着遗传差异正态分布的离散程度小，集中趋势强，也就是意味着个体间的差异小、共性大。但遗传差异正态分布的离散程度到底有多少，还需要进一步研究。

(三)个体发展与早期教育

本研究揭示了早期教育和个体发展的密切关系和内在规律，展示了绝大多数儿童智力发展的极大潜力，为早期教育开发智力提供了实验依据和乐观的前景，为父母认识子女智力发展特点及途径，增强早期教育信心提供了具有积极意义的信息，同时以下几点需要注意：

1. 早期教育的目的和意义

强调早期教育，最根本的意义在于它鲜明地反映出我们今天对儿童智力发展的最新认识、最深刻的见解，反映出我们对儿童智力发展规律的尊重和利用这一规律的能力。强调早期教育本质上是强调教育要符合儿童心理发展的内在规律。

2. 早期教育与终身发展

关键期智商的波动性与稳定性特点，以及智力表型特征在一定时期内随环境条件变化而变化。因此，早期教育是至关重要的，它是个体智力表型良好发展、理想表达的最佳时期和最重要的条件。当然，这并不等于说有了良好的早期发展就够了。一旦环境对儿童变得不利，个体智商还会下降。因此，要想保持较高的智商，获取更多的知识技能需要不断地学习。同时，那些失去了早期教育机会的个体，通过不间断的学习或教育，会得到有效的补偿。再者，教育的最终目的是培养有用之才，而不是神童。神童到成才还有漫长的路要走，需要不断发展，因此教育要自始至终地进行。

3. 早期教育与良好发展

研究显示，对绝大多数天赋普通的儿童来讲，智力的高水平表达并不是一个可望而不可即的目标，每个儿童都有发展的极大潜力，只要抓好时机，重视早期教育的投入，都会达到理想的智力表达水平，从某种意义上讲，"超常"智力不是少数人天赋的产物，而是大多数平平常常的儿童智力良好发展，超常表达的结果，是个体智力表型等级中最高水平的表达状态。如果儿童早期失去了教育的机会或被剥夺了学习的机会，智力就会出现不良表达，处在智力表型等级中较低的水平上，即使是有着优越天赋的个体失去了教育的机会也无法有良好的发展，只有在良好的教育下才能得到充分发展。可以说遗传并不直接造就超常，只是遗传上天赋高的个体具有成为超常儿童的更大可能。从这个角度讲，只有遗传的天赋，没有遗传的天才，所谓"神童""超常儿童"都是教育的产物。

4. 理论型超常与经验型超常

说到"超常"必须承认一个事实。在"超常"概念的理解上，存在着两把尺子。一把是理论型定量尺度，以智商的理论分布为依据，把分布中1‰左右最高智商的个体定义为超常。

在实际生活中，人们对使用的超常或神童的理解往往完全不同。这时超常不是百分之几的概念，甚至不是千分之几或万分之几的概念，而是相对更大的群体而言的。有时是指在一个地区或一个国家出现的极个别极其超常的儿童而言的。

在对所测儿童智商超过130(低于140)的家长或教师询问时可以明显发现这一点，这些家长和教师除了肯定这些儿童较聪慧，但要他们回答自己的子女或学生是否是天才或超常儿童时，他们无一例外地觉得那是两回事，天才或超常被理解成可望而不可即的天赋之才。

我们并不认为由经验型定性所指的超常(智商可能远远超过140)仅仅是一般儿童优教的产物，我们确信他们在遗传上有着极其罕见的优势，在生活中发现他们并进行特殊教育会更加有利于他们的发展。

但我们同时强调，我们所指的大部分健康儿童所能达到的"超常"是相对理论型超常的下限(IQ130)而言的，这种"超常"是样本智力基因型在优生、优育、优教条件下所达到的理想表达水平。从这层意义上讲，超常儿童的培养是以大部分普通儿童为对象的。

5. 早期教育与特殊教育

很多人过分重视强调低常及超常儿童的早期发现，以便尽早地为他们进行特殊教育，进行早期干预或提供更优惠的教育条件。然而低常(除病理性的)或超常的原因都直接与早期教育密切相关。

从早期教育的目的上看，早期教育就是为了最大限度地发展个体的潜力，发展个体的潜力需要特殊的教育技能和艺术，从这个角度说，早期教育与特殊教育有同样的含义。

有些研究者把大量的时间和精力放在研究超常儿童的心理特征和超常儿童纵向追踪研究上，而忽视了这些超常儿童产生的原因，忽视了超常儿童形成的家庭背景，在对待超常儿童的认识上本末倒置，把发现超常儿童作为特殊教育的开始，把超常儿童作为特殊教育的对象。

只要稍加调查就会发现，超常儿童的发现意味着特殊早期教育已取得的效果，我们必须再一次明确一个概念，超常儿童的培养不是建立在超常儿童发现的基础之上的，或者说超常儿童的培养不是以超常儿童为对象的，超常儿童的培养是以绝大多数普通儿童为对象的，早期教育就是最好地避免社会文化性弱智，发展良好智力的特殊教育方式。

我们要告诉父母的不仅是怎样鉴别超常儿童，而是怎样使儿童智力潜力获得最大的开发，不是超常儿童的几大特点，而要强调超常儿童的父母要具备的各种能力。否则，就会导致绝大多数父母产生错误归因，把超常视为天赋产物。

6. 家庭教育与幼儿园教育

家庭早期教育的好坏，除了直接影响儿童的心理发展、智力水平、个性品质以外，还会通过这些造成幼儿园老师对儿童的双向标签效应的产生。受到良好早期家庭教育的子女，由于表现出众在幼儿园中将会得到更多的肯定、奖励，获得更多的练习和表现机会，从而更有利于个体的发展。

忽视早期教育，或把子女教育看成是幼儿园老师的事的父母，其子女智力、个性发展较差，在幼儿园中将会得到更多的否定、批评、责骂与变相惩罚，受到更大的挫折，失去很多的练习和表现的机会，从而进一步阻碍个体的发展。

在很大程度上，可以说家庭早期教育的好坏与重视程度的差异，是进一步导致幼儿园内儿童两极分化的重要因素，可以说家庭是教育的起点和最初的分化点，幼儿园是家庭教育的强化系统。老师的双向标签效应和正负反馈影响都是无法消除的。因此，美国心理学家怀特认为：家庭给予儿童的非正式教育比幼儿园的正式教育对儿童发展所产生的影响更大。了解这一点，就需要父母，特别是那些仅把子女教育推给幼儿园的父母，认识到问题的不利因素，承担起早期家庭教育的义务与责任，为子女进一步健康发展打下基础。

7. 早期教育与全面发展

一般认为，目前很多家庭过分注意智力开发而忽视个性培养，造成许多儿童智力超常，性格怪异，这一看法与本次获得的结果不符。相反，从众多的数据来看，良好的智力发展与良好的个性发展关系是密切的，越是高 IQ 组的儿童越具有许多良好的个性品质、情绪特征，越是低 IQ 组的儿童越具有许多不良的个性品质和情绪特征。

从理论角度来看，一种能促使智力良好发展的教育至少必须保证个体有极高的自信心、浓厚的兴趣、积极主动的探索动机、想象丰富等个性品质。因此，那些确实注意早期教育的父母，绝不可能偏废个性培养，否则不会培养出智力超常的儿童。总之，良好的教育本身必定是全面的教育，它将对儿童发展的方方面面产生积极的影响。

8. 早期教育的今天与明天

以上谈论的都是以现有教育水平，现有的认识水平为基础的，在这一基础上，我们发现一般个体发展的理想水平在130左右，这并不意味着大多数个体平均潜力的绝对顶点。也许有一天我们会对儿童有更多的了解，使教育的时机、教育的方法、教育的内容更加适合儿童心理的特点，从而进一步使儿童的潜力得到发挥。

因此，要想真正了解儿童智力发展的潜力，完全凭直觉或经验推测"人有无限的潜力"是不科学的，也不符合事实，唯一根本的途径就是寻找促进智力进一步表达的方法，从而激发出人的更大潜力。这是每个心理学工作者、教育学工作者的重要任务。教育的一切改革从本质上看都是为了这一点。

(四)本研究的方法学探讨

此部分内容因结构需要移到了前面，见第二章第六节，在此不再重复。

六、结论

1. 智力发展影响因素的研究是心理学最重要的课题之一。以往"是遗传，还是环境"的讨论使这一问题的研究受到了极大的限制。

2. 智力分布和血亲研究是揭示个体遗传效应的重要研究类型，但在研究中，由于对环境的平衡和消除存在着较大问题，使 IQ 与遗传相关的结论中混有环境变量。对环境变量定量平衡后，发现样本 IQ 与环境条件密切相关，但这并不意味着否定遗传效应的存在。进一步分析指出，IQ 环境相关揭示了遗传效应在不同血亲个体之中的共性特征，反应了种系的遗传一致性特点。要想进一步揭示不同血亲之间的遗传差异性，需要与这一项目的相吻合的更加精确、更加专一化的评价工具，从而由研究共性的水平转向研究个性的水平。

3. 遗传作为智力的基因型为智力表型的发展(IQ)提供了种种的可能前景。在本研究所测的环境变量全距中(不包括人为的进一步的剥夺环境)智力基因型提供的可能性即反应范围，基本与群体智力分布的大致范围相吻合(IQ60～IQ140 之间)。

4. 在遗传提供的智力发展的种种可能性范围内，智力的表达程度(现实性)取决于环境变量。环境条件不同，表达的水平不同。每个个体的 IQ 都能在多个表型水平上变化，大多数个体通过教育都能达到其自身的理想表达水平——反应范围的上限。

5. 环境条件分基本平衡因素和变异因素。基本平衡因素影响智力表达，但不构成智力的明显差异或不是智商分布连续性变化的原因，如产前、产程因素，营养因素。但不同的群体平衡因素并不相同。

变异因素影响智力并是构成智力差异的主要条件。

(1)父母社会文化经济地位是环境变量中最主要的因素，不同社会文化经济地位是环境变量中最主要的因素，不同社会文化经济地位家庭子女 IQ 的差异不是遗传天赋差异的结果。

(2)教育因素在儿童早期智力发展上起主导作用，决定着智力发展的方面、水平和速度。其中，教育方法、教育投入量是关键的变量。放任、忽视、替代、限制或虐待是阻碍儿童早期智力发展的主要因素，与孩子交谈、玩耍、讲故事、买图书玩具、带孩子接触自然是促使智力发展的重要因素。优生、优育是避免各种不利影响的第一步，终身教育是培养有用人才的最终保证。

6. 独生子自然类型在研究遗传与环境关系上有独特的优势，环境评估是进一步了解遗传因素和环境作用，估计遗传潜力、遗传差异的重要途径。

7. 多学科研究遗传和环境关系势在必行，数学分析方法的不断引进将有利于突破难点。

参考文献：

[1] Berk. L E. Infants，Children and Adolescents. 北京：北京大学出版社，2005.85

[2] Shaffer D R. 发展心理学——儿童与青少年. 第六版. 邹泓等译. 北京：中国轻工业出版社，2004.100

[3] 王亚馥，戴灼华. 遗传学. 北京：高等教育出版社，1996

[4] 白学军. 智力发展心理学. 合肥：安徽教育出版社，2004.297～299

[5] 柳倩，处境不利儿童学业准备研究述评. 全球教育展望，2007

[6] 甄宏，季成叶，杨莉萍，王莹，杨先根. 双生子儿童智力影响因素分析. 卫生预防，2002，11(6)

[7] Shaffer D R. 发展心理学——儿童与青少年. 第六版. 邹泓等译. 北京：中国轻工业出版社，2004.338

[8]张卫，李董平，谢志杰. 低社会经济地位与儿童发展. 华南师范大学学报（社会科学版），2007(6)

[9]Sigelman C K，Rider E A. 生命全程发展心理学. 陈英和审译. 北京：北京师范大学出版社，2009. 314

[10]Sigelman C K，Rider E A. 生命全程发展心理学. 陈英和审译. 北京：北京师范大学出版社，2009. 85～95

[11] Shaffer D R. 发展心理学：儿童与青少年·第六版. 邹泓等译. 北京：中国轻工业出版社，2004. 103

[12]龚耀先. 中国韦氏幼儿智力量表(城市修订版). 湖南医学院，1986

[13] Broman S H，Nichols P L，& Kennedy W A. Preschool IQ：Prenatal and Early Developmental Correlates, Evlbaum Publishers，1975

[14] Arthur R J. Straight Talk about Mental Tests. New York：The Free Press，1981

[15] Hetherington E M，Parke R D. Child Psychology：A contemporary Viewpoint. New York：McGraw-Hill Beok Company，1986

[16] Clarke A，Stewart，Friedman S，Koch J. Child Development：A Topical Appreach. New York：John Wiley & Sons，Inc. 1985

QIANNENG FAZHAN XINLIXUE
JI QIANNENG JIAOYU

潜能发展心理学及潜能教育 下部
——理论思考及实验实践研究

程　跃◎著

北京师范大学出版集团
BEIJING NORMAL UNIVERSITY PUBLISHING GROUP
北京师范大学出版社

引 言

　　教育领域问题复杂、矛盾重重，人们世代思考、探索，不惜"上穷碧落下黄泉"，寻找解决之道。然而，多数的努力常在原地转圈，甚至常常出现倒退现象，眼前迷雾重重，不见归途。

　　人们对于"现实差异"的不当归因，以及对"正常发展"错误的解读，使得教育长久迷失在理想与实践的矛盾中。教育的理想得不到理论支持，教育的实践却在差异理论的指导下走进死胡同。

　　在差异理论下，教育只能沿着过去走过的老路一直走下去，群体巨大的两极分化将继续下去，个体失衡性发展将不可避免；所有的教育都只能是先有不同的教育对象，才会有不同的教育种类，如先有超常儿童，再有超常教育；先有资优儿童，再有资优教育；先有特长生，再有特长教育；相反，面对大量的普通生源，只能进行普通的教育。一句话，先有不同的天赋，再有不同的教育。

　　今天的教育追求缺少理论的依据，强调"面向全体的全面发展"是一句空话；不仅如此，就连当今人们普遍认同并津津乐道的潜能开发，实际上也没有真正意义上的心理学理论依据。你可以大谈潜能开发、智力开发，但你不能谈普通儿童超常发展，通过潜能开发大力培养资优或超常儿童更是天方夜谭！

　　人们总是不由分说地将一个通过早期教育而获得资优发展或超常发展的孩子，归结为他的天赋超常。今天的教育绝对不会去对绝大多数的普通儿童进行超常教育，使他们全面发展、智力超常。

　　如果产生了这种想法，那一定是脑子出了问题！如果这样做了，那一定是在哗众取宠，行骗于社会。人们会为你扣上一顶"制造天才"的大帽子，因为超常儿童不可能被批量生产！

　　然而，十五年的早期潜能教育实践过去了，今天我更加坚信，差异教育的理论根本无法适合对所有个体公平教育和理想教育的追求，无法适合基础教育的需要、也无法为更多的创新人才和顶类人才的发展打下坚实的基础。要想真正实现"面向全体、全面发展"的教育理想，要想真正使得脑科学的发现走进基础教育的实践。我们不止千万次地反躬自问，到底需要什么样的心理学理论来作为改革的依据？

　　路在何方？一路走来，我们不舍追求。当迷雾慢慢散去，我们发现，只有为教育理想找到依据，为教育追求找到理论，才有教育的出路，才有早期教育、基础教育真正的春天，才会有超常教育的真正的明天，才会真正出现"多、快、好、省"大面积培养人才的教育繁荣景象。

　　我们终于意识到，脱胎换骨地改造当代天赋归因心理学理论，走出当代差异心理学的陷阱，才是最终的解决之道。

　　多年的努力没有白费。实践有眼拨云散雾，我们看见了一片蔚蓝的天；思考有灵穿透时空，我们听见了一个清晰的呼唤，那是时代的最强音，建立潜能发展心理学，走潜能教育之路，为实践人类积极发展观，闯出教育新天地！

目 录

下 部
潜能教育
——理论思考及实践研究

下部

潜能教育

——理论思考及实践研究

第一章 教育的归因误区

心理学天赋差异归因倾向对教育理论的严重影响，是通过两条途径实现的。一条是"天赋自然观"；另一条是"天赋差异观"。

前者是"成熟教育"的理论基础，后者为"差异教育"的理论依据，两者结合构成当代的教育理论。

然而，无论是"天赋自然观"，还是"天赋差异观"，都与当代脑科学及心理学的研究结论相背离，教育实践中的许多问题都与使用这样的理论有关。

今天，人们认识到：发展是一个连续的变化过程，成长不容等待，标签更不能使用。教育改革要想真正突破，必须走出差异天赋归因的误区。

第一节 教育的问题与困境

今天，教育有无数亟待解决的问题与困境。

无论是在宏观的教育层面，还是在微观的教学层面；无论是理论层面，还是实践层面；无论是大学、中小学还是幼儿园教育，问题到处都是，困境随处都有。以至今天，教育改革不仅是教育工作者关心的问题，也成了社会问题中的老大难，成了全社会关注的焦点。

有人说：中国的教育是个巨大的矛盾场。数不清的问题束、谜团群、冲突丛、危机林，自宏至微，由点及面，从传统到现代，大大小小，林林总总，你中有我，我中有你，相互交织，彼此牵扯，像乱麻，

— 3 —

如粉丝，若野草。

因牵发动身，顾此失彼，犹如长长的生物链，常使我们进退维谷，左右为难，不能立马判断谁是谁非，分出楚河汉界。

又因矛盾多如繁星，危机四伏随至，又令我们往往难于超然物外，静察细想，走出行的高棋，拿出知的妙招。

怎么办？如何独辟一条蹊径走向柳暗花明？

该勾勒怎样一幅大写意的简笔画？[1]

教育界的有识之士无一不在严肃思考着这一重要的问题：什么才是当前教育问题的"牛鼻子"，如何才能啃下制约教育质量提高的"硬骨头"？

然而不幸的是，直到今天，无论我们怎样议论、讨论、争论，无论我们怎样改进、改变、改革，我们虽然成果众多，但还是突破不大，始终无法令人满意。

教育方法的改革层出不穷、教育技术的发展日新月异、教育花样不断引进、教育口号不断创新、教育政策的不断调整，但教育问题似乎有增无减、越改越多。

有的改革举措，甚至改掉了质量、改大了分化、改重了负担、改糊涂了教师、改错了方向、改乱了教育，改出了无穷的新隐患！

正当我在写这本书的时候，从全国有些地方传来的是政府和教育部门正在推动幼儿教育改革，内容是幼儿教育不得使用教材、不容许进行英语教学、不能进行知识教育，一句话——"不能学习，只能游戏"。尽管这个提法与教育部《幼儿园教育指导纲要（试行）》不符，但少数地方却在进行这样的解读。而我们的金色摇篮潜能教育则是被个别省份点名批评的，甚至到了禁止我们使用"潜能教育"这个词的地步。少数地方教育行政部门之所以这样做，有其理论依据，防止小学化倾向是其目的，而"自然成长"和"成熟教育"正是其依据所在。

在改革开放三十年后出现这样一种现象，不能不认真反思。

这就是今天的教育现状——与时代前进的步伐越来越无法吻合。

纵观人类发展，科学技术的每一次创新与突破都必然带来人类生活质量的改善与提高，然而，教育的改革却从来没有呈现同样的乐观局面，21世纪中国的教育改革更是让人困惑满满、疑虑重重。

人们不停地改，不停地被否定；人们不停地改，不停地受到指责。

教育改革花样翻新，教育创新左右突围，但实效甚微、难有突破。人们发现，无论哪种改革往往总是顾此失彼，不是左了，就是右了，总是在众多教育难题上难以权衡。

例如，改善了教育"机会"的公平性却进一步失去了教育"质量"的公平性；强调教育质量的公平又会带来如何满足个体不同心理发展需要的矛盾，导致平均主义的产生；强调了个性的自由发展又削弱了人的社会化发展。

还有，提倡面向全体的全面发展与实际上的群体两极分化的矛盾无法解决，高分与低能的矛盾、高智商与低情商的矛盾、能力与道德的矛盾、心理健康与心理卫生水平的矛盾，越来越多的矛盾无法协调。教育仿佛走进了一个无法走出的怪圈，越陷越深，到了不能自拔的地步。

在教育领域发生的一切，使得社会、政府、教育部门、专家甚至老百姓都在万分担忧。人们从内心深处发出了呼吁：教育，我们有话要说！教育，我们不能不说！

然而最为可悲而又遗憾的是：人们只因担忧在说，人们只因问题在说，人们只因有义务在说！但是，人们只是感性地说，皮毛地说，局部地说，冲动地说，甚至是随心所欲地说、信口开河地说。

无论你是哪个专业，无论你有没有基本的知识，无论你是否认真仔细地思考和研究过；单凭经历，凭感觉，凭借自己是过来人或自己生活在社会这个大的教育系统内，单凭积淀在自己心里深处的一种潜在的归因意识，人们就要说，就能说，就可以说；想说就说，不负责地说，七嘴八舌，公说公理，婆说婆理。人们忘记了教育是一门专门的学科，是一个巨大的系统，需要最专业的努力。

到头来一切都取决于表面的判断、长官的意志、权威者的感知。回过头来，我们发现教育的最大悲哀莫过于人人都有说话的资格，人人都有谈论的权利，人人都有参与决策的可能。结果使得教育的决策总是停留在感性的层面上，成为头痛医头、脚痛医脚，庸医治病最典型的范例，难以本质突破。

时至今日，科学发展使得一切学科都已经达到了专业化、技术化水平，就连种一棵苹果树或养一头猪都需要专业知识、专业素养、专业能力，而教育改革探索还没有走出感性的层面，还没有脱离最原始的"眼见为实""亲身体验"的感官判断！

我们的教育改革还在漫无目标地艰难探索。

五年前读到吕型伟老先生的一个访谈[2]，深有感触。88岁的吕老以自己从教七十年的经历回头思考，感慨道："这七十年中，我个人在不断探索，整个中国的教育也是不停在探索，在改革，在改进，在改善，有时候甚至叫'革命'。这些过程和工作，我个人全部亲历了，直接参与了，有时候还领导了一个地区的工作……直到现在，我们还是在改革，各种改革热火朝天，可谓口号满天飞，理念狂轰滥炸。据有的报纸统计，现在各种品牌的教育，比如说'成功教育''愉快教育''情景教育''差异教育'或自己命名的教育就有658种。虽然不知道这个数字是怎么统计的，但有一点是清楚的：那就是很多！"

"现在我就在认真思考，我这些年究竟想干什么？大家究竟想干什么？想把中国的教育搞成怎样？……"

吕老认为今天的教育改革一直是在传统派教育和现代派教育之间摇摆，必须找到一条适中的道路解决改革中"万变不离其宗"的各种矛盾。

这条适中的道路在哪儿？为什么总也找不到？而找不到正确的道路，教育却在拼命地前行，以至于一个老教育家在88岁高龄，发出如此的感叹：我们究竟想干什么？

教育改革再也不能只是"低头拉车"跟着感觉走，需要的是"抬头看路"辨清方向；只有认清了路才能走对方向。然而路到底在何方？

教育仿佛走入了一个怪圈，一个没有出口的迷宫；又仿佛进入了一片沼泽，深陷泥潭而无法自拔。我们始终没有找到一条成功的出路。因此，教育改革给人的感觉总是有"剪不断，理还乱"，一地鸡毛满天飞，"抓不住，聚不拢"无法把握的滋味。

面对公平教育、普及教育、超常教育、早期教育、全程教育、素质教育、创新教育、教育社会化、社会教育化中存在的一系列问题；面对如何缩小群体两极分化、减少个体失衡性发展、保证人才的高质量培养和全面发展等问题；面对差异化、个性化的教育问题，我们想了很多、说了很多、也做了很多，但始终没有找到那个贯穿所有矛盾之中的最根本的核心问题。

举不了纲则张不了目。因此，改革的效果总是不佳，以至一位特级教师在退休时感言道："我这几十年一直是在辛辛苦苦地误人子弟。"

我们意识到：教育需要一种治本的良方。而在现有理论框架内的一切思考与改革，几乎都只能是"治标不治本"或是"穿新鞋走老路""新瓶装旧酒"，已经被证明是一条无法彻底走下去的道路。

当代大教育家顾明远在《我的教育探索》一书的前言中写道："我几十年来好像在大海中游泳，有时隐约地看到前面有陆地，以为发现了新大陆，但游到跟前一看，原来还是老地方；有时又好像在森林中漫步，总想找一条捷径走出森林，但总是在里面绕圈圈。"[3]

显然顾明远先生与吕型伟先生仿佛有着同样的感受：教育的出路到底在哪儿？为什么改来改去总会回到原点？哪里才是问题的突破口？那条可以走出森林的捷径到底在哪里？

当我们将教育实践的问题转向对理论问题的思考，或许可以慢慢明白，为什么今天的教育改革如此艰难。

第二节　天赋差异归因与当代教育理论

教育实践永远离不开理论的指导，而指导教育实践的理论自然是当代心理学理论。

上部《潜能发展心理学的理论思考与实验研究》仔细分析了当代心理学存在的不可否认的天赋归因倾向，揭示了心理学中天赋归因的事实及天赋归因的原因，深入讨论了心理学天赋归因的错误所在。

沿着心理学天赋归因的理论逻辑，慢慢走近当代教育，便可以一目了然地看清当代教育理论的脉络与走向。

我们清楚地意识到，当代教育学与当代心理学在理论上是一脉相承的。

毫无疑问，它是当代天赋归因心理学的自然延伸。分析过当代教育的现象与特点就会发现，这种特点不仅存在于心理学的结构之中，同时也存在于教育理论的结构之中，并通过教育理论及教育实践反映出来。

当代教育理论正是全面地接受了差异天赋观而形成的。准确地说，当代教育在漫长的人类进化史上，从自发的天赋差异归因，到依据当代心理学理论行事，无不带着天赋归因的烙印。

当代教育学几乎是诞生在"遗传差异正态分布并决定着智力分布"这样一张理论假设的产床之上，在当代教育理论的血脉之中，一直流淌着天赋差异论的血液。

它培育了当代成长观、教育观、学习观，形成了带有天赋差异归因鲜明特色的理论，如自然成长论、成熟教育论、理解学习论、差异表达论、差异教育论等，传承着具有宿命味道的教育原则，如扬长避短、尊重天赋等。

具体分析如下。

一、天赋差异论对教育理论形成的影响

在当代教育理论或教育现实中，存在着一些重要的理论原则和实践特质，它们构成当代教育的核心，对教育产生着重大而又深远的影响。

分析它们，就能看出这些原则和现象都是"天赋差异"逻辑的自然延伸。我们确信，当代教育所面临的困境与难题，无一不与这种逻辑的自然延伸有关。正是对这样的逻辑坚信不疑，才使得教育改革如此步履维艰，障碍重重。

最为悲哀的是，当今的教育改革，把理论上的错误归结为实践中的问题，把教育实践的第一线当成了教育改革的试验场。今天这样试试，明天那样试试，哪里问题突出冲向哪里，哪里社会意见大就重视哪里，始终扮演着救火队员的角色。往往是这个问题减轻了，另一个问题又凸显出来，可谓是"按下葫芦又起瓢"。就如同一个盲人看不清道路，不知道是自己盲了，总认为是路灯不够亮，于是不断要求别人增加更多的路灯，原以为这样可以解决问题，但结果还是什么也看不清楚。

人们始终没有找到问题的关键，像一个误诊的医生，无论怎样对症治疗，也治愈不了疾患。这就是我们的教育，由于诊断错误，结果无论怎样改革、怎样努力都无法在教育实践中获得真正的突破。

因此，正确诊断成为解决教育难题的第一步。了解教育理论与当代心理学理论的逻辑关系，是诊断教育问题的关键。

可以说，今天的教育理论是心理学"天赋差异"理论逻辑的自然延伸，与当代心理学理论之间存在着一种紧密的逻辑关系。

具体而言，它是在天赋差异归因的核心观念下，沿着两条逻辑线索延伸进了当代教育学，形成了对当代教育理论的重大影响。

一条是以"天赋"为基础的"自然观"，即天赋自然观——强调天赋是一种无法阻挡的自然。

一条是以"差异"为对象的"差异观"，即天赋差异观——强调差异是

一种不可更改的现实。

(一)天赋自然观

在天赋自然观的逻辑链上，以天赋为基础的"自然观"认为，天赋是一种自然存在和自然表现，它不以人们的意志为转移[4]。即"天赋"是遗传基因通过成长过程自然而然地表现出来的，不受其他因素的影响，是一种与生俱来的品质。

因此，成长的过程就是天赋自然表达的过程，强调天赋与生俱来、成长顺其自然。这就形成了教育中的"自然成长论"。

1. 自然成长论

"自然成长论"认为，个体之间的差异与特性是在成长过程中逐步由天赋外化表达出来的，而不是个体在不同的成长环境和教育环境中受环境质量差异影响而分化产生的。因此，在成长过程中，"顺其自然""尊重自然"就是理所当然的教育重要法则。

这样的思想在中外思想家教育家那里都可以看到。影响较大的要算法国哲学家让·雅克·卢梭(Jean Jacques Rousseau，1712—1778)的观点，其后，在科学心理学诞生的年代，阿诺德·格塞尔(Arnold Gesell 1880—1961)从生物学的视角提出成熟论，强调儿童发展是身体内预先安排、计划的反映，是生物计划的自然展开，经验的作用很少[5][6]。

"格塞尔声称没有成人的干预，儿童的言语、游戏、推理等行为会根据既定的发展时间表自发地出现"[7]。

今天与之相呼应的要算多元智力理论的提出者霍华德·加德纳(Howard Gardner)，他同样认为：儿童期阶段，幼儿往往表现出惊人的能力或某种天赋[8]。而获得这些初步发展并不需经过正规的教育，而大多则是透过幼儿世界或接触范围、领域自发性互动产生的。教育不可能导致天赋差异的改变，只能正视并接受这种差异的存在。成长是一个过程，需要耐心等待。

今天的发展心理学家开始用新的说法来描述自然成长，他们强调"不要过分地为儿童创造'丰富化了的'环境"。

因为，孩子"正常发展"所必需的刺激是"日常经验"，我们不必教授他们，只需让他们接触到这些日常的事情，孩子自然可以通过每天的经历学到应当学到的东西[9]。

正因如此，"顺其自然""自由发展""等待成长"，成为很多家长和教育工作者在早期发展中一个理所当然的选择。

他们将"顺其自然"看成是尊重孩子的自然天性,将"自由发展"看成是孩子幸福成长的重要条件。结果"让孩子拥有快乐、幸福童年"成为"顺其自然""自由发展"最重要的理由。

他们认为过早对孩子进行系统教育剥夺了孩子自然成长时间,是牺牲了孩子的快乐、剥夺孩子的幸福童年,是小学化倾向,是拔苗助长,是缺乏人性的。

在孩子的早期成长中,顺其自然的自然成长思想,成为多数家长和教育工作者的早期教育原则,具有相当普遍的影响力。今天,它也成为政府和教育部门早期教育最重要的指导原则。

成长是一个自然而然的过程,成熟是一个需要一定时间才能达到的状态,因此成熟就需要时间、需要等待。孩子从不会走到会走、从不懂事到懂事、从不理解到理解、从不会学习到能够学习,都需要经历成长过程,需要成熟。教育要把知识、技能等内容系统地传授给孩子有一个重要的条件,那就是需要孩子成长到一定的成熟水平,要到具有一定学习能力的时候才能开始。因此,就有了"成熟教育论"。

然而,通过家庭观察和调查研究,可以清楚地看到"日常经验"这个"自然状态"因人而异,每个家庭各不相同。与此同时,相同家庭内的孩子也有不同的差异表现。

只有将这时个体表现出来的多样性差异,归因为天赋,视为正常现象,一切才可以得到解释,如果看到这些差异与环境的关系,我们就应当高度怀疑这种提法。

必须指出,"正常发展"是一个抽象的概念,它描述的"发展"是一种"平均发展",平均体重或平均身高一样。它在描述群体发展时将群体之间的差异完全模糊了。

不仅"正常发展"本身是一个范围,更何况,发展并不仅仅局限于正常发展。除了正常以外,有低常发展、资优发展,甚至还有超常发展。如果在一个群体发展中,我们将一个符合标准常模的分布视为正常发展的分布,那么这种理解就更为不幸。

我们要问,今天的教育到底是追求一个所谓正常的发展,还是要追求理想发展?事实上,只有教育没有追求时,才会出现所谓的"正常发展"的分布现象!

2. 成熟教育论

"成熟教育论"认为，教育是有条件的，尤其是系统教育。孩子太小时，什么都不懂、什么都不会，无法学习，学习需要时机的成熟。这个时机不是别的，而是要等待孩子的长大、等待他的成熟、等待理解能力的发展、等待学习能力的出现。

这是"成熟发展观"的最重要的教育时机理论。孩子太小他能学什么？"拔苗助长"成为指责过小学习的重要说词，剥夺孩子幸福童年成为早期系统教育永远无法承受的罪过。

对此，20世纪初，美国心理学家阿诺德·格塞尔（Arnold Gesell，1880—1961)通过"同卵双生子爬梯研究"给出了有力的证据。在这个实验中，双生子 T 从出生后第 48 周起每天做 10 分钟爬梯训练，连续 6 周，到第 52 周，他能熟练地爬上 5 级楼梯。在此期间，双生子 C 不做爬梯训练，而是从出生后第 53 周才开始进行爬梯训练，两周以后，双生子 C 不用旁人帮助，就可以爬到楼梯顶端。由此，格塞尔得出的结论是：在儿童生理上未达到准备状态(即成熟)时就无从产生学习，学习只是对成熟起一种促进作用；一旦在生理上有了完成这种动作的准备，训练就能起到事半功倍的效果[10]。学习依赖于成熟所提供的准备状态。该研究表明，过早的教育并无价值，成熟将是最重要的力量。它会覆盖一切早期教育的努力，最终显示出天赋的特点。

持成熟论的发展心理学观点极大地影响了教育的认知，他们坚信遗传决定着"未展开的发展结构、神经组织和运动能力"[11]。

今天，双生子爬梯以及相关研究的结论成为"成熟教育"理论最重要的理论依据。人们正是根据这一切来定义系统学习的年龄，人们把学习的法定年龄确定在六岁左右，划分出学龄前期和学龄期。

人们普遍认为，只有到了一定的年龄，才能进行系统教育，对更小的孩子进行系统教育，是违反天性的做法，甚至是"对牛弹琴"。

今天的有研究者甚至认为：儿童最早要到三四年级才能从其所受的教育中受益，儿童的许多能力是依赖于大脑的发展与成熟的[12]。

今天，人们以孩子是否具备"完整学习能力"，即同时具备"听、说、读、写、算"的学习能力，作为判断是否可以进行系统教育的重要指标，并将学习的年龄规定在 6 岁以上。人们普遍认为只有到了学龄期，孩子才会具备完整的学习能力。

因此，教育不可操之过急，需要等待成熟，系统教育只能从这个时候开始。这就是"成熟教育理论"。

"成熟教育论"又引申出另外两个最主要的理论，它们分别是"理解学习论"和"阶段主导论"。这两种理论的共同特点在于等待成熟、等待长大！

3. 理解学习论

"理解学习论"认为：学习的重要基础是学生必须具备一些配套的学习能力[13]。学习一定需要理解能力、语言能力、表达能力、控制能力等的相互配合。如能听懂、能看懂、会说话、知道要表达什么、做什么，这些都是学习必要的条件。其核心是理解能力—— 一种接受能力，因为学习过程首先是一个理解过程，"接受教育"也同样首先是要让学生理解教育的内容[14]。而理解能力的发展需要一定程度的成长时间，达到一定的成熟程度。

因此，等待理解能力的成熟就成了学习的条件，不长到一定年龄就无法学习成了教育的一定之规、学习的必要条件。教育是一种"知其所以然"的过程，到了一定的年龄有了理解力，教育才能开始，这样的观点成为理解学习最根深蒂固的观点。

即使是在系统教育的内部，理解学习的原则也是课程难度安排最重要的原则，人们只根据理解难易程度这样一个一维的维度上安排所学内容。所有的内容按照从易到难的方向安排，要求所学的内容必须能够理解，从来没有考虑过概念形成的特点，也没有考虑过记忆能力发展的特点来组织课程。以至到了今天，早期教育受到广泛重视时，教育工作者仍将理解学习这一原则当做唯一的学习原则，直接引进了早期教育领域，总是在问理解了没有？听懂了没有？看懂了没有？会做了没有？人们还是在强调学习必须依靠理解力的自然发展，否则就是违背儿童发展的规律，要受到批判。

对于早期的孩子而言，这么小，他懂什么？懂都不懂，怎么教？

在理解学习中，强调"完整学习能力"事实上是在强调"同步学习"。系统教育一开始就具有一种"同步教育"的思维。什么时候孩子开始能够同时"听、说、读、写、算"，什么时候教育就可以正式开始了。

然而，在儿童的早期自然发展过程中，我们看到的现象则完全不同：

孩子的早期发展并非同步发展，孩子的早期学习也并非理解学习。孩子一出生便开始了学习，他们先听后说，先看后认，先说后读，先认后写，表现出极大的非同步特点；不仅如此，孩子的早期学习也要经历从不懂到懂，不理解到理解的发展，这一发展也是通过学习获得的，这种学习包括模仿、探索、尝试错误、顿悟、交往等方式形成，其中条件反射、机械记忆能力起着重要的作用。

事实上，完整的学习概念应当包括非理解性学习和理解性学习两大方面。

理解学习论者认为，"听、说、读、写、算"的能力不是一出生就有的，刚出生或早期的幼儿缺少理解能力，他们听不懂、看不懂、不会走、不会说、不会算、不能做、缺少独立能力，因此需要等待成熟。这些能力的发展是一个自然的成熟过程。而个体具备这样的能力至少要到6岁左右，于是又产生了"阶段主导论"。

4. 阶段主导论

"阶段主导论"更是将理解学习的阶段进行了明确的规定，早期儿童缺乏学习能力，缺少理解能力和相应的控制能力，他们不会读也无法写和算，因此无法进行系统的学习。那么什么时候才是进入系统学习的年龄呢？专家认为要到6岁以后。只有到了6岁以后，当孩子的理解能力和学习能力得到初步的发展，这时的孩子能掌握阅读、书写和计算技能，系统学习才可以进行。

因此，学龄前期和学龄期儿童的主导活动不应相同，学习活动只能在学龄阶段开始。因此，学前以"游戏"为主导，学龄以"学习"为主导成为学习期划分的原则。其中，"游戏主导"是有别于"学习主导"而提出的，因此又有了"游戏主导观"。

这种"阶段主导论"从另一个方面强调了学前发展必须是"自然发展"，而这种发展不是学习发展，而是自然发展，最多是游戏发展。"阶段主导论"强调只有到了学龄阶段孩子才可以系统学习，学前孩子太小，什么都不能学、不能碰，学了碰了就是违背规律。

与此相对应的是，学龄儿童具备了一定的学习能力，因此，自然发展变为系统教育，游戏主导成为学习主导。

如今天教育主管部门把幼儿学前识字提前阅读视为洪水猛兽，谁做了谁就违背规律，违背教育原则，是对儿童极大的不尊重，是一种哗众取宠。因此，试图用不同的方式封杀早期识字的教育。

但难以想象的是，孩子一跨进小学大门，仿佛一夜之间变了一个人。从这一天起，人们可以理直气壮地教识字了，于是"听、说、读、写"同步上，什么集中认字、强化识字、突击识字、分散识字、拼音识字、游戏识字、书写识字等各种各样的识字写字方法，以及超强度的方式突然间都变得可以使用，言之有理，而且成为需要总结的经验介绍。这种阶段主导论把孩子的连续发展过程截然分成了两个完全不同的阶段。

可见，在这样的一条逻辑链上，人们强调的核心是，教育要开始于孩子某种成熟，要等到理解能力的发展。因此，"等待成熟"成为最基本的教育原则，成熟成为学习最基本的起点。在这里教育的时机有了鲜明的确定，那就是"系统学习"要在6岁以后，6岁前孩子太小不可能接受系统正规的教育，无法掌握学习的内容。人们严格遵守着这一信条，这时顺其自然、等待成熟就是我们要做的唯一事情。所有的特点归结为"成熟教育"。

"成熟教育"最大的问题在于用教育把人区分为两个不同的阶段，把一个连续发展的人给肢解开来。这样的做法错过了早期发展全面发展和质量发展的关键期，导致了群体低水平发展和个体结构失衡性发展。不仅如此，由于家庭教育的差异，又在这样一个质量发展的关键期内，导致了最初的差异分化，为天赋归因的差异教育找到了依据、打下了基础。

在个体的发展中强调阶段差异性是适当的，也是必要的，但错误地划分和理解这些阶段，则会给发展带来无穷无尽的灾难。

(二)天赋差异观

在天赋差异观的逻辑链上，以天赋差异为对象的"差异观"则认为，在成熟过程中即"正常发展"中表现出来的差异，是不同个体天赋差异自然而然的表达结果，而与成长过程中的环境影响无关。我们无法回避这种差异的表达，只能尊重它的存在，因此形成了"差异表达论"。

1. 差异表达论

"差异表达论"认为，由于天赋差异的存在和作用，出生后个体便在成长过程中逐步表现出"现实差异"。"现实差异"是一种随着年龄的增长由天赋差异不断地外化与表达形成的，是不以人的意志为转移的自然过程。

　　一个群体的差异分布内存在着不同的个体，无论是聪明的、愚钝的，高质量的或是低质量的，都是天赋差异直接的外化表达。我们只能承认它、尊重它、利用它。

　　但是，强调尊重差异，遇到了一个无法回避的难题，即承认差异，就要承认学生有好有差的事实，然而正是对学生进行"三六九等"的分类，引发了当代教育的危机。

　　为了找到解决教育所面临的这种危机，西方心理学家加得纳提出了"多元智能"的理论。

　　"多元智能"强调人的智力是多元的，每个人都存在强项和弱项。只要我们扬长避短，就能使每个人都成才。

　　这一观点在今天教育界得到了巨大的认同，也许正因为它一方面在心理学层面上表达了孔子"因材施教"的差异教育观，同时又比高尔顿仅仅强调天赋的质量差异进步了一些，强调人是多元的，每个人都有自己的天赋，只是维度不同、强弱不同。

　　因此，对教育者而言，没有"差生"，只有"差别"；没有"好坏"，只有"不同"。它从另一方面让人们对教育每一个人产生信心。教育只要能有区别、针对性的对待这种天赋差异就能培养出不同的人才，使得"人人成才，才才不同"。

　　这一理论的提出为差异教育的危机解了围，被人们高度认同。

　　因此，对于天赋自然而然的差异表达，我们应当完全的接受它，并且利用这种差异进行教育，这就有了"差异教育论"。

2. 差异教育论

　　差异教育理论是当代教育最核心的理论。它对整个教育的影响面之大，深度之广是难以想象的。"差异教育论"认为，由于差异是先天的，不可改变的，教育的本质或任务就是以尊重差异的先天性为前提来开展[15]。

　　正是基于这样一种观点，人们把教育首先分成两大部分，"普通教育"和"特殊教育"，又把特殊教育分成"智障教育"和"超常教育"。不仅如此，还有更多理直气壮的"兴趣教育""爱好教育""特长教育""天赋教育"等。差异教育论的核心是：强调教育要"因材施教"，要承认差异、尊重差异、发现差异，包括尊重特长、尊重兴趣、尊重爱好、尊重个性等。

今天，没有人不知道差异教育原则。如果连尊重差异的重要性能"因材施教"的真理都不知道，那他一定是教育的门外汉与白痴。

然而，在差异教育那里，教育的因果关系是倒置的。总是先有什么样的学生，再有什么样的教育。如：先有资优儿童，再有资优教育；先有超常儿童，再有超常教育。

基础教育的功能是异化的，原本的培养功能变成了选拔功能。选拔学生成为培养优才的唯一途径，然而，伴随着"选拔"过程的则是波及整个基础教育领域的不断的、大规模的淘汰事实。

表面上看，尊重差异是差异教育的灵魂。而要真正实施差异教育，就要强调两大教育原则：一是"因材施教"原则；二是"尊重差异"的原则，如尊重兴趣、特长或爱好，因为这些都是先天赋予的。这种天赋的差异不可改变，只能利用。教育者的任务是首先发现存在于个体之间的各种差异，然后利用这些差异进行"因材施教"。

然而，由于对差异的归因存在误区，结果不可避免地导致了"标签教育"的产生。仔细分析就会发现，"差异教育"实质是"标签教育"，差异教育的实施必然走向标签教育！

3. 标签教育

心理学工作者和教育工作者都知道，"标签教育"是非常危险的教育，对个体的不良标签会彻底摧毁一个人。然而，差异教育本质上就是一种标签教育，它打着尊重差异、发现差异、利用差异的大旗，将个体在自然或早期差异环境及差异教育条件下，通过一定的时间发展而形成的现实差异完全看成是天赋的差异，看成是个体天赋的自然表达，很少关心差异形成的真实原因，并对此进行标签。认为教育必须尊重差异，对不同的差异个体提供不同的教育是教育的本质。

而要搞好差异教育，就一定先要发现差异、认识差异，但这一发现和认识的过程，正是一个标签过程。结果，教育者将所看到的"现实差异"当作天赋自然表达的结果加以认识，利用差异教育原则"因材施教、扬长避短"进行所谓的差异教育，最终走上标签教育的道路。

当它和当代人本主义的思潮结合起来时，我们看到了最经典的"儿童中心论"。

对以上的分析，我们用图 1-1 表示如下：

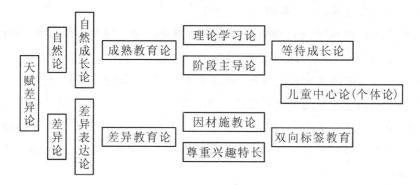

图 1-1　天赋差异论的逻辑延伸

当代教育的思想正是人们在"天赋差异论"基础上，通过"天赋自然观"与"天赋差异观"演绎形成的！

差异教育者高举"尊重儿童"的大旗，强调尊重儿童就要尊重儿童的天赋和差异，一切教育都要依据儿童表现出来的差异进行，只有这样才能促进个性发展，使每个个体展示出自己的才华。

这样的逻辑不仅自成一体，而且冠冕堂皇，无人可以辩驳，人们几乎是带着坚定不移的信念不断地推动着差异教育的发展。

今天，教育改革正是沿着这个方向努力前行，人们把推动差异化、个性化发展，看成是教育改革必然选择的方向。

也许，教育研究者，从来都没有真正关心过"成熟教育"和"差异教育"的逻辑起源，他们甚至坚定地认为：倡导"成熟教育"和"差异教育"是基于我们对儿童成长与发展的"科学"认识，是对儿童发展规律的尊重和利用。他们认为自己的出发点都是以儿童为中心的，所有的教育原则都是符合发展规律和成长规律的。正是这样一系列的思维逻辑，促使当今的教育逻辑变得自然合理。

然而不幸的是，沿着这样两个逻辑继续延伸，看到的是"等待成长"的"成熟教育"和"尊重差异"的"标签教育"所带来的两大恶果。

事实上，今天在天赋差异观的背景下形成的"成熟教育"和"差异教育"这两大原则，与当代脑科学揭示的结论正好相反，明显对立与冲突。

二、当今教育理论与脑科学研究的矛盾

今天的脑科学和儿童心理学揭示出两个重要的概念：

(一)儿童成长不容等待

今天的脑科学研究发现,大脑的早期是一个快速发展和变化的时期,极易受环境和教育的影响,越是在早期,环境和教育的影响越大。早期是大脑的可塑期,是各种天赋发展的关键期和敏感期,是全脑均衡发展和高质量发展的最重要时刻。由于大脑发育的特性,儿童早期成为一个最重要的发展阶段,存在着巨大的发展潜能和多种多样的发展可能性。早期良好的教育,不仅可能让个体全面发展,同时可以使个体高质量发展。

因此,早期发展不能等待,发展的机会不容错过!教育要从生命之初开始,错过了早期就错过了最黄金的时机。

早在 20 世纪末,很多国家已经开始将对婴幼儿早期发展的研究转化成国家发展战略。1993 年,新西兰就启动了以前首相名字命名的 3 岁前婴儿教育的国家计划——"普卢凯特计划"。新西兰教育部在《面向二十一世纪的教育》报告中明确指出:教育必须从出生开始[16]。而在秘鲁,有一个 3 岁前的"娃娃之家工程",加纳有一个以"儿童不能等待"为题的 0~6 岁儿童发展的国家行动计划。为了"在 21 世纪知识竞争中获得成功",美国总统克林顿在 1997 年《国情咨文》中提出了"美国教育十点行动计划",其中第四点特别提出"头脑启动计划"——从生命的第一天起就开始的婴儿教育计划,以"保证每个公民拥有世界上最好的教育"[17]!在这里,人们已经意识到儿童成长不能等待、也不容等待,教育要开始于生命之初!

成长"不容等待"与"等待成熟"观念之间形成了巨大的冲突与矛盾。

(二)环境与教育差异是儿童早期差异形成的关键

脑科学的研究还发现,儿童早期具有方方面面的极大的发展潜能,是全面发展的关键时期,同时也是差异分化的重要时期。可以说是全面发展对偏好发展的关键时期。早期的大脑存在着巨大的可塑性,大脑的微观结构特征以及偏好与其所处的环境教育特征相关。在个体发展的早期,由于环境和教育的差异最容易导致个体的分化,表现在发展的结构上和发展的质量上。个体的现实差异往往是早期的环境教育差异影响的结果。

这一结论与儿童早期差异是天赋的自然表达的观点完全不同。认为个体的现实差异很大程度上是早期环境与教育的差异所致。优势环境比恶劣环境，丰富环境比贫乏环境更有利于早期发展，全面的高质量环境比结构缺失的环境更有利于全面发展。个体发展偏好及发展水平低下最重要的原因是环境差异。只要我们重视全面地提供环境和教育影响，就能防止群体出现质量上的巨大差异和个体出现明显的结构性差异。而且在发展的早期中，一旦出现差异或失衡发展，不是要强化这些差异，而是要减少这些差异，因为，这时大脑仍处在可塑期内，了解差异形成的原因，改变环境和教育质量可以有效地纠正已经出现的问题。因此，教育要以完整结构的方式走在发展的前面，去避免或纠正群体的两极分化与个体的失衡性发展。

在这里，"差异教育"与"全面教育"形成了鲜明的反差。

可以看出，当代教育理论中存在两条主要的教育思路，与今天我们对人的认识都相反。一个是成熟教育原则，一个是差异教育原则，它们都是源于心理学中的天赋差异理论。前者是关于教育时机的理论，后者则是关于教育方式的理论。

前者强调学习需要等待成长，需要成熟作为条件，结果错过了最佳的发展机会，使得群体的发展表现出低水平以及最初的差异分化。

后者强调要尊重差异，认定差异只可以利用不可以改变，因此要根据差异扬长避短，因材施教，结果又步入了标签教育的泥坑，使原本已经出现的差异更加扩大化了。今天教育实践层面上所有的现象都与这两者有关！

一方面，在实际的教育过程中，由于相信天赋自然表达，强调等待成长、强调成熟学习，从而视早期学习为洪水猛兽，拔苗助长，会严重阻碍孩子天性的自由发展，从而剥夺了孩子的快乐童年。结果"顺其自然""自由发展"成为许许多多家长、教师对待早期发展的信条。

不幸的是，就"自然发展"或"正常发展"而言，同一个群体的不同个体，尽管他们都处于同一个符合标准常模的正态分布里，但在群体中，不同个体所处分布全域范围之内的位置并不相同，有良好发展的、也有不良发展的。

那些因错过了早期发展机会的孩子，很可能处在低水平状态；而对于一个群体而言，自然状态最终导致整个群体发展平均分数的低下。

另一方面，等到了学龄阶段，人们又对个体在学前阶段因早期环境和教育差异形成的差异特点，进行了天赋归因，将人们此时看到的现实差异理解为一个个体区别于其他个体的天赋品质加以标签，最终导致了标签教育的启动。

美其名曰：尊重差异、个性教育。结果是促使已经形成的差异不断扩大，表现为群体两极分化加大，个体结构失衡明显。这样的结果又反过来增加了实现教育理想的难度，使人们更加坚信差异的不可改变性，从而使"面向全体的全面发展"的教育追求变成一种彻头彻尾有名无实的空洞口号。

等待成熟导致的最初低水平分化与后期的差异教育之间的互动，使得两种不当影响叠加在一起，种下了教育培养人才"少、慢、差、费且两极分化严重"的恶果。

图 1-2 分析了两者的关系。

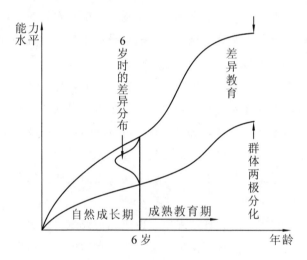

图 1-2　差异形成的两大阶段

图 1-2 中，可以看出差异形成的两大不同阶段：

第一个阶段，6 岁前，也就是所谓的学龄前期，传统上人们认为这个时期是一个自然成长期，属于非系统教育阶段，顺其自然、自由发展、等待成熟是主要任务。人们把这六年里形成的差异看成天赋差异的"自然"外化与表达期。然而，事实上，这个时期是大脑最快速的发展变化期，是大脑的可塑期。这个时期由于大脑快速发展，可塑性极强，非常容易受到环境的巨大影响。

自然状态下，必然同时出现两种结果：其一，自然状态是一种差异状态，反映了环境的全域性差异。每个家庭的养育环境并不相同，因此在不同家庭的差异环境的影响下，大脑形成了最初的差异分化，表现出个体的差异来；其二，自然状态是一种非系统教育状态，相比系统教育对群体的整体影响要小，因此，表现出群体平均分数低下的状态。

这两者之间的互动，最终形成了整体发展平均分低下的差异分布。

第二个阶段，在自然成长期即学龄前期之后，孩子到了学龄阶段，这时，教育成为一种系统工程。然而，这时的教育要想有效进行，就必须面对孩子在学龄前期已经形成的这种差异。从此，差异教育原则大行其道，进一步加重了差异的分化。

正视个体差异原本是正常的，也是必要的。它反映了教育对儿童的尊重，也说明了教育者眼中有具体的儿童。

但悲哀的是，系统教育对学龄前自然形成的最初差异并没有一个正确的认识，把原本环境影响或早期教育影响形成的差异结果，当成天赋表达的因素加以理解、进行归因。并依据尊重差异原则，进行差异化的教育。

强调"因材施教""扬长避短"，结果不仅没有减少学前期差异环境的不良影响，相反使在自然成长期因环境差异影响形成的差异分化进一步增加。

这一过程势必使得"差异化的教育"导致了进一步的"教育化的差异"，最终反映为群体的两极分化严重，个体的结构失衡明显。

今天，尽管随着脑科学的不断发现、心理学的快速发展，人们越来越意识到早期发展的重要性，甚至喊出了"成长不容等待"这样的口号！但奇怪的是它却根本无法动摇教育体制内的核心思维。

尽管早期教育的实践证明，儿童早期存在巨大的发展潜力，"早教出英才"！但教育体制内的人们对这样的结果也丝毫不为所动。而在医疗系统内，一个皮肤触觉增进亲子关系的研究结论，几乎使所有的妇产医院或妇科在很短的时间内增设了亲子单间，提供亲子接触的机会和时间。这种不同学科之间表现出来的差异让人吃惊。

今天，在整个教育系统内，人们把脑科学和早期教育取得的成果边缘化或单列化，甚至将它作为一种装饰品。需要时取之一用，不需要时放置一边。从来不去思考这样的结果与当代心理学和教育学理论发生的严重冲突和矛盾。一旦遇到不同的教育模式或观点，立刻将其放入原有的思维框架中去衡量，并以真理的守护者的姿态出现给予坚决的抵制或反对。他们坚定不移地在当代心理学的理论框架内进行教育研究、教育改革，从不怀疑当代心理学理论可能建立在不当的基础之上。

面对来自不同学科、来自研究与实践层面上的矛盾，我们无法不提出疑问，为什么会出现这样的矛盾与冲突？当代心理学的理论为什么无法解释或应对当代的脑科学的发现和早期教育的实践成果？

不仅如此，将目光转向教育实践的层面，我们发现，当今教育的困境无一不与这样的差异理论有关。

参考文献：

[1]东缨.教育大境界.北京：北京大学出版社，2007.52

[2]王毅.教育：我最近想什么——吕型伟访谈录.教育发展研究，2005，(8)(9)

[3]顾明远.我的教育探索.北京：教育科学出版社，1998

[4] Dalton T C. Arnold Gesell and the Maturation Controversy. New York：Springer，2005，40(4)：182～204

[5] Rousseau J J，Christopher Kelly，Hanover N H(trans). Autobiographical，Scientific，Religious，Moral and Literary Writings. Dartmouth College Press：University Press of New England，2006

[6] Arnold Gesell. Infancy and Human Growth. New York：The Macmillan company，1929

[7] (美)卡尔.儿童与儿童发展.周少贤，窦东徽，郑正文译.北京：教育科学出版社，2009.13

[8] (美)霍华德·加德纳.重构多元智能.沈致隆译.北京：中国人民大学出版社，2008

[9] Black J E，Greenough W T. Induction of pattern in neural structure by experience：Implications for cognitive development. Advances in developmental psychology，1986，4：1～50

[10] Brown P D，Bjorklund D F. The biologizing of cognition，development and education：Approach with cautious enthusiasm. Educational Psychology Review，10：355～373

[11]Lucius G A . Studies in child development. New York：Harper，1948

[12] (美)卡尔.儿童与儿童发展.周少贤，窦东徽，郑正文译.北京：教育科学出版社，2009.16

[13] (美)克德维特等.儿童发展与教育(上下).李琪等译.北京：教育科学出版社，2007.120

[14]奥苏伯尔等. 教育心理学——认知观点. 佘星南等译. 北京：人民教育出版社，1994.24～31

[15]皮连生主编. 教育心理学. 上海：上海教育出版社，2004.43～45

[16]王辉华，华国栋. 论差异教学的价值取向. 教育研究，2004(11)

[17]面向二十一世纪的教育. 新西兰教育部，1993

[18]克林顿. 国情咨文. 美国联邦政府新闻署，1997

第二章　教育的理想与理想的教育

教育内部最核心、最基础的问题归根到底是"教育理想"与"教育实践"的相互关系。"教育理想"与"教育实践"结果一致则为"理想的教育","教育理想"与"教育实践"结果相反则为"不理想的教育"。

今天,教育的问题恰恰在于教育实践的结果与教育理想背道而驰,以至追求"面向全体",结果两极分化严重;追求"全面发展",结果个体结构失衡明显。

追求差异教育、个性教育非但没有解决教育的问题,反而使得教育化的差异不断扩大,教育的问题更为复杂。

"公平的教育"与"教育的公平"的矛盾无法协调,满足"所有人的基本发展需求"与满足"不同个体不同发展需求"的矛盾难以解决;"全面和谐发展"与"个性自由发展"的矛盾日益突出。

深究其因会发现,差异教育理论无法真正有效地连接教育理想和教育实践,使得教育理想形同虚设。

这一切的根源似乎都在于人们对个体"差异"潜在的错误归因和错误的解读。这一错误极其顽固地存在于人们的意识里,并通过教育理论及教育实践反映出来,其根却又深深地扎在当代心理学理论的基石之上!

不仅如此,差异教育理论本身还混淆了许多概念,使差异教育从一开始就步入歧途。

第一节　差异教育与教育理想

一、教育理论与教育理想的对立

从事教育的人，最大的追求莫过于把"教育的理想"转变成"理想的教育"。

表面上看，把"教育的理想"变成"理想的教育"并不困难，只要我们追求"教育的理想"，并依据教育的规律去进行教育，就能够实现。

然而，知易行难，在教育实践中这样的转变困难重重。

这种困难不是因为我们对国家的教育意志不清楚，也不是因为教育的理想或口号提的不准确，更不是教育实践者不够努力，而是教育找不到一条从理想通往实践的路径！

正是这样才有了"钱学森之问"[1]！

今天，有效连接教育实践的桥梁，并非教育理想而是教育理论。从教育的理想出发，去追求教育的目标时，人们总会跟着教育理论的路标前行，结果迷失在半路上。越是向前行，越是偏离教育的理想，总也到达不了理想的彼岸。

可悲的是，人们坚信自己选择了正确的方向，并不知道自己迷失在哪里，又为什么迷失。这使得教育的问题成为最难解决的问题。

为了看清问题，下面从教育理想、教育理论与教育实践三者关系入手，通过它们之间存在的矛盾和对立，充分深入地分析教育问题的根源，锁定问题的本质，寻找突破口。

(一)基础教育的理想

在开始讨论"教育的理想"时，为了排除不必要的混淆，有必要先将话题做一个限定。此处讨论的"教育的理想"是特指"基础教育"的理想，它是基础教育的价值与追求，反映了人们对基础教育功能的认识和理解。

1. 基础教育要满足所有人的基本学习需求

伴随着教育功能的产生与发展，人们越来越清醒地认识到，教育是社会发展和进步的需要。而个体是社会的细胞，对每个人提出最基本的教育要求，促进个体的发展，是社会进步的必需。

对于基础教育的目标，全世界有着共识，国际社会把人的发展，特别是每个人的基础教育保障看成是人类社会发展与进步必须面对的大事。

为了促进基础教育的普及，1990 年 3 月在世界全民教育大会上，由来自 150 个国家和地区的 1500 名代表通过了《世界全民教育宣言》强调了每个人受教育的公平权利，在"每个人都有受教育的权利"的基本原则基础之上，再次重申了全民教育的奋斗目标，即"每一个人（无论是儿童、青年还是成人）都应能获益于旨在满足基本学习需要的受教育机会"[2]。世界全民教育大会还专门制定了《满足基本学习需要的行动纲领》，于是"满足所有人的基本学习需要"成为基础教育的追求与目标，成为教育理想的重要组成部分。

不仅如此，人们也更加明确地认识到满足基本学习需要必须通过"两全发展"来实现。

2. 基础教育要促进"两全发展"

"两全发展"即"面向全体，全面发展"。它是指基础教育要"实现全面的公平教育，并促使每一个个体的全面发展"。

它是教育的方针，也是基础教育理想的进一步表达。它不仅体现出教育的公平原则，强调每一个人都有受教育的权利，教育要面向全体儿童，更要促进每个个体的全面发展。

说到基础教育的追求与理想，实际上涉及基础教育的价值判断与选择。今天，我们毫不怀疑人类对于自身教育理想的价值选择。

早在 17 世纪伟大的捷克著名教育家，近代教育理论的奠基人夸美纽斯（Johann Amos Comenius，1592—1670）就提出了教育的价值就是要"把一切事物交给一切人们"的思想，这一思想经过时代的变迁逐步转变成今天"面向全体、全面发展"的口号[3][4]。

在这一个过程中，人类社会已经清晰而又明确地确定了自身的教育追求，即实现"全面的公平教育，并促使每一个个体的全面发展"！

必须强调，教育的这种理想，并不是起源于个体的不同需要，而是起源于社会发展和进步的共同需要，尽管这种需要符合个体发展的要求。

应当看到，伴随着教育的发展，基础教育越来越成为一种社会义务和社会的要求。今天，义务教育早已成为基础教育的主导，而"义务"二字使得基础教育显然带有鲜明的"强制性"的色彩。基础教育事业，更加成为一种国家的行为、政府的行为。

根据这样一种教育理想的描述，可以理所当然地应当引申出如下的几个重大而又不可忽略的基础教育原则，即：①满足人们基础学习需要的基础教育原则；②面向全体的公平教育原则；③促进个体全面发展的全面教育原则。

可以说，这几大教育原则，是基础教育实现教育理想不可动摇的纲领性原则。今天，无论是政府还是教育行政部门，无论是学校还是教师都为此不懈地努力着。它表现为人们对基础教育越来越重视，基础教育越来越普及，教育条件越来越理想，教育投入越来越多，教师队伍越来越壮大等方面。

然而，仔细观察和研究教育的实践层面，人们不难发现，教育追求与理想从来没有真正发挥过有效的作用。

相关的教育原则，在实践中的指导作用遇到了教育理论的困扰，并在不知不觉中让位于当今的教育理论，在实践层面上"面向全体，全面发展"的教育原则，被差异教育理论所替代。

事实上，基础教育的实践并不依据基础教育的"理想"前行，更没有贯彻三大教育原则，而是依据基础教育的"理论"行事，这个理论自然是差异教育理论。

正是与教育理想相关的教育原则在实践层面上被不知不觉地替代，才使得教育的理想在实践中发生了偏离，最终难以实现。

众所皆知，办好教育不仅要有教育的理想，更要符合教育的规律和人的发展规律！即办好教育需要理论的指导，没有理论依据的理想，只能是一种空想。

（二）基础教育的理论

教育的理论是阐述人的发展规律和教育规律的理论，是教育实践的重要依据。一切教育活动都是依据教育理论而进行着的。

今天的基础教育理论是根据当代天赋差异心理学引申出的差异教育理论[5]。所有基础教育理论都是"天赋差异论"的逻辑延伸。

这种理论确信并强调每一个人都是不同的，存在着各种差异，人们的天赋不同、个性不同、兴趣不同、爱好不同、特长不同，这种差异是天赋的自然，在成长过程中自然而然地表达出来，教育不能无视它们的存在，应当依据人的自然差异进行教育。

根据这样的理论，教育理所当然地得出了以下结论，理想的基础教育一定是：

1. 教育要尊重儿童发展的自然规律

根据这一观点，人们强调教育要符合儿童发展的"规律"，这个规律是一种自然规律，教育要顺其自然，要符合不同年龄阶段的特性。个体的学习能力、理解能力是从小到大逐步出现的和加强的，因此，教育要等待时机，不能过早地拔苗助长，系统教育更要等待学习能力的出现，需要理解能力、独立能力的配合，一句话需要等待成熟。最佳的系统教育年龄应从"学龄期"开始，如果不这样做，就是无视儿童发展的规律。

2. 教育要尊重并利用个体差异来进行

儿童不仅存在着自然成长的规律，更在成长中自然而然地、逐步地表现出天赋的差异，这种差异是不可回避的，教育的首要任务是尊重并利用这种差异。由此，引申出了基础教育中人们最为熟悉的几大差异教育原则。它们是：①教育要满足不同个体的不同需要；②教育要因材施教，尊重兴趣爱好与天赋；③教育要促进每个个体个性的自由发展。

这几大教育原则都是根据差异教育理论形成的。不可否认，它们的价值受到了来自理论和实践的广大教育者的认可，并有着广泛的社会认同基础。

正是这样，它们成为基础教育实践中不可替代的根本原则，是基础教育的实践原则和评价原则，当今的教育实践正是依据这些原则进行着，而今天人们对教育的评价也是依据这样的原则进行的。

不可否认，教育的实践需要理论的指导，教育实践的原则必须依据理论而定，不能因任何好听但不切实际的口号而改变。

但是，不难发现，正是这些由差异教育理论引申出来的教育原则，与那些由教育理想引申出的教育原则似乎根本不同，甚至完全相反。如表 2-1 所示。

表 2-1　教育理想与教育理论不同教育原则的比较

	教育理想下的教育原则	教育理论下的教育原则
1	满足人们基础学习需要的教育原则	满足不同个体不同需要的教育原则
2	面向全体的公平教育原则	因材施教、尊重兴趣爱好与天赋的教育原则
3	促进个体全面发展的全面教育原则	促进每个个体个性自由发展的教育原则

可见，在基础教育阶段，理想的教育是追求"满足所有人的基础需要"；而差异理论则认为"教育要满足不同个体的不同需要"。

理想的教育强调"教育要公平地对待所有的人，人们接受教育的机会要平等、接受教育的质量也要平等"；而差异理论则认为"教育要差异化地对待不同的人，认为有差异的教育才是真正的公平，教育要因材施教，尊重个体的不同兴趣、爱好、特长、天赋"。

理想的教育重视"教育要促进每个个体的全面和谐发展"；而差异理论则认为"教育要促进每个个体的个性自由发展"。

来自理论的教育原则与来自理想的教育原则并不一致，甚至相互冲突，于是在基础教育实践中，出现了最不可思议的现象。

表面上看，我们高举着教育理想的大旗，沿着党的教育方针前进，但实际上，人们从来没有真正依据过由教育理想引申出的教育原则去进行教育的实践。

在教育实践的最前沿，教师高举的并不是教育理想的大旗，而是教育理论的火把，可悲的是，这把火燃烧得越旺，教育的理想烧掉得越多。

之所以这样说，那是因为，今天在教育实践的层面上存在着无数的问题，深入地研究这些问题，人们不难发现，它们的产生正是与教育理想和教育理论的矛盾及冲突有关。

客观地说，教育实践中产生的问题，实际上存在着两种可能性，一种是理论错误导致的，由于理论的错误引起实践的偏差最终导致教育的问题；另一种是实践错误导致的，往往是偏离了理论的指导而产生的问题。

分析今天的教育改革，会发现，人们总是一边倒地指责教育实践偏离了理论的指导。人们总是习惯于将实践中产生的问题，统统归结为没能更好地理解和执行相关的教育理论。如教学改革没有成效，是因为没能很好地因材施教，而个性化发展不足是差异教育不够等。

人们总是在坚定不移地站在理论的一边，指责实践，很少探讨另一种可能性，即由理论自身的错误而导致的实践问题。如同计划经济理论不可能解决市场发展问题一样，错误的教育理论也必然无法解决教育的难题。

对心理学的天赋差异归因研究和对教育理想与教育理论的矛盾与冲

突的分析显示，今天教育的根本问题是教育理论自身的问题。

有人隐约地感到了这对矛盾的存在，看到了公平与差异的冲突，感受到了基础需求与不同需求的矛盾，体验到了全面发展与个性发展的不同。但基于散发着真理般光芒的理论所具有的强大威力，始终不愿用自己的"矛"去破自己的"盾"。

面对这样的矛盾与冲突，人们左右为难，于是产生了许多左右兼顾的提法，希望在理论上解决问题，因此，有人提出"公平而差异是基础教育的必然选择"，希望找到既能满足差异教育原则，又能照顾公平教育原则的解决之道[6]。

强调公平不是平均主义，对具有差异的个体实施差异化的教育是一种公平的选择[7]。换言之，这种观点直接把差异化教育理解成真正的公平教育，其结果还是强调了差异化的教育。

事实是无情的，在公平与差异的教育选择中，差异教育原则始终占据着主导地位。当教育实践出了问题的时候，我们总是在现行理论与实践之间寻找答案，常常把教育没办好归结成：教育没有充分满足不同个体的不同需要，没能更好地因材施教，是因为一刀切，搞平均主义，没有根据个体的兴趣、爱好、特长进行教育。人们一边倒地坚信自己对教育问题的判断，并根据这样的结论来进行新一轮的教育改革。

正是这样，针对不同个体不同需要的"个性化"教育成为当今教育改革的主流。然而，这样的改革似乎根本无法帮助基础教育走出困境。群体的两极分化问题、个体的发展失衡问题、学习负担问题、德育问题、个性问题、情感问题、心理卫生水平等方面问题越来越突出，越来越引人关注。

平均主义是不可取，但差异化的教育真的是公平的教育吗？

换言之："公平而差异"的原则真的是基础教育的必然选择吗？难道除此之外，真的没有更好的路可走了吗？让我们转向基础教育的实践。

(三)基础教育的实践

由于教育实践依据差异教育理论行事，因此，今天的教育实践可以看成是差异教育的实践。人们依据个体存在着差异的观点，从宏观到微观上使用差异教育原则。因此，从整个教育系统的各个层面上，从全程发展的每一个阶段上，随处可见差异教育原则的使用。具体表现如下：

1. 国家和地区层面上

学校是有明显差别的。各个地区都存在所谓的重点学校、示范学校、普通学校、特殊教育学校、特长教育学校等。这种现象的出现与其说是财力不足导致的，不如说是因存在着差异观而产生的政策差异。人们普遍认为学生在智力上、学习能力上存在着差异，设置不同的学校可以满足他们不同的需要。差异教育之风不仅在中学、小学盛行，甚至幼儿园也无法幸免。到处都有区重点、市重点、省重点。为了避嫌，人们无一例外地将"重点校"称之为"示范校"。

然而，这些"示范校"维持自己高质量的法宝几乎完全一致：它们具有选择高质量生源的特殊权利和优势！不仅如此，政府和教育主管部门还通过政策倾斜的方式来满足这类学校的"特殊"需要，如配备更好的教师、投入更多的资金与设备、给予更多的优惠政策等。

因此，这些"重点示范校"本质上不是通过教育改革提高生源质量来进行教改示范的学校，而是依靠"选拔""高质量生源"来维持教育质量的"示范校"。

单就这些学校而言，所有的教育示范性的改革都存在极大的局限性。因为，它是一种局限在一定范围内的"选拔性"差异教育改革探索。这样的重点学校的经验无法推广，因为只有少数学校具有这种选拔"资优"学生的权利。

相反，在普通学校里的生源则是那些经过选拔后"剩余"下，或者说"淘汰"后的生源。因此，重点学校的教育改革经验无法推广，对一般性的普通学校而言没有任何真正的示范作用。我所参加过的重点学校经验研讨会，听到更多的往往是相互介绍如何建立评价体系、如何进行"资优"学生鉴定、如何进行特长生选拔，甚至是如何进行学校招生的经验。

因为人们承认差异的是学生的特征，因此理所当然地接受这种做法，为了有效地区分学生之间的差异，分出高低优劣，我们看到的是学校接近残酷的选拔淘汰大赛；为了能够进入更好的学校，也看到了家长绞尽脑汁地走后门、托关系，在这中间更有钱与权的交易不时发生。而最终的结果却是巨大的两极分化成为今天教育的主要特征之一，它使全面的公平教育原则形同虚设。

2. 学校层面上

班级类型是存在差异的。事实上，今天很多学校都存在实验班、兴趣班、特长班等。之所以存在这样的安排与设计，那是因为个体存在着差异。他们天赋不一、兴趣有别、特长各异，让学生选择不同的课程是为了满足他们的不同需要。这种做法蔓延到社会上，五花八门的特长班、兴趣班让人眼花缭乱。

此种做法，人们同样理所当然地接受，为了更有效地促进学生发展，以便更加顺利地进入上一级的重点学校。学校和家长都希望能够发现并进一步利用学生的兴趣、爱好进行教育，使得特长成为升学加分的依据。在这中间，家长和学生们感到了竞争的压力，赶场般地学习即使在周末也无法停止。

然而，无情的是，在学校中没有表现出更多兴趣和爱好的学生，几乎被边缘化到了极限。他们不仅在学科发展上受到忽视，更为可怕的是，他们的心灵更加无人关心。最终，学校的两极分化和个体的全面发展失衡成为不可避免的事实，它使满足所有个体基本学习需要的原则和每个个体全面发展的原则荡然无存。

3. 班级层面上

同样的事情更是随时发生着。人们高举着差异教育的大旗，把"因材施教"、尊重兴趣、尊重爱好、尊重特长、尊重天赋的差异教育原则视为铁一般的信条。今天的教育依据人的发展理论，不仅把一个群体分成层次，从上智到下愚，还将个体分成类别：运动型的、艺术型的、操作型的、认知型的，或是左脑型的、右脑型的，从好的、劣的到弱项、强项。相关的专业书籍更是推波助澜，为差异教育提供理论和依据。

于是，学生在教师的眼里有了三六九等的分类。教师有意无意地使用奖惩手段表达着自己对待不同学生的不同态度，有意无意地调控着不同学生的表达机会、练习机会，使一些更好的学生更多地获得练习的可能，而另一些所谓的差生则失去这种机会。这种伴随着每一天、每堂课积累起来的差异教育行为，无情地加大了个体之间的差异，而它的结果更成为选拔教育的依据。

为什么"差异化教育"会扩大"教育化的差异"？搞清这一点，首先要来探讨当今基础教育的本质。

(四)基础教育的本质

在思考基础教育内部最基础、最本质的话题时，可以发现，几乎所有的问题都与人的"差异"命题有关，无论是个体的差异还是群体的差异，教育起点的差异还是教育各阶段上的差异。

对"差异"问题的认识几乎成为基础教育核心问题最深的根源，"差异教育"似乎成为基础教育的代名词。

1. 差异现象

今天，伴随人类的进化、社会的发展，教育越来越成为人类个体社会化过程中不可或缺的关键要素，所有国家与民族都将教育看成是个体社会化的最重要的途径。教育社会化、社会教育化，学习型社会、学习型组织、学习型个人，成为整个时代标志性的特征；全程教育、终身学习成为整个世界的集体共识。

人们从很小就开始接受不间断地教育、进行着学习。然而，不幸的是，当人们从最初的同一个起点出发经历十多年的基础教育以后，原本所有受教育者应当实现的相同的基础教育目标却随着成长拉开了距离，产生了巨大的差异。高考给出了基础教育的答卷分数，有人成为高考状元，也有人名落孙山。分数之间的差异竟可高达几百分，更有人连参加考试的资格都没有，在没进高中之前就提前出局了，不仅仅如此，人们在能力之间的实际差异更是天壤之别。这里除了各种各样的家庭因素、社会因素和遗传因素以外，呈现在我们面前的是一个无法回避的教育事实：经历十几年的教育和学习，从同一个起点一起出发的人们拉开了巨大的距离，表现出难以想象的两极分化。这种在成长中表现出的分化差异与教育有关。经历教育过程，一个群体中的很多人相对另一些人，表现为综合素质低下，知识能力结构失衡，态度、价值、道德体系缺失，社会适应困难，以及个性发展不良的共同特征。

这原本是一种极不正常的现象，却成为今天教育界再"自然"不过的事了，人们视而不见，见怪不怪，认为差异存在是正常的、理所当然的，甚至将其归结为群体之间个体天赋差异在成熟过程中的自然呈现。对于这种差异，人们用"正态分布"的差异理论加以解释，认定群体的差异呈正态分布是一种自然的状态。

可悲的是，人们借用群体中个体之间存在天赋差异这一基础事实，将经由后天巨大环境教育差异导致成长差异现象彻底掩盖了。不仅如此，对个体差异的天赋归因，使得今天的教育形成了一种集体的共识，教育要尊重个体差异，理想的教育是"差异化"的教育，"因材施教"是教育的灵魂。

正是这样一种认识，使我们完全背离了基础教育的理想和追求，"面向全体，全面发展"的两全目标，仅仅成为一种口号，而与差异相关的理论与实践让我们无法沿着基础教育的价值追求的方向进行。

"面向全体，全面发展"在教育实践中被彻底地边缘化了，最后被所谓的"差异化教育"和"个性发展"所取代。而差异教育根本无法满足不同人的不同发展需要。

结果是，当教育"面向全体"时，差异化使学生们两极分化严重；当教育指向个体时，个性化的教育又使得个体出现结构性的严重失衡。

这就是今天的教育困境。从古至今，教育就是沿着这样一条道路不断前行，为了最大限度地满足不同个体的不同需要，去追求"差异教育"的真理，使得"差异教育"成为当今基础教育的特征与灵魂。

2. 差异教育的本质

为什么差异化的教育不仅不能满足不同人的不同发展需求，反而会导致人的差异化进一步发展呢？为什么个性化的教育不能促进个体的个性发展，反而会导致个体的发展失衡呢？

要回答这些问题，就要彻底搞清当代教育实践最本质的核心到底是什么，今天的教育真的是"差异化教育"或"个性化教育"吗？显然不是！

当代教育最本质、最要害的问题是打着"差异化教育"或"个性化教育"大旗的"标签教育"！它的本质就是一句话四个字："标签教育"！

"差异化教育"原本的目的是要解决不同个体的不同需要，而个性化教育是差异化教育在个体身上的反映。但伴随着差异化教育的推行，不仅不能真正解决满足每个个体不同需要的发展问题，恰恰相反，由于差异化教育没有站在因果关系的角度看待差异，没能站在全程发展的起点上看待发展，没有站在潜能发展观的角度看待发展，而是对阶段性的发展结果，如3岁或6岁的实际发展情况进行天赋和不变的归因，并将其看做差异教育的依据，据此对个体的发展需要进行评价，最终自然而然地形成了标签，谁是资优的、谁是一般的，谁有什么偏好等。

人们根据这样或那样的"差异标签"进行所谓的"差异"教育，结果是事与愿违，最终导致了教育化的差异扩大，即群体的两极分化进一步扩大，个体的失衡发展进一步增加。

正是"标签教育"导致了群体更大的两极分化以及个体的结构性失衡发展！今天学生的差异不仅成了差异教育的起因，更是差异教育的结果。这种结果因标签而起，因标签而巨。

为什么如此肯定地说，差异教育是标签教育？

那是因为，差异教育认定差异是个体的一种特性，具有先天性和无法改变性，因此，教育者的任务只能是发现、尊重和利用这些个体的差异来进行教育。

要进行差异教育，就必须起步于差异的"发现"与"定性"。差异的发现并不可怕，而且是必要的。但差异的"天赋"定性或"不变"定性则可能是灾难性的。说好听点这是一个评价的过程，难听点这就是一个天赋标签过程或一个判决过程。学生是好是劣、是优是差、是超常还是落后，哪方面强、哪方面弱，都要先有一个认识、有个"定性"。

人们根本不去研究差异的起源、不去关心差异形成的原因，而是把注意力放在如何判断差异上，例如，如何筛选超常儿童、资优儿童、特长儿童这些问题上。它不仅是"选拔教育"的依据，也是"特长、兴趣"教育的根据，更是"特殊教育"的准绳。只不过这样的一种"标签教育"被披上了一件光彩夺目的外衣，即"差异化教育"或"个性化教育"理论的外衣。支持这一观点的恰恰是教育要满足不同个体的不同需要，而它体现了所谓的"教育的公平"原则[7]。

而深入分析"差异教育"，就会发现"标签教育"是"差异教育"的幕后黑手与元凶，是真正的后台！

众所周知，对"标签教育"本身的评价，人们的态度是一致的，即"标签教育"对群体以及个体的发展有着极大的危害，它一方面锦上添花，另一方面落井下石，导致群体两极分化，个体失衡性发展。当代心理学和教育学反复被证明，不恰当的标签会导致个体不良的发展。

剥去理论的外衣看基础教育的本质，我们发现，当人们强调每个人都存在着不可改变的差异，并希望通过教育来满足每个人这种不同的需要时，标签教育就开始了。

某人因为"资优"所以要上重点学校，受到更好的教育；某人因为具有艺术天赋，所以要给予更多的艺术发展机会和空间；某人因为具有运动天赋，所以为他创造更多的运动机会和表现机会；某人因为很一般，那就只好选择最普通的学校。可以肯定地说，差异教育在差异观的指导下，不可避免地会使用标签，导致标签教育的产生。

今天，学校中学生的"最初差异"往往是学龄前儿童在自然成长中，因家庭的环境与教育的不同所致，它是个体在不同环境中的发展结果，是发展起点上的机会不平等、条件不平等导致的。对于个体反映出来的现实差异，不能简简单单归因为天赋的产物、视为不变的因素。可以说，早期环境差异、早期教育差异是个体最初差异的分化最重要的原因。

当学校教育者将学生经历一定的发展阶段后表现出来的"最初差异"归结为天赋的差异、不变的因素，而忘了它产生的环境和教育因素时，标签就开始了。而这种标签型的差异教育，对早期准备不足的孩子、对早期发展有偏差的孩子而言，不仅不是一种尊重，而是更进一步的伤害。正是这种伤害加重了群体的两极分化，个体的结构失衡。

既然如此，为什么人们还要使用标签进行教育呢？实际上，从表面看没有一个教育者认为自己在使用标签教育。他们强调的是"差异教育"或"个性化教育"。在差异教育层面上，人们理直气壮高举"个性化教育"的大旗，强调尊重差异的公平，是真正的公平。只有尊重差异、承认差异、发现差异，并进行差异化的教育才算是尊重个体、尊重公平。因为它既符合差异理论，又符合公平原则。

事实果真如此吗？让我们来看一看差异教育实践中遇到的困境。

二、差异教育的困境

(一)"公平的教育"与"教育的公平"之矛盾

法国著名思想家卢梭认为，教育是实现社会公平的伟大工具[8]。教育公平了，社会才能公平。今天，在创建和谐社会的背景下，对于教育公平的关注越来越多。基础教育尤其应当追求公平原则。

今天，"两全"教育是对基础教育公平性原则最好的注解。然而：对公平原则的不同解读会产生不同的教育追求。正是这种不同的追求使得基础教育的公平问题成为教育实践中的一个难题，无法得到有效解决。

仔细分析"公平原则"，实际上可以引申出两个相关但却不同的话题：

一个是"公平的教育"原则，另一个是"教育的公平"原则。前者由教育理想引申而出，后者由差异教育理论引申而出。

说到基础教育的公平，人们一直在谈论从没有忽视过。但人们似乎从来没有注意到"公平的教育"与"教育的公平"之间存在着潜在的差异与不同。人们常常将这两个方面的概念混淆在一起谈论，即统称教育的"公平"问题。

然而，"公平的教育"与"教育的公平"含义并不相同，要真正解决"公平"问题，就必须区分两个"公平"原则，分清它们的来源与内涵是解决教育公平问题的第一步。

1. "公平的教育"原则

什么是"公平的教育"原则？"公平的教育"原则是指教育要在"机会"和"质量"上平等地对待所有个体，公平地面对每个个体的所有发展领域。我们的教育方针正是"公平的教育"原则的具体体现："面向全体的全面发展"，简明扼要地阐明了这一原则，我们称之为"两全"方针。

"两全"方针是我们的教育目标、教育理想，更是教育改革和教育追求的根本方向。要想实现"面向全体、全面发展"的教育方针，"公平的教育"原则应当是基础教育所要提倡的"第一大原则"。

然而这个基础教育"第一大原则"，面对教育实践却遇到了难以回避的巨大挑战和尴尬境地。在教育实践中，教育必须面对并要解决的问题与"公平的教育"所倡导的原则相去甚远，它实际是以差异教育理论为依据，解决的是"教育要满足不同个体不同需求的'公平'问题"。即它强调的是另一个原则："教育的公平"原则。

不可否认，这也是教育中的一个重要公平原则，是一个教育实践层面上的公平原则。可以称之为教育的"第二大原则"。

2. "教育的公平"原则

什么是"教育的公平"原则呢？如果说，"公平的教育"原则强调的是人人接受同等质量教育机会与权利的公平，那么"教育的公平"原则强调的却是如何解决"差异的公平"和"选择的公平"，以便去满足不同个体的不同需要，两个"公平"原则的内涵不同、追求也不相同[7]。

尽管人们认识到教育机会上的公平和教育质量上的公平是教育改革的基本追求，但在教育实践中，教育不可能违背人的发展规律而行。

依据当代教育学和心理学理论，个体发展存在着巨大的差异性。从学习能力上看有强弱之分，从智力上看存在着上智下愚，从偏好上看人因天赋不同，存在着不同的兴趣、爱好、特长。要想搞好教育实践，教育就必须尊重和满足这种不同个体的不同发展需要。

因此，只有"尊重差异""因材施教"才能真正符合教育的规律。这就是"教育的公平"原则，它与"公平的教育"原则显然不同。

事实上，人们很少去区分或思考"公平的教育"与"教育的公平"之间的不同，在使用过程中常常混淆，但也常常隐约感到其中存在的问题。

为了处理好两者的关系，有人提出"公平是人的基本权利，选择也是人的基本权利。因此应当创造可选择的公平，而不是剥夺选择的公平。"[9]因此，人们用"公平而差异的教育"来平衡两者的冲突，而"公平而差异的教育"最终变成"教育的公平"性原则的代名词，成为基础教育的必然选择[6]。

可以看出，这两种公平一开始就有着不同的定位，存在着巨大的冲突。而且，在教育的实践层面上，公平的教育原则一直让位于教育的公平原则，没有自己的实践地位。

但进一步深入研究就会发现，基础教育的难题恰恰就在于无法走出这两种公平的悖论，结果在基础教育领域，无论是"公平的教育"，还是"教育的公平"，都无法真正实现。两种公平的矛盾构成了基础教育的最难解的结。

3. 两种公平的矛盾与困境

在教育第一线，可以同时体会到两种不同公平的博弈。

一方面，国家与教育行政部门从来没有放弃过对"公平教育"的追求，它们不仅在提高普及率、加大教育投入、改善办学条件等方面进行着努力，也在教学第一线强调着公平教育的原则。

然而，在教育实践层面上的"公平教育"的追求，往往无法摆脱"一刀切"和"平均主义"的指责。如为了机会平等和质量平等而强制推动划片入学的举措时，因无法照顾到个体的差异备受学校的抵制。不仅如此，权力的介入又使得纸条满天飞，造成另类的不公平存在。

另一方面，由于教育实践依据差异教育理论行事，追求"教育要满足不同个体的不同需要"，使得人人受到平等的机会与权利的追求受到限制，结果，不仅"公平的教育"原则难以圆满实现，更为重要的是满足不同个体不同需要的"教育的公平"原则也遇到实践难题，往往是"满足不同个体不同需求"的教育原则，实际变成了"人人不同的机会与权利"。

其中"选择的公平"变成了"不公平的选择"。受教育者的自由选择，变成了学校对生源的选择，选择成为一种淘汰式的选拔，重点学校成为唯一强势的主导者。不仅如此，由于人们对"不同需要"的表面理解，也会将差异的不同表现直接作为需要的不同形式加以处理，而事实上差异的不同表现并不一定真实地反映个体内心的真实需要。结果是两种公平都无法真正实现。

尽管人们不断地思考和争论着有关基础教育"公平"涉及的一系列问题，但却无法在两者之间找到真正的平衡。

这种对"两全发展"的"公平的教育"追求与"差异"化的"教育的公平"需求之间的矛盾，牵动着基础教育的方方面面。两种公平的冲突对基础教育质量均衡化发展造成严重影响。

可以说，每一次教育改革，都无法彻底解决这个矛盾，只是使得矛盾的重心发生偏移或结构发生改变。当"公平的教育"原则成为主要问题时，人们则更多地关注解决"公平的教育"问题，一旦人们关注"公平的教育"原则，"教育的公平"又将成为一大难题。

对此，有人非常乐观地看待。认为真正意义上的均衡是在发展中实现的。没有发展，就谈不上均衡。基础教育的均衡发展就是一个由不均衡到均衡，再到新的不均衡的不断螺旋上升的过程，而发展正是推动这对矛盾运动的直接力量[9]。

事实并非如此简单。我们发现，纵然解决了"公平教育"方面的均衡，解决了所有的政策、资金、人员、校舍、设备、规模、普及率等方面的问题，解决了受教育机会人人均等的问题，我们还是要面临教育实践层面上一个非常实际的现实问题，那就是如何提高基础教育整体质量和教育效率的问题，即如何解决"教育质量面前人人平等"的问题。

根据"教育的公平"原则，我们几乎无法一视同仁地在教育质量上对待每一个人，更无法回避"教育的公平"原则带来的不均衡性，因为"教育要满足不同个体的不同需要"，这种不同的需要自然包括不同质量的需要。

正因如此，无论我们在"公平的教育"方面做了多少，事实上都无法使教育理想真正地走进教育实践的层面，更无法有效地影响教育实践层面的改革。一句话，"公平的教育"与"教育的公平"之间的冲突是教育质量难以均衡发展的关键所在。

这一点从教育当前的发展情况中可以看出。今天，在全社会的努力下，义务教育的普及率大大提高，教育条件有了极大的改善，这是"公平的教育"原则取得的重大成就。但是，当教育在解决"机会公平"取得有效突破时，面对更广大的受教育群体，结果"面向全体、全面发展"的"两全"教育不是做得更好了，而是问题更多了。表现为群体的两极分化日益严重，个体的结构性失衡越来越显著。这几乎成了教育界无法克服的难题、难以逾越的障碍。

今天，越来越多的学生把进入重点学校看成进一步升学或进入高质量大学的重要保证，而越来越多的学校则把竞争优质生源看成办好高质量学校的重要手段。高质量生源成就了高质量（重点）学校成为社会不争的事实，相反低质量生源正使很多学校步履维艰。

学生选择学校和学校选择学生的互动，在"满足不同个体不同需要"的"教育的公平"原则下大行其道。

有些学校为了竞争生源的需要，干脆理直气壮地打出超常教育的大旗，光明正大地从全社会筛选生源。而这些学校往往成为整个地区最引人注目的学校。它们以教育和心理学的差异理论（超常理论或资优理论）作为依据，看起来似乎无可厚非。但正是这些使教育要"面向全体全面发展"的"公平的教育"原则受到严重的挑战。事实上，由于教育存在质量的严重差异，学生们不可避免地表现出两极分化的特征。

必须指出，尽管"选择"是每个学生的权利，但实际上学生的"选择"一直处在被动的状态，"学校选择学生"而非"学生选择学校"始终处在主导地位。这一挑战使得教育的理想无立足之地、教育的追求根本无法实现。

教育行政部门似乎发现了这一问题，并试图通过分片、分区入学，电脑排位，电子学籍管理，不允许重点学校进行招生考试等方式来保证学校生源质量的平均分配，以此来实现公平地提供教育的资源，确保教育的价值追求不偏离教育的追求和方针。

但这样一来，在教育实践层面，所谓"公平的教育"又变成了一种变相的平均主义，面临走进形式主义的公平与满足不同学生不同发展需要的公平相矛盾的怪圈，并且加倍激起人们追求重点学校的努力。

于是负担越减越重，竞争越演越烈。为了挤进好学校，家长也和孩子们一起参与到考重点的努力之中，而学校则通过更多的变相办法对学生进行选拔。结果，聪明的家长知道，即使解决了义务教育阶段教育机会的人人公平，还是无法解决高质量教育上的人人公平。

人们几乎不能同时使用这样两个有关公平的原则，更无法从"公平的教育"原则出发来解决"教育的公平"所面临的问题。

反之,如果一味满足差异性的教育需要,去实现"教育的公平",则根本无法实现理想的教育,去遵守教育的第一原则"公平的教育"原则。"面向全体、促使每一个个体全面发展"的"公平的教育"与教育"要满足不同个体不同需要和每个个体不同方面的不同需要"的"教育的公平"原则仿佛始终站在一个对立面上。

两种"公平"的脚步难以协调,在社会层面的"公平的教育"的理想追求和教育层面上的"教育的公平"的实践之间,我们似乎只能进行一次被动的选择,选择"教育的公平",就被迫要放弃"公平的教育"原则中最核心的部分。

或者只能在两个不同的层面上去使用两种不同的公平,在社会层面上,使用"公平的教育"原则,推动教育普及率的进一步扩大,改善办学条件;而在教育实践的层面上,放弃"公平的教育"原则,使用"教育的公平"原则,强调面向不同个体的不同教育。然而,这时我们又无法实现"面向全体全面发展"的教育理想和追求。

有人认为不能将"公平的教育"与"教育的公平"对立起来。"既不能单纯追求不公平的优质,也不能追求低水平的公平""在优质发展过程中求公平,在公平发展过程中求优质"[9]。这当然没有错,但要追求整个基础教育的优质,不仅需要外部资源配置的公平,还更加需要内部教育质量整体的提高,即实现"面向全体的全面发展"!这里的优质是整个基础教育的优质,而不是简简单单地选择资优生源所进行的优质教育。

这时,如果依据"教育的理想"用"公平教育"的原则去进行教育,往往会走上了形式主义的路子,行政的干预结果往往是"一统就死"。这种教育受到了来自教育第一线的最严厉的批评,指出这是"划一主义""平均主义",这是在搞"一刀切"!东缨在其所著的《教育大境界》中一针见血地指出:

"看似公平,实则极不公平。

听似合理,实则最不合理。

教育上一刀切,几乎毒满教育全身。几乎不分地域、城乡、民族,干啥'一二三',起步一声令,套路一个样,要求一顺水……

一刀切,切去锋芒,切去特色,切去神奇!"[10]

然而更为可怕的是,在这"一刀切"的表面现象背后,驾驶着"公平教育"大车的老师们却将方向盘转向了"差异教育"的实践领域。在教育实践中，人们毫不犹豫地放弃了"公平的教育"原则，选择了"教育的公平"原则。

今天的各种各样的改革方案，或有这样的成效，或有那样的效果，但都未能对此有所突破。相反，当人们在"两全发展"方面找不到解决方案或突破口时，便希望通过寻找更合乎逻辑的理论来解释我们遇到的困境。

当今风行一时的"多元智能理论"就是最典型的一例[11]。人们一方面要强调教育的作用；另一方面又要回避教育面临的难题。于是乎多元智能穿新鞋走老路，将人们对智能的整体认识转换为对各个部分的关注，将人们对于智力的质量高低好坏的关注转向智能的结构倾向性关注。指出人的智能是多元的，并且每种智力相互独立，有强势智能，也有弱势智能，每个人的智力仅仅是存在着结构差异，并不存在好坏不同，这是天赋的特点。

通过这一理论描述人们似乎看到了教育的新希望，人们用"没有差生，只有差异；没有好坏，只有不同"来解读差异现象；人们提出"人人成才，才才不同"来注解差异教育，终于为"扬长避短""因材施教""顺乎个性"等口号找到全新的依据，使得这些古老的法宝再一次大放异彩。

这种说法一方面给每个人带来了希望，使教育不再歧视原来认为的"差生"，也为在教育改革中为追求面向全体全面发展步履艰难、苦苦探寻的人们找到了一种合情合理的解释。教育之所以不可能导致全体受教育者高质量的发展，不能使每个受教育者全面发展，是有内在原因的，那不是教育出了问题，而是由人们本身的多元智能结构特征所决定的，是由于人们的遗传结构性差异决定的，人生来就在不同领域存在着先天强弱的差异！

因此，这时的选择是学校依据学生差异进行的针对性选择，这时的公平是为"资优"学生提供更优越教育条件的公平。然而，这样一种现实的理解，又远离了理论上关于公平与选择、公平与优质的认识。

在实践中，人们依据教育理论行事，将"教育的公平"原则理所当然地上升为教育实践的第一大原则，势必将"公平的教育"原则边缘化或弱化。然而，"用差异化的方法对待差异化的人"，其最终的结果却是加大了群体的两极分化，个体的结构性失衡。

造成这一冲突的根源首先是"公平的教育"追求从来没有回到发展的起点上去，而"公平的教育"如果不从起点上开始，就再也难以找到适当的机会了。于是起自某个年龄阶段上的教育就必然会让位给了有差异的公平，即教育的公平。

(二)"基础发展需要"与"不同发展需要"的矛盾

"公平的教育"与"教育的公平"之间的矛盾，似乎来源于如何公平地对待差异这一问题。教育要满足不同个体的不同需要是差异教育的核心。

今天，在教育实践领域，无论是理论界还是教育的第一线，教育者几乎都一边倒地坚信教育要满足"不同人的不同发展需求"这个重要的差异教育原则，并在教育第一线中实践着这一信念。

这种信念的产生源于人和人之间存在的差异，教育不能无视这种差异。个体不同，兴趣不同、爱好不同、特长不同、多元智力的结构不同，一句话天赋不同。

教育只有因材施教，尊重个体的差异如兴趣、爱好、特长等个性特征才能最终实现以人为本的教育目的。这就是教育最根本的原则——教育的公平原则，它的核心是要让教育满足"不同人的不同发展需求"，体现出以个体个性为本的教育关怀。

然而，走出这种离开实际年龄阶段的抽象讨论，走出关于个体差异的讨论，冷静地思考基础教育的追求时，我们发现基础教育的真正目标是要实现"所有人的基础发展需求"！

正如1990年3月世界全民教育大会上通过的《世界全民教育宣言》强调的那样：每一个人都应能获益于旨在满足基本学习需要的受教育机会。如同解决温饱一般，这是一个面向所有人的基础共性需要。越是孩子年龄小，这种共性的追求就更加明显，如为了满足新生儿的成长需要，所有母亲只需要提供奶水就足够了，这里无须强调饮食的差异。

显然，在成长过程中，教育要满足"不同人的不同发展需求"和教育要满足"所有人的基础发展需求"所使用的教育原则并不相同。

如果认定基础教育是要解决"不同人的不同发展需求"，那么应当强调差异化的教育，并沿着现行的差异教育原则走下去；如果认定基础教育是要解决"所有人的基础发展需求"，那么应当强调灵活性的教育去实现共同的教育目标，就必须走出现行的教育思维模式。

国际社会的共识是教育要满足所有人的基本学习需要。基础发展需求是相同的，是社会对个体提出的一个基本要求，而不是个体自身发展出的一种要求，它是个体可持续发展的基础。基础教育首先要完成这样一个基础性的目标，我们并不希望从基础教育开始就去追求差异化的教育目标，而是要想办法让所有人实现那些最基础的共同发展目标。

这时"教育的公平"不再是追求让教育满足"不同人的不同发展需求"，而是与"公平的教育"一致，要满足"所有人的基础发展需求"。促使机会均等和质量均等是基础教育发展的唯一公平原则。

然而，今天，满足不同个体不同发展需求的教育占主导地位。不幸的是，这一特征并没有为教育实践与教育改革带来生机与活力，同时又因为对不同需要的错误理解，把满足不同个体不同需要的教育变成了选择性的教育。

(三)"全面发展"与"个性发展"的矛盾

"全面发展"是基础教育的另一项追求。我们的教育方针是让受教育者德、智、体、美、劳等各方面全面和谐发展。然而在差异教育理论指导下，在教育实践层面则更多地强调教育要尊重学生的差异，要促进每个学生的个性化发展。

全面发展强调的是"全面、和谐与均衡"，而个性化发展强调的是"个性、自由与差异"。这样不同的追求，使得教师无所适从，提全面发展的要求，发现人是存在差异的，每个人都不相同，不提全面发展的要求，又违背基础教育的理想追求。

今天，人们对教育结果的普遍不满是"个性发展不足"，它成为当代中国基础教育最严重的问题之一。人们确信这一问题的本质是教育的"差异化不足"，没有能够很好地"因材施教"、没有能够很好地根据个体的差异进行必要的差异教育，教育没有满足不同个体的不同需要，正因如此，才导致了个性发展问题严重。

然而，差异教育的改革一天也没有停止过，直到今天人们也没有从这种改革中看到问题解决的希望。相反，个性不良发展成为更为突出的教育难题。

可见，今天的教育最严重的问题是将全面发展与个性发展对立起来，在追求所谓的个性发展过程中，对于个性发展的理解出现了严重的偏差，结果是追求个性化发展没有做到，反倒表现为个体的全面发展失衡，综合素质低下，无法适应可持续发展的需要，无法适应发展进步的需要。

在教育理想和教育理论之间，为什么会有这么多的差异存在？

针对这些问题，我们几乎左右为难。面对差异的群体，难道差异教育错了吗？教育不正是要追求差异化的教育吗？如不能有效地满足不同个体的不同需要、无法更好地"因材施教"、没有尊重个体的兴趣、爱好与特长，最终不会导致个性化发展不足、创造力低下等问题出现吗？

但是，依照差异教育理论去追求差异教育，会面临更多的困惑与难题。基础教育的本质到底是什么？基础教育的追求到底是什么？差异化教育真的是基础教育必然的选择吗？

第二节　差异教育的出路

一、差异教育分析

在追求教育理想的征途中，教师遇到了教育理论的路标，它引导人们走向差异教育的实践。然而，把差异化的教育理解成反对平均主义式的、可以满足不同个体不同需要的真正公平教育，并没有给教育带来新的希望。

深入思考差异教育理论，最终发现，所有的问题都与人们对差异教育的误读有关。事实上，错误地理解和实施差异化教育是基础教育一切问题产生的根源！

(一)差异教育的概念混淆

显然，对待差异教育，人们的理解远远不是局限在对差异的先天或后天的判断上。最本质的问题还在于，差异教育在实践中还混淆了各种经常使用的教育概念，导致你中有我，我中有你。

正是这种混淆，扩大了差异概念的外延，模糊了差异概念的内延，使得人们对差异教育的认同达到如此的地步。

因此，有必要将所有混淆的概念区分开来，才可能继续讨论差异教育的问题。

1."因人施教"与"因材施教"

在教育实践中存在着两个相关但又不同的词语，一个是"因人施教";一个是"因材施教"。人们看到了它们之间的相同点，但很少关心它们之间的不同，常常因为使用上的方便，将两者混合使用，更是用"因材施教"作为代表。

结果，"因人施教"的教育原则被无形地替代了，也同时被边缘化了。

我们认为，在基础教育中这两项教育原则是根本不同的原则。

(1)"因人施教"

"因人施教"强调的是教育要指向每一个个体，它把个体作为一个完整的教育对象，重视教育要有针对性、要符合受教育者当时的状态。不同的个体，学习起点不同、学习状态不同、学习条件不同、学习环境不同，教育要根据这些不同，掌握情况、把握机会、因事利导、顺其自然、针对性地、反馈性地作出教育判断和选择，灵活多变地提供教育方法与策略，尽可能地激发个体的学习兴趣，最终促使每个个体实现教育的基础目标、达到理想发展水平。

(2)"因材施教"

"因材施教"强调的是教育要指向个体的差异，它把个体表现出来的"差异"或"材"作为重点的关注的对象[12]。重视在个体身上已经表现出来的天赋、兴趣、爱好、特长等差异品质，并以这些为教育的依据。它需要将不同的人进行不同"材"的区分，将同一个人的不同方面进行差异性的比较，分辨出优势或强项。

因材施教的最终目的是通过扬长避短有针对性的教育，使不同的个体显示出更加明显的区分度，把从个体身上最初看到的差异，充分表达出来，以便使得个体的优势得以张扬，这也就是所谓的个性化教育的目标。

(3)因人施教与因材施教混淆的原因

尽管"因人施教"与"因材施教"是两个完全不同的问题，属于两个根本不相同的范畴，但仔细分析便会发现，"因人施教"与"因材施教"存在着某种表面的混淆性和语义上的关联性。

从字面上看，"因人施教"与"因材施教"似乎相同、相近，不去深究几乎不会在意它们两者之间的差异，"因人"或"因材"的"施教"都是指向个体的教育，说法上也差异不大。

从语义上看，两者都包含有"指向性"与"针对性"的教育含义。

因此，在很多人的意识里，"因人施教"其实就是"因材施教"的另一个说法，两者都没有根本的区别。

（4）正确区分两者的差异

事实上，"因人施教"与"因材施教"分别代表了"灵活性"教育原则与"差异性"原则。教育者一定要将两者区别开来，因为正是这两者的混淆，使得差异教育在改革之路上一路畅通，备受追捧。

2. "灵活教育"与"差异教育"

（1）灵活性教育

在基础教育中，人们强调教育要具备足够的灵活性，认为教育是一门艺术，需要因人、因时、因地、因物采取灵活多变的教育方式以达到"共同"的教育目的。

这种教育承认差异的客观存在，尊重人的多样性特征，但对个体差异性归因的看法，主要偏重环境教育影响。认为差异不是固定不变的、先天的，而是后天形成的、是一种暂时的情况，可以通过教育加以改善。

基础教育的目标是所有个体都能够达到的共同目标，个体在实现基础教育目标上表现出的差异，是可以通过灵活的教育克服的。教育只要灵活地对待每个学生，依据他们自身表现出来的特点进行灵活的教育，就能使他们最终达到统一的基础教育目标。

这种教育观相信每一个学生都是可以施教的，"没有教不好的学生，只有不会教的老师"表达了这种信念。可以说，"因人施教"是这种观点的代表口号，灵活教育是它的原则，它一直是一线优秀教师的育人手段，在众多的优秀教师教育教学的经验介绍中，我们实际看到的并非是因材施教的成功，而都是灵活教育鲜活的案例。

（2）差异化教育

在基础教育中，差异化教育观点认为教育要强调差异性，认为教育的本质是根据个体的差异性，去制定差异化的方案，并通过差异性的教育达到"差异性"教育目的。

差异化教育强调个体的差异性是一种必然，是一种天赋，教育只有尊重和充分利用这种差异，以期通过差异的教育更好地强化和区分出个体的差异特征。

其中，选拔教育就是典型的差异教育，它具备我们所提到的这种特性。而"因材施教"教育原则是差异教育的代表口号，尊重兴趣、爱好、特长、天赋的教育原则是差异教育的具体表现，它们一直深刻地影响着教育实践，影响着群体中每一个个体的发展。在上面章节中我们提到，无论是在地区、学校、班级中这种差异化的教育现象都广泛地存在着。

由于认知上的模糊，人们在基础教育中常常将这两个教育原则混淆使用，并不去区分"差异教育"与"灵活教育"两者的不同。

更是将"因人施教"与"因材施教"的差异，常常用"因材施教"一个词来包含或概括。强调差异教育用到"因材施教"，讲到灵活教育也用"因材施教"。结果导致了关于"差异教育"和"灵活教育"的混淆，"因材施教"与"因人施教"的混淆。

于是便出现了一种特殊的现象，当你希望指出差异教育的问题时，你会受到来自方方面面的指责，人们一千个不认同，一万个反对。人们举出大量的实例来证明差异教育的好处，但仔细分析他们反驳的理由和举例，你会发现，他们指责的原因并非来自对差异教育的实例，所有指责实际上是来源于对教育灵活性的认同，他们是站在拥护灵活教育的角度来支持了差异教育。

正因如此，在多数情况下，这两种认识在人们的心里并没有明确区分开来，常常混淆在一起。所以，一提差异教育人们往往会产生一种混合的反应，一方面把"差异教育"理解成因差异而进行的教育；另一方面又把"差异教育"理解成灵活而不同的教育。

（3）差异教育与灵活教育混淆的原因

尽管，教育的"灵活性"与教育的"差异性"是两个完全不同的问题，属于两个根本不相同的范畴，但仔细分析便会发现，教育的"灵活性"与教育的"差异性"两者之间存在着语义上的某种关联，都包含有"不同"和"变化"的含义。

教育的"灵活性"是强调要根据个体的现实差异，用不同的方法灵活地对待不同的学生；教育的"差异性"也是强调要用不同的方法对待不同的学生。在这一点上，两者似乎是相同的。正是这种关联性，使得人们往往将两者混淆使用。

但是，在教育领域中，"灵活性"教育与"差异性"教育属于完全不同的范畴。正是这两者的混淆带来了教育实践的混乱。

为了真正搞清教育实践中存在的问题本质，有必要将混淆在笼统的差异概念中的这两种不同的认识加以区分。尤其在基础教育领域中，有效地区别这两个概念将会使人们更清楚对问题性质的确定。

（4）正确区分两者的差异

实际上差异教育与灵活教育的区别是"因材施教"与"因人施教"的区别。

首先，无论是"因材施教"代表的"差异教育"也好，还是"因人施教"代表的"灵活教育"也好，它们的共同特点都是指向学生的差异，两者都承认差异的客观存在，教育要基于差异而进行。所不同的是，两者对差异的归因不同，最终的追求目标也不同，从而所使用的教育逻辑不同。

差异教育认为，差异是个体身上固有的天赋特征，它是一种不变的结构倾向与特征，从而教育者往往把差异当成教育的起因。真正的差异教育目的是根据个体的现实差异，寻找符合该个体发展的差异化教育方案以达到强化个体"差异化"的发展目标。这使得差异教育在差异的归因上带有天赋归因的倾向，而在教育过程中，它更多的是一种区分手段，如根据能力特点、智力倾向、特长、爱好进行的选拔教育或区分对待，最终将在教育之前就发现的差异更清楚地表达出来。

差异教育的目的是要反映出不同的目标追求。这在当今的教育界非常普遍，超常教育、资优教育、特长教育、普通教育，重点学校、特色学校、文理分科教育、兴趣班、实验班等都反映了这一差异教育手段的使用。这是当今教育界客观存在的一种差异教育现实，谁也不能无视或否认它的存在。

在这种做法的背后存在着因"天赋差异归因"而形成的"因材施教"的差异教育理论，强调的是个体存在着天赋的差异，这种差异包括兴趣、爱好、特长、能力水平等方面，教育要利用这些差异。

灵活教育认为，差异是客观存在的，但我们所看到的现实的差异往往反映了某种环境与教育的影响结果，并非是一个人固有不变的特征。

每个人都存在着各种潜能，可以通过灵活多变的教育方式使得个体的潜能得以开发。因此，真正的灵活教育，应当是根据个体的现实差异以及某时、某刻、某地个体的心理状态、环境条件进行朝向统一目标的灵活处理，采用灵活多变的教育方式、生动活泼的教育手段以达到基础教育"共性化"发展的目标。

它在差异归因上更多的是后天归因，在教育过程中，它更多的是一种方法层面上的选择。如使用不同的方法促进学生学习兴趣的提高与改善，促进学生全面发展，提高各科的学习质量，使更多地学生达到基础教育的共同目标。

在教学第一线所有的优秀教师都是这样做的。这种做法的背后是"天赋潜力论"下的"因人施教"的灵活教育理论。强调的是所有的学生都存在发展的潜力，教育可以影响他们、改变他们。

3. "求异教育"与"差异教育"

追捧差异教育的人们还有一个极其现实的理由，那就是今天的教育太过一刀切，太过标准化，缺少变化，总是千人一面，结果使得教育出来的人失去了鲜活的个性特征，没有主见、没有创造力、没有生命的活力，死板而又僵化，表现为高分低能。这种现象是当代教育的一大顽病，为了改变这种状况，人们认为就一定要强调差异化的教育。

然而，正是这种强调却混淆了"求异教育"和"差异教育"的区别。尽管，"差异教育"与"求异教育"都含有一个"异"字，在语义上都有"不同"的含义，但两者之间有着本质的不同。

（1）求异教育

"求异教育"是针对"求同教育"而提出的一个教育概念。它本质是对所有的人给予相同的求异训练，促使每一个个体具有灵活思维、求异思维和创造性思维的品质，这种品质对于每一个个体而言，是一种相同的目标。

它的目的是要克服"求同教育"的问题，所要做的则是，针对今天的教育太标准化、太过死板、太缺少求异思维的要求与训练的缺陷，对学生进行多元思维、发散思维、求异思维的训练，更多地提供一题多解的训练，提供开放式的问题解决方案，避免总是统一的标准答案，死板的照本宣科，僵化的评价。

从方法论上看，培养有主见、能够独立思考、具有创新能力的人存在着教育的共性规律。从求同性向求异性的转变，并非要改变教育的共同规律性，更不是要选择差异教育。

（2）差异教育

关于差异教育，已反复讨论过，它的本质是对不同的人给予不同的教育以达到不同的目标，在此不再多谈。

（3）求异教育与差异教育混淆的原因

尽管，"求异教育"与"差异教育"是两个完全不同的问题，属于两个根本不相同的范畴，但仔细分析会很快发现，不仅"求异教育"与"差异教育"存在着某种语义上的关联性，更重要的是"差异教育"把自己与"同质教育"看成正好相反的教育类型。

强调差异教育的人们指出，今天的教育太强调同质教育而忽视个性化发展，僵化的、千篇一律的、整齐划一的教学模式几乎成为教育最严重的问题，它成为阻碍个性发展的关键。因此，我们要强调差异化教育促进个性发展。

这样的观点乍一看让人赞同，但仔细推敲就会发现，这里涉及一对概念需要搞清：这就是"同质化"与"差异化"的关系。

从上面的内容可以看出，对忽视个性化发展的诊断存在着两个不同的阶段。第一个阶段是现象诊断，它是根据个性化发展不良的表现得出的，如个体没有主见，缺少独立思考和创新能力等，导致这些现象的结论是"同质化教育"。

这一诊断没有错，应当是对当今教育问题的一种准确判断。然而，为了找到针对性的解决方案，好对教育"对症下药"，人们对"同质化教育"的病因进行了诊断。

正是在这个阶段，人们对如何避免同质化教育进行了语义上的推理，由于今天培养的人总体看来都缺乏主见和创新能力等，太过于同质化，那么，原因一定是与"同质化"概念相反的"差异化"教育不够。

其中"同质"与"差异"表面看是相反的概念，因此，避免"同质化"就一定要追求"差异化"。这一结论使得人们相信只有大力推动差异化教育才能解决个性发展不足的问题。

但是，这一言判使得我们抬对了脚却迈错了步，即从同质化教育的泥坑中抬起脚来却迈进了差异教育的陷阱里越陷越深。

首先，我们认同当今教育的重大问题之一是培养的学生个性化发展不足，但出现这样的问题真的是差异化教育不足导致的吗？

从人们对问题的归因可以看出，个性化不足最根本的原因是教育的"同质性"所致，是教育过于僵化、过于千篇一律、过于标准划一的结果。台湾作家罗兰女士曾对此提出过深刻批评，她认为："学生们答考卷，要求整齐划一，老师说什么，学生答什么；课本怎样写，学生怎样背。观念与想法，被限制为固定的形式。只为阅卷省事，却造成学生不敢独立主张，只知盲目跟众的习性，走入社会之后，也难免还是用这种方式来处理事情。"有识之士指出，中国的考试制度已成为最完善的求同训练，它促使人们都朝着一个共同的标准答案努力，造成了个性发展的缺陷，如没有主见，人云亦云，僵化而缺乏创新能力等。

对个性发展不足问题的这种归因，我们认为是客观的、准确的。但由此进一步推导这是差异教育不足，显然是值得质疑的。我们怀疑，同质化与差异化是否真的是一对矛盾的两个方面？从语义的表层关系来看，同质与差异确实是相反的两个概念，因为差异就是不同质。

然而在教育的层次上，与"同质教育"相对应的却并不是"差异教育"，而是"求异教育"。正是"求异教育"与"同质教育"构成了一对矛盾的两个方面，其中"同质教育"实际上就是"求同教育"，而"求同教育"与"差异教育"并不是一对矛盾的两个方面。与"求同教育"相反的应当是"求异教育"，而非"差异教育"。"求异教育"与"差异教育"并不相同，无法在两者之间画上等号。因此，我们还有必要对两者关系加以区别。

（4）正确区分两者的差异

想改变教育的同质性，并不能通过增加教育的差异性来达到。如创造力不足是个问题，但创造力是可以培养的，培养创造力有其自身的规律，这种规律不是指向个别人的，而是指向所有人的。培养创造力的方法不是只适合个别人，不适合其他人的方法，是适合所有学生的方法。不能说因为谁具有创造天赋而给予更多地创造性培养，而另一个人可能根本没有创造性，无须在培养创造性上多下工夫。教育要解决的是培养所有人的创造性。

再有，一题多解的能力是可以培养的，培养一题多解的能力是有规律的，可以通过发散性思维训练和对个体提出开放性解决问题的要求来达到。

"求同教育"和"求异教育"并不是对立的两种教育，而是教育的不同阶段。求同与求异两者的区别在于，"求同教育"是整个教育的前半部分，"求异教育"则应当是后半部分，是整个教育的延续。

"求同教育"往往根据最普遍的原则给出答案，答案往往单一、固定；"求异教育"则要从最普遍的原则开始延伸下去、发散开去。如果你的教育总是停留在限定答案的问题的回答上，那么就是求同训练，如果你开放问题的答案，那就是求异训练。

为了方便理解，举两个例子说明如下：

如果要求学生回答"三个人分三个苹果，每个人分多少"这样一个题目，而正确答案只能有一个，那么"一人一个"是标准答案。因为，这个答案最符合公平原则，因此，也是最常见的标准答案。

可以说，教育为什么会有求同教育，原因就在于对很多问题的回答都存在某个背景下的标准答案，这个答案不是一个错误的答案，而是一个大家认可的答案。

如果教育总是到此为止，那么就是求同教育。如果总是提供这种教育，人们的思维就会固定和僵化，它会严重束缚人们的思维灵活性和创造性。

如果教育由此继续向前，告诉学生分配往往存在不公平的情况，这时的答案会有哪些。那么，我们会看到不同的答案出现。如其中一个人可以只分半个，一个人分一个半，还有另一个人分一个……可以说分配的方法各种各样。

在教育过程中告诉学生这一点非常重要，它是求同教育的延伸和展开，是求异教育。它是培养灵活思维、求异思维、发散思维的关键。

再如，"树上有五只鸟，一枪打死一只，还剩几只"。如果这不是一道脑筋急转弯的题目，那么标准答案应当是"还剩四只"。因为问题的本质是五只活鸟，打死一只，还剩几只活鸟。但这样的题目往往是脑筋急转弯的题目，常常给出的答案是"一只也没剩，全飞走了"，这是一个求异教育的过程。

实际上，强调发散性思维或求异思维的训练，答案远远不止一个，同样可以是多种多样的。可以全飞走了，可以是留下三只、两只、一只，也可以是全都死了，被惊吓而死，当然也可以只惊吓死了一只、两只或三只等。

这两个求异思维训练的例子，都不能归结为指向个体的差异教育，而是一种指向全体的共性教育。在共性教育中，教师要追求教育的灵活性，追求求异思维，追求不同的答案与结果、追求开放性的评价。

事实上，我们并不是期望不同的人各自说出一种不同的结果，就满足于个性教育的成功。我们追求的是每个人都能灵活地思考，说出多种不同的结果来。当然，这些结果必然与个体的经验、经历、知识相关联，从而表现出个性的特征来。但让学生们都能说出多种不同的结果来的教育，并不是差异教育，而是求异教育。

心理学家奥托指出，所有的人都有惊人的创造力，而创造力的开发取决于"开放的思维"[13]。教师不应再简单地给学生灌输思想、观点、知识、而要给他们创设追求创新、发展思维的时间和空间，让他们自由地、无拘束地成长，敢于遐想、勇于争辩，脱出墨守成规、拘泥成规的"雷池"。

教师的作用是：当学生的思维沉睡时，老师帮助唤醒；学生思维启动时，教师进行引导；当学生思维僵化时，教师需助其灵活；当学生思维断裂时，教师帮助衔接；当学生思维堵塞时，教师进行疏通；当学生思维模糊时，教师适当点拨；当学生思维散乱时，教师给予梳理，当学生思维走入死胡同时，教师协其掉头；当学生的思维停止时，教师要予以激活；当学生的思维麻木时，教师给予当头棒喝！教师要不断创造出思维的空间和维度，不断地打开思维的通道与路径，让思维的灵活、开放、求异成为教育永恒的主题；教师只有不断地点燃学生思维的引线，才能引爆学生想象力和创造力的万丈火花。

4."差异需要"与"差异表现"

"教育要满足不同个体的不同需要"是一个非常诱人的教育理想，也是一个极易让人接受的教育原则，然而，在实践中这一教育原则却难以兑现。

这是因为，在教育实践第一线，差异教育者根本无法准确地判断不同个体的不同差异需要，人们唯一做的事情是，根据"差异表现"，而非差异需要进行差异教育。

然而，"差异需要"与"差异表现"并非同一回事。

（1）差异需要

所谓"差异需要"即不同需要，是指不同个体内在的不同学习需要和发展期望。它深藏在每一个不同个体的内心深处。如果差异教育能够真正发现每个个体的这种需要，并实现它们，那么这样的教育应当算作可以"满足不同个体不同需要的教育"。

然而，在教育实践中，人们很难确定差异需要，人们很难确定个体内在的不同学习需要和发展期望，他们确定差异需要所依据的是另一种外在的现象，这种现象即"差异表现"。然而，差异表现往往并不能反映个体的内在需求和发展的愿望，因此，是一种表面现象。根据这种表面现象来确定个体的需求，显然是远远不够的。

（2）差异表现

差异表现，是指个体已经表现出来的差异特征，它是一种在某一时刻存在着的客观现象。我们必须充分意识到，这种现象并不完全反映个体内在的差异需要，仅仅是个体在某一时刻表现出来的表面现象。

一个人显示出某方面的兴趣，不等于这个人仅有这方面的需要，更不等于这个人永远有这方面的发展兴趣；相反，一个人在某方面没有显示出特长或爱好，也不等于这个人没有这方面的需要或天赋。

将个体的"差异表现"理解为"差异需要"是差异教育变成标签教育最重要的根源。

（3）"差异需要"与"差异表现"混淆的原因

差异教育者认定差异表现是个体不可变的品质，因而显示出来的差异一定反映了个体的差异需要。然而，如果差异表现的只是某个特定时期里差异环境和差异教育的影响结果，那么，不同的环境教育就会形成不同的差异表现。

这时，差异表现并不反映个体内在的不同需求，而是反映了环境和教育的差异影响。把这种环境和教育的差异影响而导致的结果，理解为个体的差异需要是一种严重的错误。

例如，一个在运动方面有缺陷的孩子，在运动方面总是不如别人，但是他非常羡慕别的孩子，总是梦想自己也能跑得很快，希望自己能够比过别人，能成为第一。我们想问，这个孩子的真实需求到底是什么呢，是教师看到的现象吗？

按差异教育原则如果采取扬长避短，尊重特长的原则进行教育，则这个孩子真正的内心需要就会被更彻底的忽视，运动机会不会增加，只会更少，他不会有机会参加运动会，他不会有机会在运动上获得成功体验，他的挫折会更多，直到他放弃所有的希望，并承认自己真得不如别人。

如果真的利用差异教育原则这样去教育孩子，不仅违背了教育要面向全体儿童的公平教育原则，也违背了教育需个体需要的原则。

再如，一个胆小不敢在课堂上回答问题的学生，因为不举手而很少被提问，更加没有注意去发展他的胆量，提问总是给了那些主动举手的孩子，这是按不同需求提供不同的教育吗？

不是，胆小的孩子内心可能更加希望自己也能像其他胆大的孩子一样站起来回答问题，但心理障碍使得他无法做到，这时的教育不是要根据他表现出来的现象而回避提问，更加需要的是使得这样一个孩子能和其他孩子一样大胆主动发言。

回想每个人的成长历程，我们就会发现，所有的人都存在没有实现的渴望与理想。是谁忽视了它们的存在？差异教育！

（4）正确区分两者的差异

因此，在教育实践中，必须小心翼翼地区分不同个体的不同需要。换一个视角看问题就会发现，学生的发展需要是内化形成的，首先是一种国家对基础人才标准的需要，正是这种需要转化成个体发展的需要。这种需要不是表面的差异表现，而是全面发展的需要。

教育要想真正地满足所有个体的不同需要，就要满足不同个体全面发展的需要。由于每一个个体所存在的环境不同、经历不同、受教育的影响不同，所以表现出不同的特征与品质，根据这些不同的表现，找到差异所在，挖潜补短，促进个体全面发展，这才是最终的差异教育。

5. "社会基本需求"与"个人特殊需求"

差异教育重视不同个体的不同发展需要，结果混淆了社会的需要与个人需要之间的关系。在基础教育中，必须区别社会基本需要与个人特殊需求这两个概念，与其说基础教育强调重视个体的发展需要，不如说基础教育重视社会对个体的发展要求。

（1）社会要求

为了让所有的个体能够融入社会的发展进程，适应社会变革，使得他们具有良好的社会化水平，获得可持续发展的基本能力，更好地成长为将来服务于社会打下坚实的基础，世界各国都希望通过基础教育来提升个体的基础素质，为国家的长远发展储备人才。

为此，各国为基础教育所制定的发展目标，被认为是最基础的、是所有个体都可以达到或完成的目标，也是个体社会化必须达到的基本要求。

可以说，这个要求不分你我，不分男女，是一个统一的要求，是一个义务教育强制性的要求。正是这种要求的性质决定了基础教育要"满足所有个体的基本发展目标"。而且，人们普遍认定，这个统一的目标是所有人都可以达到的共同目标，也是必须达到的基本要求。

从这个层面上看基础教育的功能，会有不同的解读。即基础教育并不是为了满足个体的不同需求而设置的，它的目的是要实现社会的基本需求。而在基础发展目标实现后，才会真正面对个体的不同发展需要来应对社会实践的多种需要。

（2）个人需求

说到个体的需求，应当也有所区分。一个是个体发展的基本需求，它应当与社会对人的基本需求有关，反映了社会对个体的基本要求；一个是个体发展的特殊需求，反映了个体的差异性与选择性，兴趣与爱好，它的发展将与社会的特殊需求有关。在个人的需求中，只有特殊需求存在着差异性。

（3）社会要求与个体需求混淆的原因

在基础教育中，人们之所以容易将社会的基本要求与个体的特殊需求相互混淆，一方面是因为教育的指向性决定的。由于教育指向每一个个体，因此当我们说教育要满足个体的需要时，就忽略了基础教育要满足基础教育的社会要求这样一层内在的含义。

当人们追求教育要满足个体的需要时，自然而然地会更多地考虑到个体的差异性指标，因此强调教育要满足不同个体的不同需要。

不仅仅如此，另一方面，人们还会根据教育的最终目标，即教育要最终满足不同社会角色的需要，培养出不同岗位、不同职业、不同类型的人才的目标来还原教育的追求，这时，人们坚信教育要培养出不同类型的人、有差异的人！教育只有满足不同人的不同需要才能最终培养出适合社会方方面面发展需要的人才来。

（4）正确区分两者的不同

社会对人的基本发展需要和社会对人的特殊发展需求并不相同，反映出社会对人的发展两个层面上的要求。

原本这两种需要对应个体发展两个层次上的需要。社会对个体的基本需要事实上应当是一种强制性的要求，不管你将来从事什么职业、在什么岗位上工作、扮演什么样的角色，都需要达到的基础要求、都要求具备的基本素质。而社会对不同岗位、不同职业、不同类型人才的需求，是一种多元性的需求，这一性质决定了当基础教育目标达成后所进行的教育具有选择性、多样性、差异性和非强制性等特点，它不具备统一要求的性质，可以根据个体的兴趣、爱好选择而定，这时的教育就一定要满足不同个体的不同需要。这种需要相对基础需要是一种特殊需要，因此，教育也要差异化、个性化。

事实上，在基础教育阶段，依据差异教育理论而强调教育要满足不同个体不同需要的原则与基础教育目标并不相同。个体的不同需求与社会的基本需求并不对应，社会的基本要求对应的是个体的基础需要，而社会的特殊要求，对应的才是个体的特殊需要。

如果真要对这两种需要进行区分的话，我们应当把基础教育看成是社会对个体基本发展要求的教育，它的功能是使所有个体达到社会基本要求的发展水平，从另一个角度看，它就是个体的基础需要。

而高等教育（包括过渡阶段的教育如高中教育）则可以看成是完成社会对不同人才需要的教育，即专业化、职业化的教育，它的功能是使不同的人达到不同的社会岗位、职业的要求，从另一个角度看，它就是个体的特殊需要。

因此，社会需求与个体需要事实上是基本需要与特殊需要之间的关系。在基础教育阶段要实现的是基本需求，而不是特殊需求，强调教育要满足所有个体的基本发展目标成为不可替代的教育原则。

（二）正确理解个性化发展与个性化教育

个性、个性化发展与个性化教育是今天基础教育中反复提及的与差异教育密切相关的概念，研究讨论差异教育不可避免地需要面对它们。

可以说，在人们追求个性发展的努力之中，同样存在着许多误区，这些错误的认识与观念同样左右着差异教育的实践，产生出不同的结果。因此，正确认识个性与个性化发展，是搞好个性化教育的关键，也是正确认识差异教育的重要途径。为此，我们将话题转向以下问题：

1. 不同个性与良好个性

强调差异教育一个极为重要的理由就是为了促进个性发展。为此，首先要问：在差异教育大旗之下，人们追求个性鲜明、个性独特到底指的是什么？人们对个性发展的不满，到底是指个性差异化不够，还是个性发展不良呢？这是我们必须回答的问题。

差异化教育是追求一种人人有别的个性差异，即不同个体不同的个性呢，还是追求一种人人相同的良好个性，即不同个体具有相同的良好品质呢？

为什么要提出这样的问题呢？这是因为，"不同个性"与"良好个性"

是两个完全不同的概念。从对个性品质的具体描述中能看出，个性特征不仅存在差异性，更存在好坏、优劣之分。

生活中常常会说某人个性鲜明、有主见，负责任、独立思考、主动性强、富有创新能力等，而对另一个人的评价则往往是没有个性、缺少主见、不能承担责任、随大流、极其被动、没有创新能力等。这两组描述不仅反映出个性特征的差异性和多样性，更反映出个性特征的优劣与好坏，显然个性品质存在着质量差异。如一个人的个性可以是一组良好的品质，像勇敢、独立、热情、合作、思考、创新，也可以是不良的品质，像胆小、依赖、冷漠、孤僻、从众、缺少创新能力等。

可见，培养个性良好的人，还是要培养个性不同的人，这是两个不同的概念。

显然，教育要追求的是培养个体良好的个性品质。如果教育只是为了追求个性的不同，那么，今天的教育差异化不足的诊断可以确定。如果教育要追求个体良好的个性品质，如主见、独立思考能力、创新能力等，那么，今天对教育进行差异化不足的诊断就太过表面化，存在严重问题。因为，差异化教育并不能有效地解决个体缺少主见、缺少独立思考能力和创新能力的问题。相反培养个体良好的个性品质，存在着共同的规律，需要通过共性的教育手段来实现。如培养勇敢品质需要的规律是一致的，培养独立精神需要的规律也是一致的。

不能说，创造力是通过个体表现出来的，它作为一种个性品质，必须通过差异化的培养才能形成，更不能说创造力是存在个体差异的，因此，要将具有创造力的人找到加以重点培养。事实上，创造力是我们要追求的一种共性品质，希望每个学生都具有这样的能力。这个创造力的教育不是指向个体的差异性教育而是指向全体的共性的教育。当求异性的思维、发散性的思维、创新性的思维品质与个体结合在一起，就会导致个性化的表现，由于这些品质是良好的品质，因此，培养的个体就具备了良好的个性品质。只有这样培养出来的个体才会千人千面。

我们的结论是，教育追求的个性是所有人具备良好的个性品质，而不是人人不同的个性差异。

2. 个性化发展

在继续分析差异化教育之前，还要对个性形成的基础到底是什么有一个清晰的了解。普遍认为，个性就是一个人与其他人的差异性、区别性、独特性，这样的判断并不全面也不准确。

必须清楚地意识到，个性形成的基础首先是个体本身的"独立性"与"完整性"的统一，这种统一造就了个体的差异性，形成了个体的个性。每一个个体从一出生就是相互独立的存在，这种存在是不以人的意志为转移的，就其本身而言是完整的、独特的。从这个角度上看，个体的发展本身就是个性的发展。

所谓个性本质上是个体在成长过程中形成的完全个体化的特性。每个独立个体的个性是一种个别性，是个体因特殊环境、教育差异、个人经历、自我学习、经验积累以及基因的倾向性相互作用而逐步形成的整个个体的所有品质之总和。

狭义上讲，帮助个体形成良好的个性品质就是个性培养。当我们将符合社会价值标准的共性品质（如勇敢、责任、主动、创造等）植入个体就会形成这个个体的良好个性品质。如将勇敢品质植入张三时，就变成张三是勇敢的，植入李四时，就变成李四是勇敢的。

这时，个体良好品质是一种共性，共性存在于个体身上，并通过个体以独特的方式表达出来，这就是个性。

广义上讲，帮助个体全面完整地发展就是个性化教育。当我们将符合社会价值标准的全面发展需求转化成教育要求植入个体时，就会促进这个个体的个性化发展。

个性的形成或个性化的发展有其自身的原因，人们在发展的整个过程中，作为每一个独立的个体，经历着不同的环境和教育影响，产生了特殊而不同的情感体验，形成了特定而不同的经验与知识结构，内化了特别而不同的道德价值体系，这一切构成了一个个体完整的生命形式，并以一种结构的方式表现出来，每一个人身上表现出来的这种不同的完整性就是个性化。

3. 个性化教育

当我们这样理解个性化时，我们就会清楚地看到真正意义上的个性化教育，是培养有理想、有道德、人格健全、知识丰富、能力超强全面发展的人。我们必须清楚，面向不同的人提供合乎科学规律的共性教育才可以导致个性的充分发展。

只要共性教育符合求异思维、灵活而又发散思考的规律，只要共性教育符合全面的均衡发展原则，每个个体就不会因全面发展失衡，而表现出个性的缺陷来，每个人就会在自己独立的生命底色上表达出各自不同的个性风格来。如同用同一种颜料去混合不同的颜色就会有不同的结果是一个道理。

因此，不用担心不使用差异教育手段就无法培养出有个性的人。在儿童成长的过程中，环境影响一直存在着两种成分，一种是个性环境；一种是共性环境，无论我们怎样增加共性成分，环境的个性部分都不会消除，这个部分就是家庭环境和个人成长经历。

学校的教育正是在这样一个"个体性"的、"差异性"的环境影响基础平台上发生作用的。无论如何追求教育的共性品质，它最终都会植入到个体身上，并与个体遗传、经历及经验相结合，成为个性的特色。

对于培养个性这一问题，如果不从道理上搞清楚追求个性发展的本质是什么，就很难进行真正的个性化教育。

千人千面。教育几乎不可能用一千种差异去面对一千个不同的对象，只能用同一种或几种相同、相似的方法去面对所有的人。但这样一种或几种方法与个体相结合会产生出无数的组合来，其中每一个结果都带有鲜明的个性色彩，这才是真正的个性化教育。

正因如此，并不需要用差异教育的手段来教拼音、也不需要在教唱歌时，因为不同的人发音不同而强调差异教育。我们所要做的事，就是严格追求用统一标准的发音来教学生拼音或唱歌，尽管可以用不同的手段来提高学生们的学习兴趣，但我们的目标是让所有人学会拼音和唱歌。

永远不要担心因为使用同一个标准教出的学生会发出一模一样的音来、唱出一模一样的歌来，以至我们无法区别到底是谁在说话或唱歌。每个学生的发音个性不会因共性教育而消失，它们将依然存在。

我们更不能使用差异教育原则来对待不同的学生，认为谁因缺少天赋而无法学习唱歌，所以要因材施教，差异化对待，只教那些有音乐天赋的人唱歌，而其他人天生就不是唱歌的料。如果真要这样做，基础教育就失去了原来的培养意义，变成一种人为的选拔教育。

如果不从认识上解决个性如何发展这一问题，就只能从语义上找到对应的概念，认定差异教育是解决个性发展问题的出路，寻求通过差异教育来解决问题。

最后重申，在基础教育中，个性化发展并不需要依靠差异化的教育来实现，而只能通过共性化的教育追求来达成。并且，要将个性化发展的概念从仅指个性或性格的良好发展的层面上解放出来，提升到一个更高的理解水平。

真正的个性化发展不仅是指良好的个性发展，更是指个体理想的全面发展或均衡发展。相反，缺少个性化特征或个性化发展不良，并不仅仅指个体本身的个性品质发展不良，更是指个体的全面发展失去平衡，出现结构性的缺陷。

因此，个体的全面理想发展，才是真正意义上的个性化发展。而让所有个体全面发展的教育，才是真正的个性化教育！

有人指责今天的超常教育，反对超常教育最常使用的观点是：很多超常儿童，最终在社会里无法达到人们期望的水平，往往存在着个性发展和社会化发展问题。事实上，应当将超常教育与超常教育中出现的问题加以区分。个体智力超常而社会化水平低下，只能说明个体发展的某种失衡状态，这种状态不能说明超常教育的追求存在问题，只能说明超常教育本身出现了问题。换句话说，高智力低能力和高分低能一样，那不是真正意义上的超常教育。真正的超常教育是高质量全面发展的教育，讲到全面发展自然少不了良好的社会化程度。

只有依据教育的理想去进行教育的实践，追求教育要满足所有个体的基本学习需要，让所有个体全面、和谐、均衡、高质量地发展，只有这样的教育才符合个性化教育的追求，才符合超常教育的原则。相反，依据现行的差异教育理论去进行教育实践，则无法真正实现个性化教育和超常教育。

只有促进所有人的全面、和谐、高质量发展，才会培养出千百万个个性特征鲜明、智力超群的人才。

对这一问题的正确理解，有助于教育改革的方向调整，有助于促进所有人的个性发展。

二、差异教育的出路

(一)差异教育的悖论

看上去，根据差异教育理论，选择差异教育是理所当然的。

因为，在现实中，不可否认差异的存在。每一个人都是不相同的，差异的存在是一个客观的现实，不可忽视。如同人们所说的那样：天底下没有两片一样的叶子，十个手指伸出来不一样长。这些差异的存在正是差异教育的依据。它使得强调差异教育自然而然地成为必然，因材施教、尊重兴趣与爱好、关注个性化的发展成为教育的追求。关于差异教育的追求，可以说是人们关于教育理解最深的情结。

然而，进一步地思考，便会发现这一切源于人们对差异的形成潜存着天赋的理解和归因。正因为差异是天赋的，不以人们意志为转移的，因此，教育只能利用这种差异，而无法改变。

但是，问题也同时来了。如果真是这样，今天的教育就产生了一个明显的悖论。

假设认定先天的天赋差异是个体差异的本质要素，那么，对于这种先天的差异，教育到底能做些什么呢？

所谓天赋差异，就是指各种先天的、遗传的差异。这些差异随着成长逐步地表达出来，不受环境和教育影响，只受到基因的控制。等你看到了它，它已经存在着了，并不需要你去做什么。如十个手指不一样长，生来就是如此，无法改变，差异教育无法帮助它。因为，它的存在并不是特殊教育的产物，也当然不需要什么特别的培养，这就是天性。

这时，如果选择差异教育，那么基础教育的功能则不是培养，而是选拔。同样，我们高度怀疑它在培养人才上所能起的效果，既然强调差异是天赋的，为什么还要强调教育的干预呢？如果因为存在天赋差异而强调差异教育，似乎与理不通，自相矛盾。

然而，之所以强调差异教育，一定是人们相信差异教育可以改变或影响差异的形成。我们利用差异教育所做的一切努力不正是为了这一目的吗？我们确信，只有通过差异教育，才使得个体已经存在的差异更具有区分度，去适合社会不同岗位的需要。因此，这时教育者承认教育的影响力，成为一句潜台词。

然而，如果教育真的可以影响或改变差异，这种差异便不再可能仅仅是一种"天赋"的、不可变的特性，而是一种具有可变性的，可以受到环境和教育影响的特性。

这时我们会问：如果，环境和教育可以改变差异，那么，为什么还要追求差异化的教育呢？为什么还要只提倡尊重兴趣、爱好、特长呢？为什么还要强调"因材施教"呢？为什么不通过这样一种可以改变的特性，不仅重视学生已经表现出来的兴趣、爱好、特长，而且要更加关注学生没有表现出来的天赋潜能呢？为什么不能利用这种可变性来培养学生广泛地兴趣、爱好、特长，以促进所有的个体全面高质量发展呢？

因此，结论是：在基础教育阶段，对于差异教育的选择，无论在何种情况下都是没有必要的。如果差异真的是天赋不变的，差异教育改变不了什么；如果差异是可以改变的，则没有必要依据这种差异进行教育。

不用担心在基础教育阶段，个体的天赋差异会因为教育追求"满足所有个体的基本学习需求"而消失，也不用担心在基础教育阶段，因为向所有的学生提供"全面发展的均衡教育"而使每个人的个性失去光彩。

尽管社会的需求各不相同，社会角色千差万别，但是利用差异、扬长避短去满足社会的不同需要，离基础教育阶段还有一段距离，况且社会不同的职业对人才不仅有职业差异的选择，更有基本能力和基本素质的要求。基础教育正是为了每一个人进一步学习打好全面发展基础的教育，是培养基本人才素质的教育。过早的差异教育只会使全面发展失衡。

相反，如果差异是后天形成的，是在环境和教育的差异中形成的，那么，更应慎用差异教育原则。因为，不能根据已经由环境教育差异导致的个体差异表现，作为差异教育的依据，并在此基础上进一步实施差异教育，这样只能使得原本已经形成的差异更加扩大化。

为了满足所有个体的基本学习需求，不能仅仅根据已经表现出来的兴趣、爱好来选择差异化的教育。个体在不同方面兴趣、爱好的有无已经反映出了教育的差异，不仅如此，智力的高低、能力的强弱、特长的有无都已经预示着有意无意的差异教育结果，在这样一种现实差异基础上实施差异教育，只能是一方面"锦上添花"，一方面"落井下石"，无法"雪中送炭"补人所缺，其结果不言而喻。

更为重要的是，在这里，差异教育的理论失去了它应有的价值。因为，如果客观存在的差异是可以改变的，那么，根据这种可变性，可以充满信心地去追求教育的理想。利用公平的教育去满足所有个体的基本学习需要，利用均衡教育去实现所有个体的全面发展目标。只需要根据社会对人才基本素质的需要，根据由教育的理想引申出的教育原则来进行教育，促进人的发展，而不用担心不按照表达出来的差异方向进行教育，教育就会失去作用。

然而，差异教育并没有停下自己的脚步，它完全走进了教育实践的第一线，并随着时代的发展改变着差异理论自身。

(二)解决差异教育难题的努力

1. 多元智力理论

今天，多元智能理论在教育界异常风行，究其原因可能是当差异化教育找不到出路时，加德纳的理论给出了希望，让我们变得异常兴奋。我们发现加德纳的多元智能理论给了我们追求个性差异的依据，个体存在多种智力，有的这方面强，有的那方面强，因此，智力不存在可比性。一个有音乐天赋的人和一个有运动天赋的人，存在着不同的智力强项，音乐智力和运动智力之间并不存在着质量的对比，不存在好与坏，只存在着维度的不同[14]。因此，教育要依个体的差异倾向特点进行。这种理论纠正了人们对差生的看法，阻止了人们对主科落后学生的死刑判决，给了他们在其他出路上发展的信心。人们似乎看到了教育解决不公平地对待不同学生的希望。

然而，我以为，对多元智能的如此推崇，本身就反映出差异教育遇到了严重危机，它从另一个角度承认了差异教育的标签作用。它在面对"差生"与"好坏"问题上所表现的无能为力，正好可以通过多元智能理论加以解决，人们通过没有"差生"，只有"差别"；没有"好坏"，只有"不同"的解释，找到了差异教育存在下去的救命稻草。然而，我们似乎忘记了"差别"与"不同"到底意味着什么，难道用智力结构倾向上的"差别"就可以回避智力整体的质量"差异"？用结构倾向性的"不同"就可以回避结构倾向性的"好坏"了吗？

不能，根本不能！加德纳从结构倾向性的另一个角度让我们看到了个体智力的不同，但这并不能完全替代人们对智力质量的认识。必须认识到所谓的"不同"不仅是结构倾向性的不同，也同时存在质量的差异。

"三百六十行，行行出状元"，这些行当之间无法比较。但在每一行中所谓的状元都是那个发展最好的个体，而在任何一行里都还存在着实际能力水平不同的人，——"状元"是某一行业中的佼佼者。难道同行之间的差异也不可比了吗？何况基础教育对基础人才的要求并没有行业的区分！

在教学第一线，常常看到好学生往往全面发展，而所谓的差生则多个方面表现出问题来。加德纳用这样一种方式无非是分散了人们的注意力，将一维的天赋高低的质量差异转换成多维的天赋结构的差别。这是一种新的遗传差异决定论。在这样一个学说下，教育要尊重差别、尊重不同替代了教育要尊重差异、尊重好坏的说法，看上去进步了许多，让教育者不仅从一个层面上去了解学生，而且学会了从多个层面上去了解学生。

但在另一方面也为教师教不好课找到了借口，班级语文能力的分化，是因为语言智力的天赋差异，与我的教学无关，他的强项不在我这在其他教师那里。班级数学能力分化，是因为数理逻辑智力因人而异，这是一种再自然不过的现象了，没有什么值得担心。结果是人人找到了班级差异的理论依据。如果这样一种理论因此而风行起来，受到教育界的热捧，并成为教育改革、追求个性化教育的基本理论依据，那将是一种新时代的悲哀。这种所谓多元智力带来的发展，不可能是真正的多元化的发展，它只能加剧个性化发展的失衡，导致群体多极分化。

但可悲的是，人们没有看到问题的本质，一句"没有差生，只有不同""没有好坏，只有差别"的口号，就将教育质量上的问题推得一干二净；一句"人人成才，才才不同"竟成为当今基础教育中追求差异教育理所当然的口号。

然而，当人们把最终的追求目标，如大学的目标，放到基础教育中来的时候，人们又在差异教育的道路上走得更远了。事实上，基础教育与大学教育不同，要强调的是"全面发展，人人达标"。

我们并不反对个体的差异化过程，教育应当有这样的意识：在人类潜能的范围内，根据发展的普遍规律，创造最佳的时机和良好的环境与教育，用最灵活的手段，尽可能地消除那些不利因素的影响，促进群体中每个个体的最优化基础发展。

同时，充分估计因不可左右的环境影响因素及个人的遗传特质所带来的差异性变化，并利用这种变化在后继的教育中促进个体的个性发展。只有这样，才能为个体进一步地差异分化打下良好的基础，最终实现"人人成才，才才不同"的目标。

可以说，对教育问题的误判使得人们在追求差异教育的道路上走得更远，越陷越深。

2. 后现代教育理论

后现代教育思潮起源于20世纪五六十年代，它的特点是对"现代性"的反思和对信息时代的回应，是对以往一元化封闭体系的巨大挑战，故也称超现代教育。[15]它对个体的全面发展提出了质疑，更加旗帜鲜明地强调差异培养和差异化教育。它的基本内容如下：

后现代教育的教育观，它对现代教育培养"完人"提出质疑，认为世界本质是以无序为主导的。只有承认差异，才是与人类的天性相符的[16]。学校教育仍可注重学生的各方面发展，但并不强求每个受教育者都得到"全面发展"。教育目标也可以培养"片面发展"的人，即符合学生自己的特质的人才。体现教育理论重视个体差异的价值。

他们强调差异性，提倡多元性，主张从个体的差异性出发建立一个开放的、多元的教育，塑造具有丰富内容的自由个性的主体，使教育成为能动的解放式的教育[17]。

这种差异化的培养目标和教育理论实现了高度的一致，摆脱了教育理想与教育理论两张皮的困境，使得教育追求有了理论的依据，这种理论放在成长到一定年龄的个体身上，应当说是非常具有实践价值的。尤其是它强调教育要关注情景性、多变性，强调多元、主张开放、重视平等、推崇创新，从一个新的视角指出了教育的发展的方向 。

然而，客观地说，后现代教育学者忽视了共同性的东西，忽视了年龄阶段的差异性，也忽视了全程教育本身的差异性，把快速成长期的塑造型的教育和成熟期的选拔型教育混为一谈，把教育最终的追求目标理解为阶段性的目标，并不能真正解决教育面临的难题。除了它旗帜鲜明地强调差异培养目标，而否定全面发展的培养目标以外，在实质上它和原本的差异教育理论没有根本性的区别。

(三)差异理论不是理想的理论

在追求理想教育的实践道路上，当"公平的教育"和"教育的公平"之间无法找到解决方案时，当追求"差异化教育"反倒扩大了"教育化的差异"时，我们最终发现，当今的教育理论根本无法使得教育的理想转变成教育的实践。可以说，正是当代差异教育理论，横在了教育理想与教育实践之间，阻挡了理想教育的原则在教育实践中的贯彻，导致了教育理想与实践两者之间的背离。

由于教育理论与教育理想并不统一，因此，教育实践者必须进行一次被迫的选择。在这一选择中，人们理所当然地将教育理论作为教育实践的依据，而将教育理想高高挂起。

结果便产生了两张皮的现象："一张皮"是教育理想下的教育追求；"一张皮"是教育理论指导下的教育实践。

它们之间并不一致，一个追求面向全体全面发展，一个追求为满足不同个体的不同需要。对教育真正产生作用的只有一个，那就是教育理论指导下的教育实践。如图 2-1 所示。

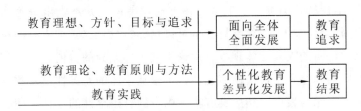

图 2-1　教育理想与教育实践两张皮

从图 2-1 中不难看出，在教育理想层面上，教育的方针是："面向全体的全面发展"，这是一种教育追求；而在的教育实践层面上，教育的理论则认为：人是存在着差异的，无论这种差异是质量差异，还是一种结构倾向上的差异。教育要指向差异，才能真正满足不同能力的个体发展的需要。

因此，在教育实践中，教育唯一遵从的教育原则是：差异原则。它们是指向个性化教育和差异化发展的，并最终产生教育影响和教育结果。

天下没有两片一样的树叶，十个指头不一样长。尊重差异，如尊重天赋、尊重特长、尊重兴趣、尊重爱好，是教育的根本。因此，要扬长避短、因材施教。无论是教育工作者、政府官员还是老百姓，可以说全社会的人，都认同这样的差异教育观。这种认识深深植根于人们的意识之中，被理所当然地接受和使用着。

教育理想与教育理论的分离不可回避地引出了这样一个明显的结论、一个重要的启示，对此不能视而不见。

它明示我们：由于人和人之间存在着不可改变的差异，因此，教育不可能做到机会的公平和质量的公平。教育要指向不同的需要，因此，教育不可能做到"两全发展"。即使面向了全体，也不可能做到个个全面发展，而应当是个性发展。因此，真正的教育公平是针对差异的公平。

它暗示我们：今天的教育方针、教育追求仅仅是一种理想主义，没有任何理论依据。它只能是一种空头的口号，在实践中是行不通的、不切实际的。

它提醒我们：正是不切实际的教育理想，才导致了今天的一切矛盾与冲突；或者是由于教育的理想缺乏理论的依据，才无法贯彻执行。

分析下来，似乎可以得出这样一个让人心生恐惧的可怕结论：

教育进行了这么多年的改革，却从来没有找到正确的理论来指导。教育的理想在教育实践的层面上找不到自己的位置，教育的实践如同盲人摸象。

教育追求、教育方针，纯属毫无理论依据的空洞口号，始终被悬空高挂，无法在教育实践层面上贯彻执行，这是多么严重而不能回避的事实！

我们深知，要实现教育的理想，就一定要有相应的理论依据和指导。不能设想教育的理想得不到理论的支持，却可以引领教育改革向前发展！

这恰恰是当代教育走入困境的关键！

无论是公平的教育问题，还是教育的公平问题；无论是面向全体的两极分化问题，还是全面发展中个体的结构失衡问题，一句话，所有问题都与这样一对矛盾相关！

我们非常困惑，在现行的差异儿童观、发展观和教育观指导下，即使解决了所有的政策、资金、校舍、设备、教师等所有与教育有关的问题，教育改革实践就可以顺利进行了吗？能够有效解决"选择的公平"与"公平的选择"问题吗？能处理好"公平的教育"与"教育的公平"问题吗？能协调教育要"满足所有个体的基本学习需要"和教育要"满足不同个体的不同需要"之间的矛盾吗？能化解"全面和谐发展"和"个性化发展"之间的冲突吗？

回答是否定的。今天的差异教育探索之路，正是导致学生两极分化和个体结构失衡发展的核心问题！在这样的理论背景下，基础教育的功能被曲解了，基础教育的"培养目的"，变成了借以培养的名义，通过基础教育的过程将"少数有用的人"选拔出来，将不同的个体区分出来这一事实。

正是这种教育理论与教育理想的矛盾与冲突，使当代教育改革走入了难以自拔的困境。人们高举着改革的大旗勇往向前，却一直乘坐在开往教改死胡同的列车上。人们高喊着"差异化教育"的改革口号，追求着个性化的发展，却推动着"教育化差异"的不断扩大，结果导致了更为严重的群体两极分化和个体结构的失衡。

因此，要从根本上解决所有的问题，首先必须从差异教育理论中走出来，摆脱差异教育的限制，而要走出差异教育的陷阱，必须摆脱教育学对传统心理学差异理论的依赖，用全新的心理学理论来形成全新的教育学理论。

值得庆幸的是，我们已经通过较大的篇幅讨论了当代差异心理学的问题，并提出了潜能发展心理学的见解。这一理论可以帮助我们走出差异教育的误区，这就是潜能教育学。

参考文献：

[1]潘敏.钱学森研究.上海：上海大学出版社，2006

[2] 1990 年 3 月 5～9 日联合国教科文组织、儿童基金会、开发计划署和世界银行联合发起和赞助召开的"世界全民教育大会（World Conference on Education for All）"在泰国宗迪恩（Jomtien）举行，大会因而又称"宗迪恩大会"。会议讨论并通过的《世界全民教育宣言》和《满足基本学习需要的行动纲领》文件，从 1989 年 10 月至 1990 年 1 月由大会执行委员会经广泛系统地磋商而形成。

[3]成媛.夸美纽斯"泛智论"教育思想及现代启示.西北第二民族学院学报，2000(1)

[4]中共中央国务院.中国教育改革和发展纲要.J401193.1993 年 2 月
http://baike.baidu.com/view/486179.htm? fr＝ala0 _ 1(2010.05)

[5]杭州市天长小学差异教育实验组.承认差异 激励学生 开发潜能 提高素质——差异教育模式的探索.课程.教材.教法，1999(12)

[6]顾明远.公平而差异是基础教育的必然选择.上海市教育科学研究院普通教育研究所，2007(9)

[7]顾明远.因材施教与教育公平.现代大学教育，2007(6)

[8]马冬青.简评卢梭教育思想.中小企业管理与科技，2009(12)

[9]郑金洲.中国教育研究新进展.上海：华东师范大学出版社，2007

[10]东缨.教育大境界.北京：北京大学出版社，2007

[11]郑利霞.多元智能理论及其对我国学生评价的启示.教学与管理，2007(21)

[12]范永丽.因材施教——差异教育模式的探索.山西教育，2001(16)

[13]颜孙建.奏响创新思维的旋律——浅谈语文教学中学生创新能力培养.网络科技时代，2007(8)

[14](美)克德维特等著，李琪等译.儿童发展与教育.北京：教育科学出版社，2007. 295～297

[15]叶浩生.教育心理学：后现代主义的挑战.教育研究，2008(6)

[16]沈珏敏.浅谈后现代主义思潮及其教育意义.教育评论，2008(6)

第三章 "因材施教"与"因教育才"

在人类社会发展的进程中，教育经历了从阶段性到全程性的变化。

当教育的外延从成熟期延伸到了成长期，尤其是发展的早期后，教育的内涵也跟着发生了巨大的变化。

以"天赋自然归因"和"天赋差异归因"为基础建立起来的教育观与教育原则，由于不具备"全程教育"的适用性，再也无法同时适用于成熟期教育和成长期的教育，无法全面地适应当代基础教育改革的需要！

早期教育及基础教育，需要走出传统理论的束缚，寻找全新的教育理论和原则，否则将没有出路。

本章利用转换心理学的基础理论，转换了基础教育领域的教育观和教育原则，针对"成熟教育""因材施教""尊重"系列的口号，提出看法。

强调成长是一个连续的过程，不能分别对待，更不容等待；面向全体只有"因教育才"，才能实现公平教育的观念公平；强调"公平而灵活"是基础教育的必然选择；强调"基础全面、人人达标"是基础教育的追求；全面发展要"尊重儿童全面的发展权"，"教育要以结构的方式走在发展的前面"，并根据个体不同阶段的发展特点提出了不同阶段的教育划分与原则。

第一节 教育的变革与不变的教育

一、变与不变的教育

教育有着漫长的发展史。教育逐步地系统化、普及化、专业化、全程化是整个人类不断进步的象征，是人类区别其他生命现象最核心、最突出的特征。在人类文明的进程中，在人类个体的社会化过程中，教育功不可没。

但教育的发展与变革并非是全方位的，有些方面发生了巨变，有些方面却始终停滞不前，仿佛凝固了一样。

（一）教育的变革

在人类社会早期，知识、经验和技能是通过人们之间的言传身教代代相传的，表现为知识、经验的直接传递，真正意义上的教育应当在文字符号系统出现以后。

文字符号的出现标志着人类的知识经验可以通过这种特殊形式加以记载，可以隔代相传或远距离传播。从此，教育作为传递人类知识经验的特殊形式，作为个体社会化的帮手，也就开始逐步发展起来了。

然而，古老的教育远不如今天这样发达，缺乏系统、没有规模，无法跨越时空，更不可能是针对人的一生的系统教育，它是个体适应生活的一种辅助手段。

直到有一天，教育从生活中独立出来，形成自己独特的价值，开始了文明的继承与传播、发扬与创新。从最早期的私塾教育，到当今的学校教育，伴随着社会的进步、科技的发展、文明的演变，教育越来越系统化、普及化、成熟化，教育过程也越来越全程化、终身化。

在长达几千年的漫长发展岁月中，教育最初被定格为一种"阶段性"的发展任务。这个阶段不在个体发展的早期，而是在个体相对成熟后。

其中，对个体学习能力的看法左右着人们对个体学习年龄的认识。在相当长的一段时间里，人类一直认为早期孩子太小，不具备学习的能力，无法理解问题，不能进行学习。

因此，等待成长的"成熟教育论"是人们关于教育起点最朴素的认识。随着教育的发展，学龄与学前阶段的划分成为这种认识的具体体现。其中，对于起点上(经历一段发展时间以后)出现的差异现象，人们自然而然地将其归因为天赋的表达，并由此形成了差异教育思想和差异教育原则。

终身化教育思想和终身化教育体系的形成经历了最漫长的岁月。直到 20 世纪 70 年代，即 1974 年，联合国教科文组织才在第 18 届大会上对"终身教育"提案进行表决。

短短的几十年过去了，今天全程教育、终身学习的观念已经得到了普及，教育的观念向两极延伸。一是向下延伸，延伸到幼儿教育、婴儿教育，甚至到了胎儿教育；二是向上延伸，延伸到职业教育、继续教育，甚至到了老年教育。

这种巨大的观念和系统变化反映了教育的变化与变迁，发展与进步。

(二)不变的教育

在这样一个教育全程化、一体化的变化过程中，人们关于教育对象的认识发生了根本性的改变，可以说这是教育史上最伟大的进步。

然而，可悲的是，教育的这一进步并没有带来相关的变革，在整个教育发展史上逐步形成的"成熟教育"思想和"差异教育"原则，延伸了自己的战线，摇身变成了统治着"全程教育"的思想和原则，无形中阻碍了教育的进一步发展与变革。

在教育的进化史上，受教育者的年龄不断改变，从成熟期延伸到学龄期再到学龄前期，甚至延伸到婴儿期，但是，成熟教育的观念从未改变过，等待成熟依然是系统教育最基本的原则。

尽管，人们重视发展的阶段性，强调不同的发展阶段存在不同的心理特征，但是人们还是顺理成章、不假思索地将"差异教育"原则一同带到了早期发展阶段。最终使得阶段性的"差异教育"思想和原则，成为整个"全程教育"各个阶段之中的共同教育原则——全程教育原则。

人们对教育阶段认识的不断改变和对教育原则认识的长久坚持，构成了教育的变化与不变这样一种特殊的现象。如图 3-1 所示。

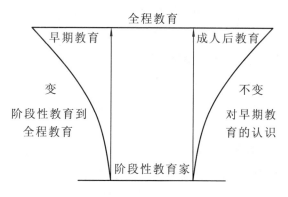

图 3-1 变与不变的教育

今天可以看到，千百年来，差异教育思想不仅没有任何改变，相反越来越成为教育最核心思想和最具真理光芒的原则。

其中，"因材施教"成为家喻户晓、世人皆知的差异教育原则。它诞生至今，从来没有被人质疑过，它是当今教育真理的象征。

差异教育思想以其不容置疑的地位统治着整个教育的思维，贯穿在终身教育的每一个阶段中。

人们无法想象，正是对"因材施教"原则存在错误的解读，才使得基础教育陷入困难重重的境地。

因此，在讨论潜能教育之前，有必要对"因材施教"的差异教育原则进行一个全面的分析。

二、正确理解"因材施教"

"因材施教"教育原则是在两千五百年前，由伟大的思想家、教育家孔子提出，一直作为教育领域最重要的教育原则沿用至今。然而，今天，在教育中全程使用这一原则，却给教育带来了超出人们想象的灾难。

"因材施教"作为一种差异教育原则，原本是一个阶段性的教育原则，是针对大脑成熟期，个体的差异基本定型后的个体使用的一个重要原则。

在个体成熟期使用这一原则，可以利用已经形成的差异，有效地扬长避短，使得已经差异化了的个体与差异化的社会角色需求相吻合，更好地满足社会多元化的职业与岗位的需要。

但是，当后人将它使用在全程教育领域时，教育跨越了成熟期进入了成长期，教育的任务也发生了根本性的改变，从职业准备到基础准备。这时，我们对"因材施教"原则的使用发生了偏差，走进了误区。

今天，要想走出教育的这一误区，就要重新理解"因材施教"原则，只有正确地理解和使用"因材施教"的差异教育原则，才能让其回归本来的价值。

(一)因材施教的起源背景

"因材施教"教育原则的提出有其自身的背景。

孔子一生提出了许多有关教育的原则和口号，直到今天也光彩夺目。如在学习上他提出：温故知新、举一反三、循序渐进，学思并重，知行统一，学而知之，学以致用，在教育上提出：不愤不悱，不启不发，循循善诱、启发诱导的启发式教育思想和有教无类的公平教育思想以及"因材施教"的差异教育思想。

其中"因材施教"差异教育观的提出有其鲜明的特征。

1. 年龄特征

作为一个伟大的教育家，孔子的教育思想来源于他的教育实践。而孔子的教育对象有着一个显著的年龄阶段特点，台湾著名国学专家台湾大学付佩荣教授，在香港卫视"国学天空"栏目中提到，孔子所收的弟子最小要满十五岁。因此，他的教育实践的对象年龄范围在十五岁以上。

用今天的观点来看，受教育者的年龄特征尤为重要。十五岁以上的个体是"成熟期"的个体，他们所表现出的各种差异，是经过多年环境的差异影响发展变化而逐步固定下来的。

这个年龄阶段个体身上的差异具有两大特点：一是已经相当明显；二是已经基本定型。因此，表现出来的差异特征，既显而易见又不容易改变。

要想针对这样一个具有明显而又不易改变的差异特性群体，进行有效的教育，必须扬长避短。因此，孔子针对性地提出了"因材施教"这一伟大的差异教育原则。

可以说，孔子的"因材施教"是在对学生的优点和不足有了全面了解的基础上进行的。他发现了颜回之"贤"（聪明）、闵子骞之"孝"（孝友）、仲由之"果"（果敢）、端木赐之"达"（达理）、冉求之"艺"（多艺），又发现颛孙师之"辟"（偏激）、仲由之"颜"（鲁莽）、高柴之"愚"（愚笨）、曾参之"鲁"（迟钝）、申枨之"欲"（多欲）。

孔子在掌握了学生的具体情况以后，实行了因材施教、对症下药的原则。首先，孔子根据学生的特长来培养专才。在孔子有针对性的教育下，颜渊、闵子骞、冉伯牛、仲弓在"德行"方面，宰我、子贡在"言语"方面，冉有、季路在"政事"方面，子游、子夏在"文学"方面，均取得了各自的成就。其次，孔子依据"中庸"原则对学生的偏激进行矫正。如颛孙师的毛病在"过"（过甚）、卜商的毛病在"不及"（赶不上），对此，孔子提出"过犹不及"，要他们达到中庸之道。又如冉求的毛病在"退"（退缩）、仲由的毛病在"兼人"（好胜），据此，孔子的对策是对冉求以"进之"，对仲由以"退之"。孔子还根据学生的智能差异，对同一问题采取不同的回答。如樊迟、仲弓、颜回问"仁"，孔子以"爱人"答樊迟，以"出门如见大宾，使民如承大祭，己所不欲，勿施于人"答仲弓，以"克己复礼"答颜回。又如子贡、司马牛、仲由问"君子"，子贡、子张、仲由、叶公问"政"，孔子的回答都是不一样的。孔子尊重学生的个性，发挥学生的专长，通过因材施教，使广大学生成了各方面的"贤才君子"。有史以来，孔子是第一个实践因材施教的教育者，也正是因其注重因材施教而在教育上获得了巨大的成功。

应当肯定，针对成熟期个体提出的这一伟大的差异教育原则不仅在当时，乃至今天依然是正确的、适用的。

然而，当教育重心下降后，教育进入了成长期，这时个体身上最大的特点是，差异不是固定不变的，教育可以改变差异。教育可以无须避短，教育可以挖掘潜能。

2. 时代特征

孔子的时代生产力极为低下，科学技术水平非常落后，人们对大脑的认识、对心理发展的认识、对个体成长的认识都还在最初的朴素阶段。孔子时代没有系统的基础教育，更没有今天的早期教育，他对人的认识反映了他那个时代的特征。

实际上，孔子对人的共性与个性的关系看得很准，孔子认为在人生之初，人们的本性之间没有什么差异，随着后天在不同环境的影响下变得各不相同，因此提出"人之初、性本善，性相近、习相远"的观点。

由于时代的关系，孔子的教育对象是阶段性的，偏成熟期的个体。正因如此，孔子实践并强调着"因材施教"差异教育原则。

尽管孔子时代以后，社会和教育都在不断地发展，但是，人们对自身的认识、尤其对大脑的认识还非常原始和有限。由于时代的局限性，"因材施教"的差异教育观，从成熟期的教育阶段延伸到了成长期的教育阶段。

今天，随着教育全程化、终身化的发展，随着人们对自身认识的不断提高，对大脑的认识不断丰富，教育出现了完全不同的全新局面。

然而不幸的是，人们还是没有停下脚步思考一下这样的问题：一种适合成熟期教育的原则是否也同样适合成长期的教育？

3. 接口特征

事实上，不同发展阶段，教育有着不同的任务，有着不同的接口。

成熟期的个体他们接受教育后，直接面对社会。这时，教育要解决个体如何融入社会的问题。而社会存在着分工，有着不同的职业、不同的岗位、不同的角色。为了满足社会不同分工的需要，教育必须提供不同的人才类型。因此，在这个阶段，最有效的教育是根据不同个体的特性和差异，因材施教、扬长避短。

然而，基础教育、尤其是全程教育产生以后，教育的重心下移，从成熟期指向职业发展的教育，到了成长期的基础性培养，教育的任务发生了根本性的改变。

成长期的基础教育是为了成熟期的后续教育打基础的教育，它的接口是进一步的后续教育，而不是职业发展。

这时的教育离个体进入社会还有一段很长的路要走。不仅如此，尽管存在着不同的社会分工，但社会对不同的职业、岗位所胜任的角色都有着最基本的知识、能力要求。因此，使得基础教育成为全面打基础的教育，基础越是全面，越能适应不同社会角色的要求，越能适应职业的变化和发展。

可以说，在孔子之后的两千多年里，由于对人的发展规律的认识不足，差异教育观一直成为主导教育原则延续下来，而且被后人错误地解读，错误地归因。

尽管我们对人的发展的认识有了根本性的改变，脑科学、心理学揭示了大量关于早期发展的最新事实，但这一切丝毫没有改变人们对差异教育的理解和追求，差异观的思想光芒依旧将教育的通身照亮。它如影随形，最终成为终身教育或全程教育的一个最重要的原则。

于是在终身教育的新篇里，真理向前多迈了一步。这是一个悲剧，这个悲剧发生在太阳光照的影子里。人们迎着真理的光芒，却背对着它投射下了阴影。

(二)阶段不同、原则不同

今天的差异教育观最可怕之处在于它是一种"全程差异教育观"。人们把对成熟期针对个体差异的教育原则，照直搬到了成长期，从而使得差异教育观从最初成熟阶段的教育原则演变成包括成长和成熟的整个教育阶段的原则。用今天的观点来看，这是一种认识局限性引发的问题。

今天，不会有人怀疑这样的一个基本事实：人的一生发展，并不是直线型的，也不是斜线型的，而是先升后平的形态，是一个曲线的形态，表现为先快后慢的特点。至少大致会分"成长期"和"成熟期""老年期"等（如图 3-2 所示）。

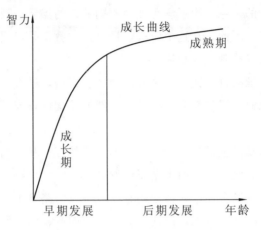

图 3-2　全程发展的变化模型

这个图形告诉我们，个体的发展存在着先快后慢、先升后平的特征，发展的规律并不相同。因此，发展任务也应当不同。

早期是个体发展的成长期，个体发展的速度极快，可塑性极强，是心理发展的关键期和敏感期。

今天的研究明确地显示了，在这个时期里环境和教育对大脑的建构产生极大的影响，大脑在这个时期内是可以塑造的。如果给这个时期一个定性，那么它的本质是大脑的结构期和塑造期。

个体发展的成熟期，身心发展的速度开始趋于平缓，处于高原状态，各个方面的机能开始固定下来，大脑也相对成熟，大脑结构不再容易受环境和教育的影响而改变。如果给这个时期一个定性，那么它的本质应当是大脑的定型期和使用期。

可以看出，不同的时期存在着不同的特征。

根据个体发展阶段性的特征，教育应当最少分成两大阶段：一个是早期——成长期，它的最大特征是可塑性，这个时期的教育应当是塑造性的教育；一个是后期——成熟期，它的特征是功能使用期，这个时期的教育应当是功能性的教育。如图 3-3 所示。

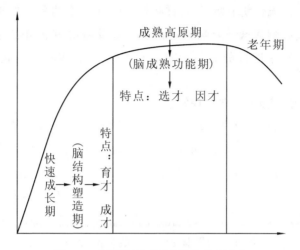

图 3-3　全程发展不同阶段的教育重点

正是由于个体的发展存在着不同的阶段，大脑处于不同的状态，因此，教育的阶段性目标也应当有所区分。只有这样才能真正符合个体发展的规律，更有利于个体的教育。而在两个不同的时期，使用同一种教育理论和原则，必将带来不良的发展结果。

实际上，我们要照顾不同时期发展的不同规律，对于不同的时期应有不同的对策和原则，不能一个原则用到底。

前期（成长期），教育应利用大脑快速发展的特点，进行"结构性"或"塑造性"的潜能开发。这时的大脑处在一个可以全面高质量的塑造期，因此教育以塑造大脑、开发脑力为主要任务。我们要认识到这个时期的个体差异是成长环境和教育导致的，是可以改变的，这时出现的问题或不足是可以纠正或补救的。

后期（成熟期），大脑结构基本定型，这时的教育应当利用大脑工作的原理，进行"功能性"的潜能开发。这时由于大脑的结构已经基本确定，差异分化已经初步完成，并且相对固定不太容易改变，因此教育要尊重这种差异，因材施教，扬长避短。

对于"因材施教"而言，在成熟期如何归因并不重要。因为这时大脑处于成熟状态，特征已经形成，无论原因何在，结果已经很难改变。这时你要么就是偏形象思维型的，要么就是抽象思维型的，或者是视觉型的、听觉型的、运动型的，抑或是艺术型的；要么你的智力是高的，或是中的，或是低的。因此，"因材施教"在方法论原则上没有问题。

但是，在成长期中使用"因材施教"原则时，就自然而然出现了归因带来的严重影响，这种影响就是在小学阶段和初中早期使用不同的标签。而根据标签进行的差异教育，最终使得个体的差异进一步扩大化了。

(三)"因材施教"的错误理解

今天，人们对"因材施教"差异教育原则的使用上存在着误区，可以说那是源于人们对差异的认识和理解。原本我们看见并应当承认的是人存在着"现实的差异"，但实际上却笃信人是存在"天赋差异"的。

原本，孔子只是因为成熟期的个体差异已经定型、不容易改变，深有感触地说出自己对差异顽固性的看法，指出"上智下愚不移"，并针对这种特征提出了"因材施教""扬长避短"的差异教育原则。

面对这种顽固而又无法改变的差异事实，我们只能学会尊重和利用，此时的教育如同"根雕"，必须根据大脑已经形成的特点来进行。从此角度，教育唯一的选择是根据个体不可改变的差异进行"因材施教"！它符合个体发展的规律，也符合社会不同角色的需要。

但这一思想一经提出，就与人们朴素的天赋归因的差异观结合在一起，人们错误解读了孔子关于"上智下愚不移"的差异观，人们把成熟期"难以改变"的特性，理解成了天赋的、遗传的特性，结果"现实差异"便成了"天赋差异"。

而既然现实的差异就是天赋的差异，那么在任何年龄段人们看到的差异，其性质就是一样的了，都是不可轻易改变的，只能尊重和利用，只能"因材施教"。

这种逻辑潜移默化地深埋于人类集体的潜意识之中，使得差异教育思想扩展开来，渗透到整个个体发展的教育之中。

今天看来，这种对于成熟期个体"因材施教"的选择，只是一种无可奈何的"扬长避短"，是一种没有办法的办法，是一种错过了最佳教育时期的补救之举。实属"事已至此，迫不得已"。

然而可悲的是，这种原本迫不得已的选择，与人类潜在的顽固的差异观混合在一起，成为教育发展的进程中一种必须遵循的规律，深入人心，光芒万丈。这实际上是人类跟自己开了一个极大的玩笑。

(四)"因材施教"的错误使用

实际上，从孔子时代出发，在教育的系统化、普及化的进程中，在终身教育思想受到认可之前,"因材施教"这一原则就已经开始由"真理"向谬误迈进了。

由于长期形成的对于个体何时具有学习能力的看法,已经将教育的起始年龄定格在六岁左右,人们把这样一个年龄的儿童称为"学龄儿童"。这个年龄远远比孔子收弟子的年龄要小得多。

根据今天对于大脑的认识,知道这个年龄的儿童仍处在成长时期,远远没有达到相对的成熟期。

如果,此时对他们身上存在的"现实差异"进行天赋归因或不变解释,那么"因材施教、扬长避短"自然是最佳的选择,没有问题。

然而,如果将他们身上存在的差异,看成是他们经历六年的成长,在差异性的环境中受到差异性的影响而形成的,而且,他们现在依然处在成长期,处于可以继续塑造的时期。那么,"因材施教"也好,"扬长避短"也好,"尊重差异""尊重天性"式的教育就会存在一个致命的缺陷。

它表现出的正负标签效应,一方面会锦上添花;另一方面则会落井下石,其结果只能是使原本由环境差异导致的差异更加扩大。

举例来说,一个出生正常的孩子,经历六年的发展,表现出运动能力差,言语能力强的特点。这时,我们能认定这种特点是遗传导致的、天赋决定的吗?

显然不能。孩子的差异很可能是在六年的成长期里,在大脑最关键的可塑期内,由于运动和言语两方面受到不同环境因素的影响而导致的。如家长出于安全的考虑,更多地在行动上限制了孩子的运动,并且采取了一系列不当的做法,如过度的保护、过度的限制、过度的替代,最终剥夺了孩子的运动机会、运动空间,以及运动的总量,至使孩子运动天赋无法真正表达出来;而在言语方面则相反,家长喜欢和孩子交谈、总是讲故事给孩子听、愿意回答孩子各式各样的提问,亲子间有良好的互动,结果孩子的言语天赋得到了开发,表现出较强的言语能力。

到了入学年龄,进入了学校教育体系,差异清楚可见。如果将这时所看到的现实差异作天赋的归因,我们就会理所当然地进行差异教育,扬长避短,强调尊重特长、尊重天性,因材施教。结果可能犯下大错,使已经因环境差异而差异化的个体,在其成长的最后可塑期里失去矫正的机会,并进一步通过教育推动双向分化,最终必然导致结构发展失去平衡。这一结果又会反过来让人们认定这个孩子是偏言语型的,这就是今天教育的现实，一种无可奈何的现实。

更为可悲的是，今天，当教育跨越了学习年龄的界线，迈向了学前，走进了快速发展的早期儿童，甚至走向了胎儿期时，我们却依然将从古至今一直"迫不得已"针对成熟期顽固不变的差异所使用的"因材施教"的差异教育对策，视为全程教育的尚方宝剑、看家法宝，毫不犹豫地传承了下来。即使面对来自脑科学、心理学、教育实践大量的不同事实，也不去思考自己可能犯下的错误，使得教育的偏差越来越大。

今天，当我们提出不同的看法时，却面临来自各方面的指责和质问。人们如临大敌，条件反射般地将矛头对准你，不约而同地齐声讨伐。反对"因材施教"？简直荒唐！

然而，真正荒唐是在全程教育、终身教育中坚定不移的使用"因材施教"的差异教育原则。试问，面对一个刚刚出生的孩子或一个还没有出生的孩子，怎样使用这样一个原则？

当一个教育原则无法使用到全程教育的任何一个阶段时，它还能成为一个放之四海而皆准的全程教育真理吗？

第二节　"因教育才"——我的教育观

一、因教育才、全面发展

心理发展具有阶段性特征，教育也有阶段性的任务。在基础教育和早期教育阶段，个体处于快速发展期，大脑处在一个极易塑造的时期，是神经系统网络化、结构化的关键期。这时差异的形成是由环境导致的、是可以由教育改变的。

因此，这个时期教育原则应当与成熟期完全不同！

我们不能根据成熟的特征来解决成长的问题，更不能站在成熟的立场来看制定全程教育的方案。不能因为解剖的每一棵树都存在"年轮"而断定树一生都存在"年轮"；不能因为砍伐的树材大小不同而断定它们的差异天成。我们面对的并非是"根雕"的对象，非要利用已有的形状就势而塑，而是苗圃中的一大片幼苗，它们不仅没有成形，更没有"年轮"；我们面对的也不再是已经蒸熟了的馒头、包子，而是一团正在揉的面，具有极大的可塑性。

我们只有一个任务，那就是精心护理和养育这些幼苗，为他们提供全面发展的公平教育机会，尊重他们全面发展的权利，让他们每一个都茁壮成长，有机会成为枝叶繁茂的参天大树！

对终身发展而言，早期是发展的起点；对公平教育而言，早期是一个至关重要的时期。通过向每一个个体提供早期教育保障，可以真正做到面向全体、促进个体质量提升、避免不良个性以及群体差异的扩大，为可持续性的发展打下基础。

早期是大脑全面发展的可塑期，早期是大脑质量发展的关键期，早期是心理品质形成的敏感期。

早期发展最大的特点是个体可塑造性强、易受环境和教育的影响。因此，在早期发展阶段，教育要强调的观念，不是要根据差异进行"因材施教"、根据不同进行"扬长避短"，不是选拔教育，不是发现教育。

这时教育的最大任务是"成才教育""育才教育"，它的特点是通过"教育"来"培育人才"。遗传给了每一个人一次宝贵地全面发展的机会，这个机会在发展的早期，而早期生活环境并不是为大脑全面理想发展专门准备的，要想促使大脑全面发展，就需要优化个体成长的环境、引进全面的教育。

由于相信并强调教育在人才培养中的决定性的作用，相信并强调教育要走在发展的前面引领发展。因此，金色摇篮在教育实践中，提出了"因教育才，全面发展"的早期教育观和教育原则。

怎样理解"因教育才"呢？所谓"教育"顾名思义就是因"教"而"育"，这就是教育的本质。可以说"教育"就是通过"教"的手段来实现"育"的目的。

给予所有新生命同等的教育，并通过教育使他们达到基础教育的发展目标，这就是"因教育才"。

今天，谁也无法否定教育在人才培养过程中的关键作用和重要地位。"因教育才"强调教是"因"，才是"果"，表明了教育与成才的关系，强调了教育在人才培养中的决定作用，明确指出了人才是因教育而产生的这一最基本的规律。"因教育才"有几层意思：

第一，教育的公平首先要确保教育观念的公平。

教育部部长袁贵仁在 2010 年 2 月 28 日召开的《国家中长期教育改革和发展规划纲要（2010—2020 年）》向全社会公开征求意见的新闻发布

会上指出，"教育公平应当说是社会公平的基础，是人生公平的起点"，可见教育公平是教育改革头等大事[1]。

"因材施教"带有先天的标签成分，看人下菜意味明显，因果倒置，无法担当公平教育的重任。"因教育才"重视教育与发展的因果关系，强调"一视同仁"的早期教育，绝不能从新生命一开始就无视"公平教育"原则，而去走"因材施教"的差异之路；教育应当努力实现起点的公平，从"公平的教育"入手，促进每一个个体的全面发展。起点公平往往是公平最关键的一步，一旦起点上失去公平，以后的再大努力都力不从心。

"因教育才"的教育观，为人才的公平培养提供了观念保证。今天人们开始重视制度设计上的公平、政策的公平、条件的公平、或程序上的公平，这些都是极为重要的。这些公平无法抗衡"因材施教"的差异教育观带来的教育失衡，结果即使我们解决了受教育机会的公平和办学条件的公平，也无法摆脱"因材施教"带来的教育不公和标签现象。

教育观念上的公平是落实教育公平的起点。只有强调从教育的起点上开始，对所有个体一视同仁"因教育才"，使用无标签普及教育，替代"因材施教"，让每一个人都能尽早接受同样的普及教育，才能有效地避免差异化教育导致的教育化差异，尽可能地阻止教育的不公导致的不公平的教育。

第二，教育促发展是确保公平的重要手段。

面对新生儿或小婴儿，无法根据他们的表现出来的天赋去判断谁是天生之才，谁是未来的栋梁，谁有特殊的运动才能，谁具备超人的音乐天赋，谁的天赋一般或低下。个体的潜能隐藏在个体生命之中，任何根据一时的个体表现进行的推测都显得缺少依据，操之过急，只有教育可以促进新生命各种潜能的显露，只有教育可以让潜能"显影"！

因此，要想真正了解和掌握每个个体的天赋特征，不能被动地等待成长，而是要利用早期发展的敏感期，对每个个体施加全面的教育影响，不放过任何一个领域的发展，让他们的天赋有机会得以全面表达，只有这样才能从中发现个体真正的天赋差异。

第三，理清教育与发展的因果关系，是教育公平的又一保证。

"因材施教"强调先有什么样的才，再有什么样的教育，这违背了早期发展的原则。

一方面，教育是因，人才是果。"因教育才"强调人的才能是因教育而产生，只有通过教育才能促进个体的发展与人才的形成。另一方面，教育作为一种促进个体发展的手段，它只能走在发展的前面，而不是跟在发展的后面，不能本末倒置。不能像"因材施教"那样先有什么样的才，再弄什么样的教育；而是要强调先有什么样的教育，才会培养什么样的人才。这时的"因教"的含义是"根据教育"的意思，培养什么样的人才是根据什么样的教育而定的，即有什么样的教育培养什么的人才。

第四，教育的公平是可以实现的。

教育作为一种手段，它不是固定不变的，它具有针对性、多样性、灵活性和质量标准，"因教育才"这个"教"还包含着方法和质量的要求。

首先指的是"灵活"的教育，当它指向个体时就是"因人施教"，就是要根据个体发展的现有水平、心理状态、个性特征、时间、地点、情境进行灵活多样的教育，最终达到基础教育的发展目标。

其次指的是"优质"的教育，只有优教才能育优才！要想促进个体高质量发展，仅仅提供一种正常的或平均的发展环境和条件是不够的，只有努力创设一个丰富的、具有梯度的、应答性的教育环境才能最终实现理想的培养目标。

因此，强调从早期教育开始，通过灵活优质的教育来培养人才，最终得出"因教育才"的教育原则是再自然不过的事了。

"因教育才"强调起点开始的教育公平，强调基础教育目标上的公平，符合早期发展的规律，符合基础教育理想的追求，符合面向全体发展的教育方针，符合公平教育的价值取向，最关键的是它符合教育的本质规律。

因此，"因教育才"的教育原则才是我们要选择的早期教育和基础教育的重要原则。

多年来，在金色摇篮的教育改革中，坚持使用因教育才的教育观，强调灵活的教育、优质的教育，对孩子的全面发展起到了良好的作用。

二、"因教育才"的教育原则

(一)教育要走在发展的前面

儿童不仅仅智慧是多元的，更重要的是儿童的遗传潜能也是多元的。要想促进早期儿童多元发展、全面发展，就要强调"因教育才"，就是要强调教育要以完整结构的方式走在发展的前面，去培养广泛的兴趣、多方面的爱好。

因此，不能等到兴趣的出现、特长的形成才开始早期的教育，也不能等到偏好明显、差异突出再进行扬长避短、因材施教。相反，教育要开始于生命之初，要开始于多元天赋的表达之前。

面对一个幼小的生命，我们无法确定或判断他是否真的存在某一方面的极其优越的天赋，即使这种天赋的差异是存在的。但是我们却坚信，只要他出生正常就存在着和其他个体一样的方方面面的发展潜能，包括那些可能具有特殊天赋的部分。

面对个体多元的潜能，教育唯一能做的事就是全面的开发、全面的培养，只有当教育以完整结构的方式走到了发展的前面，才会看到个体全面高质量的发展，也才有可能看到真正的天赋差异表达。

对个体天赋潜能作多元理解，是全面发展、多元发展的教育观的反映。这种理解让我们认识到，儿童的"最近发展区"不是一维的，而是多元的。因此，面对这种多元的最近发展区，教育不仅要走在发展的前面，更要以"结构的方式"或者说"多元的方式"走在发展的前面，才能促进多元发展、全面发展。

倡导教育要以完整的结构方式走在发展的前面，确切地表明了我们反对多元智能理论关于多元智能强弱的描述。教育不能跟在发展的后面，并依据发展的结果去选择教育的重点。我们反对先有什么样的儿童，再有什么样教育的教育观，强调先有什么样的教育，后有什么样的发展。我们坚信个体存在着方方面面的潜能和天赋，等待着我们去挖掘、去开发。

退一万步讲，即使我们强调个体的天赋差异性，但由于孩子并没有带着显性的、突出的天赋特征出生，就一个新生儿或婴儿来说，他们身上的个体天赋差异对家长或教育者而言，是一个未知数。我们无法成为先知者，要想促使个体的差异性天赋最理想的表达，也需要全面地提供环境和教育影响，只有这样才可以避免个体天赋的遗漏。

因此，无论如何，教育都要始终走在发展的前面，引领着个体的全面发展。不仅要引领已经具有良好表现的方面继续发展，更要调整结构引领那些存在问题的方面出现发展的转机；不仅要引领个体的共性潜能得到开发，还要引领个体的差异潜能得到开发。只有这样才能全面塑造个体，使个体获得均衡、和谐的全面发展。

(二)尊重儿童，要尊重他们的全面发展权

在早期教育阶段，我们不仅不赞成使用"因材施教"的教育原则，也反对简单地使用"尊重系列"的口号。无论是尊重兴趣、尊重特长、尊重爱好，还是尊重天性、尊重差异，我认为它们同样存在着极大的宿命论问题。

这类口号的本质在于它代表着一种宿命的论调，强调尊重，实为不尊重。同样的问题在于人们将所看到的兴趣、特长、爱好、差异都做天性的归因。认为个体身上表现出来的这些品质是个体天赋的产物，教育的最重要目的就是要尊重它们、发现它们、利用它们，以此作为教育的依据，扬长避短，满足不同个体的不同需要，这一点成为差异教育的重要原则，也成为"教育的公平"原则的重要标准。

就字面来看，尊重系列的口号似乎并没有任何错误，甚至完全言之有理，以致人们理所当然毫不怀疑地长期使用它。

然而，事实上最大的问题在于所谓"尊重系列"口号背后存在的潜台词，正是这个潜台词是一个巨大的教育陷阱，一个可怕的迷宫，它轻而易举地将人们陷入其中，失去方向。

这个危险的潜台词就是：尊重系列的口号仅仅说出了半句话，还有半句通过教育行为反映出来。即教育只要尊重那些表现出来的兴趣、爱好、特长，它们是个体的天赋，不用去管那些没有表现出来的品质，因为，它们不具备天赋优势。直到多元智能理论的提出，这个问题依然如故。

然而，儿童是多元发展的，存在着多个发展方面，也同时存在着方方面面的发展潜能。随着成长，个体的不同方面在不同环境的不同影响下，表现出不同的发展结果。有些方面强，有些方面弱，有些方面表现出兴趣、爱好甚至特长，有些方面则没有表现出任何的兴趣、爱好与特长，这一切都可能与早期环境与教育有关。

深入理解了早期发展的规律和差异形成的归因，就会知道，如果那些不良发展或没有形成兴趣、爱好及特长发展的领域受到良好教育的影响，就会一样表现出兴趣、爱好甚至特长来。

因为，所有表现出来的天赋都是过去环境和教育的产物，是可以培养的。强调尊重兴趣、爱好、特长，意味着我们仅仅说了半句话，而将另外一半最重要的话留在了行动上，那就是除了兴趣、爱好、特长以

外，儿童发展的其他方方面面我们不必理会。这显然是一个教育陷阱！

我们认同多元智能论关于智力的多元描述，确信每个个体都存在着发展的方方面面，是多元发展的个体。但不能认同个体的多元智力存在着巨大的强项和弱项的天赋之分，在个体的多元发展中，受到良好环境影响的部分可以表现出良好的发展，形成兴趣、爱好、特长，受到不利环境因素影响的部分会表现出不良的发展，表现为缺少兴趣、没有爱好与特长。无论是好是差，都是后天环境中形成的。这时，提倡尊重儿童的兴趣、爱好、特长等口号，表面为尊重儿童，实为对儿童全面发展的不尊重。

要想儿童获得全面的发展，就要全面的尊重儿童。不仅要尊重那些已经表现出来的特征，更要去关心、重视那些没有表现出来的特征。正是由于它们没有表现出应有的兴趣、爱好、特长，说明儿童成长的这些方面已经经历了不良的影响，受到了忽视，更加应当加倍关注。

还要纠正一种说法，那就是"发现兴趣、发现爱好"，应当说早期教育或基础教育的任务并不是去发现兴趣或爱好并对它们给予尊重，而是去培养兴趣或爱好。

兴趣不是天生的，因此无法去发现，等你发现了它，说明了它已经受到某种影响而表现出来了。兴趣是培养的，因此需要教育激发。不仅兴趣可以培养，爱好与特长也可以培养。不仅可以培养一种兴趣，而且还可以培养多种兴趣、广泛兴趣。因此，我们强调在大脑的可塑期内，不能仅仅关心已经表现出来的兴趣、爱好、特长，更要重视那些因为环境不良因素导致的其他没有表现出兴趣、爱好、特长领域的发展，才能促进全面发展。

金色摇篮在教育实践中，用"尊重儿童全面的发展权利"和"尊重儿童全面发展的机会"的口号替代"尊重系列"的传统口号。认为教育再也不能打着尊重差异的旗号，成为差异真正的制造者；再也不能仅仅强调发现差异、尊重差异、利用差异的教育原则，而忽视了发现潜力、尊重潜力、利用潜力。

教育要以完整的结构方式走在发展的前面。教育要在兴趣没有产生、爱好没有形成、特长毫不明显之前开始。通过教育去培养广泛的兴趣，通过教育去发展不同的爱好，通过教育去促进高质量的结果。

尊重全面发展权是促进儿童全面发展的起点。儿童是多元发展的，存在着发展的方方面面，要想促进儿童的全面发展，就要尊重儿童发展的方方面面。

儿童是需要尊重的，但尊重儿童首先表现在是否尊重儿童全面发展的权利上，只有尊重儿童全面的发展权，尊重儿童全面的发展机会，才是对儿童真正的尊重。

儿童生来就具有生存和发展的权利。发展权和生存权不一样。对于生存权而言，儿童多少可以通过需要进行表达，但儿童的发展则是指向符合社会基本规范及发展趋势的一种适应能力。儿童自己不具备对这样一种发展的明确选择，儿童的发展是由养育和教育他的人们所引导和左右的。要想让儿童成长为一个身心健康具有良好社会适应能力，并对社会有用的人才，在他们发展的早期重视儿童的全面发展权，是确保教育公平性原则和教育效率原则的一个重要前提。那些强调儿童生存天性而忽视儿童生存价值，忽视儿童发展权利的，看似尊重儿童实为放弃儿童发展机会。

发展权不是指某个单方面的发展权利，更重要的是全面发展的发展权。只为孩子提供他因某种原因而感兴趣方面的发展机会，不重视其他方面的发展是错误的，尊重兴趣、尊重特长、尊重爱好的提法不符合尊重发展的原则。每一个儿童都是一颗珍贵无比、光彩夺目的钻石，有着多个发光的侧面。因此各方面地激发兴趣、培养能力变得尤为重要。

在早期发展中任何以强调某种专长发展而忽视整体结构发展的做法，都不利于儿童可持续性的发展，最终也不利于该种特长的后续发展。因此，在早期发展中，我们坚定不移地强调基础发展要超越特色发展，全面发展要超越特长发展。强调尊重发展权不仅要尊重已经发展起来的特长、兴趣、爱好，更要尊重那些还没有发展起来的处于劣势的发展方面。

尊重儿童不仅仅是一句口号，怎样才算真正的尊重儿童是一个值得深入思考的问题。无法正确回答这个问题，"尊重儿童"的口号只能是露出海面的冰峰，而对儿童忽视与不尊重的潜台词才是海水下的冰山。必须清楚地看到：公平原则中最重要的原则是发展权的公平，一旦发展权得不到公平对待，日后一切的公平都将难以实现。今天"公平的教育"与"教育的公平"之间的巨大冲突与矛盾的根源就源自于此。

在差异教育的大旗下，所有尊重儿童的口号都名不副实，表面强调尊重儿童，实为忽视儿童。要尊重儿童就要重视那些已经被早期教育忽视掉的发展方面，我们不能无视这样一种现实来强调表面的尊重。否则将有大批的孩子在发展中被我们葬送。

(三)灵活教育——因教育才的灵魂

在早期教育或基础教育阶段，我们提出"因教育才"的教育原则，避免使用"因材施教"的教育原则，是想彻底将"差异教育"与"灵活教育"加以区别。

强调"因教育才"不是想否定差异的现实存在，而是希望尽可能地回避差异的天赋归因，回避标签教育模式的产生。

潜能心理学同样重视差异。面对差异，我们强调教育的灵活性，强调教育要针对个体不同的特性、心理状态、发展水平，因人因地、因情因境灵活地展开。

培养儿童的兴趣，需要教育的艺术，而这门艺术就是教育的灵活性。在教育教学过程中使用灵活多变的方式方法，是培养广泛的兴趣，提高各科教学质量的关键所在。不仅如此，良好的个性品质的形成也与多变灵活的教学相关。今天的教育问题之一在于教育过于僵化、过于单一，没有活力、没有变化，缺少生命力。灵活的问题解答、多变的学习形式都会为个性的良好发展带来意想不到的益处。

灵活教育的本质是一种期望教育，它是潜能教育的灵魂。它坚信早期教育和基础教育的所有目标都是可以实现的，关键要看方法是否灵活、手段是否多样。

正确地看待儿童，相信他们的多元潜能，给予多元发展以赏识，给予方方面面的成长以正标签，同时有效地使用多变的方法激活兴趣，就一定能达到多元发展、全面发展的目标。

跟差异教育不同，灵活性教育不是指教育目标的灵活性，而是指教育方法和手段的灵活性。它采取多种多样、变化灵活的方式，为的是达到一个既定的目标，这个目标就是早期教育和基础教育的共同目标。

今天在基础教育中学生们形成巨大的分化，是差异教育对个体目标的调整所致，而这种调整的依据是不同个体具有不同发展需要和发展能力。正是这样的一种思维，教育放弃了许多学生。灵活教育不允许这样的放弃和忽视，不允许打着尊重差异的旗帜而将一些已经存在发展缺陷的儿童边缘化。相反，灵活教育要想方设法地利用不同的方式、方法，变化的手段去激发学生方方面面的兴趣，去促进学生所有学习目标达到理想。

因此，在基础教育中目标是不可改变的，而方法则是灵活的、永远需要的。最后我们说，灵活教育也是一种应答性的教育，它是根据不同的状态进行的一种反馈式应答，是一种有针对性的教育、个别化的教育、反馈式的教育。

(四)优教育良才——因教育才的根本

个体发展存在着好坏、优劣的差异，归根结底是教育的差异。因此，教育存在着优良好坏之分。要想真正促进全面、高质量、可持续性的发展，就要确保教育的质量，使得教育对全面发展的影响、对质量发展的影响、对个体科学发展的影响是积极的、有效的。这就要使"因教育才"之中的"教"是"优教"，只有"优教"才能育"优才"，只有"优教"才能育"全才"，只有"优教"才能育"顶尖之才"。

一句话，"因教育才"不是强调传统的教育，而是要以一种打破常规、超越常规的特殊方式，为个体提供最优化的方式，来实现科学教育。这就是超常规的教育，可以从另一个则面将它理解为超常教育。

它强调教育的时间要素，要求教育者成为一个"机会主义者"，紧紧抓住最关键的时期进行适当而有效的教育影响，并在不同的时间里进行不同重点的教育；它强调教育的环境要素，要求教育者成为一个"环境塑造者"，充分利用环境教育要素进行全方位的教育。它强调教育的目标管理，要求教育者成为一个"质量管理者"，以确保群体高质量的发展。为此，它更加强调教育是一门艺术，要求教育者成为一个"教育艺术家"。即教育要在正确的时机内，以完整的结构方式走在发展的前面，最有效地利用时间，最充分地利用环境和教育因素，在质量发展的目标管理上，强调根据不同的情况灵活实施，去促进每一个个体的全面的高质量发展目标的实现。

其中，灵活多变的教育方式将能够因人而异地对症下药，达到真正意义上的个别化教育的目的。这就是最科学的教育、最有效的教育，也是最优化的教育。

(五)"公平而灵活"是基础教育必然的选择

在分析了"公平的教育"与"教育的公平"的不同、讨论了"差异性教育"与"灵活性教育"的区别以后，我们对基础教育的选择和定位有了一个较为清晰的认识。

为了摆脱差异教育的束缚，走出差异教育的陷阱，基础教育最根本的不是要选择"公平而差异"的教育，而是要选择"公平而灵活"的教育。

因为，选择"公平而差异"的教育，无法解决"公平的教育"与"教育的公平"之间的矛盾，无法走出标签教育的陷阱。必然又使得教育的第一大原则——"公平的教育"原则，让位于教育的第二大原则——"教育的公平"原则，使得教育最终回到差异化教育，以满足所谓的不同个体的不同需要，而将基础教育要满足所有人的基础需要放在一边。

这种表述反映了我们对于基础教育的追求仍然概念模糊不清，面对公平的教育和差异的教育，我们无从选择，于是将两者混合表述，从而有了将"公平而差异"的教育，作为基础教育的必然选择。

在此，我们看到了教育的困惑，看到了教育家的无奈。沿着这条路走下去的时候，还会发现，这是一条难以走得通的路。

我们不反对强调差异的存在，相反认为差异永远是客观存在的。我们也不反对强调教育要满足不同个体的不同需要，相反认为真正满足不同个体的不同需要是教育必须去做的事。但"公平而差异"教育无法同时满足这两种需要，既要公平又要不同，在基础教育阶段，只有公平而又灵活的教育，才能同时解决公平地面向全体，灵活地促进每一个个体的全面发展的任务。

因此，"公平而灵活"的教育，是基础教育必然的选择。它避免了因材施教带来的标签问题，它也有效地防止了因尊重而导致的不尊重现象。它强调"公平的教育"原则，希望每个人都能在基础教育阶段受到同等质量和机会的教育；同时也强调了"教育的公平"性原则，并指出用灵活的教育手段来替代差异性的教育手段，最终实现"教育的公平"，解决不同个体在相同学习状态下的不同表现和要求。

"公平而灵活"的教育，很好地解决了教育的普遍性与特殊性之间的关系、恰当地处理了共性与个性的关系，更是协调了两个公平之间的关系。将"公平的教育"与"教育的公平"统一在同一个理论之下，在面向全体时强调普遍性、共性的教育原则，为所有个体提供公平的教育服务，从而实现了"公平的教育"；在促进个体全面发展时，看到个体的差异性，强调特殊性与个性教育原则，为所有个体提供灵活的教育指导，从而不违背"教育的公平"原则。

(六)"基础全面、人人达标"是基础教育的目标

基础教育是阶段性教育，它要实现的教育目标不是最终的教育目标，而是阶段性的。因此，在基础教育阶段，不能混淆教育目标上的差异，不能把终身教育的最终目标简单地下放到各个不同的阶段，将最终的教育目标当成阶段性目标加以追求。

今天，人们在基础教育中倡导的"人人成才、才才不同"的口号，原本适用于教育的终极目标，然而，人们不假思索地将它搬到了基础教育当中，并成为灵魂性的口号，这是一种悲剧，它带来的结果必然是不幸的。

事实上，我们可以预期和接受人才的差异特点，但并不能在早期基础教育中追求它们，这样做的结果必然是事与愿违的。

基础教育追求教育要满足所有人的公平需要，提倡教育机会与教育质量人人平等；基础教育是为后续教育打基础的教育，它并不承担最终人才的培养任务。

因此，这个阶段的教育口号不应当是"人人成才，才才不同"的成才口号，而应是"基础全面、人人达标"的阶段性目标。

只有在这样的基础之上，才可能进一步培养更多不同职业倾向的人、更多不同爱好、不同能力、不同特长的人，最终实现"才才不同"的目标。

所以，我们反对在基础教育阶段提倡"人人成才、才才不同"的教育口号，尽管它表面上避免了标签化教育的不足，回避了"差生"的提法，但本质上还是标签教育，所做的一切只能是掩耳盗铃，自欺欺人。

基础教育的目标要与公平教育的目标相一致，因此，它应当是，也只能是："基础全面、人人达标"的教育！它与教育要满足所有人的基础需要相吻合，与教育要促进每一个个体全面发展相一致。

它定位更加准确、使用不易混淆，可以让所有的教师心中有数，目标明确。

第三节 "因教育才"实现两全教育

今天，要想追求"两全教育"，实现"群体普通儿童理想发展"的目标，就必须摆脱传统心理学和差异教育学的阴影，走出朴素而又顽固的

人性差异观的怪圈，摘掉我们戴了千百年之久的有色眼镜，抛弃手中那把紧紧握着的只强调"寸长尺短"的辩证法，却忘了"尺长寸短"的基本事实的差异放大镜，使教育追求、教育理想与教育理论、教育原则相互一致起来，形成全新的教育学理论与教育原则，在全新的儿童观、发展观的基础上重塑教育观、学习观、教师观。

这种全新的教育理论就是潜能心理学的理论，这种全新的教育观就是潜能教育观。为此，我们需要转换心理学和教育学的坐标，从差异理论中走出，来到潜能理论的天地。

一、转换心理学坐标

首先，指出当代心理学天赋差异归因的问题，并不是要否定遗传的作用，而是要将遗传的作用提升到群体共性的层面来解释，把"遗传差异决定论"修改为"遗传范围表达论"，实现了对遗传认识的转换。

当代心理学是"天赋差异归因心理学"，引申出的教育是"差异教育学"。差异教育学强调差异教育原则，本质上是"标签教育论"。所提口号是"因材施教、扬长避短"，所用的教育法则是"尊重兴趣、尊重特长、尊重爱好、尊重天赋"。所用方法都是首先双向或多向"标签"孩子，找出所谓的"个性特征"，然后进行"针对性"的培养。然而，标签的结果并不能带来教育上的改进，而是原有的个体差异在标签教育后更加扩大化了。最终结果是不可避免地加大群体的两极分化和导致个体的失衡性发展。

"潜能发展心理学"是"天赋潜能范围归因"的心理学，突出的是"遗传共性"，强调的是在遗传表达范围内，环境与教育可以产生的巨大作用，由此引申出的是"潜能教育学"。

潜能教育学强调潜能教育原则，利用灵活多变的教育方法进行潜能的开发，达到群体共同的基本发展目标。

如果说差异教育的本质是标签教育的话，那么潜能教育的本质就是"期望教育"。所用的方法是首先给予孩子的发展以正向的期望和预期，相信所有孩子在所有方面都存在着天赋和潜力，然后适时适度地进行全面的潜能开发和培养。

潜能教育所提口号是"因教育才、全面发展"；所用的教育原则是"尊重全面的发展权、尊重全面的发展机会"，所选择的教育手段是"公平而灵活"的方法；所追求的目标是"基础全面、人人达标"。最终要达到的结果是群体高质量发展和个体的全面发展。

传统差异心理学和潜能发展心理学所引申出的教育逻辑（如图 3-4 所示）。

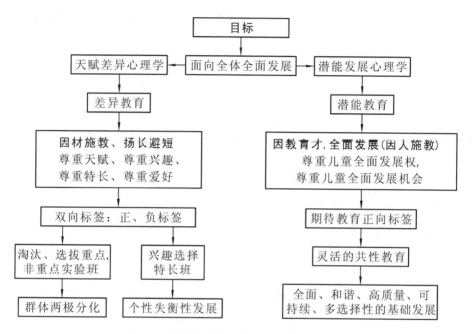

图 3-4 差异心理学与潜能心理学关系比较

通过这样的转换，"面向全体全面发展"的教育理想，不再仅仅是一句口号，它有了自己真正的理论依据，它使得基础教育第一次可以理直气壮地走出差异教育的陷阱，朝着另一个正确的方向前行。

为了基础教育的这种转变，我们要旗帜鲜明地亮出我们的观点，用潜能发展心理学替代天赋差异归因心理学，并依靠潜能发展心理学实现基础教育的脱胎换骨。只有这样才能最终走出传统教育的困境，全面地提高整个民族教育质量，培养造就高质量和谐发展的一代新人。

今天，一个强调"公平"的教育再也不能坐视群体两极严重的分化，再也不能不管个体发展的结构失衡。时代呼唤一种更适合两全教育的理论出现，呼唤一种能实现群体普通儿童理想（超常）发展的心理学理论出现，这个理论应当就是依据潜能发展心理学而延伸出的潜能教育学！

二、转换教育学坐标

心理学坐标的转换产生了潜能教育理论。

在最初的章节里，我们谈到差异心理学依据潜在的天赋差异归因理论，通过两条途径实现着教育思维的延伸，一条是自然观；一条是差异观。

自然观从自然成长论中引申出"成熟教育论"，而理解学习和阶段主导论则成为具体的教育标志，结果核心是教育要等待成熟。差异观从差异表达论引申出"差异教育论"，而因材施教、尊重差异成为具体教育原则，结果核心是"标签教育"。这一切都与当今对儿童的认识相矛盾。

今天我们看到了多基因遗传存在着的巨大潜能范围，肯定遗传不仅要肯定个体遗传之间的差异与不同，更要看到不同个体遗传之间存在着的巨大的潜能共性特征。因此，我们要从天赋差异归因的逻辑中走出来，用"遗传潜能表达论"替代"遗传差异表达论"，并在遗传潜能表达论的逻辑上引申出全新的教育理论。

首先，潜能表达存在着多种可能性，可以是低水平表达，可以是中水平表达，也可以是高水平表达。因此，开发潜能不能顺其自然，不能等待成长，要尽可能地为潜能的开发提供更理想的环境与教育，要抓住早期潜能开发最关键的时期。

利用早期环境和教育可调性的可能性，提出"环境商数论"来替代"自然成长论"，强调儿童发展不容等待，发展机会不容错过。要紧紧抓住早期发展的机会，强调从不理解到理解就是通过学习获得的发展。因此用"终身教育论"替代"成熟教育论"；强调"多元学习"替代"理解学习"；"学习主导论"替代"阶段主导论"。

并在另一个逻辑线上，用潜能表达论来替代差异表达论，强调潜能教育替代差异教育；用"因教育才""尊重发展权"替代"因材施教""尊重差异"的观点，强调用"期待教育"替代"标签教育"；用"以儿童理想发展为中心"替代"以儿童为中心"的毫无价值取向的判断，重塑我们的教育。因此，整个教育的逻辑也同样发生了改变，这种改变用图 3-5 表示如下。

心理学理论转换以后，可以自然引出教育观和教育原则的转换。这样的一种转换为"面向全体全面发展"的教育打下了理论基础，找到了理

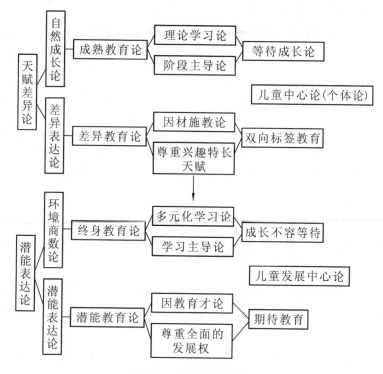

图 3-5　教育理论的转换

论依据；也为全程教育中的不同阶段应用不同的教育原则找到了突破口。它在教育时机的选择上和教育价值的理解上更加符合当代脑科学的研究结论，不仅强调全程教育，更加强调早期发展不容等待，早期教育不容忽视，强调教育要利用人类遗传给予每个个体的唯一一次全面高质量发展的机会，促进个体全面发展。

　　教育者终于可以将"教育的理想"与"教育的实践"紧密联系在一起，从而打破了教育理想与教育实践两张皮的困境，将教育理论与教育实践统一在相同的教育理想之下。它使得实现教育方针有了理论指导和依据，让人们看到了通过理想的教育去实现教育的理想之希望，并使得公平的教育和教育的公平两大原则不再对立与冲突。它是解决群体两极分化严重，个体结构失衡的重要理论武器。

　　潜能教育将带我们走出差异教育的迷宫，为实现教育质量的公平，促进教育质量全面提升找到全新的解决之道。

第四节 终身潜能开发中的因材施教

"因材施教"并不适合全程教育，并不等于说"因材施教"作为一种教育原则失去了价值。"因材施教"原则之所以长期以来受到人们广泛地追捧，有其内在的原因。

在教育实践中，人们对于"因材施教"的原则，常常有内涵扩大的理解。一方面是差异归因的理解，这是因材施教的本质原因，这一点从超常教育、资优教育、选拔教育、特长教育、兴趣培养，以及尊重系列的口号便能看出；另一方面，差异教育的理解中混入了针对个体的灵活教育因素，因此，对差异教育的坚持成了对灵活教育的坚持。这一点从优秀教师的教学经验中可以看见。

在这里，人们将"因材施教"与"因人施教"两者混为一谈，并在不同的场合按自己的需要加以运用。正是这样，"因材施教"原则才如此长久地统治着教育。

排除灵活教育原则，同时也排除天赋差异归因的因素，"因材施教"的差异教育原则仍然有其时代的意义与价值，它符合成熟期个体进一步教育的特点。正确使用好这一原则，对个体的继续发展、对满足社会不同发展领域的需求都具有极大的价值。

然而，将"因材施教"的差异教育原则，从天赋归因的坐标中转换到教育环境归因的新坐标中，给予它新的生命和力量，才能最终用好"因材施教"的差异教育原则。

天赋差异归因心理学支撑了差异教育的发展。在差异教育体系内，因材施教和尊重系列存在着不当的归因，无法发挥它真正的价值，反而导致了群体两极分化和个体结构性的失衡性发展。

解决这一问题的关键在于将"因材施教"和"尊重系列"的教育原则放到潜能发展心理学的框架中，在全程教育中重新规定它的使用年龄阶段，才能使其最终发挥作用。

一、转换"因材施教"的坐标

潜能发展心理学认为，人的一生都具有潜能，潜能的开发可以终身进行，这也是当今人力资源开发最重要的观点。

由于人生阶段不同，可以将人的一生的潜能开发，分成至少两个大的阶段，一个是"早期潜能开发"，一个是"后期潜能开发"。

在终身潜能开发中，早期潜能开发为大脑"结构性"的潜能开发，主要的任务是利用大脑的可塑性，全面塑造高质量的大脑结构；成熟期的潜能开发为大脑"功能性"的潜能开发，最主要的任务是如何高效率地使用已经形成特色的大脑，使其发挥个性光芒。

在这两个不同的阶段，根据发展的不同特点，提出不同的教育原则：

在早期可塑期的教育中，要强调"因教育才"，强调"尊重儿童全面的发展权和发展机会"，强调个体存在着的巨大"潜能空间"，怀抱期待地进行教育，用灵活的教育方法去实现两全发展的基础教育目标。

在后期成熟期的教育中，我们调整坐标，重新归因，反对差异的天赋归因，但同时承认已经形成的差异难以轻易改变，承认差异的实现以及客观存在（其中包括受环境和教育影响下的天赋差异部分）。利用"因材施教"的差异教育原则，重视个体已经形成的兴趣、爱好与特长，强调利用差异进行的选材性教育，以达到为社会培养不同需要的人才。

将这种认识与传统认识加以对比，如图 3-6 所示。

在图的左边是天赋归因差异心理学逻辑下的教育与发展，它从头到尾的逻辑都是差异教育；右边是潜能心理学逻辑下的教育与发展。

可以看出在潜能心理学框架下，教育出现两个阶段：先是潜能教育，后是差异教育；先是培养，后是定向。

在潜能教育阶段，教育要尽可能地"因教育才"，强调"公平而灵活"的教育，面向全体，促进个体全面发展。

但教育不是万能的，意志也无法完全控制并消除环境差异，环境和教育的差异始终存在。因此，无论怎样追求教育的公平，也会存在着教育的差异，更存在着环境影响的差异。

同时，在强调了遗传潜能的共性基础之上，也应看到人类不同个体的基因中存在着一些差异，尽管这些因素最终需要在环境中表达，但相同的环境和教育条件下，会有一些差异表现。

这些因素伴随着个体的成熟共同形成了群体中个体的差异特征，这些差异将相对固定难以改变。这时，面对将要步入的不同职业领域，教育必须走出全面打基础的阶段，选择扬长避短，因材施教的原则与方

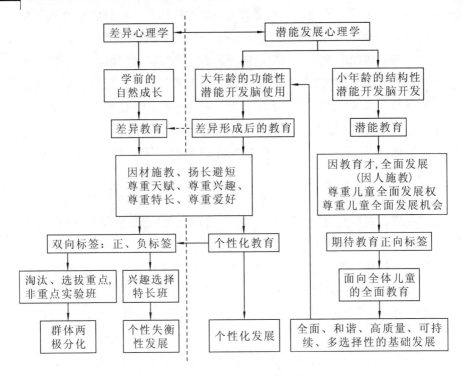

图3-6　全程教育两种模式示意图

法，去发展个体的需要。在这样一个成熟教育阶段自然要使用差异教育原则。

因此，将"因材施教"转换坐标，放到终身潜能开发的后一个阶段中可以更好地使用它，并能够有效地回避由于完全的天赋差异归因而导致的标签教育，使其真正成为一种差异化的个性教育。

教育的这种阶段性划分，更加符合人的阶段性发展理论，符合人的阶段性发展的规律。从可塑期的潜能教育到成熟期的个体化发展，从为人才成长打基础的全面教育，到为社会提供不同类型人才的定向教育。教育的不同时期、不同任务决定了教育的不同原则。我们相信，这样一种阶段性的教育选择，更有利于人的全面发展和个性化成长。这一点，在我们十多年的实践中得到了有力的证实(见实践研究)。

二、教育阶段的具体划分与教育原则的使用

必须指出，个体的发展并非分成两个绝对的不同阶段，成长和成熟是一个逐渐过渡的过程。在早期快速成长以后，成长的速度逐步下降，

成熟的程度逐步提高，实际上个体的发展还存在着一个"过渡时期"。

这个过渡期在早期快速发展以后，成长过程结束以前。具体年龄应当在整个小学阶段，年龄大致在 6～12 岁之间。根据这样的理解，可以将整个基础教育（包括早期教育）阶段，按现有的分法划分成三个时期，并与大学阶段相连接，根据不同的时期提出不同的教育原则和策略，具体如下：

第一阶段，0～6 岁，早期快速成长期，为早期潜能教育阶段。这个阶段是"全面发展对偏好发展"，"高质量发展对低质量发展"的关键期。

要强调"因教育才，全面发展"的教育原则，并且以"尊重儿童全面的发展权"为前提。强调教育要以完整的结构方式走在发展的前面，激活广泛的兴趣，快速地提升智力，培养最初的良好习惯、个性品质，为进一步发展打下坚实的基础。

第二阶段，6～12 岁，成长过渡期，小学教育阶段。这个阶段大脑处在由可塑性向成熟期过渡阶段内，可塑性存在但空间降低，是"均衡发展对优势发展"的关键期。

这时应在"尊重儿童全面的发展权"的前提下，提供灵活优质的教育，强调"因人施教，扬潜促显、全面发展、人人达标"的教育原则。

第三阶段，13～18 岁。成熟过渡期，初中及高中教育阶段，这个阶段大脑可塑性大大降低，大脑结构与特征基本定型，早期及学龄期形成的差异难以改变，心理发展处于"持续发展对高原发展"的关键期。

这时一方面要抓住全面发展的最后机会，强调"扬长补需"，尽可能地在初中开始阶段进行全面的塑造。随着年龄的增长，可以开始使用差异教育原则，针对个体面向未来不同的发展选择，利用"因材施教"理念进行差异化的教育，在对尊重的理解上，可以提"尊重兴趣""尊重爱好""尊重特长""尊重个性"的口号，为以后的大学教育专业化或职业化发展奠定基础。

必须强调，这个分法是按现有的阶段划分的。但这种划分仍然存在着一些问题，如第二阶段和第三阶段都存在过渡现象。前者是从可塑性高向可塑性低过渡，基本处在可塑期中，后者是可塑性低向不可塑期过渡，需要跨越可塑期到成熟期。两个过渡期含义并不相同。

因此，更理想的分法是要打破现有的阶段分法，将研究生阶段以前的教育分成六个阶段，平均每个阶段分为四年。称为六段式发展，具体分法如下：

将0～4岁为第一个阶段，5～8岁为第二个阶段，9～12岁为第三个阶段，13～16岁为第四个阶段，17～20岁为第五个阶段，21～24岁为第六个阶段。

其中每个阶段还可以再分为两个时期，两岁为一个时期。教育可以根据这样的划分进行教学安排，所有的教育是一个整体，不同的阶段完成不同的任务，最终实现基础教育的培养目标。我们认为应当根据整个教育分段确定不同的教育目标，例如：

第一个阶段：0～4岁，重点为"脑力开发"或"潜能开发"阶段，重点任务是利用大脑早期的最大可塑性，进行早期潜能开发。其中0～2岁为家庭早期教育，3～4岁为家园同步教育。

第二个阶段：5～8岁，重点是"基础能力培养"阶段，在脑力开发的基础上培养孩子掌握最基础的学习能力和打好各种技能基础，为快速的知识学习做准备。其中5～6岁为现行幼儿园阶段，7～8岁为小学最初阶段；我们认为，如果义务教育可以扩大年龄，就应当向5～6岁延伸，并将这个阶段并入小学低年龄段。

第三个阶段：9～12岁，重点是"快速知识扩充"阶段，利用早期大脑开发和能力培养所形成的智力基础和能力基础，进行快速高效的知识学习，建立广泛的兴趣爱好，掌握多方面的知识能力，这个阶段为现行小学后期，为学科多元化发展打好基础；我们认为如果将5～6岁并进小学，那么，11～12岁就应并进初中，将初中设为四年。

第四个阶段：13～16岁，重点是"学科多元化"发展阶段，在打好智力、能力和知识的前提下，扩展学科，使学科多元化，为进一步的多选择教育打下基础。这个阶段为现行的初中阶段和高一。这个阶段仍然要强调全面发展、多元发展；我们认为可以将11～12岁合并成中学，初高中共计六年到16岁。

第五个阶段：17～20岁，重点为"探索发现"阶段，这个阶段是现行高中的后期以及大学的初期(17～20岁)，在高中的后期可以进行学科的分化，进行文理分科或特长分科等；这个阶段为个人定位阶段，不仅表现为学科探索，也是对自我的探索。如果将15～16岁并进高中，那么高中可以是二年制的，将大学年龄提前到17岁开始。

第六个阶段：21～24 岁，重点为"发明创造"（个性张扬）阶段，这个阶段是现行大学后期和研究生期，个体要为专业化发展打下良好基础，并进入专业化的发展领域，有自己的专攻，体现出个性的才华。

对以上的说明用图 3-7 表示如下：

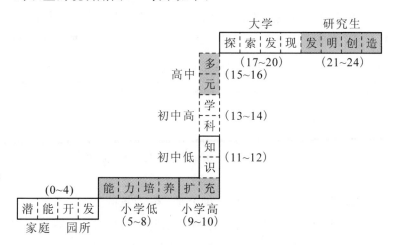

图 3-7　六段式教育示意简图

通过不同阶段的连续教育，最终达到我们要培养的人才要求，即基础综合素质强、个性良好，且具有创新能力的人。

其中 0～10 岁的教育采取统一的教育原则，强调基础发展和全面发展，使用因教育才的教育原则进行教育。11～16 岁为初高中教育，仍然强调全面发展，强调因人施教、扬长补短。17～24 岁为从高中到大学（研究生）教育。强调因材施教，尊重差异、尊重兴趣、尊重个体的选择。

这种划分，更符合发展的规律，也反映了钱学森先生的大成教育思想，尽管学制改革难度极大，近期几乎是不可能的，但人们可以在观念上先行一步。在现行的教育中应当强调根据发展阶段的不同，确定不同的发展重点，采取不同的教育原则，使用不同的教育方法。

这些阶段既相互独立、又有机联系，既相互分离，又互相重叠，不能机械地将它们对立起来。

就"因教育才""因人施教"和"因材施教"三者的提法而言，最具普遍规律的应当是"因教育才"，它可以在教育的全程中使用；最不具普遍规律的是"因材施教"，它只应当用于成熟后的选择性或定向性培养。

儿童存在多元潜能，这就是我们的儿童潜能观，也是追求儿童全面发展的理论基础。儿童是学习的天才、发展的天才，只要在正确的时间内，做了正确的教育，就会开发出他们的无限潜力。

儿童在方方面面都存在着天赋潜能，可以表现出广泛的兴趣与爱好，尊重他们全面的发展机会和全面的发展权，是促进儿童全面发展的关键；而因教育才，让教育要以完整结构的方式走在早期发展的前面，并以灵活的方式引领儿童的全面、和谐、高质量、可持续的发展，这是我们的教育观。只有这样才能实现我们的教育方针，把教育的理想变成理想的教育。

第五节　基础阶段的"公平教育"

基础教育的公平意味着"机会的公平"与"质量的公平"。当人人受教育的权利得到保障后，"质量是否公平"就成为衡量"机会是否公平"的唯一标准。在家长眼里没有质量上的公平，就如同没有机会上的公平。

如何确保质量的公平，成为基础教育阶段公平教育最为重要的追求。然而，它和其他教育问题一样长期困扰着人们。

首先必须意识到，公平问题不仅仅是一个教育问题，而是一个社会问题、文化问题。没有任何人能离开社会而独立存在，也没有任何人能回避社会变革带来的影响。社会始终是改变人的社会、社会始终是影响人发展的社会。无论是积极的影响，还是消极的影响。

环顾当今社会，讲究的是官本位与等级制，缺少平等的价值体系，话语权是权力的代言而非真理的代言。这就导致了人们并不去真正追求平等与真理，而是追求权力与官职。人们崇拜权力、崇拜金钱，唯独不崇拜知识，更谈不上真理。在这种文化影响人们"畏大人、畏权力"，个体是奴性的，人们只有盲从心理、唯命是听，没有科学精神；在这种文化下，人们并不尊重知识尊重科学，而是受制于权力的解读，教育看眼色行事，靠感觉改革成为一大风景。这样的文化背景下，又怎能会出现真正的教育变革、又怎能产生大量创新型的杰出人才？

因此，永远不能仅仅寄希望于教育内部的变革来彻底改变教育，不能忽视社会变革对教育产生的作用。教育仅仅是社会系统的一个部分，具有突破性的重大教育变革是社会变革的一部分。没有社会根本性的变革，不可能引发真正的教育变革。

可以说，社会变革是教育变革的基础。大面积、大规模的教育变革，只有在社会的重大变革中才有可能实现。任何教育教学内部的改革都将是有限的，只有将教育变革变成社会变革的一部分，才能从根本上带来人的变革与发展。

三十年前社会的改革开放给教育带来了重大的变革，创造了三十年的人才。从这个意义上说，重大的教育革命不如说是社会革命。

因此，在国家发展战略高度上的教育变革，首先意味着一场真正意义上的社会进步、社会变革，变革一切与之相关的领域，尤其是文化价值观的改变！

国务院参事任玉岭指出中国教育存在的五大不公平现象：①地区和城乡差距造成教育不公平；②制度设计偏颇造成的教育不公平；③学生家庭收入过低造成的受教育不公平；④政府规定执行不力造成的教育不公平；⑤农民工的城市化政策缺失造成的教育不公平[2]。

教育的变革必须看到社会的教育属性和教育的社会属性，并超出教育本身，才能走得更快、更远。在《国家中长期教育改革和发展规划纲要（2010—2020 年）》（以下简称《规划纲要》）制定过程中，温家宝总理亲自召开五次座谈会，并指出，教育改革和发展是关系国家和民族未来的大事，《规划纲要》应该反映国家的意志、决心和战略眼光。教育"优先发展"是这次《规划刚要》20 字方针中的第一句，充分说明了国家对此的清醒认识。可以说教育优先是实现教育公平的前提条件，没有优先的地位，就不会在国家的层面上解决问题。

然而所有的政策公平、程序公平、制度公平问题都解决了，教育内部的质量公平仍然无法完全解决。

就教育内部而言，仅仅通过电脑派位、强制性划片入学是无法奏效的，相反强制教师流动来平衡学校师资问题，"如果不考虑教师个人职业和生活诉求，不明确教师流动的权益保障，推动教育公平的初衷有可能产生对教师的不公平"[3]。

我们不仅需要具有宏观的大视野、全盘的综合考虑，在系统性的改革中，还要有一系列从宏观至微观的行动，至少需要同时进行如下努力。

一、公平教育首先要公平地对待教育

给教育以独立的人格，公平地对待教育，是解决教育公平的根本。

"问计于民"本身就是教育之悲。中国有 13 亿人口，不能让 13 亿人来办教育。我们不反对调查研究、倾听大众的意见、问需于民，但教育是一门科学，把如何办好教育的皮球踢给大众，不仅让教育无所适从，也推脱了教育行政管理者的责任。

教育最怕的是根据舆论的意见、领导的意图来办，这样一方面会左右为难；另一方面会迷失方向。办教育不存在任何其他的标准和依据，教育必须以尊重儿童发展的规律、教育自身的规律来办。落实科学发展观反映在教育上，就是要落实人的科学发展观。

原本教育行政部门责任在于依据国家意志，在公平教育的原则基础上，根据人的发展规律和教育科学规律制定教育政策和各项教育规划，并向大众作解释和说服工作，统一整个社会的认识，进而推进教育的发展。

不幸的是，今天主宰教育的并非教育专家，而是行政官员。正是行政权力在教育问题上的话语权、决策权过大，使得教育走上了"头痛治头、脚痛治脚"，永远治标不治本的绝路。

权力从来都是讲等级的。而官本位的价值取向和对权力的崇拜，使得教育行政官员以长官意志为上，教育研究机构也处处迎合领导的意图，把教育事业当成做官、升职的途径。

其结果"反映在教育研究上，就是闭门造车、空发议论、原创性课题、长时间跟踪实验的项目很少；反映在教育管理上，就是无视教育规律和教育的主体地位，以长官意志唯上；反映在教育改革上，就是乱拍脑袋，急功近利、朝令夕改。因此，这项事关人的成长与国家发展的伟业，时不时会被推进盲目与随意的泥潭"[4]。

我们必须意识到，只要一天不把教育当成一门严肃的科学来对待，不给教育事业本身以独立的人格，而是俯首听命于长官的意志、成为权力的奴隶，那么教育的公平就一天无法实现。

当教育本身都无法得到公平对待时，教育的公平又从何实现？

二、教育观的公平是一切公平教育的起点

在教育内部，公平的教育要从教育观开始。

今天，最大的不公源于教育自身。基础教育本身通过标签教育就在不断地制造和产生差异。一个群体经过多年的基础教育，不是差异减小了，而是差异增大了。这种差异会进一步地导致不公平的产生。

这一切主要与我们的儿童观、发展观和教育观有关。基础教育要想获得更大的成功，需要彻底改变教育思维，改变我们的儿童观、发展观和教育观。

基础教育阶段，个体仍然处在可塑性较强的时期。学校教育不能再沿用过去的思维，用差异化的手段，进行差异化的教育。这样的结果必然是群体两极分化严重，个体结构失衡明显。

"因教育才"倡导一种公平的教育观，承认每个人都存在"多元潜能"，重视尊重每个学生的全面发展权，给每个学生提供全面发展的机会。这样可以有效避免"因材施教"可能造成的教育不公，从教育观念上实现了公平教育，并从教育的起点上开始强调教育的公平。

基础教育的任务不是去鉴别、发现、寻找、筛选一小批"优秀人才"，而是着力去培养、开发、造就一大批优秀人才的苗子，促使更多的普通儿童达到理想发展水平。

为此，基础教育必须提倡"因教育才、全面发展"的教育原则，强调培养的原则而非选拔的原则。尽可能地使用灵活的教育手段，促进每一个个体达到基础教育的目标，实现基础全面的发展。

我们要打破教育发展中，学前教育与义务教育之间的界限，打破自然发展与系统教育之间的划分，将两者融会贯通，形成一体化设计的格局，走低重心起步，无接口过渡的道路；并打破普通教育与资优教育之间存在的人为界限，使两种教育融合在一起，走资优教育普及化，普及教育资优化的道路。打破"资优生"的选拔和"资潜生"的淘汰模式，将教育定位于资潜生向资优生的转化。

只有将"因教育才"的教育观引进我们的视线里来，改变早期教育的视角、提高早期教育的地位，才能尽可能地避免群体两极分化和低水平发展，并为基础教育打下良好基础。只有这样的基础教育，才能培养造就一大批人才的苗子，为进一步发展打下良好基础。只有这样的基础教

育才可能是更加公平的教育。

三、全面提高个体早期发展质量是公平教育的第一步

今天基础教育质量上的不公平，有很多原因。表面上看最突出的要算是办学条件的差异，如设施、设备、资金、教师队伍、办学质量等，但今天学校的本质差异却与生源的质量有关，好学校有权选择好的生源，这些决定了不管怎样，学校的差异不会改变。

在传统教育观和计划经济的影响下，我国城市发展起来的学校，先天上就存在着差异，除了普通的学校以外，有些是省重点、有些是市重点、有些则是区重点。在这些重点学校里，政府投入了远远超过普通学校的资金、设施、设备，配备了更好的教师，更为重要的是赋予了这些学校非常特殊的权力，它们可以选拔招生。

经过筛选的资优学生集中到一起，造就了学校的辉煌，这使得它们牌子响、名声大、吸引力强，成为家长的首选。于是学校选择生源，学生选择学校的互动成为基础教育阶段难以克服的问题。

今天，尽管很多学校办学的条件已经基本改变，但办学质量依然无法跟上来。

这是因为，真正决定其质量好坏的原因是生源的质量。好学生从小学开始就产生了分流，流入社区学校的孩子从一开始就处于劣势。在这些学校里，不管校长、老师如何努力都永远无法摆脱它们已经处于的劣势地位。

这一点在北京朝阳区表现十分明显。以朝阳区为例，三十年的经济改革使得朝阳区成为北京最大的经济体，随着经济的发展，教育投入日益增加，学校条件不断改善，然而，无论怎样改善学校的办学条件，住在朝阳区的家长们还是将孩子送去西城区或海淀区。对我园毕业的孩子进行调查发现，90％的家长首选海淀区和西城区。可见改善办学条件并非是家庭选择学校的关键。而是学校的生源质量。

要想解决生源质量问题，几乎不是划片入学这样简单。在自然成长状态下，分布中仅有 7％左右处在资优发展（智商在 120 以上）水平以上，这些孩子在整个人群中占极少数。绝大多数的孩子处在一般发展水平呈低发展水平上。

这样的生源比例只能维持少数学校达到高质量的标准，而其他学校

自然会处于普通学校的行列。这种生源比例，使得政府也不敢轻易地取消重点学校的资格。因为一旦失去了这些学校，将更加无法保证资优学生的培养和产生。

无论是学校选择生源，还是学生选择学校，都意味着生源存在着巨大的差异。因此，要解决选择的差异，就必须首先解决巨大的生源差异。

早期发展是形成生源质量差异的关键。要解决生源的差异必须从家庭早期教育开始，失去了早期教育的公平，以后的公平就难以实现。

强调"因教育才"、成长不容等待是公平教育的第一步。只有大力发展早期教育，开发孩子的潜能，尊重所有个体的全面发展权，使得绝大多数的孩子达到资优发展水平，才能彻底打破资优学生比例小的现状，使得进入社区学校的学生和进入重点学校的学生质量差异尽可能地减小。只有这样办学的良性竞争才会形成，更多高质量学校才会产生。

可以说，早期教育是解决教育公平性、普及教育、超常教育、全程教育、素质教育、教育社会化、社会教育化，缩小群体两极分化、减少个体失衡性发展、保证人才的高质量培养和全面发展，促进超常教育普及化和普通教育超常化发展，最终导致教育超常规发展等一系列重大教育基本问题的一个支撑点、出发点、关键点、落脚点。

政府在不断解决学校投入的情况，应当注意对早期教育的高度重视，只有这样才能为日后的改革打下良好的基础。

四、社区教育化、教育社区化是基础教育公平的必由之路

早期教育与义务教育一起构成基础教育。今天学校推行的"教育的公平"是以满足不同人的不同需要为基础的。学生的分流往往依据了他们入学时的能力水平。

然而，我们知道，入学时的水平往往与学前的准备有关，有着良好早期教育的学前准备充分，缺乏良好早期教育的学前准备不足。

我们知道，早期发展是一个不断分化的过程，是一个形成质量差异的过程。如何减少早期发展的质量差异对于确保基础教育的公平至关重要。今天，学校选择生源与学生选择学校都与早期发展的质量相关。

终身教育的概念要求我们将早期教育看成社会的责任与义务。而社区是实现社会责任与义务的最现实的场所。

人的成长与发展涉及一个复杂的系统，社区不仅是家庭的落脚点，也是计生防疫、医疗保健、教育培训系统的落脚点，它处在家庭生活的半径里。因此，家庭与社区化的教育互动成为理想早期教育的起点。

传统观念上，教育的起点在家庭，早期家庭教育往往与社会无关，这原本不错，但如此理解推脱了社会的责任。

今天的父母绝大多数是没有育儿经验的父母，他们需要一定的培训、需要早期教育的指导、在遇到问题时需要得到专业的咨询。而孩子的成长需要定期的检查、定期的随访，需要得到防疫、治疗等方面的保障，更需要社区的成长空间。

因此，搞好家庭教育不仅是父母的事，也是社区的重要工作。强调社区教育化是搞好家庭教育和早期教育最重要的保证。

要想搞好家庭教育就要建立起完善的社区化教育服务的体系。要建立以儿童保健和儿童教育为核心的社区服务体系。这个体系可以通过社区医疗系统和社区学校园所来承担。它们的任务是同时服务于家长与孩子。

五、公平教育要有全面的视角

义务教育首先要提供保障，一种全社会的保障；另一种面向全体的基础教育的保障。

目前，我国城市的义务教育条件相对较好，可以满足人们的入学保障，需要解决的是质量上的公平。解决这一问题需要从早期教育入手，普遍提高生源的质量，改变学校生源质量的结构，从而促进学校教育质量的公平。

在大城市里要高度重视流动人口、农民工子女的基础教育问题，消除户口等属地概念给义务教育带来的限制。首先解决好教育机会公平的问题。

而在基层或农村，目前很多地方义务教育发展还很不平衡，尤其是农村义务教育的条件还很落后。在这样的情况下，政府的工作重点不是要锦上添花，而是要雪中送炭解决农村和小城镇义务教育办学条件的落后问题。

政府要解决的是机会上的公平问题。要加大硬件条件的投入，改善办学条件，提高教师待遇，使得教师愿意为农村教育事业努力付出。

另外，需要强调的是，公平教育要允许正当的竞争与自由的选择。

教育要确保公平，但教育不应当阻止竞争。政府在大力解决公平教育的情况下，要勇于打破传统的不当竞争模式，建立公平的发展平台。要鼓励学校不断提高办学质量，不断改革、不断创新，这一过程会带来竞争，但它是在公平基础之上的竞争，反映了教育管理者、教师的努力。建立在社区学校基础之上的竞争，是一种公平的竞争。公平的竞争可以大大提高教师素质、改变办学质量，使原本普通的学校获得新生。

教育要提供保障，但也不应当阻止选择。如在学前教育问题上，政府的责任应当是给予所有受教育者公平的待遇，而不是只给公办园的提供保障。政府的对象应当是每一个个体，而家长可以进行学校的选择。选择公办的费用通过园所补贴，选择民办的费用可通过领取补贴。

这种选择不是学校选择生源，而是学生选择学校。政府应当鼓励和保护好一些办学质量好的民办学校，利用它们提供选择性教育的机会。让人们既有基础教育的保障，又有选择教育的机会。

参考文献：

[1] http://www.china.com.cn/zhibo/2010 - 02/28/content _ 19481283.htm
 (2010.05)

[2] 任玉岭. 中国教育的五大不公平. 中国经济周刊，2010-03-01

[3] 周继坚. 推动教育公平别迷信教师"流动制". 光明日报，2010-02-25

[4] 李斌. 教育无所适从 不把自己当回事儿. 中国青年报，2009-11-18

第四章　潜能教育与潜能开发

　　从差异教育理论走出，我们来到了潜能教育的天空。潜能教育在承认客观现实差异的基础上，强调人的潜能，强调潜能开发的重要性，让我们看到了潜能的空间和范围。它突显了早期教育的重要性，改变了人们对超常儿童以及超常教育的认识，同时也为特殊儿童教育干预提供了理论依据。为正确处理个体潜能与个体差异之间的关系提供了帮助。

　　本章回答了我们究竟能不能提高我们的智力这样的问题，同时给出了较具体的潜能开发方案，如"要素全纳植入法""梯度发展、多元学习纵横解决方案"和"潜课程在早期发展中的运用"等，同时较全面地分析了当前流行的多元智能理论的问题，指出它是差异教育危机的替代品，但没有改变差异教育的性质。

第一节　潜能发展心理学对早期
潜能开发的意义

　　早期教育或早期潜能开发是当今教育系统中的一个重要组成部分。表面上，人们对于早期潜能开发的观念已经完全接受了，然而，事实上，即使有着大量的脑科学的研究成果以及大量的心理学研究事实，人们对于早期潜能开发可能带来的真实改变依然模糊不清。

　　人们可以坚定不移地赞叹人类潜能的巨大或无限，强调早期潜能开发的重要意义，大力宣传早期潜能开发对大脑的影响，甚至可以实实在在地进行早期潜能开发。

但是，教育专家们怎么也无法接受通过早期开发潜能，可以使普通儿童的智力达到超常发展水平的可能性。

一旦遇到这样的问题，他们会毫不犹豫地站出来反对。在他们心中教育是无法使普通儿童达到超常发展的，超常儿童是无法批量制造的！

这种情形不仅出现在学术界，也同样出现在普通的百姓身上，很多家长接受早期潜能开发的观念，但并不相信潜能开发可以培养出超常儿童。

一方面是人类潜能无限，潜能可以开发，按照这一逻辑走下去，潜能开发的结果自然是智慧超常；如同人们追求健康，最终结果是长寿的道理一样。

另一方面，强调潜能开发的人们并不相信通过潜能开发，普通儿童可以表现出超常的结果。一旦早期教育的实践中出现了超常儿童，人们则会说，这个孩子本来天赋就不同。

这样一种矛盾组合，让我们实际看到的是，人们在骨子里还是坚信超常儿童或神童是天赋的产物，只可能极少数地存在，通过教育让绝大多数普通儿童达到超常，是绝对不可能的，是违背科学的。

于是疑问又回来了，个体到底有没有潜能？如果有到底个体的潜能有多大？教育对潜能的开发是不是具有质的作用？即到底能不能通过潜能开发彻底改变个体的智慧？

出现这样的问题，根源在于今天的心理学并不存在支持普通儿童具有通过潜能开发可以达到超常发展的理论，心理学强调的依然是差异正态分布理论。根据这一理论，超常只是极少数人的天赋专利，根本不可能成为绝大多数正常群体的特征。

然而，根据潜能发展心理学的三维模型，全面发展和超常发展并不是极少数人的专利，而是所有正常儿童发展的潜能机会。每一个儿童在其早期发展过程中，都存在着不同的发展可能性和发展机会，可以是全面发展、也可以是偏好发展，可以低常、可以中常、也可以超常。

全面发展是普通儿童在结构合理环境中的自然表达，超常发展是正常儿童在理想的教育环境中的良好表达。重视全面的环境和教育质量的改变，就能使更多的孩子全面发展，并且可以表现出超常的特质来。

在当今世界范围内，心理学、教育学的专家学者们，一直以来对"我们究竟能在多大程度上提高智商"的问题争论不休。20 世纪美国权威心理学家詹森曾经预言：认为提高智商的努力，如同16世纪炼金术士们想点石成金的努力一样，最终将被证明是行不通的、是伪科学的。他的观点由于有着大量的血亲相关研究证据，没有人可以驳斥。

今天的超常教育也好、资优教育也好、特长教育也好，都是认定超常、资优、特长全是天赋的产物。因此，所有的教育都是先有超常儿童再有超常教育，先找资优儿童再做资优教育，先挑特长儿童再行特长教育。

因此，在整个教育体系中，资优教育是先有选拔再有教育，本质是淘汰的过程；超常教育是先有超常儿童再有超常教育，本质上是筛选的过程，长期以来提高智商的努力无法得到理论最根本的支持。就算是获得了成功，专家们也会将这种智商提高的结果，归结为天赋如此，你说你培养了一个天才，他说你培养的孩子原本就是一个天赋更高的人。结果让人无话可说。

然而潜能发展心理学的理论让我们看到了儿童各个方面潜能开发无限的希望，这其中也包括了智力的开发。下面就让我们从智力开发的角度来认识潜能开发。

一、我们究竟能否提高智商

要回答"我们究竟能否提高智商"这个问题，就是要回答：我们究竟能否造就天才或培养神童，或超常儿童到底可不可以通过教育而大批量培育的问题。

这一问题在差异心理学的框架内，回答是否定的，完全不可能；但在潜能心理学的框架内，回答却是肯定的，能！每个人都存在高智商表达的天赋，不过只有一个机会，这个时机在发展的早期。

潜能心理学"三维基本模型""群体动态分化"的理论以及"个体分化范围与时机"的理论告诉我们，尽管个体可能存在着天赋的差异，我们不否定极少数个体存在着超出常人的智慧天赋，但我们意识到在智力分布的范围内，绝大多数个体智力的差异实际上是个体经过早期成长，在环境和教育差异的影响下，逐步地分化形成的。其中"智慧超常"是个体在早期良好环境和教育条件下遗传潜能的外化形成的，是基因潜能理想表达的结果。在个体发展的早期不是所谓的"上智下愚不移"，而是"上智下愚可移"。

今天我们认识到，智力的差异再也不是单纯由天赋决定的了，而是与环境和教育质量相关，与成长的时机有关。只要能够让群体中某个个体的早期环境和教育质量的提高，让他成长的环境商数处在整个分布的最有利的一边，就能使这个个体的智商处于超常的水平；只要我们能够使整个群体的环境分布成为负偏态，就能使这个群体中的大多数人智力超常。

(一)不同个案的启示

人类发展史上不断地有天才被制造出来。

远古的我们不去谈论了，卡尔·威特制造了小卡尔，他相信教育要伴随着智慧的曙光一起开始，两百多年来小卡尔的成长故事在整个世界传颂。

斯特娜夫人是美国宾夕法尼亚州匹兹堡大学的教师，一位儿童教育专家。她对卡尔·威特的教育非常赞同，对自己的女儿很早开始教育，结果女儿维尼夫雷特，从3岁起就会写诗歌和散文，4岁起能用世界语写剧本。她的诗歌和散文从5岁起就被刊载在各种报刊上。斯特娜夫人的天才教育法也广泛地影响了全世界的早期天才教育。

实际上，今天能够看到的所谓各个领域的天才，都有着早期环境相关的影响和家庭的教育。

莫扎特出生于一个音乐家庭中，父亲是一个颇有才华的小提琴家和作曲家。从小就受到音乐的影响，更在3岁时，开始陪同7岁的姐姐练钢琴。后来他成为音乐神童，有人说他是天才，他自己说："人们认为：我的艺术创作是轻而易举得来的。这是错误的。没有人像我那样在作曲上花费了如此大量的时间和心血。"

弗朗兹·彼得·舒伯特，奥地利天才作曲家，出生于维也纳的一个教师家庭。也是自幼从父、兄学习小提琴和钢琴，1808年成为维也纳皇家教堂唱诗班歌童，同时在学生乐队演奏小提琴并学习作曲。虽然他生前没受重视，死后却成为和莫扎特、贝多芬并列的音乐大师。

音乐家肖邦出生于一个教师家庭，幼年时向一位捷克音乐家 W. 日夫尼学习钢琴，7岁即可写乐谱，8岁时开始公开演奏。14岁师从德国音乐家、华沙音乐学院院长 J．A．F．埃尔斯纳学习音乐理论。16岁中学毕业后进入华沙音乐学院学习，同时开始了他的早期创作活动，19岁毕业于该院。

　　世界钢琴大师郎朗也有着早期的环境经历，从 2 岁开始便与钢琴结下了不解之缘。5 岁时父亲为他找到了当时沈阳最好的钢琴老师——朱教授。有人说郎朗的天才，是因为有一个偏执而又不屈不挠、坚定、大胆而又从不墨守成规的父亲，他为儿子设计了摆脱论资排辈枷锁的音乐之路。是父亲的吃苦耐劳、偏执逼迫儿子十年磨一剑苦练童子功，每天要苦练 8 个小时，塑造了郎朗音乐天赋的基础。

　　高尔夫球界的"森林之王"老虎·伍兹，接触高尔夫也是很小的年龄，他 3 岁时就击出了 9 洞 48 杆的成绩，然后 5 岁时又上了《高尔夫文摘》杂志。对于他的成功，除了早期接触，他自己则认为：如果其他人也能和他一样每天挥杆六千次，也一样会成功。

　　被称台球天才的丁俊晖，6 岁触摸台球，被父亲重视，倾心培养，不惜倾家荡产，卖掉了老家的房子，全家人吃盒饭，住小平房，只为培养他打球。如今，随着丁俊晖在台球桌上的巨大成功，如果不是父亲把培养孩子打球当成了自己的事业，倾家荡产拖家带口走南闯北远赴英伦，从江苏小城破旧的台球桌前到世界斯诺克巡回赛冠军，这 12 年的道路是鲜为人知的，世界冠军的背后有着园丁——父亲丁文钧独特的栽培秘方。

　　泳坛神童"鲨鱼"菲尔普斯在神奇的"水立方"勇夺 8 金，创造了奥运会历史上最伟大的奇迹。但他认为他的成功是因为"没有人比我训练更刻苦"。他 7 岁开始游泳，在很长的时间内，他每天游的距离多达 12 英里，参加奥运会前的四年里他每天要游 8 个小时。

　　被誉为神童的控制论的创始人维纳，出生在密苏里州哥伦比亚的一个学者家庭。父亲利奥·维纳（Leo Wiener）是俄裔犹太人，语言学家，哈佛大学教授。母亲亦是犹太人，出自美国南方一个名门家庭，很有教养。维纳幼年随父母来到波士顿，住在坎布里奇。在父母严格管教和熏陶下，3 岁开始读写，8 岁学完初级教程。六七岁时曾到乡村小学和神教学校就读，他懂得十种语言，因无适合他的班级而作罢。8 岁，他作为一名天才学生进入艾尔中学学习，当时他的水平已是中学三年级，11 岁中学毕业，并进入塔夫学院学习，14 岁毕业于数学系，同年到哈佛大学攻读动物学研究生，18 岁获哈佛大学博士学位。

　　这样的名单很长很长，都反映出一个规律。中国科技大学少年班的一位班主任总结少年班神童们的经历说："神童 70% 以上来自知识分子家庭，其中父母是中小学教师的占多数。"他说："中小学老师比一般的知识分子更懂得如何'早期诱发'，启迪智力，特别重视培养和调整孩子的学习兴趣。"

神童可以培养，天才可以造就这是一个不争的事实。

我们不仅仅要证明神童可以培养，更重要的是要强调超常儿童可以批量生产，规模制造！

一定有人要说：看！又在大放厥词，又在鼓吹教育万能论，又在哗众取宠，又想骗人骗财。人类社会走到今天，也许教育不是万能的，因为存在负教育，但是没有教育是万万不能的！而高素质的培养、包括高智力的形成更需要科学早期教育的助推。

教育社会化和社会教育化早已成为这个时代的特征，学习型的世界、学习型的国家、学习型的企业、学习型的个体需要更完整的教育体系的出现。终身发展需要终身学习，终身学习需要终身教育。而在整个教育阶段中，最最重要的教育是启蒙教育，是早期教育，因为它可以奠定发展的基础，为可持续发展打下良好的根基。从人的功能结构的角度看，早期是可以通过改变或强化结构影响人的发展的时期。

亨特的研究表明，环境对智力的影响起决定性作用[1]。如果在儿童早期尤其是婴幼儿的期间进行适当的早期教育，譬如提供多样性的视觉与听觉刺激以促进儿童的认识发展，可使平均智商提高 30 左右。

日本井深大认为：人类智力的潜力远远超出了人们陈腐偏见的想象，人一生中学习的潜力最大的时期不在大学，也不在中学，而在幼儿时期[2]。

德国神童卡尔·威特的父亲——一位富有独创见解的牧师根据自己的实践总结说："我一向认为，如果教育得法，大多数孩子都能成为非凡的人才。假如家庭教育不好，多么优秀的教育家认真进行教育，也不会有好的效果。"[3]

波尔加三姐妹是威震世界棋坛的国际象棋天才。她们的父亲拉斯洛·波尔加认为"一个正常的儿童在适当的环境里，可以成为天才"。

(二)天才可以批量产生也可以规模制造

说神童可以批量生产，可以规模制造。那是因为：

首先从人才培养的角度看，可以说一切人才无一例外，都是教育培养的，没有生而知之者，没有不学而通者。天才不是抽象的概念，他们最终也会成为各种类型的人才，只不过不是普通的人才，而是精英人才、顶级人才。

无论是我们看到的体育明星、文艺明星、绘画明星、科学明星，没有一个能离开早期教育培养过程。当我们在奥林匹克运动会上看到我国小将奋勇夺金的时候，我们惊叹他们是那样的年轻，已经在世界的竞技舞台上露出万丈光辉，他们是体育的神童，是天才！但你是否想过，他们都有着不同寻常人生经历和训练过程，他（她）们都有着同样的品质，这种品质叫"幼功"，俗称"童子功"！

这些人在普通教育规律下不可能出现。因此，教育要尊重儿童发展规律不是一句抽象的话，培养普通儿童有自身的规律，培养超常儿童则有培养超常儿童的规律，两者并不相同。如同将物体向上抛去，一般的规律而言，物体都会自动落下来，这是受地球吸引力的影响，但要想将抛出去的物体不再落下来，就要突破地球的引力，这需要另外的规律。掌握了这一特殊规律，就可以不断地把卫星送上太空，人的超常教育也是如此。

其次从天才儿童的定义看，如果天才就是理论上那些在分布中排在最前面的人，那1%左右的人的话，这样的天才或超常本身就是某种环境和教育的产物，将培养他们的方法运用到其他人身上，可以取得同样的结果。人们不仅可以竖着排队，同样还可以横着排队。因为，原本排在最前面的人也是环境和教育制造出来的。当更多的人希望并列排在前面时，需要通过科学早教来实现，当然实现它不是一生中的任何时期都行，只有一个时机，这个时机在发展的早期。

童子功也好，幼功也罢，顾名思义，都是从小就受到环境的影响，教育的培养，都有着严格的训练，专业的继承。看到他们，我们知道人才的差异并非天赋那么简单，与环境和教育质量密切相关。智力的差异实际上是个体经过早期成长，在环境和教育差异的影响下，逐步地分化形成的。其中智慧超常是个体在早期良好环境和教育条件下遗传潜能的外化形成的。在早期不是所谓的"上智下愚不移"，而是"上智下愚可移"。

如果我们能够真正揭示超常或神童成长的奥秘，那么批量生产、规模制造就不是不可能的事情。

金色摇篮在十五年的实践中，统计数据显示，2岁左右入园的孩子中有近 90％左右可以达到心理学定义上的超常儿童。这是早期教育的神奇，也是早期教育的自然结果。今天对于金色摇篮的老师们而言，最难的不是对孩子进行早期潜能开发，使个体智商提高 30 个百分点不算难事，难的是如何让家长科学地配合实施早期潜能开发的教育。

二、我们为什么能够提高智商

回答是：儿童发展的内因和外因一起决定了智力提高的可能性。我们在上部中深入地探讨了潜能开发的空间、条件和机会等问题。之所以人类可以通过教育提高智商，那是因为，存在着内因、外因两个方面的作用。

(一)内因

1. 智力的多基因遗传存在着一个反应范围，这个范围正是智力遗传的潜力范围；每个个体都存在这样一个遗传潜能范围。

2. 大脑发展存在着可塑的时机，这个时机存在于儿童发展的早期，孩子越小机会越大；每个个体都存在着这样一个可塑的大脑。

3. 心理发展存在着各种关键期和敏感期，这些时期也都在儿童发展的早期；每个个体同样具备着各种各样的心理发展关键期或敏感期。

(二)外因

1. 环境质量存在着可调性，儿童成长的环境不是固定不变的，是可调的。环境存在着所谓的可调性潜能空间，最重要的是环境的这种可调性的潜能范围是巨大的，甚至是无限的。

2. 时间因素存在着可控性，时间的分配、时间的控制、时间的组合、时间的排序存在着多种多样的变化方式。

三、我们究竟能在多大程度上改变智力

答案是：在全域范围内！

所谓"全域范围"就是指一个群体智力变化的整个范围，即从最低的智商水平到最高的智商水平。根据"遗传范围表达论"，遗传为每个人的智力变化提供了多种可能性，这些可能性在整个智力分布的全域范围内，从低常到超常(如图 4-1 所示)[4]。

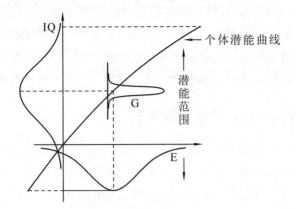

图 4-1 三维相关模型与个体潜能曲线及个性
潜能范围的关系图

个体现实的智力水平因环境和教育的不同，可以是低常的，可以是中常的，也可以是超常的。不同个体在不同环境教育条件下形成的不同智力，排列形成智力的群体分布范围。其中超常只是遗传潜能在良好环境中的正常表达。

潜能发展心理学指出了潜能的范围和大小，因此，不用再抽象地谈论人类的潜能无限，也不用再含糊地说人类的潜能可以开发。虽然所有的人有承认人的潜能可以开发，但一提到"普通儿童超常发展"就会被人指责为异想天开，仿佛在说，人的潜能可以开发，但超常与潜能开发无关，超常是天赋差异的表达，只能是少数人的专利。我们想说超常只不过是智力良好开发的结果，是个体智慧潜能的一种理想表达形式。

智力潜能范围理论告诉我们，不仅环境和教育影响可以提高智商，更重要的是也同时告诉了我们不利的环境、不良的教育同样可以导致智力下降。

智力变化的范围是双向的，可以表现为低常，也可以表现为超常。教育者的任务就是尽量避免不良环境因素的影响，尽可能地提高教育质量，促进个体朝向高智力水平方向发展。

四、我们怎样提高智力

(一)利用分化的原理——做个机会主义者

潜能心理学指出，一定年龄水平之上的群体智力差异形成的分布是随年龄增长而不断分化形成的。其中，分化是一个不间断的过程。最初的新生儿，个体之间的差异很小，在不同环境的影响下随着成长，逐步显示出了相对的差异，形成最初的分化，这种分化不断进行并逐步稳定下来，导致分布的形成。

在自然环境中，由于群体的环境差异呈自然分布，表现出优质的环境较少，劣质的环境也相对较少，普通的环境较多，结果导致群体智力在早期分化过程中呈现正态分布的特征。其中，群体中大部分个体的智商处于中常水平，如果我们在群体分化的早期，改变环境差异分布，促使环境差异分布从正态转向负偏态，就可以改变智力分布的形态，使群体中更多的个体达到超常发展水平。

然而，大脑受环境影响是存在时间表的，越小所受影响越大，越大所受环境影响越小。因此，我们要学习做一个机会主义者，积极把握住早期的关键发展机会，在这样一个有效的时机内，及时为孩子提供一个良好的成长环境，将智力潜能开发出来！

潜能发展心理学告诉我们："个体智力变化的范围与年龄成反比"，"个体智力变化的方向与环境质量成正比。"在上部我们曾以一个钟摆模型加以表述。这个模型是关于分化范围和分化时机的，也是关系分化方向和环境质量的，简称"钟摆理论"（如图4-2所示）。

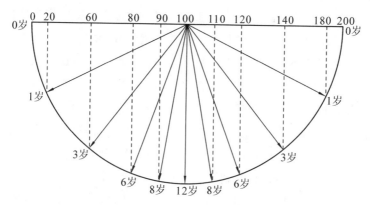

图 4-2　智力分化的钟摆理论

这个图形告诉我们：个体的智力变化具有两大特征。

第一个特征是"个体的智力变化的范围与年龄成反比"。越是年龄小智力变化的范围就越大，越是年龄大，智力变化的范围就越小。

成长是一个不间断的阶梯，分化是在每个阶梯上（每个年龄阶段上）

持续存在的一种客观现象。

依据三维基本理论模型，从理论上看，个体的潜能范围正是智力分布的全距范围，这个范围非常大。无论是整个智力的平均范围，还是多元智力的分项智力范围都一样。以智商100为平均分，则向下趋向零，向上趋向200。但由于大脑的发育是有时间表的，并且表现出可塑性递减的规律与特征。因此，随着孩子年龄的增长，个体的潜能范围也发生着改变，这种改变就是年龄越小，个体智力两极分化的可能性范围就越大，年龄越大，个体智力两极分化的可能性范围就越小。这就是个体智力分化的第一大特征。

第二个特征是个体智力变化的方向与环境质量成正比。越是早期，越是良好的环境，越能促使个体朝向良好的方向发展。

根据这样的特征，可以得到一种积极的启示。由于环境是可调的、可塑的，可以改变、可以建构，是具有极大潜能的，同时早期教育的时间也是可以调整的。因此，极早地引进教育因素，开发环境潜能、大幅度地改善小婴儿的成长环境质量，是有可能的。

早期环境差异实际分化很小和环境潜能空间巨大的关系，是快速改变环境质量的重要条件。

通过针对某人的环境进行重构、引入教育可以快速地提升该个体与整个群体智力的相对距离，使其在群体智力的分布范围内排在群体分布的前面，一跃成为一个资优儿童、超常儿童或者天才儿童；如果是针对一个群体进行的环境重构、引入教育，那么就能快速地提升该群体的智力，都达到理想发展的水平，使整个分布变成一个负偏态分布。

因此，把握时机，在分化开始的第一时间"快速"提升智力，尽量让个体在早期站到分化的上方。根据此时智力分化范围最大，但自然环境变化小的特点，利用环境可塑性原理，及早引进教育变量，提升环境质量，将个体智力的表达提升到一个高水平的位置上。

在分化的第二时间"尽量"提升智力，尽量保持住已经取得的成果，并争取做到更好，这时智力潜能的范围开始减小，但仍然相对今后还有一个空间，大脑仍处在可塑性的时间内，在这样的时间内，争取进一步开发成为关键。

在分化的第三时间"努力"将智力保持在高质量发展水平，这时大脑的可塑性降低，但还存在空间，因此，最重要的仍然是提供高质量长期稳定的发展环境，促进智力发展在高质量水平上定型。

除此之外，我们要惜时如金，合理地安排时间、有效地整合时间、科学地分配时间、充分地利用时间、积极地创造机会，努力重视关键期教育。

(二)利用全脑发育可塑期——做个环境塑造者

我们说，生活的环境不是为大脑的理想发展专门设计的，而是为生活而设计的，是一种"生活环境"。在这样环境中，绝大多数的个体表现为普通发展，这就是今天常常看到的一种常态模式。要想开发大脑潜能，提升个体的智慧，就必须改变个体早期的生存环境，使他们的环境不仅适合生存，更加适合大脑的高质量的发展。因此，增加丰富、全面的教育因素努力改变环境质量就成了改变大脑、开发潜能的必由之路。

可以说，谁设计了理想的发展环境，谁就设计了理想的大脑！而大脑的理想发展必然会带来智力的高质量发展，甚至培养出超常儿童。

怎样设计理想的发展环境呢？一句话：丰富环境、增加刺激、灵活教育。具体而言：

1. 尽早提供科学的早期教育，以基础发展和全面发展为目标，为全脑发育提供全方位的环境刺激。这些刺激包括视觉的、听觉的、触觉的、运动的、言语的、情感的等。

只有多途径实施教育影响，科学地创设环境影响要素，才能促使个体感知运动整合能力的快速发展，推动言语理解和表达能力的快速成长，建立良好亲子关系、促进社会化程度的提高，培养健康的个性品质，提升智力、开发潜能。

2. 利用特异性上行激活系统和非特异性上行激活系统这两大系统的特点，强调刺激和信息的同步或异步的影响。简单地说，我们的大脑存在着两大系统，一个是特异型的上行激活系统，它向大脑传递信息、知识、经验和技能的学习与它直接相关；一个是非特异性的上行激活系统，它向大脑传递能量，促进大脑皮层的发育，维持大脑的觉醒[5]。因此，根据这样的理解，早期的教育不仅仅是理解教育，更重要的是刺激提供，所以我们强调，早期要让孩子多看、多听、多动。

早期对于孩子而言，听到了比听懂了重要，看到了比看懂了重要，动起来比怎样动重要。跟孩子多讲，讲身边的事，讲可以看到的事，通过讲解让孩子理解周围事物，让孩子多听，听说话、听语言，通过听说话让孩子开始学习语言；多看，看周围事物、看父母表情与动作、看图、看画、看符号，让孩子的视觉分辨力大大发展，学会辨识。让孩子多动，从被动操作到主动运动，从手眼协调到双手配合，培养孩子的大动作和精细运动能力，这一切成为早期教育最重要的方式。

（三）利用三维模型原理——做个质量管理者

要想做到身心全面高质量的发展，就一定要进行全面的质量管理和控制。

1. 强调全过程成长目标质量管理。早期成长有着明显的顺序性和阶段性特征，早期教育要根据这样的规律有针对性地展开。

以往的教育，往往以群体在某个方面发展的平均值作为一个正常的标准，并用它来衡量个体是否达标。这样的做法不可能培养出超常儿童，这是一种甘愿一般、情愿普通的做法。

不幸的是，人们常常将这样的做法，理解为是对儿童发展规律的尊重。人们把在自然状况下普遍存在的发展现象当成发展的必然规律与教育相联系，并以此来限制人们对发展目标的理解。把所有希望突破这样规律的人指责为违背人的发展规律的人。

然而，培养理想个体不能走甘愿普通的道路，要树立积极的发展观，要向前看，要向最靠前的个体标准看齐。即向群体中的超常儿童的发展水平看齐，以他们的发展标准作为其他个体的发展目标，只有这样才能找到真实的培养目标。

因此，我们一定要有摆脱常规的意识，充分认识到常规不等于规律。要以群体中分化出来的高发展水平的个体标准作为教育的目标，并不间断地对这样一个目标进行质量管理。为了促进个体的理想发展，要不断地分析个体成长的水平，进行形成性的评价，通过发展情况的反馈，从环境和教育中找到问题所在，进行及时的调整，确保整个发展朝向正确的方向。

新研究对儿童早期的潜能有了足够的认识。过去，总是认为孩子太小，会什么，能学什么，现在知道，小孩可以学习或达到的目标是令成年人吃惊的。过去认为做不到的事，实际上孩子可以做到，过去认为不可能的事，今天变得可能。

因此，在确定早期发展目标时，要提高要求，相信孩子的能力，无论是运动能力，还是言语能力，无论是艺术能力，还是认知能力，孩子都要比我们想象的要强。因此，以儿童超常发展为依据，确定孩子高质量的发展目标，并对全程发展进行必要的质量管理，提供丰富的环境教育刺激，就能够促进个体在分化中，从普通变成超常。

2. 重视全天候发展时间分配，要实现超常发展和潜能开发，就要重新理解孩子的学习。

孩子的学习不是你教他学的过程，而是发生在全天候的时间里，发生在每一天的每一时刻之中。因此，对每一天的时间进行全天候的时间管理和分配，变的尤其重要。它是全面发展不可缺少的要素，也是高质量发展不可忽视的条件。孩子的发展需要动静结合、户内外结合、探索与引导结合、尝试与训练结合、教与学结合。

3. 采取反馈性的质量控制手段，早期教育是一种需要及反馈的教育，要因人而异，要正视和重视发生在孩子身上的一切，了解孩子所处的环境和教育，清楚地知道家庭教育或园所教育中的优势与不足，针对孩子表现出来的一切进行反馈应答式教育，这是灵活教育的根本。

对问题进行极早的干预，对环境的缺失进行极早的补救，争取各个发展阶段上发展指标的达标甚至超标。

(四)利用教育规律——做一个教育艺术家

教育是一门最为特殊的艺术，不是仅有教育意识、教育投入，选择对了教育的时机，就一定会达到良好的教育效果的。要讲方法、讲手段、讲策略，要时时刻刻因时、因地、因境进行灵活的教育。以激发兴趣、培养能力为手段，促进个体主动学习能力和自我提高能力的发展。

在此，我们重申对灵活教育的推崇，强调应答式的教育。

孩子不喜欢被强迫、不喜欢受限制、不喜欢听命令，更不愿意你总是通过终止孩子正在从事的活动而开始你所谓的教育。

教育是灵活的、随时随地的。你要清楚地懂得，你所要达成的目标，全部都存在于孩子的各种活动之中，无论他是在玩耍、在探索、在模仿、在交流。只要你方法得当就能够巧妙地引领孩子，朝向你希望的目标进行。天底下没有教不好的孩子，只有不会教的父母或老师。

五、提高智力最关键的要素是什么

(一)父母是资优或超常儿童培养不可替代的关键要素

资优或超常儿童的成长离不开父母的教养，每一个优秀的儿童背后都有一个能够培养天才的父母。

大凡优秀儿童都有一个特别的成长故事，在这个故事里总会有一个对早期教育充满信心的父母，他们不仅充满信心，更付诸行动，投入精力和智慧，其中最最保贵的品质是坚持不懈，甚至将自己的全部生命投入其中。

在培养孩子时，他们懂得严格地要求自己，处处、事事以身作则，珍惜时间并对时间有严格的管理，不放弃每一段哪怕是很少的时间，对目标有着清晰的认识，始终朝向目标前进，对孩子有着鲜明的原则，从不因为溺爱而妥协，从不因为忙碌而放松，从不因为别人的态度而改变自己。他们常常能够做到不动声色地完成教育任务，使孩子始终处在快乐、轻松的状态，不知不觉中排到了群体的前面。

但对于今天的绝大多数父母而言，不是他们不想培养理想的孩子，而是他们自己缺乏对自身的要求，他们的付出有一个极限，那就是先忙完自己的事，才是孩子。

他们往往认为孩子还小，对他们的培养以后再说，但这样做是远远不够的。他们爱孩子但往往妥协，他们有方向，但缺少明确的目标，他们甚至并不相信自己的努力会带来多大的不同。他们往往要到别人都在做时，自己才会重视。他们在该认真的时候往往并不在意，反倒是不应太在意的时候他们表现出过分的在意。他们把大多数的精力放在自己理解的照顾方式上，而并不关心自己的教育是否科学、有效。

他们大多希望孩子能够很好地成长，但认为给孩子快乐比什么都重要，他们多数强调自然成长，他们总是关心孩子每一瞬间的感受，而从来不看长远的影响。因此，妥协、让步、满足、保护孩子成为他们教育孩子过程中，调节自己行为和做法的依据，成为爱孩子的标准。

结果往往是父母花去的时间越多，孩子的问题就越多；往往这些孩子并没有因此变得更加快乐、更加聪明，反而伴随着成长会越来越表现出对父母的不满、压抑和不良个性。

今天我们几乎没有从学校教育中看到过天才儿童，每个天才儿童都有着自己不同寻常的家庭成长经历。要想培养出更加出色的孩子，需要父母加倍的努力。从这个角度看，家庭教育成为整个人生教育最关键的部分。

不仅如此，这是今天的系统教育为什么培养不出更多的人才的根源所在。只有家庭和学校甚至社会的共同教育、共同影响才会带来更多人的理想发展。

今天，尽管许多家庭和学校都在进行着各种各样的努力，但结果并非像期望的那样，甚至在某个培养时期看到了一些优秀的人才苗子，但进入社会后，却成为问题的个体，适应不良的个体，很多人以此指责早期教育，对此我们认为培养一个健全的心灵是至关重要的。

(二)培养一个健全的心灵

人才培养失败常常是失衡发展的结果。他们也许有着良好的智力，聪明过人，但个性缺陷、适应不良使得他们无法进一步融入社会，取得成就。

我们应当从一些失败的天才儿童成长中找到启示，反思今天的教育，不仅仅是天才教育，普通的教育同样存在相同的情况。

这个问题就在于如何培养一个健全的心灵。

1. 让孩子从"轮椅"上站起来

今天的教育存在着许多令人担心的问题，而许多问题可以追踪到早期的发展或家庭的成长，与家长教育紧密相关。

随着教育的系统化和专业化发展，使得教育越来越倾向于异化性的发展。

原本教育从生活中独立出来，是希望能够更有效地传递人类的间接经验，使个体的知识和经验得到快速积累和有效继承，以便更好地应对生活，适应社会，传承文明，创造未来。

但今天的教育，似乎背离了原本的初衷，当它们从生活中独立出来以后，便不断地将自己凌驾于生活之上，脱离生活本身。

慢慢地、不知不觉地教育替代了生活，家长一味地要求孩子学习而包办所有的生活问题，本当孩子承担的生活责任与义务消失了，结果孩子失去了在生活中学习和发展的权利及机会。

从长远看，这样的做法不仅无法促进孩子的理想发展，还使得孩子离开了生活的基础，如同失去了双脚，成为一个残疾的人才。

陶行知先生在其"生活教育"理论中倡导："没有生活做中心的教育是死教育。没有生活做中心的学校是死学校。没有生活做中心的书本是死书本。在死教育、死学校、死书本里鬼混的人是死人。"[6]

今天，教育固然重要，但生活经验和生活经历也是不可缺少的成长体验，没有了生活的积累，没有了生活的经验，就没有了生存智慧和生活的责任，一个没有了生存智慧和生活责任的人就意味着没有人生真正的未来。

教育不能造就"两耳不闻窗外事，一心只读圣贤书"的书呆子，教育要与生活紧密结合，既要"风声雨声读书声声声入耳"，又要"家事国事天下事事事关心"。

因此，在强调间接经验的重要性时，也不要忘记直接经验的重要性。要同时让孩子们在生活中学习，在生活中发展。

要还孩子一双有力量的脚，让他们脚踏实地的在生活中学习。

2. 让孩子扔掉"拐杖"解放双手

教育的问题不仅仅是教育的系统发展替代了生活，还表现在它正在不知不觉地替代实践。

原本实践是一种有目的的探索活动，它源于生活，高于生活，是人类总结经验，发现规律最重要的手段。

当人类经历了长期的发展之后，人类的探索经验就越来越多地被人们变成知识，并通过教育进行着传递。以至于，人们忘记了实践对个体成长的重大意义，于是今天的教育又从实践中分离了出来，原本是为了更好地、高效地将人类实践的经验加以传递，但不知不觉中，实践的重大意义被人们忽视了，于是又出现了教育替代实践的可怕趋势。

很多家长不愿让孩子参与实践，怕耽误孩子的学习，而学校教育为了课程进度，更不愿意拿出时间放在实践活动上，正是这种心理，使得今天的孩子们缺少实践的机会，而无法全面的发展，结果实践的双手也残疾了。

今天的孩子缺少行动意识、光说不做、不愿动手，成为最明显的特征。

今天，需要还孩子们一双有用的手，让他们可以用实践来探索，用行动来学习，并在实践中学会行动，在行动中促进发展。

只有在"做中学"的"知行合一"，才能避免眼高手低、纸上谈兵，避免成为语言的巨人、行动的矮子；避免坐而论道、清谈误国。

3. 全面发展的硬指标与软指标一个不能少

全面发展中最困难的问题是如何处理"硬指标"和"软指标"的共同发展问题，今天许多个体后期发展不良，出现高分低能的情况，无法最终获得成功，往往与此有关。

由于教育的功利化程度在教育的竞争中越来越突出、越来越明显，人们越来越重视那些可以被具体测评的内容，而忽视那些难以测评的内容。

然而，对一个个体的发展而言，那些难以测评的内容往往是最为重要的内容。它们涉及个体的价值、态度、道德、习惯、个性、情感、社会化程度、心理卫生水平等方面，是个体发展中无法忽视的内容。因此，在整个教育过程中，一定要处理好硬指标和软指标的关系问题。

对硬指标和软指标的操作原则：将硬的变软，将软的变硬。即硬指标要软化、软指标要硬化。

在教育教学过程中，一直存在着两类目标，一类是指标明确、易被定量的硬性或钢性指标；另一类是难以定量的弹性或模糊指标。

硬指标是指那些可以量化的指标，如认字量、每分钟跳高次数、10以内 100 题的计算速度、会不会游泳等；软指标是指那些无法量化的指标，如品质、人性特征、道德水平、情感特征、人生观、世界观、价值观、操作能力等。

对待这两种指标，我们应当将"硬的软化"，将"软的硬化"。

"硬指标要软化"是因为硬指标在教学过程中，最容易被教师重视而强制性的灌输给孩子，往往导致学生厌学、抗拒。而软化硬指标是指在对硬指标的追求中，尽可能地让孩子感到趣味、体验成功、激发快乐，让孩子在不知不觉中快乐地发展硬指标。尽量做到学中玩，学中做。不是要减弱对硬指标的要求，而是要尽可能地实现对硬指标的要求，甚至是突破传统对于硬指标的要求。

因此，软的不是在指标要求上，而是在方式方法上的灵活有效，教学策略上的变化多样。使原本硬邦邦的东西，变得容易接受。硬指标的教育要体现让学生主动学的艺术，是让孩子不知不觉掌握的艺术、是让个体乐此不疲的艺术、是让学生忘掉学习目标而感兴趣于学习过程的艺术。因此，软化的是方法、策略。传统的减负往往是直接降低或减少硬指标，这样的方法无法最终达到培养优才的目的。

"软指标要硬化"是因为，在教学过程中人们最容易忽视的就是非常重要，但很难量化及评估的指标，而且这些指标常常难以通过考试来判断。因此对这些指标的教学控制一定要心中有数、要严。

　　无论是家庭教育，还是园、校教育都一定要把对软指标的追求放在重要的位置上，不可忽视，不容放弃。

　　"软指标要硬"不是指要使软指标也变成和硬指标一样可以定量处理，而是要通过严格管理软指标实现的方式、硬化软指标实现的条件来促使软指标的达成。软指标硬化目的在于对于那些说来重要或重视，但又无法或难以评估的教育目标给出一种新的评价或督导体系，不要只说不练，所有的教师要尽可能地重视，不仅将它们视为潜在的教育目标来实现，更要将它变成显性的教育目标加以追求。

　　"软指标硬化"是指尽量让教师充分理解所有的软指标的意义和价值，让他们时时刻刻地放在心中，全过程、全天候地全员参与其中，去影响、去示范、去塑造新的一代。这样的提法，在教学过程中，也可以理解为显课程要隐，潜课程要显的逻辑。即显课程的目的，尽量在不知不觉中达成，潜课程的目的要明明白白地达成。

　　如品德教育是一个软指标，没有死的标准，正是由于缺乏硬性的标准，才会导致具体操作上被放置一边，变的可有可无。为了达成这样的目标，一方面我们要将这一软指标的内容渗透到硬指标的内容体系中去，又要尽量让它们显示出来，成为最重要的教育目标。

　　软指标的教育要体现潜移默化的潜课程原则，激励原理、模仿原则、表率原则、有意追求和磨炼原则。也要体现教育者的有意的教育教学设计原则。

　　在教育活动中，人们容易重视硬指标的追求，而忽视软指标的追求，至使人格教育、道德教育、情感教育、公民意识教育等不受重视或仅仅只是在口头上重视。相反，对硬指标则采取强硬、机械、填鸭式的教育，以期完成任务。结果是，硬指标太硬使孩子失去学习的乐趣，软指标太软达不到学习的目的。

　　因此，我们强调对于硬指标要软操作，对于软指标要硬操作的口号，即"硬指标软化""软指标硬化"的方针来进行全面教育。在家庭教育中，尤其是要重视身教的力量和作用。父母要以身作则，起好表率作用，对一个孩子形成态度、价值、责任、世界观、道德观等方面起着不可忽视的作用。

4. 全面发展要抓重点

　　影响孩子发展的因素很多。除了时间因素以外，可以说，存在于孩子身边的所有因素都是影响成长的因素。但是，有些因素是至关重要的，有些因素是相对不重要的；有些因素起着基础性的作用，有些因素则起着阻碍发展的作用。有些因素在个体之间是存在巨大差异的，有些因素个体之间没有太大差异，是平衡因素。要想有效地促进个体智力的快速发展，就必须选择最重要的影响要素。

什么因素才是最重要的呢？我们认为决定人类智慧特征的那些因素就是最重要的因素。因此，紧紧抓住人类智慧的特征，突出"特征智慧"的开发，变得尤其重要。

特征智慧强调符号智慧、操作智慧和运动智慧，强调创新能力的培养是头等的智慧。关于特征智慧，我们在上部中已经涉及，这里不再重复。

此外，抓重点讲究先后关系，我们要清楚地知道，什么样的内容应当优先考虑，才有利于可持续的发展。我们强调习惯先行、兴趣先行、工具先行、技能先行等，目的是让家长和老师们意识到它们甚至比知识本身更加重要。

六、开发人类潜能或提高个体智商的具体方法

（一）0～3岁"全要素植入教学法"

"全要素植入教学法"以全方位的脑建构为目标，以身心全面发展为宗旨，以普通儿童超常发展为理想，选择针对不同脑区功能定位的刺激物，作为早期发展刺激要素，作为智慧的种子，将它们全面地播种在新生生命的大脑里，从而，对我们的大脑进行全方位的开发。

它利用能量刺激原理、感官先行原理、潜课程原理，强调刺激的作用，强调能量型潜能开发；提倡婴儿听到、看到比听懂、看懂重要的"知其然"教育，充分利用"异步分离教学法"和潜课程教育法，强调环境要素的引进、强调时间分配与强度配合。

以下就是我们有关"全要素植入教学法"的一些说明。

1."全要素植入教学法"的教学依据

今天，脑科学研究告诉我们：早期大脑的微观结构和大脑网络化的丰富程度与环境的结构特征及环境刺激的丰富程度密切相关[7]。可以说环境是一个设计师，决定着大脑早期发展的特征和质量。

儿童早期发展关键期的本质是大脑处在一个快速持续发展的可塑期

里，大脑的各个功能区正处在建设与强化各种信息处理系统的敏感时期。而脑的各种信息处理系统如视觉的、听觉的、言语的、运动的等，它们在功能上的复杂程度以及结构特征是与婴幼儿早期发展环境刺激的复杂性与结构性相关的。人脑的微观结构，不是生来就定型的，而是在早期接受各种刺激的过程中形成的。大脑在成熟过程中不断建构与分化的真正要素就是环境刺激，环境要素！

正是全面的、丰富的环境要素刺激，可以从根本上改变大脑的微观结构和整个大脑的性能。而人的智力差异，本质上是脑的差异，脑的差异本质上是环境与教育的差异！正所谓人们所指的先天的东西往往是早期的东西、关键期里形成的东西！这个关键期最主要是在3岁以内。

我们根据早期环境结构刺激特征与大脑发育的相互关系，提出了"全要素植入教学法"，强调教学要走在发展的前面，并以结构的方式来影响发展，以此来促进大脑全面和高质量的发展。

所谓"全要素"是指影响大脑各区域发展的各种影响因素。

所谓"植入法"是指将影响大脑各区域发展的所有要素寻找出来在尽可能早的时候，将这些因素像播种"种子"一样植入大脑各个区域，让它们生根发芽，以便日后开花结果。

为什么要在早期这样做呢？因为：

(1)促进婴幼儿身心全面发展、高质量发展是早期教育最根本的任务。

我们的遗传给了我们后代唯一一次全面发展和高质量发展的机会。这个机会不在大学、中学、小学，甚至不在幼儿阶段，而在更早的时候、更小的年龄，在0～3岁！

今天，家长们对关键期的理论已经不再陌生，但我们要告诉家长的是：在婴儿发展的早期最最重要的关键期只有两个，它们便是：结构发展的关键期和质量发展的关键期。

就结构发展而言，0～3岁是全面发展对偏好发展的关键时期，如果我们不能提供全面的环境影响，促进大脑的全面发展，就一定导致大脑的偏好发展，最后形成大脑失衡的发展结构。

就质量发展而言，0～3岁是高质量发展对低质量发展的关键时期。如果我们不能提供丰富的环境刺激，促进大脑的高质量发展，就一定导致大脑的一般发展或低质量发展，最后失去超常或资优发展的机会。

可以说遗传为我们每一个孩子提供了一次超越普通走向超常的机会，这个机会需要我们牢牢把握！因此，0～3 岁大脑发展的目标是全面、均衡、高质量的发展。这样一种发展会让我们有机会走向超常或资优发展的群体。

（2）全面的大脑发展需要全面的环境刺激

①大脑是一个多频道、多波段的信息接收与处理系统。需要多领域、多维度、多要素的刺激才能建立和完美。

A. 视觉信息处理系统的塑造要素为：颜色、线条、形状、结构、符号、空间、距离、运动轨迹、运动速度；

B. 听觉信息处理系统的塑造要素为：语言（语音、语调、语气、语速、语意等）、音乐（节奏、旋律、音域、音调等）、动物及其他物体声音（如狗叫、水声、风声、车声、关门声等）；

C. 味觉信息处理系统的塑造要素为：甜、酸、苦、辣、咸等；

D. 嗅觉信息处理系统的塑造要素为：香、臭等；

E. 皮肤觉信息处理系统的塑造要素为：触觉、温度觉、痛觉等；

F. 运动信息处理系统的塑造要素为：运动量以及速度、力量、平衡、灵活、柔韧、协调、准确以及运动方式等。

②大脑的发展需要刺激和信息的共同作用，能量型的发展和认知型发展并存。

2. "全要素植入教学法"的构建原则

依据环境特征对脑的影响不同，引入刺激要素。

我们将环境分成三类：第一类是"共性环境"，第二类是"个性环境"，第三类是"缺失环境"。

根据这三种环境制定相应的教学法，从而构成完整的"全要素植入教学法"。

它们是共性环境下的"选择性强化法"，个性环境下的"均衡补差法"和缺失环境下的"补缺全纳法"。

（1）"共性环境"

在自然的（非剥夺性）生活环境中，有些要素对于每一个孩子而言，是普遍存在的，或者说是相似的，因此它们对大脑塑造的影响也是相似的。如一般性的感知运动环境中，像一般性的嗅觉环境、味觉环境、视听环境、运动环境等，再如他们的社会文化环境，它们都存在着相似性。只要孩子处在生活状态下，这些要素就会存在其中。

此种环境为平衡环境，即非差异性环境。这种环境的特点是不因为你生在不同的家庭而有特别的差异。它们是具有共性特征的环境。

必须指出的是，相似的共性环境如文化环境，不仅可以使个体发展上存在着相似性，而且由于环境从宏观到微观的一致性，也会导致一个群体或更大范围内如一个民族具有某种特殊的品质，这些品质可以是优良的，也可以是低劣的。

应当意识到对个体影响最大的环境因素，应当是一致性环境。即指从宏观到微观的一致环境影响，如社会风气。一个社会共同的不良价值观，会对每一个个体产生不良的影响。如果要改变个体身上存在的问题，就需要从根本上进行改变。只有去改变整个社会的价值体系，使新的价值体系从宏观社会、到中观学校再到微观家庭保持一致，才能最终起到显著的效果。这时仅仅依靠家庭或学校的教育是远远不够的。当然，此话题不是本书讨论的范围，不做重点强调。

而对于某些相似的共性环境，如语言环境，如果要想使孩子语言能力更强，就要增加同类环境刺激要素的总量，如假若希望孩子的言语能力有更强的发展，就需要为孩子提供更多的言语或听力刺激，跟孩子更多地说话、讲故事，让孩子更多地听录音、看电视等。

但要注意的是，增加刺激量不是没有选择的全面丰富强化法，而是有选择的强化法。考虑到智慧发展的特征性，我们要根据这一刺激对特征智慧的影响大小来进行选择，可以忽略那些对智力开发影响相对要小的因素，让它顺其自然，选择那些对特征智慧影响力更大的刺激要素。

这时使用的方法是一种根据智慧贡献加权进行选择的"选择性强化法"，它的作用是"锦上添花"。如在符号学习、工具掌握和运动方面，家长可以提供更多的刺激和影响。使它们所受到的影响远远超过在自然环境中所受到的环境影响。

（2）"个性环境"

在自然状态下，个体的成长环境中还存在着许多差异特征，个体与个体成长环境之间存在着极大的不同。主要表现在以下两个方面。

一个是环境要素刺激量的差异上，如一个孩子生活在一个大家庭中，而且家庭跟孩子说话的量很大，另一个孩子生活在一个小家庭中，而且家庭成员跟其说话的机会很少。或由于家长的选择性关注，导致倾向于更多地提供某些方面的特殊条件。如一些家庭认为户外活动重要而每天带孩子外出，另一些家长则没有提供这样的机会。这也会导致某种量的差异。一个是环境要素出现时间的差异上，如一个孩子一岁开始获得纸和笔，而被引导涂涂画画，另一个孩子则在两岁半后才获得纸和笔。这种差异直接导致某种环境刺激或条件在某一个时间段里的缺失。这时使用的教学法为："均衡补差法"来增加相应的环境刺激，促进孩子这方面的发展。

（3）"缺失环境"

我们说过，生活环境不是为大脑理想发展专门准备的。而大脑的理想发展有其自身的规律。对绝大多数的人而言，从潜能开发的角度看，都存在缺乏一些特征的环境和教育因素的影响，它导致了部分大脑处于沉睡状态，不能得到激活。如快速阅读能力或表象清晰提取能力在今天的自然生活环境和教育环境中都无法体现，要想培养这些能力，需要全新的创建教育环境条件。

因此，今天对于所有的孩子而言，理想的大脑发展环境需要全新创建。对这种缺失环境的补充和创设，是潜能开发的最终目标。这时使用的教学法是"补缺全纳法"。我们曾在早期教育的实践中使用"视觉绘画训练法"就是这样一种方法。

这种方法利用视觉先行的原理，在个体成长的早期，孩子还不会动手绘画的时候，利用视觉仿佛学习的能力，让孩子开始接触绘画过程，给孩子看一些图案一笔一画的形成过程，使孩子对绘画有一个初步的了解，并将这个过程内化到视觉经验之中，为将来的绘画打下一个基础。

3. "全要素植入教学法"的教学原则

（1）低龄植入原则

植入法的教学越早越好，最迟不能超过一岁半，否则有些内容将不再有用。如视觉偏好的使用月龄在新生儿最初的几个月内。

（2）要素全纳原则

植入的要素要全，涉及所有感官和运动器官。涉及所有感知运动器官的所有方面。

（3）分离先行原则

可以根据成长规律，先发展的先行，后发展的后行。如儿童发展往往是先听后说，先看后识，那么，先行原则也就应当先提供大量的听觉或视觉刺激，如各种声音刺激和符号刺激。

(4)潜显并进原则

将有目的的教学和有目的的环境影响合二为一，最大限度地影响儿童的早期发展。

儿童成长的环境往往可以分成"支持性环境"和"发展性环境"。支持性环境往往渗透在生活环境之中，发展性环境往往是独立的教育影响。我们应当学会将一些教育因素渗透到生活的每一个环节之中，让它们以一种潜移默化的方式影响个体的发展。当潜在的环境影响和显性的环境影响两者合一时，对个体产生的作用最大。

A. 时间分配原则——将全天的时间有目的进行有效分配，全过程、全方位地影响儿童的早期发展。对要素的植入，需要根据全天候的时间顺序进行安排，不断变换刺激物，提高个体对刺激的敏感性，以达到刺激的最大影响。

B. 课程整合原则——最大限度地使用有效时间和空间，将可以整合的课程内容加以整合。如视听整合、感知运动整合、学与做整合等。

(二)采用"梯度发展、多元学习"纵横解决方案

——儿童高效高质发展的"纵横解决方案"

任何发展都是一个连续的不断变化过程，是一个从量变到质变的过程。这个质变是一个经由许多个量的积累到许多次小的质的变化过程总和。

发展目标的达成不可能一步登天、也不能原地不动，需要经历一系列递进式的变化与阶梯式的成长，而成功通过每一个梯度的关键都在于要经历这样或那样的有效学习。教育之作用就在于帮助个体完成这样的积累，促进个体成功的发展。然而，发展与教育并非同一回事情，教育有着自身特有的规律。

1. 发展与教育

今天，我们都认同教育可以促进发展，但同时必须明白，教育不等于发展。从本质上看，教育是教育，发展是发展。教育要想达到促进发展的目的，就一定要知道发展和教育的差异与不同。

(1)发展是什么

简单地说，发展的本质是量的积累所导致的质的飞跃，任何发展都无法脱离这样一个过程。言语发展如此、运动发展如此、艺术发展如此、社会性发展也是如此。质的变化需要量的积累，而这一过程离不开成长、经验和练习。"水滴石穿"讲的是量变到质变，"绳锯石断"讲的也是量变到质变，"只要功夫深，铁杵磨成绣花针"，讲的还是量变到质变的道理。

"冰冻三尺，非一日之寒"讲的是量的积累需要时间，发展是一个需要时间的概念。发展就是一种变化过程，在一定的时间里进行着量的不断积累最终导致质的飞跃。无论你在哪一方面希望超越别人都需要更加努力地练习。希望琴弹得比别人好，需要练习；希望球打得比别人强，需要练习；希望讲演能力超越别人，需要练习；希望画比别人画得美，需要练习；希望文章写得比别人生动，需要练习……总之，一切能力的积累都离不开练习。我们不能指望生而知之、不劳而获，我们更不能抱有白日梦般的幻想，希望所有的本领、能力都会从天而降，渴望自己是超能力的化身。

（2）教育是什么

教育是一门关于发展的艺术。具体说来，教育是一门如何使发展从量的不断积累到质的飞跃的艺术。也就是说，教育不仅是使人愿意自觉自愿地进行量的积累，从而达到提升自身发展质量的艺术，也是如何高效、快速进行量的积累的艺术。

每个血肉之躯所形成的一切能力、专长、风格与品质都是练习的结果、使用的产物。然而，正因为我们是血肉之躯，有思想、有情感、有性格，这一切常常使得我们有态度、有好恶、有选择。因此，教育与发展并不相同，教育的作用一方面在于如何根据每个人的特点去激发人的学习兴趣、培养人的学习自信心，推动人的主动求知欲的发展；另一方面在于如何使用灵活多变的方式、方法使量的积累达到可以导致质的变化水平。教育要想达到这样的目的，就需要遵循一定的规律，这种规律就是灵活教育的规律。

当你希望发展学习者的绘画能力时，你所要做的首先是如何让学习者愿意多画、常画，然后才是帮助学习者探索绘画的技术。当你希望发展学习者的器乐能力时，你所要做的首先是如何让学习者愿意多弹、常弹，然后才是帮助学习者提升弹琴的技法。所有的学习都必须这样开始，为了达到这一目的：

首先，量的积累是一步步完成的，是梯度式的，要设置小的梯度让学习者可以轻松跨过。因此，教育的设计一定是小步骤、阶梯化的梯度促进方案。

其次，要想提高所有的学习者的学习兴趣、巩固学习的内容，教育要充分表现出灵活、多变，因人而施的教育策略。从不同的角度、不同的层次、不同的方面让学习者感受学习的乐趣，强化教育的效果。

这样就需要一种高效的教育解决方案，我们把这种方案称之为"梯度发展、多元学习"的纵横解决方案。它本质上是一种反馈式的教育方案，是在与学生的互动中展开的。

2. 梯度发展、多元学习

在现实情况下，目标的达成存在着难度和效率问题，也存在着成功或失败的可能。有的难、有的易，有的快、有的慢，有的成功、有的失败。但究其原因，绝大多数的问题不在儿童本身，儿童是学习的天才、发展的天才（排除病理性情况），而在于教育的方法与手段。因此，怎样才能快速、高效、高质地达到目标，是教育工作者必须时刻关心和考虑的教育方法学的问题。

为此，金色摇篮在十多年的实践中一直坚持"发展是梯度的，学习是多元的"的基本观点，并由此在教育实践中提出"儿童高效、高质发展的'纵横解决方案'"，即"梯度发展、多元学习"解决方案。提出这一方案是希望正确处理教育与发展的关系，通过"发展"和"学习"这两个维度的教学设计，来促进儿童高效、高质地快速发展。

顾名思义"梯度发展、多元学习"的"纵横解决方案"是指在发展和学习这两个维度上，同时提供一种既关联又有效的解决方案。为了更好地说明"纵横解决方案"，下面将分两个部分来加以解释。

（1）"梯度发展"纵向解决方案

在纵向的"发展"维度上，我们提出"梯度发展"解决方案，它的核心是"层级"式的"小步骤、阶梯化"的发展策略，其中，阶梯化的发展策略，配套以"歼灭战与持久战"的强度配合原则，以及"过一点与退一步"的反馈操作原则，要求从自己的起点出发、从已有的心理水平出发，小步走、快步走、不停步，以步步成功的方式来达成最终的目标，解决快速、高效、高质的教育教学问题。

梯度发展强调低重心起步，我们认为最有效的发展应当从头开始，从最低的阶梯开始。如果无法从头开始，就必须从已有的心理水平出发，从每个人自己的起点起步。因此，确定每个人的真实发展水平，即已有发展状态是搞好梯度发展最关键的一步。然而，确定每个人的真实发展水平并非简单，一些孩子的发展往往存在一个虚高的水平，发展不能开始于这个水平，而是要夯实这个基础，让孩子从虚高的水平上回落下来，这种回落是一个巩固的过程，需要重点突击，强化巩固。

(2)"多元学习"横向解决策略

在横向的每一梯度的"学习"层面上，我们提出"多元学习"的教学策略，强调"多感官、多领域、多维度、多落点、多变式、多方法"的六多"横向多元学习策略"，来解决每一个横向梯度层面上的学习方法和手段灵活性的教育问题。以期提高学习兴趣、增强学习动力、避免枯燥乏味，提高有效重复率、达到最佳学习效果。

可以说，个体的特征智慧是多元衍生的。在成长的不同阶段，环境与教育的变量不同，引申出的变化也会不同。因此，潜能发展心理学认为学习也需要这样的配合，即"多元拓展学习"。只有这样智慧之树才会挺拔、粗壮、高大、枝繁叶茂、硕果累累。为此，"多元拓展学习论"成为潜能发展心理的学习发展理论。

"多元拓展学习论"认为，在成长的过程中，就发展的领域而言，学习应从主干型塑造，再到分支型拓展，最后是多元性选择；拓展学习是学习灵活性的体现，通过变式反映出来，这是个体在某个领域达到熟练的标志，也是创新的起点。就学习的方式而言，学习从一开始就应是多元性的活动[8]。生活学习、探索学习、模仿学习、尝试学习、交往学习、游戏学习、专业学习等。

可以看出，"梯度发展"纵向解决方案，强调梯度分解的"层级"式的"小步骤、阶梯化"的发展策略或递进方式，它和一个阶梯上的"多元学习"横向解决策略和方法不同。前者讲的是全程目标的分解发展策略，强调的是"多层次、多梯度、多步骤"的发展；后者是指在同一个具体梯度或层次上使用不同教学方法和手段，强调"多感官、多领域、多维度、多变式、多落点、多方法"的教学。二者完美的纵横结合，是儿童高效、优质发展的关键。

为了更清楚地加以说明，分别阐述如下。

3."梯度发展"纵向解决方案

具体而言，"梯度发展"方案的核心是"层级"式的"小步骤、阶梯化"。它是将一个具体的发展目标，用多种学习理论相连接，并分解成若干个小的发展目标，降低每一步发展的难度，提高达标的成功率，增强成功体验、激发学习热情，从而最终实现总的发展目标的方案。

"梯度发展"方案制订的第一步就是如何确定"层级"和阶梯"梯度"或难度"梯度"。

我们说，要登上一座大楼往往要通过楼梯，而不仅仅是楼梯，还要有楼层，否则一口气很难登上楼顶，学习策略的制定也是如此。对于"层级"和"阶梯"的设计，是按它们发展的时间顺序、难易程度或学习类型的关系来确定的，并由此构成"梯度发展"方案。在这样的一种建构过程中，可以根据不同的分类特点，首先将一个总目标分解成几个分目标的"层级"，再在这些分目标的"层级"之间建构起"阶梯"。

因此，实际上，"梯度发展"方案分两大部分，一部分是"层级"的划分，如同一座大厦的楼层；另一部分是层级间"阶梯"的划分，如同大厦中每一层之间的楼梯。这两个部分构成整个"梯度发展"方案。

下面是"梯度发展"方案中"层级"与"阶梯"的划分原理与原则。

(1)"层级"的划分原理与原则

"层级"的确定与划分的原理是根据不同阶段的学习特征，依据教育心理学理论中所涉及的一些学习类型而设定的一种阶段性的学习策略。我们简称为"六段式"发展。

首先，通过研究学习的进程特点，整合教育心理学中的不同学习理论，并将它们相互串联在一个完整的学习过程中。如将"模仿学习"理论、"尝试错误"理论、"顿悟"理论、"完形"理论等。由此将整个技能学习的过程分成"六大阶段"，从接触、进入到熟练，再到随意拓展，不同的发展时期所使用的方法、手段与策略各不相同。

"层级"的"六段式"步骤如下[9]：

第一层：视觉模仿引导(观察性学习)——引起注意和想要尝试的兴趣和热情，同时内化动作形成记忆表象，有利于下一个阶段的学习。

第二层：感知运动开头(体验性学习)——用不同的方法感知对象的属性与特点，越过心理门槛。

第三层：探索尝试进入(尝试性学习)——亲身体验尝试学习。

第四层：重点突破训练(大量训练期)——在相应的年龄阶段，连续提供时间与空间，大量练习。

第五层：顿悟到熟练(巩固性学习)——从训练中感悟到技巧，从训练中获得熟练，开始自如操作，注意力可以分配到其他事物上。

第六层：拓展练习发展(变式性学习)——从熟练到自如变化，"熟能生巧、巧生创造"，随心所欲玩出新花样。

实际上，在任何一个完整的学习过程中，都能清楚地看到这六个部分或阶段的学习方式。在传统学习中，往往前三个阶段是自然获得的过程，后三个阶段是系统学习或训练获得。要想提高学习效率和质量，就必须有效地将自然获得部分和系统学习部分整合在一起，将自然获得部分转化成系统学习的一个部分，加以有意设计。

同时，我们要意识到，这六个阶段的学习不是在同一堂课上能完成的，也不是在某一个相对集中的时间可以完成的，需要一段时间过程，可能是一年，可能是两年或者更长。总之，从视觉学习开始到体验学习再到训练突破然后熟练迁移，我们要把注意力从原来只重视训练的过程向两边延伸，向前接出"引桥"，引导发展，向后拓展促进迁移和持续性发展。

如以跳绳为例：跳绳实际学习的年龄为4～5岁，然而要想跳好绳需要一个连续的过程。

第一步，需要跳的准备，如双脚跳离地面、单脚跳、跳远、跳高，连续跳等。在这个阶段可以开始观察别人跳绳，进入视觉仿佛学习阶段。如果从双脚跳离地面开始计算的话，这项运动能力的培养早在2岁时便开始了。

第二步，体验性学习，让孩子拿着两根短绳，中间不相连的，进行跳绳体验，感短上下肢运动的协调关系，克服跳绳学习的心理障碍。

第三步，尝试性学习，在对跳绳有了视觉经验和概念以后，给孩子提供跳绳，让孩子自己尝试体验跳绳的感受，去协调四肢的活动，例如，如何将绳子从头上方通过手的力量摆到脚下方，而且绕过跳起的脚去。通过不断的尝试，孩子开始找到跳绳的感觉。然后进入下一个阶段，重点突破阶段。

第四步，重点突破阶段，这时开始进行大量的训练，尽可能地使跳绳这个技能从不熟练到逐步熟练，从每次只跳一两个到可以连续进行。在这一过程中，孩子找到了感觉，有了顿悟，同时增加了体能。于是进入下一个阶段。

第五步，熟练阶段，孩子从练习中获得感悟，获得技巧，开始自由地整合全身的运动机能，发挥最大的潜能，使跳绳达到熟练，这时每分钟跳绳可以达到 160 次左右，接近个体每分钟原动跳起的次数。

第六步，跳绳拓展期，在熟练的跳绳基础上，个体开始由熟生巧，开始变化着花样跳绳，如正跳、反跳、交叉跳、带人跳、跑跳等，最终成为跳绳的能手。

必须强调，培养高质量的跳绳能力，需要从学习跳或更早的学习走开始，做好运动的基本准备。不仅如此，还要在最终完成拓展发展的任务才算是目标的达成。

（2）"阶梯"的划分原理与原则

"阶梯"的确定是依据发展的难度梯度或学习内容的难度梯度而设定的一种阶梯教学递进原则。

具体而言，就是将这种可以看得见的变化或差别视为一个个阶梯。阶梯梯度或难度梯度，往往是指孩子在行为特征上的一种较小的变化（如从不会双脚跳到双脚跳离地面），或者是教学难度上的一个小的级别（如 3 以内加法到 6 以内加法）。

这种依据发展的难度或学习难度梯度而设定的教学策略，强调将一个总的发展目标分解成若干个小目标，变成一个个的发展阶梯，而后一步一步地去实现它、完成它。这时的阶梯到底有多少，要通过多少小步骤来实现，要视发展目标的类型而定，或视孩子的学习能力差异而定，并不固定。例如，拍球是拍球的阶梯、跳绳是跳绳的阶梯、阅读是阅读的阶梯。它们连接在整个"六段式"的"层级"之间。也就是说，如果"六段式"学习策略是楼层。那么，难度梯度则是通往每层楼的阶梯。

"小步骤、阶梯化"除了将目标分解成若干个小的目标，一个个去完成这样一个总的原则以外，还有两个配套原则，一个是"歼灭战与持久战"原则，一个是"过一点与退一步"原则。

下面我们具体介绍这三大发展原则。

①"小步骤、阶梯化"的"成功体验原则"

为什么说它是一个"成功体验原则"？那是因为，通过分解目标的难度使之变成多梯度的系统，利用这种"架引桥""搭梯子"的做法，使每一个阶梯的难度大大下降。然后通过小步骤、阶段式的发展，小步走、不停步，一步步从而达到更高的难度水平，提高成功率及成功感，如同上楼一般。教师的任务之一就是在孩子原有的能力水平上，分解目标难度，减少学习困难，提高成功体验，创造发展奇迹。家长和教师要善于将一个发展目标，分解成若干个连续性的发展步骤，降低发展难度，巩固发展基础，提供成功体验。让孩子们一步一个脚印、一步一个台阶发展自己的能力。

　　"小步骤、阶梯化"制定的合理程度反映出教师的水平，反映出教师对于目标的分解能力，反映出教师对儿童心理发展的理解。一个科学、合理的小步骤阶梯化方案，会大大提高教学质量、降低教学时间，增加孩子的成功感。在梯度控制方面，教师不仅要有分解目标难度的能力，还要具备外展和引申的能力。把一种学习向前引申、向外展开，使多元拓展学习成为真正的方法。如教拼音不从认读开始，而是提前将听力潜课程引入，采取听后再学再说的梯度策略。

附1：金色摇篮"小步骤、阶梯化"教学案例

　　案例：拍球的"小步骤、阶梯化"案例

　　具体步骤：

　　A. 视觉模仿阶段——让小婴儿看大一些孩子或成人拍球；

　　B. 感知运动阶段——给小婴儿一个球让他自己随便玩，如摸球、摆弄球、抛捡球、踢球等，以了解球的属性，感知球、熟悉球；

　　C. 探索尝试拍球——动作模仿，尝试性学习；

　　D. 重点突破阶段——在指导下原地拍球，进行大量练习，接触球、拍球；

　　E. 顿悟——进入熟练期，找到球感，掌握拍球技巧。开始有效控制球，如速度与高度的控制，可以开始将注意力分配到其他事物上，如边拍球边说话；

　　F. 拓展练习——在熟练的基础上开始左右手拍球、边拍边走、转圈拍球、花样拍球、接抛球等。

　　②反馈式、过一点、退一步的"切实掌握原则"

　　孩子发展的每一步都要有切实的掌握，不能出现浮在表面的情况，这样根基不牢会无法走远。因此，了解孩子是发展孩子的第一步，教师要做有心人，善于对儿童的活动、学习、状态进行全面的评估和把握，根据实际情况进行教学进度、教学内容的调节，做到实事求是。在具体发展进程中，要按照"过一点，退一步"的掌握原则来处理。

教师要充分意识到，当孩子在某个梯度上无法完成或存在困难时，不是这个梯度上出了问题，而是前一个或前几个梯度上基础不牢导致。换言之，当一个学生在某个方面表现出问题时，这个问题已经隐形地存在了一段时间，即问题的出现有着一个潜伏期，这个时间才是问题的根源。因此，要想解决问题必须回到问题的隐形发展阶段。我们称之为"退一步"。

如当一个孩子 20 以内的加减法速度慢、正确率低时，真正的问题并不出在此处，而是在 10 以内的加减法没有达到熟练自如。因此，要想提高 20 以内的加减法的速度和正确率，要回到 10 以内的加减法的训练上。因此，要回到上一个梯度或上几个梯度上去，具体退到哪儿可以通过实际评估获得反馈性良好表现的位置上来。即回到真正的原有心理水平上，回到每个孩子自己的基础之上。

在这样一个基础之上，一旦一种训练或练习开始后，在强度上应采用"过一点"的原则，才能达到最佳的效果。如当测评中孩子能够双脚连续跳 50 个时，训练的要求一定要想办法让孩子跳到 50 个以上，或多跳几次使总量增大，只有这样才能快速突破 50 大关进入一个新的水平。这一点许多教师做不到，他们开始同一种训练，最希望进度统一。但事实上，很快有人达到了，有人则达不到。这时教师所采取的方法大多是对达到的给予肯定、表扬，对达不到的批评或强行要求，不仅起不到良好的效果，还会因消极的暗示、变相的体罚、不良的态度导致孩子自信丧失、行为的退缩、动力的下降，最终形成心理上的根本差异。可见，这样做非但效果不佳，而且是孩子两极分化的原动力，好的不能更好，差的将更差下去。

附 2：金色摇篮反馈式、过一点、退一步的"切实掌握原则"教学案例

案例 1：怕游泳的禾禾——游泳教学中的退一步教学案例

◎个案观察

禾禾是个 4 岁的小男孩，在同龄的小朋友中间，他长得可高大了，胖胖的、壮壮的。可是，让老师和家长哭笑不得的是，高大的禾禾胆子小极了。每次上游泳课，他都很怕下水，一下到水里就不停地哭闹。严重的时候，来幼儿园都成了问题。家长反映，只要有游泳课，那一天早上禾禾都会哭闹着不愿来园。为此，家长很是苦恼。

◎个案分析

禾禾的主要问题是产生了对水的恐惧，最终导致他产生了焦虑情绪。因此，解决他的游泳问题，要首先从解决他的情绪问题开始。而解决情绪问题，解决他对水的恐惧，需要"退一步"原则的使用。

◎问题方案

首先，不要立刻要求孩子下水，可以把要求降低，比如说"我们不下水，老师陪你坐在岸边"，孩子会很快同意，你先将脚放进水里，然后让他试试，他也会跟着你一起做。等他在这一状态下变得轻松了，再提下一个要求，比如跟老师一起坐在下水的台阶上玩，再将他往水里带一点，让屁股接触水，依此类推，最后能让孩子在游泳池边的水里扶着岸边玩水，使孩子逐步克服对水的恐惧。

其次，为彻底解决问题，要和孩子在岸上玩将脸放入水中闭气的游戏。拿一个脸盆，放一些水，老师先做，吸一口气将脸放入盆中，尽量停一会儿。等孩子会玩以后，然后到游泳池里，玩拾东西的游戏。如将会沉的玩具投入水中，让孩子潜下去拾上来。如此多次后，孩子对水的恐惧就荡然无存了。

◎教育反思

首先，遇到问题要多了解孩子的性格特点，"对症下药"，不能乱用教育手段。

其次，当孩子对某项运动表现出恐惧、焦虑情绪时，要首先解决他的情绪问题。不能强迫孩子，不能着急和责备，否则孩子的焦虑情绪会更严重。

案例2：老师我肚子疼——跳绳教学中退一步教学案例

◎个案观察

牵儿4岁，已经上中班了，最近总吵着肚子疼。老师很上心，带他去了几次医务室，大夫检查没有发现什么问题。于是及时和家长联系，去医院也没有检查出什么问题。后经观察，发现牵儿经常在运动的时候，尤其是跳绳运动时说肚子疼。一会儿不运动了，他也就没事了。

◎个案分析

牵儿是班里年龄最小的孩子，运动能力比其他孩子稍弱，尤其是跳绳运动。每次运动的时候，牵儿都会因为不如别的小朋友，很是羞怯。

孩子总是很能给人惊奇，他用"肚子疼"的方式来逃避运动。事实上，这是孩子焦虑心理的一种体现。

为了解决奔儿的运动焦虑问题，老师们并没有批评训导孩子，而是根据金色摇篮"小步骤、阶梯化"的教学策略，制定了专门的方案来帮助他。

◎问题方案

第一，与家长沟通，在家时多带奔儿运动，如跑步、跳台阶、双脚跳、蹲起、蹲走等运动，增加腿部的力量，发展他的协调性；并注意培养他的运动的习惯。

第二，跳绳运动课时，先适应跳绳，减少焦虑情绪。先带他观察其他小朋友跳，有老师在一边陪同讲解，进行视觉学习；并请其他小朋友来告诉他跳绳的体验，使他产生想要尝试的愿望。

第三，鼓励他，先进行无绳双脚跳，然后再拿两节不相连的绳子跳，最后再用跳绳试跳一个，找感觉，一旦孩子有了感觉，心理压力立刻就会释放出去，然后再根据老师讲解的技巧起跳。老师在旁边鼓励，告诉他不一定要跳得很好，只要进步就是最棒的。

第四，运动课结束时，在全班同学面前表扬他，提高他的自信心。

第五，一直关注奔儿的运动情况，并及时与家长沟通。

◎教育反思

慢慢地，奔儿不再推托运动课了，而且产生了兴趣。运动能力不是朝夕而就的，虽然奔儿的运动能力没有提高很多，但是他已经开始期待运动课了。

对于奔儿这样的孩子，在运动学习方面的教育应该注意几个方面：

首先，从孩子的角度出发，考虑孩子的心理特点、情感特点。首先不要把孩子的"小聪明"定义为欺骗现象，这是孩子心理焦虑的表现，严重时很有可能产生真正的躯体化反应，如真正的肚子疼，这些都要从心理调节的角度出发，严重时还要去看心理医生。

其次，多关心、鼓励、表扬这样的孩子，给他们自信，让他们真正产生兴趣，才会有进步。

最后，家园共育要及时、同步，让双方都能及时了解孩子信息。共同分析后，采取"小步骤、阶梯化"的个别化指导方略。

案例3：再坚持一下——轮滑教学中的过一点教学案例

◎个案观察

丁丁是2005年3月入班的小男孩，胆子小极了，很不愿意做一些他认为危险的事。他害怕轮滑，哭闹着拒绝穿鞋子。平时一提到下午有轮滑课，丁丁就会表现出烦躁的情绪，并试图和老师讲他不去轮滑了，甚至午睡也不踏实，很难入睡，自己坐在小床上想事情。

◎个案分析

轮滑是锻炼幼儿的平衡力、肢体灵活性的一项很好的运动，因此，为了小丁丁更好地成长，老师做了许多细心的安排，来引导他走出第一步。

◎问题方案

首先，老师请班里的小朋友给丁丁讲轮滑的感觉，可怕不可怕，并让他去观察小朋友轮滑的快乐样子，激发他的兴趣。然后，首先鼓励他穿上鞋子感受一下，再由老师保护着他站立起来，让他试着自己站立，慢慢扶物稍稍移动。当他开始敢于站立了，便让他原地踏步找感觉，排除他的焦虑心理。慢慢地，丁丁不再怕穿上鞋子了。这时开始鼓励他和小朋友一起滑，由老师扶着。渐渐地，小丁丁也喜欢上了轮滑，也不再为轮滑焦虑了，而且越来越自信呢！

◎教育反思

通过轮滑，老师还为丁丁上了一节教育课，让他明白，任何事情都不是像他想象的那么可怕，有时候，他认为危险的事情不一定是真的。小丁丁慢慢地喜欢尝试新事物了。

胆小的孩子缺乏安全感，因此教育者首先要取得他的信任，不能心急，不能在他拒绝学习的时候责备和强迫，否则孩子的焦虑心理会加重，更不利于孩子以后的成长。而在平时的教育中，家长要注意多培养孩子的运动能力，不能过于保护他。

③歼灭战、持久战的"快速高效原则"

根据儿童心理和技能发展的原理，提出"重点突破"和"持续性推进"的教学策略。其中，"重点突破"为歼灭战，"持续性推进"为持久战。

一是根据心理发展的关键期原理，紧紧抓住一些重要的时期，对一些重要的内容、技能进行重点突击性学习和训练，让某种能力从不会到会迅速发展起来，从而通过增加孩子的技能增加孩子的自信心。

二是根据记忆保持的规律进行教学，在一个技能阶梯上，通过一定量的积累而巩固技能水平，然后通过长时期的复习、不断地使技能完善起来。

"歼灭战"要全员动员，"持久战"要紧抓不放。"重点突破"要面向全体，"持续性推进"要个别化改善。一方面，要抓主要矛盾和主要矛盾的主要方面，如突破言语关，言语是主要矛盾，而识字是主要矛盾中的主要方面；另一方面，要抓主要问题和主要问题的主要方面，如个别化儿童——无法跟上集体进度的孩子。歼灭战要全员动员集中打、突击打，持久战要分工到人小步走、不停走。

快速高效原则，是一个时间弹性分配原则。高效的早期教育不能平均分配时间，强调弹性计划、弹性分配的时间原则，强调"重点突破性学习，持续巩固性提升"的策略，即强调"歼灭战"和"持久战"并用的原则。在学习某一领域时，经过必要的小步骤准备后，立即进入重点突破式学习，集中精力、集中时间打歼灭战，用最短的时间让技能达到一定的成熟水平，然后转向技能的使用，并在使用中继续巩固和提高。这样既可以提高效率，又可以增加孩子的自信心，产生动力型的影响。我们相信，学习往往是速成则成，慢成难成。速成往往构成了学习的连续性，慢成往往是三天打鱼，两天晒网。因此，学习也是一种辩证法，要有学习策略，要能抓住主要矛盾。

传统教育最要命的问题反映在课程设置上，使人长期处于一种低效学习状态，学习的原则是让学生通过一个课程周期的学习，最终达到教学规定的目标。因此在课程安排上，将课程内容分解后，从头到尾地进行平均分配。如学电脑，今天讲总论、明天讲硬件、后天讲软件，然后再是逐项逐项讲解，认为讲完了所有的内容，将它们合起来就是结果。其实，这样的学习最后一刻也无法达到理想状态，往往需要通过总复习来解决熟练问题。

如果换一种思维方式，认为电脑是工具，像孩子的纸和笔一样需要使用，那么结果可能就不同了。我们会集中精力在最短的时间内，让孩子达到初步使用状态，然后再在语文课、数学课、绘画课等课程上使用它，这就是重点突破性学习的原则，即利用最短的集中学习的时间，让学习的结果达到使用状态，然后将其他的时间，用于使用，以达到巩固提高的目的。

突破性学习的优点，不仅仅是因为它符合发展的内在规律，更重要的是，它使所要学习的内容以最快速的方式转化为个体的知识或技能，转化为一种可以使用、可以表现的能力，而这样一个过程，就是巩固和熟练的过程，发展和提高的过程，是一个动力型学习的设计。它使得孩子常常处在成功的状态里，处在进步的感觉中，这是最重要的状态和感觉，是培养和树立自信心的关键。

突破性学习应当注意的问题是，首先重点突破的时间是在第三层至第四层级水平上，也就是在尝试错误到顿悟阶段。其次，当突破学习发生以后，一定要注意跟上使用，如展示、表演、具体应用到其他学习活动中去，要保证持续性的提高，这时往往是第五层至第六层级上。

总之，在"梯度发展"纵向解决方案中，整个教学过程要按年龄阶段特征，科学地将不同的心理学学习理论串联使用，对整个学习过程的不同阶段（我们称之为"六段式"）做到心中有数。并在此基础上，科学地使用"小步骤、阶梯化"的分解和教学方案，针对性地使用"过一点、退一步"的个别化指导策略，集中精力地使用重点突破原则和持之以恒使用持久战的巩固教学法，将会对孩子快速、高效、质优的发展做出积极的贡献。

附3：金色摇篮歼灭战、持久战的"快速高效原则"案例

案例：幼儿阅读习惯的培养

◎个案观察

东东5岁了，这个上大班的小男孩活泼爱动。但是，在东东的身上，老师发现了一个问题。每次阅读课上，东东只是拿着图书玩，和其他小朋友聊天，从来没有好好地看书本的内容。但是，东东的识字量还是挺高的呢，将近1000字。

另外，老师在很多小朋友的身上，都发现了和东东一样的问题。

◎个案分析

五六岁的幼儿，虽然识字量很大，但是因为阅读习惯没有养成，缺乏阅读的兴趣，不会阅读，更不懂得阅读的真正意义和其中的乐趣。

◎理论支持

专家表明：识字并不等于阅读，识字多的小孩并不一定是阅读者。

幼儿时期是语言发展的关键期，为使语言得到快速发展，应注重幼

儿早期阅读的培养。早期阅读是指在学前阶段，通过大量的图文并茂的读物，帮助幼儿从口头语言向书面语言过渡，对幼儿的思维、语言、想象、个性、习惯等方面进行综合培养。

孩子对阅读的兴趣、态度、向往或成效，往往在成人还没有注意到时就悄悄地开始了。一般说来，9 个月的婴儿就有翻书的愿望，嘴里还会喃喃自语；14 个月的孩子能开始看图指物；1 岁零 7 个月的孩子已经能说出图上的东西了。这些在婴儿期最初萌发的阅读意识，最早出现的阅读行为，说明阅读是孩子发展过程中自发的需要。美国心理学家推盂在天才发生学的研究成果中指出：有 42% 的天才男童和 46% 的天才女童，是在 5 岁前开始阅读的[10]。可见，早期阅读对孩子阅读兴趣、习惯的形成有直接的影响，能帮助孩子启蒙阅读意识，养成良好、持久的阅读兴趣和习惯，这是终身学习的重要的条件。

婴幼儿生来就有一种好奇心、探求欲。早期阅读并不在于单纯发展孩子的阅读能力，而更在乎启蒙阅读意识，让孩子通过各种途径，接受各种信息，形成书、印刷品和阅读的概念，即要看、要听、要读，通过养成性教育，有力地推动今后的学习。

婴幼儿年龄特点决定了早期阅读是一种启蒙性、养成性的学习。但是往往由于教育方法的不得当，抹杀了幼儿对阅读的兴趣，导致阅读能力下降。

◎问题方案

培养幼儿的阅读习惯和阅读能力，有几个努力方向：

第一，为幼儿阅读提供广阔的环境。如在家里，父母多陪伴孩子阅读；在幼儿园，开办图书角，组织各种阅读活动等。

第二，发展幼儿阅读方面的主体性，鼓励阅读中操作，提高孩子阅读的兴趣和主动性。

如排图活动，教师为幼儿提供一套打乱顺序的图片，鼓励幼儿在看懂每幅图意的基础上，据故事内在的逻辑规律、理解分析，将图片按顺序排列，然后再把图片内容完整地讲述下来。再如图书制作活动，尝试让幼儿当小画家、小作家，把自己想说的事画成一页一页的故事，再讲给别人听，请父母帮忙配上文字，加上封面，封底，制成一本小图书。

第三，为幼儿提供更多"说"的机会。为孩子们提供了一个阅读的场所，当然也要为孩子们提供一个展示的机会，达到巩固的目的。根据幼儿的早期阅读材料，利用一切机会和场所，将季节的变化、动植物的生长规律、幼儿的日常生活、周围的环境与小伙伴，同阅读材料相结合，让幼儿充分享受书面语言，或讲给其他小伙伴听，以此锻炼幼儿的胆量和口头语言表达能力。

第四，家园共育。许多研究表明：父母越早开始经常和孩子一起读书，孩子对文字的理解能力、写作能力、解决问题的能力就越强，知识面就越广。家长是幼儿的第一任教师，家长的一言一行会潜移默化地影响他们，同时家长也是幼儿园教育的合作伙伴。争取家长的理解、支持和主动参与培养幼儿早期阅读能力，是我们取得教育成功的必要途径。

4.“多元学习”横向教学策略

在横向的每一梯度的“学习”层面上，我们提出“多元学习”的教学策略，强调学习方法的多样性与变化。以期提高学习兴趣、增强学习动力、避免枯燥乏味，提高有效重复率、达到最佳学习效果。

具体而言，“多元学习”策略的核心是“灵活变化的方法”，具体而言，就是所谓的“六多”学习策略。它是将一个具体的学习任务通过不同的学习方式或游戏方式来有效地完成的策略。孩子不喜欢机械、重复、被动的学习，喜欢新颖多变的内容，要想提高孩子的学习兴趣，并有效地进行长时间的维持，必须避免枯燥乏味的目标教学，这样就需要通过“多感官、多领域、多维度、多落点、多变式、多方法”的“六多”“横向多元学习策略”，来解决每一个阶段横向梯度层面上的学习有效性的问题。在多元学习开始的时候，强调从孩子喜欢的角度和方面入手，将孩子引导到所学内容之上。

“多感官”是指要充分利用不同感官参与学习，调动不同感官的兴奋性、协同配合学习，以达到学习效果最大化的追求。也就是充分调动和利用视觉的、听觉的、触觉的、动觉的、言语的感官特点，如“比长短”时要充分利用不同的感官进行参与，像视觉比长短、听觉比长短、触觉比长短、画长短等。

“多领域”是指要充分利用不同的领域进行同样目标的学习，如“比长短”不仅要理解为认知课的内容，在认知课上教，还要让全员不同领域的教师知道如何利用自己领域的特点渗透教学，如利用语文比长短、数学比长短、绘画比长短、地理比长短等。

“多维度”是指要在一个课程或活动中，要充分利用不同的维度来进行学习，如在比长短中要利用说一说、比一比、测一测、画一画、算一算、想一想等。

"多落点"是指同一种方式中的内容要有许多变化，如比长短的对象不能总是比直线，要比各种不同的东西。动物、植物、建筑、物品等都可作为比较对象。

"多变式"是指同一类题目出题的格式要有变化，如造型变化、排列变化、指导语变化等，不能总是不变。

"多方法"是指一种内容的学习方法一定要灵活，不能只是纸笔练习，方法要多样化，要动静结合、课内外结合、听说结合等，如比长短，可以是游戏比长短、纸笔比长短、实物比长短、经验比长短等。

总之，"梯度发展、多元学习"的"纵横解决方案"，不是两种方案，而是一个方案的两个方面。它们通过目标分解、课程设计、教材开发最终实现有效的整合。因此，它不仅仅是一种理论，而是一种必须通过教材研究和开发人员，将其物化、结构化的新型教育体系和实用解决方案。优秀的教师在使用这样一种教育教学体系时，一定要理解并掌握这样一种教学意图。只有"学习的多元化和发展的梯度化"这两个方面完美地结合，才能真正促进儿童快速、高效、优质地发展。

5. 反馈式的教育

梯度发展，多元学习的核心是反馈式的教育，即一种有效的互动式的教育。教育必须与学生发生联系，了解学生的现有心理水平、知识水平、技能水平，找到发展的落脚点，从这个基础上起步，从学生的兴趣入手，将学习引申到我们所需要的发展目标上来。只有这样才可能真正实施梯度发展、多元学习的纵横解决方案。

附4："梯度发展、多元学习"的反馈式教育应用说明

案例：三年级二班张某跟不上教学进度，教师非常着急，照顾这个学生会影响全班，不照顾这个学生会导致放弃，于是每天盯着这个学生完成作业，但效果不佳，学生表现出的成绩一方面影响了学生的自信；另一方面影响了老师的心情，结果教师将其视为问题学生，学生自己也自暴自弃。这里的问题首先是当一个学生出了学习问题时，想在与同班同一个水平上解决这一问题，基本上是难以奏效的。一方面落下的距离无法被补上；另一方面新产生的挫折会进一步伤害到学生的自信心。这

时要考虑得失的权衡，不要想急于求成，要学会"退一步"开始。有效的做法应当是：

第一步：全面了解和评价这个学生，确定原有发展水平和个人的特点，如兴趣、爱好等。每一个人都存在着一个已经达到的水平，找到这个水平、确定这个水平是整个发展的最关键的第一步；同时每个学生的特点各不相同，找到长处就是找到了突破口。这时不要考虑班级的进度，不要管现在学生跟不上班怎么办，找到这个学生自己的现有发展水平，并退回到这个基础上，把这个水平作为这个学生的发展起点。

第二步：在学生的长处与兴趣的方面寻找突破口，结合他喜欢的方式制定"小步骤、阶梯化"的个别化方案，强调家园配合，从易到难逐步推进，在这个过程中注重重点突破原则和全天候的发展原则，在短时间内，以灵活多元的方法，从较简单的内容开始，即学生能完成或能达到的难度水平上开始，提供大量的、多变的训练，让学生在熟练度上获得极大地提高，建立自信心，然后转向下一个目标。

第三步：集体中的赏识教育。提供这个学生可以达到或完成的任务，让学生表现出来，获得赏识，提高自信，开始学习的新动力。

(三)潜课程在早期发展中的运用

1. 什么是潜课程

在儿童的发展中，存在着各种各样的影响因素，有些影响因素往往不被人们重视，但它们真实地存在着并影响着儿童的发展与分化。它们是个体形成多样性或差异性的重要原因之一。这些影响因素包括视觉的、听觉的以及其他环境刺激。它们全天候、全过程地分布在孩子们的成长环境中，它们的强弱和频率的大小以及呈现方式，对儿童的发展与分化起着非常重要的作用。充分认识到它们的作用，将这些要素上升到意识层面，有意地使用和创造它们就构成一种课程形式——一种已经显性化或结构化的课程形式，但由于这类课程形式的特征不同于传统课程方式，因此，仍然将它称之为"潜课程"或"隐性课程"。

2. 潜课程的作用与意义

儿童成长中的潜在环境影响差异，或不被人重视的环境差异，是儿童个体之间分化的最主要的因素之一。潜在环境质量差异的存在，能很好地解释为什么同样的教学目标、同样的教材、同样的时间、同样的教师，往往培养出的学生却完全不同，这是不可避免又令人十分头痛的现象。

潜在的环境要素是怎样影响了我们的孩子呢？

首先，潜在的环境刺激量对大脑建构产生重大的影响，潜在的良性环境刺激越多、越丰富，大脑的发育越好。

其次，潜在的环境刺激所负载的信息对无意记忆产生重大的影响，有规律并反复出现的信息，可以更好地被大脑记忆，同时也促进大脑的机械记忆能力的发展。

再次，潜在环境刺激呈现的结构特点帮助大脑形成相应的信息处理特征，使大脑产生一定的动力定型形成相应的工作特征。

最后，潜在环境刺激的信息价值会内化到个体的行为中去，形成一个人的动力系统。

总之，潜在环境要素利用刺激的能量特点影响大脑发育，利用注意力的分配和转移原理，以及利用儿童早期记忆的无意识性和机械性的特征来积累原始知识，利用无意注意与模仿习得能力，潜移默化地形成态度、行为、观念等价值体系。潜在课程在智力发展、价值形成、文化积淀、能力建构、知识储备、习惯养成等方面均有着不可忽视的作用。

中国自古就有"耳濡目染""潜移默化"的说法。

其中，"耳濡目染"说明了潜课程的主要渠道，"潜移默化"说明了潜课程的重大作用。潜在环境对人的影响告诉我们，在人的成长过程中，很多发展内容不是领域课程可以达到目的的，如道德、态度、行为、习惯、观念等，需要潜移默化地影响，个体之间的差异也在很大程度上与潜在的环境影响有关。可以说，环境中各种非系统化、独特化的影响的总和构成一个人的个性总和，是群体中个体分化的主要原因。开设潜课程的目标是对环境的潜在影响因素进行有目的的管理，增加教育的变量，使得潜在的环境因素更符合个体发展的要求，从而达到软化硬指标课程，降低学习难度，减少差异的分化，提高教学质量，促进群体理想发展的目的。

3. 潜课程的运用原则

(1)潜课程的能量原则

潜课程提供的各种视听刺激，通过非特异上行激活系统将刺激的能量传递到大脑皮层，可以直接影响大脑的发育。如家长或教师要养成按下录音机的习惯，为孩子的发展制造一个听觉环境，无论是儿歌、故事、还是英语、音乐都可以。在孩子起床、进餐、玩玩具、画图画等时间里放给孩子听。促进孩子听觉系统形成必要的相应信息处理系统。

同时，由于孩子具有极强的无意记忆能力，对环境中所提供的内容还会很快产生记忆，达到无意学习的目的。

(2)潜课程的配合原则

潜课程在许多时候，要配合显课程进行，强化或巩固显课程的目标。如讲解一个故事后，在孩子做其他事的时候，不断地让学生听到这个故事，对学生的故事记忆会大有好处。

(3)潜课程的先行原则

潜课程在许多时候，要根据发展的规律先行一步，利用感知运动分离教学法，先完成部分的发展、再通过其他方法达到目标的全面实现。如需要视听整合学习的内容，像出声阅读，可以先通过听觉学习，让孩子熟悉阅读的内容，完成听觉学习部分的内容，然后再进行视觉学习，会更加容易得多。再如，需要感知运动整合的内容，像绘画，先完成视觉的模仿，再进行操作的整合，会更加容易；而像弹琴，则需要先完成听力的训练，再进行操作配合会更加容易。

(4)潜课程的渗透原则

潜课程在许多时候，要利用视觉、听觉具有被动接受刺激的特点和注意力分配及无意注意、无意记忆的特点，将潜课程一方面渗透到全天候的环境中去。潜课程渗透原则是潜课程能量原则的另一种表述方式。使用方法同上。

(5)潜课程的同步原则

有时，潜课程需要与显课程同步，或者说有时，潜课程就是显课程的一种结构模式。"文以载道"中的"文"就是显课程，而"道"则是潜课程。这时我们在显课程中设有潜课程的目标，孩子掌握显课程目标的同时，逐步掌握潜课程的目标。

因此，教师要根据这样的原则，在编写教材时尽可能将潜课程的内容设计到显课程之中，做成一种隐含课程来影响发展。如数学中的统计图表的学习，可以从低年龄开始，将统计课内容渗透进去，做成一种小步骤的阶梯化方案，最终大大降低难度，让学生在不知不觉中掌握相关的知识。具体说明如下：

第一步：在小学一年级开始，将图表以较完整的方式呈现给学生，只留下一个统计结果的空格,让孩子在中间做加法,并不告诉孩子更多的统计学知识。

第二步:将表格中的数字部分留给学生填写,如买五个苹果,三个梨,共买了几个。

第三步:将表格中的项目栏也留给学生填写。

第四步:将表格中的所有栏目留给学生填写。

第五步:让学生根据应用题将整个统计表格完成。

通过这种小步骤的渗透,然后逐步减少内容,最终达到会自编图表的目的。具体方法见后面的例子。

(6)潜课程的示范原则

家长和教师的言传身教、一言一行、一举一动,都是潜课程,对儿童的成长起着不可忽视的作用。家长和教师必须重视自己的言行举止,尽量给儿童提供一个积极正面的示范。如教师的板书,如果教师的字总是写得不认真,不好看,这个班学生的字也不会好的。

4. 潜课程在教改中的具体运用

金色摇篮的潜课程主要指听力潜课程和视觉课程。视听觉都存在被动接受刺激的特点,在清醒时,我们的眼会不停地看,我们的耳会不停地听。改变视听环境中的刺激,会导致不同的视听结果。听力潜课程主要利用听力刺激对脑产生能量型的影响,同时利用大脑的无意记忆对听力内容的识记,注意力分配对刺激的选择等原理,通过长期坚持的声音信息的刺激达到促进脑发育的功能,建立脑对听力感受的信息处理系统,并学习一些知其然的知识内容。视觉潜课程主要通过视觉学习和模仿达到学习的作用。如教师的板书、教职员工的行为等。我们制作的"视觉绘画训练"与"视觉笔顺训练"教材,就是依据这一原理开发的。

(1)听觉潜课程

听觉潜课程最适合与语言、音乐发展有关的领域。在具体运用中有以下几种方式。

①先行式听觉潜课程

先听后说、先听后唱、先听后弹等,是说、唱、弹发展的基本原则。无论是学习母语、英语、拼音,还是记忆诗词、儿歌、故事,无论是学习歌曲,还是学习器乐,同步的听说读唱弹,不如异步的先听后说、先听后读、先听后唱、先听后弹。这种先行分离教学法是更加符合心理发展规律的。

传统的学习往往是同步进行，如学拼音，一旦开始学习，就听、说、读、写同步进行，而学器乐像钢琴、小提琴，一旦开始学习，就不仅要识谱、唱谱，还要弹谱。又要用耳，又要用眼，又要动手，这样不仅增加了学习的难度，也有悖于高效学习的规律，使得很多学生感到学习困难，从而放弃努力。

先行式听觉潜课程的设计，让听觉学习提前，首先使听觉熟悉起来，建立听觉记忆然后再整合视觉学习，这样就大大降低了学习的难度，使学生有更大的信心进行学习，从而提高学习的效果。

实例1：拼音学习

学习时间是在大班。那么，在中班下学期就有意地将拼音听力潜课程设计到环境刺激中去，在每天的各种活动中，让孩子先接触到拼音的声音，如 b、p、m、f 等。到大班时，一讲拼音孩子就知道这个我听过，我会说！我们都有听歌的经历，有些歌我们听了几遍，等到唱卡拉OK 时突然跟着就能唱，而且唱得不错，实际上并没有专门学过。

实例2：器乐学习

当我们希望孩子在 4 岁学习钢琴或小提琴，可以在 4 岁前就在家里多放钢琴或小提琴的器乐磁带。到幼儿园小班时，就有意地将将要学习的钢琴或小提琴的录音带每天作为背景音乐放给孩子听，等 4 岁学钢琴或小提琴时，你会发现孩子的乐感很好。这就是通过潜课程的影响已经事先帮助孩子建立起了一个有准备的听觉处理系统。

②目标式记忆听觉潜课程

有些学习内容一项一项去学，一项一项去教，需要花掉许多时间，如儿歌、唐诗宋词、成语、故事或口诀等，但通过潜课程处理，使用磁带在孩子玩玩具、画图画、吃饭、睡觉时的重复播放，可以使孩子在不知不觉中掌握它们，等到有一天，你会发现很多内容自然而然地从孩子的嘴里流出。目标式记忆听觉潜课程需要同样目标的显课程配合。

③浸入式环境听觉潜课程

对语音、语调、语速等内容的学习，需要大量的听力模仿，因此，建立相关的听觉环境非常重要，如英语学习，由于非母语环境中很难获得标准的听力训练，平时大量地接触母语版磁带的听力刺激，会帮助孩子建立起一个相对更好的听觉系统，而同时对发音、语调等也产生重要的影响。因此，坚持为孩子创造一个母语的听力环境，让孩子浸泡在其中，不为专门的学习目标，但能起到良好的学习效果。再如朗诵内容，也可以通过大量先听别人的朗诵内容，对语音、语调、语速、语境等有一个熟悉，然后再来自己朗诵，就会很容易掌握。

（2）视觉潜课程

视觉潜课程适用于有形有色的视觉世界，也适用于运动型或动手型的活动。

①浸入式环境视觉潜课程

视觉涉及的内容也很多，有色彩的、形状的、结构的、方位的、运动的、符号的，通过浸入式环境视觉潜课程可以帮助孩子全面建立起视觉的信息处理系统，从婴儿早期开始，在婴儿的环境中有意增加不同的色彩、形状、符号，会促使大脑相应区域的发育，因此，视觉环境的布置对一个婴幼儿的发展极为重要。

②结构式视觉潜课程

在学习目标中，有些能力目标需要一种结构式的安排，通过"小步骤、阶梯化"的方式，让孩子在不知不觉中提升能力、掌握方法。例如：

A. 逐增式

逐增式潜课程是指通过逐步增加训练的难度与梯度，让学生在不知不觉中达到一个较高的水平。

范例：在语文中快速阅读是一种需要长期培养的阅读技能，通过课文潜课程的设计，将不同年龄段的课文进行不同长度的排版，先是六个字一行，再是八个字、十个字、十二个字，直到最后二十多个字一行，使学习达到更有效的训练结果。

B. 逐减式

逐减式潜课程是指通过逐步减少教学的线素，让学生在不知不觉中达到一个较高的水平。

范例：在数学教改中，关于统计图表知识的学习，我们采用了这样的方式，先是整个统计图都出现，只留下结果让孩子计算，然后是出现图和首栏信息，将分栏信息和结果让孩子填出，再后是出现图表框架，里面的内容全部由孩子填出，最后是整个统计图表都要孩子画，这样降低了学习的难度，孩子学起来很容易。而传统的学习是认图、画图、了解图的作用等是同步进行的，这样难度就大大增加了，使许多孩子难以一下学会。

C. 隐含式

顾名思义就是将要学习的目标，放到一定的文章中去，如目标词汇、应掌握的知识、应了解的事件，尤其是一个人应形成的态度、价值观、道德观、世界观、审美观等都可通过文章的选择和结构化的排版将相关内容放在其中，俗话说得好"文以载道"，这个"载"载的就是潜课程！

③先行模仿式视觉潜课程

有些与运动或动手有关的学习内容，可以通过视觉模仿先行学习，如拍球、跳舞、画画、弹琴、写字、做手工等，都可以让小年龄组的孩子先看大年龄组的孩子活动，或看教师的示范来进行视觉学习。我们前面所讲的"视觉绘画训练"课程，就是在孩子没有绘画能力，但具有视觉能力时，提供的一种旨在提高绘画能力的课程。它通过让孩子观看绘画的运动笔迹来内化这种笔迹运动模式，一旦动作协调能力发展起来时，就可以更容易地进行绘画学习。

（3）行为潜课程

行为潜课程是指行为者对孩子的影响，主要包括：

①言语性潜课程（言语及体态语言的作用）

我们的言语方式、表情及体态动作都会对孩子产生极大的影响，因此，应当将自己的一言一行当成课程的一个部分来对待，不要以为教师是教课程的，实际上你就是学生的一门课。

②行为性潜课程

孩子周围人的一举一动对孩子都会产生极大的影响，因此，才有"言传身教"一说，而且是身教重于言教。作为教师要注意平时的行为，如板书、走路、穿衣、待人接物都是课程。

（4）金色摇篮潜课程的选择与应用原则

潜课程对不同年龄组儿童影响的侧重点不同。年龄越小，听力的刺激对脑的建构的直接影响越大，对记忆的目标要求越小。在一定年龄范围内，年龄越大对记忆目标的意义越大，因此小年龄组的听力训练主要的显性目的是促进大脑发育，如胎儿期、婴儿早期，婴儿后期则是两者的作用都存在，一方面促进大脑继续发育；另一方面达到一定记忆目标，幼儿期主要目标是促进达到记忆目标，而对脑的影响目标转为隐性的目标。

我们选择的潜课程应当与目标课程方向一致，有些目标最好与内容一致，这样对目标课程的学习产生促进作用。

①潜课程的时间选择原则

潜课程对时间的选择与显课程对时间的选择不同，显课程选择独立的，指向学习目标的时间来进行目标学习，如语文课。潜课程具备在任何时间里选择使用，它不仅指向其他非上课时间，如起床、睡眠、进食、画画、玩玩具、活动过渡时间等，也指向课堂教学活动。

②潜课程的内容选择原则

跟视听能力感受发展有关的内容，跟记忆目标发展有关的内容，前者不需要考虑是否对学习目标产生促进，只强调视听刺激的存在。这时选择的视听内容可以与平时的教学和目标无关，只与视听感受有关，如英语，可以选择音乐、原版英语磁带进行听力刺激，也可以用于环境布置。但不需要孩子记忆内容，孩子通过听力训练可以不断调整脑对声音频率、节奏、音调的选择性定位和处理能力，通过视觉接触可以不断地增加对英文符号的辨别能力。再如选择小提琴音乐磁带进行听力刺激，在日后的英语学习和小提琴学习中起作用。这时内容的难易度不是主要选择的原则，后者选择与需要记忆有关的内容，通过听力训练完成一些原本需要通过显性课程完成的教学任务，加强一些需要通过显性课程完成的任务，如儿歌、唐诗、小故事、成语接龙、英语单句、歌曲。这时应选择与儿童可以理解、可以接受的难易内容为原则。

③潜课程的应用原则

A. 提前准备原则：有些环境潜课程的准备要提前进行，如养成按下录音机的习惯。在孩子开始进入一个活动项目前，将听觉环境准备到位。如起床时，先将录音机按下，再开始安排孩子起床。

B. 提前设计原则：有些潜在课程需要提前进行设计。如在显课程教材中将潜课程目标渗透其中，达到潜在的教学效果。如"逐增式"或"逐减式"的结构安排。

C. 全天候安排原则：在一天中的任何时间里养成使用潜课程进行教学的习惯。无论是在起床、吃饭、玩耍、绘画、玩玩具、睡觉时都应坚持使用。

D. 与显性配合原则：不同发展阶段发展目标不同，这时的潜课程要与显课程相互配合，达到最佳的教育效果。

附5：金色摇篮全天候潜课程教学活动的安排示范

○早上起床：选择歌曲类如英文歌曲，偏兴奋型的，在孩子起床前2分钟打开录音机，音量在孩子完全清醒前要小一些，随着孩子的不断清醒，活动增加时环境的安静度下降，这时相应调大一些音量，确保孩子可以听清楚。

○进食环节：这个环节内容选择应当是安静的内容，如结合教学目标听小提琴曲、钢琴曲等轻音乐。

○活动过程：活动时的内容选择，如画画、玩玩具等，这时内容选择应当是具有一些节奏性的、欢快的，能和活动之间形成一种配合关系，如儿歌、歌曲等。

○入睡时的选择：应带有知识性，如故事、英语等，这些内容具有一定的抑制作用，孩子可以边听边睡，并利用这样的时间达到一定的效果。

(四)教学的艺术——反馈性应答

家长常常为孩子不按家长的意图进行学习而感到大伤脑筋，要孩子往东孩子却往西，要孩子看这儿，孩子却看那儿，要孩子安静，孩子却动个不停，总之就是不听话。因此，让孩子按照自己意图学习就成了一个极大的难题。

"程博士，我的孩子就是不爱学习怎么办？"

这样的问题，我走到各地都能大量遇上。如家长希望教孩子计算或识字，孩子却偏偏要玩玩具，家长要孩子搭积木，孩子却要去玩扫帚、玩水，就是不听父母的安排，就是"不爱学习"。

这里存在着两个问题：

一是如何理解孩子的学习？

二是如何把孩子带到学习的轨道上来？

怎样理解孩子的学习呢？又如何将孩子带到高效的学习轨道上来？

首先，家长应当认识到：孩子的学习不是仅发生在"你教他学"的过程中，也不仅仅是发生在课堂教育当中。孩子的学习发生在每时每刻。应答性教育是因人施教的方案，强调"时时是学习机会、处处是学习场所、物物是学习材料，样样是学习内容，条条是学习途径，人人是学习主体"。

应答性教育是一种灵活性教育。我们认为许多早期发展目标，只要重视培养孩子的兴趣，这些目标是每个孩子都可以达到的。而因时、因地、因物、因人而进行的灵活性、变化性、随机性的因人施教就成了培养兴趣、爱好的根本。灵活教育的结果是促进孩子全面高质量发展，减少差异的形成。这时教学的艺术自然不在于照本宣科，将一个既定的内容、一个目标当成一瓶"罐头"，家长和教师只要打开罐头喂食孩子即可，而是要把这瓶罐头当成一个样本、一个实例、一些要素，家长和教师要善于在此基础上利用原理、了解目标，根据情境进行灵活的组合拼盘。

要非常清楚，孩子的学习是随时随地发生在任何一种孩子的探索活动中，因此，孩子摸摸这儿摸摸那儿、玩小东西、到处乱跑，都是一种学习，无论是探索、交往、活动、游戏、模仿，还是看图书电视、听故事、乱涂乱画或是坐下来你教他学，甚至是生活本身对孩子而言都是重要的学习过程。只是孩子那些自发的学习往往是一种非系统的学习，一种无意识的学习，缺少有效发展的目标，更多的是和当时的环境特征对孩子的影响有关，可以说是环境中的一些要素引发了孩子某种行为、某种探究、某种关注，如电视里的动作，引起了孩子的模仿；水的特征引起了孩子的探索；球的滚动，引起了孩子的追逐；电话机的形状与功能引起了孩子的好奇，一切新颖的东西都会吸引孩子的注意。

这时环境是一个启发者、一个引导者，但必须强调的是，我们的环境仅仅是为了生活而设计的环境，而不是为大脑最佳发展而专门准备的，因此，它对于发展而言缺少目标性、系统性、递进性、缺少科学性，所以通过自然学习方式孩子也会成长，但不会是最理想的成长，摸这个、玩那个都是学习，但不是最有效的学习。

其次，家长应当认识到：事物之间存在着广泛的联系。无论是言语能力、认知能力、还是运动能力之间都有着多种多样广泛而又密切的相互关联。这种相互联系，决定了我们能够从任何一种活动中引发出朝向目标的学习。这些联系，成为从不同活动、不同内容、不同情境中引申出目标活动、目标内容的重要基础。

如在玩一个玩具的活动中，我们可以有目标地发展手眼协调的能力、感知运动整合的能力、言语能力、数概念以及想象力、创造力、亲子关系以及做事的习惯等。

目标与环境特征及孩子状态的灵活整合，成为一种最基本也是最重要的教育原则：即应答性教育活动的原则。指导孩子或教育教学的艺术很大程度上在于家长或教师是否能够有效地根据孩子当时的表现反馈性地进行应答，并对目标指向进行灵活的调整以适应孩子当时的兴趣、特点、状态，从而达到最佳的发展效果。

好的应答性课程表现出家长和教师对孩子阶段性发展目标和任务的高度清晰，无论是认知的，还是个性的，无论是常识的，还是生活的，无论是生理的，还是心理的需要。家长与教师要做到三句话不离本行（目标），无论孩子在什么样状态上，都要学会"借力打力"，"随机应变"，"顺势而行"，将孩子带到理想的发展目标上来。在教育教学过程中，对于每一个具体的发展目标的事先确定都是必要的，但真正的教学过程不能机械地去忠实那些为达到目标事先确定好了的计划、方案、内容，必须有高度的弹性与灵活。几乎每天在家庭中，教室里都会出现意料之外的事件，孩子会因为一个事件或因素突然转移注意力，而去关注另一事件，打乱了事先的安排。这种情况往往让家长和老师百般无奈，束手无策。但反馈性应答原则要求我们要有效地利用这种注意力、好奇心，抓住意外事件创造性地归入课程项目中，当机立断地做出应答反应。因此，因时因地、因情因趣，随机应变地调整计划、方案和教学内容并始终如一地朝向目标成为教育教学中最主要的艺术之一。家长和教师要做到心中有目标，同时要坚信条条道路通罗马，不能仅仅机械地执行预先确定好了的计划、方案、内容而不管不顾当时的实际情况，否则就如同走进迷宫遇到死路还不回头一样，没有出路。孩子非要玩汽车，你却非要他停下来去学字，孩子非要搭积木，你却硬要他去弹钢琴，结果两人之间产生冲突而无法达到促进孩子发展的目的。

家长与教师要做到不离其宗但变化万千，根据孩子的状况，反馈性地进行弹性调整与应答。不是要离开目标，而是为了更快、更有效地达到目标。正所谓"曲线救国"，此路不通走它路，条条道路通罗马。这不是不讲规律，而是利用儿童心理的规律"将计就计""顺水推舟""诱其深入"。

因此，最重要的是家庭和园所教育教学活动的开始，往往不是从计划、方案、选定的活动与内容开始，而是从孩子当时的活动、兴趣、状态开始，从创造时机开始！尤其是在孩子没有形成固定的兴趣和学习习惯以前。创造时间就是要随机应变地处理教学问题，立足于万变不离其宗地指向目标的活动，从不同话题、不同事件、不同情境、不同活动中，引申出与发展目标相关的内容，从而引发孩子的探究、孩子的兴趣、孩子的关注、孩子的热情，让孩子变被动为主动、变好奇为兴趣，逐步地将孩子的好奇心转变成一种稳定的学习兴趣与学习需要，更有效地促进发展。

教育的目标就是最有效地利用环境因素，了解成长的目标，并根据系统科学的方法，让孩子高质量地发展。因此，如何将孩子从对生活环境要素的关注和随机的探索上，转到对系统教育内容的学习上就成了一门教育艺术，常常听人说在玩中学就是这样一种艺术。对此，我想强调的是孩子每时每刻都在学习，但不是高效的学习，家长要善于顺水推舟、投其所好，但又要不失时机地将孩子引导到理想的发展目标上来。

首先家长要成为孩子的玩伴、探索的伙伴，并始终掌握着主动权与控制权，在玩的过程中成为一个导演，先看戏再导演、边看边导、边导边看，最终将孩子的兴趣引到你的目标上来。如孩子在玩手枪，你却想教数概念，你非要他放下手中的枪，回到桌子边来学习数学，你从开始就失败了，成功的教育者会利用孩子的玩及所玩的对象创造一个数学教学环境，尤其是在孩子还没有形成良好的学习习惯和兴趣时，所有的学习应当从孩子当时的活动进入，因势利导、曲线迂回才能达到理想效果。如玩枪与数学教育，首先家长参与和孩子一起玩枪的游戏，这时你可以把游戏定义成数学游戏，有了这样一种思维你的教育就开始具有创造性和灵活性。如你当坏人，孩子当好人，或者你假设有几个坏人，告诉孩子每枪可以打死一个坏人，现在有三个坏人你来打，打几枪呀？一个坏人打两枪才能死，两个坏人要打几枪呀？等等；再如，打数字，看谁打的数最大，很多种玩法都可以将数字、数学与之联系起来。

家长的问题往往在于以停止孩子正在进行的事，来开始学习活动，这就导致了冲突和矛盾，学习的问题就更难解决了。

分化是一个双向发展的过程，因此，早期发展是一个两极分化的过程。发展中的分化方向，依环境质量而定，尽管成长是个体必然的趋势，但同时，两极分化也是群体必然的特征。你的孩子每天都在成长、但同时相对群体而言，又每天都在变化，在群体中排队，或是向上，或是向下，或是维持不变。

只要你按照潜能发展心理学的原理去做，就能做得更好。

第二节　潜能发展心理学对超常教育的理解

——超常教育的"双轨制"

一、重新理解天才与天才儿童

自古以来，天才就是一个神秘而又引人入胜的话题。人们对天才的认识伴随着时代的发展和科技的进步而不断变化着。从远古人们对天才的神化，到近代人们将天才视为不可复制的天生之才，少数的遗传之才，人们一直保持着对天才的内心崇拜。

但是与此同时，那些被人们当做天才来崇拜并影响了整个世界进程的伟人们，无论他们是思想家、科学家、还是教育家，却总会站出来反驳，并提出了完全不同的观点。他们认为天才出自学习、来自勤奋。

爱因斯坦说："人们把我的成功，归因于我的天才，其实我的天才只是刻苦罢了。"

达尔文强调："如果说我有什么功绩的话，那不是我有才能的结果，而是勤奋有毅力的结果。"

爱迪生认为："所谓天才，那就是假话，勤奋的工作才是实在的。""天才是百分之一的灵感加上百分之九十九的汗水。"

鲁迅则申辩："哪里有天才，我是把别人喝咖啡的工夫，都用在工作上的。"

门捷列夫说："天才就是这样，终身努力，便成天才。"

歌德则认为："才能不是天生的，可以任其自便的，而要钻研艺术请教良师，才会成材。"

高尔基说："简直可以说，天才——就其本质而论——只不过是对事业，对工作的热爱而已。"

卡莱尔说："天才就是无止境刻苦勤奋的能力。"

德怀特说："所谓天才，就是努力的力量。"

华罗庚认为："聪明出于勤奋，天才在于积累。"

他们几乎没有一个人愿意被冠以"天生之才"之称谓，更希望人们了解他们的努力、他们的汗水、他们的付出、他们的奋斗。

事实上，不仅影响了这个世界的伟人们反对天才天生之说。探索智慧成长奥秘的人们也反对这种遗传决定论调，最具代表性的要算卡尔·威特。

早在 17 世纪末，卡尔·威特就意识到"孩子的教育应该始于其智力发育之初"。自儿子小卡尔·威特出世，他便倾心于对孩子的早期教育与智力开发。他的主张与当时人们所持的"孩子的教育自上学开始"的观念大相径庭。在老卡尔的悉心培养下，小卡尔 9 岁就能阅读荷马、普卢塔克、西塞罗等名家之作，并被莱比锡大学录取，14 岁获哲学博士学位，16 岁获法律硕士学位。他的"天才"奇迹受到了国王的赏识和其他心理专家的认可。

老卡尔将自己的培养过程记录下来，完成了一部长达 1000 多页的早期教育实录，取名《卡尔·威特的教育》成为早期天才培养记录最完整的内容。后来他的教育思想被许多人实践过，并取得了同样的结果。但非常遗憾的是，他所取得的成就并不被人们接受，人们更偏向认为，小卡尔的成功"是因为他生来就具有非凡的天资"。

自卡尔·威特以后，两百多年过去了，科学技术快速发展，人们对自然、生物的认识迅速提高，但可悲的是，关于天才的认识人们的思想观念还停留在那个时代。

这种情况的出现，反映出迄今为止，人们还没有在理论上找到强有力的依据，证明天才出自努力、天才出自勤奋。相反，心理学的理论研究都指向天才是遗传的结论。

来自现实与理论的冲突与矛盾，制约了天才教育的发展，甚至是天才概念的科学理解。1990 年，当我通过实验研究得出"智力分布全距的范围实际上是每个个体智力的潜能范围"的结论后，开始了长达十几年的教育实践研究。无论是个案研究、"六婴跟踪"研究、"百婴跟踪"研究以及在金色摇篮潜能开发婴幼园所进行的长达十三年的"群体普通儿童理想发展"的教育实践研究中都反复得到了相同的结果。实践证明经过早期科学教育，我们跟踪指导或教育的孩子平均智商可以提高 30 个分点，达到进入所谓心理学意义超常的范畴，一些孩子的智力变化则高达 60 个分点以上。

实际上，狼孩卡玛拉的发现和研究也从另一个方面揭示了早期环境的重要性，由于早期环境的严重剥夺给狼孩带来了不可挽回的心智影响。

在这样的案例中都早已隐藏着一种规律性的东西，这种规律性的东西一再被人们使用并获得同样的结果，我们不能视而不见。它明示天才源于培养、源于教育、源于努力。

二、重新理解超常教育

通过对个体潜能发展的理解，我们不仅认识到人类的潜能巨大，也看清了超常教育和普通教育的关系。利用潜能心理学的理论和知识，能够很好地处理早期教育和超常教育的关系。换言之，正是潜能发展心理学打破了两者之间天然的界限，第一次将早期教育与超常教育融为一体。它明白无误地告诉我们，真正搞好早期教育就是在进行超常教育。

潜能发展心理学认为，超常对于每个个体而言不是可望而不可即的神话，超常发展实际上是每个个体遗传潜能范围内的一种理想的表达方式。每个人在其遗传提供的潜能范围内，可以中常发展，可以低常发展，也可以超常发展。只要我们在成长的早期，不失时机地提供良好的教育保证，就可以促进儿童高质量地超常发展。因此，超常发展成为科学早期教育的必然。

当今，教育改革的理论和实践正面临大分化、大融合的进程。应当看到大分化是大融合的前奏，一方面，教育需求的增加，使得教育的"普及化"越来越迅速；另一方面，教育内在质量提高的需求不断增强，使得教育"特殊化"成为教育改革必须面对的根本问题。因此，高质量普及教育正在逐步地和超常教育理论相互融合。

而超常教育理论本身却正在分化，一方面，传统的超常教育理论仍占主导，它们强调天赋、强调超常是少数人独特的天赋才能，超常教育的对象是这样一个非常小的群体，因此，先有超常儿童再有超常教育；另一方面，是一种越来越引起关注的超常理论，强调环境、强调超常是多数人可以达到的一种智慧水平。超常教育的对象，是绝大多数普通儿童，因此，先有超常教育再出现超常儿童。

这两种理论都有自己的实践。首先，今天正统的超常教育多数是根据前者的理论实施的，超常教育的对象是超常儿童，是人群中极少数的人，因此先是选拔，再是培养，这种超常教育的实践很多，也有自己的得与失、成与败，但今天受到来自社会各方面的更多指责；其次，在教育实践的前线也存在着另一种完全相反的实践，这种实践把超常教育的对象视为出生正常的儿童，是人群中绝大多数的群体，因此，先有超常教育再有超常儿童。他们通过早期潜能开发进行儿童的培养，促进孩子达到超常发展的水平。这种实践往往在社会上，在学术界并不提倡，也不支持，相反往往会被称为伪科学。

根据对超常儿童的理解，我们认为这两种情况都有可能存在，第一种情况，社会上确实存在着极少量的天赋极其优越的遗传型的超常儿童，但他们所占的比例不是百分之一到百分之三，而是百万分之一左右，根据这样的推论，每年以一千五百万个新生儿出生，也会产生十多个这样的顶极人才的坯子，发现他们给予正确的教育，可能会培养出最杰出的旷世之才。

但对于这种情况，照样离不开早期的教育开发，因为发现具有天赋能力的个体需要等待成长，往往只有到孩子达到一定年龄时，我们才能发现他们。就这种实践而言，真正的超常教育起步年龄和新生儿相比，往往偏大，大约要在 3 岁以后到 14 岁之间。只有到了这时，我们才能评判谁是超常儿童，谁是天才儿童。到了这时才可能先有超常儿童，再有超常教育。因为，这种超常教育需要对儿童是否超常进行必要的筛选与鉴定，这种筛选与鉴定不可能发生在成长之初，只能发生在成长到一定年龄以后。

但是按照传统的超常教育理论来看，他们所说的超常儿童并非百万分之一的天赋儿童，而是百分之一的实际超常儿童。因此，按潜能发展心理学的理论，前者——那些少数的超常儿童——也是自然环境中那些受到良好环境影响的儿童成了超常。但由于不是群体有意识的培养，而是极少数家庭有意识或无意识的培养，因此，这些孩子的存在也是实际的。他们的超常教育也非常重要，我们不能无视他们的客观存在。今天的超常教育对象正是这样一个群体，他们自然的出现率大约为百分之一左右。而他们的存在已经使正常或普通教育无法满足其发展的需要了。

第二种实践，先有超常教育，再有超常儿童。这种超常教育，原本只有脑科学研究的一些结论以及一些早期教育实践结果，但一直没有心理学的理论支持。当看到了早期教育带来的超常发展时，多数人依然认为那是天赋超常的结果。今天，潜能发展心理学的建构为这种超常教育实践提供了理论依据，使用超常教育面向更广大的 99% 的群体。

当今的超常教育应当两条腿走路。

　　一方面，按传统方式，不讨论天赋儿童的归因问题，将自然中脱颖而出的超常儿童选拔出来，不浪费现有的有利资源潜人才的苗子，对这些有了一定基础的超常儿童进行特殊教育，走"超常教育特殊化"的道路。

　　另一方面，根据潜能发展心理学的新理论，将超常教育早期化、普及化，使早期教育、普及教育超常化，走"超常教育普及化"的道路，最终培养造就一大批超常发展的人才，在理论上使普通教育与超常教育相融合，形成科学的潜能教育。

　　这两条腿的配合，是未来高质量教育的必然选择，也是当前教育改革必然的选择。一是选拔已有人才走超常教育特殊化的道路，不浪费已经显示出天赋的孩子的资源，同时也不打乱今天我们教育系统为此长期布局的学校结构，使得教育改革的尽量平稳进行。二是培养群体人才走超常教育普及化的道路。从早期教育入手，面向广大早期群体，进行潜能开发，提升他们的智慧，使他们的天赋得以最大限度地表达出来。通过这一方式，逐步改善普通学校的生源质量，提高学校的竞争力，为最终消除重点学校做准备。

　　"超常教育的特殊化"是要解决所谓"自然"出现的"资优"或"超常"人才的快速转化、快速成才问题，使他们成为栋梁之材，不去浪费任何社会、家庭、学校中已经存在的资源，不去讨论这些人才产生的原因，是父母所给的天赋之才，还是创造出来的教育之才，把这个问题留给理论家去争论，教育战略的制定者，只应重视和承认这样一个群体的存在和他们的特殊需求。

　　"超常教育的普及化"是要解决如何更多更快地培养高质量人才的问题，使更多的"资潜"儿童成为栋梁之材，不去浪费任何潜在的人力资源。他们要去探讨人才的原因，更重视环境的作用。从小抓起，从头抓起，重视所有个体都存在发展空间。

　　超常教育的普及化，实质上是超常教育的早期化问题，只有早期化才能普及化。普及教育的超常化，实质上也必须是普及早期尤其是0～3岁教育的问题，普及超常儿童培养的观念、方法与技术。

　　走这条道路，必须寻找到一种全新的教育体系将普通教育与超常教育融合起来，或按钱学森先生提出的大成教育之路。以培养为前提的超常教育，认为每一个人都具有超常发展的潜力，都有一次超越自我而发展的机会，而这种机会在早期发展中，在每个人的关键发展期内。培养起点应从 0 岁开始，但一旦从 0 岁开始，就存在另一个问题，是对少数人的，还是针对绝大多数人的，如果是后者，为什么还要有两种教育存在？一种普通教育，一种超常教育，人为地将教育分成两类，将人分成两类呢？这显然不符合教育的理想和教育的规律。超常教育也好，普通教育也好，在早期教育中应当充分地融合成一种教育，理想教育、素质教育、科学教育。

第三节　潜能发展心理学对病理儿童教育的理解

——早期干预：特殊教育机会

潜能发展心理学不仅对超常教育有全新的理解，同样对具有病理情况的特殊儿童的教育也有自己的认识。在人群之中，病理儿童总是存在一个很小的比率，但他们的存在是不可忽视的。他们因遗传基因问题、不良环境如中毒、放射、药物等对胎儿的影响问题，产程问题如缺氧等导致可能出现的智力障碍、听力障碍、视力障碍、运动障碍等，统称特殊儿童。

尽管他们出现了生物学的病理性缺陷，但根据潜能范围理论，他们也同样存在一定的潜能表达范围，尽管他们遗传的表达范围受制于先天因素的影响，不可能达到理想发展的水平。但在早期发展中仍然存在着可塑性的机会。

以智力障碍为例，尽管智力落后儿童的智力不可能在智力变化的全域范围内进行表达，但表达的空间和范围还是存在着的（如图 4-3 所示）。

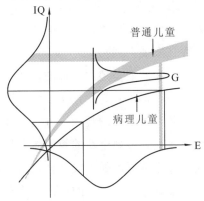

图 4-3　病理曲线在遗传分布中的位置

图中最下面的一条实线所代表的就是病理儿童，如智力落后的儿童。他们也存在一条潜能曲线，只是在遗传差异分布的最下端。他们的反应范围要比正常儿童小许多，但也同样存在一个反应范围，存在一个发展的敏感期，也就是说存在一个干预的关键期，这个时期同样是早期。在这个时期如果及时地进行早期干预，可以最大限度地减少智力落后的表现，在特定的潜能空间内提升特殊儿童的智力，极大程度上改善孩子的智力情况，甚至可以使之回归主流社会。

但是，必须认识到，病理儿童可供干预的有效时间更短，时间更加宝贵。无论是先天性的智力落后儿童，还是先天性的听觉障碍或视觉问题，干预的时间都要早。最重要的时间是在一岁之内，随后这种机会就会开始大大下降。

早期干预的实践很多，不仅对先天性的问题儿童具有帮助，更重要的是对于存在高危倾向的孩子进行早期干预效果会更好。

早期干预关键一是要早，早期发现，早期诊断，早期干预；二是要坚持，坚持不懈，一天天的坚持、一月月的坚持、一年年的坚持。

第四节　用潜能发展理论看天赋差异

我们一直在谈人类的潜能共性，是因为这个因素被人类自身忽视的太久了。天赋的个体差异原本是存在的，但被无限地放大了，结果我们错误地使用了规律。

当认清了自身的潜能以后，我们转向自身的天赋差异。

在环境的全域范围内，智力的变化反映了遗传的共性即天赋的潜力。从纯理论上看，在完全相同的环境中显示出来的差异则可以认为是个体差异（尽管这样的环境几乎不可能存在，哪怕我们始终努力去清除环境差异，也无法最终创造完全一致的环境与教育）。

在三维分布图中，可以清楚地看到，除了遗传的潜能曲线以外，个体遗传自身也存在着一个分布，这是一个差异分布。从统计学的角度看，遗传差异的分布也应当是一个正态分布，如同高尔顿所预言的那样。但所不同的是，这个遗传差异的正态分布离散性远比在自然状况下智力差异的正态分布的离散度要小得多，根本不具备导致智力全域的变化的特征。它们相对于遗传的共性而言，可能仅仅只有一个极小的变化部分（如图 4-4 所示）。

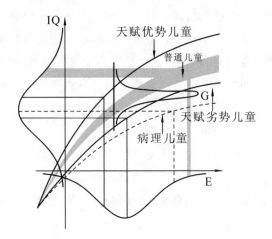

图 4-4　遗传差异与遗传潜能的关系示意图

　　这种差异与环境的多样性及差异性相互作用，最终形成个体的独特性。

　　人们常常把具有特殊能力的人神化，无论是棋类高手、体育神童、文艺明星、绘画天才，无一不是天赋出众的人，常人只能仰视他们。的确，普通人和这类人之间存在着巨大的现实差异，这种差异几乎不可能消除。

　　但我们从来没有设想过，如果，从一开始我们的努力、我们的学习、我们的训练就是相同的，那会怎样？如果我们能像伍兹一样每天打六千杆高尔夫，像丁俊晖一样每天打 8 个小时台球、像郎朗一样每天弹 8 个小时的钢琴，像刘翔一样每天刻苦地训练，我们还会是今天这个样吗？或许我们可以和他们同在一个竞技场上，我们之间的差异要比普通人到他们之间的差距要小得多。如果我们真的能够控制所有的环境训练因素以及成长经历，在理论上，这时，我们之间显示出的差异可以算得上是天赋的差异。但是，这种差异不具备运动潜能的全距范围的特征，只是在整个全距范围内某一个很小的区域内显示出来。这就是真正的个体天赋差异的特点。

　　可以说，个体的天赋差异远比我们想象的要小许多。举一个短跑的例子来说明一下。普通人与世界短跑明星之间的距离是巨大的。世界级的短跑明星可以跑完百米仅用时 9 秒多，而普通人在不经过训练的情况下可能要用 16 秒。差出竟 6 秒的时间，这几乎是 2/3 的时间距离。然而，这并不是普通人与短跑明星的"天赋"速度差距，更主要的是后天的训练差异。当我们也像短跑明星那样，从小开始进行专业训练，每天刻苦练习，坚持不懈，付出血汗代价。我们和短跑明星的拉距会大大缩小。首先，我们会轻而易举地跑过 14 秒，并接近 12 秒，如果继续训练我们会突破 11 秒，逼近 10 秒。我们几乎可以在以秒计算的时间里变得非常接近。这样的变化源于每个人都存在着运动的潜能范围。短跑的时间提高并接近运动名将那是源于后天的训练。实际上，世界级的短跑名将之间的差异从来不是以秒计算的，从百米短跑比赛中能够看到，选手之间的竞争仅以毫秒计算，决定胜负的仅在毫秒之间，差异不会大于 1 秒。这时的差异我们认为其中含有天赋的因素。

然而，教育并不是需要去强调这样一种表现在严酷竞技中的微小天赋差异。我们关心的是从 16 秒到接近 10 秒，这 6 秒的潜能空间。教育要实现的是这一部分天赋潜能的表达！因为，6 秒远远要比零点几秒对普通人的潜能开发来得更加重要。

俗话说得好，"台上一分钟，台下十年功""天才就是百分之一的灵感加上百分之九十九的汗水""梅花香自苦寒来"。如果能更多地了解那些成才人的背后故事，就会知道，我们之所以普通，那是因为，我们和他们并不处在相同的环境教育和学习状态中。当这些因素都相同时，我们之间的差异一定会大大缩小。

今天，我们和他们差距非常巨大，而且不可跨越，不是天赋要比他们差多少，而是我们无法再一次回到起点上，像他们一样再重来一次。正因为如此，早期发展才这样的重要，错过了发展的机会，就错过了一切。

潜能发展心理学认为，每个人都存在多种天赋潜能，只是绝大多数人没有彻底地进行自身的潜能开发。因为，天赋的优势也要表达，没有相应的环境和教育，没有早期的学习和训练，再好的天赋优势也无法表达出来。可以说，所谓"普通人"正是那些天赋没有彻底开发的人，而所谓天才则是那些充分开发了天赋潜能的人。

第五节 潜能教育中的基本问题

一、正确理解全面发展

教育方针决定了教育的理想和追求，那就是"面向全体的全面发展"。因此，正确理解和认识全面发展的本质有助于我们所进行的教育。良好的儿童发展有着自身不可忽视的规律，科学地利用这些规律才有可能超越传统、超越常规。

对于早期教育而言，判断全面发展必须具备四大要素：时间要素、结构要素、质量要素、发展要素。

(一)全面发展的时间要素

对全面发展的理解，首先要从大脑发育规律入手。全面发展有着一个重要的时间法则，在大脑发育的时间表里，遗传只给了每一个个体唯一一次全面发展的机会，这个机会不在小学、不在中学、也不在大学，而是在摇篮之中。刚出生的新生儿大脑各脑区同时处在各自的初始化状态里，有着同样的发展机会，同样的发展空间，存在着唯一一次均衡发展的条件，这时多维度的影响、均衡全面的环境影响是全面发展的关键因素。因此，提供全面发展的机会，追求全面高质量发展，是唯一的发展任务。

可以说，对全面发展的追求不是什么时候都可以的，是有时间限制的。这个机会就在婴幼儿发展的早期。这个时期大脑存在着巨大的可塑性，对这种可塑性最本质的理解应当是大脑全面发展的可塑期。即早期是大脑各区域均衡发展的一个最关键的时期，是全面塑造个体的唯一一次机会，这时也是大脑形成优势偏好的关键时期，即均衡对偏好发展的关键期。

这时，如果没有注意环境和教育对孩子大脑全面的影响，就会带来无法补救的失衡性发展、结构缺陷式的发展，致使一个区域的发展抑制另一个区域的发展，表现为偏好性的优势发展。为了避免早期发展的失衡，确保孩子全脑发展、全面发展，应当抓住早期这个唯一的全脑均衡发展机会！

应当意识到，人类的遗传提供的这种机会稍纵即逝。从出生的瞬间开始，这种机会就从最大的可能性开始逐步减小，这时大脑更多受环境的结构特征的影响，一旦大脑各区在环境结构性差异的影响下形成建构出自己最初的差异后，大脑将不仅受环境的影响，还要按自己的偏好方式选择环境刺激，均衡发展将随时间的推移变得越来越难以实现。随着年龄的增长，全面发展的机会越来越小，优势发展的动力越来越大，不正当的大脑区域的竞争会加剧，如当双眼发展失衡，优势眼会保持优势，弱势眼会更加弱势。

因此，早期在大脑开始划分自己领地的时候，应当是全面发展最关键的时期，是大脑和谐发展的唯一机会。大脑在早期开始划分工作领地时，不同的脑区在接受不同的刺激下开始发展，刺激量不同其发展的速度也会不同。高级的认知功能是通过广泛联系的神经元网络来实现的。这种联系不仅是同一脑区的，同时也是不同脑区之间的。大脑是否和谐全面发展，取决于早期环境刺激结构特征是否具备和谐性，环境刺激的结构特征是否具有影响所有脑区均衡发展的要素。随着这一时期的发展，大脑开始形成符合环境结构特征的神经网络结构特征。当环境刺激的结构并不均衡时，如听觉刺激大大超过视觉刺激，或视觉刺激大大超过运动刺激时，我们的脑区也开始趋向性发展，如同植物趋光生长，最终出现偏视觉型的脑、偏听觉型的大脑、偏运动型的大脑等。大脑的这些差异并非是个体的天赋脑差异，而是环境差异。认识到这一点的重要性，是决定早期教育本质所在的关键。

如果将一个环境潜移默化影响而导致的个体特征归因为天赋的差异，我们所要做的就是利用这种天赋优势，将它发展到极致。但如果将这种逐渐出现的差异理解为环境的失衡而产生的结果，我们所要做的就是要迅速做出调整，促使弱势能力快速提高。这一点在早期婴幼儿双眼发展失衡的处理上就能很好地说明，在儿童偏食问题的对待上也是一个极好的例子。所有人从本能上都会意识到，偏食对儿童身心的全面发展没有利处，偏食不是孩子的优势，而是孩子的问题。

早期是在身心之间，情感、人格、智慧、体能之间寻求和谐而又高质量发展的唯一机会。这就是为什么"全面发展"提了很多年，但它却一直只是一个口号、一个理想，原因就在于绝大多数人错过了全面发展的关键期。当个体已经开始了差异性的分化后才提出全面发展的口号，必将与差异化的教育不期而遇，这时教育最根本的法则却是光芒四射地尊重差异、因材施教。结果是强化差异，加大差异，两极分化或多极分化成为必然。

　　需要强调的是，大脑的均衡发展有一个关键期，也是大脑偏好或优势发展的关键期。在这样一个时期，大脑往往开始受环境的影响形成偏好发展、优势发展，拉开了大脑各区域发展的内部竞争机制。越是优势区域发展越是获得机会，形成所谓的个人特征。而我们往往看到了这种个人特征，却将它理解为天赋特色，不仅没有应有的警惕性，反而会锦上添花，推波助澜，而对受到限制的区域忽视、冷落，落井下石。说什么尊重儿童个性，说什么因材施教，说什么扬长避短，一顶顶堂而皇之的帽子装扮着我们对大脑的无知。

　　由于大脑的敏感、可塑，致使早期是一个需要小心翼翼、精心呵护的、不容出错的时期，任何错误、失误都会对大脑的发育产生不良的影响，这种影响的作用与积极的有利影响的作用是一样的，都会带来持久甚至不可逆的影响。

　　早期的大脑犹如一片亟待开发的处女地，但如果缺乏规划或错误规划就会导致开发上的失误。早期开发有人认为会出现过度开发的问题，实际上这种可能性是不存在的，大脑是一个低度开发的智慧世界。

　　但开发时如何避免低效开发、破坏性开发、不可持续性开发、偏好型开发则是早期教育必须高度重视的问题。

　　从大脑发展的角度看，不同时间大脑发展的方式不同，因此教育原则也应不同。

　　第一时期：0～3岁，大脑全面发展期，大脑各区域均处在大脑发育发展的同一起跑线上，按时间表进行分化。这时的大脑处在全面发展的可塑期内，可以全面塑造。因此在这一时间段里，教育要以完整的结构方式走在发展的前面，均衡提供各种刺激，"因教育才、全面发展"是促进身心全面发展唯一重要的任务。

　　第二时期：3～6岁，由于每个个体的发展微环境，在最大限度均衡下也无法达到一致，个体微环境的结构性差异及遗传上存在的差异的共同影响，经过最初的发展，大脑开始出现结构优势，区域发展出现不平衡特征，大脑的优势发展开始出现，但这时全脑仍处在可塑期内，可以进行补短性发展。这时一个人的长短并不反映一个人的天赋，更多的是反映了这个人所经历的生活特征。因此，对孩子已经表现出来的结构特征进行诊断，进而制定补短性的结构性教育方案，提倡"因教育才、扬潜促显"式的"因人施教"促进问题部分的提高与改进，进而促使儿童尽可能地全面发展是非常重要的。

第三时期：6岁以后，尽管追求均衡，但每个个体所处的环境差异是无法消除的，随着时间的推移，从而逐步形成的大脑发展差异，或大脑不平衡特征趋于固定，全脑可塑性降低，优势脑区偏好增加，弱势脑区受到进一步的抑制，这时，大脑发育已经开始具有"领长枝"，优势区，这时全面发展更应理解为和谐发展、均衡发展，这种和谐是一种个性的和谐，可以采取"因教育才，扬长补短"的方式进行，尽量使个性的结构和谐。

第四时期：10岁以后，大脑发育基本完成，可塑性大大降低，很难通过环境及教育的一般性影响加以调整和平衡。大脑也开始进入一个使用性的开发阶段，这时发挥优势脑区的作用，利用特长偏好、兴趣进行发展是个体发展的最佳战略。因此这时"因材施教，扬长补需"成为重要的发展原则。

(二)全面发展的结构要素

全面发展首先是一种结构性的发展。均衡与和谐是评价全面发展的第一个重要指标。均衡发展既不是单纯的特长发展、也不是平均式发展，而是均衡发展、和谐发展。

单项发展、特长发展在儿童早期是容易做到的，只要重视、只要努力就能达到一定结果；平均发展也是相对容易的事情，尤其在形式上可以容易做到，如平均地分配时间，没有重点选择和价值判断的多元开发，每个方面都涉及，每个方面都只是蜻蜓点水，整个发展缺少"领长枝"，看似公平，但不和谐。全面发展是一种全面的均衡发展，存在着优先发展的要素和方面，它的特点是发展结构的和谐，个体与个体之间可以存在不同的结构，但对每个个体而言，这种发展是均衡的、和谐的。

因此，不能机械地理解全面发展，全面发展的本质应当是均衡发展，均衡发展不是平均发展，也不是同步发展。而是一种结构性的发展，这种结构能够确保个体有效处理未来生活并具有自身的个性特色。从这个意义上看，追求所有个体的全面发展并不意味着追求所有个体同样的发展，而是个体自身的均衡发展，使这种发展成为一种稳定有效的发展结构。

对一个个体而言，只要有稳定有效的发展结构，就是一种和谐发展、一种全面发展。在均衡教育的同时，要考虑各个时期不同脑区不同能力发展的关键期，进行重点突破性的发展，强调发展的重点。在一个单独的发展领域里，对全面发展的理解应当超越同步发展的理解，强调先行发展原则，如习惯先行、兴趣先行、工具先行、技能先行、主干先行等原则。

总之，全面发展是一个建构型的发展，是一个有轻有重、有先有后的结构性发展。金色摇篮强调全面发展，结构先行，阶段发展，重点突破的原则，在总的发展框架里强调全面建构，在具体的发展过程中强调权重概念，重点发展不同的领域、不同的能力，最终为可持续性发展打下良好的基础。

1. 全面发展与特长发展

全面发展不是不要发展特长，而是怎样理解特长。特殊能力的发展需要一定基本能力的基础，基本能力的特殊性发展就成为特殊能力。我们认为，所谓特长发展与特长教育就是只考虑特长一个方面的发展，而不关心其他方面的发展，只评价特长一个方面的质量，不评价其他方面的质量，只将时间有意分配给特长，而其他方面不进行时间控制。

实际上，当全面高质量地发展基础能力时，基本能力所表现出来的特质就可以理解为特殊能力。但有所不同的是，重视所有发展维度的质量标准，将时间分配给对整个基础发展最为重要的所有发展领域，并对所有的发展指标进行评价，这时，就是在进行全面高质量教育。相反就是特长发展。

过早的特长化发展，是一种失去均衡性的发展，它是以放弃全面发展为代价的发展，不利于全程发展、不利于综合素质的提高、不利于可持续性高质量发展。今天，当早期教育的重要性越来越受到人们关注时，特长或特色教育的风气也同时在幼儿园内蔓延开来，什么双语特色、什么艺术特色、什么国学特色，这一切都是对早期发展的错误理解。金色摇篮强调基础发展超越特色发展，全面发展超越特长发展，强调为孩子全面地打好基础是早期教育的根本。

2. 全面发展与平均发展

对于群体而言，不要将全面发展理解为一个面面俱到的发展，全面发展是一个有重点的发展，是一个突出人类智慧特征性的发展、一种重点性的发展。

人之所以称之为人，称之为万物之灵，就是人类有着与其他生命相区别的智慧特征，总体而言，人类智慧最大的特征就是"创造两个文明"，既创造物质文明，又创造精神文明，那些与创造两个文明密切相关的品质，就是我们要发展的人类智慧品质。

从某种意义上看，不仅人是多元智慧的，动物也是多元智慧的，因此仅仅提多元智慧是不够的。狗的嗅觉是狗的特征，应当得到重点发展并应用，而人则无须重点发展嗅觉，而要发展言语、操作能力，创造能力。

从宏观上看，因为人类有着自己独特的特征而与其他生命相区别，因此，在发展人类智慧时，要重视这种区别和差异。充分突出人类的特征进行智力开发，这就是重点发展的第一层含义。因此，在发展过程中我们要抓住特征要素进行培养，抓住特征要素就是抓住了主要矛盾及矛盾的主要方面。

对于个体而言，全面发展也不是面面俱到的平均式发展，平均地分配发展权重，希望每个人的发展都一样，一个水平，一样的结构也是不现实的。尤其是在系统教育的年龄，发展结构的差异在所难免。因此，全面发展并不是追求每一个人每一个方面都平均式的发展，而是希望每个人的发展都有自己特定的结构，而这一特定结构本身是均衡的、和谐的，是一种最佳的组合与搭配。反过来，在发展的早期，我们不可能预先设计好每一个人的理想发展结构，因此，追求均衡发展，首先要全面地提供发展机会，去追求全面发展。而对在全面发展过程中因各种不平衡因素，如环境和基因所导致的发展差异要有一个科学的判断和认识，尽量识别和消除因环境差异引起的发展差异，又要认识到基因的差异。必须懂得，即使努力去消除环境的差异，也无法最终创造一样的环境条件，更无法去选择一样的基因。要知道，环境的差异是绝对的，在这样一种现实条件下发展起来的个体，每一个人都存在着自己的特点，根据这些特点进行结构的均衡塑造变得尤为重要，这是重点发展的第二层含义。

3. 全面发展与同步发展

全面发展不是同步发展，不是等到了受教育的年龄就开始"听、说、读、写、算"的同步教育。

全面发展是一种结构性的发展，既要有重点发展的方面，又要有优先发展的方面。这是因为，首先，不同的时期大脑各区域发展的速度并不相同，脑的各区域发展具有不均衡性，有着自己发展成熟的规律，不同领域有着各自发展的关键期。要求大脑各区域均速发展，实际上是违背脑发展规律的。因此，每一个时期里，各区域的发展都有自己的重点。做好阶段性的重点发展，是建构强大完善的大脑的必由之路。这时，强调重点突破性的优先发展，打歼灭战，解决主要矛盾成为全面发展的重要手段。

其次，能力与知识的难度是有层次性的，不同层次的难度同步发展也是违背能力与知识难度关系准则的。儿童发展有着自身的规律，如从语言角度看，先听后说，先说后读，先读后写，是一种规律，而不是同步的听、说、读、写。了解这种规律，就能理解全面发展不是同步发展的道理了。

要求听、说、读、写、算、理解同步发展，是传统教育中最不尊重人、最不关心脑的工作方式、最违背教育原理的核心问题。因此，全面发展不是同步发展，要用异步的手段实现全面的目标。

再次，根据神经系统发育的原理，抓住各种能力发展的关键期，点面结合，做好各阶段的重点突破性发展，是建构强大完善的全脑的必由之路。金色摇篮的几年实践告诉我们，高质量的全面发展是可以做到的，集中精力、重点突破、以点带面，要比把所有精力平均分配到各个领域的实际效果要好得多。

4. 全面发展是身心和谐发展

对全面发展的理解，不能局限在心理发展方面，要涉及人的身心全面发展。因此，教育不能最全面地实现全面发展。

儿童的成长发育与发展需要多种要素，包括物质的、能量的、信息的。具体而言，营养促进发展、运动促进发展、休息促进发展、环境刺激促进发展、学习促进发展、生活本身也促进发展，这使得我们对早期全面发展的理解要超越游戏、超越学习。

首先，孩子的生长发育需要物质的营养素，营养是身体发育和脑发育不可或缺的基本要素。如何保证身体的发育和大脑的发育，需要营养的均衡和质量保证。无论是家庭还是园所都要重视一日三餐及副餐的质量。其中大脑发育有自己独特的营养素，重视这些营养素会收到更好的效果。

运动促进发展，早期运动能力发展的好坏是身体及大脑发育的一个重要指标，早期各种运动也是促进身体及大脑发育的一个重要手段。它是促进个体的反应速度、灵活性、协调性、平衡性、柔韧性、耐力、勇敢精神、健康体魄的最佳途径。

休息与睡眠的保证，对一个正在快速成长的个体而言也是至关重要的因素，缺少睡眠、休息不好都会带来发育和发展的问题。我们不提倡以减少休息和睡眠代价的学习。尤其是小年龄组的睡眠和休息、病后孩子的休息等。

环境刺激促进发展，孩子生活的环境构成一个刺激场，听力的、视觉的、触觉的、空间的、时间的、运动的等。这些刺激构成孩子成长的微环境，无形中影响着孩子的成长。

生活本身促进发展，生活过程是一个特殊的学习过程，一个习惯养成的过程，一个探索的过程、一个尝试的过程、一个模仿的过程、一个交往的过程。这个过程影响了个体自然发展的方向、速度与质量。

必须认清并积极主动地去促使各种发展要素的合理化分配。真正理解发展与游戏及学习的关系和区别，搞清成长(营养、运动、休息、保健)与发展、刺激与发展、学习与发展(理解与发展、训练与发展)主动发展与被动发展的关系与区别，才能最终培养出合格的孩子。

(三)全面发展的质量要素

质量发展是评价全面发展的另一个重要指标。全面发展不仅仅是一个发展结构问题，更是一个质量问题，仅仅照顾到德、智、体、美、劳、艺各个方面是远远不够的，在照顾发展的方方面面时，更要照顾到发展的质量。因此，全面发展不能仅仅是重视各个方面的发展，而无视质量标准。如何使所有领域的发展都有质有量，这是全面发展必须面对的问题。我们提了那么多年的全面发展而没有达到预期目的的原因之一是强调全面发展而无视质量要求。全面发展可以是低水平层面上的面面俱到，如弱智力孩子可能表现出来的各项指标的均衡性，但这不是我们希望的结果。全面发展也可以是普通水平的发展，一种顺其自然的发展，这也不是教育希望追求的结果。教育希望的理想发展，不仅需要全面，而且需要高质量。

质量发展同样有着自己的关键时期，这个关键的时期也在发展的早期。因此，在追求全面发展的同时，也一定要追求质量目标，离开了质量目标，全面发展就没有方向，就无法进行，更不能取得理想效果。早期教育不仅要以完整的结构走在发展的前面，每种结构还要以丰富的刺激量对大脑产生足够量的影响，才能促进质量的发展。

高质量发展的教育精髓同样是在成长的关键时期内，利用遗传提供的潜能发展空间，用全面的高质量环境与教育因素促进个体遗传潜能的理想表达，扬潜促显，全面提升。只有这样才能避免落后，走出平庸，达到理想。

(四)全面发展的发展要素

对于全面发展而言，早期基础性综合发展远远要比单项指标的发展重要。在终身教育的今天，学校教育尤其是早期教育，是为日后发展打基础的教育，所有教育的目标都是为了将来进一步发展打下良好的基础，为学会学习、学会创造进行准备。早期教育是基础教育，必须更多地考虑教育内容的基础性、工具性。个体基础性的全面发展要比个体特长发展对个体后继发展有意义得多，也重要得多。早期基础能力结构的全面高质量发展，或特殊发展是未来可持续性高质量全面发展的关键。我们不是不能发展音乐、艺术、体育等能力，但将它放在基础能力水平上发展、放在全面发展的结构里发展，还是放在一个特殊位置上发展则是根本不同的两回事。

事实上，人们无法将基础能力和特殊能力严格划分。如器乐能力的发展，可以将它看成艺术领域的基础能力，也可以将它看成一种特殊能力。真正衡量一种能力是作为基础能力还是作为特殊能力来发展，主要应当看这种能力在整个发展的结构中所处的地位和所占用的时间。如果一个孩子每天都学习两个小时以上，而其他方面很少提要求，只对这一项发展进行评估和目标管理，我们则认为这是在发展特殊能力。如果每个领域都在提要求，而在器乐方面也有要求，教育者对所有的发展进行评估并进行目标管理，我们则认为这是作为基础能力在建构。将一种能力发展作为特殊能力来对待，一般的做法会是给予这种能力更大的权重，更多的时间，使得单项发展在整个发展的结构中不成比例，异军突起。由于对它的重视，在整个发展的时间分配上出现了不公平性，使得全面、和谐发展成为空话。而将它视作基础能力，就会均衡地给这种能力的发展相应的时间和权重，在全面发展的角度上发展该项能力。因此衡量一种能力发展是否是特殊能力还是基础能力，应当看发展这种能力在整个发展中所占的时间比例及和其他能力发展的关系。

　　早期发展是为后期发展全面打基础的时期，因此早期全面发展只能是基础性发展。它决定了早期教育不是花样、不是特色、不是要通过我与你的内容不同，而证明自己的优势，不是要搞各园所的区别，你搞这一特色，我就搞另一花样，不是要总是盲目地追求所谓的潮流。今天刮东风向东去，明天刮西风向西去。不要将早期全面发展仅仅做成一个阶段性的整体设计，为了使早期发展花样更多，而不断变化发展内容。没有一个基本的模式。婴幼儿教育者只要满足自己年龄阶段高质量的教育，而不顾这种教育与持续发展的关系，这种选择会对终身发展造成重大损失。因此，要将早期发展的目标与后期发展的目标结合起来考虑，使发展成为一个可以持续的发展，一个不断积累的发展，一个与个体综合素质相关的发展，一个能从被动转为主动的发展。要站在全程发展的高度来考虑全面发展。这就要求人们始终考虑发展的可持续性，更多地考虑什么是更基础的，什么是工具性的，什么是技能性的，什么是习惯性的，是一种能力的发展与另一种能力的关系，什么样的能力结构更具有正迁移性，而不是在某个阶段上的某种高质量就理解为全面发展。

　　可持续发展是评价全面发展的第四个重要指标。全面发展不仅仅要当时的效果，更需要长期的效果，需要可持续性的效果。从这个意义上说，全面发展是基础发展、是有一定内容和目标的发展，不是热门性的发展、从众性的发展、跟风性的发展，更不能成为家长所偏好性的发展。为了短期的效果，而牺牲长远的发展，今天英语热发展英语，明天艺术热发展艺术，不问发展这些为什么，不问它们在整个发展结构中的地位和作用等。因此，我们认为，全面发展的最终目的是可持续性发展，可持续性发展的教育精髓是基础性发展、结构性发展。

　　不仅如此，教育是为社会实践服务的，教育的目标、内容都要满足未来社会的需要。培养什么样人的问题是一个根本的问题。教育要帮助孩子建立价值、态度、习惯、规范等符合社会要求的体系，教育内容要适合未来社会对人才的需求。随着社会快速的变迁，科学技术突飞猛进的发展，社会对人才的规格、人才的类型、人才的基础能力要求不断发生着变化，处在不同时代的教育要能站在时间的前沿把握教育。

因此，教育要面向未来，要能预测未来的需要，要能培养符合未来社会发展需要的人。

二、正确理解主动学习与被动学习

当代教育学认为，发展是一个主动学习的过程，强调学习应当是生动、活泼、主动的过程，反对被动的学习。但我们认为追求主动学习不等于不需要被动学习，不能因强调主动学习而批评被动学习。我们一定要认识到，早期发展是一个从被动到主动的过程，是一个从强制到自觉自愿的过程。

教育之所以独立成一个特殊的系统本身就说明了一切。教育本身就和学习不同，它有主导者教师的活动，因而学习主体在某种意义上呈被动模式，教育要帮助孩子确立价值、养成习惯、形成能力、积累知识，只有在这个基础上才能学会学习，只有学会学习的人才能最终主动学习。

可以认为主动学习的能力需要培养，需要训练，而培养和训练过程就是一个被动的过程。如孩子从不会说到会说、从不会走到会走、从不会读和写到会读会写，这个过程本身需要一定的要求和学习，这种学习是一种相对主动而言的被动过程。

如同婴儿需要做被动操一样，早期孩子的学习是一个从被动向主动不断过渡的过程。当今的教育没有能够处理好主动和被动的关系，对于主动学习的要求，不分年龄特征。

甚至出现孩子年龄越小，越强调顺其自然、越重视主动学习，但相反，随着孩子年龄的增长，学习越来越成为一种被动的过程，使得整个发展过程成为一种极不科学的学习过程，一种主动和被动颠倒的过程。

学前强调所谓的"主动学习"，结果实际上强调的是"顺其自然"式的发展，这种发展没有带来任何主动学习能力的提高，到了学龄阶段又开始实施强制性学习。在整个学习过程中，从开始直到考大学为止，学习越来越被动，学习压力越来越大，学习目的越来越强，使得学生越来越透不过气来，对学习产生严重的心理障碍。

因此，一旦考上大学，彻底放松自己，又进入一个自由发展的状态，使本应当主动加码、主动探索、主动学习的黄金阶段成为一种对前期整个被动学习的一种补偿，补回在整个基础教育阶段被动失去的自由时光，结果是真正应当学习的时光成为自由放纵的一种心理恢复阶段，有一种熬到头的感觉。把上大学开始真正的学术生涯时期，看成是终于解放了的时期，从此不再愿意努力，不再奋斗，不再上进了。这种教育的战略安排是一种最不科学，最不人性的战略，是一种足以毁掉一个人一生的教育战略。

这种张弛正好和发展需要的张弛相反，更深刻的问题也许是关于幸福人生的理解，是追求童年幸福？还是追求一生幸福？我们常常说回忆童年的幸福时光。为什么这样讲？为什么不能有一生的幸福感觉、幸福追求？那是因为平时的学习策略有问题，我们将宝贵的黄金时间放弃了，然后再从后期去补，结果，用一生的不幸去换童年的所谓幸福，回忆的幸福，这实际上是一种悲剧。况且，童年是否真的很好也很难判断。

三、正确理解直接学习与间接学习

儿童成长直接学习很重要，间接学习也很重要。不要以为孩子不能间接学习总是强调直接学习，到了学校阶段又反过来，只强调书本学习、间接学习，又忽视直接经验。实际上，任何时候都需要两种学习，既读万卷书，又行万里路。不经风雨、不见世面，无法成人，不系统学习、不读书万卷也无法超越自我。儿童时期在直接学习的基础上要强调间接学习的重要性，要学会间接学习，而在学生阶段，要强调在间接学习的基础上，不放松直接学习、强调经验与实践，只有这样才能培养出真正高质量的人才。事实上，在一个完整的学习系统中，直接经验与间接经验是两个相互补充的部分，直接学习往往是间接学习的前奏。如视觉模仿、行为探索、尝试错误等，当我们有意将这些因素整合起来时，我们就会发现，科学的系统学习中两种学习方式都必须使用，必须结合在一起。由直接学习或自然获得与间接学习或系统学习引申出的两个提法，对这两个提法也应当有所认识。

(一)玩中学与学中玩

"玩中学"是自然学习、自然习得，是直接经验的获取。知识与经验的积累带有偶然性、无意性、非目的性，是一种非系统的情境性学习。

"学中玩"则不同，学中玩以学为主导，系统而有序，以游戏的方式、玩耍的方式加强兴趣，学习的内容为间接经验的获取，是连续性的有目的的学习，知识与技能的发展带有目标性、必然性、有意性。

在家庭自然成长中，孩子通过玩而获得知识与经验，在玩中学习生活常识和技能，这种学习是玩中学。边玩边积累、边玩边学习。在园所或学校里，孩子通过学习获得系统的或领域的知识与经验，利用轻松快乐的游戏方式，通过玩的方式来完成学习的目标，这里学习的目标是事先设定好的、系统的、有朝向的，因此是边学边玩，是学中玩。

今天在幼儿教育系统中，很多人一味强调玩中学，认为这是早期教育的真理，强调了玩中学，才是抓住了幼儿学习的特点，才符合幼儿的心理年龄，实际上这种观点是对学习概念的错误理解，对是教育者的严重误导。强调玩中学，与其说是强调学习，还不如说是强调顺其自然、自然成长，其本质是要否定幼儿的系统学习。因此，幼儿园所中的教师们一定要懂得区别玩中学和学中玩的本质差异，在家庭自然成长认识到玩是一种学习，可以通过玩获得知识经验，这是一种玩中学，在教育系统中一定要强调学中玩。通过有目的的设计情境，玩法达到学习的目标，即学习为本，玩是方法。

(二)做中学与学中做

做中学与学中做的区别，和玩中学与学中玩的区别是一样的。做中学是一种尝试性学习，通过不断探索、不断尝试，来获得经验与技能，最后达到顿悟，导致发展。这种通过不断自我尝试性的学习，速度慢、时间长、效果差、不易积累。做中学，需要环境的条件是自然存在着的一种支持性环境，它不是人们有意安排的。因此，很多情境往往是不存在的。由于情境不存在，也就无法通过做而学。而"学中做"则不同，学中做的整个环境创设是人为有意的，直接指向学习内容和目标的。它不是一种尝试性的学习，而是一种有目的的学习，是通过学习别人的间接经验和技能方法，然后再进行实践获得体验，这种学习不需要走别人走过的弯路，不需要盲目的探索与尝试。只需要按先人总结好的步骤与方法去实践、去体验、去做，就能很快掌握。这种通过向别人学习间接经验的方式，速度快、时间短、效果好、易积累。

总之，仅仅强调"玩中学"与"做中学"，代表了一种对学习与发展规律认识不清，又标榜最为尊重儿童的无知势力。他们在遇到了幼儿学习与发展这样一个命题时，那种顺乎儿童天性、让儿童自然、自由发展的口号，成为他们反对一切可能与之不同的做法，而听起来又是那样的尊重儿童、尊重儿童学习的内在规律。事实上，他们的口号等于什么也没有说，什么也没有做。只是把儿童的成长与发展带回了远古时代、蛮荒时代，与知识经济时代相去太远。

(三)知识技能与创造力培养

创造力培养是个体能力培养的终极目标，但不应当在强调创造力培养时，反对知识学习和技能训练，知识和技能的学习是创造力发展的前提，没有知识基础、技能掌握，就没有真正意义上的创造能力。因此，正确处理好知识学习、技能掌握与创造力培养的关系非常重要。在教育过程中，很多人容易将一个追求的目标转化成培养的起点或直接的内容，如同登山，山顶是目标，而不是起点，我们不能要求一步登天，必须一个阶梯一个阶梯的登上去，最后才能实现目标。我们也不能因为发展目标是"跑得快"，而不学走就学跑。

创造力是一个需要培养的目标，但培养创造力的途径必须从知识技能开始。今天，我们知道，创造力的水平与创造的贡献，取决于在某个领域中个体的位置，其中是否掌握最前沿的知识和研究结果是能否超越别人的关键。因此，创造性的劳动一定存在着一个知识的原始积累过程，这个过程和财富的原始积累一样，是一个并不让人快乐的过程，只有走过了这样一个原始积累过程，才有可能走上真正的创新之路、想象之路、发挥之路。

潜能发展心理学强调，早期环境的影响对脑产生深远而持久的作用。它成为挖掘人类潜能的最理想的机会，是个体终身发展的基础。人的发展是一次性的，不可逆的，这使早期发展成为一个稍纵即逝的时期。

第一，早期是个体快速生成、发育的时期，但无论怎样，个体的不断分化是这时期最根本的特点，每一个孩子都在日新月异的成长变化中完成着自己在群体中的分化和在智力分布上的定位。因此，我们要充分利用个体在早期依据环境影响快速分化的特点，丰富环境刺激、提高环境质量，避免孩子低水平发展，减少个体之间在分布上的差异。这是一切素质教育的起点。婴幼儿都是发展的天才、学习的天才，他们的天赋中充满着神奇的力量，使他们能够在自己的短暂的婴幼儿时期，获得神奇般发展。

第二，早期也是个体心理品质结构性发展的关键时期。每一个孩子都依照自己天赋中独特的成分，同时在自己特有环境中显示出与众不同的发展。在这一时期，要注意避免由环境结构缺陷而导致的偏好的优势发展，尽可能地促进孩子各方面能力的均衡、和谐，并在促进每个个体高质量发展的同时，利用个体环境的优势倾向性在高水平发展上形成个性成长。

第三，早期还是大脑发育的敏感时期，是大脑全面发展和高质量发展的关键期。利用脑发展的敏感时期及时进行各种心理行为的关键期教育，促进各种心理能力的全面、高质量发展，最终达到事半功倍的效果。

第四，这个时期的孩子正处在父母的怀抱里。因此，早期是父母最能把握的时期，也是家庭教育最重要的时期。这时要充分利用家庭教育的优势，重视家庭教育的作用。可以说，3岁前的孩子只要清醒的时候，总离不开看护者，这时孩子之间的不同分化，可以理解为父母教育观念、教育投入、教育方法、教育技能上的差异。这时的婴幼儿教育对父母的要求最低，并不需要父母具备特殊的才能，只要基本的文化水平和爱心。

第五，潜能发展心理学要告诉父母和教师们的不是怎样鉴别超常儿童，而是怎样使儿童智力潜力获得最大的开发。不是强调超常儿童的几大特点，而是强调培养超常儿童要具备的各种能力。不仅要告诉家长和社会儿童之间存在天赋的差异，更要告诉他们的是，孩子的养育环境存在着巨大的差异，环境教育质量的差异是每个孩子形成实际差异的根本原因。

每一个普通儿童都存在着巨大的发展潜能，他们能做许多我们意想不到的事，无论是学习语言、理解音乐、模仿动作、形成习惯，他们有着超出我们成人的能力。从潜能开发这个角度而言，每个出生正常的儿童个个都是小神童！每一个家庭乃至全社会都应当关心儿童早期发展，不要错过稍纵即逝的宝贵时机！

必须清楚地认识到，完结天赋差异心理学、依据潜能发展心理学的原理和教育原则，是提高教育教学质量，造就一代人才幼苗的根本。

可以说，今天对于早期发展有了全新而又独到的见解：人的差异本质上是脑的差异，脑的差异本质上是环境与教育的差异。环境刺激像一只无形的手、一个潜在的设计师，塑造着我们的大脑。成熟不再是学习的条件，差异不再是全由天定，超常不再是极少数人的专利，智商不再是不可改变的品质——只要我们在神经系统的可塑期内，不失时机地进行早期教育，我们就能培养出一大批高素质人才！

为此，要反对传统的教育在孩子的早期成长过程中，使用各种不良的养育方法，鼓励通过各种适合儿童理想发展的方式促进早期的发展。

反对所谓的"以儿童为中心"的行为方式，反对过度限制、过度替代、过度保护；反对过度强加、过度干预、过度指挥；反对过度溺爱、过度敏感、过度妥协；反对所谓的顺其自然、尊重天性；反对因材而定教的思维；反对因尊重而忽视的双向标签教育；反对一切有碍儿童身心健康发展、导致儿童行为退缩、能力低下的行为与做法。

我们强调"以儿童理想发展为中心"，鼓励探索、鼓励模仿、鼓励尝试、鼓励动手、鼓励提问、鼓励运动、鼓励交往、鼓励自理、鼓励兴趣、鼓励活动、鼓励一切激发儿童积极的心理情绪和学习热情的行为与做法。强调教育者要有"因教育才"的基本信念，坚信孩子成长具有超乎寻常的潜能，强调要"尊重孩子全面的发展权利和发展机会"，作为一名教师一定要学会赏识儿童的探索与尝试，无论是成功或者失败，都应带着赏识的心态，只有这样，才能引导孩子走向成功！

只要您坚信早育出英才，只要您抓住早教时机，把握好一个个发展的关键期，选择最佳的教育方式，付出您的心血，您的孩子就会才智出众！

参考文献：

[1] Hunt J M. Intelligence and Experience. New York：Ronald，1961. 416

[2] 李杨. 井深大零岁潜能教育法——天才的培养应该从零岁开始. 北京：中国档案出版社，2006

[3] 卡尔·威特. 卡尔·威特的教育. 呼和浩特：内蒙古人民出版社，2008

[4] 程跃. 智力表型等级表达及其环境条件. 博士学位论文. 北京：北京师范大学，1990

[5] 龚茜玲. 人体解剖生理学. 北京：人民卫生出版社，2000

[6] 谌安荣. 陶行知生活教育理论的内涵及其意义. 广西社会科学，2004(9)

[7] Roger R Hock. 改变心理学的 40 项研究. 白学军等译. 北京：中国轻工业社出版社，2004. 14～22

[8] 赵燕. 多元智力理论与个性化教育. 钦州师范高等专科学校学报，2005，20(3)

[9]冯忠良，伍新春，姚梅林，王健敏．教育心理学．北京：人民教育出版社，2004．144～150

[10] Terman L M，Chase J M. The Bsychology，Biology and Pedagogy of Genius. Psychological Bulletin，1920，17(12)：397～409

第五章　实践研究

　　在上部中，我们通过横向实验研究，获得了环境教育差异与智力差异的相关结果，并得到了一个关于遗传差异、遗传潜力、智力水平及环境关系的模型图。在承认个体遗传差异呈正态分布的基础上，揭示了遗传的共性即遗传的潜力、智力表型与环境分布的关系，并得到了一条遗传潜力曲线，这条曲线在 Y 轴上的投影正好与智力分布的全域相等。

　　这一特征表明，智力分布结果实际上与环境教育分布结果相关。个体遗传为发展提供了一个范围，在这个范围内包括多种发展的可能性，这个范围不是别的，正是智力或个体差异的分布范围，即智力分布或其他差异的全距范围。

　　这一结果提示，每一个出生正常的个体，都有多种发展的可能性，在不同的环境和教育条件下，可以中常发展，也可以低常发展，或者超常发展，发展的水平取决于环境教育的质量。其中，超常是个体基因型在良好环境中的正常表达。

　　因此，超常并不是什么可望而不可即的事，对于所有出生正常的儿童而言，只要在适当的时期内进行科学的早期教育，都可以达到相对理想的发展，达到心理学定义的所谓超常。当然资优发展也是更常见的情况。

　　这一研究对教育意义重大。它告诉人们，每一个个体都存在着极大的遗传潜能空间，提高教育质量尤其是早期教育的质量可以大面积地提升群体的智力水平，预防早期智力低下、缩小智力的分化范围。当给予个体高质量的早期教育影响后，个体智力的表现型可以表现出"资优"或

"超常"发展的结果。因此，高质量早期教育是培养"资优"儿童的重要手段，也是"超常"儿童产生的必由之路。

但也指出，"独生子女横向比较研究"法，存在着所有横向研究无法回避的缺点，即无法把握每个个体发展变化的过程，而且所获得的环境教育商数是根据家长对过去养育情况的自我判断而形成的，存在着过松或过严误差。

想要论证这一结论，还需要进行大量的纵向实践研究。

在这一章中，我们记录了根据已经获得的遗传、环境、智力分布的模型，根据对现实智力水平的全新理解（今天的智力水平是昨天环境质量的结果，今天环境教育的质量反映明天的智力结果），进行的纵向实践研究结果。

研究的方式是通过前测了解个体或群体的智力水平，分析导致现行智力结果的环境与教育因素，制定新的教育方案，改变家长或教师的教育态度、教育方式、教育投入等方面，进行必要的早期干预式的教育，通过连续跟踪评价，不断进行改善与加强教育对个体或群体的影响，提高个体或群体发展的环境质量。经过一年或一年以上的跟踪、了解，环境教育对早期儿童发展的影响。

一、个案跟踪教育研究案例

1990 年博士毕业以后，我就开始了个案跟踪教育指导的研究，近20 年来一直进行着。通过个案研究，体会到，早期潜能开发对智力的提高作用极大，提高的水平直接与家长的教育态度、教育方法、教育投入相关。在这里选取两个个案作为案例，关于她们的资料有较完整的录像记载。

案例一

姓名：金某某，小名妮妮，女，北京人。

跟踪时间，两年，7 个半月至 2 岁 7 个月（1995 年 6 月起）。

跟踪方法：干预式跟踪。

具体做法：一岁半内每月上门一次，一岁半后每三个月上门一次或来指导中心一次，使用北京首都儿童健康研究所制定的"0～4 岁小儿发育诊断量表"对其进行发育商（智商）测定，然后对家长教育情况进行了解，结合智力测验结果，对家长进行教育指导，并提供书面指导意见。

目的是矫正过去存在的教育缺陷，提出新的潜能开发方案，提供具体的教育方法，并使家长建立一个明确的发展目标。

首测结果：总发育商数为 90 个分点，一年后达到 160，而后智力继续提高，无法通过测量进行确定。

首次观察印象：家长重视早期教育，相信早教英才的观点。但缺少具体方法，对孩子过于保护，7 个半月的孩子无法独坐片刻，扶坐即倒，其他领域发展也处在中等水平。是一个正常没有病理缺陷的孩子。

指导原则：帮助家长建立促进个体全面发展的观念，强调教育要以完整结构的方式走在发展的前面。

重点指导内容：根据首次测评结果和家长访谈，确定重点家庭教育内容，在运动发展、视听刺激提供、精细动作培养等方面给予重点关注，同时要求对个体进行符号提供，刺激视觉符号分辨能力的发展。

以后的连续 4 个月的上门跟踪测评指导，孩子没有表现出明显的超过月龄的发展变化，发育商维持在 90～95 分点上。但与最初的上门相比，家长在儿童发展的目标、教育的方法和对早期教育时间的把握方面发生了显著的改变。由于 4 个月的投入没有带来家长预期的改变，对家长产生了一定的影响，甚至对早期教育的效果开始了怀疑。这次上门主要对家长的这种心理变化进行了相应的咨询，告诉家长当早期教育开始后，儿童首先需要经历一段时间的潜在发展，即脑的发展，这是一个量的积累过程，当这种发展达到一定量时才会表现出肉眼可见的变化，并且将我们测评观察到的一些变化告诉了家长，指出孩子的言语、运动、操作、认知等情况已经开始反映在儿童身上，只是还没能达到量表评价的水平。

从第 5 个月开始，孩子表现出加速的发展特征，每个月发育商平均提高 10 个分点左右。

在跟踪指导第 5 个月时，孩子 12 个月。家长明显感到以前需要花很多时间让孩子辨认的东西，这时变得容易了，能够准确辨认百种以上家庭环境中的物品，对符号的辨认能力也大大提高。到一岁时，孩子竟然可以用动作、手势或发音等方式表达出几十个符号内容，运动能力也赶上了同龄水平，可以独走稳。当月根据量表测量反映出的发育商为105 分。这时一些不在测量范围内的内容已经明显超过了同龄其他孩子。

193

第 6 个月开始这种变化就再也没有停止过，发育商每月以 10 个分点左右的速度提高着。一岁半时，达到 160 分点。

这时教育的要求是转向脱标发展，即离开常模指标，关注各领域的发展质量。一岁半后发育商数继续提高，到 2 岁时，很多量表指标已经封顶。这时的妮妮已经显示出超过一般孩子许多的能力。言语表达能力极强，可以大量地背诵儿歌、古诗词，讲小故事，识字量达 2000 字左右，喜欢阅读。运动能力超常发展，会游泳，可以和五六岁的孩子一起玩翻斗乐，爬上爬下，毫无障碍；可以不用人扶快速爬上一米高的桌子并双脚跳下，稳稳站住。个性良好、独立性强、情绪稳定、身体健康。最重要的特点是，家长认为孩子的学习效率大大提高，学习变得越来越轻松、10 分钟的学习效果比很多人一周的都要强。对所识记的东西，几乎是过目不忘。很多周围其他孩子的家长，认为她的孩子学习太苦了，她的父母却认为，和其他孩子相比，她的孩子有更多的玩耍时间、运动时间、游戏时间，并且学习非常轻松。

这时指导重点转向了告诉家长，你的孩子并非神童，她只不过是得到了良好的早期教育，但稳定的个性特征和智力品质需要不间断的稳定的高质量教育来保证。因此，让家长继续坚持对孩子的教育。

妮妮 2 岁 2 个月来中心时，金色摇篮潜能开发婴幼园的群体实践已经开始，当时在园已有 80 名左右的孩子。当我们将妮妮带入班级后，在同龄的孩子中她简直就像一个小大人，带着班级所有的孩子，将图画书中的故事一个一个读给其他孩子们听。这时，她已经可以毫不费力地、大声地、流利地阅读书中的内容，而且大方、活泼。

2 岁 7 个月时，妮妮已经可以教姥姥如何发收电子邮件，识字量已经在 3000 字以上。智商在现有的智力量表中无法测出，很多指标超出上限标准，估计在 180 以上。

家长由于已经从孩子的成长中看到了早期教育的神奇，转而决定放弃原来的工作，带着孩子去了加拿大攻读儿童心理与教育专业。从此跟踪指导停止。

这个孩子发育商变化的结果如图 5-1 所示：

由于对妮妮的教育指导方案与下一位贝贝的教育指导方案类型一致，因此，不在此一一列举。我们可以通过贝贝的教育指导方案来了解我们的具体做法。

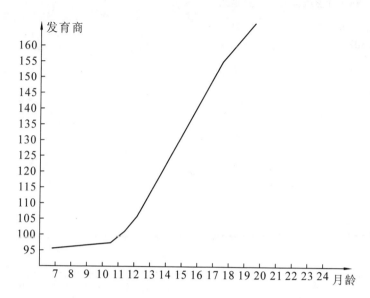

图 5-1　妮妮在教育干预下的智力变化示意图

案例二

姓名：张某，小名贝贝，女，2006 年 6 月 6 日。

跟踪时间：2007 年 1 月 4 日至 2008 年 1 月 3 日。

首测月龄：7 个月。

使用量表：中国 0～4 岁小儿智能发育追踪测评记录表。

跟踪方法：干预式跟踪。

跟踪指导方法：跟踪从孩子 7 个月开始，在跟踪开始前期 6 个月内每月上门一次，后期每月到金色摇篮中心来一次，使用 0～4 岁国家常模量表对其进行发育商（智商）测定，然后对家长教育情况进行了解，结合智力测验结果，分析各领域发展情况，确定最近发展区，对家长进行教育指导，并提供书面指导意见。目的是矫正过去存在的教育缺陷，提供具体的教育方法，并使家长建立一个明确的发展目标。

首次发育商测评为：94.3 分，满一年后测评发育商为 133 分，一年内发育商提高 38.7 分点。全年变化如图 5-2 所示：

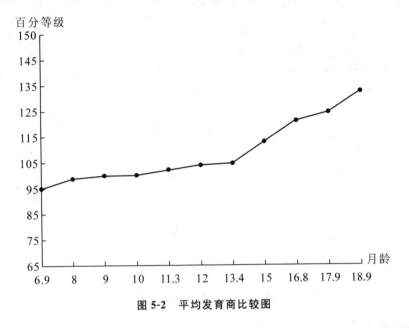

图 5-2　平均发育商比较图

　　为了便于说明具体指导情况，现将首次测量指导与最后一次测量指导报告及建议刊载如下，中间各月均以此种方式进行，在此省略。

　　首次测评结果及指导报告：

1. 现有心理水平与本月重点发展目标（见表 5-1）

表 5-1　宝宝现有心理水平与最近发展目标

发展领域	目前心理水平	本月重点发展目标
大运动领域	独坐头身前倾能坚持 5 分钟 坐位旋转和重心移动能力不够 会仰卧翻身 扶腋下能站立 2 分钟左右 俯卧位能转圈或后退	独坐自如 8 分钟以上 会改变身体重心够物 会翻身打滚儿 俯卧爬前训练 以手扶物可站 5 秒以上
精细动作领域	能抓住近处的玩具 会撕较柔软的纸 扒弄到桌上一方木 扒弄到小丸 自取一方木，再取另一块	会撕纸 拇他指捏小丸 杯中取物 传递积木

发展领域	目前心理水平	本月重点发展目标
言语领域	对人及物发声 叫名字转头 发 da—da、ma—ma 无所指	模仿妈妈发音 听到"妈妈"朝妈妈看 选听几首儿歌 开始进行符号学习
认知领域	玩具失落会找 伸手够远处玩具 持续用手逐玩具	抓去蒙在脸上的手帕 有意识地摇铃
常识领域	知道自己的名字	学习分化性命名并指认物品 认识五官
个性领域	情绪稳定 对镜子有游戏反应 开始认生了	能区别严厉与亲切的语言 培养愉快的情绪，能大笑出声 会用动作打招呼
自理领域	自喂饼干 喂奶时会自己抱着奶瓶喝	能准确将奶嘴放入口中 喂奶时会自己抱着奶瓶喝 家长喂饭时主动张嘴配合 独立玩耍片刻

2. 测量报告

贝贝 7 个月各领域发育水平剖面图及总发育商，如图 5-3 所示：

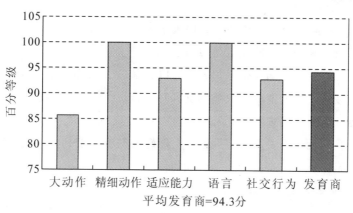

平均发育商=94.3分

图 5-3　宝宝发展状况图示

3. 教育建议

(1)环境改善建议

①运动环境：在客厅地面，茶几位置用毯子铺地，创设一个较大面

积的地面活动空间。目的：有利于孩子练习爬行并为孩子的安全提供保障；沙发和地毯的结合，还有利于宝宝从爬到站，从站到坐的过渡和练习。

②视觉环境：更换墙上贴挂的图片，选择色彩鲜艳、形状准确的图形；制作一些字卡，大小在 10×10 厘米左右；在各处悬挂一些带颜色的、有声音的玩具，在家长抱着宝宝位移时，能近距离看到。

③听觉环境：增加录音机，养成按下录音机的习惯，选择一些低幼磁带，如诗词、儿歌、故事，最好没有背景音乐。利用潜课程的方式，促进孩子听力发展、培养听觉记忆。

(2)个别化指导方案

发展领域一：大运动领域

发展任务：

A. 独坐自如8分钟以上

B. 会改变身体重心够物

C. 会翻身打滚儿

D. 俯卧爬前训练

E. 以手扶物可站5秒以上

活动设计：

A. 独坐转身

目的：训练身体的灵活性，促进肌肉进行活动。

前提：具备一定的独坐能力。

方法：宝宝在床上坐好，家长可以手拿一个玩具在宝宝的一侧逗引她伸手够取，当宝宝的手快够着玩具时，将玩具轻轻向后方移动，促使宝宝转身跟随玩具去够取。

注意：玩具不要离宝宝太近，不能轻易被宝宝拿到，但又不能让宝宝感到无法够取而丧失玩这个游戏的信心。

B. 独坐改变重心够物

目的：训练身体的协调能力。

前提：身体的灵活性增强。

方法：宝宝坐位，在宝宝两侧一臂之外的地方呈现玩具逗引宝宝改变重心往前够取，够着后再坐回原位。

C. 翻身打滚儿

目的：训练大动作的灵活性以及视听觉与头、颈、躯体、四肢肌肉活动的协调。

前提：会翻身。

方法：宝宝仰卧，用一件新的有声有色的玩具吸引他的注意力，引导她从仰卧变成侧卧、俯卧，再从俯卧转成仰卧。玩时要注意安全，最好在干净的地板上或在户外地上铺席子和被褥，让宝宝练习翻身打滚。

D. 爬前训练

目的：锻炼四肢力量，促进大脑发育。

前提：能俯卧抬头挺胸。

方法一：在床上让宝宝趴卧位趴好，家长抓住宝宝的双腿拉起，让宝宝整个身体悬空，仅靠双手支撑身体，这样提起放下，放下提起，锻炼宝宝上肢肌肉的力量。

方法二：在床上让宝宝保持趴卧位，家长左手伸到宝宝的胸腹下，将宝宝托起，右手将宝宝的双腿推成跪姿，前面用玩具逗引他，帮助宝宝体验手膝爬行。家长在这个时候可多让宝宝进行一些趴卧游戏，为宝宝爬行打下基础。

E. 手上站立

目的：锻炼下肢力量，训练平衡能力。

前提：双腿的支持力量较强。

方法：让宝宝站在你的手心中，当其站稳后，你可以慢慢拿开扶着宝宝的另一只手片刻，并用身体和托宝宝的那只手的移动来保持宝宝的平衡。

发展领域二：精细动作领域

发展任务：

A. 会撕纸

B. 拇他指捏小丸

C. 杯中取物

D. 传递积木

活动设计：

A. 撕纸

目的：发展手的操作能力，促进神经系统发育。

前提：拇指与其他手指配合抓住纸。

方法：家长为宝宝准备一些 16 开的彩色纸，如红色、绿色、蓝色、黄色等（硬度与打印纸类似），用缝纫机或针在纸上轧出一条条道道或简单的动物、植物、建筑物等图案，抱宝宝坐在你的腿上，你先在宝宝面前慢慢将纸撕开，引起宝宝的兴趣，然后让宝宝抓住纸的一边，你抓住另一边撕开纸，最后让宝宝自己学会撕纸。

B. 捏糖丸

目的：训练手眼协调能力和手指配合捏物的灵活性。

前提：手能轻松握住较大的球形物体。

方法：让宝宝坐在你的腿上，两肘搁在桌面上，在桌上的盘子里放一个有盖的透明杯子，里面装有彩色糖丸，先摇动杯子发出柔和的响声并看到糖丸在杯中跳动引起宝宝玩的兴趣，再打开盖子把糖丸倒出来，家长可以手把手教他用手指捏起糖丸，当宝宝不能大把抓住糖丸时，也会用大拇指与其他手指配合捏它们。家长可以让宝宝捏的东西从大变小，当宝宝用拇他指捏物较灵活后可让她过渡到用拇食指捏物。

C. 杯中取物

目的：训练手眼协调能力和手指的运动能力及灵活性。

前提：手能轻松抓住近处玩具。

方法：给宝宝一个不透明的塑料杯子或纸盒，把边长 2～3 厘米的木块或直径 1～3 厘米的小铃铛出示给宝宝，引起她的注意，在宝宝注视的过程中投入杯子或纸盒中，再把手伸进去取出来，敲响木块或摇响铃铛，以引起宝宝对此物的兴趣，然后再投入杯子或纸盒中，反复 2～3 次后，鼓励宝宝自己动手拿出木块或小铃铛。

D. 传递积木

目的：训练手与上肢肌肉动作，培养用过去的经验解决新问题的能力。

前提：能一手抓一块积木。

方法：宝宝坐在床上，家长给他一块积木，等她拿住后，再向同一只手递另一块积木，看她拿住后，再向同一只手递另一块积木，看她是否将原来的一块积木传递到另一只手后，再来拿这一块积木。如果她将手中的积木扔掉再拿新积木，就要引导她先换手再拿新的。

发展领域三：言语领域

发展任务：

A. 模仿妈妈发音

B. 听到"妈妈"朝妈妈看

C. 选听几首儿歌

D. 开始进行符号学习

活动设计：

A. 模仿妈妈发音

目的：发展语言。

前提：对大人拉长的单个音（a、o、e）给予声答。

方法：与宝宝面对面，用愉快的口气与表情发出"啊—啊""呜—呜""喔—喔""咯—咯""爸—爸""妈—妈"等重复音节，逗引宝宝注视你的口形，每发一个重复音节应停顿一下给孩子模仿的机会。也可抱宝宝到穿衣镜前，让她看着你的口形和自己的口形，练习模仿发音。

B. 听到"妈妈"朝妈妈看

目的：锻炼语音的辨别能力和听力，增进亲子关系。

前提：听力正常，情绪稳定而愉快。

方法：父亲或其他人抱起宝宝，母亲站在一旁，父亲问宝宝："妈妈呢?"如果宝宝没有反应，父亲可以指着母亲说："妈妈在这呢!"

这一活动可以在一天当中多次进行，直到一说到"妈妈呢?"宝宝就会转头向妈妈看，并面露微笑。

C. 有计划地给宝宝念儿歌

目的：训练感受有韵律和节奏的声音的能力，促使幼儿耳、眼、手、足、脑并用，更有效地学习和记忆。

前提：听力正常，情绪稳定而愉快。

方法：家长应当有计划地给宝宝念儿歌。因为宝宝虽然还不懂儿歌或诗词的意思，但她喜欢儿歌有韵律的声音和欢快的节奏，更喜欢你给她念儿歌时亲切而又丰富的表情、口形和动作。适合这个月龄念的儿歌应短小、朗朗上口，并做一种固定的动作。例如：

甜嘴巴

小娃娃，甜嘴巴，（用手指宝宝的小嘴巴）

喊妈妈，喊爸爸，

喊得奶奶笑掉牙。

每天至少要给宝宝念 1～2 首儿歌，每首儿歌至少念 3～4 次。念的时候应当结合宝宝的日常活动并配以固定的丰富的表情和动作，使宝宝做到耳、眼、手、足、脑并用，更有效地学习和记忆。

D. 有计划地教宝宝进行汉字的学习

目的：用汉字对幼儿进行视觉刺激，有效促进幼儿学习和记忆。

前提：视力正常，对图形有一定的专注力，情绪稳定而愉快。

方法：家长将宝宝所熟悉的人和物品的字做成字卡（参照附件 2 的内容和大小，从中间裁开）贴在相对应的物品上，或制作成汉字与图画结合起来的电脑课件，在宝宝面前反复闪现（每天 8～15 次，每次 1～2 分钟，每次最好在 5～8 遍以上），边指边念，然后过渡到单独呈现汉字，让宝宝指认对应的人或物品。

注意：汉字实质上是一个个的图形，认识汉字与认识图形对幼儿来说没什么两样，都只是一个视觉刺激信号，所以，幼儿学习汉字并非一件困难的事，让幼儿从早期开始接触汉字会更有利于幼儿学习汉语。

发展领域四：认知领域

发展任务：

A. 抓去蒙在脸上的手帕

B. 有意识地摇铃

活动设计：

A. 抓去蒙在脸上的手帕

目的：训练手的控制能力和灵活性。

前提：手能够抓握东西。

方法：宝宝在床上仰卧，家长将一块干净手帕蒙在其脸上，宝宝伸手去抓脸上的手帕。刚开始宝宝手的动作可能会不太灵活，不能一下子就抓住手帕拉下，经过多次练习后，才能较为准确地抓住并拉下。

B. 模仿摇铃

目的：培养学习、模仿能力。

前提：手能够抓握住铃，偶尔能够摇动。

方法：家长手拿一个能够发出响声的铃，在宝宝面前摇铃并出声，以此吸引宝宝的注意力，然后把铃交给宝宝，边说："宝宝摇一摇铃好吗？"边做出摇铃的动作。宝宝一旦有摇铃的动作就非常高兴地说："对，就这么摇。"这一活动可一天进行多次，使宝宝尽快掌握。

发展领域五：常识领域

发展任务：

A. 学习分化性命名并指认物品

B. 认识五官

活动设计

A. 用手指认物品

目的：认识日常物品，了解简单机械结构，发展认知能力。

前提：会听声找到物品。

方法：家长抱宝宝观察家里的常用物品，当宝宝注视某个物品时，家长就说出该物品的全名，以帮助宝宝了解该物品的具体名称，还可以握住宝宝的小手，进一步教他用手指物品，这样可以促使宝宝在头脑中建立起物品与名称的联结。每个物品每天至少重复5～6次，待宝宝熟悉之后，家长每次说到某种物品时，宝宝就能用眼睛跟随或用手指认。

B. 照镜子

目的：认妈妈、认自己、认五官、认身体、了解实物与镜影的不同。

前提：会望着镜中人点头笑、听到叫名字会注视。

方法：抱宝宝在穿衣镜面前，让他捕捉、拍打镜中人影，用手指着他的五官(不要指镜中的五官)以及头发、小手、小脚，让她认识，熟悉后再用他的手，指点她身体的各个部位，还可问："妈妈在哪里?"(让她朝妈妈看或抓镜中妈妈)，用她的手指着妈妈："妈妈在这里!"逐渐地她就会朝着妈妈看或抓镜中的妈妈。

发展领域六：个性领域

发展任务：

A. 能区别严厉与亲切的语言

B. 培养愉快的情绪，能大笑出声

C. 会用动作打招呼

活动设计：

A. 区别严厉与亲切的语言

目的：培养对成人语言的理解力，并以此学习控制自己行为的能力。

前提：能以语调的不同引起孩子的注意。

方法：在日常生活中，当宝宝做错事或有危险的举动时，家长要用严厉的语调引起宝宝的注意，这时她可能会停止行动并看你的表情，这时你再告诉她这样做不行，使她以后一听到你用这样的语调跟他说话就知道停下来。反之，当宝宝有进步时，家长要用高兴的语调进行表扬，这时语调和表情都可以夸张一些，以使孩子充分感受到家长的愉悦情绪，从而自己也高兴起来。

B. 捉迷藏

目的：培养良好的情绪，增进与父母的感情，发展感知能力。

前提：叫名字能转头。

方法：妈妈在床上盘腿而坐，让宝宝面对面坐在她的腿上，一手扶着宝宝的髋部，一手扶着他的腋下保持平衡。爸爸在妈妈背后，让宝宝一只手抓着爸爸的手指，另一手抓住妈妈的胳膊，爸爸先拉一下被宝宝抓住的手，当宝宝朝这边看时，爸爸却从妈妈背后另一边突然伸出头来亲热地叫"宝宝"，当宝宝转过头找到爸爸时会"咯咯"地笑起来。家长要每天逗宝宝大笑出声几次。

C. "你好""欢迎""谢谢""再见"

目的：理解语言，发展动作，培养文明习惯，为锻炼社会交往能力打下基础。

前提：能模仿动作，理解简单语言。

方法：当家中来客人时，要给宝宝和主人或客人之间做介绍，引导宝宝主动与别人打招呼，见面时家长在一旁要讲"你好""欢迎"，并要求宝宝和客人握手，客人给宝宝玩具或东西吃时，家长在一旁要讲"谢谢"，并要求宝宝模仿点头或鞠躬的动作，客人离开时，家长一面说"再见"，一面挥动宝宝的小手。逐渐训练之后，宝宝就会根据语言做出相应的动作，学会与人打招呼。

发展领域七：自理领域

发展任务：

A. 喂奶时会自己抱着奶瓶喝

B. 能准确将奶嘴放入口中

C. 家长喂饭时主动张嘴配合

D. 独立玩耍片刻

活动设计：

A. 喂奶时会自己抱着奶瓶喝

目的：初步的自理能力培养。

前提：家长有培养孩子自理能力的意识。

方法：为宝宝准备不怕摔的奶瓶。每次喂奶时，家长有意识地逗引宝宝自己来抓握奶瓶，在她能够握住奶瓶时，把奶瓶交给他，让宝宝自己喝奶，注意不要让宝宝呛着。

B. 准确将奶嘴放入口中

目的：训练手眼协调能力，培养初步的自理能力。

前提：能双手握住奶瓶，理解成人的意图。

方法：给宝宝喝奶时，把奶瓶递给宝宝，让她自己握住，并引导她把奶嘴放入嘴里。刚开始时，家长可以把着宝宝的胳膊，协助她找准地方，多次练习后，在感觉宝宝有主动伸手送奶瓶的动作时，家长可以逐渐放手，让宝宝自己试着去做。做成功时，适时给予表扬。

C. 家长喂饭时主动张嘴配合

目的：培养良好的习惯。

前提：能理解成人意图。

方法：父母给宝宝喂食时，一边准备，一边嘴里说儿歌：

"妈妈的手真正巧，

白菜、萝卜、柿子椒，

清蒸、煮、炖和小炒，

喷香饭菜满桌摆，

宝宝吃了个儿长高。"

通过念儿歌，使宝宝产生愉快的情绪，在这种轻松的气氛中宝宝会乐于进食，主动配合。家长把勺伸向宝宝的小嘴时，引她主动张嘴，并在他这么做时，高声表扬，以提高宝宝的积极性。

D. 独立玩耍片刻

目的：培养宝宝的独立意识。

前提：能自己坐着玩玩具。

方法：当宝宝坐在床上玩玩具时，家长起身离开宝宝片刻，开始宝宝可能会出现不良情绪，为离开家人而感到焦虑，家长应始终保持在宝宝的视线范围内，让宝宝有一定的安全感，然后逐渐加大与宝宝之间的距离，延长离开的时间，从小就注意培养宝宝的独立性。家长在玩此游戏时应特别注意宝宝的安全。

满一年时年末测评结果及指导建议：

1. 现有心理水平及本月重点目标（如表 5-2、图 5-4 所示）

表 5-2　贝贝现有心理水平与最近发展目标

发展领域	目前心理水平	本月重点发展目标
大运动领域	扶栏跳下家中的台阶 身体较灵活、敏捷	走窄道 自己跳下稍矮的台阶 学习单脚站
精细动作领域	连续穿几颗扣子 随意画	玩橡皮泥 玩沙 把纸撕出一定形状 搭积木表示常见事物
言语领域	说完整句子 背几首唐诗 在大人偶尔的提示下完整讲述几个故事 会说一些英文单词 说出 200 多组词	延长句子 背诵 3～5 首新的儿歌或古诗 每周学习 25 组新字卡
认知领域	认识并说出"红颜色""蓝颜色""黄颜色" 知道橙色、黑色、白色等 找出一堆卡片中的相同卡片 说出白菜、调味瓶等的用途	认识上、下 认识左、右 说出动物的作用 比较高、矮
社会性领域	跟着音乐跳舞 模仿成人生气等表情	同伴交往 注意力集中训练

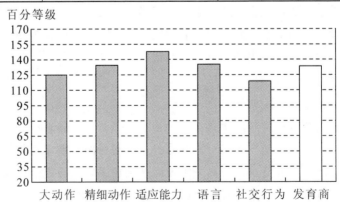

图 5-4　宝宝发展状况图示

2. 个别化指导方案

新的一年来了，贝贝也一点点长大了，回首过去一年的成长历程，在家长的重视和努力下，我们可爱的贝贝取得了非常大的进步，各项发展指标都超出了平均水平，语言、认知和常识方面已经进入提速发展阶段。新的一年里，家长继续保持连续性高质量的教育，贝贝将会取得更大的进步和更好的发展。

言语领域，贝贝现在已经认识240张左右的字卡，并逐渐开始单个字的学习，继续增加识字量可以为今后的阅读打下坚实的基础。贝贝还现场给我们展示了她所认识的字卡，在我们的反复询问下她才肯一一说出来呢！贝贝现在已经能说会道了，可以说6~8个字的句子，发音也很清晰。贝贝很喜欢诗，还背了《静夜思》《清明》《悯农》等几首诗给我们听。在妈妈的简单提示下给我们完整讲述了《丑小鸭》的故事。言语的理解能力发展得也不错，能够听指令做好多事情。

认知领域，贝贝现在已经认识红、绿、黄、蓝、黑、白等颜色，认识很多食物、动物和日常生活用品，并知道这个物品的用途是什么。贝贝知道筷子和碗是用来吃饭的，知道吸尘器是用来吸脏东西的。明确地区分清里和外，能在一堆卡片中挑出两张相同的卡片。

贝贝现在能够独自上下楼梯，还能在手扶物的情况下从台阶上双脚向下跳，但双脚离地跳目前还做不到。贝贝现在不像以前那么害羞和内向了，在妈妈的鼓励和我们的伴奏下，她开心地跳舞，双手和脚都有配合，穿着一身漂亮的粉色衣服像个小天使一样。

贝贝与人交往的能力有所提高，在指导的过程中与我们的互动越来越多。小贝贝自理能力也越来越棒，已经可以自己脱袜、鞋和衣裤了。妈妈应继续培养贝贝建立独立的生活习惯，减少贝贝对妈妈的依赖。

本月的重点是：

发展领域一：大运动领域

发展任务：

A. 走窄道

B. 自己跳下稍矮的台阶

C. 学习单脚站

活动设计：

A. 走小桥

目的：练习身体的平衡能力及身体的控制能力，为以后练习走平衡木做准备。

前提：走的技能比较熟练。

方法：将一块宽25厘米、长1.5米、厚3厘米的木板放在平地上，木板两头分别放一个玩具。妈妈说："这是一座小桥，我们现在走过去把玩具取回来。"边说边走过桥，拿回玩具。把玩具放回去，这次请贝贝走过桥去取玩具。如果贝贝还不敢，开始时妈妈可搀着她的手走过小桥。多次练习后再逐渐放手。每次贝贝走过桥取到玩具时，妈妈可以把贝贝搂在怀里亲亲抱抱，以示奖励。

B."有轨电车"

目的：学习配合行动。

前提：情绪愉快。

方法：在一个稍大的场地中间，确保安全的情况下来玩这个游戏。妈妈与贝贝各自抓住长毛巾一端的两只角，把一只皮球放在毛巾中间，分别提高毛巾的两只角，让球在毛巾上滚来滚去，还可以抬起毛巾，把球抛到空中再用毛巾接住。

C. 蹬水车

目的：练习腿部力量及身体控制能力。

前提：腿部力量较好。

方法：妈妈和贝贝都躺在床上或垫子上，两人各躺一头，两脚板相对，两脚轮流蹬出，收回，做蹬水车的动作，使贝贝感受到游戏的乐趣，从而也开始模仿妈妈的动作，参与蹬水车。玩的过程中，还可口念儿歌《蹬水车》。

> 蹬水车，脚不停。
>
> 看谁脚，最有劲。
>
> 用力蹬，不掉了。

D. 跳

目的：学习从高处跳下自己站稳的平衡能力。

前提：腿部力量较好。

方法：贝贝现在跳的动作还不太明显，在家中还应加强练习。先将一块砖用布包裹好，平放在地面上，让贝贝站在砖上往下跳，如果贝贝还不敢，妈妈可以轻轻扶一下贝贝的手，让她往下跳，然后放手让贝贝自己跳，当贝贝能跳下一块砖的高度后，妈妈可以再增加一块砖，让贝贝从两块砖上跳下。

E. 金鸡独立

目的：学习单脚站稳，练习身体的平衡能力。

前提：学会跑步自己停稳。

方法：妈妈和贝贝面对面站立，用一手牵着贝贝的手，和她一起提起右腿，只用左脚着地站立。然后告诉贝贝自己站稳，慢慢松开手，一面数，看看贝贝能不能自己支持2秒。两只脚可以交替练习。

发展领域二：精细动作领域

发展任务：

A. 玩橡皮泥

B. 玩沙

C. 把纸撕出一定形状

D. 搭积木表示常见事物

活动设计：

A. 玩橡皮泥

目的：训练手指的小肌肉运动。

前提：手指比较灵活。

方法：妈妈给贝贝准备一些彩色橡皮泥，教贝贝五指握拢，把橡皮泥捏成团，或两手搓成圆团，或按扁，做成"鸡蛋"或"烧饼"。教给贝贝一些泥工的技能，让她自己玩。

注意：玩过之后家长一定要给贝贝洗手，提醒贝贝橡皮泥不能吃。

B. 包包子

目的：锻炼精细动作。

前提：手指比较灵活。

方法：准备一盒橡皮泥，几颗扁木珠。妈妈先问贝贝："贝贝爱吃包子吧，今天咱们来玩包包子的游戏。"妈妈边示范边说："用橡皮泥做包子皮，先把橡皮泥搓圆、压扁，包子皮做好了，用木珠做馅，请贝贝帮我把馅放在包子皮上。"放好后，妈妈把包子皮四周合在一起、捏紧。接着，请贝贝拿一团橡皮泥练习包包子，如果贝贝不会做包子皮，可由妈妈把皮搓好，然后由贝贝来把皮合拢、捏紧。

C. 玩沙

目的：锻炼精细动作，培养创造力。

前提：手指比较灵活。

方法：将沙土筛过，去掉杂物和石头，再用清水冲洗，去掉尘土和可溶性污垢，放在一个容器内备用。让贝贝分别接触干沙和湿沙，了解干沙和湿沙的不同，干沙可以从手指缝中漏走，没有形状，而用喷壶将干沙淋湿之后，可以做成各种各样的造型，可以用小碗扣成沙饼，这会让贝贝很兴奋，会把不同形状的塑料盒子拿出来，用湿沙做出各种各样的沙饼来，也可以让贝贝用铲子在湿沙上挖洞，挖一条河，建个"城堡"之类的东西。

注意：玩过之后家长一定要给贝贝洗手。

D. 撕撕玩玩

目的：锻炼精细动作，培养想象力。

前提：随意撕纸。

方法：准备几张彩纸，在每张纸的四边均匀地撕一些小口子。妈妈先拿一张纸做示范，撕成某种形状，如一条小鱼。边撕边说："贝贝看妈妈撕的像什么？对，像条小鱼。你也来试一试，好吗？"给贝贝一张纸，指导贝贝从口子处开始撕，如果会撕，要表扬贝贝能干。贝贝撕完后，妈妈和她一起说她撕的像什么，以提高贝贝撕纸的兴趣。

E. 玩积木

目的：用积木模拟生活中常见事物，培养想象力。

前提：会搭高积木。

方法：和贝贝一起搭积木可以用多种办法启发贝贝的创造力。妈妈先搭两块积木，找一把小短尺斜靠着，做成滑梯，再拿一块积木当小朋友从上面滑下来，让贝贝玩一会儿后把尺子放在一块积木中间，两边各放一块成了跷跷板，再找同样的小尺子在上一根尺子中间垂直摆放，找两块同样大的方积木放在两边，就成为小转椅。将书放在两块积木上当小饭桌，四边放上一块积木做凳子。用四块积木放在书的四个角下面，搭成一座房子。再加四块积木上面再放一本书，就成了两层楼房。手上有多少积木都可以用来往上搭，就可建成高高的塔楼。

发展领域三：言语领域

发展任务：

A. 延长句子

B. 背诵 3~5 首新的儿歌或古诗

C. 每周学习 25 组新字卡

活动设计：

A. 应答游戏

目的：学习用短句来表达自己的意思。

前提：能简单回答问题。

方法：家长平时应注意多和贝贝进行语言交流。可问贝贝一些日常生活中的问题，让贝贝用完整的句子来回答，而不仅仅用短语或者是或否来回答，如果贝贝回答得不完整，家长要用完整的句子再说一遍，并让贝贝重复。此游戏应在日常生活中有意识地进行，以帮助贝贝尽快提高语言表达能力。

B. 语言复述

目的：通过复述语言，训练记忆力。

前提：会模仿。

方法：家长可以对贝贝说："从现在开始，由我说句话。你要好好地听，一会儿要你照样说一遍。"家长找一些短句，可以从贝贝的书中摘录下来。如"天亮了，太阳出来了"等，或贝贝日常生活中要用到的句子，如"我喜欢吃××"等。

C. 延长句子

目的：丰富词汇，学会说多几个字的句子。

前提：会说完整句子。

方法：贝贝现在说得比较多的是名词和动词，还可以教贝贝多说一些形容词、副词等。把这些词汇连起来，就能把要说的话延长。如大人拿出一个苹果，先让贝贝说出物名，再把苹果的样子说清楚，包括苹果是什么颜色的，什么形状的，大的还是小的，是谁的，干什么用的，谁拿去吃了，还是要给另一个人吃等。这样贝贝就会有很多话说了。

D. 一只青蛙

目的：培养对象声词和数的感知能力。

前提：会背儿歌。

方法：家长边念儿歌，边带领孩子做动作。

一只青蛙四条腿，

（用贝贝的双手拍拍小脚）

两只眼睛一张嘴，

（用手摸摸眼睛和嘴巴）

一蹦一跳捉害虫，

（举起贝贝，让她在成人腿上用力蹬）

"扑通"一声跳下水。

（摇晃贝贝或轻摇头）

E. 加大字卡学习量

目的：用汉字对幼儿进行视觉刺激，有效促进幼儿学习和记忆。

前提：认识一部分汉字。

方法：妈妈和舅妈说贝贝现在只对新的字卡感兴趣，这说明贝贝学习汉字加速了，看过一两遍就有了印象，而不愿意多次反复地看，根据这一特点，妈妈每天都给贝贝提供 5 张新的字卡，每周中有 5 天的时间来学习新字卡，有 2 天的时间来复习。做的字卡可以是词，也可以是单字，当该字能单独使用时就做成单字，一般以词的形式出现时就做成词。

发展领域四：认知领域

发展任务：

A. 认识上下

B. 认识左右

C. 说出动物的作用

D. 比较高、矮

活动设计：

A. 认识上下

目的：认识物体及方位概念。

前提：懂得常见物体名称。

方法：妈妈先指着桌子上的花瓶等物或根据周围环境布置，告诉贝贝"花瓶放在桌子上面""椅子放在桌子下面""被子放在床上""鞋放在床下面"等。反复学习后，让贝贝完成有关指令，如"把积木放到桌子上""把小凳放在桌子下"等。

B. 认识左右

目的：发展左右知觉。

前提：认识身体部位。

方法：平时家长要多对贝贝说"左"和"右"，以帮助贝贝进行区分。如戴手套时，让她伸出左手和右手。穿袜子和鞋的时候，告诉她左脚和右脚。给她穿左脚的鞋时，让她伸出左脚。走路或开车之时，告诉她你正往左转或向右转。

C. 说动物的作用

目的：了解动物的用途，练习说话和发音。

前提：知道一些物品的用途。

方法：妈妈用图片或图书或者用家中有的动物玩具同贝贝一起复习动物的名称，模仿它们怎样叫，顺便学习它们有什么用。如猫是喵喵地叫，会捉老鼠；狗是汪汪地叫，会看家；公鸡是喔喔地叫，叫人早早起床；母鸡是咯嗒咯嗒地叫，会下蛋；牛是哞哞地叫，能产牛奶，肉可以吃，皮可以做成皮鞋；羊是咩咩地叫，羊毛可以纺成毛线、织毛衣。如果贝贝会学动物叫，也记住了它们的用途，就应让贝贝知道它们爱吃什么，用什么喂它们。如猫爱吃鱼，狗爱啃骨头，鸡吃米和菜叶，牛和羊吃草。

D. 较高矮

目的：学习比较高和矮。

前提：会比较大小。

方法：让贝贝学会目测，先将铅笔和瓶子比较，让贝贝知道铅笔高，瓶子矮，再将瓶子和盒子比较，教贝贝说瓶子高，盒子矮。然后把这3种东西并排按顺序放，铅笔最高，瓶子在中间，盒子最矮。

E. 感受温/热/凉

目的：发展皮肤触觉。

前提：触觉正常。

方法：在3个瓶子中分别放入凉水、温水及热水(不要烫手)，让贝贝用手去感受水温，并告诉她哪个有危险，以及冷热水的用途。然后蒙上贝贝的眼睛，再让她去摸瓶子，让她猜猜看哪一瓶是凉水，哪一瓶是热水。

发展领域五：社会性领域

发展任务：

A. 同伴交往

B. 注意力集中训练

活动设计：

A. 和同伴碰一碰

目的：发展自我意识；培养与同伴交往的意识。

前提：经常接触其他小朋友。

方法：家长带贝贝和一个同龄的小伙伴一起做这个游戏。让两个孩子面对面站好，两位家长在旁边，其中一位家长："咱们来玩一个'碰一碰'的游戏，我说碰哪儿，你们就碰哪儿，好，小手碰小手。"两个孩子互相伸出小手碰一碰。如果做对了，家长们一起为孩子鼓掌，然后再发出下一个指令。

B. 保持安静

目的：学习关心他人；养成集中注意力，专心去听的习惯。

前提：听懂话。

方法：将贝贝放在床上，盖好被子。妈妈低声说："娃娃要睡觉了，不要吵醒她。"妈妈领着贝贝用脚尖轻轻地走路、轻轻地关上门，去另一间屋子玩安静的游戏，如穿珠子、摆积木等。有时，妈妈和贝贝可以静静地坐在沙发上，闭上眼睛专心去听周围的声音，如汽车鸣笛声、风吹树叶的声音、楼底小朋友玩耍的声音等。过几分钟让贝贝睁开眼睛，和妈妈一起说说听到了声音。

C. 手心手背

目的：学会服从命令与别人一致，训练集中注意力。

前提：听懂话。

方法：可以两个人或三个人在家玩，大家都把双手放在背后，轮流发出口令。如妈妈先说"手心"，大家马上把双手的手掌向上；按顺时针方向轮到贝贝发口令"手背"，大家马上把双手手背向上。

这个游戏需要高度集中注意，每次不宜过久，5分钟为宜。

小结：

在博士论文结果出来后，近二十年里我进行过许多个案跟踪。尽管跟踪结果各有差异，但趋势性非常明显。

趋势一：个体发育商普遍提高，个体发育商变化范围在20～60分点之间，平均个体发育商的变化在30个分点以上，最多的在两岁半时达到60个分点以上。

趋势二：个体发育商提高的幅度与家长对早期教育的理解和实际投入相关。

从这些跟踪中，我们从另一个方面验证了人类个体的智力基因型存在着巨大的发展潜力空间，良好的环境与教育可以促使智力表型在基因型的潜能范围内，达到理想的表达结果，超常是早期教育的产物。

二、北京六婴跟踪研究

1995 年元旦，我们与北京妇联、北京婴幼儿家教报、北京市电视台《今日做父母》栏目合作，推出了"生命头一年——'95 六婴成长跟踪指导示范活动"，目的是普及科学育儿知识进入千家万户。方法和上面个案跟踪相同。不同的是，报纸电视全程对专家指导的方法及效果进行刊登与播放，引起家长对早期教育的重视，普及科学育儿的方法。

这也是第一次在我国进行一个小群体样本的一年跟踪指导计划。一年下来，六婴的平均发育商比对照组提高 30 个分点，4 个超过 130 分点，达到心理学定义的超常水平，2 个达到优良水平并接近 130 分点。

六婴跟踪，再一次说明早期的教育关注和投入会对婴儿的智力发展带来极大的促进，也再一次说明超常并非少数遗传天才的专利，是每一个普通儿童在遗传的潜能范围内理想发展的结果。

为了说明情况，现转引几篇当时的报道如下。

(一)六婴跟踪启动

生命头一年——六元旦新生儿接受成长跟踪

本报讯(记者李波溥)新年起，市妇联、市家庭教育研究会推出了"生命头一年——'95 六婴成长跟踪指导示范活动"。他们在今年元月一日北京出生的"小宝宝"中随机选出 6 名，由专家进行为期一年的跟踪，对婴儿的智力开发、性格培养等方面进行指导示范，帮助家长科学地启蒙婴幼儿。据了解，这种教育研究及指导活动在我国尚属首次。它将推动首都儿童早期教育的开展，探索适合我国"小宝宝"特点的早期教育新路。

此次接受科学指导的"幸运儿"为 3 男 3 女，家长中既有工程师、干部、会计，也有工人、司机、外地企业驻京推销员。6 个孩子出生后身体健康，家长对接受专家指导积极踊跃。北京东方剑桥儿童教育开发中心具体承担此次指导活动。专家们目前已对新生儿进行了感官反应训练、抬头、爬行、行走等动作训练及成长测评，对家长进行了喂养、生活护理等各方面的指导。

据专家介绍，当代科学已从不同角度发现和揭示出：儿童早期，尤其是生命头三年，是智力发展最迅速的时期。美国著名心理学家布鲁姆，对近千名婴幼儿长达二十年的跟踪研究证明，若设定一个人 17 岁时的智力为 100，其中 50％是在 4 岁以前获得的。经济学家研究得出了两个惊人的数字：一年的早期教育可使儿童将来的工资收入提高 2.53 倍。学前时期向儿童的投资能够使社会得到翻四番的回报。

北京师范大学儿童心理研究所程跃副教授不无遗憾地告诉记者，在我国，目前人们对母乳喂养、计划免疫等把孩子"养大"的问题较为重视，对"养好"问题仍重视不足。从东方剑桥中心对六婴的跟踪指导，以及面向社会开办的"儿童成长专家服务网"反馈看，我国大部分家庭对新生儿早期智力开发的知识、技能几乎一无所知，缺乏适宜新生儿童发展的家庭布置、教育环境。我国婴儿抬头、翻身、爬行三大指标，落后于西方发达国家。

作为医学学士、心理学博士，程跃认为，这种"落后"可以通过科学的训练、开发很快"补齐"。据了解，6 名"幸运儿"接受了一个多月示范指导后，现在视觉、听觉、肌肉运动等方面的发展 指标，已普遍高于普通婴儿发展的平均水平。专家们呼吁，通过此类科学指导，尽快推动儿童早期智力的科学开发和培养，使健康的孩子更加聪明。

(二)六婴百天情况

谨以此文献给千千万万个新生命和他们的父母。

每一个孩子都蕴藏着巨大的智慧潜能。开发儿童潜能的教育，是生命诞生时就起步的教育，是能充分把握成长关键期的教育，是因人而异的个别化教育，是全面和谐的教育。

一

1994 年的最后一天。入夜，北京市妇产医院的产房外，几位先生和女士正在焦急地等待着。他们是北京市妇联、市家庭教育研究会推出的"生命头一年——'95 六婴成长跟踪指导示范活动"特聘的儿童成长专家程跃等一行人。

时间一分一秒地过去。在新年钟声敲响后的零时 20 分，一个男婴嘹亮的啼哭声划破了寂静的夜空，也拉开了六婴成长跟踪的帷幕。

当时间进行到 1995 年元旦的中午，六名"幸运儿"被确定下来，首批进入北京东方剑桥儿童教育开发中心的核心工程："伴你同步成长——东方剑桥早期儿童发展个别指导计划"专家服务网。他们是：

冯时，男婴，1995 年 1 月 1 日零时 20 分出生，体重 3400 克；

王皓琦，男婴，1995 年 1 月 1 日 3 时 5 分出生，体重 3350 克；

范伯昊，男婴，1995 年 1 月 1 日 3 时 25 分出生，体重 3400 克；

宛思雨，女婴，1995 年 1 月 1 日 6 时 30 分出生，体重 3100 克；

贾馥荔，女婴，1995 年 1 月 1 日 8 时 50 分出生，体重 3100 克；

王之其，女婴，1995 年 1 月 1 日 10 时 43 分出生，体重 2900 克。

这六位可爱的小天使，将在他们生命的头一年里，幸运地接受来自各方和专家们的格外关注和特别指导。

二

初春，记者走访了北京东方剑桥儿童教育开发中心。

这是一个面向家庭、学校、社区，指导儿童健康成长的社会服务机构。11 名专职人员中 8 人是专业人员，有副教授 3 名（心理学专业和神经科学专业）、儿科副主任医师 1 名，儿童保健主治医师 2 名、心理学硕士毕业生 2 名，另有兼职的各种专业人员多名，使得该机构显示出很强的专业对口特点，而且是多学科的组合，从而为最好地服务奠定了良好的人才基础。

该中心成立不久，即创建了东方剑桥"伴你同步成长计划"专家服务网，主要由一批年富力强的中青年儿童成长专家组成。宗旨是：及时科学地开发儿童的身心潜力，让更多的普通儿童的身体潜能和智慧能获得最大限度地开发。他们所致力的工作受到普遍赞赏。全国人大常委会副委员长、民进中央主席雷洁琼，全国人大常委会副委员长、全国妇联主席陈慕华分别为该中心题词。而他们应北京市妇联、家教研究会之邀，对六婴进行为期一年的义务上门跟踪指导，则成为全面实施"伴你同步成长——东方剑桥早期儿童发展个别指导计划"的起点。

在北京师范大学英东楼现代化的学术会堂里，记者与该中心主任、医学学士、儿科医师、中美联合培养儿童心理学博士、副教授程跃先生，就儿童早期教育问题，进行了一番访谈。

对早期教育的新认识——

目前，在世界范围内，家庭教育尤其是早期家庭教育，已引起世界各国日益广泛的重视，许多国家都把促进生命最初三年的发展，作为本国 21 世纪争雄的重要战略任务。近十年来，有关儿童潜能开发的研究已成为世界性的前沿领域，取得了举世瞩目的科学成果。它突破了以往人们看待婴儿的习惯眼光和传统观念，使早期教育的概念不断更新。研究发现，每个普通婴幼儿的智力发展水平，可以在智力落后和智力超常之间变化。既可以是中等，可以是落后，也可以是超常，主要依早期环境和教育质量而定。早期环境剥夺可以造成智力发展落后，如我国的沙袋育儿，木桶养育儿，更严重的像狼孩。如果把他们放在丰富的环境里，他们也可以达到中等以上，甚至超常。

当代脑科学、心理学、教育学、医学等众多学科从不同角度揭示了儿童早期发展的巨大潜力。学龄前是儿童智力发展最迅速的时期，是人之初塑造个性的关键期。美国著名心理学家布鲁姆通过对千名婴幼儿长达二十年的跟踪研究发现，智力潜能的发挥实际上随着年龄的增长而递减。若 17 岁时的智力为 100，其中 50% 是在 4 岁前获得的，30% 在 4～8 岁获得，其余 20% 在 8～17 岁获得，最初 4 年的智力发展是以后 13 年的总和。生命头三年，其中又以第一年和前三个月的发展最重要。1 岁内婴儿脑细胞每分钟就增加 20 万个。丧失早期教育的机会，将使大脑发育产生不可弥补的损失。

国外一些经济学家则强调，早期教育是社会发展的推动力。他们通过对早期教育的长期效应的一系列研究，测算了早期教育的经济价值，揭示了两个惊人的数据：一年的早期教育可使儿童将来的收入提高 2.53 倍；学前期向儿童的投资能够使社会得到翻四番的回报！因而，许多国家都有本国儿童早期发展的国家计划。美国政府向 40 万儿童提供免费早期教育，设立了胎儿大学、幼儿大学、超级幼儿学院等不同形式的早期教育机构。

但从实际情况看，生命头一年，尤其是前三个月，家庭对儿童整个身心的关注基本上还是空白，他们忙于孩子的喂养和护理，早期发展的大好机会飞快地从父母手中流失，而他们却没有理解或意识到他们放弃的是什么。可以说这一阶段的儿童发展是家庭教育中的一个盲点。家长应该清楚地意识到孩子的生命发展是一次性的，是不可逆的。

另据国内外有关婴儿智能发育的比较研究表明，我国婴儿在抬头、翻身、爬行三大指标上，均落后于国外。这对于迎接 21 世纪多重挑战的新一代中国儿童来说，不能不是一个值得注意的问题。

人才的竞争实际上是教育的竞争，教育竞争的前沿和重心究竟在什么阶段，我们认为不是在大学，不是在中小学，甚至不是在幼儿园，而是在生命头三年！

强调"个别化"指导方案——

在世界各国纷纷出现的各种早期儿童发展规划中，最主要的特点就是加强对儿童发展的个别化指导。

在实行独生子女政策的我国，大部分家长只有一次养育初生婴儿的机会，因而年轻的父母们更加需要养育初生婴儿的全面、系统、实用的科学指导，尤其是适合自己家庭和孩子发展特点的个别化指导，使孩子迈好人之初的第一步。

目前，我们国家出现了不少早期教育方案，对宣传早期教育，推广早期教育，起到了不可忽视的作用。但大多数方案严格说来不能算作方案。因为它们的特点是介绍早期教育的重要性和不太系统、不太全面的操作技能。大多数人虽然是从事教育和心理学的，但没有多少人真正大量接触过小婴儿，缺少实践经验，因而教材针对性差，且多为函授方式，一次性寄书上门，整个教育过程为父母对教材的理解。教材按"标准件"编写，缺少个别化意义，专家干预影响的少，主要是教育计划。

我们的方案主要是建立在我们长期的实践上，以早期发展目标管理的方式进行个别化同步指导，不仅是一个教育计划，而是一个儿童发展综合发展计划。我们认为每一个孩子都是独特的，发展的模式都有自己的特点，没有一本教本能够成为一套针对性的个别化方案，个别化方案需要专业人员不断的介入，通过跟踪性的测评、反馈性的指导来不断调整和完善。

我们强调综合发展，强调同步的指导，按月提供咨询和指导，强调个别化的方案，即一是按儿童成长的阶段性，按月推出"伴你同步成长——家庭实用儿童成长个别指导课程"，课程为综合性同步成长课程，内容涉及儿童生理、心理、营养、保健、教育、安全等诸多方面。二是开设婴幼儿潜能开发个别化方案设计门诊，在对上门婴幼儿进行全面评估的基础上，替他们专门设计潜能开发个别化指导方案，提供训练教材，并负责跟踪监督帮助实施。

通过"伴你同步成长计划"这项工作，我们希望孩子获得更好的发展，父母在育儿教育技能方面也有极大的提高。如果我们能使接受早期教育的每个孩子身心潜能得到应有的开发，使每个孩子的智力提高 10个分点，那么这将对整个民族的素质提高带来巨大的影响，将为我们在21 世纪的竞争打下良好的基础。

六婴三个月的成长结果提示——

六婴出院后，东方剑桥专家组定期上门指导。目前，跟踪已进行了三个月。

通过对这六婴三个月的指导跟踪，专家组感到：家长对新生儿早期潜能开发的知识，尤其是技能几乎一无所知，同时从家庭环境布置看，普遍缺少适宜婴儿发展的基本刺激和教育环境，家庭迫切需要科学、实用的育儿指导。

在跟踪中专家们通过比较还清楚地看到环境和教育因素对儿童早期成长的重要影响：即使是 10 天左右环境和教育的差异，就能使新生儿的发展水平出现明显差异。其中，按要求做的和没按要求做的，良好环境和受到意外不利环境影响的个体之间具有很大差别。坚持每天按专家要求去做的，三周时的发展水平就已达到普通婴儿六周的指标。没有或不能按照指导要求去做，结果在第二次上门测评时，原本发展基础较好的孩子与其他孩子相比就有了差距。还有一个婴儿，一周出院回家时各项指标正常，经指导一周后再测，处在较高的发展水平上，但这时楼下一家装修房屋，每天使用冲击电钻，连续十多天，该婴儿成长明显缓慢，体重增加少，肌张力减弱，一些指标明显低于其他婴儿，仅达到一般婴儿的平均水平。

通过对六婴的跟踪指导，专家组更加坚信"儿童早期发展存在巨大潜力"，"儿童发展的方向、速度和水平取决于早期环境和教育的质量"不仅是一种理论上的提法，而且在实际发展中更是如此。

三

4月9日，应专家组之邀，记者参加了由北京市妇联、家庭教育研究会组织、北京贵友大厦提供赞助的"六婴百日联谊"活动。约可容纳百余人的会议室里聚集了三四十人，两条长桌对列着，左侧依次坐着六婴和他们的父母，右侧是来宾。六个"幸运儿"第一次互相见面，也第一次见到这么多的人和如此热闹的场面。但他们都表现很好。面对众多的生面孔，面对摄像镜头、长长的话筒和照相机的闪光灯，一个个从容自若，大人讲话时他们听着(不吵不闹)，该他们展示自己的本领时个个争先恐后，惹得大人们一阵阵的笑声充满屋宇。

躺在洁白桌布上自言自语的小之其是个清秀可人的乖女孩，她有个好习惯，不愿劳累大人抱，只要躺着就很惬意，喜欢说话的小嘴"咿呀"个不停。孩子的姥姥自始至终喜得合不拢嘴。她告诉记者，这孩子是早产，提前21天生，可现在长得可好了，你看她头竖得多直啊。记者问："您是过来人，自己生养过孩子，您认为这专家上门指导有必要吗?"她连声说"有必要有必要，有和没有大不一样。"

胖小子冯时是六婴中的大哥，也是各项指标发育都比较超前的，这得归功于他父母三个月来的辛勤培育。冯家虽说住房条件不好，一家子挤在9平方米的空间里，但身为浙江某单位驻京办事员的父亲十分珍惜这次机会，工作再忙再累，每日下班第一件事就是接替妻子继续按专家指导和要求训练儿子，日复一日，冯时的潜能开发得很好，父子感情也如胶似漆。在接受记者采访时，这对年轻夫妇止不住地说他们太幸运了，并表示虽然每天都要对孩子进行训练很麻烦也很辛苦，但一定要坚持做下去。

与会的中国科学院心理研究所研究员茅于燕教授在看了六婴及其发育状况表演后，很激动地说：这项工作非常好，立意就是帮家长带好孩子，这种帮法是很具体的。今天看到这六位小宝宝是男孩像男孩、女孩像女孩，都长得很好，比我十几年前开展类似研究跟踪的孩子要长得大，显得聪明。会上，程跃博士公布了六婴满三个月时的最新成长记录——

冯时，体重7100克，身高62厘米，抬头90度挺胸，独坐头前倾5秒钟以上，轻拉腕可直接站起迈大步，喜欢做操、喜欢"行走"，能抓住递到手边的东西……

王皓琦，体重7900克，身高62.5厘米，抬头90度好，爱"走路"，可以击打触摸眼前的玩具，轻拉腕部即坐起，能注意到眼前移动的小九……

范伯昊，体重7400克，身高64.5厘米，抬头90度片刻，独坐头身前倾 5 秒钟以上，能触摸击打眼前玩具，对图形和汉字开始有偏好……

宛思雨，体重 6600 克，身高 61 厘米，抬头 90 度好，可以击打眼前玩具，爱看图画，常观看自己的小手……

贾馥荔，体重 6500 克，身高 62 厘米，抬头 90 度好，躺着扶她起来时，会直挺地站起来，一旦站起来就迈步，爱听音乐，爱看《婴儿画报》，逗笑出声……

王之其，体重 6500 克，身高 61 厘米，抬头可达 90 度，头能转向声源，扶腋下可站立片刻，喜欢独自发声，喜欢倾听成人谈话……

总体印象：满三个月时，六婴儿都达到相应月份的所有发育指标，并在大多数项目上达到 4 个月末的指标，少数进入第 5 个月的指标，发展商为优秀。

每个孩子都是无与伦比的。在时代的脚步正向 2000 年迈进的今天，愿我们国家所有新生小宝宝的每一步都能从他的最佳起点出发，都能获得最大限度的理想发展。那时，中国的未来才能是辉煌的！

(三)六婴周岁情况

"六婴跟踪指导研究"在京报喜

1996 年 1 月 24 日，当六个婴儿满了一年以后，《中国人口报》对六婴一年的情况进行了报道如下（记者　魏晶晶）：

六名刚满周岁的婴儿，面对满场的专家、教授和记者，毫无惧色地表演过肩扔球、从小瓶中取出小丸、在纸上涂画、搭积木、数数、识字等有趣的"节目"，这是去年年末发生在京的"六婴跟踪指导行动周年汇报会"上的一幕。

1994 年的最后一天深夜，受北京市妇联和家教研究会的委托，由北京东方剑桥儿童教育开发中心程跃博士和程淮副教授负责主持实施的该中心的核心工程："伴你同步成长——东方剑桥早期儿童发展个别指导计划"专家服务网，在北京妇产医院高兴地迎来了六名"元旦儿"，经过整一年的专家跟踪指导和家长们的配合，这六名"幸运儿"的智能发育商均在优秀以上。

专家们认为：六婴跟踪研究结果对社会和家庭具有普遍的指导和推广意义。因为这六名婴儿不是特意挑选出来的，他们当中有早产儿，有少数民族，父母中只有一对是大学本科毕业生，其余是工人、司机、初、高中文化程度，还有浙江来京的个体户。他们的母亲在产后 4 个月都上班了，这是我国目前最普遍的具有代表性的家庭环境。正是在这种条件下，每个家庭每月平均接受 1～2 次的育儿指导后，使六名婴儿的生理发育指标都超过了全国城市同龄婴儿的平均水平，且智能发育均达到优秀以上，这是相当不易的。它说明了婴儿的潜能开发是卓有成效的。

三、广州百婴跟踪研究

1996 年元月广州市政府在得知北京市六婴跟踪的情况下，邀请我们到广州推出为期三年的百婴跟踪指导。这项工程，引进了我们所提供的跟踪指导方法，协调教育、卫生等部门，抽出专门的人员，定期接受培训，利用三年的时间，通过培养一批专业力量来促进早期儿童的发展，并研究早期潜能开发的本质与理论基础，早期潜能开发的方法与效果等内容。三年跟踪指导的结果显示，这百名婴儿(实际为 110 名)的平均发育商数达到 128.8 分，比同期儿童 98 分高出 30 个分点。

对百婴三年跟踪的结果，我们将通过"广州市百名 0～3 岁婴幼儿潜能开发项目"主要研究成果集中提供的内容加以说明。

(一)广州市 100 例婴幼儿潜能开发项目中第一年的观察分析 *

人脑发育的关键期，是胎儿后期和出生后的第一年。这个时期是至关重要的，是机不可失、时不再来的时期。为此广州市文教、卫生系统和北京儿童教育研究中心的专家们针对人类的发展规律，对本市随机抽取的 100 名正常新生儿开展 0～3 岁婴儿潜能开发项目的研究工作，现将其第一年的监测工作报告如下：

1. 资料方法

1.1　对象

1.1.1　观察组

100 名儿童是随机抽取广州市五区(越秀、东山、荔湾、海珠、天河各 20 人)户口 1996 年 1 月初旬出生的正常新生儿。

---

　*　张锦桃：《广州市 100 例婴幼儿潜能开发项目中第一年的观察分析》，载《中国妇幼保健》，1998(13)

1.1.2 对照组

112 例儿童是未受过婴幼儿潜能开发项目系统指导的，其中 92 名是随机抽取越秀区刚开展社区卫生保健服务潜能开发项目监测工作中第一次接受测试的散居儿童，20 例是有关托儿所的集体儿童。

1.2 方法

1.2.1 智能测验

采用全国量表标准化过程，并用标准化的婴儿测试工具，同一保教人员统一进行测试。请北京东方剑桥儿童教育开发中心的专家们亲临督导和质控。

1.2.2 婴儿潜能开发项目的系统指导

监测组 100 名婴儿从出生开始，进行潜能开发项目的系统指导，以《同步成长全书》为基础进行宣教。每次随访包括儿童保健常规内容和发育商（DQ）测试，并根据每个孩子的发展状态，设计个别化指导方案，由家长填写结构性家访记录表及问卷内容，及时了解家长育儿的新动态，定期进行家长培训，宣传科学育儿新观念、新知识和新技能。

1.2.3 资料分析

包括父母及孩子的亲密照看者的文化程度、职业、育儿观念和模式的调查，婴幼儿生长发育状况、疾病的影响等因素与婴儿各阶段的智能发育进行分析。统计采用 SAS 软件进行单因素及多因素线性分析，做 X^2 检验、T 检验。

2. 结果

2.1 两组儿童 DQ 的分布情况

监测组儿童周岁时的平均 DQ 为 116 分，对照组儿童的平均 DQ 为 89 分。

2.2 两组儿童智能发育五大领域的平均智龄分布

监测组儿童的各智能区平均智能明显高于对照组儿童，统计学存在显著差异（$P<0.001$），见表 5-3（DQ 相关系数 0.921，$P<0.001$）：

表 5-3 两组儿童各大领域的平均智龄分布比较

组别	总人数	大动作	精细动作	适应能力	语言	社交	DQ
检测组	100	14.20	14.60	13.65	13.27	13.27	116
对照组	112	12.00	10.12	10.70	10.30	10.26	89

2.3 监测组儿童三期 DQ 分布情况

监测组婴儿周岁的 DQ 分布差异约 30 分，3 月龄、6 月龄、12 月龄比较，以 6 月龄相对偏低。

2.4 家庭教育与婴儿 DQ 的关系

父母文化程度、职业、家庭成员对儿童教育的重视程度与儿童 DQ 的分析显示：父母文化程度和家庭成员对儿童的早期教育重视程度与儿童 DQ 呈正相关，即程度越高，儿童 DQ 越好（$P < 0.001$），而与父母职业比较，无明显差异（$P > 0.05$）。

3 讨论

3.1 早期教育使孩子更聪明

两组儿童的 DQ 分布呈正相关关系。监测组儿童通过潜能开发系统训练、跟踪指导 1 年后，其智能发育呈超标发展，DQ 值在 106～138 之间，平均 DQ 为 116 分，作为群体辅导，这个成绩是显著的；对照组未受过本系统指导的儿童，其 DQ 值为 75～114，平均 DQ 为 89 分。两组儿童的 DQ 分布有着明显的差异，这反映了零岁儿童潜能开发的可行性。影响人的智力发展有两大因素：遗传和环境。遗传因素是不可调节的，在卵子受精的瞬间就决定了。对婴儿来说，唯一可以调节控制的就是环境因素，尤其是早期环境。生命的头三年是智力发展的关键期。因此，作为年轻的父母，应该把握孩子的智力发展关键期，赐予孩子大脑发育的重要条件，早期潜能开发使孩子变得更聪明。

3.2 针对影响孩子智能发育的因素，指导家长开展早期干预

通过两组儿童五大领域的智龄比较得出：经过潜能开发系统辅导的儿童，其各领域的发展相对平衡，以精细动作最好，各领域智龄排列为：精细动作、适应能力、大动作、社交能力，其分布是符合该年龄组特征的，而对照组的各领域智龄分布排列为：大动作、适应能力、语言、社交能力、精细动作，以精细动作发育较迟缓。这可能与某些不良环境因素的影响有关。例如，一些家长经常给婴儿戴手套，衣袖过长或蜡烛式包裹，致使婴儿双手不能暴露在外，影响精细动作的发展。在婴儿期间，精细动作发育最为重要，手的发育早于语言的发育，说明手的活动是早期婴儿智能发展的重要手段。因此，对这些不良的影响因素必须及时指导家长开展早期干预。今后在社区卫生保健服务工作中应该深入开展婴幼儿潜能开发的早期教育，把这一门科学带给千家万户，让每

个儿童都能得到身心和谐的发展。

3.3　保教并重、促进儿童身心发展

从周岁样本婴儿 DQ 分布分析显示：三期差异约 30 分，说明样本整体效果好。通过系统指导，避免了低水平孩子的产生。从 3、6、12 月龄三个阶段 DQ 分布看，6 月龄婴儿的 DQ 相对较低，其原因之一，部分母亲因回单位上班，孩子交由保姆照看导致育儿方式的变化，造成保健模式适应过程的差异。婴儿的 DQ 与其身体健康有着密切的联系，如果孩子身体素质差，经常生病，营养摄入就不正常，神经兴奋性低，会减少对信息的捕获，智力发展当然会受到影响。因此，要想使孩子更聪明，不可忽视其身体的全面发展。在日常生活中，保健和教育是互相统一，相辅相成的，偏重哪一方面都会对孩子的成长不利。因此，明智的家长应该为孩子的身心发展创造良好的条件，使孩子成为美丽、健康的跨世纪人才。

3.4　普及早期婴儿潜能开发，提高人口素质

根据家长填写的问卷和结构性家访记录表等内容，以及日常育儿咨询情况与婴儿 DQ 进行分析显示，父母文化程度高者，其子女的智能发育明显好。文化程度高的父母及其家庭成员对早期教育的认识和初衷都明显优于文化低者。而与其父母职业的关系无明显差异，这表明家庭教育对孩子的智力发展至关重要。在开展这项工作初期存在着这样一个问题，有的家长认为孩子的智力是由遗传因素决定的，孩子是否聪明是由于先天的造化而不是后天的培养，这种观念使父母对孩子的智力开发采取被动的观望态度，普遍存在着重保轻教的现象，觉得早期教育对于零岁的婴儿意义不大。后来通过婴幼儿潜能开发项目的系统培训与指导，使家长的观念不断更新，对科学育儿的知识和技能有了初步的认识，开始深度将优育思想转化为日常行为。因此，提高家长的文化素质、普及科学育儿的知识，引导全社会对婴幼儿早期潜能开发的广泛重视，是促进儿童智力发展、提高人口素质的有效措施之一。

(二)个案分析

零岁的教育[*]

人脑发育的关键期，是在胎儿后期和出生后的第一年。这个时期是

---

[*]　张锦桃：《零岁的教育》，载《教育导刊·幼儿教育版》，1999(2)

至关重要、机不可失、时不再来的，要想孩子长得更聪明更可爱，不仅要做好保健工作，而且要重视早期智力开发。

小林琳是参加"广州市百婴潜能开发项目"的一分子。她出生于一个普通的家庭。于1996年1月9日出生。在1996年3月12日（小林琳2个月零3天），第一次上门访视时，见小林琳的小手戴着一对很漂亮别致的手套，身体像蜡烛似的包裹着，保暖得非常好。上门访视组保教人员把她从"襁褓"里放出来后，为她进行智能测试，当时测得其大动作为1.5个月的水平，适应能力和社交行为均是2个月的水平，平均智龄1.7个月水平，其智能发育商仅81分。

通过了解、观察及分析其一般情况，包括其住房环境、玩具、家长育儿及态度等，发现该孩子发展不理想的主要原因是家长缺乏科学的育儿知识及技能。当时家长认为：零岁的孩子只要保暖、吃饱、不生病就行，智力训练只不过是对牛弹琴，没有多大意义，存在模糊的重保轻教意识，把孩子束缚在襁褓里，严重影响小孩的运动、体格等方面的发育，不利于孩子身心健康的发展。针对上述情况，保教人员采取以下措施：

1. 向家长传授正确的智力训练方法及保健知识。

2. 建议家长在柔和的音乐气氛中给孩子做婴儿保健操。

3. 让孩子多在户外活动、晒晒太阳，适量补充鱼肝油、钙剂，以满足小儿生长发育需要，防止疾病的发生。

4. 给孩子布置一个温馨、祥和、自由、轻松、平等、和谐的环境，选择合适的玩具如摇铃、图谱、镜子、方木、儿歌及婴儿故事磁带等。

5. 平时要注意视觉、听觉及触觉等方面的刺激训练。

家长的育儿信心增强了，小林琳的身心也在和谐地发展。周岁了，小林琳比起周围的小朋友来显得更活泼健康，她容易与人沟通、理解能力强，显得很聪明可爱。其周岁时的智能发育商为138分，达到超常的发展水平。小林琳的优异成绩带给人们一个启发：即使是一个普通的孩子，只要教育得法，也会成为一个不平凡的人。

（三）"广州市百名0～3岁婴幼儿潜能开发项目"总结报告

"广州市百名0～3岁婴幼儿潜能开发项目"从1995年筹备，1996年1月1日正式开始，至1999年5月基本结束。在广州市教育委员会、广州市卫生局的通力合作及共同领导下，在专家学者和教育、卫生保健工作人员的积极参与，以及社会各界的大力支持下，基本完成了该项目的预期目标。现对该项目的研究和工作情况，进行结题性总结。

1. 项目进行的总体情况

"广州市百名0～3岁婴幼儿潜能开发项目"研究组由广州市教育委员会姚继业副主任任组长，广州市教育委员会华同旭副主任和广州市卫生局张文善副局长任副组长，广州市教育委员会幼教处和广州市卫生局妇幼处具体负责。参加工作与研究的人员40余人，包括市教委和卫生局及其属下的工作与研究人员，中山医科大学、华南师范大学、广州教育学院以及北京金色摇篮婴幼园等单位的专家教授和研究人员。同时，该项目研究得到了广东"今日集团"等企业的经费赞助与支持，并且得到了广东电视台等单位的有力支持与合作。

项目研究的基本思路，是通过实施科学的育儿方法和适时的早期教育，跟踪考察100名新生儿的发育和发展情况，探索0～3岁婴幼儿早期教育与卫生保健工作的有效性。在此基础上，推动广州地区婴幼儿早期教育与卫生保健工作的开展。

因此，项目研究的范围不仅仅局限于所选择的100名新生儿，而是以广州地区婴幼儿的保教工作为背景，不但涉及婴幼儿的早期教育和卫生保健，而且涉及家庭教育、社区教育以及整个社会对待早期教育的态度与观念。

1.1　国内外有关研究状况

早期教育以及发展心理学的开端，本来就是与对婴幼儿的研究联系在一起的。比如，达尔文(C. R. Darwin)曾经记录其自己孩子的发展日记，在1876年出版了其著名的《一个婴儿的传略》，提供了最早的关于婴儿身心发展的观察报告。同一时期，还有库斯默(Kussmaul，1851)、席格门(B. Sigismund，1856)、泰恩(H. A. Taine，1876)等人，也对3岁之前的婴幼儿的身体与心理发展，进行了科学的观察与研究。德国生理学家和实验心理学家普莱尔(W. Preyer)，同样以自己的孩子为观察与研究对象(从其出生到3岁)，在1882年出版了其著名的《儿童心理》，为当代儿童心理学的产生奠定了基础[1]。

通过普莱尔等人的研究，已经肯定了婴儿研究的可行性及研究价值。早期的研究也已经涉及遗传、环境与教育在婴幼儿身心发展中所起的作用，以及婴幼儿的身心发展与成年人的不同之处。

但是，在随后的近 100 年中，随着幼儿教育以及儿童心理学学科的发展，婴幼儿，或者说 0～3 岁的婴幼儿教育，却受到了相当程度的忽视。不管是研究还是工作，不管是在国内还是在国外，人们的研究与工作兴趣，逐渐转向幼儿或小学儿童，甚至是更大年龄被试的研究。有关 0～3 岁婴幼儿的研究与工作，受到了极大冷落，被称之为"婴儿身心研究的百年沉寂"。

但是，随着皮亚杰发生认识论的提出，尤其是随着其"发生认识论"确定了其国际影响地位之后，人们对于婴幼儿，尤其是从新生儿到 3 岁之前身心发展的研究，重新给予了关注。此后，婴儿心理研究进入了一个迅速发展的时期，并相继涌现出了一大批杰出的婴儿心理学家。他们在各自专长的领域里展开了富有创造性的研究工作。这些研究成果使我们进一步了解了婴儿的发展过程，认识了婴儿的各种感觉知觉能力，以及婴幼儿在协调各种感官中表现出来的巨大的学习潜力。进入 20 世纪80 年代以来，有关婴儿的研究更全面而广泛地展开，婴儿心理研究成为国际发展心理研究中的热点之一，研究课题日益深入，范围不断扩大，跨学科、跨文化的协同研究迅速展开，而与其相辅相成、相互影响与发展的便是世界范围的"早期教育"问题。通过一大批优秀学者的努力，出现了许多研究婴幼儿身心发展的新的技术和新的方法；同时，也产生了许多关于婴幼儿身心发展的理论与学说，增加了人们对婴幼儿发展的认识与理解。最终，也影响了"生命全程发展"(Life-span Development)运动的兴起。通过对婴幼儿身心发展的研究，大大影响与推动了对人本身和本质的认识与理解。

尽管我们国内很早就引进与介绍了"生命全程发展"观点与理论，但是，对于 0～3 岁婴幼儿的研究，以及相应的早期教育工作，却仍然是处于一种滞后的状态。1990 年出版的《中国儿童青少年心理发展与教育》[2]，其目的是要总结国内发展心理学的科研成果，但几乎没有涉及0～3 岁儿童的心理发展；1997 年出版的《中国心理科学》，也几乎没有总结有关 0～3 岁婴幼儿的研究资料[3]。

但是，我们国内也有学者一直在从事对于婴幼儿身心发展的研究，比如原北京东方剑桥儿童教育开发中心的学前教育学、儿童心理学、心理生理学与行为医学的专家们，近年来致力于婴幼儿早期潜能开发的研究，实施婴儿早期发展个别家庭指导，引起了有关部门与社会的广泛关注。我们的项目研究就是在程跃、程准的六婴跟踪的启发与指导下进行的；又如李惠桐等"三岁前儿童智能发展调查"[4]，范存仁等"从出生到6岁儿童智能发展规律的探讨"[5]，宋杰等《小儿智能发育检查》[6]，庞丽娟等《婴儿心理学》[7]和孟昭兰《婴儿心理学》等[8]。通过他们的研究，也已经积累了一些有关国内婴幼儿发展的研究资料。

1.2　有关的社会背景与工作状况

与3～6岁的学前教育相比较而言，对于0～3岁婴幼儿的教育，在我们国内长期以来是处于落后与被动的状态。其"落后"是由于教育者，包括父母实施教育影响的态度、观念以及方式均落后于婴幼儿实际的发展与需要；其"被动"是由于大部分的0～3岁的婴幼儿是处于其家庭自发的教育状态，教育者以及教育行政部门对于0～3岁的教育问题缺乏积极主动的工作。

但是，随着社会的发展，尤其是改革开放的深化，人们对教育的需要，尤其是对自己子女教育的需要显著增加。在社会这种日益增加的教育需要的推动下，早期教育也受到了广泛的关注。人们也已经逐渐意识到，即使是在还未上"幼儿园"的婴儿期，也需要适时而适当的早期教育。人们也已经不再满足于把3岁之前的孩子仅仅是放在"托儿所"托管一下，而是希望自己的孩子从出生就能够得到适合其发展的教育环境。

因而，把托儿所、把0～3岁的婴幼儿，也纳入正式的教育管理的范围，从教育管理上加强工作的力度，并且把托儿所的教育与幼儿园的教育有效地结合起来，是我们酝酿与准备该项目研究时的一种工作考虑。尤其充分利用较为完善的妇幼保健体系，把0～3岁的早期教育，与同一时期的卫生保健工作有效地结合起来，就成了我们开始该项目研究的主要背景。

1.3　本项目研究的工作思路

因而，把0～3岁的早期教育纳入正式的教育管理范围，并且与同一时期的卫生保健工作有效地结合起来，也就成了我们项目研究的主要工作思路。同时，我们也希望能够在项目研究的过程中，把行政业务工作与专家学者有效地结合起来，把由行政部门负责的早期教育与社区和家庭教育有效地结合起来，并且把研究与实践有效地结合起来。

为此，我们确定了两方面的研究目标：一方面是通过一定规模的试验，获得早期婴幼儿潜能开发可能性的实证依据，探索广州地区0～3

岁婴幼儿保教研究与实践的跨世纪新模式，促进婴幼儿早期教育与卫生保健的有机结合以及机构教育与家庭教育的结合；另一方面是宣传、普及科学育儿的知识与方法，引导全社会对0～3岁婴幼儿早期潜能开发的广泛重视和参与，提高社区、机构及家庭的教育与保健水平，促进婴幼儿健康、和谐的发展。

围绕这两方面的目标，我们把"行动研究"作为本项目研究与工作的一种基本思路和主要特点。我们希望能够通过以上诸方面的结合与合作，把理论、研究和实践有效地统一起来，通过有效的卫生保健和早期教育手段，促进0～3岁婴幼儿身心的健康发展。作为"行动研究"的考虑，我们的目的不仅仅是获得学术上的研究结果，而且是希望能够通过我们的合作性与综合性研究，切实地促进广州地区婴幼儿早期教育和卫生保健工作的开展，积极而有效地推进广州地区的有关工作与实践。

因而，正如我们在前面已经陈述的，该项目研究的基本思路，是通过实施科学的育儿方式和适时的早期教育，跟踪考察100名新生儿的发育和发展情况，探索0～3岁婴幼儿早期教育与卫生保健工作的有效性。在此基础上，推动广州地区婴幼儿早期教育与卫生保健工作的全面开展。同时，我们也希望把早期教育和潜能开发，与卫生保健早期预防和早期干预有效地结合起来，从这个意义上看，我们的最终目标和最终目的只有一个，那就是为了婴幼儿的健康全面的发展。

2. 项目研究对象的选取

"广州市百名0～3岁婴幼儿潜能开发项目"的主体，是在广州市范围内选取的110名新生儿作为项目样本，进行为期3年的跟踪性保教与研究工作。这110名项目样本婴幼儿的选取，是本项目研究的重要特色，也是本项目研究过程中的重点工作。

在项目组专家的论证与指导下，研究制定了严谨的"抽样方案"，确定了中山医科大学附属第一医院、中山医科大学附属第三医院、广州医学院附属二院、广州市妇婴医院和海珠区妇幼保健院共5间医院作为"抽样"医院。根据随机取样的原则，我们从1996年开始，在广州市五个区的妇幼保健院，选取了110名新生儿。新生儿的实际出生时间在1996年1月1日至10日之间，所选取的110名新生儿均为足月、无窒息，院内临床诊断无畸形、无临床症状特征的新生儿；母亲无严重疾病，出院前未发现疾病。有关项目样本婴幼儿的具体情况见以下诸表：

表 5-4　110 名样本儿出生与居住地分布情况

所在区	越秀	东山	荔湾	海珠	天河	合计
样本婴儿（名）	20	20	21	24	25	110

表 5-5　样本几分布及其母亲成分

所在区	干部	经商（个体）	文职	工人	其他	合计
越秀	2	1	5	6	6	20
东山	6	1	4	5	4	20
荔湾	3	0	4	6	7	20
海珠	2	1	6	7	9	25
天河	2	1	7	10	5	25
合计	15	4	26	34	31	110

　　项目研究对象的选取，是在项目研究组研究人员的设计与指导下进行的，并且得到了广州市妇幼保健院和各区妇幼保健院的大力支持，同时也得到了被选婴幼儿家长的积极配合。

　　为了有效地对 110 名样本婴幼儿的保教与发展情况进行研究与评价，我们制定了"广州市婴幼儿潜能开发项目评价方案"，经过项目专家组论证后，组织五个区妇幼保健院承担了对照组的选取与调研工作。按照相应的方案选取了 6 月龄、12 月龄、18 月龄、24 月龄、30 月龄和 36 月龄 6 个年龄组，其年龄、性别、母亲文化程度与样本婴幼儿相匹配，无先天性疾病，未接受过指导的若干名婴幼儿作为对照组。由受过专业训练的调查人员，使用统一的调查方法与工具，进行了对照组婴幼儿身体和智能发育的测量与评价。广州市儿童医院的专业人员负责实施质控工作，质控人员抽取 5% 的样本进行复核，质控结果内容完成率与准确率均接近 100%。

表 5-6　对照组样本婴幼儿分布及其母亲成分

所在区	干部	经商（个体）	文职	工人	其他	合计
越秀	18	25	22	13	30	108
东山	19	10	16	6	18	69
荔湾	8	14	8	2	27	59
海珠	12	21	13	19	59	124
天河	17	6	9	1	6	39
合计	74	76	68	41	140	399

3. 保教与研究工作的进行

项目的保教与研究工作的实施，可以分为三个方面：①针对 110 名样本婴幼儿的保教措施方式和指导与辅导内容；②子项目研究课题的开展；③研究辅助工作的进行。第①个方面是针对样本婴幼儿发育和发展本身的，第②个方面的研究，涉及与 0～3 岁婴幼儿发展与教育密切相关的多个子项目课题，第③个方面则涉及如何在全市范围内创造一个重视与关心 0～3 岁早期教育和卫生保健的社会氛围，而这样的社会氛围，不但对本项目的研究开展有密切的关系，而且对全市早期教育与卫生保健工作将产生长期的影响。

3.1 样本婴幼儿的保教工作

"广州市百名 0～3 岁婴幼儿潜能开发项目"是关于婴幼儿早期教育、卫生保健以及跟踪性研究的一种综合性项目。项目保教与研究工作的进行，基本上可以分为两个阶段。第一阶段(1996 年 1 月—1997 年 9 月)，项目样本婴幼儿出生之后到他们入托之前；第二阶段(1997 年 9 月—1999 年 7 月)，项目样本婴幼儿入托之后，到他们进入幼儿园之前。根据这两个阶段的不同特点，我们项目研究与工作的内容与方式也有所不同。

在项目研究的第一阶段，我们组织了由教育、心理和妇幼保健人员组成的专业辅导小组，并且对所有组成人员进行了有关项目研究的专业培训与学习。培训与学习的内容包括婴幼儿早期教育的理论，指导与帮助婴幼儿发展的技术以及评估婴幼儿发育发展的方法等。然后，我们把参与"访视"的专业人员分为 5 组，定期到婴幼儿家里进行"访视"。项目开始的第一年，访视与集中辅导的时间为每月一次，一年后改为每三个月一次。访视内容包括以下几个方面：

(1)婴幼儿护理、疾病预防、心理卫生保健和早期教育

(2)家长的育儿态度和育儿指导

(3)婴儿营养的要求与营养和辅食制定

(4)家庭婴儿生长环境的要求与布置

(5)定期的体格检查与发育发展测查

按照预定的研究与工作方案，我们对样本婴幼儿进行卫生保健和早期教育，涉及进行正确的护理、适当的营养、适时的早期教育和动作训练以及语言、情绪、适应性行为和社会交往行为等多个方面。配合对家

— 233 —

长育儿态度的正面宣传，由访视组人员在现场结合每个家庭的实际情况和家长的认识程度，具体指导家长如何给婴儿洗澡、护理脐部、预防热痱、治疗皮疹和尿布疹等。对于婴儿的营养和辅食，也由访视组人员根据孩子的情况指导母乳喂养、辅食添加、膳食均衡合理性，及时予以补充营养、补钙、鱼肝油、铁等指导。按照我们预定的研究与工作方案，访视人员结合每个家庭的具体情况，对于家庭婴儿生长环境进行了符合要求的布置。

对样本婴儿发育与发展的观察与测试，是本项目研究中的一个重要环节。我们设计了"家访记录表""家访登记表"和"样本婴幼儿每周训练表"等访试工具。"家访记录表"和"家访登记表"各包括 30 多个项目，项目内容涉及婴儿发育、家庭条件、营养与疾病和家长育儿方式等方面"样本婴幼儿每周训练表"则涉及家长育儿态度和训练项目等方面。访试组成员每次上门家访时都认真进行了填写，收集与积累了关于样本婴幼儿发育和发展情况的第一手资料。同时，我们在项目研究过程中，还集中进行了多次测试，测试内容包括：婴幼儿的身体发育，婴幼儿的动作发展以及婴幼儿的智能发育等。这不但积累了大量的第一手资料，有效地了解和掌握每个样本婴幼儿的发育和发展情况，而且能够及时发现需要治疗的异常问题，保证采取及时的措施以保障婴幼儿的健康与发展。比如，当发现呼吸道、消化道等常见疾病时，除及时予以治疗外，还能够指导家长进行常见病的防治等健康宣教，并做好通风、补液等预防和护理工作；对发现智能发育测查有可疑情况的样本婴儿，及时排除神经系统疾病，以便指导家长及时带可疑患儿到专科医院确诊与治疗，以减少患病率、残疾发生率，提高婴儿生活的质量，促进其身心的健康发展。

在项目研究的第二个阶段，许多项目样本婴幼儿都已经入托，我们的保教研究工作也作了相应的转变，从原来以上门访视为主，转变为以机构内保教为主，以家庭指导和上门访视为辅。同时，我们加强了对家长的集中培训(共 7 次)，并且开展了示范托儿所所长定期业务学习等活动(共 6 次)。上门访试人员与研究对象的家长也被邀请参加示范托儿所所长活动，保证了项目研究的持续性。

为了确保 5 个区 5 个访视实施小组操作的一致性，评分标准的统一性，以及确保操作与资料填写的质量，我们制订了专门的"质控工作方案"，由广州市儿童医院的专业人员负责实施具体的质控工作。根据"质控工作方案"，质控工作分为两级：一级质控由实施人员进行，在每完成一名婴幼儿的测查指导工作后，实施人员在现场立即进行自查，检查指导内容的完整性及填写资料的完整性和准确性；二级质控由市儿童医院质控人员实施，分为现场质控和质控，现场质控为质控人员每次抽取20％的样本，到现场按质控指标对实施人员的操作方法，指导内容的完整性和准确性进行检查；质控为质控人员对上交的全部资料进行核查，对达不到质控指标和要求的资料，交回实施人员重新按照要求返工。严格质控工作，保证了样本、数据与资料的完整性和准确性。

3.2　子项目的研究工作

为了有效地配合本项目的进展，在项目正式开始后不久，我们即根据本项目的特点，设计了 7 个子项目课题。它们是：

(1)广州市 0～3 岁婴幼儿潜能开发项目对照组儿童的评估

(2)家庭环境教育质量对婴幼儿早期社会性发展的影响研究

(3)0～3 岁婴幼儿家庭游戏的方式与指导

(4)婴幼儿早期阅读活动的观察与辅导

(5)家庭与机构教育环境评价标准的研究

(6)广州市托儿所教养方案及配套教材

(7)广州市托儿所规范研究

通过公开招标的形式，以上 7 个子项目课题分别由李麦浪、袁爱玲、沈慧洁等承担。子项目研究的承担者，根据项目指南与要求，基本上完成了预期的研究工作，并且发表了一些相关的研究成果，其中有些研究成果，对0～3 岁的早期教育与卫生保健工作也产生了重要的影响。比如，由沈慧洁负责的"广州市托儿所规范"(讨论稿)，完成并下发到广州市下属的各托儿所，获得了积极的评价与良好的反映，对全市范围内的托儿所工作起到了积极的促进作用。

3.3　研究辅助工作的开展

考虑到0～3 岁的早期教育与卫生保健是一项长期的工作，是一项需要社会各界共同参与的事业与工程，需要全社会的关注与支持，我们专门设计了配合项目研究开展的研究辅助方案。对此我们侧重进行了以下几个方面的工作：

(1)与广东电视台合作，跟踪报道项目研究动态与进展情况(每月 1

次）；通过所制作的节目，宣传早期教育和婴幼儿卫生保健的知识与方法。

(2)通过"项目信息发布会"，广泛借助于新闻传媒，对0～3岁的早期教育与妇幼保健工作进行广泛的宣传。

(3)充分利用报纸、电视、电台和杂志等新闻媒体，发挥该项目研究的意义，宣传与普及早期教育的知识，营造全市重视与关注早期教育和婴幼儿卫生保健的气氛。

(4)举办专题讲座和讲习班，面向婴幼儿的家长，讲解与婴幼儿发育和发展的有关科学知识与有效的保教操作方式。

(5)举办关于早期教育和婴幼儿卫生保健的大型社会咨询活动(4次)，组织早期教育专家和妇幼保健专家，面向社会和家长解答有关的疑问，对有关婴幼儿发育和发展，以及教育与保健等问题进行咨询与辅导，并且展示样本婴幼儿的发育和发展情况，以达到生动的宣传目的。

通过以上项目研究的辅助性工作，旨在全市范围内创造一个重视与关心0～3岁早期教育和卫生保健的社会氛围。显而易见，这样的一种社会氛围，不但对本项目的研究开展有密切的关系，而且对全市早期教育与卫生保健工作的开展将产生长期的影响。

4. 项目研究的主要结果

由于本项目研究的主体，是所选取的110名项目样本婴幼儿，因而，通过为期三年的跟踪指导与保教辅导，这110名婴幼儿的发育和发展情况便可作为我们本项目研究的主要成果。同时，由于我们的研究并不局限于样本婴幼儿，而是以广州地区0～3岁婴幼儿的早期教育和妇幼保健等为背景，因而，子项目研究的成果，以及与推动和促进广州地区早期教育和妇幼保健工作有关的成果，也在我们对本项目研究结果的总结之内。

4.1　项目样本婴幼儿发育与发展情况

我们采用北京首都儿童健康研究所制订的"0～4岁小儿发育诊断量表"及配套工具(高振敏等，曾获北京市卫生局1991年度科技成果推广应用一等奖、全国首届优生优育优教展览会优秀奖)，对本项目中的样本婴幼儿进行了多次集中测试，对项目样本婴幼儿的大动作、精细动作、适应能力、言语和社交行为五个方面的发展情况进行了阶段性的测量与评估。

测试、数据与资料的质控工作由广州市儿童医院的项目人员进行，采用 Foxbass 数据库软件，及时将数据与资料录入了电脑。数据的统计分析采用了 SPSS7.0 For Win。我们将所获得的主要研究数据，与对照组同阶段婴幼儿的发展情况进行了比较。为了有效地说明样本婴幼儿智能发育商和五大领域的发展水平与发展趋势，我们可以分 6 个年龄段（6 月龄、12 月龄、18 月龄、24 月龄、30 月龄、36 月龄），来将样本组婴幼儿的发展情况与对照组婴幼儿的发展情况进行比较。

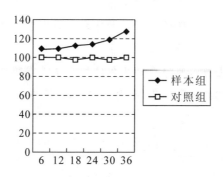

图 1　样本组婴幼儿与对照组婴幼儿发育商对比

从图 1 样本婴幼儿与对照组婴幼儿智能发育商的对比可以看出：从 6 个月开始一直到 3 岁，在 6 个年龄阶段的发展中，样本组婴幼儿的发育商均高于对照组，并且高于 100 分的平均水平，表现出了较好的智能发育趋势。

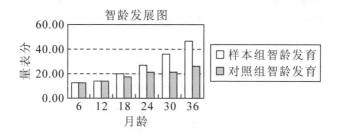

图 2　样本组婴幼儿与对照组婴幼儿发育商对比

从图 2 样本组婴幼儿与对照组婴幼儿智龄发育对比可以看出：就智龄的发展趋势而言，在 6 个月、12 个月和 18 个月年龄阶段，样本组婴幼儿与对照组婴幼儿相比较，均没有明显的差别。但是在随后的 24 个月、30 个月和 36 个月的测查显示中，则表现出了明显的优势发展，其智龄明显高于其实际年龄。

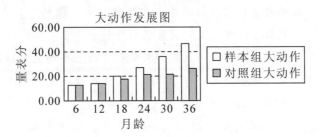

图 3　样本组婴幼儿与对照组婴幼儿大动作发展对比

就样本组和对照组婴幼儿在大动作方面的发展情况而言，与前面的智龄发展呈接近的发展趋势。也即在 6 个月、12 个月和 18 个月年龄阶段，样本组婴幼儿与对照组婴幼儿相比较，均没有明显的差别。但是在随后的 24 个月、30 个月和 36 个月的测查显示中，则表现出了明显的优势发展。

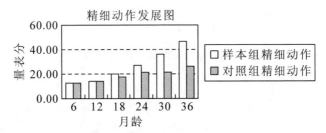

图 4　样本组婴幼儿与对照组婴幼儿精细动作发展对比

样本组与对照组婴幼儿在精细动作方面所表现出来的优势，与大动作的情况基本相同。同样是在随后的 24 个月、30 个月和 36 个月中反映出明显的优势发展。

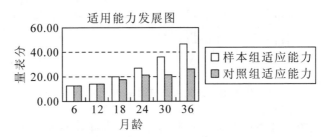

图 5　样本组婴幼儿与对照组婴幼儿适应能力发展对比

样本组和对照组婴幼儿的适应能力，在 6 个月和 12 个月的时候，所获得的测试结果基本是一样的，即没有差别。从 18 个月时开始出现不同，36 个月时优势发展最为明显。

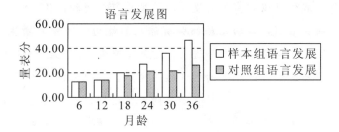

图 6　样本组婴幼儿与对照组婴幼儿语言能力发展对比

样本组和对照组婴幼儿在语言发展方面，在 24 个月开始出现不同。样本组婴幼儿在 30 个月和 36 个月时均表现出了优势发展；而对照组则表现的是平稳发展。

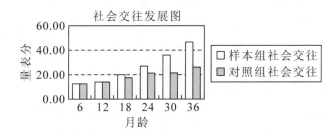

图 7　样本婴幼儿组与对照组婴幼儿社会交往发展对比

样本组和对照组婴幼儿在社会性发展方面的表现，在 6 个月、12 个月和 18 个月的时候基本相同，样本组尚没有任何优势表现。24 个月的时候略表现出优势发展，36 个月时优势发展明显。

那么，是什么因素造成样本组婴幼儿与对照组婴幼儿在以上诸多方面发展的差异呢？这一问题涉及了本项目研究与工作的有效性分析。对此，我们侧重在样本婴幼儿发展所进行的早期教育与卫生保健工作，来对样本组婴幼儿所获得的优势发展进行有关的分析和讨论。

4.2　关于样本组婴幼儿发展的分析与讨论

在前面的图表中我们可以看出，不管是智龄，大动作和精细动作，还是适应能力和社会交往能力，样本组婴幼儿和对照组婴幼儿在前 3 个年龄段（6 月龄、12 月龄、18 月龄）均没有明显的不同。但随着年龄的发展，同时也是随着有效地早期教育的逐步深入和卫生保健工作的延续，两组婴幼儿的发展差异也逐渐显著。因此，有效地早期教育的干预，是样本组婴幼儿优势发展的主要原因所在。对此，根据本项目的研究和工作，我们可以就有关的发展与结果进行分析和讨论。

大量研究表明，婴幼儿脑细胞有惊人的能力，并且其增生、移行、定位、发育按一定原则和顺序进行。它的水平发育还包括生物化学神经传递结构的发育和神经元之间的连接的重建。表现为神经元树突和轴突的迅速增长。神经元间的连接在幼儿两岁时达到顶点。其意义在于，为个体生物学的生存提供神经物质基础。因此，研究认为婴幼儿期大量的知觉能力是根据运动行为和经验产生的。早期运动和感知觉的刺激，使脑内神经通道被激活，并形成内部表象。这种信息的聚集，可以形成婴幼儿早期的概念，进而促进知觉的发展和经验的积累。已经证明，外部感觉经验可以改变个别神经元或区域的结构，这种改变亦可通过脑电图（EEG）和动物模型实验表现出来，即丰富的环境刺激和养育方式，可以使大脑皮层的神经元数目和厚度增加。

许多观察证明，新生儿在神经系统不断发育的条件下已有学习的能力。在适应性发展中（包括早期教育训练），婴儿通过对旧刺激的习惯和对新刺激的定向反应（如集中注意、活动停止和呼吸加快）来接受新经验。已经相当明确，感知对小儿从环境中获得信息以促进行为发育的重要性，而感知能力在婴幼儿期就已发育相当良好了。Brazelton 的研究指出，婴儿脑具备了从别人那里接受经验和与别人交往的能力[9]。在运动发育方面，凯帕斯等认为，运动经验在婴儿空间认知发展中具有功能性的影响，而且对婴儿社交能力发展起到诱导作用[10]。同时，对早期概念的形成亦起到积极促进作用。显然，婴幼儿早期教育和早期干预可以起促进和加速认知发展的有效作用。国内鲍秀兰等的研究表明，在系统化早期影响下，2 岁时接受早教的儿童的智能发育指数比对照组高8.7 分。美国的一项低出生体重儿的干预研究表明，早期干预组的智商在 3 岁时明显高于对照组。本组研究表明，早教组儿童在 6 个月、12 个月、18 个月、24 个月、36 个月时的智商、大动作发展、精细动作发展以及适应能力的发展均值均明显高于对照组。我们理解，正是动作的早期训练，使婴幼儿在与客体不断相互作用的过程中建构自我和客体的概念，并产生自我意识和最初的主客体之间的分化，其发展的关键年龄是 6 岁，但本研究认为时间越早越好，最好从出生后即开始。因为人脑细胞增殖期从妊娠 3 个月至 1 岁，过了此期神经元不再复制或再生，而维持神经元的营养、传导等的支持细胞的增殖从妊娠后期延续到出生后

2 岁。

由此可见，不失时机地进行早期教育，可以达到事半功倍的效果。

（1）婴幼儿动作训练与发展的意义和作用

在该项目的研究与工作中，我们把婴幼儿的身体动作训练，包括大肌肉动作和精细肌肉动作，作为着手早期教育和潜能开发的一个重要手段；同时，也把婴幼儿的动作能力水平，作为是评价其健康发展的重要指标。可以看出，经过这样的训练指导和训练的实施，样本婴幼儿在大肌肉动作和精细动作方面，均取得了超于对照组婴幼儿的发展。

我们认为，在婴幼儿时期，像俯卧、翻身、抬头、坐、爬、行走等大肌肉动作，以及像抓、握、捏、拿等小肌肉的动作或精细动作，对于婴幼儿的整体发展，具有十分重要的意义和作用。对此我们可以进行有关的分析和讨论。

首先，婴幼儿的大肌肉动作对其身体发育有着积极的影响和作用。对于婴幼儿来说，即使像俯卧、翻身、抬头、坐、爬等动作，都需要消耗其机体的能量，而在这种消耗与补充的过程中，便起到了提高身体各器官的机能，促进其生长发育的作用。同时，精细动作的特点是以运动分析器对小肌肉群的细小动觉的分析为基础，产生对运动效应器的细小动作的调节和控制。精细动作的发展，促进了婴幼儿身体机能的进一步协调和完善。

其次，婴幼儿动作的发展，与其心理发展有着重要的联系。研究者曾经把婴幼儿的动作发展称之为心理发展的"催化剂"，是有其深刻道理的。比如，手是人体的重要器官，手的动作发展，使粗细动作有了比较明确的分工。在精细活动的过程中，一方面，需要视、听、触觉等多方面感觉信息的综合，这就调动了眼、耳、鼻、舌、皮肤各种感觉器官；另一方面，手与大脑的关系非常密切。手和手指的活动，能够使大脑的广大区域得到锻炼。同时，大脑又指挥着人体各器官的协调活动，这就使得大脑以及身体各器官的机能发育和发展得到促进，使其功能得到进一步的完善与协调。

再次，婴幼儿的动作发展，是与其"活动"密切相关的。从个体的心理发展来看，活动总是婴幼儿心理与外界世界沟通的桥梁。刚出生时，婴儿眼睛所看到的距离，一般只有 2 米远左右，但 3 个月后，便能注视到 4～7 米的物体。随着婴儿俯卧、抬头、翻身、坐、爬、行走等大肌肉动作的发展，其视野也不断扩大，其所能见到，以及所能接触到的物体范围逐渐扩大，因而，也就能够从更多的方面来认识其周围的世界，为其初步的思维与心理活动创造了良好的机会与条件。实际上，婴幼儿正是运用其动作运动机能的同时，来探索其周围的环境，学习与掌握有关自己身体和周围环境的知识。这样，他们的感知能力、观察力、记忆力、想象力、思维能力、语言能力和社会交往能力等才能够得以巩固与发展。

(2)婴幼儿的心理发展与培养

婴幼儿的心理发展是在其身体发育和发展的基础上进行的。良好的身体发育和发展，包括大肌肉动作和精细动作的发展，能够有效地促进其心理的发展；而心理的发展、大脑的发育也能够有效地促进身体与动作的发展。

在本项目中，我们对婴幼儿的语言发展、适应性发展、情绪和情感的发展以及社会性发展等，都进行了专门的指导与辅导；同时，对婴幼儿的情绪表达、表情模仿、听力练习、发声训练、颜色辨别、关注与注意等具体的项目也进行了不同程度的训练。在2岁前的几次集中测试中，大部分样本婴幼儿的语言能力、情绪的控制与表达、社会性发展以及观察力、记忆力、感知能力等均有较为理想的发展。

(3)家长育儿态度和家庭环境的作用

通过上门访视以及集中培训，使家长获得正确的育儿态度，获得科学而适当的育儿方法，帮助他们建立一个适合婴幼儿生长的家庭环境，是我们0～3岁早期教育项目中的一项重要工作。根据结构性家访记录表及每周训练计划表所反映出来的情况看，家长的育儿态度和观念不断更新，对科学育儿的知识和方法有逐步增加的认识和掌握，并且能够逐渐自觉地把优育思想转化为日常育儿的行为。

家长的育儿态度、婴幼儿直接生长的环境，以及其亲子关系的性质，都是影响其发育和发展的重要因素。我们根据每个婴幼儿不同的居住和家庭条件，尽量为他们设计了适合婴幼儿发展的空间包括：宽松的衣服，而不是紧身的衣裤；空气的通透，而不是紧密的门窗；合适的玩具，包括玩具的大小与材料；舒适而丰富的房间环境，包括色彩与声响，而不是单调而沉闷的房间。更为重要的是，通过上门访视和集中培训，也帮助家长建立起了融洽的亲子关系。

家长的育儿态度和家庭环境对婴幼儿的影响和作用，也是一种双向的过程，一种相互影响和相互作用的过程。尽管是父母和成人在照顾和影响孩子，但是同时也是婴儿在主动接触和影响父母与成人。从一开始，婴幼儿就会通过微笑、咯咯的发声或其他动作来吸引父母和他人，主动地参与一种婴儿的社会性交往。研究者发现，新生儿即能够随着母亲的说话声音而做出同步性的身体动作，被称之为"社会同步行为"[11]。婴儿通过其微笑、表情与动作模仿以及"社会同步行为"，便已经进入了社会交往的世界。婴儿所表现出的社会性行为也促进或激发着父母或照看婴儿者的支持性态度、保护性本能和慈爱关怀行为。父母对孩子所投入的早期关怀将会影响婴幼儿最早的学习联结模式、依恋情感的形成以及他们信任感的建立、自我概念的形成与发展等。在这种亲子关系中，影响与决定着婴儿身心健康发展程度。

（4）健康教育与健康促进的作用和意义

在本项目的研究与工作过程中，健康教育与健康促进是重要的工作之一。及时有效地进行健康教育和健康促进，是婴幼儿健康发育和发展的保证。

首先，访视人员定期与幼儿和家长联系，进行面对面的健康教育，使家长获得科学育儿的知识和技巧，保证了幼儿获得母乳喂养、均衡的膳食、正确的保健、疾病的预防，有效地促进了幼儿健康发展。1996年，婴儿无传染病发生，肺炎发病率为同期广州市儿童五病监测点肺炎发病率的 20.50%，腹泻发病率为监测点发病率的 37.88%。

其次，早期干预是健康促进的重要手段，能有效地保证婴幼儿的健康发展。比如，在上门访视的过程中，曾经发现荔湾组有一位样本婴儿，其第 1 个月和第 2 个月发育商都在 80 分左右，大动作的发展也明显低于同龄婴儿，家长反映该婴容易患反复性的呼吸道感染。得知这些情况后，参加访视的工作人员怀疑该婴儿的脑部发育有问题，于是约该家长带孩子到医院进行检查，发现其患有轻度脑积水。项目组根据这一情况，制定了个别的干预治疗与保教方案，进行重点的上门辅导，有效地控制了脑积水的发展。经过一个时期的工作后，该婴儿在 5～12 个月的跟踪观察中，发育商 5 次超过 100 分，3 次低于 100 分，分别是 93分、98 分、99 分，都达到了正常水平。

4.3　项目研究成果的其他表现

正如我们在前面所强调的，本项目研究的范围不仅仅局限于所选择的 110 名新生儿，而是以广州地区婴幼儿的保教工作为背景，不但涉及婴幼儿的早期教育和卫生保健，而且涉及家庭教育、社区教育以及整个社会对待早期教育的态度与观念。对此，我们可以通过以下几个方面，来评价本项目研究的成果及其影响。

(1)子项目的研究与应用

我们在前面已经介绍了配合本项目整体研究的 7 个子课题。它们是：①广州市 0~3 岁婴幼儿潜能开发项目对照组儿童评估；②家庭环境教育质量对婴幼儿早期社会性发展的影响研究；③0~3 岁婴幼儿家庭游戏的方式与指导；④婴幼儿早期阅读活动的观察与辅导；⑤家庭与机构教育环境评价标准的研究；⑥广州市托儿所教养方案及配套教材；⑦广州市托儿所规范研究。子项目研究的承担者均已完成了预期的研究工作，并且发表了一些相关的研究成果，在有关的学术方面产生了积极的影响。

在有关的子项目课题研究中，有一些是属于行政管理方面的研究，如"广州市托儿所教养方案及配套教材"和"广州市托儿所规范研究"，这些研究成果已经转化为影响托儿所工作实践的指导性文件，对实际的托儿所工作产生了重要的影响，对广州地区的托儿所工作起到了积极的促进作用。

配合本项目的整体进展，广州市卫生局也组织力量进行了相关的课题研究，包括 110 名样本婴幼儿 3 年发育发展情况的信息资料管理，以及对照组婴幼儿样本选取和信息资料的电脑录入等。同时，卫生局领导还组织有关专家学者，认真总结了婴幼儿精神运动发育筛查技术，制定出《精神运动发育迟缓儿童诊治常规》，并将有关的技术列入《广州市儿童保健系统管理规定》"儿童定期健康检查"内容中。要求将所筛查出的精神运动发育迟缓儿童，列为体弱儿，纳入《广州市体弱儿管理办法》进行系统性的治疗和管理。同时，还制定出了《广州市社区妇幼卫生服务"婴幼儿家庭健康指导计划"实施方案》，并且在全市区范围内进行了推动与实施。

(2)国内与国际的交流成果

在为期三年的项目研究过程中，项目组织者与项目主要参与人员曾经参与了多次国内和国际的学术研讨会，并且提交了有关"广州市百名

0～3岁婴幼儿潜能开发项目"的报告或资料,引起了国内外专家学者和同行的普遍关注。比如,在"中日儿童发展与社会环境研讨会"(1997年北京)上,广州市教委姚继业副主任做了关于"广州市百名0～3岁婴幼儿潜能开发项目研究与思考"的重点发言,在大会上产生了热烈的影响。项目组的其他一些成员,如广州市卫生局副局长张文善、妇幼处处长黄小璇和广州市教委幼教处处长徐建华等也出席了会议,并且参与了"广州市百名0～3岁婴幼儿潜能开发项目研究与思考"的讨论,广州市的做法和经验引起了与会者的关注。

卫生部妇幼司的领导王凤兰司长和庞汝彦副司长,曾经两次前来广州视察广州市社区婴幼儿保健工作,对于将妇幼保健与早期教育相结合的工作给予了充分的肯定。并且组织召开了有关的研讨会,介绍与推广这种适合目前妇幼卫生保健的新的工作模式。

(3)对婴幼儿教育工作的促进

长期以来,广州市托儿所的管理处于比较松散的状态之中,从体制上看,没有明确教育与卫生行政部门的行政管理权限,更没有理顺两方面的责任,从而形成了托儿所事实上的缺乏业务指导的现状。在教育的层面,没有开展深入的针对婴幼儿年龄特点进行的研究,教育质量低下。较为突出的表现有三点:①教育的"幼儿园化",表现为师资队伍的素质比较差,教育活动的内容和形式都以照搬照抄幼儿园小班教育为主,在一定程度上阻碍了婴幼儿的健康和发展。②存在许多错误观念和错误的做法,教师与园长的教育观念较为陈旧,把不出事故吃好睡好作为托儿所工作的首要目标。③托儿所物质环境,包括园舍条件、设施设备等条件较差,长期得不到较大的改善和提高。

针对这一现状,广州市教委加强了对托儿所的业务指导与管理工作,在广泛调查研究的基础上,制定了"广州市托儿所规范",并提出了新的家庭、托儿所、社区共同参与的"摇篮计划"。这是一种综合的、整体性的集体个别相结合的教育,即婴幼儿教养社会化。它包括八个方面:

①结合广州城市管理体制改革,管理重心下移的要求,调整托儿所布局,办好示范托儿所。

②各区县级市从本地区实际出发,制定"广州市托儿所规范"的实施细则。

③设立市区两级卫生保健示范托儿所。

④进行示范托儿所办学体制改革试点工作，鼓励托儿所向多能化、开放型方向发展。

⑤加强课程建设，编写"广州市托儿所教养方案及配套教材"。

⑥完善城市社区初保网络，建立婴幼儿个案管理。

⑦建立社区育儿支援，现代家长学校。

⑧积极推广项目研究成果。

(4)对妇幼卫生保健工作的促进

广州市卫生局领导对此项目予以高度重视，结合卫生改革和发展，拓展卫生服务领域，提出将"婴幼儿保健与早期教育的工作模式"运用到卫生保健工作领域中。卫生局将婴幼儿精神运动发育筛查列入《广州市儿童保健系统管理规定》的"儿童定期健康检查内容"中，将智能测查筛查出的精神运动发育迟缓儿童列为体弱儿，纳入《广州市体弱儿管理办法》进行管理。请市儿童医院麦坚凝主任制定了《精神运动发育儿童诊治常规》，举办了8期保健人员培训班，在全市组织实施，将使我市儿童在得到护理、营养、五官保健、疾病预防等基础保健的同时，获得精神运动发育的指导，促进了儿童身心的全面健康发展。保健与早期教育的结合在卫生保健方面的运用，开拓了我市儿童保健新领域，提高了儿童保健工作水平。

在总结保健与早期教育结合的工作模式和经验的基础上，结合卫生改革以发展社区卫生服务为重点的指导思想，市卫生局决定将保健与教育的结合点放在社区，以社区服务实现保教结合的服务模式，为此，制定了《广州市社区妇幼卫生服务"婴幼儿家庭健康指导计划"实施方案》，并由我市东山、越秀、荔湾、海珠、开发区、番禺市的11个社区开展试点工作，试点工作以社区为范围，以家庭为单位，采用家访与门诊的双向联络方式，对社区婴幼儿开展了包括：护理、营养、疾病预防、早期教育、心理卫生、健康教育的卫生保健指导。经过对试点工作的阶段性分析，参与家庭健康指导的儿童健康水平明显高于对照组。如开展婴幼儿保健服务的社区0～2岁儿童保健系统管理率为87.23%，比全市高1.56%，听力筛查率100%，比全市高83.36%，营养不良比例0.05%，比全市低2.69%，轻度贫血2.16%比全市低6.21%，中重度以上贫血为0%，比全市低0.81%。充分说明了在社区开展保教工作对卫生保健工作的促进，探索了社区卫生保健服务模式。卫生部妇幼司对我市社区婴幼儿保健服务工作非常重视，王凤兰司长、庞汝彦副司长两次到广州视察社区婴幼儿保健工作，并且召开研讨会，对我市社区儿童保教结合的保健工作予以了肯定。在总结试点的基础上，部分区域计划将社区儿童保健工作在辖区内所有的社区推开，并以此为突破，开展社区围产保健服务，社区围绝经期保健服务等，为我市社区妇幼卫生服务模式的探索取得了宝贵的经验，促进社区妇幼卫生服务工作的开展。

5. 项目研究的意义与影响

通过以上对 110 名样本婴幼儿发育和发展情况的总结以及关于婴幼儿发展的分析与讨论、子项目的研究与应用、国内与国际的成果交流，和对广州市婴幼儿教育、妇幼卫生保健工作的促进等方面，已经体现本项目研究的基本意义和影响。根据本项目的整体性研究与工作所取得的成果，我们可以进行如下结论性的总结：

(1)早期教育和卫生保健的结合，是一种切实可行并且行之有效的工作模式。这一工作模式，不但对 0～3 岁婴幼儿的早期教育具有十分显著的促进作用，而且开拓了婴幼儿卫生保健工作的新途径。同时，这种工作模式，能够有效地促进婴幼儿身心各方面的健康发展。

(2)动作的训练和发展，不但对婴幼儿的身体发育有着重要的意义和作用，而且对婴幼儿的心理发展有着重要的促进作用，包括婴幼儿的语言发展、适应能力的发展和社会交往能力的发展。通过婴幼儿大动作和精细动作的发展，可以有效地评价其智力发展的水平。

(3)家长育儿知识和育儿观念，对婴幼儿的发育和发展有着重要影响。家长的育儿态度不但可以表现为其对待孩子的方式和行为表现，而且能够反映在他们为孩子的生长发育所提供的条件和环境，既包括居住空间的物理环境，也包括音容笑貌以及父母所陪同孩子时间等心理环境。项目研究过程中为样本婴幼儿所提供的适合婴幼儿发展的空间与心理环境，对于样本婴幼儿的健康发展起到了重要的促进作用。

(4)健康教育和健康促进是促进婴幼儿健康发育和发展的重要手段。在本项目研究实施过程中，健康教育和健康促进贯穿于始终，体现了早期教育与保健的有机结合。

从 1995 年酝酿，1996 年正式开始，到 1999 年落下项目研究的帷幕，历时近五年，百名样本婴儿也已经真正地完成了 0～3 岁的发展，而我们也已经对 0～3 岁婴幼儿发展结果进行了总结和评价，完成了项目的总结报告。但是，广州地区 0～3 岁早期教育和卫生保健的工作，在本项目的启发与推动下，则刚刚有了新的开始。

本项目的组织者，广州市教育委员会和广州市卫生局，在总结"广州市婴幼儿潜能开发项目"经验的基础上，制订了《广州市社区婴幼儿发展计划》，拟在社区中实践政府牵头、各部门合作、家庭参与的教育、卫生一体化的社区婴幼儿保教新格局，进一步开展深入系统的婴幼儿保教改革与发展，落实《九十年中国儿童发展规划》，有效促进儿童健康发展，提高全民族人口素质。

四、金色摇篮园所群体教育研究

为了更好地研究和证实博士阶段提出的观点和理论，我于 1996 年 6 月辞去北京师范大学发展儿童所的工作，创办了北京金色摇篮潜能开发婴幼园，开始了对群体普通儿童潜能教育的实践，到今天已经进入了第十五个年头。当时的媒体对于儿童心理学博士、副教授办园产生了极大兴趣，各大媒体均做了大量的报道。

在长达十五年的潜能教育实践中，涉及的婴幼儿教育对象数以万计，反复证明了我博士阶段的实验结论，即通过改变婴幼儿早期的教育环境和质量，所有出生正常的儿童都可以实现全面高质量发展、资优发展，或者说超常发展。而且群体的智力呈动态分布，在教育干预下表现为负偏态。研究发现，绝大多数两岁半前入园的孩子经过一年左右的教育培养，平均智商提高 30 个分点以上，很多孩子在智力测验中达到 160 分点。就一个群体而言，在金色摇篮两年以上的孩子智力的分布呈正偏态，最低智商也超过常模平均水平。平均智商均在 130 分点左右。他们不仅智商水平提高，而且个性良好、情绪情感稳定、独立性强、社会化程度高，具有更强的可持续性发展的动力。

(一)北京师范大学发展心理研究所测评

金色摇篮创办两年半后，我们曾请北京师范大学发展心理研究所的专业人员，对金色摇篮小班及中班进行整班随机取样，进行智力测试。这些孩子来园时间长短不一，但基本超过半年，入园时的智力水平也不相同，但整体平均水平约在 95 分点。随机抽取的幼小班和幼中班两个班共 50 名孩子，其中 4 岁组 15 名，4 岁半组 28 名(出报告时漏算一名，实际为 27 名，因此总有效人数为 49 人），5 岁组 7 名。

此 49 名儿童的平均智力水平为 130.37 分点，比入园时平均提高 30 个分点以上，并表现为入园年龄越小智力提升越大的特点。如 4 岁组儿童来园时最早的仅有 1 岁半左右，4 岁半组来园最早的在 2 岁左右，5 岁组来园最早的在 3 岁，他们各自的平均智商 4 岁组为 136.27 分点，4.5 岁组为 129 分点，5 岁组为 123 分点。说明入园年龄与智力提升有明显关系（如图 5-5 所示）。

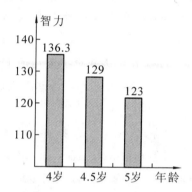

图 5-5　样本组婴幼儿与对照组婴幼儿社会交往发展对比

为了说明情况，现将北京师范大学发展心理研究所 1999 年 5 月 27 日的测评报告全文摘录如下。

"金色摇篮幼儿园"测查结果报告

本次测查中，随机抽取"金色摇篮"幼儿园小、中班幼儿各一个班共 50 人。其中小班 24 人，年龄为 4 岁（3 岁 10 个月～4 岁 3 个月）和 4 岁半（4 岁 4 个月～4 岁 9 个月）；中班 26 人，年龄为 4 岁半和 5 岁（4 岁 10 个月～5 岁 3 个月）。采用《学龄前儿童 50 项智能筛查量表》（以下简称《50 项》），结合《北京市幼儿发展评价手册》，得出测查结果如下：

1.《50 项》测查结果情况

《50 项》中共测评了"金色摇篮"幼儿园小、中班幼儿两大类共 7 个项目的内容。两大类包括回答问题和操作活动，7 个项目分别是自我认识能力、大运动能力、精细动作能力、记忆能力、观察能力、思维能力及常识认知。测查结果发现：

（1）4 岁组共有 15 人，平均能力商得分为 136.27 分，在本年龄组中达到高水平(130 分以上)；4 岁半组共有幼儿 27 人，平均能力商得分为 129 分，属于中上水平，接近高水平；5 岁组共有幼儿 7 人，平均能力为 123 分，属于中上水平。

(2)在所有的被试中，能力商达到高水平的幼儿有 29 人，占总人数的 59.2%；能力商达到中上水平的幼儿有 17 人，占总人数的 34.7%；能力商达到中等水平的幼儿有 3 人，占总人数的 6.1%。

(3)4 岁组中能力商达到高智能的有 11 人，占总人数的 73.3%；能力商达到中上智能的有 3 人，占总人数的 20%；能力商达到中等智能的有 1 人，占总人数的 6.7%。4 岁半组中能力商达到高智能的有 18 人，占总人数的 66.7%；能力商达到中上智能的有 7 人，占总人数的 25.9%；能力商达到中等智能的有 2 人，占总人数的 7.4%。5 岁组所有幼儿能力商均达到中上智能。

(4)4 岁组幼儿心理年龄相当于 7 岁的有 12 人，占本组人数的 80%；心理年龄相当于 6 岁的有 3 人，占本组人数的 20%。4 岁半组心理年龄相当于 7 岁的有 25 人，占本组人数的 92.6%；心理年龄相当 6 岁的有 2 人，占本组人数的 7.4%。5 岁组幼儿心理年龄全部达到 7 岁水平。

表5-7　各年龄组幼儿智能发展情况

水平 年龄	中等能力		中上能力商		高能力商		相当的心理年龄			
	N	%	N	%	N	%	6 岁	%	7 岁	%
4 岁	1	6.7	3	20	11	73.3	3	20	12	80
4.5 岁	2	7.4	7	25.9	18	66.7	2	7.4	25	92.6
5 岁			7	100					7	100

　　其中，在大肌肉动作发展中，4 岁组幼儿立定跳远平均距离为 95 厘米，4 岁半组和 5 岁组幼儿平均距离为 105 厘米，参照《北京市幼儿发展评价手册》(以下简称《评价手册》)，均达到大班的标准。4 岁组幼儿可从 64 厘米高处跳下，4 岁半组和 5 岁组幼儿可从 80 厘米高处跳下，参照《评价手册》，均可达到大班水平。4 岁组幼儿平均单脚站立 25 秒，4 岁半组和 5 岁组平均可单脚站立 35 秒，参照《评价手册》，分别达到中班和大班的标准。此外，两个年龄组的幼儿均能较自如地滑轮滑和

游泳。

2. 社会性发展情况

这个项目主要采用临床观察法，观察后评价如下：

（1）交往行为

无论是哪个年龄组的幼儿，与陌生人交往过程中都非常自然、大方，对陌生人所提的问题能作出积极、主动地反应，并能积极地与陌生人交往。例如，见到客人时能主动向客人问好，离开客人时能向客人说再见，并且能主动地与客人交谈。

所有参加测查的幼儿在测查过程中，无论是哪个年龄组的幼儿，都能积极、主动地与同伴交往，在玩需要几个人合作的游戏时能主动地邀请别人。而且，同伴间出现冲突时能采用言语协商的方式加以解决，而不是运用这个年龄段幼儿常见的攻击性行为。可见，这些孩子已经懂得如何解决交往中出现的问题，社会性水平较高。

（2）情绪情感

所有参加测查的幼儿在测查过程中均情绪稳定，对整个测查活动非常感兴趣，能积极、愉快地投入到各项测查中，注意力保持的时间很长。这些孩子在参加别的活动如拍球、跳远、爬斜坡、观赏大山的美景时，也都表现得非常快乐，并且能用言语将内心欣喜的感受表达给别人听。从观察中发现，这些孩子已经能较好地调节和控制自己的情绪，遇到不高兴、不愉快的事也能很快的忘掉，从不因此而大哭大闹。

孩子们还对周围的人与自己相处的集体产生了良好的情绪体验。观察中发现，孩子们对教师有健康的依恋感，喜欢接近班里的老师和小朋友，并能用言语和行为表达自己对老师和小朋友的关心和喜爱。例如，孩子在午睡起床上厕所时知道动作要轻以免吵醒大家，很多孩子还由衷地表示他们非常喜欢自己的幼儿园和班级。

（3）独立生活能力

无论哪个年龄组的孩子都能自己如厕，便后能整理好衣服；能自己使用筷子进餐，进餐时保持桌面、衣服干净。能自己穿衣裤、系扣子、鞋带，并能帮助老师做力所能及的事情。住宿的孩子在一天中情绪稳定，能积极地参与到各项活动中，可见孩子们已习惯于离开父母独立地在集体中生活，独立生活能力较强。

以上是我们的测查结果，但由于在测验过程中，受测验情境和被试当时心理状况的影响，因此，本测验结果不能完全地反映被试的真实情况，仅作为参考。

(二)金色摇篮的跟踪测评小结

我们自己的测评，十五年来一直保持着同样的趋势。

具体特点如下：

1. 入园一年半以上的婴幼儿平均发育商可以提高 30 分点以上。

2. 年龄越小入园发育商分数提得越高，1 岁左右入园，2 岁半时可达到 140 分点以上，平均提高 40 分点以上；1 岁半到 2 岁半以前入园，3 岁到 3 岁半时发育商可达 130～140 分点，平均提高 30 分点以上；2 岁半以后 3 岁以前入园，3 岁半到 4 岁时的平均智力可达到 130 左右；3 岁后入园，发育商也能平均提高 20 分点以上，达到 120 以上；但 4 岁以后入园，平均发育商仅能达到 110 左右。这时入园孩子的差异也非常之大，入园发育商仅有 80 分点左右的孩子开始出现，但这一点在 1 岁半以前几乎很少见。

在前面的实验研究中，我们提到环境商数与智力商数之间存在的回归曲线表明，环境商数得分分值最高的孩子智商变化一般并无明显改变，大多不超过 140 分点。通过实践跟踪研究发现，这可能是因为对少数家长对教育环境"过宽评价"误差所致。在教育跟踪研究和园所教育实践中，小年龄组尤其是 1 岁内开始的科学育儿，通过连续科学的高质量教育影响后，孩子的发育商分数可以进一步提高，甚至超过 160 分点。

(三)四存科技大脑潜能发展评价研究中心测评

为了研究潜能开发对大脑建构带来的影响，我们还于 2001 年 12 月对本园和小学 209 名家长自愿报名的孩子，委托四存科技大脑潜能发展评价中心进行了脑像测评。测评显示金色摇篮的孩子各脑区属于均衡发展态势，没有太多偏倾现象。具体报告如下。

金色摇篮全程教育机构脑像图测评报告书

四存科技大脑潜能发展评价研究中心应金色摇篮全程教育机构邀请，于 2001 年 12 月 5 日至 12 日为金色摇篮幼儿园及小学 209 人做了脑像图技术测评。这次测评约占金色摇篮全程教育机构在园、在校学生的 1/3 左右，年龄 3～9 岁，男女性别比例 101：101，其中 7 人未注明，具有一定的代表性。从测评结果上看，金色摇篮全程教育机构在园、在学儿童的综合素质有很高的均衡特点，表现了该机构教育教学上的特色与成功。

1. 六分区表现出整体均衡态势

按照脑像图技术的分区，我们把脑区分成了左前脑区（左额）、左颞脑区、左后脑区（左枕）、右前脑区（右额）、右颞脑区和右后脑区（右枕）六部分。通过对这些脑区脑电讯号的采集与分析得出相应脑区活跃程度与发育状况数值。金色摇篮全程教育机构 209 人的各脑区统计数值如下：

LF（左前）：9 360.4	RF（右前）：9 423.65
LT（左颞）：9 342.8	RT（右颞）：9 216.3
LO（左后）：9 450.85	RO（右后）：9 515.6

从数值上可以看出，这 209 人各脑区基本上属于均衡发展态势，没有太多偏倾现象。最好为右后脑，其次是左后脑区、右前脑区、左前脑区、左颞脑区及右颞脑区，但各脑区间差别并不明显。可以看出金色摇篮全程教育机构的学生综合素质呈同步增长状态。

2. 四分脑区表现出较强一致性

按照脑像图测评分析方法，我们把智慧类型分成知识智慧、创造智慧、经验智慧与感觉智慧四种，从数值上看，这 209 人四种智慧类型的测评结果也有相当的一致性。综合数值如下：

知识智慧：24 901.48	创造智慧：24 709.23
经验智慧：25 154.46	感觉智慧：25 258.38

从数值上可以看出，这 209 人的智慧类型也属均衡发展状态，这和这些儿童各脑区均衡发展有一定相关性。从潜质上分析，感觉智慧强于其他三项，也符合其年龄特征。

3. 思维特征表现出双向发展态势，并符合年龄特征

按照脑像图技术的图形分类，我们把思维状况分为逻辑思维、创造思维、直觉思维、形象思维四种。这 209 人在逻辑思维与形象思维上表现突出，其余两种有较大差距。具体数值如下：

逻辑思维：527	创造思维：274
直觉思维：235	形象思维：458

从数值分析上可以看出，逻辑与形象思维有明显优势，呈现双峰突出的整体态势，表现出金色摇篮全程教育机构在教学、教育上的特点。直觉思维、创造思维因被测者年龄所限，当属情况之中。

4. 脑区优势表现出较多形态，为个性成长提供了良好条件

脑像图技术按被测者智慧类型的不同表现及相互协调性，分析出被测者的脑区优势。这209人从整体上看，右脑优势强于左脑优势、后脑优势强于前脑优势、左前右后对称优势强于右前左后对称优势。

从个体上去分析，我们把脑区协调优势分为23种，这209人具体情况如下：

(1) 左脑优势：8人

(2) 右脑优势：11人

(3) 左脑—双前脑优势：6人

(4) 右脑—双前脑优势：8人

(5) 左脑—双后脑优势：10人

(6) 右脑—双后脑优势：6人

(7) 左脑—左前右后脑优势：1人

(8) 右脑—左前右后脑优势：12人

(9) 左脑—右前左后脑优势：10人

(10) 右脑—右前左后脑优势：3人

(11) 左脑—双前脑—右前左后脑优势：6人

(12) 左脑—双后脑—左前右后脑优势：10人

(13) 右脑—双前脑—左前右后脑优势：8人

(14) 右脑—双后脑—右前右后脑优势：8人

(15) 全脑优势：22人

(16) 全脑—双前脑优势：7人

(17) 全脑—双后脑优势：20人

(18) 全脑—左前右后优势：11人

(19) 全脑—右前左后优势：10人

(20) 全脑—双前脑—左前右后优势：9人

（21）全脑—双前脑—右前左后优势：5人

（22）全脑—双后脑—左前右后优势：10人

（23）全脑—双后脑—右前左后优势：8人

这些数值表示，金色摇篮全程教育机构入学入园儿童的脑区特征分布，基本属于协调状态，为教育、教学及培养特殊人才方面提供了相当大的参考价值及较广泛的基础。

5. 脑像图综合表现出被测者整体表现良好，但个体与个体之间有较大差异

脑像图综合数值，是对被测者脑像图测评的综合评价结果。这209人的综合数值最高值为136.71，最低值为98.46，两者有较大差异。平均值为115.10，反映出整体上有较良好的表现，这为教育与教学提供了较好的基础与前提。

6. 结论与建议

金色摇篮全程教育机构的这次脑像图测评结果反映出被测群体具有较好的均衡发展态势，并表现出个体间的相对差异，这些数据既表现出金色摇篮全程教育机构在教育与教学上的成功与特点，也为今后的教育与教学提供了可靠的参考。

建议一定时间内进行跟踪测评，以便比较、鉴别。

(四)最近一次金色摇篮测评

为了说明情况，我们再对一组截至2008年1月1日前入园一年至一年半左右4岁以下，不同年龄的孩子智力变化进行分析。共133名幼儿，从图中可以看出1岁左右入园一年半以内智商变化最大，达到44分点，1.5岁入园在园一年半以内智商提高36分点，2岁入园在园一年半以内智商提高18分点，2.5岁入园在园一年半以内智商提高17分点，3岁入园在园一年以内智商提高10分点，随着来园时间的增加这个变化还会继续。

从这组数据中，我们可以看出两个问题：

第一，2岁组以下的孩子入园前平均发育商偏低，往往在平均水平的下线，通过家庭教育情况调查，发现，这时家长较多关心保育，往往存在过度保护、过度替代、过度限制等问题。2岁以上入园的，入园的平均发育商有所提高，往往在平均水平线上，反映出2岁后家庭开始更加关注孩子的教育问题。

第二，来园年龄越小，变化范围越大，变化速度越快；来园越大，变化范围越小，变化速度越慢。但总的趋势是都有所提高（如图 5-6 所示）。

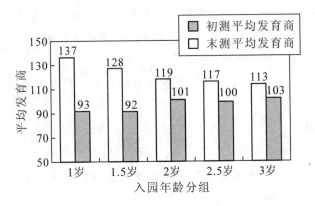

图 5-6　0～4 岁测评初末平均发育商变化图

(五)小结

本章重点对实验研究的结论进行了实践性的证实。实验研究我们指出：遗传基因型为智力发展提供了一个极大的潜能范围，环境教育质量决定着每一个个体具体的发展水平。如果能有效地提高个体或群体的环境教育质量，将使得遗传基因型的表达在理想的水平上，表现出个体智力表型的高水平，即高智商。

通过以上的个案纵向教育跟踪、六婴教育跟踪、百婴教育跟踪以及金色摇篮潜能开发婴幼园接近十五年多达近万名婴幼儿的早期教育实践研究，获得了无可辩驳的数据和结论。

这个结论就是：人类的遗传基因型为每一个个体的智力表达提供了一个广泛的空间，这个范围不是别的，正是智力分布的全距范围。每一个出生正常的孩子，只要在适当的时间内，如婴幼儿的早期进行科学的育儿，提高环境教育质量，就能使他们高质量地发展。这种发展不仅表现在智力上，也表现也体能上、社会性上、情绪情感上、独立性等方面。其中，超常不是可望而不可即的，而是所有个体遗传基因型的表达范围内的一种可能性。只要提供超常表达所需要的环境教育条件，就能促使个体超常发展。

必须强调的是，通过教育实践研究，我们认为遗传提供的潜能范围不仅仅是智力的潜能范围，它涉及发展的方方面面。应当说是"全面发展"的潜能范围。因此，归结起来可以说，遗传给了所有出生正常的个体两大最关键的机会，一个是全面发展的机会；另一个是高质量发展的机会，它们都存在于发展的早期，尤其是 3 岁前的婴儿期！这是一次难得的机会，也是一次唯一的机会，错过这样一次个体发展的良机，将很难再获得全面的高质量发展，很难获得资优发展甚至超常的发展。

正是这样，我们强烈地意识到教育的改革，需要改变对儿童早期发展的认识，需要心理学的突破。在此，我们呼唤潜能发展心理学！我们认为，建构潜能心理学是时代的要求，是教育改革的要求，更是人类自身进步的要求！

当我们具备了全新的儿童观、发展观、教育观，就能在面向全体时减少群体的两极分化，在促进全面发展时避免个体的结构性失衡发展，最终解决教育的两大难题，为社会培养更多具有综合素质的人才苗子。

在十五年金色摇篮的教育实践中，我们一直坚持"因教育才"的教育观，强调尊重儿童全面的发展权，强调个体早期发展与后期发展的差异性、区别性，强调早期教育的重要性，灵活而又有方向地追求我们的基础发展目标。始终把"面向全体"培养"全面发展"的人当作我们的任务，避免借用对"因材施教"教育观的错误理解进行早期教育，避免增加两极分化和个体的差异。

运用这样的观点，进行早期潜能教育及潜能开发实践，不仅进行了大量的家庭早期跟踪研究，而且进行了园所和小学教育的实践。通过改造教师思维，重塑教师的儿童观、发展观、教育观，改造教育方式，取得了一定的成绩，得到了家长的认可。

今天全国有七十多家幼儿园使用我们的方案，同时在园的孩子超过万人，获得了良好的效果，我们创办的小学已经有连续五届学生毕业，他们比正常小学少花一年时间，高质量地通过小学教育，进入初中，通过对他们的跟踪，从统计学上我们看到了他们具有竞争力和可持续发展的后劲，这些再一次从实践的角度证明了教育改革需要理论先行，同时也证明基础教育可以使群体中的所有个体做到"基础全面、人人达标"的发展目的。

然而，我们的实践与研究才刚刚起步，我们的思考还很稚嫩，我们仍将坚持在实践中不断学习、不断总结、不断思考，使我们的教育更加符合国家的教育方针和社会的需要，使我们的孩子更加全面高质量地发展。为此，我们希望更多的有识之士关注和支持我们的努力，参与到我们的实践中来，我们将一如既往努力工作，倾注我们的爱心、责任心来从事教育这一伟大的事业。

在本书的附件中，我们将金色摇篮的一些思考和做法节选供大家分享，不妥之处，欢迎讨论、争论，只有这样才能让教育的真理越辩越明。我们期待着教育彻底变革的那一天！

参考文献：

[1]朱智贤．儿童心理学．北京：人民教育出版社，1980．20

[2]朱智贤．中国青少年心理发展与教育．北京：中国卓越出版社，1990

[3]王甦，林仲贤，荆其诚主编．中国心理科学．长春：吉林教育出版社，1997

[4]李惠桐．三岁前儿童智能发展调查．心理科学通讯，1982(1)

[5]范存仁．从出生到6岁儿童智能发展规律的探讨．心理学报，1983(4)

[6]宋杰，朱月妹．小儿智能发育检查．上海：上海科学技术出版社，1981

[7]庞丽娟．婴儿心理学．杭州：浙江教育出版社，1993

[8]孟昭兰．婴儿心理学．北京：北京大学出版社，1997

[9] Brazelton T B. Neonatal Behavioral Assessment Scale. London：Spastics International Medical Publications，1984

[10]董奇，陶沙，曾琦，J. 凯帕斯．论动作在个体早期心理发展中的作用．北京师范大学学报(社会科学版)，1997(4)

[11]幼儿教育．中国人民大学书报资料中心，1999

附录一　金色摇篮儿童发展纲要（节选）

为了实现教育的理想，搞好面向全体、全面发展的早期教育，我们在创办金色摇篮同时制订了教师培训大纲，宗旨是"促进群体普通儿童理想发展"。这里刊登部分节选内容，以便读者对我们教育实践的指导思想有所了解。

第一章　总　　纲

第一节　儿童是成长着的未来

儿童是成长着的民族、成长着的国家，是一个民族、一个国家不可回避的未来。儿童发展的质量是民族与国家命运的指标。儿童是一个民族、一个国家最具发展活力的人群，是最具塑造潜能的群体，是一个国家进步最重要的力量，是一个民族创新发展最鲜活的血液！培养他们、塑造他们是国家发展的需要、民族昌盛的需要。

儿童不能因为他们的成长需要时间而被放置，否则这种放置就是对国家命运的一种漠视与犯罪；也不能仅仅因为他们弱小才被关心，否则这种关怀多少只是一种"扶老携幼"式的怜悯，一种强者对弱者的施舍。

儿童是发展的强势者，但需要成长的关怀。儿童处在人生发展最关键的时期，一代代人发展质量与命运的决战不在终点的冲刺，而是始于起点的竞争。

可以毫不夸张地说，一个国家的儿童发展战略从某种意义上说就是这个国家的发展战略。可以说所有的发展都是为了人，所有的发展都要依靠人。发展儿童事业是一个时代本身不可回避，而且需要认真解决的课题。不需要历史学家穿透历史的眼光，不需要百年，更不需要千年。

可以说，今天人口素质低下的包袱，使我们承受着巨大的发展压力，然而二十年前他们曾是巨大的人力资源财富。由于我们对早期发展的忽视、由于我们惯于等待成长，而使他们最终成为一个巨大的包袱。今天，如果我们还意识不到这一点，我们将为自己所选择的态度与所做的决定，承担将巨大人力资源变成重不可负的人口包袱的一切恶果。这将是一个连续发生、不断增加的恶果，尤其在中国这样一个人口大国！

对儿童发展关注的程度，不仅取决于国力，更在乎于认识、观念与态度。科学的儿童发展观与鼠目寸光、急功近利和好大喜功完全不同。怎样对待儿童发展，不仅仅是对教育工作者、政府官员的考验，也是对一个民族的考验，一个国家的考验，更决定着一个民族的未来，一个国家的未来。因此，我们说对儿童发展的关注是一个国家的国策。

第二节　创造未来必须创造教育

我们的未来超出我们的预测，以变幻莫测的方式走近我们。但不可预测的未来，却可以不断地被创造出来，而创造未来只有通过创造教育来实现。创造教育需要超越与突破，超越传统观念、突破教育模式。

教育是构建民族灵魂的工程。教育帮助一个个体选择人生，帮助一个民族选择价值、帮助一个社会选择道德，帮助一个国家创造未来。

未来的教育以创新为特色。

新世纪的曙光给古老的文明中国带来了一次超越自身、超越传统的难得机会。高科技战场将是中国超越发达国家的主战场，也是最后决战的唯一战场。倘若不能在高科技战场上抢占一席之地，中国将被抛于世界文明进程的脑后，我们将赶不上最后的文明晚餐。我们必须清醒地意识到，知识经济的到来，使人类发展再也无法摆脱新知识的需求，再也无法摆脱对教育创新的需求。今天我们依靠祖先馈赠遗产而生存的机会越来越少。教育的不断创新、不断变革、不断超越，将是知识经济时代人类发展的主旋律。中国人要想在科技方面、综合国力方面取得成功，唯有创造性地改变一代人甚至几代人的教育！

但我们也必须清醒地意识到：没有任何人能离开社会而独立存在，

也没有任何人能回避社会变革带来的影响。社会始终是改变人的社会、社会始终是影响人发展的社会。无论是积极的影响，还是消极的影响。

因此，我们永远不能忽视社会变革对教育产生的作用。社会变革是教育变革的基础。可以说，大面积、大规模的人的改变，只有在社会的重大变革中才有可能实现。任何教育教学内部的改革都将是有限的，只有将教育变革变成社会变革的一部分，才能从根本上带来人的变革与发展。

从这个意义上说，教育革命不如说是社会革命。因此，在国家发展战略高度上的教育变革，首先意味着一场真正意义上的社会进步、社会变革，变革一切与之相关的领域。教育的变革必须看到社会的教育属性和教育的社会属性，并超出教育本身，才能走得更快、更远。

第三节　推动世界的手是摇摇篮的手

创造未来需要创造教育，而创造教育需要创造教师。

教师是人类灵魂的工程师，尤其是婴幼儿教师及基础教育的教师更是如此。广义上看，教师还包括对孩子产生最初影响和最长久影响的家长。父母是孩子的第一任教师，也是终身的影响者。

职业教师应当是最有理想的一群人，只有这样才能用"教育的理想"去实现"理想的教育"。责任与使命是教师的灵魂，价值与态度是教师的罗盘，教书育人是教师的天职，为人师表、言传身教是教师的品质，了解、关爱、尊重、赏识是教师行为的准则。

教师的质量决定着教育的质量，教育的质量决定着人口素质的质量。国门打开，一切都可以引进，唯独人口素质无法引进，中国人的素质只能依靠中国的教育。

教师的地位决定着教育的地位，教育的地位决定着科技的地位，科技的地位决定着综合国力的地位，综合国力的地位决定着国家的地位。这是一个不可回避的规律！从这个意义上说科教兴国，应当改称教科兴国。

我们毫不掩饰自己对传统教育方式及观念的极大不满。我们的理想恰恰是通过超越传统带来超常发展。

超越传统永远是科学追求的最高目标，也是科学进步的重要标志，教育科学也不例外。

教育科学的超越、创新与革命，首先是教育者自身的超越与革命。理想的教育从根本上说，是从培养理想的教师起步的。有一批理想的教育者，才有可能培养出一大批理想的人才。超常教育、资优教育更是这样，先有超常或优质的教师，才可能有超常聪慧的学生。可以毫不夸张地说：教师，尤其是婴幼儿教师是塑造灵魂的人，是真正意义上的"灵魂工程师"。

对于普通儿童的发展而言，可以说"没有教不好的孩子，只有不会教的老师"。每一个孩子都是学习的天才、发展的天才、创造的天才。每一个孩子都是具有潜在资质和天赋的孩子，将"资潜儿童"变成"资优儿童"需要教育的创造。

孩子的发展可塑而且极易受环境和教育的影响。这种影响是双向的，可以是良好的，也可以是不良的。为此，我们认为教师是孩子身心发展的关键。我们提倡"用环境影响儿童、用心灵塑造心灵、用爱心温暖童心、用知识拓展视野、用人格塑造人格、以智慧启迪智慧、以能力培养能力。"

为此，首先"塑造灵魂的灵魂"已成为希望超越传统的最为关键、不可缺少的第一步。

为了成为超常的教育者，我们的教师首先要重塑自己的儿童观、发展观、教育观、学习观、游戏观、环境观、自然观、先天观、成熟观、智力观、教学观、教师观、育儿观、天才观、早教观、潜能观、职业观等一切与儿童发展相连的观点，并且重新认识早慧与超常、早期发展与早期教育、早期学习与早期教育、先天与后天、个性与共性、种系与个体、发生与发展、阶段性与长期性、生理与心理、成熟与学习、自然习得与系统学习、主动学习与被动学习、直接经验与间接经验等一系列问题的相互关系。

我们认为选择教育的人们，那种"本能式的母爱"和必要的专业知识尽管是第一位的，但这些又是远远不够的。孩子的理想发展需要一种升华的爱和深谋远虑的睿智，一种由面对孩子每时每刻变化、时光稍纵即逝、一去不返而产生于教师内心的强烈的紧迫感和高度的使命感、责任感。因为你的一言一行都在潜移默化地影响着孩子，影响着未来的一代。

孩子不是成人的玩物，孩子是具有独立人格的成长中的个体。我们认为，一个理想的教师必须具有一种永恒的爱心，长久的耐受力和持续不断的学习与创新精神。每一位教师都要强烈地意识到自己实际上是一位雕塑艺术家，你的每一言、每一行都在塑造、影响你的对象——天真的孩子。孩子的变化发生于每时每刻，对于孩子的成长而言，没有一刻是无关紧要的。我们必须意识到：孩子的发展不容等待，发展的机会不能忽视！错过孩子发展的早期，失去的不仅仅是时间和孩子的未来，更重要的是国家的未来！

因此，教师应有一种超乎常人的关注孩子发展的意识，更强烈的时间意识，应当具有高度的敏感性、有效的应答性、灵活的协调性，每时每刻去关心、把握孩子的心态，去抓住那些最具影响力的成长要素，从不放过任何促进发展的机会，从而使孩子在不知不觉中、在愉快欢乐之中得到全面发展。

我们还认为要想成为一名理想的教师，她必须集母亲、教师、教练、心理医生四类特性为一身。既具有母亲的敏感和爱心，又具有教师的技能与方法，教练的目标与追求，心理医生的医术与手段。可以说教师心灵空间的大小，就是孩子成长空间的大小，教师今天的行为就是孩子明天的未来。

我们认为，要想全面地发展孩子，就要全面地教育孩子；要想全面地教育孩子，就要全面地认识孩子；要想全面地认识孩子，就要全面地评价孩子；教育孩子从认识开始，认识孩子从评价开始，而评价从归因开始。

第四节　发展才是硬道理

儿童发展观决定着个体的发展质量，创造教育必须重塑发展观。教育的超越，首先是教育观的超越。教育观的超越，取决于发展观的变革。传统教育观的本质是天赋差异发展观，是差异教育观，标签教育是根本，成熟学习、成熟发展是原则。而我们的教育观则是环境发展观、潜能教育观，期望教育是根本，学习促进发展是原则。

发展观决定着对发展的战略决策和战术安排。理想的发展依存于科学实用的战略，科学的教育发展战略的制定，取决于对人的发展规律的深入了解。只有符合儿童发展的内在规律，才有可能使教育变革走上光明大道。个体发展的潜能是巨大的，理想的发展战略必然成为理想发展的必由之路。

为此，制定科学实用的教育发展战略，成为教育发展的第一步。而要想制定出这样一种战略，必须全程地了解人的发展，深刻认识成长的规律、发展的奥秘。教育发展是项复杂的系统工程，理想的发展观促使人们站在全程发展的高度并从婴幼儿起步，遵循认知发生、发展的规律，全盘考虑、分步实施。

尊重发展权是促进发展的起点。

儿童生来就具有生存和发展的权利。发展权和生存权不一样。对于生存权而言，儿童多少可以通过需要进行表达，但儿童的发展则是指向符合社会基本规范及发展趋势的一种适应能力。儿童自己不具备对这样一种发展的明确选择，儿童的发展是由养育和教育他的人们所引导和左右的。要想让儿童成长为一个身心健康具有良好社会适应能力，并对社会有用的人才，在他们发展的早期重视儿童的发展权，是确保教育公平性原则和教育效率原则的一个重要前提。那些强调儿童生存天性而忽视儿童生存价值，忽视儿童发展权利的，看似尊重儿童实为放弃儿童发展机会。儿童同样具有人类的双重属性，一是生物属性；一是社会属性。成人不能只重视儿童的生物属性而忽视儿童的社会属性。成人也不能只重视儿童那些发展好的方面的发展权，而忽视那些发展不好的方面的发展权。我们不能以儿童的价值观来决定儿童的发展，成人有能力用社会的价值观来影响儿童。一旦我们只以儿童为中心，只考虑儿童的价值与好恶，社会的文明将无法延续。如果因为孩子们喜欢假期胜过学习，那么我们就不让孩子学习，有谁会这样做呢？在学龄阶段没有，但可悲的是在儿童发展的早期人们往往理直气壮否定社会的价值取向，否定儿童早期社会性发展的重要性，只强调尊重生存天性。我们认为这是需要首先突破的认识，只有以儿童理想发展为中心、以儿童社会属性的发展为重点才能真正有利于儿童的成长与发展。

发展权不是指某个单方面的发展权力，更重要的是全面发展的发展权。只为孩子提供他因某种原因而感兴趣方面的发展机会，不重视其他方面的发展是错误的，尊重兴趣、尊重特长、尊重爱好的提法不符合尊重发展的原则。每一个儿童都是一颗珍贵无比、光彩夺目的钻石，有着多个发光的侧面。因此多方面地激发兴趣、培养能力变得尤为重要。在早期发展中任何以强调某种专长发展而忽视整体结构发展的做法，都不利于儿童可持续性的发展，最终也不利于该种特长的后续发展。因此，在早期发展中，我们坚定不移地强调基础发展要超越特色发展，全面发展要超越特长发展。强调尊重发展权不仅要尊重已经发展起来的特长、兴趣、爱好，更要尊重那些还没有发展起来的处于劣势的发展方面。

对于儿童发展权的认识不能只强调自然发展，尊重天性也不等于尊重发展，强调自然发展往往就是忽视或放弃社会属性的发展，即人的本质的发展，是放弃理想发展权的发展。教育的责任是要对个体全面的发展负责、一生的发展负责。不仅仅是童年幸福、成长的快乐，更重要的是一生幸福、智慧的快乐！单单强调所谓给孩子幸福的童年，而放弃孩子一生幸福与成功的做法是对儿童未来的不负责任！是对民族未来的不负责任！

"尊重儿童"不仅仅是一句口号，怎样才算真正的尊重儿童是一个值得深入思考的问题。无法正确回答这个问题，"尊重儿童"的口号只能是露出海面的冰峰，而对儿童忽视与不尊重的潜台词才是海水下的冰山。不仅如此，如果尊重儿童的口号只是强调尊重儿童的天性，儿童的社会性发展需不需要尊重？又怎样尊重？我们必须清楚地意识到：公平原则中最重要的原则是发展权的公平，一旦发展权得不到公平对待，日后一切的公平都将难以实现。今天"公平的教育"与"教育的公平"之间的巨大冲突与矛盾的根源就源自于此。

发展权不是要把发展变得热闹，而是要把发展变得有效。教育改革也是这样，素质教育不是要把教育变得热闹，而是要把教育变得有效。

计划免疫是对生存权的一种强制性保障，早期教育则是对发展权的一种强制性保障。

重塑发展观是提高发展质量的关键。

人的发展是社会科学、自然科学最终关心的基本命题，是民族和社会发展最核心的内容。

在人的一生发展中，人类犯了一个极大的历史错误，那就是约定俗成地看待成长，本末倒置地对待发展。根深蒂固的天赋差异观和成熟发展观，为差异教育与等待教育提供了强有力的理论依据。关于成长与发展，人们似乎已经习惯于朴素的经验，习惯的力量将错误的观念变成了一种不假思索便加以使用的规律。这种"规律"以一种特定的方式代代相传，变得牢不可破，以至于希望打破它的想法都变成禁忌。这种错误的观念就是对"差异归因"的认识与理解。即人的差异到底源于什么？天赋还是后天获得？今天人们骨子里还是相信，人的差异源于个体的天赋差异。差异教育就是源于这样的理解。因此，只有彻底重塑发展观、儿童观才能重塑教育。这是希望改变整个教育质量最关键和最基础的步骤。实际上，无论是在个体发展上也好，在群体发展上也好，我们存在的所有问题都只有，也只能有一个解决途径。这一点，我们应当清醒地认识到：那就是发展教育！而发展教育的本质就是改革教育。而这种改革首先是教育观的改革。只有发展才是硬道理！发展需要改革与创新，因此，发展中改革与创新才是最硬的道理！

第五节　"教改"不容选择的道路

教育改革是一场关于成长的革命、一场关于发展的革命、一场关于学习的革命！我们应当充分意识到，历史不仅给了我们一次经济腾飞的机会，也同时给了我们一次跨世纪教育变革的机会，一次重塑未来的机会，把握这一机会才能真正地把握中华民族的命运与未来。

教育改革一直是一个重要的问题。以往的教育改革多是各自为政，在自己的年龄阶段内进行改革，我改我的幼儿教育，你改你的小学教育，他改他的中学教育，很少站在全程的高度进行一体化的改革、进行战略的改革。在教材与教法上改革较多，更多地注重对教师的要求。但在战略上、结构上、控制模式上改的较少，使改革总是在一个局部、低层次上进行，很少在宏观整体高度上控制。

今天的教育改革再也不能头痛医头、脚痛医脚，再也不能分段改革互不贯通。人的发展是一个连续性过程，是一环套一环的过程。分离这些环节，分别设计、分别施工，然后再对接的做法必然导致一种不完美的发展、一种畸形的发展。

然而，教育脱胎换骨的革命是一个异常痛苦的过程。在确定一种具有革命性的教育改革方案的时候，我们首先面临的问题是：我们有足够的信心保证改革的知识超越常规吗？我们有足够的能力超越自我吗？我们有足够的办法使儿童的发展更加理想吗？我们选择的价值体系、教育哲学最能满足孩子的身心健康发展和符合未来需要吗？

但是，无论如何，我们已经走到了这样一个抉择的边缘，在一个飞速发展的时代，我们必须改革教育，正如我们要搬进新家一样，我们到底要丢掉哪些老家具？大多数老东西跟了我们一辈子，有感情的同时，还有使用价值，总也舍不得丢掉。于是一次次筛选、一次次保留，经过许多年，发现保留下来的东西，再也没有使用过，只是占据着我们的非常有限的空间。直到有一天，我们一狠心、一咬牙把这些东西毫无保留地全部丢掉了，我们才最终发现，很多东西只有丢掉了才知道早已没有了价值。教育内容的改革也是这样，现行的改革无论是大改也好，小改也好，总给人以换汤不换药、穿新鞋走老路的感觉。它没有脱胎换骨，因为没有改变教育的价值观、没有改变发展观和儿童观，害怕丢掉的东西价值太大，无法割舍，每次改革都讨论一番，每次都无法下决心大刀阔斧地扬弃。

我们教育的问题，首先不在教育方法本身，而是在教育战略性的错误。我们花那么多年去学语文，直到毕业后很多人写不好最简单的文章。扪心自问，我们的投入少吗？我们花的精力小吗？我们的方法不对吗？我们没有认真对待吗？我们对语文本身了解不够吗？都不是，而是我们对个体言语发生、发展知之甚少，甚至是理解错误。最终的原因只是我们在错误的时间里做了一件事倍功半的事，不仅没有起到应有的效果，还浪费了大量的时间与精力。因此，教育战略非常重要。教育战略必须研究脑的发展规律，教育革命必须首先是一场战略性的革命，才有可能取得教改主战场上的全面胜利。

传统教育最核心的问题是发展观的错误。由于这种错误导致了教育时机选择上的战略错误和教育过程的战术错误。而天赋归因的成熟教育观、发展差异观、理解学习观是导致这种选择的罪魁祸首。

教育改革应当从人的发展战略开始，然后再到战术上；从结构开始，然后再到内容上；从环境质量控制开始，然后再到课堂教学质量控制上。从全过程、全天候的时间控制与分配开始，然后再到课堂内的时间控制与分配。

教育改革中，最难突破的是人们的习惯。因为使用方便，常常把习惯当成了真理。所以教育改革首先就是要改变习惯了的方式方法。当我们面对一种大家都信仰的观念及普遍使用的方法时，我们切记不要认为这就是人们必须使用的方法，那只是习惯了的方法而已。不要把它看成规律而要看成习惯。这非常重要！习惯不等于规律，传统习惯不一定是符合规律的。只有具备这样的思想，我们才有可能突破习惯，换一种方式思考问题，才会带来变革。

今天的教育，已经远远落后于科学技术发展的要求，落后于时代进步的脚步，它不仅反映在因教育思想的保守、教育体制的落后、教育效益的低下而导致的人才素质低下上，最重要的是反映在我们对待教育的根本态度上。

我们应当撕掉"理论"的外衣，去掉花拳绣腿，实事求是，追求简捷、实用、高效的教育原则。

第六节　早期教育——教育的起点

在知识经济的今天，人才竞争日益激烈，如何开发人类潜能已成为各国教育革命竞相研究的重点。在这一过程中，人们对个体成长的认识发生了根本性的改变，越来越多的脑科学家、心理学家、生理学家、教育学家把目光投向人类个体发展的早期及个体发展的潜力。人们不仅发现新生儿及婴幼儿具有惊人的学习能力，早期的环境影响对个体一生发展具有深远而又重大的作用，而且揭示了脑的功能。人们认识到：只要时机选对、方法得当，人的潜力就会得到极大的开发。这些新的发现，促使人们重新审视教育，从而获得了新的信念、新的观点。以人类潜能开发为核心，以重视脑功能、发展神经系统功能为主的早期教育变革，已成为今天早期教育改革的主流。

今天，人才竞争的前沿已不在学习专业知识的大学，打好基础的中小学，甚至不在启蒙学习的幼儿园，而是始于摇篮之中。从咿呀学语、蹒跚学步开始。这意味着，明智的人们已经把人力资源开发和人才竞争的前沿划定在生命的起点。

一年之计在于春，一天之计在于晨，而一生之计在童年！早期教育不容忽视，早期发展不容错过，早期成长不容等待！早期教育是一切教育的出发点、落脚点，也是一个关键点、一个支点。早期教育是解决教育公平性、普及教育、超常教育、全程教育、素质教育、教育社会化、社会教育化、缩小群体两极分化、减少个体失衡性发展、保证人才的高质量培养和全面发展，促进超常教育普及化和普通教育超常化发展，最终导致教育超常规发展等一系列重大教育基本问题的一个支撑点、出发点、关键点、落脚点。

今天没有人再会为计划免疫对个体终身健康的重要提出疑问，但怀疑早期教育作用的人却数不胜数，养育孩子成为每个人天生的本领。在这个连养鸡、种玉米都需要技术的时代，养孩子却依旧是想怎样就怎样的过程。于是在我们周围存在着形形色色的随随便便、自作主张的育儿观念和方法。所有孩子都是平等的，都应获得理想的环境与理想的教育，尤其是理想的早期教育，只有这样才能为未来平等教育奠定基础。

我们强调早期教育，但绝不神化早期教育。早期教育是个体一生发展的起点，早期教育是确保儿童可持续性良好发展的重要基础，更重要的是：始终贯穿发展过程不间断的教育才是造就稳定和高水平智慧品质和人格特征的关键！为此，我们在强调全程教育的基础上，强调早期发展。并在早期教育的基础上，设计我们的全程发展。我们相信人的发展有自己的规律，存在着相对重要的时期，这一时期正是个体发展的早期！

强调早期教育，最根本的意义在于它鲜明地反映出我们今天对儿童早期身心发展的最新认识、最深刻的见解，反映出我们对儿童早期发展规律的尊重，以及应用这一规律的能力和超越传统偏见的勇气！强调早期教育的本质，是强调教育要符合儿童身心发展的内在规律！这里，我们必须强调地指出，儿童发展的现象不能简单地等于儿童发展的规律，儿童发展的一般规律也不等于儿童理想发展的特殊规律。可以说，不同的发展模式有着不同的发展规律。一般发展存在着一般的规律，特殊发展存在着特殊的规律；自然发展存在着自然发展的规律，教育发展存在着教育发展的特殊规律。从来就不存在一个能解决所有发展问题的统一规律。

我们从不乞求通过早期教育去完成个体一生发展的任务。但是我们却有着义不容辞的义务通过早期教育，去促进儿童在早期发展阶段，实现身心健康、和谐、全面、高质量的理想发展，并为终身可持续性良好发展打下坚实的多选择性的素质基础。早期发展尤其是 3 岁前的发展对个体的成长而言是一个基础的基础，是人才成长的根基。从脑发展角度来看，丰富良好的环境和科学的早期教育是个体脑力良好发展、理想表达的最佳时期和最重要的条件。当然，这并不是说有了良好的早期发展就可以高枕无忧。每个发展阶段都有本阶段的发展任务。一个阶段的发展任务完成得好，只能为下一个发展阶段打下良好的基础，但并不能替代下一个阶段的发展。

我们认为，良好的早期发展，只是在整个发展阶梯上走出了正确的第一步。它使得下一个阶段的发展更加顺利、更加容易、更加成功，使日后的学习变得轻松、简单，更富有竞争力。而且，我们还认为，早期教育并不在日后低难度的学习中显示强大的作用，但当人们面对有一定难度的学习内容时，受过良好早期教育的人更容易闯过"高原期"，在更高水平上继续发展。这是因为早期教育能够改变个体大脑的功能，增强我们的体魄和智力！退一万步，即使我们不去争论早期教育的长远效果如何，也应清楚地懂得"基础"二字的重要性！我们不相信连早期发展都出现问题的儿童会有更好的发展趋势。

发展是一个一环扣一环的连续过程，每一种关键期之间相互连接，每一个阶段之间互相贯穿。一个过程落后，环环落后，一个过程提前，环环紧跟。早期的发展可以用这样一句老话来形容，"失之毫厘，差之千里"。早期是一个不断分化而又快速发展的时期，是一个走向自己跑道的时期，是一个决定着继续发展轨迹的时期。早期教育像一个火箭的助推器，达到一定的动力就会将个体这个"火箭"送入理想的高度，进入自行运转的轨迹，否则达到一定高度后就再也上不去了。

可以说个体是因为丧失机会的程度不同，而显示出不同的差异来。机会丢失的越多，发展的越差，机会丢失的越少，发展的越好。早期环境对脑产生深远而持久的影响。人的发展是一次性的，是不可逆的。这使早期发展成为一个稍纵即逝的时期，它成为挖掘人类潜能的最理想的机会。早期教育也不再是简单的知识教育，而是神经系统建构，大脑功能的塑造。早期教育的本质是脑力开发，每一个正常的儿童都蕴藏着巨大的脑力资源。同时人类心理品质的分化始于婴幼儿期的神经系统的不断分化。

早期教育绝不仅仅是智力教育，人格塑造、习惯养成、心理卫生等方面的教育都是早期教育的重要部分。其中个性品质、人格力量是个体最终的发展动力。对于孩子而言，我们强调"早期影响"概念，优于强调"早期教育"概念，我们希望通过早期全方位的影响去促进每个儿童早期理想发展。不仅仅是智力的，也是个性的；不仅仅是心理的，也是身体的。即我们的口号是身心健康、和谐、全面、高质量、正迁移、可持续、多选择的理想发展。

第七节　全程基础教育——教育的连续性

衡量一个学校、一个地区、一个国家的教育质量，唯一的标准是：群体普通儿童的理想发展，是面向全体的全面发展。今天困扰教育改革的依然是群体儿童发展的两极分化和个体儿童失衡发展这两大难题。导致这两大难题的根源在于系统教育的年龄起点太高，向下延伸的程度不够，错过了早期全面发展和高质量发展的关键期。而必须强调的是理想的"两全"发展也不是一年两年可以完成的，不是摇篮中的高质量全面发展就可以维持的。成长环境对人的影响始终发挥着巨大的作用。小学的教师、中学的同伴、大学的专业……我们重申：我们强调早期教育，但绝不神化早期教育。早期教育是个体一生发展的起点，早期教育是确保儿童可持续性良好发展的重要基础，是防止群体两极分化和个体失衡发展的关键。但更重要的是：始终贯穿发展过程不间断的高质量教育，才是造就稳定和高水平智慧品质和人格特点的关键！为此，我们在强调全程教育的基础上，强调早期发展。仅仅强调早期教育而无视后续的教育，我们就会看到伴随年龄增长而质量下降的特点，看到一种"高台跳水"的"仲永"现象。不重视早期教育只重视后续教育，我们将不可避免地看到群体的两极分化与个体的失衡发展。

全程教育质量的提高需要教育的改革。教育改革需要的不是花样、不是选拔、不是好听的理论。教育的改革需要创新，但不是花样。把教育搞的热热闹闹不等于把教育办的有声有色；教育改革需要质量，但不是选拔。通过选拔式教育面对少数不等于面向全体。教育改革需要理论，但不是好听的理论，更不是沿用至今被实践证明效果不佳的理论。今天，发展观、教育观的改革是突破传统教育最关键的一步。而今天的教育改革如何处理好"负担"与"负载"、"差异"与"潜力"、"被动"与"主动"、"直接经验"与"间接经验"、"教"与"学"的辩证关系是全程基础教育最核心的内容。衡量教育改革成功与否的唯一标准，就是看一种教改是否能促进发展。凡能够促进发展的就是好的教育，凡阻碍发展的就是不好的教育。

好的教育必然带来高效高质的发展，也必定带来全面的发展。好的发展离不开方法的保证，好的发展必然离不开孩子的兴趣，好的发展必须符合学生心理发展的规律。教育改革也要以实践作为检验真理的唯一标准来衡量。可以说发展才是硬道理，也是唯一衡量教育改革价值与效果的最根本的思路。必须强调的是发展不仅仅是学业的发展、智力的发展，更重要的是兴趣的发展、人格的发展、态度与责任的发展，是一种身心健康而又全面的发展。

第八节　教育的未来

当今，教育改革的理论和实践正面临大分化、大融合的进程。应当看到大分化是大融合的前奏，一方面，教育需求的增加，使得教育的"普及化"越来越迅速；另一方面，教育内在质量提高的需求不断增强，使得教育"特殊化"成为教育改革必须面对的根本问题。因此，高质量普及教育正在逐步地和超常教育理论相互融合。

而超常教育理论本身却正在分化，一方面，是传统的超常教育理论占主导，强调天赋、强调超常是少数人独特的天赋才能，超常教育的对象是这样一个非常小的群体，因此，先有超常儿童再有超常教育；另一方面，是一种越来越引起关注的超常理论，强调环境、强调超常是多数人可以达到的一种智慧水平。超常教育的对象，是绝大多数普通儿童，因此，先有超常教育再出现超常儿童。

这两种理论都有自己的实践。首先，今天的超常教育多数是根据前者的理论实施的，超常教育的对象是超常儿童，是人群中极少数的人，因此先是选拔，再是培养，这种超常教育的实践很多，也有自己的得与失、成与败；其次，在教育实践的前线，也存在着另一种完全相反的实践，这种实践把超常教育的对象视为出生正常的儿童，是人群中绝大多数的群体，因此，先有超常教育再有超常儿童。他们通过早期潜能开发进行儿童的培养，促进孩子达到超常发展的水平。

第一种实践，先有超常儿童，再有超常教育。这种超常教育，往往是要在孩子成长到一定年龄以后才能开始。因为，这种超常教育需要对儿童是否超常进行必要的筛选与鉴定，这种筛选与鉴定不可能发生在成长之初，只能发生在成长到一定年龄以后。

因此，按潜能发展心理学的理论，前者，那些少数的超常儿童也是自然环境中那些受到良好环境影响的儿童成了超常。但由于不是群体有意识的培养，而是极少数家庭有意识或无意识的培养，因此，这些孩子的存在也是实际的。他们的超常教育也非常重要，我们不能无视他们的客观存在。今天的超常教育对象正是这样一个群体，他们自然的出现率大约为1％左右。而他们的存在已经使正常或普通教育无法满足其发展的需要了。

第二种实践，先有超常教育，再有超常儿童。这种超常教育，原本只有脑科学研究的一些结论以及一些早期教育实践结果，但一直没有心理学的理论支持。当看到了早期教育带来的超常发展时，多数人依然认为那是天赋超常的结果。今天，潜能发展心理学的建构为这种超常教育实践提供了理论依据，使用超常教育面向更广大的99％的群体。

因此，我们以为，当今的超常教育应当两条腿走路。

一方面，按传统方式，不讨论天赋儿童的归因问题，将自然中脱颖而出的超常儿童选拔出来，不浪费现有的有利资源，对这些有了一定基础的超常儿童进行特殊教育，走"超常教育特殊化"的道路。

另一方面，根据潜能发展心理学的新理论，将超常教育早期化、普及化，使早期教育普及教育超常化，走"超常教育普及化"的道路，最终培养造就一大批超常发展的人才，在理论上使普通教育与超常教育相融合，形成科学的潜能教育。

这两条腿的配合，是未来高质量教育的必然选择，也是当前教育改革必然的选择。一是选拔已有人才走超常教育特殊化的道路，不浪费已经显示出天赋的孩子的资源，同时也不打乱今天我们教育系统为此长期布局的学校结构，使得教育改革的尽量平稳进行。二是培养群体人才走超常教育普及化的道路。从早期教育入手，面向广大早期群体，进行潜能开发，提升他们的智慧，使他们的天赋得以最大限度的表现出来。通过这一方式，逐步改善普通学校的生源质量，提高学校的竞争力，为最终消除重点学校做准备。

"超常教育的特殊化"是要解决所谓"自然"出现的"资优"或"超常"人才的快速转化、快速成才问题，使他们成为栋梁之材，不去浪费任何社会、家庭、学校中已经存在的资源，不去讨论这些人才产生的原因，是父母所给的天赋之才，还是创造出来的教育之才，把这个问题留给理论家去争论，教育战略的制定者，只应重视和承认这样一个群体的存在和他们的特殊需求。

"超常教育的普及化"是要解决如何更多更快地培养高质量人才的问题，使更多的"资潜"儿童成为栋梁之材，不去浪费任何潜在的人力资源。他们要去探讨人才的原因，更重视环境的作用。从小抓起，从头抓起，重视所有个体都存在发展空间。

超常教育的普及化，实质上是超常教育的早期化问题，只有早期化才能普及化。普及教育的超常化，实质上也必须是普及早期尤其是0～3岁教育的问题，普及超常儿童培养的观念、方法与技术。

走这条道路，必须寻找到一种全新的教育体系将普通教育与超常教育融合起来，或按钱学森先生提出的大成教育之路。以培养为前提的超常教育，认为每一个人都具有超常发展的潜力，都有一次超越自我而发展的机会，而这种机会在早期发展中，在每个人的关键发展期内。培养起点从零岁开始，一旦从零开始，就存在另一个问题，是对少数人的，还是针对绝大多数人的，如果是后者，为什么还要有两种教育存在？一种普通教育，一种超常教育，人为地将教育分成两类，将人分成两类呢？这显然不符合教育的理想和教育的规律。超常教育也好，普通教育也好，在早期教育中应当充分地融合成一种教育——理想教育、素质教育、科学教育。

第二章　金色摇篮的教育理想与理论思考

第一节　我们的使命：定义金色摇篮

一、实践目标：群体普通儿童理想发展（面向全体的全面发展）

二、理论依据：潜能发展心理学

三、教育原则：因教育才，全面发展

四、教育口号：尊重儿童全面的发展权和全面的发展机会

五、发展方案：梯度发展、多元学习

六、师训：了解、关爱、尊重、赏识

金色摇篮的使命是立足于脑科学的最新成果，根据全脑发育建构的规律，站在全程发展的高度，在强调早期儿童身心潜能开发的同时，强调全程发展、全程教育、全程学习的重要性。将早期发展理论、关键期理论、最近发展区理论、全脑开发理论、全程教育理论、终生学习理论融为一体。并在此基础上建构自己独特的潜能发展心理学的框架，重塑发展观、儿童观、智力观、学习观等教育观念。打破旧的教育教学模

式、全面重构基础教育框架，促进群体儿童、青少年身心全面高质量发展。

我们的任务不是去鉴别、发现、寻找、筛选一小批"超常儿童"，而是着力去培养、开发、造就一大批优秀人才的苗子，促使更多的普通儿童达到理想(超常)发展水平。换言之，本机构的任务，就是打破教育体制中学前教育与义务教育之间的界线，将两者融会贯通，形成一体化设计的格局，走低重心起步、无接口过渡的道路，并打破普通教育与超常教育之间人为划定的界线，使两种教育融合在一起，走超常教育普及化，普及教育超常化的素质教育改革之路。

为此，我们创办了自己的教育改革基地，以脑科学为基础，以潜能发展心理学为依据，以乳婴儿为起点，以素质教育为目标，以"群体普通儿童理想(超常)发展"为主题，进行面向 21 世纪的全程(婴幼小)一体化教育改革实践。

培养既能创造地球文明，又能度过幸福人生，具有创新精神、实践意识、行动气魄且适应社会、人格健全、智慧超群，具备良好的团队合作精神、社会责任感和终生学习热情及自我学习、自我发展能力的新型人才苗子是我们的培养目标。

换句话说，基础教育不是培养最终的、不同规格的人才，目标自然也就不是"人人成才，才才不同"。基础教育需要培养的是人才的苗子，目标自然应当是"基础全面，人人达标"。

我们唯一的追求是儿童身心健康、和谐、全面、高质量、正迁移、可持续、多选择的理想发展。儿童的良好发展有着自身不可忽视的规律，科学地运用这些规律才有可能超越传统、超越常规、超越自身。

我们应当清醒地认识到：超越传统、超越常规是一项艰巨而又痛苦的工作。但是我们的事业是强国富民的基础，因此它又是一种"甜蜜的事业"。不要小看今天我们所做的一切努力，它在默默地改变人类千百年来形成的对自身发展的观念，今天我们前进的每一小步，必定会推动明日教育改革的大步前进。

我们的努力平凡但却伟大，人的发展是社会科学、自然科学最终关心的命题，有人说推动世界的手是摇摇篮的手！谁能把我们自己的努力定义到位，谁就能超越自我，超越"教书、办学"的范畴。只有具备哲人穿透历史的眼光，才能将责任与使命融入平凡，化成对事业、理想的追求。有人看轻理想与追求，更会若无其事地对待"责任与使命"，但正是对这两个词理解的差别，最终会形成个体发展巨大的差距。

人生的追求千差万别、选择多种多样。但我们必须明白，人生的选择不是生活的权宜之计，选择教师不仅仅是选择职业、选择寒暑假期，而是选择精神、选择追求、选择价值、选择生命方式。可以预测，随着时代的发展，温饱将不再是知识分子生活中的主要问题。社会发展、机制创新将使追求温饱这些变成过去时。当尊重知识、尊重教师不再是口号时，当"知识改变命运"成为人类生存差别的阶梯时，人们将更多地去追寻心灵的满足，去感受生命的挑战和智慧的神奇。然而在今天，谁能事先参透这一切而超越眼前的时空呢？这是历史与现实给每个人出的一份考卷，也许再过10年或20年回头看，谁都能找到圆满的答案，但事后诸葛亮只能买来反思，错过的将是一次次面对你的机遇。

来吧！选择教育、选择摇篮的人们，让我们用平凡造就非凡，用普通造就超常，用成长造就发展，用汗水造就收获，用一步一个脚印造就出飞跃。从来就没有救世主，我们的未来、教育的未来，需要我们自己去创造。

孩子是家庭的未来、国家的未来、世界的未来，孩子是父母的希望、民族的希望、人类的希望。

我们所做的一切努力，都是为了孩子今天的幸福和明天的成功！面对未来的一代，我们竭尽全力，倾我们的精力、智慧、爱心，让健康聪明的孩子多起来！

为此，我们全力把握孩子在我们手中的宝贵时光，本着儿童优先的原则，以儿童身心健康、理想发展为中心，以儿童身心健康、理想发展为目标，以儿童身心健康、理想发展为宗旨，用科学的育儿手段，进行专业的保育、教学，塑造我们新一代的未来。

我们坚信聪明才智、人格力量、兴趣爱好、态度价值是后天可塑造的人类共同的品质。

"十年树木，百年树人"，我们不相信一夜之间能够造就天才，也不追求半年一年出个神童，但我们坚信：心理品质的发展变化是环境不间断影响的结果，质的飞跃来自量的积累。塑造良好的品质、造就资优儿童、培养人才苗子，需要长时间不间断的努力。

但我们也要改"百年树人"一说。我们认为，人才发展需要时间，但也有时间限制。大脑早期塑造为发展提供了时间表,从大脑发育的角度说"十年树人"更有牢固根基!

为此,我们应当首先是机会主义者。善于把握教育时机,紧紧抓住大脑发育的可塑期,紧紧抓住大脑发育的关键期,紧紧抓住人生快速成长的早期,不失时机地进行我们的教育。

其次,我们应当是环境主义者,我们强调智商,也强调情商,还要强调体能商,但归根结底我们强调环境商数!唯有环境商数是智商、情商、体能商发展的根源。高质量的环境商数,是造就生命之商的根本,是身心健康、和谐、全面、高质量、正迁移、可持续、多选择理想发展的保证。在环境要素中,最重要的是教育因素,是人的因素。

我们应给孩子尽量提供安全、适宜、温馨、优美、开阔、丰富,充满探索性,具有功能性、应答性、启发性、示范性、阶梯性和可调性的成长空间。我们还要给孩子提供一个完整的生活经历空间。除此之外,我们还特别强调"潜在环境"和"微观环境"对孩子的影响,强调社会"大环境"和"特殊环境"对一代人的塑造,强调教师、家长一言一行、一举一动的重要作用。

我们认为:对于早期教育而言,单项发展是容易做的,只要努力就能达到一定效果,但全面、和谐、高质量、正迁移、可持续、多选择的理想发展是有难度的,不是所有人都能做到的。尤其是高质量理想发展,既考虑到全面、和谐,又能在高水平上持续发展才是我们追求的目标。

第二节 金色摇篮的教育理论 潜能发展心理学(略)

第三章　金色摇篮的教育理想：
群体普通儿童理想发展

第一节　面向全体的全面教育

面向全体的全面教育，是一个民族、一个国家教育的基本方针，也是金色摇篮为之奋斗的信念和宗旨。知识经济的今天，如果我们的基础教育继续是"选拔淘汰"的阶梯，依旧是"因材"而设的舞台，仍然是宿命论者集体无意识的屠宰场，那么，什么样的教育改革也难以最终奏效。

在基础教育阶段，面向全体的全面教育既是一个国家最最基准的教育目标，又是一个国家最高的教育目标。它是一个最简洁的描述，却又是一个最有难度的追求。"两全教育"反映了教育的本质追求和理想。可以说一切教育改革最终都是为了这一目的。我们应当清醒地意识到，要想实现这一目标，不是改革教材和教育方法就能达成的，而是要彻底地改变发展观和教育观。

今天教育改革困境的根源在于：我们的教育理想、教育追求、教育目标和实际的教育理论、教育原则、教育方法之间存在着无法统一的矛盾。

我们的教育方针和目标是面向全体的全面发展，而我们的教育理论则强调人是存在巨大的先天差异的，每一个人都不一样。根据这样一种教育理论，全面发展几乎是不可能的。而我们的教育原则正是在这样一种教育理论基础上形成的。因此，今天的教育是"因材而施教，扬长而避短"的教育，这种教育无法实现让每一个人全面发展的目标。结果可想而知，人的发展不是由方针、理想与口号决定的，而是由具体的教育原则、教育方法决定的。可悲的是，今天的群体两极分化和个体的失衡性发展，并没有被视为教育的失误，而是被当成了发展的必然。人们理直气壮地将"面向全体、全面发展"改为了"人人成才、才才不同"的发展目标。在这样一种可怕的观念误导下，我们的教育怎能会有根本性的突破？

我们认为，心理学最根本的任务是把那些人们意识不到的，但却明显影响发展的潜在因素揭示出来，告诉人们；教育学的任务则是把那些由心理学揭示出来的各种发展因素转变成目标因素和教学因素；教师的任务则是通过自身的努力使用那些教学因素去影响孩子，促进孩子的健康理想发展。

第二节　金色摇篮的发展原则

以儿童高质量全面理想发展为中心，强调一切教育、教学活动，一切管理活动都必须围绕理想发展这个主线进行，只有发展才是硬道理。

一、金色摇篮的发展原则

高质量全面发展必须符合以下教育原则：

(一)共性发展原则

早期教育是发展全体学生基本素质的教育，重视面向全体的基础发展原则非常重要。这种发展就是基于每个学生的共性特点提出的，也即所有人的潜能范围提出的。发展的目标是每一个学生的共同指标、基本指标，是每一个人类个体在成长过程中都应当达到的最基本的社会、道德、文化及技能标准。离开了这种认识早期教育就会走偏。根据共性发展原则，我们的口号是"基础全面，人人达标"。

(二)公平发展原则

学习与发展是所有儿童的权力，早期教育是起点教育，任何在起点上失去平等的做法，都有悖于教育基本目的。因此，在群体教育中，任何以孩子能力不足而剥夺孩子进一步获得发展机会的行为等同于教育犯罪；任何以孩子某项能力水平高而剥夺其他人同等发展机会用于满足个别孩子的特殊发展需要的行为都有失于教育的公平；以任何借口或方式导致的对儿童学习和发展的不公平行为都应避免。

如在传统教育中，在班组管理、课堂发言、活动展示、音体美等内容上常常是对学生选择性的，如喜欢发言的获得更多的发言机会，而胆量小的或更多的人则被忽视；有管理能力的可以获得更多的管理任务，而缺少管理能力的将更加没有机会获得锻炼。这根本是助长了少数学生的优越感，增加了他们的发展机会，泯灭了绝大多数学生的表达愿望，限制了他们的锻炼机会，增加了他们的宿命观。实际的做法是，我们要把发言或管理经验看成发展孩子表达能力或管理能力的途径和手段，是所有学生的学习内容和发展目标。因此，我们需要一视同仁，面向全体，轮流坐庄，均分机会，培养能力。

教育要从各个角度体现公平原则，否则多数孩子在发展中都将缺少公平的机会。如运动会可以为每个孩子创造自己的纪录，打破自己的纪录就是成功。

（三）全面发展原则

身心两健，德、智、体、美、劳全面发展，是塑造学生综合素质的重要原则。任何重知轻智、重智轻德、重分数轻能力、重学习轻实践、重硬指标轻软指标的做法都会对学生综合素质的良好建立产生不良影响。

早期教育的对象是发展中的儿童，他们的任务是全面发展，这是对所有个体而言的共性目标，因此早期教育的这种性质决定了我们的集体或个别化教育不是扬长避短，因材施教，而是因教才、扬潜促显，全面塑造。

（四）低重心发展原则

按照脑发育的规律，紧紧抓住早期大脑发展的可塑性，利用心理发展的各种关键期，降低教育的重心，强调低重心起步，将教育延伸到零岁是提高教育效益的关键。因此，我们将幼儿教育延伸到婴儿、延伸到家庭是非常重要的。动员起一切的力量，家庭的、社区的、学校的，共同来搞好早期教育。

（五）先行发展原则

早期教育是一个奠基教育，是为了日后可持续发展打基础的教育。早期有很多东西都可以学，但到底学习什么对后期的可持续发展会有更大的帮助，是我们关心的一大问题。因此，学习什么样的内容最能体现对后期发展的影响，就成了早期教育关注的重点。金色摇篮坚持习惯先行、动力先行、结构先行、工具先行、技能先行等原则进行教育教学。从一开始就瞄准教育的"终极目标"实施我们的教育，即从一开始就要将系统学习的内容、间接经验获得的内容作为我们学习的目标。有些内容从婴幼儿当前的发展看似乎影响不大，但这些内容却影响着我们终极发展目标的实现水平。如早期识字阅读，对早期而言并不重要，但对日后的发展尤其重要，它是终身自我学习的基础。这时，我们将早期识字阅读作为一个重要的发展目标就是一种朝向"终极发展"的目标。

（六）分离发展原则

不仅如此，金色摇篮还根据先听后说的原则、先看后操作的原则提供先行教育或分离式的学习。金色摇篮强调要正确全面理解全面发展的概念。金色摇篮认为，全面发展不是同步发展，也不可能同步发展。将全面发展理解为同步发展的教育，只能是"等待成熟"的教育，它的特点是所有的系统教育的起步，要等到个体理解力、操作能力发展到一定水平，能够同时进行"听、说、读、写、算"时才能真正开始。即所谓个体具有一定的"学习能力"才能开始系统学习。我们认为学习能力的获得也是通过学习而来的。只不过这种学习不是同步学习，而是异步学习，是先听后说的学习、是先看后认的学习、是先说后写的学习、是先认后算的学习。因此，金色摇篮根据心理发展的规律，将传统的整合式的全面学习按照成长的规律，分解成分离式的局部学习，强调能听就先听、能看就先看，强调发展不能等待。如金色摇篮的"笔顺识字法"和"视觉绘画法"就是利用这样的原理而设计的课程。强调全面发展不是要等到各方面都成熟了才进行教育，哪方面可以开始就从哪方面开始。

(七)重点发展原则

金色摇篮强调正确理解全面发展观还表现在：在全程教育的过程中，金色摇篮根据不同脑区域关键期出现的差异特点和大脑左右半球交替发展的原理，强调阶段性重点建构原则，抓主要矛盾和主要矛盾的主要方面进行教学，采用集中力量、个个突破的方式，发展能力打歼灭战，不搞齐头并进式的同步模式，不使用平均分配时间的方式进行教育教学。而是通过重点目标的发展尽快培养起儿童的自信心、成功体验，增加学习的兴趣，使得下一个目标的发展更加容易实现。重点发展原则更加符合学习、记忆以及技能发展的规律，可以提高学习的效率、激发学习的兴趣、培养自学的能力。

(八)高质发展原则

质量是发展的关键与根本，仅仅考虑到全面发展是远远不够的，如何全面高质量发展是我们必须把握的方向。只有将质量目标放在首位，才能走出平均分配、全面照顾，却如蜻蜓点水式的低质量发展的低谷。强调只有高质量才是发展的硬道理。高质量发展需要重新认识儿童的发展能力和发展潜力，不能一味地看小、看轻孩子，而是要了解在孩子身上那些不可思议的学习能力，并利用好这些巨大的天赋才能，充分地发展孩子的潜能。高质量发展的依据是每个人在自身的潜能范围内，都存在着理想表达机会和空间。只要我们能认识到这样一种潜能范围，知道个体的发展空间，就可以努力朝向这个方向。

(九)递进发展原则

在整个发展设计中，一方面，我们尊重儿童身心发展的内在规律，沿着儿童身心发展的顺序进行相应的教育教学，如按照抬头、挺胸、坐、爬、站、走的顺序进行教育，绝不跨越或倒置发展顺序，采用"小步骤、阶梯化"的策略进行教学；另一方面，我们还要采用递进发展战略，站在全程发展的高度上从头起步，沿着智力开发、能力培养、知识扩充、创造发挥、个性张扬的线路进行教育教学。

(十)全程发展原则

发展是一个连续的过程，因此，全程设计发展课程，从总目标出发一体化地安排教育教学活动，使教学活动前后贯通，使发展始终保持可持续性，才有可能为学会学习打下终生的基础。因此，我们要知道学习的终极目标是什么，我们才能设计出更理想的发展方案。

(十一)同步发展原则

在教育教学过程中，始终强调学校家庭的同步教育功能，我们认为只有学校的教育是远远不够的，家庭是另一半的教育。今天家庭教育中存在的问题并不比学校的问题要小、要少，可以说，一个学校或园所中孩子的差异很大程度上源于家庭教育的差异。因此，学校的任务不仅仅是教育孩子，更重要的是教育家长，让家长和孩子共同成长。教育家长成为理想的教育者，是教育孩子成功的一半。

(十二)反馈发展原则

在教育教学活动中，我们强调对个体发展的尊重，反馈性地为学生个体设计自己的成长阶梯，在集体教育中，强调个别化教育。在具体发展问题上，不仅要强调灵活、应变，更要强调"过一点与退一步"原则。反馈发展原则的核心是增加学生的成功体验和成功机会，使发展变得更有内在的动力。

(十三)超常发展原则

在潜能发展的区间里，超常水平是每一个正常儿童都能达到的一种高质量的表达状态，在理想的教育环境下可以自然表达的一种状态。本校发展目标是面向群体普通儿童的理想发展，理想的发展必然表现为超常发展，而所谓的"超常的发展"才是高质量教育下的正常回归。全程超越是我们的目标，即缩短教育周期，提高教育质量，培养高素质人才，使绝大多数学生达到超常发展的水平。

（十四）软硬发展原则

在教育活动中，人们容易重视硬指标的追求，而忽视软指标的追求，致使人格教育、道德教育、情感教育、公民意识教育等不受重视或仅仅只是在口头上重视。相反，对硬指标则采取强硬、机械、填鸭式的教育，以期完成任务。结果是，硬指标太硬失去学习的乐趣，软指标太软达不到学习的目的。因此，我们强调对于硬指标要软操作，对于软指标要硬操作的口号，即"硬指标软化""软指标硬化"的方针来进行全面教育。"硬指标软化"是指尽量在实现硬指标的学习方法上，多样化、趣味化、游戏化、生活化，让孩子不知不觉掌握硬指标；"软指标硬化"是指尽量让教师充分理解所有的软指标的意义和价值，让他们时时刻刻地放在心中，全过程、全天候地全员参与其中，去影响、去示范、去塑造新的一代。这样的提法，在教学过程中，也可以理解为显课程要隐、潜课程要显的逻辑。即显课程的目的，尽量在不知不觉中达成，潜课程的目的要明明白白地达成。如品德教育是一个软指标，没有死的标准，正是由于缺乏硬性的标准，才会导致具体操作上被放置一边，变得可有可无。为了达成这样的目标，我们要将这一软指标的内容渗透到硬指标的内容体系中去，又要尽量让它们显示出来，成为最重要的教育目标。

二、金色摇篮的教育原则

（一）百分之一百原则

一个孩子对于一个班、一个园，也许就是一个。但对一个家庭就是整个世界，就是百分之百！因此，在追求面向全体的全面教育时，一个都不能少、一个都不能忽视、一个都不能放弃！帮助一个问题儿童，不仅仅可以解救一个孩子，更是解救一个家庭，帮助一个国家。因此，拿出我们百分之百的耐心和爱心来对待每一个孩子，是教师的责任与使命。

（二）无缺陷赏识原则

金色摇篮的教师应当意识到问题往往是环境和教育导致的，孩子天生一张白纸，没有瑕疵，教师还要认识到问题往往是成长过程中必要的学习经历。在成长的过程，犹如婴儿将饭吃到脸上、将玩具放进嘴里、将大便拉在裤子上、走路跌倒一样，这些是成长中必经的过程、成长的必然，充分理解这些必然，用赏识的心态去对待，用赏识的语言去夸奖，用赏识的目光去欣赏，用赏识的动作去鼓励。爱是最美的语言、微笑是最具感染力的行为、赏识是最大的认同。赏识往往要在准备批评之前使用，当一个孩子坐不住时，我们往往是批评教育，但如果在这个孩子快要坐不住时给予一种赏识，表扬他已经努力坐了很长时间，这将有助于问题的纠正。

(三)潜能无限原则

每一个孩子无论经历了怎样的家庭环境，起点有多低，问题有多大，都存在着极大的发展潜力和纠正范围。这一点，教师首先要认识到，要自己树立起信心，不能放弃、不能失望、不能忽视、要让孩子从自己原有起点上出发，去挖掘自己的潜能。对于有些源于家庭教育的问题，纠正可以从家长入手，搞好家园配合是开发婴幼儿潜能最佳的途径。

我们的潜能教育是一种期望教育，它必须充满信心和希望地期待孩子的发展，对所有孩子进行积极正向的潜能评价，因此，它只有正标签，没有负标签，只有一种力量引导孩子，那就是向前的力量，向上的力量。

(四)体验成功原则

对于婴幼儿而言，成功体验尤为重要，为孩子设置合理的难度梯度，让他们体验成功、感受成功，并从中获得自信、获得快乐。教师应当意识到，对于孩子而言"成功是成功之母"，而不是"失败是成功之母"。用成功去为成功铺路，用小的成功去唤起更大成功的渴望，这就是教师应当做到的。这也是快乐教育要达成的终极目标。

金色摇篮强调"小步骤、阶梯化"的成功体验教育，就是要强调这一点。

(五)问题自查原则

没有教不好的孩子、只有不会教的老师；没有带不好的孩子，只有不会带的父母。孩子出问题要学会从环境中、从自身、从家长身上找原因。而不是一味地进行天赋的归因，将责任推到先天或遗传基因上去。我们要彻底地避免错误归因带来的不良影响，更不能因为孩子的问题而将孩子看死，失去纠正孩子问题的信心，放弃我们的努力，任其"自然发展"。

第四章　　金色摇篮教育战略及教学战术

　　教育改革是一个巨大的系统工程。教育改革需要确立自己的目标和口号，教育改革呼唤战略家、同时也需要战术的高度配合。

　　为了促进群体普通儿童理想发展，实现面向全体的全面教育，我们特制定金色摇篮自己的宗旨、目标、口号、法则、方针、自己的理念，以形成自己的特色。并通过确立金色摇篮婴幼园儿童发展的有关战略、战术、方法、途径、手段、教材，有目的、有步骤进行我们的工作，发展我们的事业。全面有效地促进每一个儿童健康幸福理想地发展。

第一节　金色摇篮的宗旨、口号、目标、法则

　　金色摇篮的宗旨是：普及科学的早期教育知识进入千家万户。

　　金色摇篮的口号是：面向全体儿童的全面教育！

　　金色摇篮的目标是：通过早期教育，促进群体普通儿童理想(超常)发展！

　　金色摇篮的心愿是：让健康聪明的孩子多起来！

　　金色摇篮的法则是：在通往智慧巅峰的旅途上，为每一个孩子搭建符合自身理想发展的阶梯，让每一个孩子都能从自己的起点出发，一步一个阶梯地发展能力、提升智力，塑造人格，并促使家长逐步成为自己孩子的最好教育者。

　　金色摇篮的方针是：低年龄起步、全员性参与、全过程设计、全天候分配、全方位入手，促进全身心发展。

第二节　我们的教育战略

　　以儿童身心健康、和谐、全面、高质量、正迁移、可持续、多选择的理想发展为目标，在尊重儿童人格的前提下，站在全程发展的高度，强调全过程设计、低重心起步、无接口过渡、主干性塑造、多维度提高、反馈式管理、高弹性选择、小组式教学、个别化辅导、个性化培养、重点性突破、持久性推进、超常规发展。在教育教学过程中强调以下八大要点：

一、突出一个中心

强调以儿童理想发展为中心。反对三个中心，即反对以教材为中心、反对以教师或家长为中心，反对以儿童为中心的观念或行为。评价教育教学行为和方法的标准就是看这一行为或方法是否符合"儿童的理想发展"。只有以儿童理想发展为中心，才能最终有效和高质量地促进儿童全面发展。

二、贯彻两全目标

强调用"四全方针"贯彻"两全教育"，实现"群体普通儿童理想发展"。本园采用全程脑建构教育方案，始终强调："全员参与的、全过程、全天候、全方位的"的四全方针，来全面贯彻"面向全体的全面教育"的两全目标。

三、兼顾三个层次

强调能量型、信息型、动力型三个层次脑力开发。在教材改革上，强调抓中间促两头，紧紧抓住信息型脑力开发的信息优选，科学合理地整合教材体系，带动能量型和动力型教材改革；在教学改革上，强调抓两头带中间，以动力推动、能量建构型脑力开发为主要目标，在进行动力型、能量型开发的基础上，兼顾知识的积累，照顾信息型脑力开发。

四、覆盖四类课程

强调生活实践课程、潜在课程、微型课程、领域课程四类课程的全天候覆盖，高效、科学地利用和分配时间，创造发展与学习的机会，注重脑的学习方式，不断转换目标内容，提倡积极休息的学习观念、使大脑各区轮流休息。

五、重视五大领域

强调重视基本的运动操作领域、言语领域、认知领域（科学领域）、艺术领域、社会领域。

六、协调六段发展

金色摇篮对整个教育阶段采取六段式整体设计，其中基础教育阶段涉及前三个阶段。这六段式分别为：脑力开发（0～4岁）、能力培养（5～8岁）、知识扩充（9～12岁）、学科多元化（13～16岁）、探索发现（17～20岁）、创造发明（或个性张扬，21～24岁）。我们认为不同时期、不同阶段，有着不同的发展重点。但这些阶段并不是相互分离的、无关的，它们既相互独立又有机联系，既相互分离又互相重叠。

七、强调多元学习梯度发展

金色摇篮反对对学习进行狭义的理解或解释。学习不仅是你教他学的过程，学习不仅发生在课堂，学习不仅是知识积累的过程。强调广义学习的概念，我们认为学习不仅是直接经验的获得，更是间接知识的掌握。但在系统学习过程中，不仅要"坐"下来学，更要"站"起来行。我们强调学习是多元性的、多途径的、多形式的，而且学习是递进式的。因此，我们提倡多元拓展性学习，强调梯度性的发展。在学习的过程中，我们还要将所谓自然学习或自然获得的规律与间接学习或系统学习的规律整合起来，构成一个更加完整的学习系统。

八、实施全程管理

金色摇篮强调全程管理首先是战略管理。即前馈性总体目标设定，反馈性阶段性目标管理，全过程成长环境及教学质量控制，全过程儿童发展质量动态管理，全天候课程设计，全方位身心目标，在宏观上采取"维度、内容、时间、过程、目标、质量"十二字管理方式，即维度确定、内容选择、时间把握、过程控制、指标评价、综合实施等手段，确保本园的孩子身心发展三部曲(达标保底、超标发展、脱标分化)，即第一阶段达标保底，第二阶段超标发展，第三阶段脱标分化，并且强调特长发展不封顶的原则。为此，金色摇篮的老师要掌握有关儿童早期发展的各项指标，知道它们在某个年龄阶段中所处的位置，有效地制定出每一个孩子的最近发展区，促进孩子高效全面地发展。

第三节　金色摇篮的战术

一、发展战术

按时间顺序，协调五段式发展，早期发展要照顾前三段，即快速提升智力、基本能力培养、基础知识扩充。

（一）快速提升智力

原则：利用早期大脑发育的敏感性和关键期，在大脑的高度可塑的时期内，以"快速提升、均衡塑造、关键期强化、左右同步、优势保持"等策略开发智力。具体地说：

第一步，利用快速分化期孩子发展的巨大潜能及大脑可塑性极大的特点，促使智力达到高水平发展。

早期是大脑质量发展的关键期，是个体快速生长、发育的时期。这时大脑处在最佳的塑造状态。这一时期，个体的不断分化是最根本的特点，可以高质量发展，也可以低质量发展。每一个孩子都在日新月异的成长变化中，逐步完成着自己在群体中的分化和在智力分布上的定位。因此，早期是大脑质量发展的关键时期，是高质量发展对低质量发展的关键期。我们要充分利用个体早期大脑依赖环境影响快速分化的特点，抓紧每分每秒，丰富环境刺激，提高环境质量，使每一个正常婴幼儿快速提升智力水平，达到高水平理想发展，缩小个体之间在分布上的差异，这是一切素质教育的起点。

第二步，利用全脑发育用进废退的原则，左右开弓，确保全脑均衡发展。

早期还是遗传为大脑全面发展提供的唯一的一次机会。早期是大脑各区域结构发展的一个最关键的时期，是形成全面均衡的全脑结构的关键期，反之也是形成优势偏好的关键时期，这个时期可以称为均衡对偏好发展的关键期，即结构发展的关键期。孩子出生时，大脑的各个区域都处在初始化的水平上，处在同一起跑线上。这时，如果我们没有注意环境和教育对孩子大脑全面的影响，没能有效地促进全脑全面发展，就会带来失衡性的发展，导致一个区域的发展会抑制另一个区域的发展。表现偏好性发展或结构缺陷性发展。为了避免早期发展的失衡，确保孩子全脑发展，全面发展，应当抓住早期这个唯一的发展机会，进行多渠道全面提升。而早期"全要素植入法"是我们提倡的重要方法。

第三步，利用各脑区发育不同的关键期及交替性发展等特点进行阶段性、针对性、重点性强化，达到高效率发展的目的。

早期大脑的各个区域存在着各种能力发展的关键期、敏感时期，无论是听觉的、还是视觉的，无论是言语的、还是运动的。不仅各个区域按一定顺序呈现出敏感的特点，左右脑还呈现交替发展的特点。利用脑的这些特点，及时进行各种心理行为的关键期教育，采取重点突破的方法，促进各种心理能力的快速发展，就能最终达到事半功倍的效果。

第四步，利用个体倾向性及环境倾向性在高水平发展上形成个性特长高水平分化，以保持个体的优势。

早期也是个体倾向性发展的关键时期。每个孩子都依照自己天赋中独特的成分，在自己特有的环境中显示出与众不同的发展。在促进每个个体高质量发展的同时，利用"扬潜促显"的发展原则，确保个体在倾向性的高水平发展上形成个性特点。

（二）基本能力培养

利用早期感知运动整合发展的关键期和早期大脑的无意注意、无意记忆、机械记忆和快速分配注意力的特点，采取全要素植入法进行"工具型"知识和常识的贮备，并进行全方位基本技能的培养，形成初步的生活自理技能，表达、交往技能，阅读、计算、书写、电脑录入技能，轮滑、跳绳、游泳等运动技能，绘画、舞蹈、器乐等艺术技能。既为综合高效率地知识扩充打下基础，也为多选择的发展埋下伏笔。

（三）基础知识扩充

随着年龄的增长，在脑力开发和基本能力培养的基础上，提供丰富的知识内容，进行快速知识扩充。利用已经形成的理解力、记忆力和初步的学习能力，大量地接受信息型的系统教育，为进一步的系统学习、研究和创造能力打下良好的基础。

二、开智战术

利用我们对大脑在环境影响下发育原理的理解，设计三层次脑力开发方案，建立以能量型、信息型、动力型三层次立体建构的教学设计模式。强调能量型开发、信息型开发、动力型开发三层次开发同步走，即"能量建构、信息选载、动力推动"三层次目标，并以"抓两头、带中间"的战术实施。即紧紧抓住能量型开发和动力型开发，来带动信息型开发。在孩子成长的过程中，全过程、全天候、全方位、有重点地利用三层次开发设计显性与隐性课程，树立发育成长、行为塑造、知识接纳同步发展观。

（一）生理性智力开发，能量型开发

在儿童的早期发展中，大脑接受环境中的刺激能而发生变化。能量型开发就是强调来自视觉的、听觉的、触觉的、平衡的、运动的、言语的各种刺激的能量作用。只要我们不断地在让孩子看、让孩子听、让孩子动、让孩子说，大脑能会通过各感知运动器官获得大量的刺激能，从而神经系统得以完善、丰富，最终影响身心的发展。能量型开发强调一定的强度，大脑对刺激采取全或无的反应方式，在反应阈下的刺激不引起大脑的变化。同时，大脑还以上行非特异激活系统的方式，直接将刺激因素中的信息成分，在网状结构中消除，只将刺激能弥散到大脑的各区域去，促进早期大脑的发育。因此，能量型开发，不强调理解，只强调听到、看见、动起来，强调刺激总量是否足以达到影响大脑神经网络建构的要求。因此，金色摇篮认为早期生理性智力开发"看见比看懂重要、听见比听懂重要、动起来比怎样动重要、记住比理解重要"。

（二）心理性认知开发，信息型开发

就是通常我们说的知识教育、领域学习、信息接纳。信息型课程强调信息本身价值及效用，利用文化积淀最深的、实用性最强的内容、选择对智力开发最有效的内容，进行智力开发，达到学有所值，扩充和积累知识的目的。

但它和传统教育教学活动也有着根本的不同。我们可以把传统教育理解为纵向式的（对自然发展观的说明）、展开式的（因为理解的需要）、同步式的（成熟为指标的）、分散积累式的、缺少梯度式的。

而我们对教育的理解是横向式的、压缩式的、分离式的、集中突破式的、梯度式的，在发展孩子的认知能力上，采取压缩建构概念方法，短期、快速达到丰富概念、深化概念、掌握概念的程度。

（三）心理性非认知开发，动力型开发

强调教育的心理功能，强调言行举止对儿童情感、心理、个性品质的影响，强调教育的动力作用、言语的积极暗示作用，强调成功在孩子成长中的作用与价值。通过与教学内容相关的言语动作情感方式，帮助孩子建立良好的自我评价系统、努力激发孩子的兴趣、好奇心及求知欲，充分重视挫折承受力的培养。发展一个人良好的心理动力系统，就如同给机器装上一个强大的马达。从这个角度讲，好的教育是能够触动心灵的教育，好的教育是能够赏识成功的教育，好的教育是能够激发兴趣的教育，好的教育是能够舒展心胸的教育，好的教育是能够张扬个性的教育，好的教育是能够促进创新的教育，好的教育是能够养成习惯的教育。

动力系统是自我评价系统中最具光彩的部分，那些与自信、自强、自律紧密相连的良好个性品质，是个体一生发展的动力。因此，我们强调在教学过程中要贯彻"了解、关爱、尊重、赏识"八字方针。

智力开发不是以知识学习为目的，而是通过学习各种知识技能的一种手段，帮助大脑建构，培养动力系统。因此，三层次开发时，我们的观念中一定要以抓能量型和动力型开发这两头为目标。由于刺激输入需要载体，这个载体就是信息，因此，强调刺激输入一定会同时导致大量信息输入。

1. 智慧发展具体战术

三水平智慧结构方案。智力开发、能力培养、知识扩充叠式发展。其中：

智力开发是核心目标，它是以神经系统建构为目的的"内化型"发展；

能力训练是中心目标，它是以多器官感知运动协调为目的的"外化型"发展；

知识扩充是外在目标，它是以功能性知识结构为目的的"表现型"发展。

2. 人格发展

三维度个性发展方案。以精神风貌为核心，促进社会适应、养成教育、人格塑造三方面的发展。精神风貌是一个孩子外显的灵魂、情商的核心。开朗、积极、向上的人格在个体发展中是越来越重要的心理品质。

总而言之：三层次脑力开发方案包含了各个层面上的法则，其中：

"能量建构"是生物界最普遍法则，在所有的生命现象中这一法则普遍存在。

"动力推动"是高等动物界的一般法则，所有的高等动物都存在动机的推动。

"信息选载"是人类特有的法则，只有人类可以将总结了的经验和知识通过间接的方式传递下去。

三、课程战术

在课程上，金色摇篮强调四类课程全天候覆盖方案：即生活实践课程、领域课程、微型课程、潜在课程。

儿童发展需要全天候的教育管理，金色摇篮通过全天候的课程覆盖方式来实现。儿童身心发展有许多领域，而不仅仅是课程式的发展，如自理能力的发展，而在语言方面，儿童发展的不是语文，而是言语能力，像交往能力。

全面、和谐发展需要对发展领域有足够的认识，强调生活实践课程，对儿童社会适应能力、生活自理能力、探索能力、独立性、个性发展有重大作用。

强调领域课程对全面把握、综合发展起着重要的作用。

儿童心理具有自己的特点，短时间注意力集中需要课程短小有效，因此设计各种三五分钟的微型课程，对孩子大有必要。如金色摇篮的电脑视觉训练、手指操、歌曲、生字复习等。

孩子天生具有一心二用的能力，充分利用这种能力，提供潜课程会大大提高学习效果。

因此，我们强调在一些教学目标实施中，增加一些其他课程，如听力课程，会起到意想不到的作用。同时，环境对孩子具有极强的感染力，教师要重视自己的一切行为举止。

充分利用时间和空间，进行全方位的课程安排。通过生活教育，发展社会能力；通过领域课程建立全面和谐发展观、通过微型课程不仅可以符合孩子的注意力特点，还能有效地利用边角时间，强化对时间的利用概念；通过潜在课程增强全过程、全天候教育观。利用课程形式的转换，强调学习的多样性，减少大脑的疲劳，达到最佳地使用大脑。

四、教学战术

在教学方法上，采用班级式管理、分组性教学，集体性设计、个别化督导，总体性目标、阶段性实施，主干式发展、分支性巩固，领域式维度、整合性操作，集中式学习、分散性巩固；小步骤循环、阶梯式递进，重点性突破、不间断强化，反馈式调节、倾向性选择、个性化发展等教学原则。强调动静结合、学做结合、听说结合、家园结合、保教结合、长短课结合、室内外结合，进退结合。强调通过"程序教学动力定型"；利用"环境教育潜移默化"；借助"养成教育习得自然"。并牢牢抓住以下几个关键：

（一）按思维发展规律进行教学原则

思维发展有其自身的规律，从直观行动思维，到具体形象思维，再到抽象思维，这三种水平的思维代表三个阶段的思维发展，不同的阶段应抓不同的重点。

如两岁前应重点放在感知运动能力培养上，2～4岁应放在形象思维能力的培养上，4～6岁应放在表象到抽象思维过渡的培养上。

表象思维的基础是表象记忆，表象是我们未开发的右脑一个极大的宝库，右脑的开发能够改变我们获取知识的方式，表现的方式和思维的方式。

表象思维训练由表象记忆训练开始，表象记忆训练遵照由简到难、由慢到快、由短到长等难度梯度原则。表象是外在对象的内化，因此它可以是独立的、静态的，也可以是连续的动态的。大脑加工表象的能力是一个技能化的过程，表象再现的能力是一步一步训练获得的。特别是大脑有意识地快速提取表象并清晰稳定地呈现在脑海里，是一种因训练而获得的大脑品质。

（二）按概念形成的规律进行教学的原则

概念形成有自己的规律，并按一定的过程发展。概念形成不是一次完成的，而是在不同年龄中反复学习而逐步获得的。例如，（1）认识某一些人或某一些事物；（2）了解突出特征或功用特征；（3）了解某一事物若干特征的总和；（4）初步了解本质特征；（5）掌握本质特征。

因此不应希望孩子一次达到了解或掌握一个概念的目标，而是在不同的年龄阶段，达到本年龄阶段的目标。但我们的教师，在理解了这样一个基本概念以后，更要重视，概念形成有其自然规律，这种规律仅仅适用于自然发展，超常发展需要超常规律，需要对概念形成的本质有更深层次的了解，只有这样才能在最短的时间内，达到最佳的教育效果。这就是大题量、多维度、短时间、浓缩性、递进型、尝试顿悟发现式概念快速形成教育法。

传统学习，追求理解学习，总是希望每个目标各个击破。导致不同的年龄阶段，独立地学习完整概念，使不同年龄阶段的学习任务及学习方式几乎一样，这样违背了概念形成的规律，使学习效果低下。

为了改变这种学习方式，我们强调概念形成的层次学习，第一个阶段学习认识一些事物；第二个阶段了解这些事物的功用特征；第三个阶段理解这些事物的多项特征；第四个阶段进行这些事物的归类及分类学习并初步了解这些事物的本质特征；第五个阶段掌握其中部分概念的本质特征。

（三）按技能形成的规律进行教学的原则

智力技能是指组成这种活动方式的动作是在头脑内部实现的。它是在头脑内部对事物进行分析与综合，抽象与概括等智力活动方式。

操作技能是指组成这种活动方式的动作是由一系列的外部活动或操作构成的。它是通过练习形成和巩固起来的随意行动方式。因此，练习或训练就成为操作技能发展的最基本方式。其中，熟练化、自动化、动力定型、随意化是技能成熟的表现。

本园的教师必须充分理解和掌握技能学习的规律，高效率组织有效的教学活动，高度重视效率概念，反对一切无效的教学活动。

在教学方式上，采用技能学习的整套规则：

1. 单位时间的强度原则：任何学习一经开始，在单位时间内要注重一定的量的重复及强度指标。

2. 跨度时间的重复原则：任何学习一经开始，在每一天中要有几次重复。

3. 连续时间的持续原则：任何学习一经开始，在一个周期内要从不间断地每天进行，直到达到要求。

4. 时间空间的整合原则：任何学习一经开始，要充分利用时间和空间，从不同侧面、不同角度，借助不同方式进行强化效果。

五、学习战术

全面理解学习概念，全过程安排学习时间，高弹性分配时间。我们反对一切机械的方式理解学习过程，更不赞成学习就是"我教你学""课堂学习""知识学习"的观念，也不认同儿童的学习就是游戏的观念。我们认同广义的学习概念，强调婴幼儿的主导活动就是学习，强调一切活动对孩子的影响，强调学习的多元性，强调学习的拓展性，强调学习不仅仅发生在教育者的指导下，学习是全天候的过程，孩子只要清醒时，学习过程就在发生着。为此，我们强调生活即学习、交往即学习、游戏即学习、模仿即学习、探索即学习、尝试即学习、训练即学习、坐下来学也是学习。

我们追求生动活泼的主动学习，但我们不反对提"被动学习"的概念。"主动学习"不仅是一种能力，更是一种发展目标，它是一种因学习而获得的能力。儿童主动学习的能力需要培养，被动学习是通往主动学习的阶梯与桥梁。

我们强调直接经验的重要性，但我们也坚信间接经验的获得是一个个体高质量、快速发展必不可少的条件。个体无法事事过程用自己的亲身经历去领悟、去发现、去总结，人类文明的财富需要通过系统的间接经验来获得。因此，学校系统的学习必不可少。我们强调不仅学校，而且家庭、社会都是最重要的学习场所，对于婴幼儿来说，家庭尤为重要，我们强调参与及实践的重大作用，我们认为兴趣是学习最大动力，快乐是成长的最根本要素。

我们充分强调教学内容的基础性、连续性与超前性。强调对课程全面的理解，有助于对儿童心理结构与功能的长效影响。强调教学内容与儿童心理发展水平的对应性，强调园内外学习的和谐性和互补性。

六、反传统战术

也是我们的超常规的三大教学原则：

1. 在常规教育停止的地方开始我们的教育、深化我们的目标，开发孩子的智力、提高孩子的能力。

2. 在常规教育赶进度的时候，放慢我们的脚步，巩固我们的基础，促进脑的功能定势。

3. 在常规教育忽视的地方，建立我们的维度、创设新的课程，弥补发展的欠缺和空白。

学习内容或材料选择的价值观：

原则：强调习惯先行、结构先行、工具先行、技能先行，强调知识的积累性、迁移性和可持续性，强调多功能性、实用性、有效性，强调表现性、强调基础性、少重复性等。

我们认为，早期的科学发展，为后期的自主发展打下良好的基础，早期的系统管理，为后期的自我管理打下基础，早期的被动学习，为后期的主动学习打下良好基础。早期多花时间为后期少花时间打下坚实的基础，这一切就是早期教育的任务。

最后，我们要说，环境的一切要素都在影响我们的孩子，但那些有强度的、有规律的、有目的的、适合孩子发展年龄特点的要素，会产生更大的影响。

我们相信，良好的习惯对一个人有巨大的影响，习惯是第二天性。那些天生的东西，很大程度上是早期的东西，正如俗语所言："习惯成自然，自然成天性。"

我们认同创造力是一个人智力发展的最高表现形式，但我们还是要强调，创造的基础是熟练。我们的口号是：熟能生巧，巧生创造；没有原型，没有变型；没有变型，没有创造。这里熟练的"熟"是要熟悉相关知识，"练"是要练就能力。

万物之灵的人类给予自己的后代都有一次超越平常，理想发展的机会，这是一次稍纵即逝的机会。只在人类个体发展的早期存在。它在我们的手里，我们没有任何理由让这宝贵时光从我们的手里溜走！

我们只有一次脑的发育，它从胎儿开始分分秒秒日新月异。是那样神奇、快速、不可思议般地高效率地发育变化着，这就是大脑——我们的神经系统。这里最容易建构成世界上最复杂、最丰富、最精细、最宏伟的建筑，创造出无限的智慧；这里也最容易留下终身的遗憾，那就是孩子的不良发展，它将永远伴随着你，时刻影响着你。这是一种挥之不去的阴影，难以愈合的伤口，无可奈何的悔恨，是一种无形的阻力，潜在的障碍，是无情而又不可回避的事实。

因此，抓住它，把握它，升华它，不仅是每一个教师应尽的责任，也是家长、社会应尽的责任。

我们选择了婴幼儿教师这个职业，我们就同时承担起那对孩子、对家庭、对社会、对民族的一份责任。

第五章　金色摇篮教育教学管理原则

理想的教育离不开科学的管理，金色摇篮强调在宏观上采取"维度、内容、时间、过程、目标、质量"六要素管理方针，进行综合实施，最终达到理想的教育。

第一节　发展维度管理

儿童是多元的。因此，发展也是多元的。维度的选择与平衡，反映出我们对全面发展或多元发展的理解水平和层次。尤其是强调全面发展的早期教育，对发展维度的重视要上升到管理的层面上来。

在发展的形式维度上，我们强调三层次发展，即能量型发展、动力型发展和认知型发展（相关内容见前面章节）。

在发展的内容维度上，我们强调身心全面发展、软硬共同发展，在显性的发展维度上，强调五大领域发展，即语言领域、认知领域、运动领域（大运动与精细动作）、艺术领域、社会领域；在隐性维度上，强调态度、价值、习惯的培养。

在重点发展维度上，我们强调特征智慧的维度，强调符号智慧、操作智慧，强调运动智慧。

总之，金色摇篮在早期或基础教育阶段，强调每一个孩子都要全面发展。全面地打基础是早期教育或基础教育的根本。强调多维度同步发展就是为了实现个体的全面发展。这些维度，我们通过金色摇篮的课程和教材体系将它们固化和结构化，其中一些难以实现的软指标，我们则通过家园联系手册来进行家园合作，并通过课程设置、课程安排和活动等方式，利用全天候、全过程的时间实施。

第二节　发展内容管理

每一个维度中都有许多发展内容，选择什么样的内容、什么样的要素就变得至关重要了。更为重要的是内容和内容之间的关系，谁先谁后，孰重孰轻，是教育战略管理中非常重要的要素。

金色摇篮在内容的确定上，根据先行原则确定内容的先后，如工具先行、技能先行，遵循"基础性、实用性、正迁移、可持续"等原则进行内容选择和结构，根据年龄特征和难度特征进行学习安排，强调全面的发展、有重点的突破以及小步骤阶梯化的递进，并根据特征智慧的理论安排重点的学习内容，强调符号学习的重要性，强调操作能力发展的必要性，重视运动能力的培养，促进创造力的发展。

发展内容中涉及一些硬指标和软指标的问题。一般而言，硬指标容易实现，软指标难以达成。因此，金色摇篮强调硬指标要软化，软指标要硬化。尤其重视软指标硬化的问题，这是个体发展的重要内容。无论是态度、责任、价值，还是情感、道德、个性品质，都是需要极大地给予重视的发展内容。

第三节　发展目标管理

有了维度和内容，目标追求就成了首要的任务。儿童成长过程中，分化是一个永远进行的过程，良好发展是其中一种高质量特征，不间断的良好分化，必须经历一个对发展目标全过程的动态质量管理过程。高质量的发展其关键在于：

一、总目标清晰原则

金色摇篮婴幼园儿童发展的总目标，是根据潜能发展心理学对儿童心理发展能力的理解，进行预先的前馈性确定的。

众所周知，制定阶段性发展总目标需要一个参照系。通常的做法是根据群体在某个年龄阶段发展的平均值来确定的，人们认为这个平均值反映了群体的平均标准，代表了这个群体的共性规律。然而，金色摇篮的参照系不是群体发展的平均值，而是群体发展中分化良好、排列在整个分布最前面个体的理想值。我们之所以使用这样一个指标来确定个体阶段性发展的总目标，是基于群体中良好发展的个体的实际水平，不仅代表了个体的现实状态，也同时反映了这个群体每个孩子的潜能范围。

我们基于每个孩子都存在相同、相近的潜能这样一种认识，期待通过良好的环境和教育保障，可以促使所有的普通儿童都能达到这样的理想目标。这些目标通过一定的领域维度被确定下来，每一位教师必须对所有维度的阶段性发展总目标非常清晰，心中有数。

说得通俗点，我们常常将一个群体中前 5% 个体可以达到的水平，理解为这个群体应当发展的目标。

二、领域阶梯目标必须明确原则

任何一个阶段性的发展目标，都需要分解成一定的步骤、通过一定时间来完成。这些步骤就是实现某一总目标的发展阶梯，而梯度发展就是实现阶段性发展目标的原则。无论是言语能力还是运动能力，无论是绘画还是认知都是如此。如在实现阅读能力发展这样一个目标时，我们根据年龄特点将发展阶段分为亲子指读(听读)期、背读(指读)期、指读认读期、脱指阅读期、快速阅读期等，并配合识字教学加以实现。

总之，本园的身心发展目标不是一步可以达到的，需要分解成许多步骤来完成，对于本园的教师而言，其中所有重要的目标阶梯必须非常明确，如运动目标之一跳绳，必须通过从出生到 5 岁的不间断的梯度目标的完成才能最终达到。如先完成走、跑、跳，尤其是双跳离地连续跳高，当这个指标达到每分钟 160 个左右时，就可以开始跳绳练习。先从看别人跳绳(视觉学习)，到尝试跳绳(感知运动体验以及尝试错误)，再到跳绳训练，最后是拓展跳绳游戏，进行花样跳绳。

我们把这样的过程称之为"纵向梯度发展方案"。

三、不间断朝向目标原则

本园儿童发展的总目标是事先确定的，领域内重大发展目标在办园过程中不可更改，重要要素的发展目标一旦确定，教师必须始终如一不间断地朝向目标进行努力。

教师必须重视家园一体化教育的重要性，与父母进行高效的联系，将整个早期发展的目标不仅视为园内的目标，也视为家庭的目标。这一点非常重要，园所只是一半的教育场所，另一半更重要的场所在家庭。

在教育过程中，不仅要通过小步骤、阶梯化的方式去一步步地达成目标，还要重视并通过"重点突破"的方式，"打突击战"的方式直到目标达成，不能三天打鱼，两天晒网。当一个目标基本达成后，更要强调通过"持续性强化"的方式，不断提高技能和知识水平，进行"拓展学习和发展"。这一点往往难以做到，教师们常常习惯于在完成一个发展目标后立刻转向其他目标的追求，而忽视对这一目标的持续性巩固，更对拓展发展缺少必要的重视。

然而，不间断地朝向目标，就是要在持续发展上、变式发展上下工夫，使发展成为一种必然。

四、目标课程准备原则

重要要素一旦确定，目标分解及课程准备工作必须在月初课程开始前完成。我们认为，不仅要对月课程目标非常清楚，才有可能达到目标要求，更重要的是还要非常了解班里的每一个孩子的实际状况，了解他们的现有能力水平，只有这样才能有的放矢。

对某一阶梯上的目标达成，需要使用多元学习策略。充分意识到，学习不是机械的过程，不是你教他学的过程，不是仅发生在课堂教学的过程，而是全天候、全过程的，是多元发生的，可以是生活学习、模仿学习、交往学习、探索学习、游戏学习，也可以是坐下来系统学习。教师为了达成目标，要进行多方面的准备，使学习充满乐趣。

五、全天候、全过程目标追求原则

孩子不只是在你安排的课程内发展着，而是在全天候时间段里接受影响并发展的。因此，要树立全天候、全过程的发展意识，将近期的发展目标与生活的各个环节相联系，做到目标心中装，一刻不放过。必须强调的是，我们不是要强行达成目标，而是要在不知不觉中快快乐乐地让孩子达成目标。教师要做有心人，才能搞好平时的教育。因此，对身心发展阶段性目标全过程的追求意识必须占据教师的脑海。

六、全过程目标潜课程到位原则

潜课程不仅它对孩子具有潜在的影响，而且因为它一旦被人们发现和利用就能转化成目标课程，尽管在形式上它仍然保留着自己的特色，并能与有些目标课程及活动同时实施，它对孩子长期影响的结果是不可忽视的。潜课程还能成为一种准备性课程，为一些将要开展的学习进行听觉的准备，如在言语、英文、拼音、音乐教学等方面，提前的潜课程学习，为真正开始的学习打下良好的基础。

第四节　发展时间管理

全过程全天候时间管理原则：金色摇篮管理时间的口号是"珍爱时间，惜时如金"。

一、时间、时机要素

发展是在时间维度上的变化，发展离不开时间，发展需要时间，高质量全面发展不仅需要对时间的有效利用，还要对时间合理的分配，有时间就会存在时机的概念。时间与时机是儿童发展不可缺少的要素，高质量的教育就是要解决怎样在相同的时间里使儿童更高质量地发展这一教育科学命题。这一命题本质就是：

1. 怎样有效高效地利用时间？
2. 怎样合理科学地分配时间？
3. 怎样及时正确地把握时机？
4. 怎样科学艺术地创造机会？

其中有效合理地利用和分配时间是对发展的一系列战略选择，科学艺术地把握时机和创造时机是对发展的各种战术选择。最后根据对发展的评价，灵活的调整战略战术，是对发展的过程管理。

金色摇篮潜能教育改革中的一个重要任务就是在同样的成长时间里，培养出与众不同的高质量全面发展的孩子。

时间对每一个人都是公平的，但对发展的认识和理解的不同，会导致对时间的利用和分配的极大差异，还会导致对时机把握和机会创造的本质区别。金色摇篮潜能教育的发展战略及战术正是基于对发展的全新理解而制定的，它与时间及时机密切相关。

金色摇篮站在全程发展的高度，从发生发展的角度起步，在强调终身发展、终身学习的基础上，强调早期发展的重要性，在强调全程一体化持续性发展的基础上，强调阶段性重点突破性发展。

从整个发展目标上，金色摇篮采取六段式时间分配方案来实现个性发展，依次为智力提升、能力培养、知识扩充、学科分化、探索发现、发明创造。

在全面高质量领域发展上，金色摇篮根据阶段性发展规律和发展关键期理论采取重点突破式的歼灭战与一步一个脚印的持久战相结合的战略分配时间。

在一天的教学过程中，金色摇篮采取四类课程全天候覆盖的方式促进发展，即生活课程、潜在课程、领域课程及微型课程。在指标控制上，金色摇篮采取三段式指标控制：即达标保底、超标发展、脱标分化。所有这些安排和提法都是与时间及时机密不可分。

可以说，时间是一切活动的限制因素，人类的一切活动都有受到它的制约。因此，不论做什么工作都不能忽视时间。时间的特殊在于它对每一个孩子都是绝对平等的，不论出生富贵还是出生贫穷，不论孩子的父母有没有文化，从重视早期教育的家庭到相信自然成长的父母，他们拥有的时间都是相同的。不管你用不用它，也不论你怎样用它，它都照样损耗，绝对无法贮存。今天过去了，就永远不会回来。真可谓机不可失，时不再来。

因此，时间的特点：一是公平；二是稍纵即逝。时间对每一个人，每一个成长着的孩子都是一样的；时间是唯一的，浪费的时间不可再生。

从事教育的人们应当意识到，尽管时间对任何人都是公平的，但由于每个人使用时间的方式不同，对时间的意识不同，其结果是每个人的有效时间是不同的。

因此，时间是有价值差异的，俗话说："一寸光阴一寸金。"不同人的时间价值有很大差别。决定这种差异的是时间效率，单位时间里工作效率越高，时间价值就越高。因为时间是效率的分母，时间消耗越少，效率的值就越大。

谁能尽可能地使整个发展的有效时间增加，谁就有可能创造出更理想的发展。可以说：时间就是质量、时间就是效率、时间就是发展、时间就是变化。

决定时间利用效果的因素主要有以下几个方面：

1. 做机会主义者，根据发展的内在规律，利用发展的可塑期、关键期等机会，事半功倍地进行教育。

2. 在更小年龄里进行科学系统的教育，低重心起步导致的时间总量的增加。

3. 充分利用"边角"时间，增强时间意识，用分秒计算时间，导致可能浪费的时间减少。

4. 进行教学方法改革，寻找最佳的教学途径，缩短教学过程，提高时间利用效率导致的时间节约。

5. 最终通过有效的智力开发，提高个体整个学习的能力和效率，导致的时间成本降低。

可以看出，时间是可以管理的，时间效率是可以改变的。时间的发展遵循着一定的规律。虽然这是一种十分难掌握的高级规律，但只要掌握了这种规律，就可以有效地管理自己的时间，在相同的时间做更多的事。

二、对时间的管理

一般来讲，对时间的管理，就是要尽可能地充分有效利用时间，尽可能合理的把握时机，尽可能艺术地创造机会。应遵循以下的原则：

(一)时间—目标原则

1. 永远把时间用于对总的发展目标的追求上：高效率利用时间需要养成对目标的不断追求，能始终不要忘记自己的教学目标，始终朝向自己的教学目标，是高效率利用时间最关键的原则之一。金色摇篮的小步骤、阶梯式的持久战训练方案就是时间目标原则下的产物。

2. 在每一个具体目标上，总是善于集中使用时间。使用时间最忌把时间切成零星的碎片，把一件完整的工作肢解，分几次完成。要尽量把自己的时间集中起来使用。集中时间的多少要依教学任务的需要量而定，金色摇篮的重点突破性课程就是集中精力打歼灭战的最好例子。

(二)时间—效率原则

1. 时间的计量单位要小，这样可以提高时间的意识。把时间分解成最小的单位进行计算，分秒计算。金色摇篮的教师不是翻日历的人，甚至不是看钟表的人，而是掐秒表的人。神经系统的早期发展不是用天、用月、用年来计算、来把握，而是用小时、用分钟、乃至用秒来把握。分分秒秒的时间意识是金色摇篮教师应具备的时间意识品质。因此金色摇篮的教师对时间的利用要做到：争分夺秒、分秒必争、见缝插针、惜时如金、持之以恒等，高度的时间敏感性和对分分秒秒的珍惜以及持之以恒的时间利用是高质量全面发展必不可少的发展前提。

2. 充分利用时间的"边角料"，无论你怎样科学安排，零碎时间总还会有的。这些零碎时间加起来，也是生命中极为可观的一部分，绝对不能视这些时间的"边角料"为废物，随便抛弃，而应很好地加以利用。可以在这些时间里做那些相对需要时间不多，可以面对个别化的、随机的非组织性的工作，例如微型课程、个别化随机教育、强化复习和为主要工作做准备等。仔细分析你会发现，在一天中存在着可以利用的不同性质的时间：包括规则时间、重叠时间、整合时间、过渡时间、准备时间、真空时间、低效时间、无效时间等，对这些时间的开发和利用，是节约时间、提高效率、养成良好习惯的重要手段。人是在时间维度中成长和发展的生命，因此，教育改革不可能离开对高效率利用时间的方法和手段的研究。滴灌和微灌是农业节水的研究产物，对农业革命起到了重大作用。今天我们对不同性质时间的利用将对学制改革、质量提高起到不可忽视重大作用。校长、教师、家长学会在教育过程中对时间进行有效的管理将是衡量教育者素质的重要依据。

关于时间节约与浪费，我们可以进行一下初步的计算：一人一天节约或浪费10分钟，五年将节约或浪费18 250分钟即305小时，相当于608节30分钟的课；约等于整整一学年的主要课程总量。

3.对时间的使用即要算了干，又要干了算。算了干是计划时间，只有制订了科学的计划，计算每件工作的时间成本，才能对时间的使用心中有数，才可能出高效率。凡是劳而无功或得不偿失的工作尽量不做；干了算是每个目标实际所花却的时间应当了解，不能总是反正我已经干了，但效果怎样我不管，要算时间的效果，凡低效率的工作一定要找到原因。因此对时间记录与效果的分析要细致，找出浪费时间的原因，并采取措施，尽快改正之。

4.用统筹法来安排时间，做到教学工作忙而不乱，多而有序。

(三)时间—分配原则

1.利用各个时期发展目标的重点不同，进行加权性的分配时间。

2.利用生物钟的规律，在发展的各种关键期里有效地重点分配时间。

3.利用学习和遗忘的规律，在具体学习上有效地弹性分配时间。

4.利用一日生活中孩子活动的不确定性，随机地分配时间。

5.根据群体中不同孩子的差异性，倾向性地分配时间，即个别化时间分配。

(四)时间—创造原则

时间的利用效果与学习主体的心理因素关系及大，创造时机，就是要随机应变地处理教学问题，立足于万变不离其宗地指向目标的活动，从不同话题、不同事件、不同情境、不同活动中，引申出与发展目标相关的内容，善于引发孩子的探究、孩子的兴趣、孩子的关注、孩子的热情，让孩子变被动为主动，更有效地促进发展。

（五）时间—习惯原则

坚持按一定规律使用时间，如定时起床、定时吃饭、定时学习等，久而久之养成习惯，就会降低时间成本。

坚持在任何学习上提速度要求，当学生没有速度意识时，机体的心理动员会减慢，注意力会降低并分散，当你将一个速度要求明确地告诉学生时，身心的准备会随之加快，注意力的动员会在最短的时间里完成，孩子的心理指向性会大大提高，效率也会随之提高。坚持这样做的结果是孩子养成了快速的习惯，这对一生的发展都有巨大的影响。

三、效率与强度是时间成本的重要指标

要想达成目标，学习或训练的强度要达到一定指标，强度的大小就是学习或训练量的大小。控制强度有两种方法：一是控制学习的单位时间量来控制强度的大小，如连续 5 分钟跳绳不能停；二是通过控制具体的训练量来控制强度大小，如连续跳 300 次绳。这时对时间的管理和对强度的管理就是效率。如果仅是提出时间长度要求，而不对时间过程进行控制，仅仅把时间安排给某种活动，而对活动执行情况没有管理，这种安排则是低效或无效的。如果仅仅有数量要求，而没有相应的时间单位要求，则这种活动也可能是低效或无效的。

单位时间内训练量的大×小是强度，衡量训练量的大小的指标是强度够不够，衡量强度大小则有以下标准：

1. 根据条件反射建立的规律定。根据条件反射理论，建立一个条件反射需要单位时间内一定量的刺激，如婴儿需要 8 次左右形成一个初步的条件反射。因此，8 次左右的训练量就是一个基本强度标准。

2. 根据原有的能力基础定。当提高一种能力时，原来能力基础就是强度基础，如每分钟跳 60 下的孩子，训练的强度就应在每分钟 60 以上，这叫"过一点原则"。

3. 根据学习曲线定。无论是技能学习，还是知识学习都有着自己的规律，强度的分配要根据这一规律来确定。如学习同一目标时，时间和训练量的分配原则：目标×4遍/次×4～5次/天×3～5天，改2遍/次×2次/天×3天，改隔天1次，改隔3天1次，改隔1周1次，改隔半月1次，改隔1月1次，改隔3月1次。

四、时间控制要有速度与精确度的一贯要求

与能力相关的品质是单位时间里处理事务的能力，速度与精确度。读书要读得快，理解的多，计算要算得快，算得准；写字要写得快、写得好，记忆要记得快、记得牢。

因此，任何训练，首先要提精确度要求，但仅有精确度还是远不够的，更要提速度要求，精确度是理解的指标，速度则是熟练的指标，只有熟练才能节省智慧能源，熟练使活动转为自动化过程，养成快速做事的习惯。这也是动员孩子心理动力系统的重要手段。

最后我们提出"珍惜时间，惜时如金"的口号。

让学生珍视时间的最好办法是教师具有极强的时间意识和目标意识。

珍视时间最好的办法是将时间分秒计算，不要只注意大段时间，而不注意小段时间。

学会有规律地安排时间，重视每一天活动的定时安排。

学会对时间一心二用的安排，将潜课程和显性活动同时安排。

学会对时间进行合并同类项的安排。

学会对过渡时间的充分利用。

学会对准备时间的高效率进入，即学生准备活动一旦开始，立刻使用倒计时进入状态，不要让多数学生因少数学生的准备工作而等待，等一个学生一分钟等于浪费一个群体20分钟。

不要让非组织性时间在你手里逃走。

有重点地使用时间，有目的地使用时间。

第五节　发展过程管理

一、过程管理

（一）全过程战略管理

金色摇篮站在全程发展的高度，低重心起步，对发展的全过程进行管理，正确处理阶段性与连续性的关系，基础性与发展性的关系，设计好不同阶段的发展任务，进行全过程战略管理。

（二）全过程进度管理

金色摇篮的教学进度采取以下管理原则：小步骤、阶梯化，反馈式、过一点、退一步，歼灭战、持久战。

1. 小步骤、阶梯化的"成功体验原则"

金色摇篮的教师要善于将一个发展目标，分解成若干个连续性的发展步骤，降低发展难度，巩固发展基础，提供成功体验。让孩子们一步一个脚印，一步一个台阶发展自己的能力。小步骤、阶梯化制定的合理程度，反映出教师的水平，反映出教师对于目标的分解能力，反映出教师对儿童心理发展的理解。一个科学、合理的小步骤阶梯化方案，会大大提高教学质量、降低教学时间，增加孩子的成功感。

2. 反馈式、过一点、退一步的"切实掌握原则"

了解孩子是发展孩子的第一步，教师要做有心人，善于对儿童的活动、学习、状态进行全面的评估和把握，根据实际情况进行教学进度、教学内容的调节，做到实事求是。在具体发展进程中，要按照过一点，退一步的原则掌握。所谓"过一点"是指在当孩子发展到某一个阶梯上时，在这一阶梯上的训练强度要求大一些，过一点，不仅为了熟练的要求，还为了提升能力。所谓"退一步"是指在当教学的进度孩子达不到时，不要在该进度上反复要求孩子，这样会适得其反，孩子一是无法掌握；二是体验更多的挫折。要充分意识到，当孩子在某个梯度上无法完成时，不是这个梯度上出了问题，而是前一个或前几个梯度上基础不牢的原因。因此，要回到上一个梯度或上几个梯度上去，具体退到哪儿可以通过实际评估反馈性来确定。

3. 歼灭战、持久战的"快速高效原则"

金色摇篮根据儿童心理和技能发展的原理，强调重点突破和持续性推进的教学策略，一是根据心理发展的关键期原理，紧紧抓住一些重要的时期，对一些重要的内容、技能进行重点突击性学习和训练，让某种能力从不会到会迅速发展起来，从而通过增加孩子的技能增加孩子的自信心。二是根据记忆保持的规律进行教学，在一个技能阶梯上，通过一定量的积累而巩固技能水平，然后通过长时期的复习、不断的使技能完善起来。金色摇篮强调歼灭战要全员动员，持久战要紧抓不放。重点突破要面向全体，持续性推进要个别化改善。一方面，抓重点任务即主要矛盾和重点任务的重要方面即主要矛盾的主要方面；另一方面，要抓主要问题和主要问题的主要方面，如个别化儿童。歼灭战全员动员集中打，持久战，分工到人，小步走、不停走。

第六节　发展质量管理

一、全过程档案管理原则

档案管理本质上是目标的质量评价管理。为配合贯彻本园教学模式，完成教学内容，积累研究资料、并为制订下一步计划准备第一手材料，在教学过程中，教师要按园内具体要求进行各项发展档案的记录和管理工作，重视每一个孩子的初测档案，完成成长档案，无论是家庭的、还是孩子的，无论是智力的、运动的、绘画的、言语的都要记录在案，并确保可查阅性。研究部门要对这些内容进行定期分析研究。档案管理是金色摇篮宏观决策的依据，也是金色摇篮建立科学、完整教学改革体系的依据，更是极其重要的理论与实践相结合的研究性的宝贵资料，是金色摇篮的财富，必须给予足够的重视。

1. 初测档案健全原则。

2. 过程档案无遗漏原则。

3. 充分利用档案进行分析评估原则。

4. 充分利用档案资料进行二次开发原则。

二、全过程保教结合原则

保教结合，是确保早期发展质量重要的原则。我们对保教结合的理解不单单是保和教的结合，我们理解的保育是教育的一个重要部分，我们理解的教育也是保育中的一个重要部分，可以看成你中有我，我中有你，即保育的教育化和教育的保育化。保育内容有些就是教育形式，特别在我们提倡生理性智力开发时，教育内容就具保育功能，特别是在我们强调心理卫生水平时，保教一体的智力开发是不可忽视的。

保育在一个婴幼园里，不同的层次有不同的重点，一般可分为五个层次的保育：

（一）营养保育

营养不仅对身体发育起着重要的影响，同样对智力发展也起着不可否认的作用，营养低下会影响身心两个方面，有些微量元素的缺乏会直接影响脑的发育，这一点已被科学证明了的。因此在婴幼园里重视营养配餐合理饮食是基础保育的重要分部，是确保生长发育的首要因素。营养保育是园方水平的保育。

（二）预防治疗保育

疾病过程不仅会影响身体状况，还会影响到活动与学习，婴幼园里，由园方通过医务部门进行的疾病预防与治疗是园方层次上保育的另一个重要方面。

（三）生活护理保育

婴幼园里班级的保育工作是通过生活护理来实现的。良好的生活护理，敏感的观察、细心的照顾、及时的关怀，是减少孩子疾病发生率的有效手段。它将减少孩子因病缺勤，增加学习机会，促进智能提升。

（四）运动健身保育

班级水平的保育还有运动保育，积极有效的运动是促进身体健康的重要手段，通过改善体质，增强体能来提高身体素质，促进学习是班级教师的另一大任务。

（五）心理卫生保育

教师通过积极的奖励，有效的赏识，及时的正强化等方式可以让孩子有一个良好的心态。一个积极的、向上的、乐观的、探索的、勇敢的、自信的心态对一个孩子的成长是极其重要的。全过程保育加全过程教育等于全过程保教结合。我们不仅强调全过程保教结合，还同时强调以教促保，通过积极的教育方式促进保育工作的良好结果。

三、全过程家园同步原则

园所教育和学校教育不是全部的教育，家庭教育是另一半的教育，家庭场所是另一个重要的教育场所，家长是孩子发展最重要的教师。家庭和园所在孩子教育上所起到的作用、所扮演的角色并不十分相同。但两者相辅相成，缺一不可。教师应当意识到孩子发展中的很多问题与园所教育有关，与教师有关，但也有很多问题与家庭教育有关，与父母有关。教师不仅应是孩子的教师，好的教师同时也应当是家庭教育的咨询者和建议者。

在不同环境中为保证孩子全面、和谐、健康、高质量理想发展，教师与家长之间就孩子发育发展、孩子的特点或问题，相通有无，进行反馈，并共同探讨孩子的教育，形成教育的合力。教师还要能够解释在全天候教育理念下，时间分配与不同活动的原则，以及园所和家庭重点关注的教育内容。尽可能地鼓励家长平时多进行一些园所里无法进行的活动，如外出远足、参观，自由空间、生活自理，探索实践等等。所以教师必须做好日常的家长接待工作、活动、会议的通知工作，一些重要问题向园方汇报等工作，并认真、按时写好家园联系册。

四、全过程心理管理

兴趣快乐要素；激发、保持孩子旺盛的学习兴趣，创造、营造快乐自信的心理体验是发展最重要的内在要求。在孩子整个发展过程中，教师应当对孩子的心理反应非常敏感，尤其在学习问题上，以孩子是否乐学、是否感兴趣，是否有退缩行为等随时观察。一旦出现这些情况，首先要意识到，对于这个孩子方法可能存在的问题，是否过于急切，是否内容难度过大，是否使用了否定性的语言或态度。及时纠正孩子的反应，使孩子的心理调整到正常水平上来是非常重要的任务。如果，看到孩子的问题，不找原因，而是更多的不满和指责，不仅不会带来希望的变化，还会走相反的道路。因此，在心理管理上我们的师训是："了解、关爱、尊重、赏识"四句话，八个字。要搞好心理管理，一定要深刻理解这八个字的含义。

第六章　金色摇篮0～6岁教育计划简述

本教育机构以脑科学为基础，站在个体全程发展的高度，以婴幼儿为起点，以儿童身心高质量全面发展和可持续性发展为主要目标，设计儿童的发展课程。

本教育机构认为儿童从婴幼儿到高中的发展是一个连续的过程，需要全程的把握和不间断地努力才能取得良好结果。儿童发展的不同时期存在着不同的发展重点，儿童发展的早期是脑发育的时期，具有极大的可塑、存在着各种各样的关键期，是决定基础教育阶段教育质量和学生素质的最关键阶段，因此我们在设置金色摇篮婴幼园及金色摇篮全程实验小学的整体课程时，在确定总的发展目标即理想发展目标后，首先强调学龄前的儿童发展目标，再考虑小幼衔接及小学的整体发展目标。既考虑到发展连续性，又考虑到发展的阶段性；既考虑课程的一贯性，又要考虑课程的重点，强调全过程目标的质量管理，以低重心起步、阶段性重点突破加连续性发展为原则来设计高质量全面发展目标，采取习惯先行、结构先行、工具先行、技能先行的原则安排课程结构。

金色摇篮站在全程教育的高度来设计早期教育和基础教育，使用"三段六步式"建构儿童发展的战略目标。即将从婴幼儿到研究生的整个发展过程，分成三大段：0～6 岁一体化婴幼儿教育阶段、7～16 岁中小学教育阶段、17～24 岁大学教育阶段，并以智力提升、能力培养、知识扩充、多元学科、探索发现、创造发明（个性张扬）六大步骤加以实现。

其中，金色摇篮潜能开发婴幼园承担第一大段的任务，金色摇篮全程实验小学承担第二大段的部分任务。即智力提升、能力培养、知识扩充。

需要反复强调的是，这些步骤不是对立的、也不是相互独立断然分开的，而是相互重叠的。仅仅是我们的目标重点不同。

以下是金色摇篮潜能开发婴幼园的几年发展计划：

尽管金色摇篮是 0～6 岁一体化教育机构，但几年的实践表明，绝大多数的家长认同在孩子两岁以后送园，因此，金色摇篮以两岁（婴中班下学期）为园所教育的起点设计发展课程，并对两岁以前进入本园的孩子设计前期发展课程。

以下是金色摇篮四年半发展的安排主线以及前期发展课程的安排：

金色摇篮以两岁婴儿左右即婴中班下学期入园到六岁半离园进行计算，到入小学时共计四年半（两岁以下入园的可达五年、五年半甚至六年的）。

按阶段性发展要求，本园的绝大多数孩子在这四年半里应达到一定的发展目标。

发展目标总共分成三个阶段完成：

第一个阶段达标保底（第一个学期）；

第二个阶段超标发展（第二、三学期）；

第三个阶段脱标分化（第四、五、六、七、八、九学期）。

因此，根据这三个发展阶段的不同，发展任务也不相同。

第一节　第一阶段：入园第一个学期

发展任务：入园适应，达标调整及语、美、体提升。

一、入园适应加达标调整

新入园的孩子首先存在一个入园适应阶段，同时大多数孩子在心理发展方面存在结构性问题，很少有孩子处于高质量均衡发展，其中有些指标，会低于国家常模，平均发展商也可能低于国家常模。因此入园最初的主要任务有两个：一是完成入园适应；二是调整孩子们发展的均衡性，促进达标发展。

1. 入园测评——家长问卷、孩子智力测验——建立档案、制订适应及达标方案；

2. 入园适应——孩子入园情况记录表，饮食适应（清淡、多水），健康适应（常规服用维生素 C、板蓝根冲剂），环境适应（认识老师、小朋友），家长适应（填写入园情况记录表、多与家长沟通），建议家长带孩子去防预站打感冒疫苗。

时间目标：半个月至一个月。

适应达标：情绪稳定，能吃能睡，熟悉环境，有说有笑，基本愿上婴幼园，家长开始放心。

二、达标保底，语、体、美三维度提升

随着孩子对婴幼园的适应，展开各种促进发展的活动。活动以游戏为主导，社会性发展为主线，帮助孩子建立良好的情绪情感体验；预防和降低疾病为健康目标，建立常规为日常重点管理目标，习惯养成为主要目的。

在领域发展方面先从三个维度入手，帮助孩子进入学习状态。一是大运动，强调感知运动的整合，运动上将以基本运动能力走、跑、跳为内容，通过游戏方式进行，重点运动技能以学习玩球、拍球、骑小车为主；二是精细动作，即以美术入手，在手眼协调上，以大量涂鸦、涂色和自由绘画为内容，放松孩子的心情；三是语言能力的发展，在言语上以儿歌、成语接龙加识字卡游戏为主。这三种活动整体上注意了动静结合，可以很好地释放压力，帮助孩子尽快适应学习环境。

智力提升以达标为主，在智力发展保底的情况下提升智商 20 分点以上，所有未达标指标达标。（其中达标是指，达园内提升 20 分点标准，保国家常模平均水平之底、促进走跑跳基本运动能力的发展，符号学习目标为 200 字左右。）

第二节　第二阶段：入园的第二三个学期，总时间为一年

发展任务：超标发展阶段。

本阶段的主要发展任务是促进孩子在达标基础上全面超过国家常模标准达到理想发展指标(继续提升智力 30～40 分点左右,使 3 岁左右幼儿的班级平均发育商达 150～160。这个指标在后期会在整体孩子的发展中有所回落,因为它仅仅是一个相对的指标),尤其在言语、运动、社会性等方面达到较高的指标。从婴大上学期开始,进入本园的第一个重点突破式学习阶段,主要任务是根据特征智慧理论所提出的维度,重点关注动作协调、操作能力和符号学习三个方面。在运动上将继续以基本运动能力走跑跳为内容,重点学习双脚跳、拍球、骑车技能;手眼协调上,除以大量涂鸦及涂色为主要内容适当增加一些线条练习,在言语上以符号学习为重点突破内容,练习手口一致指读小故事。

这个阶段不以特长教育为特色,主要以身心健康、全面、和谐、高水平发展的素质教育为基础,按照孩子心理发展的特点,以感知运动课程为主导,强化视听能力、运动能力和言语能力发展。通过这两个阶段孩子完成婴儿阶段的发展目标,即基本达到本园智力提升水平,基本运动能力平均达到同年龄最高水平,口语表达能力良好,符号学习婴大班上学期 400 百字保底,婴大班下学期,汉字平均总量达 600 左右,能够顺利指读。整个婴大班应达到 1000 字保底,开始设定英语教学目标,200 词汇 30 个句字;这时入进本园的第三个阶段的发展,即脱标分化。

第三节　第三阶段:整个幼儿阶段,共三年时间

发展任务:脱标分化。

这时孩子经过一年半的本园教育,都有良好的发展水平,比未进过婴儿园的孩子平均超出一年半左右的发展指标,智力也达到超常水平,本园平均要求为提高 40 个分点以上,达到 140,有的孩子入园时智力水平非常低,即使提高智力水平 40 个分点也达不到 140 分,这时以实际提高为准。这个年龄阶段智力提升已不是本园的重点,本园不再以智力提升为主要目标,而是基本能力调整为目标,转向分化提高,根据发展的规律,除继续重视全面发展以外,每学年将着重采取重点突破的教学原则进行阶段性特色教学,在传统教育观念上,这时的孩子已具有学习的能力,可以进行特长教育,为了利用特殊能力的发展促进基本能力的发展,同时考虑未来社会的需求,我园选择语言阅读、英语、乐器、轮滑、游泳、美术、计算机、生态等内容,在不同学期里,有重点地进

行课程安排。

幼小班上学期：言语以重点符号突破性学习，600字左右；英语30句会说，基本运动能力加重点突破轮滑学习，绘画进入线条形状重点学习阶段。

幼小班下学期，在言语方面，以语言阅读为主，突破基本阅读关为目标，800字，英语30句会说；认知方面以数、量、形、时空及珠心算入门为主，在运动方面，熟练轮滑，绘画方面，进入线条形状重点学习阶段，音乐以五线谱学习为主。

幼中班，以艺术重点突破为特色，巩固双语、运动方面已形成的能力。以故事背诵、表达，阅读，知识扩充为主，运动方面重点突破跳绳，并在下学期进行游泳重点突破学习。艺术领域，重点在音乐乐器及美术方面进行突破，本园选定乐器为小提琴，并开设形体课，手眼协调方面，以仿画为主的结构训练，增加电脑、书写训练。认知方面，以数概念建立为主、幼中班下学期以强化数学能力为主，直到学前班毕业。中班下学期计算机学习拼音录入、引入口头作文。整个学年符号量为800字。

幼儿大班上学期，以电脑、书写、英语、拼音为主要课程，强调口头作文、口语表达，百以内加减，下学期为总复习及小学入学的各项准备教育。

注：

1.2岁前入园的孩子进行2岁前的相关身心发展准备和常规训练。

2.2岁半以后的插班生或整班晚于婴中班下进园的孩子，每学期的指标数量不变，但难度从最低标准做起。如婴中班下入园的孩子，符号学习200～300字，但字的难度从最初开始。其他类推，但最终的累计总数量相应减少。

其他章节（略）

附录二 金色摇篮早期教育宣言

摇篮的特色是什么?

摇篮能满足您的需要吗?

孩子交给摇篮会有什么样的未来?

面对早期教育众多的选择为什么要选择摇篮?

那么请您阅读摇篮人的宣言:

我们是摇篮人。爱心、责任与使命让我们走到一起,追求科学儿童发展观,对儿童终身全面、和谐、高质量发展负责是我们的信念。

因此,在儿童早期教育上,我们只有一个中心,那就是"以儿童理想发展为中心",这个理想发展的指标就是"全面、和谐、高质量、可持续、正迁移、多选择的基础性发展"。

为此,我们绝不以"儿童为中心"去培养一个以"自我为中心"的儿童;我们绝不简简单单地迎合家长的从众心理来设计儿童发展的课程,而违背儿童早期发展的科学规律;绝不人云亦云地跟风而动,以流行的特色来取悦家长。

我们只是尽可能地遵照儿童发展的内在规律,依据脑科学的最新发现、潜能发展心理学的最新成果、教育科学的自身规律,紧紧抓住基础发展、全面发展,在人生最宝贵的起步阶段,为所有儿童的理想发展打下坚实良好的基础而努力工作。

为此,我们坚定不移地贯彻党的教育方针,为培养德、智、体、美、劳全面发展的人而打下基础。

因此,我们的教育宗旨是:

一、面向全体的全面和谐教育；

二、面向未来的高质量、可持续、多选择的根基教育。

所以，我们的口号是：

全面发展超越特长发展，基础发展超越特色发展！

要想促进儿童理想发展，必须坚定不移地落实科学儿童发展观，以脑科学为依据，以潜能发展心理学为基础，以先进的教育理论为指导。

为此，我们从"尊重儿童全面的发展权利"和"尊重儿童全面的发展机会"入手，坚定不移地坚持全脑发展战略，尊重儿童发展的科学规律和面向未来社会发展的教育选择。

利用"机会脑"的特点，紧紧抓住关键期教育，珍惜早期发展时间与机会，以高度的责任感和使命感来对待每一个孩子。

对此，我们的教育原则是：

落实一个"早"字：

强调早期成长不容等待、早期发展不容忽视、早期教育不容错过！绝不等待成熟，绝不错失良机，实施低重心起步战略。

落实一个"全"字：

强调面向全体一个都不能少，重视每一个儿童的每一个方面！实施"两全"（面向全体的全面发展）发展战略，为实现公平的教育以及教育的公平打下基础。

利用"环境脑"的特点，尽可能为儿童早期发展提供全面、丰富、均衡、有益的环境刺激和教育。

对此，我们的教育原则是：

落实一个"均"字：

科学合理地分配课程与时间，促进大脑和谐、均衡发展，达到身心两健的目标。

落实一个"量"字：

科学合理地安排各类活动的总量与分量，以保证大脑各区域的高质量发展。

利用"情绪脑"的特点，强调"了解、关爱、尊重、赏识"的八字方针，重点培养快乐、自信、乐观和广泛的兴趣。

对此，我们的教育原则是：

落实一个"乐"字：

强调教育为终身快乐打基础，强调智慧层面上而不仅仅是生理层面的快乐体验。实施乐学、享受学习的发展战略。

落实一个"趣"字：

强调以激发兴趣、培养兴趣为主导的教育观，在尊重儿童全面发展权的基础上，培养广泛兴趣与爱好。

利用"结构脑"的特点，强调大脑建构的顺序性与层次性，个别性与特殊性。在强调共性发展的前提下，尊重个性的发展与选择。

对此，我们的教育原则是：

落实一个"先"字：

强调"习惯先行""兴趣先行""工具先行""技能先行"，把习惯培养放在首位。

落实一个"人"字：

尊重发展的现实性，强调在每一个人的原有心理水平上开始教育，做到"因人施教""个别化指导"。

利用"网络脑"的特点，让教师认识到早期发展本质上就是 1000 万亿个神经细胞的网络化过程，潜能开发的本质是大脑的开发。

对此，我们的教育原则是：

落实一个"潜"字：

尽可能地促进大脑网络的丰富化，提高大脑的工作潜能。

落实一个"智"字：

智力竞争是全世界的人才竞争策略，智力开发是早期发展的重要内容，我们尽可能地在潜能开发的范围内，强调智力的开发。

利用"动态脑"的特点，通过科学的教育方法，尽可能地帮助儿童有效地预防落后，走出平庸，迈向超常。

对此，我们的教育原则是：

落实一个"教"字：

强调"因教育才"全面发展。改变原来的先有好孩子，再选好的教育的思维模式，强调先有好的教育，才会有好的孩子。

落实一个"步"字：

在教学过程中，强调一步一个脚印，"小步骤、阶梯化"的发展，"过一点、退一步"的巩固。纠正并减少已经形成的问题，使发展更趋合理。

摇篮不仅意味着呵护与关爱，更表达着希望与期待。

摇篮不仅意味着培育与促进，更体现着尊重与科学。

所以才有了这样的选择。

我们的选择：

早期发展是为后期发展全面打基础的时期，因此早期发展只能是基础性的全面发展。它决定了我们的选择：面向全体的全面基础性发展。这时的教育不是要追求"人人成才，才才不同"，而是要实现"全面发展，人人达标"。

早期教育不是花样、不是特色、不是要通过我与你的内容不同，而证明自己的优势，不是要搞各园所的区别，你搞这一特色，我就搞另一花样。不是要总是盲目地追求所谓的潮流，今天刮东风向东去，明天刮西风向西去。一会儿感统、一会儿多元智力、一会儿亲子关系、一会儿瑞吉欧、一会儿情商、一会儿蒙氏教育。或你搞蒙氏，我就搞感统，你们搞蒙氏或感统，我就搞多元智力。西方的不行还有中国式的，你搞民间艺术，我就搞象棋，你抓舞蹈，我就推国学。总之要不一样、要差异化，仿佛教育如同企业。特色园、兴趣班、特长小组，一时间，早期教育的特色成了争夺父母和市场的最有力武器。投其所好、标新立异、花样翻新成了幼儿教育界呈现出的一大景观。而这种现象的背后，是一个无情的事实，那就是无视儿童发展的规律与权利。

必须看清的是，今天人们虽然认同早期大脑的可塑性、重视人的巨大潜能。但值得注意的是，并没有人更多地深究这是一种什么样的可塑性、什么样的潜能。结果是人们错误地使用这种理论来为自己的教育寻找依据。

抓住了可塑期，抓住了儿童早期发展的时间，抓住了儿童发展的潜能，就认为是抓住了早期教育的关键和本质。因此出现了在重视和强调早期教育的大前提下，特色园大量出现、兴趣小组、特长班五花八门。

科学的发现不仅没有让我们认识到我们应当如何正确地进行早期教育，而是引领我们走进一个早期教育新的误区，一个更大的误区。在这个误区里，特色、花样、兴趣、爱好、专长越来越早地成为婴幼儿成长的伙伴。

这时的人们仿佛忘记了早期发展的本质是基础发展、是全面的基础发展、是奠基性的根基教育。急功近利在经济发展中已经带来了不可挽回的损失，我们不能在儿童教育上走错道路，因为儿童发展不可逆，我们只有一次机会！

因此，金色摇篮将永远高举"面向全体的全面发展"的大旗，为儿童的全面和谐发展、高质量发展、可持续性发展、多选择性发展打下良好基础！

这就是我们的选择——金色摇篮的教育选择！

这也是我们的宣言——金色摇篮的教育宣言！

后 记

　　这本书断断续续写了很久，在实践的第一线杂事繁多，总是没有完整的时间静坐下来。当日历又一次翻过，时间迈入 2010 年时，我意识到时光如梭，稍纵即逝，我对自己下了最后通牒——无论好与坏，无论满意不满意，我都应有一个交代。

　　此书是我自 1990 年博士毕业至今的第一本理论书，也是博士论文的充实与扩展，很多观点是在博士阶段形成的，很多内容是在博士论文中涉及的。

　　经过二十年的实践探索，我更加坚定了自己的想法，并在教育实践层面上加深了认识，提出了一些新的观点，如基础教育要"因教育才"，而不能"因材施教"；尊重儿童要"尊重儿童全面发展权"，而不能只尊重儿童的兴趣、爱好；强调基础教育必须是"公平而灵活"的教育，而不能是"公平而差异"的教育；强调基础教育是要追求"基础全面，人人达标"的教育，而不是"人人成才，才才不同"的教育等。

　　书里很多细节没有推敲，很多内容没有精选，但已经将我的基本思考写入其中，想表达的观点是鲜明的。那就是在群体的水平上对"现实的差异"进行宏观的研究和分析，因此，本书很少涉及遗传的个体差异性，我将这种遗传的差异性称为微观的细节，或性状特征，可以在另一个层面上研究。

　　希望将它献给我崇敬的导师——已故的中国儿童发展心理学泰斗朱智贤教授。他一生坚持运用辩证唯物主义思想研究心理学，坚持理论与实践的结合，坚持走中国化的心理学道路，给了我极大的启示。

同时，献给引我走上儿童发展心理学之路的副导师——北京师范大学著名教授林崇德教授，感谢他的知遇之恩、栽培之情。离开北京师范大学发展心理研究所时，我曾向他保证，一定不给他丢脸。二十年过去了，今天交上第一份作业，以报师恩。虽然来得太迟，而且书中有很多不足之处，但至少所有观点没有抄袭，没有人云亦云，全书内容均是长期的思考与实践的产物，但愿能给导师一份安慰。

另外，它能有今天的我还要感谢长期以来支持我创办婴幼园、进行教育实践研究的北京朝阳区政府和朝阳教委的领导，是他们对我的支持，才有了今天的实践成果和理论体系。

我还要用这本书纪念我的父亲，他生前始终坚持辩证唯物主义和历史唯物主义，是他的思维方式最终转换成了我的研究。

书中所涉及的内容链过长，从心理学理论到实验研究，再到教育理论及教育实践，能力有限难以驾驭，难免问题很多，但所涉及的问题希望能引起人们的思考和回应，不妥之处欢迎指正。它或许是一块石头投入水中可激浪千层，但我也做好了泥牛入海、石入冰河的心理准备。

但无论会有什么的境遇，我都不会放弃对教育真理的探索与追求，也真心希望能有更多的人和我们一起，在实践中去为如何实现"两全"目标而努力，为这个全新的潜能发展心理体系添砖加瓦，为现实中华民族的伟大复兴，寻找科学儿童观、教育观，为和谐社会创办和谐教育，最终把教育的理想变成理想的教育。

最后，感谢所有关心我、支持我、鼓励我的人，特别从心底感谢我的导师林崇德教授在百忙之中不厌其烦地对本书的成稿多次提出宝贵的意见。感谢金色摇篮潜能开发婴幼园和金色摇篮全程实验小学的老师们，是他们用辛勤的劳动和汗水让孩子们聪明、可爱，让家长们放心、社会认可，是他们用努力和付出让实践得以继续，这本书也献给他们——一群最可爱、最可敬的人！

程　跃

2010 年 4 月 10 日于北京

Email：dr.cheng@mamababy.com